COLLECTION

DE DOCUMENTS DANS LES LANGUES INDIGÈNES,

POUR SERVIR A L'ÉTUDE DE L'HISTOIRE ET DE LA PHILOLOGIE

DE L'AMÉRIQUE ANCIENNE

VOLUME TROISIÈME.

RELACION

DE LAS COSAS DE YUCATAN

SACADA DE LO QUE ESCRIVIÓ EL PADRE FRAY DIEGO DE LANDA

DE LA ORDEN DE SAN FRANCISCO.

AVANT-PROPOS

L'essai sur les *Sources de l'histoire primitive du Mexique*, etc., qui sert d'introduction à ce volume, nous a été inspiré par le désir d'éclairer le monde scientifique sur les renseignements précieux qu'on peut découvrir, pour la connaissance de l'histoire primitive, dans les monuments américains. Nous dirions que c'est l'amplification ou, si l'on veut, le développement de l'entretien que nous avons eu à la Sorbonne, le 2 mai dernier. Invité inopinément par Son Exc. M. Duruy, Ministre de l'Instruction publique, à parler des *Antiquités du Mexique*, il nous fut impossible dans une séance, en quelque sorte préparatoire et toute semée d'incidents de voyage, de donner à cet entretien les développements que comportait la matière. Mais, s'il est vrai que nous ayons obtenu quelque succès, nous n'en sommes redevable qu'à la nouveauté du sujet que nous traitions et à la bienveillance avec laquelle nos auditeurs l'ont accueilli. Nous les en remercions sincèrement, sans oublier, dans notre gratitude, M. le Ministre de l'Instruction publique, ni M. Mourier Vice-Recteur de l'Académie de Paris, à qui nous devons l'honneur d'avoir été admis à parler en Sorbonne des antiquités de l'Amérique.

Commencée, il y a moins de trois mois, nous ne pensions pas alors donner à cette introduction l'extension qu'elle a actuellement, ni surtout le titre qu'elle porte. Nous avions dans l'esprit l'ensemble des faits dont elle se compose; mais ce n'est guère qu'en les mettant en ordre et en les rédigeant, que nous avons pu juger clairement nous-mêmes de l'étendue des conséquences qu'ils entraînaient. Cet exposé n'est donc le résultat d'aucun système conçu d'avance. Ainsi que dans nos précédents ouvrages, nous disons franchement ce que nous pensons : nous faisons connaître les faits, ainsi qu'ils nous apparaissent, sans arrière-pensée, obscurs quelquefois, quand nous les voyons tels, mais avec le dessein bien arrêté de les éclaircir à l'occasion. N'appartenant à aucune coterie scientifique, politique ou religieuse, nous avons toujours marché et continuerons à marcher avec indépendance dans les voies de la science. Nous cherchons la vérité et nous la saisirons sans crainte partout où nous la découvrirons. Qu'on ne s'étonne donc pas du titre de cet essai. Les vérités historiques que nous y développons, nous avions cru les entrevoir depuis longtemps; elles nous ont frappé davantage à mesure que nous avancions dans notre travail, et c'est pour nous une véritable satisfaction de pouvoir mettre aujourd'hui sous les yeux des savants français, académiciens et autres, classiques, hellénistes ou égyptologues, la preuve de l'intérêt que peut offrir l'histoire de l'Amérique, dans l'ordre spécial de leurs propres études.

L'avenir, un avenir, nous l'espérons, qui n'est pas éloigné, décidera de l'importance des recherches que nous avons commencées, comme de celle qu'on doit attacher à l'étude des langues américaines, trop longtemps négligées des savants : on se demandera bientôt, par exemple, comment il est possible de faire un cours de philologie générale comparée, en laissant de côté les langues de presque une moitié du monde. On feint encore d'ignorer qu'il existe en Amérique des langues qui méritent d'être étudiées tout autant que le sanscrit; car s'il est certain que c'est du sanscrit que la plupart de celles qui se parlent en Europe sont dérivées, on devrait commencer à savoir aussi que les éléments qui n'y dérivent pas de cette langue-mère, ont très-probablement leur source dans celles de l'Amérique (1). Les égyptologues trouveront peut-être là ce qui leur fait défaut dans le copte, et qui sait même si le *Tonalamatl* ou Rituel mexicain ne leur offrira pas une clef pour l'interprétation du prétendu *Livre des morts?* Notre savant ami, M. Aubin, leur tendra à l'occasion une main secourable.

Quant à nous, nous nous contentons, pour le moment, de les adresser humblement au *Popol-Vuh*, ce livre sacré des Quichés qui enserre plus d'un mystère, analogue à ceux du Livre des morts; au *Vocabulaire*, joint à notre *Grammaire* de la même langue, ouvrages auxquels nous ajoutons aujourd'hui la *Relation des choses du Yucatan*, de Landa, objet principal de ce volume (2). Cette relation que nous avons copiée l'hiver dernier aux archives de l'*Académie royale*

---

(1) C'est à ce résultat surtout que nous tendions, en compilant le petit *Vocabulaire des principales racines de la langue quichée*, etc., et en les comparant aux langues indo-européennes, nullement à l'identification du sanscrit et des langues américaines, quoiqu'il s'y trouve des racines communes, plus nombreuses qu'on ne le pense généralement.

(2) Le manuscrit de Madrid sur lequel nous avons copié ce document, n'est pas l'original de Landa, mais une copie faite trente ans environ après sa mort, si l'on en juge par l'écriture. A en juger par le titre et certaines phrases, il serait incomplet, et le copiste en a supprimé sans intention les titres de chapitres qui le divisaient, mais en y laissant des provincialismes et une orthographe, à peine intelligibles, même pour un Espagnol. Nous le publions avec ses fautes et ses incorrections, nous contentant de le partager par petits paragraphes, afin d'en rendre la lecture plus aisée. Pinelo, dans sa *Bibliothèque occidentale*, signale un livre d'un titre en tout semblable à celui de Landa, du Dr Sanchez de Aguilar, natif de Valladolid au Yucatan : « *Relacion de las cosas de Iucatan i sus Eclesiasticos*, hecha de orden de Felipe III. *Informe contra los idolatras del Obispado de Iucatan*, imp. 1639, 4°. Castellano. » Cogolludo cite ce livre comme étant d'un grand intérêt historique.

d'histoire de Madrid, où nous avons trouvé un accueil si cordial et si distingué (1), renferme la nomenclature complète des signes du calendrier maya, qui seront d'une grande importance pour la lecture des inscriptions incrustées dans les édifices du Yucatan : aux signes du calendrier et à des détails d'un grand intérêt sur les mœurs et les usages du pays, sur les fêtes de l'antique Rituel maya, Landa a eu le bon esprit de joindre les signes qui constituaient l'alphabet qui, bien qu'incomplet, peut-être, sous quelques rapports, n'est pas moins d'un intérêt considérable, en ce qu'il est la première clef des inscriptions mystérieuses, existant encore en si grand nombre au Yucatan, à Palenqué, à Copan, etc. Nous avons essayé déjà de comparer ces caractères avec ceux du *Codex mexicain*, n° 2, de la Bibliothèque impériale et avec le *Codex américain de Dresde*, reproduit dans Kingsborough, l'un et l'autre écrits en caractères identiques : malgré le peu de temps que nous les avons eus entre les mains, nous avons pu y retrouver tous ceux du calendrier, reproduits par Landa, ainsi qu'une douzaine environ de signes phonétiques. Nous avons donc *lu* un certain nombre de mots, tels que *ahpop*, *ahau*, etc. qui sont communs à la plupart des langues de l'Amérique centrale ; la difficulté que nous avons éprouvée jusqu'à présent à identifier les autres signes, nous a fait croire qu'ils appartenaient à une langue déjà vieillie ou à des dialectes autres que le maya ou le quiché ; et, néanmoins, un examen plus attentif du *Codex de Dresde* nous fera

---

(1) Nous profiterons de cette occasion, pour remercier ici, comme nous le devons, M. le Censeur et MM. les Membres de l'*Académie royale d'histoire* de Madrid, ainsi que M. le bibliothécaire de l'Académie, qui se sont montrés si bienveillants et si empressés pour favoriser nos recherches.

peut-être encore revenir sur cette manière de voir.

Nous pouvons espérer, d'ailleurs, aujourd'hui des documents plus complets sur cette matière, soit par la transcription photographique ou l'estampage des inscriptions du Yucatan, soit par la découverte de quelqu'un de ces manuscrits que les Mayas, ainsi que les Egyptiens, renfermaient avec les cadavres dans les cercueils de leurs prêtres. Ce serait là un des plus précieux fruits de l'expédition, projetée par le gouvernement, si solennellement annoncée comme le pendant de l'expédition scientifique de l'Egypte, mais qui, avant même d'être entièrement constituée, rencontre déjà tant d'obstacles Nous n'avons pas voulu, toutefois, attendre jusque-là pour faire participer le public instruit du fruit de notre découverte. Nous nous sommes empressé de faire photographier à Madrid la page la plus intéressante du manuscrit de Landa et nous en avons fait reproduire les caractères sur bois avec tout le soin possible. Nous les donnons donc tels que nous les avons trouvés, très-imparfaits sans doute, quand on vient à les comparer à ceux du *Codex de Dresde* ou aux *Katuns* des temples de Palenqué, mais en tout semblables à ceux du livre écrit par le vieil évêque du Yucatan qui les copia sans y attacher l'importance qu'ils ont pour nous actuellement. Dans le *Codex américain de Dresde*, ils sont présentés d'une manière plus cursive et l'on y reconnaît le travail rapide d'une main habituée à ce genre d'écriture; sur les murs de Palenqué, dans la régularité des lignes et la pureté des contours, on retrouve l'ouvrage d'un artiste habile, et chaque *Katun* est un petit chef-d'œuvre de sculpture.

A propos du Yucatan, dont ces lettres sont l'alphabet, nous croyons devoir répéter ici ce que nous avons dit ailleurs : que c'est cette péninsule, ainsi que les provinces voisines, jusqu'à celle de Soconusco, inclusivement, jusqu'aux bords de l'Océan Pacifique, qui nous paraît destinée à donner le plus de résultats aux investigations de l'historien et de l'archéologue, en Amérique. En admettant que d'autres régions, sur ce continent, aient joui d'une civilisation au moins égale, c'est le Yucatan qui en a conservé les souvenirs les plus complets et les plus faciles à atteindre dans ses monuments : ce qui n'est pas moins remarquable, c'est que les Yucatèques d'aujourd'hui, dignes successeurs des antiques Mayas, dont ils ont hérité le génie artistique et le goût de la science, se distinguent encore entre les habitants de toutes les provinces du Mexique et de l'Amérique centrale, comme les plus studieux et les plus lettrés. Isolés dans leur péninsule, ils ont fait ce qu'on n'a vu que dans la capitale même du Mexique ; ils ont publié à diverses époques des périodiques intéressants, et M. Stephens avait trouvé dans don Pio Perez, de Peto, et dans le curé Carrillo, de Ticul, des amis non moins zélés qu'intelligents : c'est, du reste, avec une juste appréciation du mérite de Pio Perez, qu'à la suite de l'ouvrage de Landa et de quelques pages de Lizana sur Izamal, nous reproduisons le texte du calendrier maya, composé par le juge de Peto, tel à peu près que nous l'avons transcrit du *Registro Yucateco*, durant notre séjour à Mexico, en 1850.

Dans l'intérêt des études américaines, nous avons cru utile de joindre à ces divers documents L'*Ecrit du frère Romain Pane* sur Haïti, opuscule qui, malgré son extrême imperfection, ne laisse pas de jeter quelque jour sur les sources de l'antiquité américaine. Nous y ajoutons un abrégé de plusieurs grammaires yucatèques, et un vocabulaire maya, suivi d'un petit nombre de mots de l'ancienne langue haïtienne, aujourd'hui entièrement perdue. Tout cela réuni servira à commencer des études qui ne peuvent manquer de prendre du développement d'ici à peu d'années, et, s'il plaît à Dieu que nous puissions revoir le Mexique et visiter le Yucatan, nous espérons y prendre encore une part assez large.

Il ne nous serait pas possible de terminer cet avant-propos, sans tracer en quelques lignes la biographie de Landa, à l'occasion de qui ce livre est offert au public. Diego de Landa, issu de la noble maison de Calderon, naquit en 1524, à Cifuentes de l'Alcarria en Espagne, et prit, en 1541, au couvent de San-Juan de los Reyes de Tolède, l'habit de Saint François. Il fut des premiers franciscains qui entrèrent dans le Yucatan, où il travailla avec zèle à la conversion des indigènes. Ce zèle, malheureusement, ne fut pas toujours exempt d'emportement et de violence ; et, à l'occasion d'un *auto-da-fé*, dont il raconte lui-même les détails (page 104), mais où il ne fit brûler personne, il se vit obligé d'aller rendre compte de sa conduite en Espagne, comme ayant usurpé, en cette circonstance, les droits épiscopaux. Mais il fut absous par le conseil des Indes, et il retourna au Yucatan comme deuxième évêque de Mérida, en 1573 ; il y mourut en 1579, âgé de cinquante-quatre ans.

Landa a passé tour à tour pour un saint et pour un odieux persécuteur. Suivant Cogolludo, son premier biographe(1), il mourut en odeur de sainteté, et, d'après une autre biographie, insérée comme appendice à la seconde édition de l'ouvrage de Cogolludo, publiée à Campêche, en 1842, il est stigmatisé comme un

---

(1) *Historia de Yucatan*, édit. de Campêche, 1842, lib. VI, cap. 18.

homme fanatique, extravagant et cruel. Mais si les circonstances et les temps font les hommes, les circonstances et le temps sont bien souvent aussi ce qui fait leur réputation. Les deux biographes de Landa exagérèrent, le premier, des vertus qui étaient de son époque et d'un évêque espagnol; le second, ses défauts, choquants, surtout, pour les écrivains libéraux du Yucatan, dans notre siècle, défauts qui étaient encore eux-mêmes des vertus aux yeux des Espagnols d'autrefois. Il suffit de parcourir l'ouvrage de Landa, pour apprécier son véritable caractère. C'était un esprit violent, mais curieux, plus sage qu'on ne pourrait le croire, et sincèrement ami des indigènes qu'il protégea constamment contre les violences des conquérants. Au point de vue où il se plaçait, il peut paraître excusable d'avoir livré aux flammes tant de statues et de documents précieux, ce qu'il avoue lui-même ingénument (page 316) : en cela, il ne fut pas plus coupable que Zumarraga à Mexico, que Las Casas au Guatémala. Mais, au milieu de ces excès de zèle, que nous déplorons si vivement aujourd'hui, Landa rendit un immense service aux sciences historiques, en compilant les renseignements précieux qui suivent, et en nous conservant les caractères de l'alphabet maya. Son livre efface outre mesure ses fautes qui furent celles de son siècle; car, il est la clef des inscriptions américaines : sans lui, elles fussent demeurées une énigme peut-être pour toujours, comme les hiéroglyphes égyptiens, avant la découverte de la pierre de Rosette et les magnifiques travaux de Champollion.

Paris, 15 juillet 1864.

DES SOURCES

DE

L'HISTOIRE PRIMITIVE DU MEXIQUE

ET DE L'AMÉRIQUE CENTRALE, ETC.,

DANS LES MONUMENTS ÉGYPTIENS

ET DE

L'HISTOIRE PRIMITIVE DE L'ÉGYPTE

DANS LES MONUMENTS AMÉRICAINS;

Introduction à la Relation des choses de Yucatan.

§ I.

Préambule.

Le Yucatan a été un des derniers pays conquis par les Espagnols sur le continent américain ; il avait été découvert un des premiers, et les Mayas furent les premiers hommes entièrement vêtus et portant les caractères d'une nation véritablement civilisée qu'ils rencontrèrent. Au mois d'août 1502, après une suite de gros temps, Christophe Colomb, naviguant à peu de distance des côtes de Honduras, avait jeté l'ancre en face d'une des îles *Guanaco* (1), voisine de Roatan, à laquelle il donna le nom de

---

(1) *Guanaco* est un nom de la langue haïtienne ; *gua* est un article démonstratif ; *naco* peut signifier lieu fertile. C'est le nom d'une ville, considérable par son commerce et sa grande population, qui existait dans le voisinage du *golfe Dulce*, à peu de distance de la mer, à l'entrée de la montagne de *San-Gil*, où doivent se trouver ses ruines.

« Isla de los Pinos. » Son frère, Bartolomé Colomb, étant descendu à terre, vit arriver une barque d'un tonnage considérable pour ce pays ; car « elle était aussi grande qu'une galère et large de huit pieds, dit la relation » (1). Elle marchait à voiles et à rames, et venait directement du couchant, c'est-à-dire de l'un des ports de la côte du Yucatan, éloignée d'environ trente lieues de là. L'amiral reconnut sans peine un bâtiment marchand : au centre, des nattes tressées avec soin formaient un grand cabanon, abritant à la fois les femmes et les enfants des voyageurs, ainsi que leurs provisions de route et leurs marchandises, sans que ni la pluie ni la mer fussent en état de les endommager.

Les marchandises consistaient en étoffes variées, de diverses couleurs, en vêtements, en armes, en meubles et en cacao, et l'embarcation était montée par vingt-cinq hommes. A la vue des vaisseaux espagnols, ils n'osèrent ni se défendre ni s'enfuir ; on les dirigea sur le navire de l'amiral, en leur faisant signe d'y monter. En prenant l'échelle, les hommes y mirent beaucoup de convenance, serrant les ceintures qui leur servaient de haut-de-chausses, et les femmes, en arrivant sur le pont, se couvrirent aussitôt le visage et la gorge de leurs vêtements. Colomb, charmé de cette retenue, qui dénotait une population bien supérieure à toutes celles qu'il avait rencontrées jusque-là dans les Antilles, les traita avec bienveillance, échangea avec eux divers objets de quincaillerie européenne et les renvoya ensuite à leur barque. Telles furent les premières relations des Espagnols avec les Mayas.

Si Colomb, au lieu d'être si préoccupé en ce moment de la recherche de l'or, s'était enquis de la contrée d'où ces indigènes étaient sortis, il est probable qu'il eût dès lors découvert le Yucatan, et, par suite, les autres régions civilisées où Cortès acquit depuis tant de gloire. Ce fut, toutefois, sur la nouvelle de ses découvertes en terre-ferme, que Juan Diaz de Solis et Vicente Yañez Pinçon, jaloux de ses succès, firent route quatre ans après dans la même direction. Après avoir navigué à la hauteur des îles Guanaco, ils retournèrent au couchant, en s'enfonçant dans le golfe Amatique, formé par les côtes du Yucatan et celles de Honduras, auquel ils donnèrent le nom de « Baya de la Navidad. » Ils découvrirent au sud les hautes montagnes de *Caria* (2), qui

---

(1) Herrera, *Hist. Gen. de las Ind. occid.* decad. I, lib. V, cap. v.

(2) Herrera, *Hist. Gen.* decad. 1, lib. VI, cap. vii. Les montagnes de

servent aujourd'hui de frontière entre le Honduras et la république de Guatémala, et à l'ouest la côte basse du Yucatan qu'ils suivirent en partie, en remontant vers le nord, sans se douter de la richesse et de la puissance des États qu'ils laissaient derrière eux. Ce ne fut qu'en 1517, que Francisco Hernandez de Cordova découvrit le cap *Cotoch* et aborda au Yucatan : le caractère particulier des habitants et la grandeur des édifices le remplirent de stupeur, ainsi que ses compagnons. Juan de Grijalva le suivit l'année d'après, et, en 1519, Cortès alla prendre terre aux mêmes lieux, en se rendant au Mexique. Ce ne fut, néanmoins, qu'en 1527, que Francisco de Montejo tenta la réduction de la péninsule yucatèque. Mais il échoua tristement dans son entreprise; après plusieurs mois d'inutiles efforts, il se vit contraint de se retirer devant les hostilités croissantes des Mayas, dont l'énergie triompha cette fois de la supériorité européenne. Ayant abandonné le Yucatan en 1532, il y retourna quelques années après, précédé de son fils aîné, à qui l'Espagne fut redevable de la conquête définitive de cette contrée.

§ II.

Influence de la découverte de l'Amérique sur la civilisation moderne. État de la science à cette époque. Gloire de Colomb.

Plus de vingt ans s'étaient écoulés depuis le débarquement d'Hernandez de Cordova : la conquête du Mexique s'était accomplie dans cet intervalle, et la plupart des régions plus ou moins civilisées de l'Amérique avaient cédé tour à tour à la prépondérance des armes et de la valeur castillanes. De son côté, l'Europe avait appris à connaître et à apprécier les divers degrés de barbarie ou de civilisation qui distinguaient les populations de ces contrées, et les contemporains de Colomb et de Cortès commençaient à mettre en doute, dans leurs spéculations, la nouveauté d'un monde où ils découvraient déjà tant de vestiges d'une antiquité reculée. Jamais, depuis l'établissement des sociétés, la

Caria sont celles qui s'appellent aujourd'hui *el Gallinero*, qui s'élèvent entre les *llanos de Santa-Rosa* et la vallée de Copan. Le nom de *Caria* que leur donne Herrera leur vient des *Cares*, nation puissante entre celles que l'on appela depuis *Choles* et dont *Copan* paraîtrait avoir été la capitale. Leur nom se retrouve encore aujourd'hui dans le mont *Cari* et dans quelques petites localités au nord-ouest de Copan.

sphère des idées relatives au monde extérieur, n'avait été agrandie d'une manière si prodigieuse; jamais l'homme n'avait senti un plus pressant besoin d'observer la nature, d'interroger l'histoire, tout en cherchant à multiplier les moyens d'y arriver avec succès.

En étudiant les progrès de la civilisation, on voit partout la sagacité de l'homme s'accroître à mesure de l'étendue du champ qui s'ouvre à ses recherches. Avec la découverte de l'Amérique, toutes les branches de la science ont changé de face et reçu une impulsion dont les hommes d'aujourd'hui ont de la peine à se rendre compte. Mais si l'on s'attache à la lecture des historiens de cette époque étonnante, et que l'on compare les relations des historiens de la conquête, de Pierre Martyr d'Anghiera, d'Oviedo, de Cortès, de Gomara, etc., aux recherches des voyageurs modernes, on est surpris non-seulement de l'étendue de leur savoir, mais encore de trouver souvent, dans les ouvrages du xvi° siècle, le germe des vérités physiques et morales les plus importantes qui nous occupent encore aujourd'hui. En effet, comment les premiers voyageurs et ceux qui méditaient leurs récits n'eussent-ils pas été frappés des merveilles qui s'offraient à leurs regards? A l'aspect de ce continent nouveau, isolé au milieu des mers, comment n'eussent-ils pas été tentés d'expliquer les variétés qu'y présentait l'espèce humaine, pour essayer de les ramener à la souche primitive, de rechercher l'origine des migrations des peuples, la filiation des langues; d'étudier celles des espèces animales et végétales, la cause des vents alisés et des courants pélasgiques, la nature des volcans, leur réaction les uns sur les autres, et l'influence qu'ils exercent sur les tremblements de terre? Ces questions, qui sont encore si loin d'avoir été épuisées, occupaient l'active curiosité des savants et des voyageurs du xvi° siècle, plus désintéressés, peut-être, et plus sincères que les savants d'aujourd'hui.

Ces étonnantes découvertes, qui s'aidaient mutuellement; ces doubles conquêtes dans le monde physique et dans le monde intellectuel étaient bien plus dignement appréciés dans ce temps-là qu'on ne se l'imagine de nos jours, et nous apprenons de la bouche même des contemporains de Colomb, avec quel profond sentiment les hommes supérieurs de cette époque reconnaissaient ce que la fin du xv° siècle avait de merveilleux et de grand : « Chaque jour, écrit Pierre Martyr d'Anghiera, dans ses

» lettres de 1493 à 1494 (1), chaque jour il nous arrive de nou-
» veaux prodiges de ce monde nouveau, de ces antipodes de
» l'Ouest qu'un certain Génois, nommé Christophe Colomb, vient
» de découvrir. Notre ami Pomponius Lœtus (2) n'a pu retenir
» des larmes de joie, lorsque je lui ai donné les premières nou-
» velles de cet événement inattendu. » Puis il ajoute avec une
verve poétique : « Qui peut s'étonner aujourd'hui parmi nous
» des découvertes attribuées à Saturne, à Cérès et à Triptolème?
» Qu'ont fait de plus les Phéniciens, lorsque, dans des régions
» lointaines, ils ont réuni des peuples errants et fondé de nou-
» velles cités. Il était réservé à nos temps de voir accroître ainsi
» l'étendue de nos idées et de voir paraître inopinément sur l'ho-
» rizon tant de choses nouvelles. »

La gloire de Colomb est, en effet, de celles dont rien ne saurait diminuer l'éclat, quelle que soit, d'ailleurs, dans l'avenir, l'étendue des découvertes réservées encore à la science. En supposant même qu'on vienne à trouver les preuves les plus incontestables des rapports qui ont pu exister anciennement d'un continent à l'autre, le nom de Colomb n'en restera pas moins au-dessus de celui de tous les navigateurs anciens et modernes. En parcourant une mer inconnue, en demandant la direction de sa route aux astres par l'emploi de l'astrolabe, récemment inventé, il cherchait l'Asie par la voie de l'ouest, non, dit Humboldt, en aventurier qui s'adresse au hasard, mais d'après un plan arrêté, fruit de l'expérience et des études les plus variées. Le succès qu'il obtint était une conquête de la réflexion. La gloire de Colomb, comme celle de tous les hommes extraordinaires qui, par leurs écrits ou par leur activité, ont agrandi la sphère de l'intelligence, ne repose pas moins sur les qualités de l'esprit et la force du caractère, dont l'impulsion réalise le succès, que sur l'influence puissante qu'ils ont exercée presque toujours, sans le vouloir, sur les destinées du genre humain.

(1) Cette lettre, dit Humboldt (*Examen critique de l'histoire de la géographie du nouveau continent*, tom. 1re, note 1, page 4), qui peint si bien les plaisirs de l'intelligence, a été écrite, selon l'opinion commune, à la fin de décembre 1493. (*Opus Epistolarum Petri Martyris Anglerii Mediolanensis, Protonotarii Apostolici, Prioris Archiepisco-palus Granatensis, atque à consiliis rerum Indicarum Hispanicis.* Amstelodami, 1670. Ep. CLII, page 84.

(2) Pomponius Lœtus, le célèbre propagateur de la littérature classique romaine, généralement assez mal vu d'une portion du clergé romain, à cause de la liberté de ses opinions religieuses. (Voir Humboldt, *loc. cit.*)

En cherchant dans un ouvrage précédent (1) à éclaircir quelques-unes des traditions cosmogoniques du continent américain, par des rapprochements avec les mythes cosmogoniques du monde ancien, et les souvenirs d'une antique navigation, nous n'avons donc jamais conçu la pensée que nos recherches pussent rabaisser, en quoi que ce soit, les immenses services que Colomb a rendus au monde moderne. Lui-même, dans un siècle d'héroïsme et d'érudition renaissante, se plaisait dans les souvenirs de l'Atlantide de Platon et de la célèbre prophétie de Sénèque, dans un chœur de la *Médée* : il rapprochait constamment lui-même ses découvertes des mythes géographiques de l'antiquité et du moyen âge, auxquels il fait plus d'une fois allusion dans sa correspondance (2). Nous n'hésitons donc pas à continuer notre travail, dont nous faisons sincèrement hommage à la mémoire de ce grand homme, heureux si, dans les horizons nouveaux que la science ouvre chaque jour, nous parvenons à approfondir quelques-uns des mystères cachés sous les voiles de la cosmogonie mythique des deux mondes, et à y découvrir quelques souvenirs historiques de leurs antiques relations.

§ III.

Monuments du Yucatan. Leur utilité pour l'épigraphie américaine. Traditions et documents historiques. L'esprit de système un obstacle aux progrès de la vérité.

S'il était possible de reconstituer un jour l'histoire américaine sur des bases solides et de rattacher dans un ordre chronologique ininterrompu les divers fragments cosmogoniques qui existent épars dans les relations des premiers voyageurs et historiens de l'Amérique, rien ne serait plus propre à répandre la lumière, non-seulement sur les annales des peuples qui habitèrent anciennement cette terre, mais encore sur l'histoire des convulsions que la nature lui a fait subir, même depuis qu'elle est habitée et cultivée par l'homme. De toutes les contrées qu'elle renferme, celles qui nous ont fourni les documents les plus circonstanciés, et il s'en trouve encore aujourd'hui, malgré les désastres de la conquête espagnole, sont l'Amérique centrale et le Mexi-

(1) Popol-Vuh.—*Le Livre sacré et les mythes de l'antiquité américaine*, dans l'Introduction.

(2) Humboldt, *Hist. de la géogr. du Nouv. Continent*, section première, *passim*.

que : ce sont les seules où jusqu'à présent on ait découvert des livres originaux et des inscriptions monumentales, gravées, soit sur les murs des édifices civils ou religieux, soit sur des monolithes d'un caractère particulier. Le Yucatan, qui fait l'objet principal de ce livre, paraît donc destiné, aussi bien que les régions voisines, à fournir les premiers jalons de l'épigraphie américaine, avec laquelle les savants auront à compter probablement d'ici à peu d'années : car il y a tout lieu d'espérer aujourd'hui que la lecture des *Katuns* (1) nous fera connaître d'une manière précise les grands événements auxquels font allusion les fragments dont nous venons de parler.

Les plus anciens de ces fragments se rapportent, en général, aux grandes catastrophes qui bouleversèrent à plusieurs reprises le monde américain, et dont toutes les nations de ce continent avaient gardé un souvenir plus ou moins distinct. Humboldt, et après lui divers écrivains, compare en plusieurs endroits de ses ouvrages (2) le récit de ces catastrophes aux *pralayas* ou cataclysmes, dont il est parlé dans les livres des Indous, aux traditions de l'Iran et de la Chaldée, ainsi qu'aux cycles de l'antique Etrurie. A ses yeux, ces traditions n'apparaissent d'abord que comme de simples fictions cosmogoniques, dont l'ensemble serait issu d'un système de mythes qui auraient pris naissance dans l'Inde. Ce n'est qu'en arrivant aux détails qu'il commence à douter, et il se demande si les soleils ou âges mexicains ne renfermeraient pas quelques données historiques ou une réminiscence obscure de quelque grande révolution qu'aurait éprouvée notre planète.

Si cet éminent penseur, dont l'intuition historique est quelquefois si remarquable, avait eu l'occasion de comparer entre eux les divers documents que nous possédons aujourd'hui sur l'histoire de l'Amérique, et de les peser dans un examen critique aussi judicieux que celui dont il s'est servi dans son *Histoire de la Géographie du Nouveau Continent*, il aurait trouvé, sans aucun doute, que les souvenirs cosmogoniques des Mexicains ne

(1) *Katun*, mot de la langue maya composé de *kat*, interroger, et de *tun*, pierre, c'est-à-dire pierre qu'on interroge, à qui on demande l'histoire du pays. C'est le nom qu'on donnait anciennement au Yucatan aux pierres gravées, portant des dates et des inscriptions relatives aux événements historiques et qu'on incrustait dans les murs des édifices publics. Voir plus loin, page 53.

(2) *Vues des Cordillières et monuments des peuples indigènes de l'Amérique*, tom. II, pl. XXVI.

méritaient pas une moins sérieuse attention que ceux du monde ancien, de la part de ceux qui aiment à pénétrer dans les ténèbres des traditions historiques (1). M. d'Eckstein, dans ses savantes études sur les mythes de l'antique Asie (2), s'est élevé avec un grand talent au-dessus de cet engouement pour les abstractions symboliques qui a saisi notre époque : il y distingue avec raison des événements historiques, signalés dans la haute Asie par un concours de phénomènes extraordinaires, « par l'apparition de
» comètes et d'éclipses durant les catastrophes phlégéennes d'un
» monde anté-diluvien, qui causa en grande partie la dispersion
» de la primitive espèce humaine. »

Ce que ce savant pensait des événements anté-historiques de l'Asie, nous le pensions nous-même de ceux que nous trouvons signalés dans les traditions du Mexique et de l'Amérique centrale, et c'est sur quoi nous nous sommes expliqué déjà clairement dans un travail antérieur (3), en parlant des soleils ou époques citées par Humboldt. Ce que nous avons vu et étudié depuis lors, n'a fait que nous confirmer dans cette opinion, et nous croyons le moment venu d'exprimer notre pensée entière à cet égard. Répétons ici, toutefois, avant d'entrer en matière, ce que nous avons dit dans notre premier travail sur le Mexique, que nous n'avons aucun système arrêté d'avance. Tout ce que nous cherchons c'est la vérité, c'est l'histoire de ces contrées intéressantes à tant d'égards, l'histoire encore enveloppée de voiles épais, dont nous travaillons à la dégager, en accumulant le plus grand nombre de faits possibles dans un cadre donné, où le lecteur pourra les comparer et tirer lui-même les conséquences des prémisses que nous aurons posées. Nous sommes ennemi de tout système : nous ne faisons pas d'avance notre siége; nous ne repoussons aucune sorte d'indications, persuadé que la vérité historique ne se fera jour que lorsque les savants, dans le monde entier, se seront donné la main sans envie.

« Un des plus grands obstacles à la découverte de la vérité, a dit avec tant de raison M. d'Eckstein (4), c'est l'esprit de sys-

---

(1) Humboldt, *Examen de l'hist. de la géogr. du nouv. continent*, tom. I, page 177.

(2) *Sur les sources de la Cosmogonie du Sanchoniathon*, Paris, 1860, page 227.

(3) Brasseur de Bourbourg, Popol-Vuh. *Le Livre sacré, et les mythes de l'antiquité américaine*, etc. Introd., page LXV.

(4) *Sur les sources de la Cosmogonie du Sanchoniathon*, page 127.

tème : je ne parle que de l'esprit de système au service d'hommes instruits, riches d'un fonds d'idées et de savoir. Nous sommes loin des temps où Moïse, Josèphe et les Pères de l'Église servaient de clefs au paganisme ; on a étrangement abusé des Égyptiens et des Phéniciens dans l'érudition du xviiie siècle ; puis on est revenu partiellement et avec excès, si bien que tout a fait place à la grécomanie. Celle-ci s'efface à son tour. Les grandes découvertes de Champollion ont remis l'Égypte en vogue : il y a eu de l'égyptomanie, mais le temps y ramène l'équilibre. Les beaux travaux de Movers ont remis la Phénicie en vogue ; même exagération, mais qui n'aboutira plus aux utopies du passé et qui trouvera infailliblement son point d'équilibre. Aujourd'hui l'on semble près de faire prédominer la Babylonie et l'Assyrie sur le reste du monde, grâce à d'admirables découvertes, suivies partiellement d'énormes présomptions, qui finiront également par tomber en équilibre.

» William Jones avait commencé la comparaison des mythologies brâhmaniques et européennes, mais du mauvais côté : il ignorait les Védas. A. G. Schlégel exagéra prodigieusement l'antiquité de ce qu'il y a, relativement, de plus moderne dans la littérature brâhmanique : il ignorait les Védas. Creuzer puisait à pleines mains dans des notions partiellement apocryphes ; son but était de faire un amalgame de l'Orient et de l'Occident au moyen d'identifications les plus hétérogènes. Tombée entre les mains des disciples de Burnouf et de Bopp, l'étude des Védas a été d'un puissant correctif contre tous ces emportements. »

Après ces sages réflexions, l'écrivain que nous citons avec tant de plaisir, en voulant « tirer une conclusion de toutes ces expériences, » tombe lui-même, peut-être, dans l'exagération, en attribuant uniquement à l'Inde, aux Védas, ce que les autres attribuaient à la Grèce, à l'Égypte, à la Phénicie ou à l'Afrique. Qui sait si le jour ne viendra pas aussi où l'on ira chercher toutes les origines en Amérique ? Nous ne le souhaitons point, bien qu'aux yeux de plus d'un de nos lecteurs, nous ayons paru tendre de ce côté ; mais nous ne sommes pas exclusif comme nos confrères de Grèce, d'Égypte ou d'Assyrie, et nous croyons que chaque pays doit avoir sa place dans l'histoire du monde. Or, c'est une prétention bien extraordinaire de vouloir qu'on puisse faire l'histoire du monde entier, en en excluant précisément la moitié : et c'est cependant là ce qui se passe au sein de la compagnie qu'on regarde comme l'expression de la science universelle en Europe.

§ IV.

Rituels religieux sources de l'histoire primitive. Antiques traditions du cataclysme et du renouvellement de la terre, conservées dans les fêtes. Souvenirs divers d'un déluge.

L'Amérique, jusqu'aujourd'hui, n'a été l'objet d'aucune investigation archéologique sérieuse ; quelques travaux individuels ne sauraient entrer en comparaison avec la multitude de ceux qui ont eu lieu pour l'Égypte ou pour l'Asie, travaux où les gouvernements de l'Europe sont entrés, en ce qui concerne la dépense, avec une générosité qu'on ne saurait trop louer. Cependant, c'est, peut-être, l'Amérique qui contribuera davantage à la solution des grands problèmes historiques, dont on a vainement cherché la clef jusqu'à présent : cette solution, nous la trouverons dans les katuns ou cartouches incrustés de ses monuments, dans les livres, renfermés dans les sépulcres, restés cachés depuis la conquête, peut-être même dans ceux que possèdent déjà nos bibliothèques. On finira par lire le *Codex de Dresde*, et l'on interprétera, nous l'espérons, le *Tonalamatl* ou *Rituel Mexicain* de la bibliothèque du Corps législatif, dont M. Aubin possède également un exemplaire original (1). C'est dans ces livres mystérieux qu'on découvrira, à côté du système de l'astrologie judiciaire des Mexicains et des fêtes du Rituel ecclésiastique, les documents historiques les plus anciens, toutes les origines des cérémonies mystiques d'un culte qui s'était perpétué à travers les révolutions des nations et des cités, en conservant dans l'ordre chronologique le plus parfait (2), le récit des souvenirs antédiluviens et des catastrophes naturelles qui, à diverses re-

(1) Le *Codex américain* de la bibliothèque royale de Dresde, reproduit dans la collection de Kingsborough, est écrit de caractères analogues à ceux dont nous donnons l'alphabet d'après Landa (voir page 320) : il y en a quelques-uns, toutefois, que nous ne sommes pas encore parvenus à identifier, bien que tous les autres signes des jours et des mois soient les mêmes. Le *Codex de Dresde*, autant qu'il nous a été donné d'en juger actuellement, d'après le court examen que nous en avons fait dans Kingsborough, est un *Tonalamatl* ou Rituel religieux et astrologique, dont la langue se rapproche de celle du Yucatan.

(2) « Nous avons vu, dit Humboldt, que les astrologues mexicains ont donné à la tradition des destructions et des régénérations du monde un caractère historique, en désignant les jours et les années des

prises, avaient bouleversé le monde, depuis que Dieu y avait placé l'humanité.

Ce sont ces faits mémorables qui servaient de base à toute la religion mexicaine : c'est la tradition de ces faits qui se répétait journellement dans l'histoire des dieux et des héros antiques, dont les noms seuls paraissent avoir subi des modifications avec le cours des siècles ; on les retrouve dans les ballets sacrés, dans les jeûnes et les pénitences que s'imposaient tour à tour les prêtres, les princes et la nation ; enfin, dans tous les rites, dans chacune des fêtes importantes du Rituel. Sous des noms différents, mais qui avaient au fond la même signification ou qui étaient représentés par des symboles, identiques avec ceux du Mexique, c'étaient encore les traditions de ces événements extraordinaires que rappelaient les usages et les cérémonies du culte, non-seulement chez les autres nations civilisées du Mexique et de l'Amérique centrale, mais encore chez la plupart des populations de l'Amérique méridionale. Tant cette race américaine avait été fortement constituée par ses premiers législateurs, tant elle était conservatrice de ses mœurs et de ses coutumes ! L'Amérique ne manqua, cependant, pas non plus de novateurs, comme l'ancien monde. On reconnaît visiblement que des doctrines nouvelles cherchèrent à supplanter les anciennes, en différentes parties du continent et à des époques diverses ; mais il ne paraît pas que ces innovations aient réussi jamais à prévaloir au point de faire oublier les autres, et tout ce que nous avons pu recueillir jusqu'à présent à ce sujet, donne à penser, au contraire, qu'elles ne parvinrent à prendre racine qu'en laissant subsister les symboles précédents ou en se les identifiant. Aussi, est-ce là ce qui nous incline à penser que pour retrouver la plus ancienne histoire du globe, il fallait comparer aux antiques traditions de l'Asie et de l'Égypte celles des peuples primitifs de l'Amérique.

En attendant que l'on parvienne à interpréter les livres que nous citons plus haut et qui contiennent intégralement ces tra-

grandes catastrophes, d'après le calendrier dont ils se servaient au seizième siècle. Un calcul très-simple pouvait leur faire trouver l'hiéroglyphe de l'année qui précédait de 5206 ou de 4804 ans une époque donnée. C'est ainsi que les astrologues chaldéens et égyptiens indiquaient, selon Macrobe et Nonnus, jusqu'à la position des planètes à l'époque de la création du monde et à celle de l'inondation générale. (*Vue des Cordillières*, etc. tom. II, page 132.)

ditions, c'est aux divers fragments cosmogoniques, conservé dans les livres et les histoires du temps de la conquête, que nous devons recourir. Les plus formels sont ceux que nous appelons l'*Histoire des soleils*, cités par Humboldt, d'après Gomara (1), et que l'on trouve, avec des variantes, dans divers documents, en particulier dans le *Codex Chimalpopoca* (2). Ainsi que nous l'avons fait remarquer déjà, ces soleils sont signalés comme des époques auxquelles sont rapportées les diverses catastrophes que le monde a subies ; ce que nous avons remarqué également, c'est que le nombre des catastrophes, indiquées par ces soleils, varie, dans la plupart des documents précités, ainsi que l'ordre d'après lequel elles se sont succédé. Nous n'examinerons pas ici ce qui a donné lieu à intervertir ces événements : il nous semble que ce désordre appartient à une époque postérieure à la conquête espagnole, ce qui s'expliquerait par le désir que pouvaient éprouver les indigènes, chargés de les expliquer et obligés de plaire à leurs nouveaux maîtres, d'accommoder le déluge américain au déluge des traditions mosaïques. Quant au nombre de ces catastrophes, il varie peut-être suivant les lieux où elles se sont passées ou selon les populations qui en gardèrent la mémoire (3).

Quoi qu'il en soit, il paraîtrait, d'après les annotations du *Codex Letellier* (4), qu'il y eut particulièrement trois époques mémorables où le genre humain, après avoir existé pendant des siècles, aurait été subitement arraché à ses occupations ordinaires, et, en grande partie, anéanti par suite des convulsions de la nature. La terre, secouée par d'effroyables tremblements de terre, inondée à la fois par les flots de la mer et les feux des vol-

---

(1) *Conquista de Mexico*, 2ᵉ *parte de la Cronica de las Indias*.

(2) MS. De la coll. de Boturini, sous le titre de *Historia de los reyes de Culhuacan y Mexico*. Copie de ma collection.

(3) Dans certains documents, il est parlé de quatre catastrophes, dans d'autres de cinq, et ces catastrophes, à l'exception de celle du feu, de celle de l'eau et de celle de l'ouragan, ne paraissent pas toujours bien s'accorder l'une avec l'autre.

(4) « *Izcalli*, Enero, est-il dit » dans ce document, la fiesta del » fuego, porque en tal tiempo les » calentaban los arboles para bro- » tar. — Fiesta de *Pilquixtia*, la » natura humana que nunca se » perdio en las vezes que se perdio » el mundo. — De cuatro en cuatro » años, ayunaban otros ocho dias, » en memoria de las tres vezes que » se a perdido el mundo, y asi lo » llaman a este cuatro vezes señor, » porque siempre que se perdia, esto » no se perdia, y azi dizen la fiesta, » de la Renovacion, y asi dizen que » acabado este ayuno y fiesta, se » volvian los hombres como niños » los cuerpos, y asi para representar esta fiesta en el vayle » trayan unos niños de las manos » (*Cod. Tell. Rem. Mex.* N. I, fol. 6, v).

cans, remuée dans ses entrailles par les gaz intérieurs se cherchant une issue à la surface, agitée par des ouragans formidables, tel est le tableau que les traditions américaines nous présentent de ce continent, à trois époques distinctes, chronologiquement déterminées dans les livres que l'ignorance a fait disparaître au temps de la conquête, mais que l'on retrouvera peut-être un jour (1).

Les trois grandes catastrophes de la tradition mexicaine auraient été occasionnées tour à tour par le feu, par l'eau et par le vent, c'est-à-dire par un ouragan, quoique, à vrai dire, ces trois causes de destruction paraissent avoir participé ensemble chaque fois au bouleversement de la terre dans des proportions différentes, selon les temps et les lieux. A chacune de ces catastrophes correspond une ère de ruine et de désolation où l'humanité aurait été à la veille d'une destruction totale : embarqués dans quelques vaisseaux ou réfugiés dans des grottes, au sommet des montagnes, les hommes qui échappèrent à ces divers cataclysmes restèrent en si petit nombre, et dispersés si loin les uns des autres, qu'ils s'imaginèrent être demeurés seuls au monde ; c'est là ce qui explique, sans doute, ces créations successives dont il est question dans le *Livre sacré* (2) et ces renouvellements de la race humaine qui se célébraient au mois *Izcalli* à Mexico. De là l'origine des solennités de ce mois, ainsi que du jeûne de quatre en quatre ans, institué en commémoration de ces grands événements, au Mexique et dans l'Amérique centrale, où princes et peuples s'humiliaient devant la divinité, en la suppliant d'éloigner le retour de ces terribles calamités ; de là, les danses et les festins où ils célébraient ensuite la Rénovation du monde et le triomphe de l'humanité qui, trois fois, avait eu le bonheur d'échapper à la destruction (3).

Suivant la tradition du *Livre sacré*, l'eau et le feu contribuent

(1) Ce sont aussi les idées de quelques philosophes anciens. Saint Augustin les reproduit, tantôt en les combattant, tantôt inclinant à l'opinion que « la désolation partielle de la terre par des déluges et des embrasements laisse quelques hommes survivre pour réparer les pertes du genre humain. » (*De Civit. Dei*, lib. XII, 10-11.)

(2) *Popol Vuh*, etc. chap. III.

(3) Ne serait-ce pas à des souvenirs de ce genre que feraient allusion les fêtes des *Renaissances* dont il est question dans la légende du VIIIe tableau de la grande salle du temple d'Ammon à Karnac, dont parle Lepsius et, avec lui, Brugsch? *Histoire de l'Egypte, dès les premiers temps de son existence jusqu'à nos jours*. Leipzig, 1859 — I part., page 131.

à la ruine universelle, lors du dernier cataclysme qui précède la quatrième création. « Alors, dit l'auteur, les eaux furent gon-
» flées par la volonté du Cœur du ciel ; et il se fit une grande inon-
» dation qui vint au-dessus de la tête de ces êtres... ils furent
» inondés et une résine épaisse descendit du ciel.... La face de la
» terre s'obscurcit et une pluie ténébreuse commença, pluie de
» jour, pluie de nuit...... et il se faisait un grand bruit de feu au-
» dessus de leurs têtes.... Alors on vit les hommes courir, en se
» poussant, remplis de désespoir : ils voulaient monter sur les
» maisons, et les maisons s'écroulant, les faisaient tomber à
» terre ; ils voulaient monter sur les arbres, et les arbres les
» secouaient loin d'eux; ils voulaient entrer dans les grottes, et les
» grottes se fermaient devant eux. » Dans le *Codex Chimalpopoca*,
l'auteur parlant de la destruction qui eut lieu par le feu, dit : « Le
» troisième soleil est appelé *Quia-Tonatiuh*, soleil de pluie, parce
» qu'alors survint *une pluie* de feu : tout ce qui existait brûla, et
» il tomba une pluie de pierre de grès. On raconte que, tandis que
» le grès que nous voyons actuellement se répandait, et que le
» *tetzontli* (amygdaloïde poreuse) bouillonnait avec un grand
» fracas, alors aussi se soulevèrent les rochers de couleur ver-
» meille (1). Or, c'était en l'année *Ce Tecpatl*, Un Silex; c'était
» le jour *Nahui-Quiahuitl*, Quatre-Pluie. Or, en ce jour où les
» hommes furent perdus et entraînés dans une pluie de feu, ils
» furent changés en oisons; le soleil même brûla et tout se con-
» suma avec les maisons (2). » A la suite du cataclysme, occasionné par les eaux, l'auteur du *Codex Chimalpopoca* nous

(1) Le *tetzontli* est une amygdaloïde poreuse qui a servi à bâtir la plupart des édifices de Mexico. Suivant Bustamante, le commentateur de Sahagun, ce seraient les petits volcans qui environnent au sud-est la vallée de Mexico, qui auraient formé le *tetzontli*, et le Quauhnexac, dit volcan d'Axuzco, suivant Betancurt (*Teatro Mexicano*, part. I, trat. 2, cap. IV), appuyé sur les traditions de quelques Indiens, aurait donné naissance à la célèbre couche de lave, appelée *el Pedregal de San-Augustin* et vomi les vastes torrents de lave qui s'étendent jusqu'à Acapulco.

(2) Le texte ajoute ailleurs, dans le même document, que tous les seigneurs périrent dans cette circonstance. Une preuve singulière de l'existence des villes antiques, ensevelies alors sous la lave, se trouva au Pedregal de San-Augustin, ainsi nommé de la ville de ce nom, auprès de Mexico : car, de dessous la lave qui l'entoure, sort un large ruisseau qui roule avec ses eaux des débris de poteries antiques, provenant indubitablement des habitations, ensevelies sous les masses de laves qui coulèrent dans la vallée. Combien d'Herculanum et de Pompeii ont été recouverts des laves des volcans mexicains!

montre dans l'histoire des soleils, des phénomènes célestes effrayants, suivis, à deux reprises, de ténèbres qui couvrent la face de la terre, une fois même durant l'espace de vingt-cinq ans (1).

Ces traditions extraordinaires ne nous autorisent que trop à conclure de la réalité des convulsions éprouvées par la nature américaine et si vivement représentées dans le tableau des soleils ou époques des livres mexicains : nous y trouvons la preuve des désordres qui bouleversèrent ce continent et peut-être aussi celui où nous vivons, non-seulement au temps même de ces catastrophes, mais encore durant les années qui les précédèrent ou les suivirent. Bien des choses laisseraient supposer même que l'ordre des saisons fut altéré à cette époque. Les astronomes et les géologues que ces matières regardent plus que nous, s'étendront, s'ils le jugent à propos, sur les causes qui ont pu produire le dérangement du jour et couvrir la terre de ténèbres ; ils nous diront, peut-être, en voyant avec quelle précision certains documents historiques racontent les détails de ces révolutions, de quelle manière elles ont pu se réaliser.

Quelle qu'en ait été l'occasion, nous pouvons, sans craindre de nous tromper, attribuer une partie considérable de ces désastres à la mer irritée et sortie de ses bornes ordinaires, à la suite de quelque commotion intérieure. Les forces qui produisent actuellement ce balancement tempéré et si providentiellement réglé de l'Océan, ces forces, augmentées ou dérangées, ont pu suffire pour submerger le continent et détruire en un clin d'œil les nations qui en occupaient les régions inférieures. Toutes ces mers ont pu être ensuite ramenées momentanément dans leurs bassins, pour être reportées de nouveau sur les terres à qui elles ont livré des assauts réitérés. C'est ainsi que les eaux ont pu changer la surface de l'Amérique, former de nouvelles vallées, déchirer des chaînes de montagnes, creuser de nouveaux golfes, renverser les anciennes hauteurs, en élever de nouvelles et couvrir les ruines du continent primitif de sable, de fange et d'autres substances que leur agitation extraordinaire les mettait en état de charrier. C'est en quoi les traditions historiques sont d'accord avec les monuments de la nature dans ces contrées.

---

(1) Ce fait est mentionné dans le *Codex Chimalpopoca* et dans la plupart des traditions du Mexique.

§ V.

Comment se fit la mer, d'après la tradition haïtienne. Souvenir du cataclysme aux Antilles, à Venezuela, au Yucatan. Géologie de cette péninsule. Personnification des puissances de la nature et leur localisation dans l'Amérique centrale.

Les populations qui habitaient, à l'époque de la découverte de l'Amérique, les îles du golfe du Mexique, s'accordaient unanimement à dire qu'elles avaient ouï de leurs ancêtres que toutes les Antilles, grandes et petites, avaient très-anciennement fait partie du continent, dont elles avaient été détachées par des tempêtes et des tremblements de terre. Une légende haïtienne, conservée par les auteurs contemporains de Colomb, raconte ainsi l'origine de la mer et des îles. « Il y avait, disent-ils, un
» homme puissant appelé Iaia, lequel ayant tué un fils unique
» qu'il avait, voulut l'ensevelir : mais ne sachant où le mettre, il
» l'enferma dans une grande calebasse qu'il plaça ensuite au
» pied d'une montagne très-élevée, située à peu de distance du
» lieu qu'il habitait; or, il allait souvent la voir à cause de l'a-
» mour qu'il éprouvait pour son fils. Un jour, entre autres,
» l'ayant ouverte, il en sortit des baleines et d'autres poissons
» fort grands, de quoi Iaia, rempli d'épouvante, étant retourné
» chez lui, raconta à ses voisins ce qui était arrivé, disant que
» cette calebasse était remplie d'eau et de poissons à l'infini. Cette
» nouvelle s'étant divulguée, quatre frères jumeaux, désireux de
» poisson, s'en allèrent où était la calebasse : comme ils l'a-
» vaient prise en main pour l'ouvrir, Iaia survint, et eux l'ayant
» aperçu, dans la crainte qu'ils eurent de lui, ils jetèrent par
» terre la calebasse. Celle-ci s'étant brisée à cause du grand poids
» qu'elle renfermait, la mer sortit par ses ruptures, et toute la
» plaine qu'on voyait s'étendre au loin, sans fin ni terme d'au-
» cun côté, s'étant couverte d'eau, fut submergée : les monta-
» gnes seulement restèrent, à cause de leur élévation, à l'abri de
» cette immense inondation, et ainsi ils croient que ces monta-
» gnes sont les îles et les autres parties de la terre qui se voient
» dans le monde. »

« En observant avec attention, dit un auteur moderne (2), la con-

---

(1) Voir l'*Ecrit du frère Romain Pane*, à la fin de ce volume, page 440 et note (2).

(2) Codazzi, *Resumen de la geografia de Venezuela*, Paris, 1841, pag. 46 y 47.

figuration des deux groupes de montagnes qui forment l'île de la Marguerite, la situation de celles de Coche et de Cubagua au milieu du canal qui sépare la première de la côte, ainsi que le peu de profondeur qu'on trouve dans le détroit, on ne peut s'empêcher de penser qu'en des temps plus anciens, tout cela faisait partie de la terre ferme et n'en fut séparé que par suite de quelque secousse formidable qui le fit descendre sous les eaux. Les groupes appelés *los Testigos*, l'île Sola, les îlots de Frailes et l'île de la Tortue, semblent n'être que les restes des terres qui furent submergées. Plus au nord, le groupe des îles Blanquilla, Orchila, los Roques, et l'île des Oiseaux, apparaissent comme les sommets d'une même chaîne, dont ils révèlent la position ancienne dans ces lieux aujourd'hui occupés par la mer. Peut-être étaient-ce là deux chaînes distinctes qui l'unissaient au continent, l'une aux montagnes de Coro par la pointe de Tucacas, l'autre à la péninsule de la Goajira.

» Si, en se rapprochant davantage de la côte, on fait attention aux golfes de Paria et de Cariaco, on croit reconnaître dans leur forme l'effet d'un déchirement qui, rompant les terres, donna passage à une irruption de l'Océan. La tradition, d'ailleurs, vient ici à l'appui de l'observation; car lorsque Colomb visita Paria, dans son troisième voyage, les indigènes lui parlèrent de cette catastrophe, comme d'un événement qui n'était pas encore excessivement ancien.

» Les îles qui avoisinent la côte élevée et rocheuse, de formation égale aux chaînes interrompues et qui apparaissent comme les vestiges des terrains descendus sous les eaux; les différentes sources thermales qui sourdent au bord et au dedans même du golfe, en élevant la température de la mer dans l'espace d'une demi-lieue carrée; l'huile de pétrole qui couvre la surface de la baie, en s'étendant à une grande distance; la multitude des eaux sulfureuses; les mines de poix élastique, fréquemment inondées; les rochers qui se montrent en chaîne au-dessus des eaux, de la côte ferme jusqu'à la pointe la plus méridionale de l'île de Trinidad; les Bouches des Dragons, ainsi que la direction et la constitution des montagnes de Paria et de Trinidad; tout se réunit pour constater la vérité de la tradition des Indiens et l'époque relativement moderne de cet événement.

» En regardant du côté du cap Codera, on reconnaît la chaîne des montagnes qui s'y termine et qui anciennement devait être unie à la péninsule d'Araya, bien que ce vaste espace, englouti par les eaux, n'offre aucun vestige de son ancienne existence. La forme que présente la péninsule de Paraguanà, à peine unie par un cordon de dunes à la côte, n'est pas moins digne de fixer l'attention. Les eaux thermales qui se conservent dans la colline de Santa-Ana, et la figure de ce mamelon, font connaître que c'est là un des témoins encore debout des révolutions qu'a éprouvées cette terre. Ajoutons à cela le golfe de Maracaïbo, nommé Venezuela par les conquérants, lequel présente les preuves les plus sensibles du bouleversement qui, en engloutissant une si vaste étendue de terrains, mit également le golfe en communication avec l'Océan. »

Suivant la tradition des Caraïbes, c'est par une inondation de ce genre que se formèrent les mornes, les falaises, les escarpements, les écueils que l'on voit dans les Antilles, quand elles furent séparées de la terre ferme (1).

L'époque de ce bouleversement était signalée dans un livre antique, en caractères mayas, qui était entre les mains du docteur Aguilar (2), sous le nom de *Hun-Yecil*, que celui-ci traduit par submersion des forêts, faisant allusion aux terres qui disparurent sous les eaux, entre le Yucatan et l'île de Cuba. Cette péninsule, si intéressante au point de vue archéologique, ne l'est pas moins pour les géologues. Privée de sources et de rivières, dans toute sa portion septentrionale, elle est pourvue, en revanche, d'une multitude de puits et d'étangs invisibles, situés d'ordinaire à une grande profondeur, dans des grottes d'une forme curieuse, et qu'on croit alimentés par des rivières souterraines. Au rapport du voyageur américain Stephens (3), le sol de cette contrée, qui recouvre un si grand nombre de cavernes, est composé de pétrifications et de coquillages, annonçant qu'une portion considérable du Yucatan, surtout dans le nord-ouest, n'est qu'une vaste formation fossile, et qu'à une époque qui ne lui paraissait pas très-éloignée, elle pouvait avoir été recouverte des eaux de la mer. Ainsi, d'après ce système, cette partie de la péninsule se serait soulevée, tandis que l'Océan engloutissait les terres qui la réunissaient auparavant aux Antilles.

(1) Lehmann, *OEuvres physiques*, dans la préface du tom. III. — De la Borde, *Voyages*, etc. pages 6 et 7.
(7) Cogolludo, *Hist. de Yucatan*, lib. IV, cap. 6. — Voir Landa, page 61.
(3) *Incidents of travel in Yucatan*, vol. I, chap. 6.

Nous avons déjà vu comment les traditions de l'Amérique centrale, d'accord avec celles de Haïti, nous montrent la terre envahie par les flots et agitée en même temps par des feux intérieurs. Les quatre frères qui laissent tomber la calebasse, renfermant la mer et les poissons, rappellent tout d'abord les quatre génies de l'enfer qui soutiennent la vasque ou cercueil d'Osiris : on les retrouve dans les mythes héroïques du *Livre Sacré* des Quichés, Vukub-Caquix et ses deux fils Zipacna et Cabrakan (1), représentés ici comme les symboles de la nature et de ses forces souterraines, avant l'explosion des volcans. *Vukub-Caquix*, dont le nom peut s'interpréter « le feu qui brûle sept fois (2), » apparaît, ce semble, comme l'image de la terre féconde et puissante; il est le maître de toutes les richesses du monde, qu'il produit dans son sein (3). *Zipacna* est son fils aîné. L'étymologie de son nom correspond à l'état de la terre, gonflée par l'amas des matières bouillonnant à l'intérieur, comme d'une pustule prête à crever; c'est le feu, le Typhon intérieur, le SAT des Égyptiens (4) : « Il roulait les montagnes, ces grandes montagnes qu'on appelle » *Chi-Kak-Hunahpu, Pecul, Yaxcanul, Macamob* et *Huliznab* (5), » et ce sont là les noms des montagnes qui existèrent au lever » de l'aurore et qui en une nuit furent créées par Zipacna. » *Cabrakan*, le second des fils de Vukub-Caquix, dont le nom est encore aujourd'hui même synonyme de tremblement de terre, dans les langues du Guatémala, « remuait les montagnes par sa » seule volonté, et les montagnes grandes et petites s'agitaient » par lui. » Or, c'est de leur temps, dit plus haut le texte, qu'eut lieu l'inondation.

---

(1) Voir le *Livre Sacré*, page 35 et suiv.

(2) C'est l'étymologie qu'en donne Ordoñez, *Hist. del Cielo y de la Tierra*, etc., MS. Le bon chanoine en fait Lucifer brûlant sept fois au fond de l'enfer. *Vukub-Caquix*, dans son acception ordinaire, signifie, comme je l'ai dit ailleurs, *Sept-Aras*.

(3) Voir le *Livre Sacré*, prem. part., aux chapitres IV et V.

(4) *Zipacna* est composé de *zip* ou *zipoh*, verbe qui signifie gonfler, et de *na*, demeure, maison, en langue mame et vieux quiché.

(5) Ces montagnes appartiennent aux contrées guatémaliennes : le *Chi-Kak-Hunahpu*, c'est-à-dire Au feu de Hunahpu ou d'un tireur de Sarbacane, est le même que le volcan dit *del Fuego* qui domine à peu de distance la *Antigua-Guatémala*. Le *Yaxcanul*, appelé par les Cakchiquels *Gagxanul*, est le volcan de *Santa-Maria*, près de Quezaltenango; les autres paraissent être les mêmes que l'on voit dans la cordillère entre ce dernier et les volcans de *Soconusco*.

Cette inondation se fit par le commandement de *Hurakan*, nom qui signifie la tempête, et que l'Europe a emprunté à l'Amérique, en mettant le mot *ouragan* dans son vocabulaire : c'est le symbole de la foudre et des orages, l'expression de ces tempêtes formidables, si souvent accompagnées de tremblement de terre et d'inondation, soit du ciel, soit de la mer. C'est au nom de Hurakan que les deux frères Hun-Ahpu et Xbalanqué, qui se retrouvent plus tard personnifiés dans d'autres mythes d'un caractère plus historique (1), se préparent à mettre un terme à la puissance de Vukub-Caquix et de ses deux fils. De simples sarbacanes seront leurs armes ; le tube où ils souffleront délivrera le monde de ces êtres orgueilleux. Qui ne reconnaîtrait, dans cette image, les soupiraux, prêts à s'ouvrir dans la terre qui s'agite convulsivement et par où vont s'échapper bientôt les gaz et les matières accumulées? C'est là l'étymologie que le *Livre Sacré* nous donne lui-même du nom de Hunahpu, en l'appliquant au volcan, dit *del Fuego*, qui continue à lancer encore aujourd'hui ses feux dans la Cordillère guatémalienne (2). Rien de plus significatif, d'ailleurs, que cette masse gonflée de lave, indiquée par le nom de Zipacna, qui *ride* sa surface en soulevant les montagnes; que ces ébranlements produits par le Cabrakan, et dont le souffle de Hunahpu, vomissant ses feux, délivre enfin la terre!

§ VI.

Personnification des puissances de la nature au Pérou. Légende de Coniraya-Viracocha. Le pasteur d'Ancasmarca sauvé de l'inondation. Les Aras de Cañari-Bamba. Soulèvement des montagnes. Con et Suha-Chum-Sua.

Ces symboles cosmogoniques que l'auteur du *Livre Sacré* semble reproduire à dessein en plus d'un endroit, s'appliquent d'une manière particulière aux régions de l'Amérique centrale, situées le long de l'Océan Pacifique; c'est dans ces lieux que le Hunahpu et les autres volcans qu'il mentionne, se dressent majestueux entre une foule d'autres sommets dont le soulèvement se serait effectué en même temps que la submersion des terres voisines, comme on l'a vu de celles qui s'étendaient dans la direction de

---

(1) Voir le *Livre Sacré*, deuxième partie.

(2) *Hun-ahpu* se compose de *hun*, un ou le premier, et de *ahpu*, tireur de Sarbacane, mot composé lui-même de la particule possessive *ah*, celui de, et de *pu*, *pub* ou *ub*, souffle, tuyau qui souffle.

l'Atlantique. Mais à mesure qu'on s'avance vers les régions méridionales de l'Amérique, on retrouve les mêmes traditions, ou bien l'on en trouve d'autres, confirmant les précédentes et qui s'enchaînent avec elles, ainsi que cette série de volcans ou de pics volcaniques, qui semblent relier toute la chaîne des Cordillères, d'une extrémité à l'autre du continent.

C'est ainsi que les Andes racontent des fictions cosmogoniques qui rappellent celles des montagnes guatémaliennes. *Coniraya* est le nom d'un des sommets les plus élevés, dans les froides régions qui s'étendent à l'est de Lima. Mais la tradition antique du Pérou en fait une divinité qui, sous le nom de *Coniraya-Viracocha*, créateur de toute chose, opère des merveilles parmi les peuples et les nations, et se fait craindre des dieux même, qui, les premiers, à l'origine des temps, gouvernaient ces contrées (1). C'est Coniraya-Viracocha qui soulève les montagnes et les abaisse, qui creuse les vallées et les aplanit, sans autre instrument qu'un bambou léger (2). Dans une de ces fictions, où il est donné comme la force génératrice qui crée et qui détruit tour à tour, il devient amoureux de *Cauillaca*, la déesse souveraine de la contrée ; pour satisfaire ses désirs, il remplit de sa semence le fruit d'un arbre, planté près d'*Auchicocha*, à l'ombre duquel elle allait souvent s'asseoir. Celle-ci mange le fruit et devient enceinte : au bout des neuf mois, elle accouche d'un fils ; mais en reconnaissant celui à qui elle le devait, elle s'enfuit épouvantée avec son enfant vers la mer, poursuivie par Coniraya, et, en arrivant à l'Océan, tous les deux s'y changent en rochers qui portent leur nom et qu'on voit encore aujourd'hui dans le voisinage de Pachacamac (3). A cette époque, continue la légende, la mer n'était pas encore la mer,

(1) Avila, *Tratado y Relacion de los errores, falsos dioses y otras supersticiones y ritos diabolicos en que vivian antiguamente los Indios de las provincias de Huarocheri, Mama y Chaclla*, etc. MS. de la Bibl. nat. de Madrid, Copie de ma collection. Suivant ce document le monde d'avant le déluge est appelé *Purun-pacha*, c'est-à-dire monde faux ou différent de celui d'aujourd'hui, et les hommes d'alors *Yanañamca*.

(2) Id. *ibid.* Ce document est le seul en espagnol, où il soit parlé de *Coniraya-Viracocha*; il paraît être la plus ancienne divinité du Pérou, et son histoire est racontée au long dans le document en langue qquichua qui vient à la suite de ce manuscrit et que j'ai copié à Madrid. Le bambou dont il est question ici, à l'aide duquel Coniraya soulève ou aplanit les montagnes, rappelle la sarbacane de Hunahpu.

(3) *Pachacamac*, lieu célèbre autrefois par le fameux temple consacré à cette divinité, le créateur du monde, à 4 l. de Lima et à peu de distance de l'Océan Pacifique.

telle qu'elle est aujourd'hui, et il ne s'y trouvait pas de poissons; car ils étaient renfermés dans un étang appartenant à la femme Urpay-Unchac, qui habitait ces lieux avec ses deux filles. Lorsque Coniraya arriva, cette femme était absente, étant allée visiter Cauillaca au fond de la mer; furieux de ne pas la trouver, Coniraya renversa l'étang dans la plaine qui devint ainsi l'Océan, et se retira après avoir rendu enceintes les deux filles d'Urpay-Unchac.

Le nom de Coniraya est resté au Pérou, comme celui de Hun-Ahpu au Guatémala, uni à une foule de récits plus ou moins merveilleux; mais il est aisé de reconnaître dans ce personnage le symbole de la puissance volcanique qui bouleversa la contrée, aux temps anté-historiques, et souleva une portion des Andes, tandis que la mer engloutissait les terres voisines. L'action de ces volcans antiques paraît s'être exercée principalement dans les montagnes de la province de Huarocheri, où la tradition signale un autre personnage cosmogonique, dont le nom est demeuré également à une des cimes les plus froides de cette contrée : il s'appelait *Pariacaca*, et ainsi que ses quatre frères, il était renfermé dans un œuf, d'où il sortit un jour sous la forme d'un faucon. A cette époque, toute cette région, aujourd'hui des plus froides, était, suivant la légende, une plaine fertile, jouissant du climat le plus doux; elle appartenait à un prince puissant qui avait sa demeure aux bords du lac d'Auchicocha, mais qui se rendait odieux par son orgueil et son égoïsme. Alors, pour le punir, Pariacaca et ses frères soulevèrent un tourbillon d'eau immense, accompagné d'un ouragan épouvantable, qui brisa les rochers contenant le lac d'Auchicocha; le fleuve de Pachacamac s'ouvrit avec violence un passage entre les monts de Vichoca et de Llantapa, qui se séparèrent en ce moment, et se forma, en s'échappant vers l'Océan, le lit qu'il a encore aujourd'hui (1).

La terre entière changea de face avec ce déluge qui détruisit toutes les populations existantes, et il ne survécut que celles dont il est parlé dans la tradition suivante. A cette époque, disent les Indiens, il y eut une éclipse de soleil extraordinaire, toute lumière ayant disparu durant l'espace de cinq jours. Quelque temps auparavant, un pasteur, conduisant un troupeau de llamas, avait

---

(1) Avila, *Tratado y Relacion*, etc. Le fleuve de *Pachacamac* est le même appelé aujourd'hui *Rio de Lurin*, dans la province du même nom, près de Lima, où se trouvait le temple de *Pachacamac*.

remarqué que ces animaux étaient remplis de tristesse et passaient toute la nuit à considérer la marche des astres (1). Le pasteur, étonné, les ayant interrogés, ils répondirent, en lui faisant observer un groupe de six étoiles, ramassées l'une auprès de l'autre, et lui annoncèrent que c'était un signe annonçant que le monde allait finir par les eaux (2). Ils lui conseillèrent en même temps d'emmener sa famille et ses troupeaux sur une montagne voisine, s'il voulait échapper au naufrage universel. Sur cet avis, le pasteur se hâta de rassembler ses enfants et ses llamas, et ils allèrent s'établir sur la montagne d'Ancasmarca, où une foule d'autres animaux étaient venus également chercher un asile. A peine s'y trouvaient-ils installés, que la mer, rompant ses digues, à la suite d'un ébranlement épouvantable, commença à monter du côté du Pacifique. Mais, à mesure que la mer montait, remplissant les vallées et les plaines d'alentour, la montagne d'Ancasmarca s'élevait de son côté, comme un navire au-dessus des flots. Durant cinq jours que dura ce cataclysme, le soleil cessa de se montrer, et la terre demeura dans l'obscurité; mais le cinquième jour, les eaux commencèrent à se retirer, et l'astre rendit sa lumière au monde désolé, qui se repeupla ensuite avec la descendance du pasteur d'Ancasmarca (3).

On raconte également au royaume de Quito, qu'à l'origine des temps, la race humaine ayant été menacée d'une inondation formidable, deux frères se sauvèrent seuls au sommet d'une montagne, appelée *Huaca Yñan*, dans la province de *Cañaribamba* (4). Mais les flots de ce déluge grondèrent vainement autour d'eux: à mesure qu'ils s'élevaient, la montagne se soulevait au-dessus des eaux, sans pouvoir en être atteinte, et finit par arriver à une hauteur considérable. Lorsque le danger fut passé avec l'écoulement des eaux, les deux frères se trouvèrent

(1) Molina, *Relacion de las fabulas y ritos de los Ingas*, etc. MS. des archives de Madrid, copie de ma collection.

(2) Ce groupe d'étoiles rappelle les six *tzontemocque*, ou étoiles qui tombèrent du ciel, au temps du déluge, d'après les traditions mexicaines.

(3) *Ancasmarca* est à 5 lieues du Cuzco, d'après le document d'où cette histoire est tirée. Le document cité avant celui-ci, *Tratado y Re-*

lacion, les rapporte également, avec une légère variante, et met le lieu de la scène dans les montagnes de Huarocheri, beaucoup plus près de l'Océan.

(4) C'est la province des *Cañaris* où se trouvent les ruines de la célèbre forteresse de *Cañar*, citée par Humboldt (*Vues des Cordillères et monuments des peuples indigènes de l'Amérique*, pl. 20, édit. in-fol.

seuls au monde, et ayant consommé le peu de vivres qu'ils avaient, ils cherchaient à se procurer des aliments dans les vallées voisines. De retour à la cabane qu'ils avaient bâtie sur la montagne, ils y trouvèrent avec étonnement des mets préparés par des mains inconnues. Curieux de pénétrer ce mystère, ils convinrent, au bout de quelques jours, que l'un des deux resterait au logis et se cacherait pour découvrir les êtres bienfaisants à qui ils étaient redevables de ces soins. Retiré dans un coin, celui-ci vit avec surprise entrer deux aras, aux visages de femmes (1), qui préparèrent aussitôt le maïs et les viandes qui devaient servir au repas. En l'apercevant, les deux oiseaux voulurent s'enfuir, mais il en saisit un qui devint sa femme; il eut d'elle six enfants, trois fils et trois filles, dont l'union donna naissance à toute la tribu des Cañaris, qui depuis peupla cette province, et qui eut toujours une grande vénération pour les aras (2).

Ces traditions sont d'autant plus remarquables, qu'on y retrouve évidemment le souvenir de la catastrophe qui modifia si considérablement le continent américain, et de la présence de l'homme au milieu des bouleversements effroyables d'où sortirent plusieurs portions de la Cordillère des Andes. En confirmation de ces traditions, d'autres récits ajoutent que les lieux où se passèrent ces grands événements, aujourd'hui froids et stériles, à cause de leur élévation extraordinaire au-dessus du niveau de la mer, étaient, avant l'inondation, une terre basse et chaude d'une fécondité sans exemple : les fruits, dit la légende, y mûrissaient en cinq jours, et l'on y voyait des multitudes d'oiseaux, parés des plus vives couleurs. Le manuscrit auquel nous empruntons ces récits, ajoute qu'on trouve encore aujourd'hui des preuves de cette étonnante fertilité dans les traces d'antique culture, visibles à la Puna de Pariacaca et au mont de Villcacoto, entre Huarocheri et Surco (3).

(1) Ou plutôt deux femmes, portant le nom d'Ara.

(2) Voir, au sujet du culte de l'ara, le chapitre de Lizana, à la suite de Landa, page 361.

(3) Le docteur Avila, curé de Huarocheri, qui recueillit ces faits, les discuta en théologien de son époque, et tout en convenant de la véracité des Indiens qui les lui donnaient, ne trouva moyen ni de les rejeter, ni de les admettre. La géologie avait fait fort peu de progrès à cette époque, et le soulèvement des terres *yunga* ou chaudes, devenues dans l'espace de cinq jours une *puna* glacée, lui paraissait une chose impossible.

Au royaume de Quito, nous retrouvons *Coniraya* sous le nom de *Con*, représenté à Liribamba, capitale des Puruhuas, sous la figure d'une marmite, surmontée d'une bouche et de lèvres humaines ensanglantées. Con, première et suprême puissance, dit Velasco (1), qui n'avait ni chair, ni os, de même que les autres hommes, et qu'on croyait venu du septentrion, abaissant les montagnes et soulevant les vallées par sa seule volonté. C'est évidemment le même que *Chons* ou *Chunsu*, l'Hercule égyptien, dont Birch traduit également le nom copte par *force, puissance, chasser*, etc., et qui, comme le *Chon* péruvien, châtie les peuples rebelles (2). Sous le nom de *Suha-Cun* ou *Suha-Chum-Su*, qu'on retrouve encore dans celui de *Sogonmoso*, on le revoit dans la Nouvelle-Grenade, où il opère des prodiges comme au Pérou (3). C'est *Chibcha-Con* ou *Cun* ou *Chum*, qui, pour punir les hommes, crée les torrents de Sopo et de Tibito, inonde les plaines et les vallées du Bogota, d'où les populations au désespoir s'enfuient vers les cimes les plus élevées de la Cordillère. De là ils invoquent le dieu Bochica, qui lance sa baguette d'or contre la montagne Tequendama, ouvrant ainsi la brèche, par où s'écoulèrent les eaux, à l'endroit où la rivière de Funzha forme la célèbre cataracte de ce nom. Pour punir Chibcha-Cum, Bochica le condamne à porter le monde sur ses épaules, ainsi que l'Atlas des Grecs ; c'est lui qui produit les tremblements de terre, lorsqu'il est fatigué, en transportant son fardeau d'une épaule à l'autre (4).

§ VII.

Désolation du monde américain. Déluge de feu des Mocobis. Tradition des Yuracares. Effet des catastrophes volcaniques. Tradition d'un changement survenu dans les astres.

Ainsi, de quelque côté que l'on tourne les yeux sur ce vaste continent, au nord, au centre, comme au midi, aux États-Unis,

---

(1) Velasco, *Hist. du roy. de Quito*, liv. II, § 2, n. 1, et § 4, n. 4.
(2) Bunsen, *Egypt's place in universal history*, vol. 1, page 392.
(3) Zamora, *Hist. de la prov. de Nueva Grenada*, lib. II, cap. 16. — De *Suha-Con, Cun, Chun*, ou *Chum*, noms identiques, vient probablement celui de *Cundinamarca* ou *Cun-tina-marca*, qui est donné à cet ensemble de provinces, comprenant Bogota, Velez, Pamplona, la Grita, Merida, Muso, Ebate, Panches, Neyba, Marquetones, Sutagaos, Ubague, Tensa, Lengupa, Sogamoso et Chita. (Piedrahita, *Hist. Gen. de las Conquistas del reyno de Nueva-Grenada*, Part. I, lib. 1, cap. 1.)
(4) Simon, *Hist. de Tierra-Firm*. Part. II, noticia IV, cap. 4.

le long des Andes, comme aux Antilles, ainsi que dans la Cordillère du Mexique, les souvenirs de l'homme se reportent par des traditions de toute espèce à cette immense catastrophe, dont ses ancêtres avaient été témoins. C'est partout, plus ou moins, le même récit, celui des eaux franchissant leurs limites et envahissant la terre ferme, dont elles détruisent en quelques jours les villes et les populations ; c'est le continent ébranlé par les mêmes secousses qui agitaient les flots et soulevaient les montagnes. Après des siècles de tranquillité, une puissance inconnue se révélait tout à coup : le calme de la nature n'était qu'une illusion et les nations se sentaient rejetées violemment dans un chaos de forces destructives (1). L'homme ne voyait plus que la mort de toutes parts, la terre se dérobait sous ses pieds : il invoquait le ciel qu'il ne voyait plus ; il errait dans l'obscurité sur les débris de sa demeure, envahie par les eaux auxquelles il cherchait à échapper, en se réfugiant dans les grottes, au sommet des montagnes. De là les pyramides nombreuses qu'il édifia après le cataclysme et où il établit sa demeure, en mémoire des hauts lieux où il avait eu le bonheur de se sauver, et qu'il consacra ensuite par reconnaissance à la divinité (2).

Durant ces jours de destruction, il ne voyait plus dans les éléments que l'image d'une conjuration funeste, où le feu venait joindre ses fureurs aux convulsions étranges opérées par les eaux ou les tremblements de terre. D'épouvantables bruits, divinisés, depuis, dans le *Tepeyolotl* (3) au Mexique, dans le *Ru Qux huyu* de l'Amérique centrale (4), autre symbole de Typhon et des

---

(1) « Un tremblement de terre se présente à l'homme comme un danger indéfinissable, mais partout menaçant. On peut s'éloigner d'un volcan, on peut éviter un torrent de lave, mais que la terre tremble, où fuir? Partout on croit marcher sur un foyer de destruction. » (Humboldt, *Cosmos, essai d'une description physique du monde*, trad. de Faye, tom. I, pag. 168.)

(2) C'est ainsi que la tradition rapportait que la pyramide de Cholula avait été construite par Xelhua, un des géants anté-diluviens, en mémoire de la montagne de Tlaloc où il s'était réfugié avec ses frères, au moment de l'inondation.

(Rios, *Cod. Mex. Vatican.*)

(3) *Tepeyolotl* signifie le cœur des montagnes, en langue nahuatl. — « Dicese deste nombre á reverencia de como quedo la tierra despues del diluvio. — Este Tepeyolotl es lo mesmo que el retumbo de la voz, cuando retumba en un valle de un cerro á otro. — Ponenle este nombre á la tierra de tiguere (*tigre*, traduction figurée de *Tepeyolotl*) por ser el tiguere el animal mas bravo y aquel retumbido que dan las vozes en los cerros dizen que quedo del diluvio. » (*Cod. Tell. Rem. Mex.* fol. 9. v. et 10. r.)

(4) *Ru Qux huyu*, le cœur des

feux intérieurs, déjà exprimés par Zipacná, annonçaient ses efforts souterrains ; il éclatait enfin au milieu des montagnes et des plaines, et le salut du monde américain, si bien représenté par le symbole de la sarbacane de Hunahpu, était inauguré par une ruine et une désolation universelles. Les volcans, qui s'entr'ouvraient sur toute la chaîne des Cordillères, vomissaient à la fois du feu, de l'eau et des torrents de lave ou de boue embrasée qui consumaient ce que les eaux de l'inondation avaient respecté. C'est encore là ce que racontent les traditions des tribus brésiliennes. Les Mocobis disaient que la lune est un homme, *Cidiago* (Lunus), dont les taches sont les entrailles que des chiens célestes s'efforcent de lui arracher, lorsqu'il y a une éclipse. Le soleil s'appelle *Gdazoa*, c'est-à-dire compagne. Ce dernier étant tombé du ciel, un Mocobi le releva et le mit où il est : il tomba une seconde fois et alors il incendia toutes les forêts. Quelques Mocobis se sauvèrent en se cachant sous les eaux dans les rivières, où ils furent transformés en caïmans et en gabinis : seuls, un homme et une femme étant montés sur un arbre pour fuir le danger, la flamme, en passant, leur rôtit le visage et ils furent changés en singes (1).

Suivant les *Yuracares*, le monde avait commencé au sein des sombres forêts habitées aujourd'hui par eux. Un génie malfaisant, nommé *Sararuma*, embrasa toute la campagne : aucun arbre, aucun être vivant ne se sauva de cet incendie. Un homme ayant eu la précaution de se creuser une demeure souterraine fort profonde, s'y était retiré avec des provisions, et seul il avait échappé au désastre universel. Pour s'assurer si les flammes avaient toujours la même force, cet homme sortait de temps en temps de son trou une longue baguette. Les deux premières fois il la retira enflammée, mais la troisième elle était froide. Il attendit encore quatre jours avant de sortir lui-même. Se promenant ensuite tristement sur cette terre désolée, sans aliments ni abri, il déplorait son isolement, lorsque Sararuma, tout vêtu de rouge, lui apparut et lui dit : Quoique je sois la cause de tout le mal, j'ai néanmoins compassion de toi.

---

monts, en langue cakchiquèle et quichée, le même que le *Tepeyolotl* en mexicain. (*Manuscrit cakchiquel*, etc.)

(1) Guevara. *Historia del Paraguay, Rio de la Plata y Tucuman*, etc. en la Colec. de la *Hist. Argentina*, Buenos-Ayres, 1854, tom. I, page 210.

En même temps il lui donna une poignée de graines de plantes les plus nécessaires à la vie humaine, en lui ordonnant de les semer, et dès qu'il eut obéi, un bois magnifique se forma aussitôt comme par enchantement (1).

D'un côté, l'incendie des champs et des forêts ; de l'autre, les exhalaisons et les fumées sorties des fournaises entr'ouvertes dans les montagnes, ruinaient les nations que les secousses et les ravages de la nature avaient épargnées jusque-là : l'air s'épaissit de vapeurs aqueuses, de gaz sulfureux qui remplirent toute l'atmosphère. C'est ainsi qu'on explique cette vaste nuit qui régna sur toute la terre américaine et dont parlent unanimement les traditions (2) : le soleil n'existait plus, en quelque sorte, pour ce monde ruiné qui n'était éclairé par intervalles que par des embrasements affreux, qui montraient au petit nombre d'hommes échappés de ces calamités toute l'horreur de leur situation. Mais il leur fallait de nouveaux malheurs pour que le soleil pût rendre à la terre ses rayons interceptés par la fumée et les vapeurs infectes qui l'environnaient. Il fallait que l'atmosphère se purifiât, qu'à cet effet les nuages qui touchaient à la terre se résolussent en pluie ; ainsi des torrents d'eau tombèrent du ciel, sillonnant les nouvelles montagnes, depuis leurs sommets jusqu'aux rivages de la mer, et s'entr'ouvrirent un passage à travers les débris et les détritus de toute espèce que les tremblements de terre, les volcans et les incendies avaient accumulés. C'est là peut-être ce qui explique pourquoi, dans les traditions de plusieurs contrées, le déluge apparaît comme la dernière des grandes catastrophes dont le monde américain fut affligé à cette époque.

De nos jours, d'ailleurs, on a vu des effets analogues re reproduire au Pérou et dans l'Equateur, où de violentes secousses de tremblement de terre occasionnèrent de brusques changements de température et l'invasion subite de la saison des pluies, avant l'époque où elle arrive ordinairement sous les tropiques. On ne sait, ajoute Humboldt (3), s'il faut attribuer ces phéno-

---

(1) A. d'Orbigny, *Voyage dans l'Amérique mérid.* tom. III, part. 1, page 107.

(2) Le *Codex Chimalpopoca* en parle d'une manière particulière, et c'est là qu'on trouve la mention d'une nuit de vingt-cinq ans ; il en est parlé également dans le *Popol Vuh* ou Livre Sacré, bien qu'il semble souvent que ce ne soit, dans cet ouvrage, qu'une image d'un temps de ténèbres intellectuelles.

(3) *Cosmos*, etc. tom. I, page 165.

mènes aux vapeurs qui sortirent des entrailles de la terre et se mêlèrent à l'atmosphère, ou à une perturbation que les secousses auraient déterminée dans l'état électrique des courants.

Ce qui ajoute un intérêt considérable à ces traditions cosmogoniques, si diverses et cependant si uniformes au fond, c'est l'analogie qu'elles présentent, je dirais presque, la coïncidence avec quelques-unes des convulsions dont l'Europe et l'Afrique furent témoins durant les siècles anté-historiques de la Grèce. Les traditions du déluge d'Ogygès font mention d'une nuit qui dura neuf mois (1), et saint Augustin, d'après Varron, rapporte (2) qu'il y eut en ce temps-là des modifications extraordinaires dans la planète de Vénus, qu'elle changea de couleur, de grandeur, de figure et de cours. Un souvenir analogue se présentait au Mexique, dans la solennité qu'on célébrait au mois *Quecholli*, en commémoration de la chute ou descente des dieux *Tzontemocque* du ciel aux enfers (3), c'est-à-dire du changement qui s'était opéré, au moment de la grande catastrophe du déluge, dans la condition de plusieurs constellations, dont la principale était précisément *Tlahuizcalpan-teuctli* ou l'étoile de Vénus (4).

(1) Solin. *de situ et mirabilibus orbis*, cap. XVII.

(2) *De Civitate Dei*, lib. XXI, § 8.

(3) *Tzontemocque*, pluriel de *tzontemoc*, mot à mot chevelure qui descend ou qui tombe: c'est le nom donné généralement dans les histoires mexicaines aux dieux déchus du ciel au fond de la terre avec *Mictlanteuctli*, le dieu des morts ou du séjour infernal. « *Quecholli*. Entra » la fiesta de la bajada del Miquit- » lantecotli y del Tzontemocque y » los demas, y por esto le pintan » con los aderecos de guerra, porque » la truxo al mundo.—Propiamente » se a de dezir la cayda de los de- » monios que dizen que eran es- » trellas y asi ay aora estrellas en » el cielo que se dizen del nombre » que ellos tenian que son estos, » que se dizen Yyacatecuytli, Tla- » huizcalpantecoyntli, Ce-Yacatl, » Achitumetl, Xacupantal…, Mix- » cohuatl, Tezcatlipoca, Contemoctli. Como estos llamavanse » deste nombre antes que cayesen » del cielo, y aora se llaman… » tzitzimitli, como quiere dezir » cosa mostruosa o temerosa. » (*Cod. Tell. Rem. Mex.* fol. 4. v.)

(4) « *Tlahuizcalpanteculli* o la » estrella Venus (c'est-à-dire le Sei- » gneur qui éclaire le haut des mai- » sons). Este Tlahuizcalpan-teuctli » o estrella Venus es el Queçalco- » vatl…Dizen que es aquella estrella » que llamamos Luzero del alva y » asi lo pintan con una caña, que » era su dia. » (*Cod. Tell. Rem. Mex. loc. cit.*)

§ VIII.

Tradition de l'Atlantide dans Platon. Son authenticité confirmée par les souvenirs historiques de la Grèce et géologiques de l'Afrique septentrionale. Les petites Panathénées, établies en mémoire d'une invasion antique, sortie des mers de l'ouest. Disparition du lac Triton.

D'accord avec la tradition mexicaine et quichée qui avait conservé, dans la solennité des fêtes de l'expiation, le souvenir des trois grandes catastrophes terrestres, les prêtres de Saïs rappelaient, de leur côté, à Solon, que la terre avait été bouleversée par plusieurs déluges (1). Dans le traité d'*Isis* et d'*Osiris*, Plutarque, en cherchant à expliquer l'histoire de cette divinité (2), s'applique à démontrer, ainsi que l'ont fait divers autres auteurs, que les malheurs d'Osiris n'étaient qu'un symbole des calamités qui avaient affligé la terre, envahie par les flots ; que la défaite de Typhon signifiait la retraite de la mer, et que la victoire d'Horus et celle d'Isis, cherchant partout les membres dispersés de son époux, représentaient les portions de la terre reconquises sur les eaux, découvertes et desséchées. Malgré les sarcasmes que des écrivains se sont plu, au dernier siècle, à jeter sur le récit de l'Atlantide, il ne nous semble pas hors de propos de le rappeler ici en regard des traditions, conservées aux Antilles et sur les divers points du continent américain, au sujet des terres englouties anciennement dans les deux océans qui baignent les côtes de ce vaste continent. C'est que l'état des découvertes de la science et de la critique historique nous ramène involontairement vers la Grèce et l'Égypte, comme point de départ de toutes les histoires, soit que nous remontions à des opinions qui renferment en germe celles qui dominent aujourd'hui, soit que nous parcourions cette longue série de tentatives, faites dans le but d'étendre l'horizon des connaissances humaines.

« Solon, Solon, disait le prêtre de Saïs, en parlant au législa-
» teur athénien, vous autres Grecs, vous êtes toujours des en-
» fants et il n'y a point de vieillards parmi vous ! » Puis, après un court préambule, il ajoutait : « Or, parmi tant de
» grandes actions de votre ville, dont la mémoire se conserve

---

(1) Platon, *Timée*, trad. de M. Victor Cousin, tome XII, page 3.

(2) *OEuvres morales*, trad. de Ricard. Tom. XVI.

» dans nos livres, il en a une surtout qu'il faut placer au-dessus
» de toutes les autres. Ces livres nous disent quelle puissante
» armée Athènes a détruite, armée qui, venue à travers la mer
» Atlantique (1), envahissait insolemment l'Europe et l'Asie.
» Car cette mer était alors navigable, et il y avait au delà du
» détroit, que vous appelez les colonnes d'Hercule, une île plus
» grande que la Libye et l'Asie (2). De cette île, on pouvait fa-
» cilement passer aux autres îles, et de celles-là à tout le con-
» tinent qui borde tout autour la mer intérieure (3); car ce qui
» est en deçà du détroit dont nous parlons, ressemble à un port
» ayant une entrée étroite (4); mais c'est là une véritable mer,
» et la terre qui l'environne un véritable continent. Dans cette
» île Atlantide (5) régnaient des rois d'une grande et merveil-
» leuse puissance; ils avaient sous leur domination l'île entière,
» ainsi que plusieurs autres îles, et quelques parties du conti-
» nent. En outre, en deçà du détroit, ils régnaient encore sur
» la Libye jusqu'à l'Égypte, sur l'Europe jusqu'à la Tyrrhénie (6).
» Toute cette puissance se réunit un jour pour asservir d'un
» seul coup notre pays (7), le vôtre et tous les peuples situés

(1) Les mots *atlas* et *atlantique* n'ont d'étymologie satisfaisante dans aucune langue connue en Europe. Dans la langue nahuatl nous trouvons tout d'abord le radical *a*, *atl*, qui signifie eau, guerre et le sommet de la tête. (Molina, *Vocab. en lengua mexicana y castellana*, etc.) De là une série de mots, tels qu'*atlan*, au bord ou au milieu de l'eau, dont on fait l'adjectif *atlantic*. Nous avons encore *atlaça*, combattre ou être en agonie; il peut signifier également lancer de l'eau et le prétérit fait *atlaz*. Une ville d'*Atlan* existait au temps de la découverte de l'Amérique, à l'entrée du golfe d'Urabá au Darien, avec un bon port : elle est réduite aujourd'hui à un pueblo sans importance, nommé *Acla*.

(2) Ce qu'on appelait l'Asie à cette époque ne comprenait que l'Asie Mineure.

(3) Ces autres îles auraient-elles été les Antilles et la mer intérieure, bordée par ce continent, l'Océan Pacifique, puisque cette mer seule (sans doute à cause de son étendue) pouvait s'appeler une véritable mer, et ce continent un véritable continent ?

(4) Cette mer en deçà du détroit était la Méditerranée.

(5) D'après cette description, l'île Atlantide aurait été beaucoup plus rapprochée de l'Europe et de l'Afrique que de l'Amérique, et le lac *Triton* dont parle Diodore, disparu depuis par suite d'un tremblement de terre, et qui se trouvait à l'extrémité occidentale de l'Afrique, n'aurait été que l'étendue de mer intérieure entre l'Atlantide et la Libye.

(6) C'est précisément dans cette circonscription, comprenant la Libye, l'Égypte et l'Europe jusqu'à la Tyrrhénie, qu'on trouve les débris des races les plus différentes des races indo-européennes, celles dont la constitution physique, les antiques coutumes et les langues se rapprochent le plus de la constitution, des mœurs et des langues des peuples de l'Amérique.

(7) Cette grande invasion de peuples, sortis des mers de l'Ouest et

» de ce côté du détroit. C'est alors qu'éclatèrent au grand jour
» la vertu et le courage d'Athènes. Cette ville avait obtenu,
» par sa valeur et sa supériorité dans l'art militaire, le comman-
» dement de tous les Hellènes. Mais, ceux-ci ayant été forcés
» de l'abandonner, elle brava seule les plus grands dangers,
» arrêta l'invasion, érigea des trophées, préserva de l'esclavage
» les peuples encore libres, et rendit à une entière indépendance
» tous ceux qui, comme nous, demeurent en deçà des colonnes
» d'Hercule (1).

» Dans la suite, de grands tremblements de terre et des inon-
» dations engloutirent en un seul jour et en une fatale nuit,
» ce qu'il y avait chez vous de guerriers; l'île Atlantide dis-
» parut sous la mer ; aussi, depuis ce temps, la mer est-elle de-
» venue inaccessible et a-t-elle cessé d'être navigable par la
» quantité de limon que l'île abîmée a laissé à sa place (2).

Aujourd'hui, malgré le silence qu'on paraît garder à ce sujet, on doute moins que jamais de l'authenticité de ce récit, et Bunsen, dont le monde savant admet la vaste érudition, se trouve lui-même forcé de le regarder comme un fait entièrement historique, quoiqu'il cherche maladroitement à en dénaturer les conséquences (3). « Le récit de Platon, ajoute à ce sujet Bailly (4), a tous les caractères de la vérité. Ce n'est point une fiction pour amuser et instruire ses lecteurs. La preuve que Platon a raconté et non imaginé, c'est qu'Homère, venu six siècles avant lui, Homère, versé dans la connaissance de la géographie et des mœurs étrangères, a, dans l'Odyssée, parlé des Atlantes, de leur île (5)..... Le nom d'Atlas ou du peuple atlante retentit chez

dont on retrouve déjà tant de traces en Afrique et en Europe, dans les races et les langues qui ne sont pas d'origine âryane ou sémitique, devrait, ce nous semble, donner quelque peu à réfléchir aux savants qui prétendent réduire la philologie, comparée à l'hébreu et au sanscrit. C'est dans cette invasion qu'on sera forcé peut-être un jour de chercher l'origine des *Hycsos*, qui en étaient probablement le dernier flot.

(1) N'est-ce pas à une des grandes invasions âryanes que Platon pouvait faire allusion, quand il oppose cette armée athénienne, venant de l'Est, pour combattre l'invasion atlantique, que les Athéniens, d'origine âryane, repoussèrent, et dont ils conservèrent le souvenir dans la célébration des petites Panathénées ? De là probablement date la prépondérance de la race blanche âryane sur les races plus ou moins brunes qu'elle trouva en Europe.

(2) Platon, *Timée*, traduct. de M. Victor Cousin, tom. XII, page 3 et suiv.

(3) *Egypt's place in universal history*, etc., vol. IV, pag. 421.

(4) *Lettres sur l'Atlantide*, p. 43.

(5) *Odyssée*, trad. de Mme Dacier,

tous les écrivains de l'antiquité. » Il aurait pu ajouter : Et tous le placent dans l'Océan qui porte encore aujourd'hui son nom, à l'extrémité de l'Europe et de l'Afrique.

Reprenant à son tour la même matière, Humboldt dit : « Après la prétendue prophétie de Sénèque, c'est la grande catastrophe de l'Atlantide de Solon, qui, au moment de la découverte de l'Amérique, a le plus occupé les auteurs espagnols (1)..... Je m'abstiendrai, écrit-il, quelques lignes plus bas, de soulever de nouveau une question de géologie si fastidieusement rebattue. » Mais le sujet entraîne, malgré lui, ce savant penseur, et il continue avec sa pénétration habituelle : « Les problèmes de la géographie mythique des Hellènes ne peuvent être traités selon les mêmes principes que les problèmes de la géographie positive. Ils offrent comme des images voilées, à contours indéterminés. Ce que Platon a fait pour fixer ces contours et agrandir les images en y appliquant les idées d'une théogonie et d'une politique plus modernes, a fait sortir le mythe de l'Atlantide du cycle primitif des traditions auquel appartiennent le grand continent Saturnien (2), l'île enchantée, dans laquelle Briarée veille auprès de Saturne endormi et la Méropis de Théopompe. Ce qu'il importe de rappeler ici, c'est le rapport historique du mythe de l'Atlantide avec Solon. Dans sa plus simple expression, le mythe désigne l'époque « d'une guerre de peuples qui vivaient hors des colonnes d'Hercule contre ceux qui en sont à l'est. » C'est une irruption de l'Ouest. Dans la terre *Méropide* (3) de Théopompe et dans la terre Saturnienne de Plutarque, nous voyons, comme dans l'Atlantide, un continent en comparaison duquel notre οἰκουμένη ne forme qu'une petite île. La destruction de l'Atlantide par l'effet des tremblements de terre se lie aussi à l'antique tradition de la Lyctonie, mythe géologique qui se rapporte au bassin de la Méditerranée, depuis l'île de Cypre et l'Eubée jusqu'en Corse, et qui, peut-être dans des temps bien récents, mais à

---

tome I, page 5; tome II, page 7. Remarques; tome I, page 65; tome II, pages 45 et 47.

(1) *Examen critique de l'hist. de la géogr. du N. Continent*, tom. I, page 167 et suiv.

(2) Plutarque, *De facie in orbe lunæ*, page 941, 2. Voir mon ouvrage *Popol Vuh* ou Livre Sacré, dans l'introduction, page xcix.

(3) Ce nom de Méropis, ajoute en note Humboldt, faisait-il allusion, en se liant au Titan *Atlas*, à la seule de ses filles, qui s'était unie à un mortel, et qui, dans les Pléiades, restait *voilée* (obscurcie), presque cachée au regard des hommes? (Apollod. Bibl., III, 10, 1, page 83, éd. Heyne.)

l'imitation de la savante école d'Alexandrie, servait à étayer des systèmes géologiques par les traditions primitives des Hellènes, et fut célébrée dans les Argonautiques du faux Orphée (1). Ce mythe de la Lyctonie, bien ancien, sans doute, indiquant un danger menaçant le continent et les îles de la Grèce que les Atlantes veulent conquérir, aurait-il été transporté peu à peu vers l'ouest, au delà des Colonnes? Il est aussi bien remarquable que, parmi tous ces mythes cosmologiques que nous venons de citer, la Lyctonie et l'Atlantide soient les seuls pays qui, sous l'empire de Neptune, dont le trident fait trembler la terre, soient engloutis par de grandes catastrophes. Les continents Saturniens n'offrent pas cette particularité, et pour cela même l'Atlantide, malgré son origine probablement égyptienne et étrangère à la Grèce, me paraît un reflet de la Lyctonie. De grands bouleversements ou, si l'on préfère une autre expression, la croyance de ces bouleversements que l'aspect de la surface du globe, des péninsules, de la position relative des îles et de l'articulation des continents faisaient naître, devaient occuper les esprits sur toutes les côtes de la Méditerranée, lors même que l'Égypte, comme le prétendaient les prêtres, était, moins que tout autre pays, exposée à voir interrompre par des révolutions physiques, brusques et partielles, l'ordre régulier des phénomènes politiques....

« La liberté extrême avec laquelle Platon, surtout dans le Critias, traite le sujet de l'Atlantide, a rendu très-naturellement douteux le rapport de tout ce mythe avec Solon..... Dans cette supposition, récemment renouvelée (2), Platon, loin d'avoir puisé à la source de Solon, aurait rapporté lui-même le mythe de l'Atlantide de son voyage d'Égypte. Mais la vie de Solon par Plutarque semble rendre au grand législateur d'Athènes le poëme dont on voudrait nier l'existence. Le biographe nous dit, en effet, que « Solon conférait avec les prêtres Psenophis et » Sonchis, d'Héliopolis et de Saïs, desquels il apprit le mythe de

---

(1) Vers. 1274-1281. Sur un passage analogue de Callimaque. Voyez Ukert, *Geogr. der Romer und Griech.*, tome I, Abth. 2, pag. 246-348, et tom. II, Abth. 1, pag. 194.

(2) Voyez Kleine, *Quæst. quædam de Solonis vita et fragmentis*. Duitsb., 1832, pag. 8. D'un autre côté, M. Bach (*Solonis Athen. carmina quæ supersunt*, Bonnæ ad Rhen., 1825, page 35-56 et 113) croit que la famille de Platon avait conservé, non comme traduction, mais comme poëme, un écrit désigné par les mots λογός Ἀτλαντικός.

» l'Atlantide, qu'il essaya, comme l'affirme Platon, de mettre en
» vers et de publier en Grèce (1). »

D'après l'observation du grand helléniste allemand Boeck, c'est surtout la réminiscence de la guerre des Atlantes, dans les Petites Panathénées, qui parle pour la haute antiquité de la tradition de l'Atlantide, et qui prouve que tout, dans ce mythe, n'est pas de la fiction de Platon. « Dans les Grandes Panathénées
» on portait en procession un *peplum* de Minerve, représentant
» le combat des géants (*gigantes*) et la victoire des divinités de
» l'Olympe. Dans les Petites Panathénées (il faut omettre l'indi-
» cation de la localité où la procession eut lieu, parce qu'elle
» repose sur une erreur du scholiaste) on portait un autre
» *peplum* qui montrait comment les Athéniens, élevés par Mi-
» nerve, ont eu le dessus dans la guerre des Atlantes (2). » Les mêmes renseignements se trouvent dans Proclus, dans son commentaire du Timée où nous trouvons également la scholie suivante, conservée par lui : « Les historiens qui parlent des
» îles de la mer extérieure, disent que, de leur temps, il y avait
» sept îles, consacrées à Proserpine, trois autres d'une immense
» étendue, dont la première était consacrée à Pluton, la seconde
» à Ammon, la troisième (celle de mille stades de grandeur) à
» Neptune. Les habitants de cette dernière île ont conservé de
» leurs ancêtres la mémoire de l'Atlantide, d'une île extrême-
» ment grande, laquelle exerça, pendant un long espace de temps,
» la domination sur toutes les îles de l'Océan Atlantique, et
» était également consacrée à Neptune. Tout ceci, Marcellus l'a
» écrit ἐν τοῖς Αἰθωπικοῖς. » Une scholie du Timée dans les commentaires de Bekker (3) est mot à mot copiée de ce passage.

Cette réminiscence monumentale de la guerre des Atlantes sur le péplum des Petites Panathénées, ajoute ici Humboldt (4), et ce fragment de Marcellus, conservé par Proclus, indiquant le souvenir d'une catastrophe physique au delà des colonnes

---

(1) « Cette objection élevée contre le récit de Platon, et les noms des deux prêtres égyptiens que les dialogues ne désignent pas, me paraît indiquer que Plutarque, malgré l'éloignement du temps, puisait à des sources qui nous sont inconnues. » (Humboldt, *Examen*, etc., tom. I, page 174.)

(2) Bekkeri, *Comment. in Plat.*, tom. II, pag. 395. — *Schol. in Rempubl.*, I, 3, 1. Voir aussi les mêmes renseignements dans Proclus *in Tim.*, pag. 26. Humboldt, *ibid*.

(3) *Comment.*, tom. II, pag. 427.

(4) *Examen crit. de l'hist. de la géogr. du N. Continent*, tom. I, page 176.

d'Hercule, peut-être dans les îles Canaries même (qui ne sont probablement que des restes de l'ancienne Atlantide), méritent une sérieuse attention de la part de ceux qui aiment à pénétrer dans les ténèbres des traditions historiques. Ce qu'il importe d'abord de constater dans ce genre de recherches, c'est l'antiquité d'un mythe qu'à tort on a cru une fiction de la vieillesse de Platon, un roman historique, comme le *Voyage imaginaire d'Iambulus* (1) et les quatre-vingt-quatre livres d'Antoine Diogène *Des choses que l'on voit au delà de Thulé*. Ce qui dans les mythes géologiques peut appartenir à d'anciens souvenirs ou à des spéculations sur la conflagration primitive des terres, à la rupture des digues qui séparaient les bassins des mers, offre un problème entièrement distinct et peut-être plus insoluble encore.

« Les Atlantes, d'après les idées qui régnaient dans l'extrémité civilisée du bassin oriental de la Méditerranée, chez les Égyptiens et les Hellènes, sont un assemblage des peuples de l'Afrique boréale et occidentale, aussi différents sans doute de race que ceux que, dans le nord-ouest de l'Asie, on confondit longtemps sous la dénomination vague de Scythes et de Cimmériens. Les Atlantes des temps historiques sont à l'est des Colonnes d'Hercule. Hérodote les place à vingt journées des Garamantes; mais leur nom étant lié, comme il l'observe expressément, à celui du mont Atlas, les Atlantes mythiques ont pu être portés vers

---

(1) Diod., *Bibl. hist.*, trad. de M. Ferd. Hoefer, lib. II, § 55-60. — M. de Sainte-Croix (*Examen des historiens d'Alexandre*, page 737) croyait cependant que la Gulliveriade d'Iambulus avait quelque fond de vérité. Un écrivain, profondément versé dans les langues et les alphabets de l'Asie méridionale et orientale, M. Jacquet, a récemment fixé l'attention (*Nouveau journal asiatique*, tom. VIII, page 30; tom. IX, page 308) sur ce peuple qui « se servait de lettres d'après la valeur des signes indicateurs, au nombre de vingt-sept, qui, d'après les figures qu'elles affectent seulement au nombre de sept, éprouvent chacune quatre modifications, » comme dans les alphabets syllabiques des Indiens. Ne peut-on pas admettre que dans ces *Voyages imaginaires*, on se plaisait à mêler aux fictions des descriptions locales, quelques traits de mœurs et d'usage que l'on connaissait vaguement par les relations incohérentes d'anciens navigateurs? Le mélange de vérité et de fiction paraît avoir existé surtout dans la Panchaia d'Evhemere, malignement traitée de Bergæen, par Eratosthène (Gosselin, tom. II, pag. 138). Cette note est de Humboldt et pourrait s'appliquer à une foule de relations modernes de voyages, où les auteurs ne se gênent guère pour mêler le roman à la réalité. Combien de lecteurs ne connaissent le Pérou que par les *Incas*, de Marmontel, et le Mexique par les récits de Gabriel Ferry? Est-ce une raison pour nier l'existence de ces deux pays?

l'ouest, au delà des Colonnes, selon que la fable d'Atlas montagne a été reculée progressivement dans la même direction (1). La guerre des Atlantes avec les habitants de Cerné et les Amazones, si confusément traitée par Diodore de Sicile, eut lieu dans tout le nord-ouest de l'Afrique, au delà du fleuve Triton, limite (2) entre les peuples nomades et les peuples agricoles et plus anciennement civilisés, si toutefois il est permis d'assigner une localité déterminée à une lutte dans laquelle interviennent des êtres fabuleux, les Gorgones (3). Ajoutons que le lac Triton, suivant Diodore (4), n'est point sur les côtes de la Méditerranée, mais sur celles de l'Océan. Cette même région (et ce fait est d'autant plus digne d'attention, que Diodore ne fait nulle part mention de la destruction de l'Atlantide de Solon) « offrait de
» grandes éruptions volcaniques, πυρὸς ἐκφυσήματα μεγάλα. »

« Le lac Triton même disparut par l'effet d'un tremblement de terre et le déchirement du sol qui le séparait de l'Océan, dont le littoral était occupé par les Atlantes (5). Le souvenir de cette catastrophe et l'existence de la Petite Syrte, attribuée sans doute à un événement semblable, ont fait confondre quelquefois, chez les anciens (6), le lac et la Syrte. Des mythes de l'ancienne limite occidentale du monde connu peuvent donc avoir eu quelque fondement historique. Une migration de peuples de l'ouest à l'est, dont le souvenir conservé en Égypte a été reporté à Athènes et célébré par des fêtes religieuses, peut appartenir à des temps bien antérieurs à l'invasion des Perses en Mauritanie, dont Salluste a reconnu les traces, et qui, également pour nous, est enveloppée de ténèbres (7). »

(1) Letronne, *Idées cosmogoniques*, pages 8 et 9. (Heeren, tome I, 1, pag. 206-240 ; tom. II, 2, pag. 438) croit, d'après la route des caravanes, indiquée par Hérodote au delà des Garamantes, devoir placer les Atlantes de cet historien entre le Fezzan et le Bornou. C'était là peut-être un reste de ces populations, confondues depuis sous le nom de Berbères, et desquels peuvent être sortis les *Hycsos* ou rois pasteurs qui envahirent l'Égypte et élevèrent si haut les arts dans cette contrée, quoi qu'en dise Manethon.

(2) Hérodote, *Histoire*, etc. liv. IV, 191.

(3) Les Gorgones, dont le masque hideux se retrouve en Europe et en Asie, dans une foule de monuments anciens et modernes, existe en Amérique, dans un grand nombre de sculptures, de plusieurs siècles antérieures à Christophe Colomb.

(4) Diodor., *Bibliot. Hist.* lib. III, § 52-56.

(5) Id. *ibid.* — C'est là peut-être ce qui explique le silence de Diodore sur la disparition de l'Atlantide.

(6) Herodot., *Hist.*, lib. IV, 179.

(7) Sallust, *Bell. Jugur.*, cap. 18. — Plin., lib. V, 8. — Strab., lib. XVII, pag. 828, cas. — Ces Perses

§ IX.

Identité des traditions sur le cataclysme en Amérique, en Europe et en Afrique. Qu'était l'Amenti des Égyptiens. Origine incertaine de ce peuple. Sa parenté avec les nations libyennes. Sa ressemblance avec les Américains et les races qui échappèrent au cataclysme de l'ouest.

Ainsi, aux rivages les plus opposés de l'Océan, des traditions appartenant aux nations les plus diverses se sont conservées, à travers les siècles, pour affirmer le fait de l'existence de terres autrefois considérables, et que les eaux de la mer auraient englouties à la suite d'un cataclysme effrayant, et dont les détails paraissent également identiques des deux côtés. Au milieu des progrès que la science et la critique ont faits de nos jours, n'est-il pas étonnant de voir combien peu de savants ont osé entreprendre un examen impartial et approfondi des questions que Humboldt soulève ici sur cette matière. Assurément on ne révoquera pas en doute l'intérêt qu'elle présente sous le double aspect de l'histoire et de la géologie; nul ne contestera l'importance de la solution qu'on est en droit d'en attendre. Pourquoi donc semble-t-il, surtout en France, que l'on appréhende un tel travail? Quels préjugés nous empêchent de scruter ces mystères, quelles sont ces craintes qui se manifestent sous le dédain apparent que l'on montre aux moindres lueurs qui viennent de l'Occident? A-t-on donc peur d'études auxquelles on ne serait pas suffisamment préparé?

Le temps semble arrivé cependant de sonder les profondeurs de l'antique Océan, et de lui demander compte de ces terres englouties, d'où sortirent les nations qui menacèrent anciennement l'Europe et l'Afrique, et de nous efforcer de rattacher l'une à l'autre les histoires des deux continents, brisées par une immense catastrophe. C'est dans cette destruction d'une partie du monde qu'il faut chercher l'explication du mythe d'Osiris, vaincu par Typhon, si l'on en croit quelques interprètes du prétendu Livre des Morts, qui s'appuient sur les données de Plutarque, pour traduire ce livre mystérieux, dont nul *égyptologue*

---

dont parle Salluste ne pourraient-ils pas être identifiés avec quelques-unes des tribus aryanes qui envahirent l'Europe et chassèrent ou soumirent à leur domination les populations d'origine brune ou atlantique?

(1) Plutarque, *Traité d'Isis et d'Osiris*, passim.

n'a encore *brisé le sceau* (1). Ce sont ces interprètes, à qui nous posions simplement nos doutes, qui nous apprirent ce qu'était l'*Amenti* (2), ce *bassin de l'Ouest*, cette patrie primitive des Égyptiens, séjour de leurs ancêtres, devenu le séjour des morts, où les dieux de Menès, du fondateur (3), avaient pris naissance; de là venait qu'on les représentait sans cesse portés en barques, dans les grandes processions religieuses, pour signifier qu'ils étaient, ainsi que les dieux d'Homère, sortis de l'Océan (4).

Les plus savants égyptologues se taisent quand on leur demande d'où venaient les Égyptiens. Ils nous parlent vaguement de l'Asie, comme de leur berceau primitif, et c'est ce que nous admettons avec eux; puisque l'Asie est le premier berceau du genre humain. Mais ils cherchent vainement à l'Orient les traces de leur passage et de leur point de départ. Ils ne les ont pas trouvées, et qui sait s'ils les trouveront jamais? S'ils avaient été d'origine sémitique, ainsi que l'avance M. Brugsch (5), et s'ils étaient sortis directement de l'Asie, de l'Assyrie ou de l'Arabie, ils auraient entretenu naturellement un commerce habituel avec les peuples de ces contrées; ils se seraient servi du chameau, aujourd'hui l'animal le plus utile en Égypte, et ils n'auraient pas attendu jusqu'aux temps de la dix-huitième dynastie, pour introduire dans leur pays le cheval qu'ils y amenèrent de Syrie (6). On sait, d'ailleurs, que bien loin d'avoir aucune communication

---

(1) « A part les principaux livres de l'Ancien Testament, à part les Kings des Chinois, le Véda, quelques Gâthas du Zend-Avesta, et le *soi-disant Livre des Morts* de la vieille Egypte, dont le texte a été publié par Lepsius, mais dont nul égyptologue n'a encore brisé le sceau, nous ne possédons de toute l'antiquité que les œuvres d'une muse épique, dont la forme actuelle ne remonte pas très haut, à commencer par Homère (Eckstein, *Sur les sources de la cosmogonie de Sanchoniathon*, page 136). »

(2) *Bassin de l'Ouest.* Ainsi doivent s'interpréter les mots *Amen oti* de l'hiéroglyphe.

(3) *Men*, est le nom du douzième signe ou personnage du calendrier maya, l'un des vingt chefs primitifs suivant Nuñez de la Vega, et son nom, en maya comme en égyptien, signifie fondateur, édificateur.

(4) *Iliad.*, lib. XIV, etc. — Homère ou celui qui écrivit sous son nom, était parfaitement instruit de la géographie de son temps; il distingue parfaitement l'*Océan* du *Nil*, que la vanité égyptienne cherchait toujours à confondre. Voir Diod., *Biblioth. hist.*, lib. I.

(5) *Hist. d'Egypte, dès les premiers temps de son existence jusqu'à nos jours*, etc. Leipzig, 1859, prem. part., chap. I.

(6) Brugsch, *ibid.*, page 25, texte et note.

avec les nations de l'Orient, ils les avaient auparavant en horreur, ainsi que les autres étrangers. Est-ce de l'Éthiopie que venaient les Égyptiens? les égyptologues ne l'admettent pas davantage (1).

D'où sortait donc cette population de quelques millions d'hommes, isolés au bord du Nil, sans connexion aucune avec leurs voisins, ni pour les coutumes ni pour le langage, ni pour la couleur, ni l'aspect physiologique? Si nous les interrogeons, leur orgueil national leur fait répondre tout d'abord qu'ils sont autochtones, et qu'ils furent créés par le dieu Horus (2), entre les sables des déserts environnants et les bords de ce fleuve, dont le nom même n'a d'étymologie dans aucune langue de l'ancien monde (3) : mais des traditions anciennes nous montrent les Égyptiens, nouveaux venus dans leur pays, et conquérant le sol sur les races noires d'où l'Égypte tirait son nom, et qu'ils refoulèrent au midi pour s'établir à leur place (4). Dans leurs peintures murales, on les voit la tête de profil et l'œil de face : les hommes se distinguent par une couleur tirant plus ou moins sur le rouge brun, et ils sont sans barbe, signe caractéristique qui a été trop peu observé; les femmes en jaune (5), avec un jupon étroitement serré autour du corps, etc. Eh bien, cherchons autour d'eux, jetons les regards sur les nations qui les environnaient, interrogeons-les ; elles ne nous apprendront rien. Nous ne trouverons rien d'analogue dans l'ancien monde. Mais tournons à l'ouest, passons les mers, franchissons l'Océan, et

---

(1) Id. *ibid.*, page 2.
(2) Id. *ibid.*, page 3.
(3) Il existe au Guatémala un cours d'eau considérable, du nom de *Nil*, qui descend de la Cordillère de Soconusco à l'Océan Pacifique. Ce nom, dans le vocabulaire quiché de Ximenez, est traduit par ces mots, *cosa sosegada, que está en paz*, tranquille, paisible. Deux documents anciens en font mention : le *Titulo de los señores de Totonicapan* et le *Titulo de los señores de Quezaltenango*. Un Vocabulaire quiché donne au Couchant, c'est-à-dire au côté du Pacifique, le nom de *Pa-Nile*, la région du Nil.
(4) Il résulterait des travaux de Lepsius, aussi bien que d'autres égyptologues, d'après MM. Nott et Gliddon, qu'avant la fondation du premier empire.... la population de cette contrée (l'Egypte) était africaine, et la langue originaire de la vallée du Nil (Nott and Gliddon, *Indigenous races of the earth*, vol. 1, ch. I, num. 9-10. — Perier, *Sur l'Ethnogénie égyptienne*, etc., dans les Mém. de la Société d'Anthropologie, tom. I, pag. 464).
(5) Brugsch, *Histoire d'Egypte*, etc. page 3. — Aubin, *Mémoire sur la peinture didactique et l'écriture figurative des anciens Mexicains*, page 13. — Pruner-Bey, *Recherches sur l'origine de l'ancienne race égyptienne*, dans les Mémoires de la société d'Anthropologie. Paris, 1863, tom. I, page 462.

sur le continent opposé, nous reverrons immédiatement réunies toutes ces particularités que nous chercherions vainement à découvrir dans l'Égypte aujourd'hui, excepté dans les peintures de ses nécropoles (1) : nations rouges ou cuivrées, sans barbe, nous les retrouverons, non dans quelques provinces isolées, mais dans la plus grande partie de l'Amérique (2). Pour soixante pyramides que l'on a découvertes en Égypte, on en aura mille au Mexique, et dans l'Amérique centrale : là, on trouvera des sculptures, des livres, des tombeaux, des monuments de toute espèce qui rappelleront sans cesse l'Égypte, et, en bien des lieux, en voyant une pauvre femme indigène, revêtue de son costume de fête, on croira se trouver en présence de la déesse Isis elle-même.

Conclurons-nous de cet ensemble de faits, que l'Égypte est une colonie sortie de l'Amérique? Il serait téméraire, croyons-nous, de trancher si vite une question d'une si haute importance. Dans l'exposé qui précède, comme dans l'examen qui va suivre, nous ne voulons construire aucun système ; nous n'avons d'autre dessein que de mettre en évidence des points d'histoire, généralement fort peu connus, et de placer sous les yeux des lecteurs les côtés saillants des annales du monde ancien, en regard de ceux que présentent les traditions du monde *nouveau*, sans nous préoccuper, en quoi que ce soit, de la priorité de l'un ou de l'autre. C'est à une science plus approfondie et à des investigations de critique impartiale à prononcer sur la foi de preuves plus décisives. Nous nous estimerons heureux si, pour le moment, nous réussissons à porter quelques nouvelles lumières sur cette matière obscure, et à y attirer un peu plus l'attention des savants.

Sans travailler ici avec Bailly à reconstituer l'histoire d'un peuple perdu, encore trop douteuse, nous inclinons, toutefois,

---

(1) Le lecteur qui voudra se donner le plaisir de voir un spécimen de la race américaine des bords du Nil, n'a qu'à jeter les yeux sur le petit grammate assis sur un socle, au centre de la salle n° 2 du Musée égyptien du Louvre. Quiconque a vu et observé de près l'indigène américain, ne saurait s'y méprendre; pour moi c'est le portrait vivant d'un Indien de Rabinal.

(2) Ceci est un fait généralement admis et sur lequel il est inutile de s'appesantir. On pourrait y objecter qu'en bien des lieux les hommes se peignaient en rouge, en signe de supériorité ou de victoire; mais où a-t-on vu ailleurs que dans les peintures égyptiennes ou mexicaines, qu'ils fussent à la fois rouges et sans barbe, surtout sans moustaches? L'appendice qui leur est *attaché* au menton ne peut être qu'un ornement et ne passera jamais pour de la barbe, aux yeux de gens non prévenus.

à reconnaître avec Humboldt, que le mythe de l'Atlantide, dans sa plus simple expression, « désigne l'époque d'une guerre de » peuples qui vivaient hors des Colonnes d'Hercule, contre ceux » qui en sont à l'est, c'est-à-dire une irruption de l'ouest (1). » Et ainsi que nous le disions un peu plus haut, avec le savant auteur du Cosmos, « une migration de peuples de l'ouest à l'est, » dont le souvenir conservé en Égypte a été reporté à Athènes » et célébré par des fêtes religieuses, peut appartenir à des temps » antérieurs à l'invasion des Perses en Mauritanie, dont Salluste » a reconnu les traces. »

Ce n'est pas sans dessein que nous répétons ici ces paroles. Elles sont pour nous comme un reflet des relations qui existèrent dans des temps anté-historiques, entre le continent de l'Amérique et le nôtre, relations qu'auraient violemment rompues les grandes irruptions volcaniques, dont nous avons parlé plus haut, et qui paraissent avoir eu lieu simultanément en Amérique, en Afrique et dans toute la chaîne des montagnes de l'Asie centrale. Nous n'examinerons pas ici ce qu'il peut y avoir de réel ou d'imaginaire dans les descriptions de l'Atlantide, rapportées dans le *Critias* (2); il nous suffit de savoir que la navigation, probablement plus parfaite alors qu'elle ne le fut après le cataclysme, était facilitée par l'existence de cette grande île « d'où l'on pouvait passer aisément aux autres îles, et de celles-là » à tout le continent qui borde tout autour la mer intérieure. » Les communications existaient donc d'un continent à l'autre, et les traditions, non moins que les preuves géologiques, ne manquent pas à ceux qui affirment, que des terres considérables furent englouties également dans l'Océan Pacifique, soit du côté américain, soit aux extrémités de l'Asie orientale, comme du côté atlantique, arrêtant ainsi à l'ouest les peuples qui menaçaient l'Europe, et interrompant les progrès d'une civilisation occidentale, dont les uniques témoignages sont, peut-être, les monuments des premiers Egyptiens, successeurs de Menès.

Ce qui paraît également hors de doute, c'est qu'une grande puissance maritime, établie dans ces îles atlantiques, comme aujourd'hui celle de la Grande-Bretagne, exerçait une influence considérable sur les deux continents opposés. « Dans cette île

---

(1) *Essai sur l'hist. de la géogr. du N. Continent*, tome I, page 170.

(2) Voir le *Critias*, trad. de M. Victor Cousin, tom. XII.

» Atlantide régnaient des rois d'une grande et merveilleuse puis-
» sance; ils avaient sous leur domination l'île entière, ainsi que
» plusieurs autres îles et quelques parties du continent. En
» outre, en deçà du détroit, ils régnaient sur la Libye jusqu'à
» l'Égypte, et sur l'Europe jusqu'à la Tyrrhénie. » Si, après avoir
lu ces lignes, on jette les yeux sur une carte de l'ancien monde et
que l'on examine les lieux que désigne ici Platon, on y retrouvera,
précisément en Afrique comme en Europe, tout un ensemble de
populations, dont il a été jusqu'à présent, non-seulement difficile, mais à peu près impossible de tracer la filiation, soit avec
les souches aryanes, soit avec les races sémitiques. Ce sont tout
d'abord les Égyptiens eux-mêmes, dont les ethnographes les plus
distingués sont réduits à faire une race autochtone, faute de savoir à quel groupe les rattacher (1); ce sont ensuite les Berbères,
ainsi que la plupart des nations libyennes, à qui l'on trouve des
liens de parenté avec les Égyptiens, liens que les découvertes
modernes semblent resserrer davantage chaque jour (2); ce sont
les Ibères et les Basques, que, de toutes parts, on commence à
rattacher, à leur tour, aux Berbères, d'un côté; de l'autre, aux
Finnois et aux Lapons (3) qui, au moyen des Groenlandais,
s'enchaînent, non moins par les langues que par la conformation
physique, à plusieurs des populations les plus importantes de
l'Amérique (4). Mais entre les Basques et les Finnois, il existait
anciennement et il existe encore aujourd'hui, en Europe, d'autres
nations qui paraissent avoir eu une origine commune avec eux:
ce sont, d'un côté, en France, celles dont on a signalé les traces
dans des noms de localités antiques entre la Loire et les Pyré-
nées; de l'autre, en Suisse, les Grisons, que leurs caractères
physiologiques rapprochent du type primitif (5); enfin, en Italie,
les Étrusques et les diverses autres tribus italiotes, que leur
caractère, leurs mœurs et leurs institutions, autant que leur

(1) Pruner-Bey, *Recherches sur l'origine de l'ancienne race égyptienne*, dans les mémoires de la Société d'Anthropologie, tome I, Conclusions, page 632 et autres, ainsi que dans le Bulletin, *passim*.
(2) Broca, *Sur l'ancienne race égyptienne*, dans le Bulletin de la Société d'Anthropologie, tome II, page 551, etc.
(3) *Sur les brachycéphales de la France*, dans le Bulletin de la Société d'Anthropologie, tome II, page 651.
(4) Charencey, *La langue basque et les idiomes de l'Oural*. Paris, 1862.
(5) Pruner-Bey, *Sur la mâchoire d'Abbeville*, dans le Bulletin de la Société d'Anthropologie, tome IV, page 302.

langage, rattachent aux Égyptiens, bien plus qu'aux populations sémitiques, auxquelles on a cherché à les assimiler (1). Souvenons-nous, d'ailleurs, que les Égyptiens assuraient eux-mêmes avoir disséminé un grand nombre de colonies sur le continent, jusque parmi les Grecs et les Romains, dont les noms se trouvent dans leur classification géographique, sur leurs monuments. Ils ajoutaient que Bélus, qui avait conduit des colons à Babylone et institué dans cette ville un sacerdoce sur le modèle de celui de l'Égypte, était fils de Libya et de Neptune (2), c'est-à-dire issu de la race libyenne et des peuples atlantiques de l'ouest.

§ X.

Les Cares ou Cariens. Leur nom identique avec celui des Barbar, Berber ou Varvar. Leurs institutions gynécocratiques. Etendue de leurs relations en Asie, en Afrique et en Europe.

Si nous suivons maintenant Bélus en Orient, et que nous cherchions entre les vieilles populations de l'Asie Mineure, des îles et des côtes de la Grèce et de l'Italie, aux époques antérieures aux conquêtes des peuples indo-européens, qu'y trouvons-nous ? des nations dont le souvenir est presque effacé, dont les langues nous font défaut, mais dont les mœurs, les institutions et les cultes nous rappellent sans cesse des cultes et des institutions analogues dans l'ancienne Amérique, dont les noms et les dieux, avec des noms semblables, se rencontrent dans la plupart des traditions américaines. Les plus remarquables, sans contredit, sont les Cares, qui passaient, à l'époque de la découverte du continent occidental, pour les plus belliqueux et les plus civilisés de l'Amérique centrale (3), et dont le nom se répète dans des centaines de noms de peuples et de lieux, d'un bout à l'autre de l'Amérique tropicale, avec le même sens que lui donnent, dans l'Asie, les philologues anciens et modernes (4). Ce sont encore

---

(1) Chavée, *Sur les origines étrusques*, dans le Bulletin de la Société d'Anthrop., tome III, pag. 447.

(2) Diodore, *Biblioth. hist.*, lib. I, 28.

(3) Herrera, *Hist. gén. de las Indias occid.*, decad. VI, lib. III, cap. xix. — Les belles ruines de l'antique cité de Copan appartenaient aux tribus de race care. Voir plus haut, § 1, note 3.

(4) Le *Diccion. geogr. d'hist.* d'Alcedo et la table générale des matières d'Herrera donnent à eux seuls plus de trois cents noms de peuples ou de localités commençant par *car* ou *cara*, mot qui, dans la plupart des langues américaines, était synonyme, comme en Asie, d'*homme par excellence, guerrier,* etc. C'est le *Karl* des langues germaniques.

les *Caucones*, les *Cauniens*, les *Aoniens* ou *Ioniens*, les *Mopses* ou *Moxas*, qui, tous, ont leurs homophones en Amérique et s'y rattachent aux Cares, de la même manière que leurs homonymes se rattachaient, dans l'antiquité, aux Cares de l'Asie. Est-ce là l'effet d'une simple coïncidence? C'est ce que les lecteurs seront à même d'apprécier plus loin.

« Quand Homère, dit le baron d'Eckstein (1), désigne les Cares comme *Barbarophonoi* (qui parlent la langue des *Barbaras*), ce mot est des plus significatifs dans sa bouche. Proféré avec le sentiment de la grande spécialité de l'idiome des Cares, il nous apprend qu'ils parlaient la langue d'une des plus vieilles branches de l'espèce humaine, la langue d'un peuple que ses voisins appelaient du nom de *Barbaroi*, soit en Asie, soit en Afrique. Ce nom ethnique n'est devenu un lien commun que dans la bouche des Grecs et des Romains, qui l'ont reçu des Grecs. Le passage d'Homère y a contribué. Ce mot est entré dans l'usage des poëtes et des prosateurs; il a donné lieu à une abstraite généralité que le mot de *Barbaras* a revêtu dans l'usage des âges postérieurs. Rien de pareil chez Homère. Thucydide relève avec force, c'est-à-dire contrairement à l'opinion de son temps, que l'antithèse des Barbares et des Hellènes était entièrement étrangère au vocabulaire d'Homère. Homère ignore jusqu'au nom des Hellènes; nom qui ne date que du temps où les Grecs, consolidés dans leurs colonies de l'Asie Mineure, y tranchaient du maître, s'y signalaient par le mépris de leurs voisins. Les Cares étaient les plus considérables de ces voisins, les plus illustres par leur ancienne domination des mers. Ils dataient d'avant les Grecs; ils avaient été les maîtres d'une partie des îles de la Grèce, d'une partie des côtes du Péloponnèse, de l'Acarnanie, de l'Illyrie, avant qu'il y eût des Pélasges dans ces contrées. Ils régnaient dans l'Asie Mineure, à côté des Phrygiens et des Méoniens. Ils avaient contracté une alliance des plus intimes avec les Méoniens comme avec les Thraces, voisins des Mysiens, qui ont fait originairement partie de la nation des Cares. Voilà comment il a pu arriver que l'antithèse des Hellènes et des Barbares se soit fait vivement sentir dans une localité restreinte avant de devenir générale....

Ecoutons ce qu'Hérodote (2) affirme au sujet d'un peuple de

---

(1) *Les Cares ou Cariens de l'antiquité*, 2ᵉ part. VI, dans la Revue archéologique, xvᵉ année.
(2) Hérodot. *Hist.*, lib. II, 158.

Barbares, connu des Egyptiens : « Ils appellent *Barbaroi*, dit-il, » tous les peuples voisins qui ne parlent pas la langue d'Egypte. » Or, il n'y a pas la moindre difficulté à reconnaître ces peuples; car le nom de *Barbaras* s'y est encore partiellement conservé comme un nom originel, ajoute M. d'Eckstein (1). Ce sont, d'une part, les peuples de la Nubie; d'autre part, ceux des régions de la Libye. D'après les recherches de ce savant, on retrouvait dans une grande partie de l'Afrique septentrionale, et même jusqu'en Espagne et en Lusitanie, des traces de cette grande famille libyenne, connue sous le nom de *Barbare* ou de *Berbère*. Le témoignage de Barth, si instruit, ajoute-t-il, des mœurs, des institutions, des idiomes de cette grande race libyenne, de la chaîne de l'Atlas et des oasis dans le voisinage de l'Égypte... nous renseigne sur la tribu *varvar*, une des grandes divisions de la race libyenne moderne (2). Il dérive le mot *varvar* d'un *var* radical, nom de l'homme dans la langue des Touaregs. Le redoublement doit avoir le sens d'hommes par excellence, de ceux qui sont deux fois des hommes. Pour nous, répétant ce que nous disions un peu plus haut, au sujet des *Cares* de l'Amérique, et de l'immense extension de ce nom sur la surface de ce continent, soit comme *Caracara* ou *Caraib* dans les Antilles (3), soit comme *Caras* et *Cariari* au Honduras, comme *Cares*, *Carabacas*, *Caracas*, *Carachines*, *Caramantas*, *Carangues*, *Carcares*, *Carares*, *Caravaros*, *Cariacos*, *Carios*, *Caripunos*, *Cariones*, *Cartamas*, ou comme *Guarani*, *Galibi*, etc. dans l'Amérique méridionale, nous ajouterons qu'il a partout le même sens d'homme, de guerrier par excellence, de vaillant, ainsi qu'en Afrique et en Asie (4). Ce sont là des noms sous lesquels sont encore connues des populations nombreuses, et qui, dès les temps les plus anciens de

(1) *Les Cares et Cariens*, part. VII.
(2) *Reisen und Entdeckungen in Nord un Central Africa*, etc., vol. I, pag. 256.
(3) Voir l'*Ecrit du frère Romain Pane*, à la suite de Landa, pag. 438, 440. Les *Caracaracols* sont d'entre les populations les plus antiques de Haïti et des autres Antilles. — *Carib* est un pluriel quiché de *car* et *caraib* de *cara*.
(4) Rochefort, *Hist. nat. et morale des Antilles*, page 401. D'après cet écrivain, *Caraib* signifiait belliqueux, vaillant, doué d'une dextérité, d'une force extraordinaire. C'est le même sens que donne au mot *Guarani* le père Antonio Ruiz (*Tesoro de la lengua Guarani*). Alors *Guarani*, *Carini*, *Caribe* auraient la même origine que le mot *war*, guerre, ainsi que dans plusieurs langues germaniques (Al. d'Orbigny, *L'homme américain*, tom. II, page 268).

l'histoire américaine, jouèrent, dans les régions les plus diverses, des rôles considérables, ainsi qu'on le verra plus loin.

Dans son travail, sur les rapports des différents peuples de l'Afrique et de l'Asie, qui se rattachent aux noms de *Cares*, de *Barbar* ou *Varvar*, M. d'Eckstein cherche surtout à faire ressortir le trait caractéristique qui les distinguait entre les autres nations : il cherche les origines de la *Gynécocratie*, c'est-à-dire du règne de la femme dans la famille, de son influence dans la société civile, de son autorité dans l'État, trois choses qui paraissent découler clairement des preuves historiques qu'il apporte, pour en constater l'existence, d'un côté, chez les vieilles races berbères et libyennes; de l'autre, chez un grand nombre de populations de l'ancienne Asie. C'est par les institutions de la Gynécocratie qu'il les rattache les unes aux autres, pour les faire descendre, plus ou moins, d'une souche commune qui, dans son opinion, serait la race brune ou chamitique du centre de l'Asie (1). Ce qui nous a particulièrement frappé à cet égard, c'est qu'en comparant les Cares ou les races qui leur sont alliées dans l'ancien monde, à celles du continent américain, nous trouvons précisément, ainsi que nous l'avons exposé ailleurs, avant de connaître le travail de M. d'Eckstein, les traces de la Gynécocratie et des désordres qu'elle avait enfantés, non-seulement chez la plupart des nations cares de l'Amérique méridionale, mais encore chez un grand nombre de tribus surtout de la race nahuatl, avec qui les Cares paraissent avoir été intimement alliés (2).

L'Écriture sainte, qu'on ne consulte jamais en vain, dans les questions de races, malgré son extrême concision, comprend sous le nom de Cham, quatre des principales branches de l'espèce humaine : ce sont celles des Chus, de Phut, de Mizraim et de Chanaan. Les Lahabim ou Libyens n'y paraissent qu'en sous-ordre, rattachés au tronc de Mizraïm (3); mais Chus, Phut et les Libyens sont presque inséparables dans le souvenir des prophètes (4). Peuple pasteur, agriculteur, métallurge, marin, pirate, Lahabim est tout cela, selon son séjour dans l'intérieur, ou sur les côtes de l'Océan. Répandu dans les oasis du voisinage de l'Égypte, sur toutes les côtes de la Méditerranée et de l'Océan

---

(1) *Les Cares ou Cariens dans l'antiquité*, IIe part. I.

(2) Popol Vuh ou *Livre sacré des Quichés*. Introduction, pages CLXVIII, CCXXIII et CCXLIII.

(3) *Genèse*, cap. X, v. 6.

(4) Nahum, cap. III, v. 9.

Atlantique, depuis la Cyrénaïque jusqu'aux extrémités du Maroc, maître des vallées et des crêtes du mont Atlas, nous les voyons mêlés à des tribus de Barbaroi, d'Afrigh, à la race de Phut, dont le nom existe encore aujourd'hui dans celui de *Phetz*, *Fez*, ou *Fezzan* (1). Faisaient-ils partie de ces nations qui, « venues au travers de la mer Atlantique, » menacèrent autrefois la Grèce et l'Égypte? C'est ce que la tradition ne nous apprend pas. Mais, navigateurs de vieille date, comme le prouve leur établissement. au Canaries, nous pouvons en conclure qu'ils n'étaient pas étrangers à la race des Guanches, que les débris de leurs traditions, de leur caractère et de leur langage, paraissent identifier, d'un côté, avec les insulaires des Antilles (2), et, de l'autre, avec les Égyptiens et les Berbères (3). Le nom de *Brbr*, donné d'ailleurs aux pyramides d'Égypte, à cause des princes qui les édifièrent (4), les ressemblances frappantes que l'histoire et les découvertes récentes nous signalent entre ces princes et les races libyennes, dont on croit retrouver le type dans les peuples primitifs de l'époque la plus civilisée des Memphis (5), tout aujourd'hui semble se réunir, pour montrer dans les fondateurs de l'antique civilisation égyptienne, une race atlantique, issue, probablement, de ces envahisseurs de l'ouest, dont le cataclysme dut arrêter le développement et dont les *Hycsos* auraient été le dernier flot (6).

(1) Matute, *Prosop. de Christ.*, edad. II, cap. 2, § 2, fol. 76. — Mortier, *Ætymolog. sacr.* ad verb. *Africa*, fol. 19.

(2) Pierre Martyr d'Anghiera, *De Insulis*, etc.

(3) Pruner-Bey, *Sur l'origine de l'ancienne race égyptienne*, dans les Mém. de la Société d'Anthrop., tome I, page 401. — Eckstein, *les Cares et les Cariens*, etc., 2° part. IX. — Berthelot, *Mémoire sur les Guanches*, dans les Mém. de la Société ethnologique de Paris, tome I, 1841. — Barnard Davis, *Sur les déformations plastiques du crâne*, dans les Mém. de la Société d'Anthr. 1863, tome I, page 379.

(4) Eckstein, *Les Cares et Cariens*, 2° part. VIII.

(5) Je renvoie encore au Mémoire si intéressant et à la fois si savant de M. Pruner-Bey *Sur l'origine de l'ancienne race égyptienne*, passim.

(6) Si cet empire atlantique, dont le prêtre de Saïs entretenait Platon, a pu étendre son influence jusqu'en Egypte, qui sait si ce n'est pas de là qu'il faut dater le commencement de Menès? Les *Hycsos* seraient les épaves de ces invasions, restées en Afrique après le bouleversement. Les belles statues et les sphinx trouvés par M. Mariette dans les fouilles de Tanis, ont bien plus le caractère berbère et américain que sémite ; les poissons dont les premiers font offrande à Soutech, rappelleraient d'ailleurs l'océan d'où ils sont sortis, et les dieux *Makares* ou poissons, autres symboles du dieu. Voir les deux lettres de M. Mariette *Sur les fouilles de Tanis*, dans la *Revue Archéologique*, datées du Caire du 20 décembre 1860 et du 30 décembre 1861.

Ces notions, rapprochées les unes des autres, finiront, peut-être, par jeter quelques lueurs sur l'histoire primitive de l'Afrique et conséquemment de l'Europe occidentale. Nous avons parlé de la parenté qui paraît exister entre les idiomes des nations libyennes et la langue des Basques ; entre celle-ci et la langue des anciens Ibères. Ajoutons, pour compléter ces notions, en vue des relations que le nom et les institutions des *Cares* établissent entre les nations du monde entier, ce que Strabon nous fait connaître au sujet des femmes ibériennes qui paraissent avec les hommes sur les champs de bataille (1) : il nous les montre, surtout chez les Cantabres, ainsi que chez un grand nombre de peuples de l'Afrique (2), investies de priviléges spéciaux, exerçant la puissance, ainsi qu'on le voit même en Égypte. En Cantabrie, elles accouchaient en plein champ : c'étaient les maris qui se mettaient au lit, comme s'ils avaient été en mal d'enfant et les femmes qui les soignaient (3). C'est exactement ce qui se pratiquait dans plusieurs des régions de l'Amérique et du Yucatan, entre autres chez les Cares des montagnes de Copan et de Chiquimula (4). Remarquons, en passant encore, avant de quitter l'Espagne, un autre souvenir des Cares américains, qui n'est pas moins important, celui des dépressions que les mères faisaient subir aux crânes de leurs enfants, et dont l'usage se retrouve chez la plupart des nations qui se rattachent aux Cares ou aux Nahuas en Amérique (5). On sait d'ailleurs que la population de la province ou capitainerie générale de Guipuzcoa est, très-probablement, en grande partie, formée par les descendants des anciens *Carites* et *Varduli* (ou Bardules, dont les noms ne sont pas moins significatifs), se trouvant entre les Cantabri et les Autrigones à l'ouest et les Vascones à l'est (6). »

« En ces vieux jours du monde, dit encore M. d'Eckstein, où Ibères et Libyens, Lahabim et Phoutim s'enlaçaient plus ou moins à travers l'Europe occidentale et poussaient jusqu'au sein de l'Irlande et de la Grande-Bretagne, les monuments de Mizraïm semblent révéler des rapports maritimes de ces Li-

---

(1) Strabon, lib. III, 3.
(2) Eckstein, *les Cares ou Cariens*, etc. 2º part. VII, VIII, etc.
(3) Strabon, lib. III, 4.
(4) *Relacion del licenciado Palacios.*— Herrera, *Hist. gen. de las Ind. Occ.* decad. IV, lib. 10, cap. 14.
(5) *Popol Vuh* ou *Livre Sacré*, etc. Introd. pages CLXXI et CCII.
(6) Houzé, *Atlas universel historique et géographique*, cartes d'Espagne, I à IV.

byens et probablement de ces Ibères avec les Cares et avec les autres races anté-pélasgiques des côtes de la Grèce et de l'Italie, ainsi que des îles de l'Archipel (1). »

C'est, du reste, dans les rapports des Cares et ceux des peuples atlantiques qu'il faut chercher à découvrir les vestiges de l'ancienne histoire des deux mondes. Le mystère de la langue étrusque s'éclaircira, peut-être aussi, par ses rapports avec quelqu'un des idiomes libyens ou de ceux de l'Amérique. Les faibles traces par lesquelles on s'est efforcé de la rattacher aux langues indo-européennes, n'inspirent aucune confiance. « Les Étrusques, a dit depuis longtemps Denys d'Halicarnasse, ne sont semblables à aucune autre nation pour le langage et les mœurs. Le peuple de Raz, comme ils s'appelaient eux-mêmes (2), ne se distinguait pas moins des Italiens latins ou sabelliens et des Grecs, par leur apparence que par leur langue ; au lieu des proportions élégantes et symétriques des Italiens, les sculpteurs toscans ne nous présentent que des figures courtes et trapues, avec de grosses têtes et de longs bras. Leur religion, d'un autre côté, présente un assemblage étrange de combinaisons mystiques des nombres, de pratiques sauvages et terribles, » où l'on croit retrouver tous les mystères des religions du Mexique. Mais, ainsi que chez les Chichimèques, chez les Natchez, chez les nations nahuas de Panuco, de Teo-Colhuacan et au royaume de Quito (3), la femme est reine, comme elle l'était également en Égypte (4) : elle a son rôle en face de l'homme, du roi ; elle est prêtresse, inspiratrice, législatrice et oracle. Les jeunes filles étaient des hétaïres sacrées, esclaves du temple d'une déesse de la pyramide, d'un foyer de la tombe. C'est le pendant exact de ce qui est rapporté des filles des rois et des grands, dans cette race de princes berbères qui envahirent l'Égypte et bâtirent les pyramides. C'est exactement ce qui est raconté des jeunes filles de souche lydo-carienne, qui contribuaient à l'érection des monuments funèbres des rois, en se prostituant aux mar-

---

(1) *Les Cares ou les Cariens*, etc. page 197. — Brugsch, *Dic. Géogr. der Nachbarlænder Egyptens*, pag. 83-88.

(2) Momsen, *Hist. Romaine*, trad. édit. de Bruxelles. Tom. I, chap. 9.

(3) Calancha, *Coronica moralizada de la provincia de San Augustin del Peru*, tom. I, pag. 473.

(4) Voir mon *Popol Vuh*, etc. page CLXVIII, etc.

chands et aux étrangers, dans le foyer du temple de la déesse.

En voulant rattacher les Étrusques aux Lydiens, les écrivains qui se sont occupé de cette matière, cherchaient tout simplement à les faire sortir d'une souche sémitique. Mais s'il y a le moindre fondement à faire sur le récit de cette irruption de peuples, sortant, à l'ouest, de la mer Atlantique, c'est évidemment à ces races mystérieuses qu'il faut les ramener sous beaucoup de rapports. S'ils sont sortis de l'Asie, ce ne peut être que par suite de leur origine première, après de longues migrations, ou bien, par les Cares, avec lesquels ils avaient des liens de parenté; c'est aussi par ces liens antiques que se trouvent alliés tous les hommes de race brune, tels que les Mongols, les Américains et les Égyptiens, dont la souche commune se retrouvera, peut-être, un jour, dans les régions de l'Asie centrale. Tous ces peuples, ainsi que ceux que nous avons énumérés plus haut, sont issus de race chamite, et sont ainsi parents à des degrés plus ou moins éloignés : ils appartiennent à la même formation primitive chez laquelle, selon M. d'Eckstein, la gynécocratie ou l'empire des femmes fut établie comme le principe fondamental de la société (1).

Quant aux Cares que les savantes recherches de cet écrivain nous montrent, presque comme les maîtres du vieux monde, avant les Aryas et les prédécesseurs des Phéniciens sur toutes les mers, faut-il s'étonner que nous les rencontrions également sur toute l'étendue de l'Amérique? faut-il s'étonner que nous trouvions leur nom mêlé aux cosmogonies antiques, aux plus anciennes légendes, aux invasions les plus considérables, comme à la fondation des empires, aux jours les plus fabuleux de l'histoire de ces contrées? Nous les y trouvons à des époques diverses, avec leurs institutions et leur culte. D'où venaient-ils originairement? étaient-ils de la même race que ces populations qui, sous le nom d'Atlantes, envahirent l'Europe et l'Afrique, dans les temps antérieurs à la grande catastrophe diluvienne, qui sépara les deux mondes, à l'Occident et à l'Orient; ou bien, furent-ils conduits, par suite de cette catastrophe, à se disperser et à émigrer à la fois, d'Asie en Afrique et en Europe, et d'Asie en Amérique? Dans l'opinion de M. d'Eckstein, cette catastrophe aurait certainement

---

(1) Eckstein. Les *Cares ou Cariens*, 2ᵉ part. page 197.

réagi sur les destinées de l'Afrique (1) : elle aurait, ainsi que nous le pressentions tout à l'heure, amené dans l'Egypte les rois libyens, fondateurs des pyramides, et causé l'apparition des Cares sur les côtes de la Méditerranée, en Libye et en Palestine. Ces mêmes causes auraient déterminé ultérieurement l'occupation des îles de la Méditerranée, après quoi se seraient formés les premiers établissements qui surgirent sur divers points de la Grèce anté-pélasgique et de l'Italie anté-latine ; les Cares auraient fini, de cette manière, par constituer une puissance maritime carienne sur les côtes de la Cilicie et de la Lycie, aussi bien que du côté de la Lydie et de la Phrygie primitives (2).

§ XI.

Les Cares en Amérique. Leur extension considérable sur ce continent. Culte des dieux Macares en Asie, dans l'Inde, en Amérique. Macar, Cipactli, Ymox, Macar-Ona. Le Melcarth des Tyriens et les dieux poissons du Guatémala. Quetzalcohuatl.

En Amérique, nous voyons se produire le même fait qu'en Asie. *Dimivan Caracol* et ses trois frères sont présentés comme une des causes de l'inondation qui déchire le continent et produit la mer. C'est de son épaule que sort la tortue qui sera la première terre où ils aborderont et qu'ils cultiveront de leurs mains, et c'est avec leur aide que les hommes auront des femmes à qui ils pourront s'unir (3). Une tradition antique conservée parmi les *Guarani*, rapportait également l'origine de cette grande famille à deux frères *Tupi* et *Guarani* (4), qui, à la suite de la grande inondation, abordèrent aux côtes du Brésil, avec leurs femmes et leurs enfants et bâtirent les premières villes qu'on eût vues dans ce pays (5). En conséquence de graves dissentiments, survenus entre les deux frères ou les deux familles, ils résolurent de se séparer, et ils se dispersèrent insensiblement dans toute l'étendue de

(1) Eckstein, *loc. cit.*
(2) *Sur les sources de la Cosmogonie de Sanchoniathon*, p. 209.
(3) Pierre Martyr, *Sum. Rel. delle Indic. Occid.* Coll. di Ramuzio, tom. III, f. 34-5. — *Ecrit. du frère Romain Pane.* Voir ci-après pages 440, 442, 437.
(4) Guevara, *Hist. del Paraguay*, etc. en la col. de *Hist. Argentina*, tom. I, pag. 76.
(5) Ce texte est d'autant plus curieux qu'à l'époque de la découverte de l'Amérique, les Guarani ne bâtissaient plus de villes, mais de simples bourgades. « Resolvieron » levantar *ciudades* para su mo- » rada, *las primeras*, segun ellos » decian, de todo el pais. »

ces vastes régions, où on les reconnaît au nom de *Tupi* et de *Guar*, *gar*, ou *car*, que l'on retrouve dans les noms d'un si grand nombre de nations. Les traditions antiques du royaume de Quito nous montrent les *Caras*, débarquant de l'Océan Pacifique au Rio Esmeraldas, d'où ils s'étendent dans l'intérieur où leurs chefs établissent plus tard la dynastie des *Scyris* (1) : on en voit d'autres apparaître en plusieurs endroits des côtes du Pérou et du Chili, où ils fondent des villes qui portent leur nom, et c'est à un chef *cara* sorti de la vallée de Coquimbo que les souvenirs antiques du lac de Titicaca attribuent le massacre des hommes blancs de Chucuyto (2). Les innombrables États d'origine care ou caraïbe, qui existaient encore à l'époque de la conquête, soit à l'intérieur de l'Amérique, soit sur les côtes que baignent les deux mers, attestent l'antique puissance de cette race prodigieuse (3).

« Le culte des dieux *Macares* est celui des Cares, premiers dominateurs de la mer, ajoute M. d'Eckstein (4), comme il fut très-anciennement aussi celui des Lydiens, des Phout, des Ibères, en tant que navigateurs des côtes de la Méditerranée et des rivages de l'Atlantique, tout cela bien longtemps avant qu'il passât aux Pélasges, après avoir été le bien commun des Cares et des Phéniciens. Ce culte naquit sur les rives de l'Océan Indien et domine dans les régions du Guzzurate, du Katch, des bouches de l'Indus, des côtes de la Gédrosie, de la Perside, du golfe Persique et de l'Arabie, jusqu'aux extrémités des régions éthiopiennes. Le nom de *Makara* fleurit partout et cela avec un sens précis, dans les légendes du Guzzurate.

» Partout où nous rencontrons les dieux Macares, nous les découvrons avec le double caractère, 1° de dieux des îles Fortu-

---

(1) Velasco, *Hist. du royaume de Quito*, trad. Ternaux, lib. I, § 1.

(2) Herrera, *Hist. gen.* dec. v, lib. III, cap. 6.—Dans le même chapitre, l'auteur parle d'une ville de *Changara*, commandée et défendue, dans la suite, par des amazones contre un chef contraire aux Cares, et qui, suivant Zarate, aurait été la tige des Incas du Pérou : ce qui rappelle l'existence de la gynécocratie carienne.

(3) Voir tous les auteurs qui ont traité de l'histoire de la découverte et de la conquête, principalement de l'Amérique méridionale.

(4) Eckstein, *Sur les sources de la cosmogonie de Sanchoniathon*, page 150. — C'est ainsi que dans les vestiges des traditions de Haïti, on voit Guahagiona enlever les femmes et les transporter à Matinino (Martinique), île de la mer des Antilles, puis jouir d'une autre dans l'Océan, etc. Voir plus bas l'*Ecrit du frère Romain Pane*, pages 434-435.

nées, d'hommes d'une race divine, et 2° de dieux infernaux, d'hommes d'une race barbare, offrant des holocaustes humains. L'abolition de ces holocaustes a lieu, lorsque le dieu *Kâma* se dévoue, lui, le grand dieu des côtes de l'Inde occidentale. C'est un vrai Cham par le nom et par l'idée ; c'est l'Erôs de l'Océan Indien. Spécialement adoré dans la péninsule du Guzrurate, il est le premier navigateur de l'Océan. Pour triompher du monstre, du tyran de l'abîme, il s'enfonce dans sa gueule, comme le Melcarth de Tyr, comme le dieu des îles et des côtes de la terre ferme des Cares. Dieu des extrémités du globe où l'Amour trouve son chemin ; dieu des Libyens et des Ibères, il a passé aux Grecs avec des modifications nombreuses. Il renaît sur les côtes du Guzzurate, où il célèbre son premier triomphe comme vainqueur du Macare, du monstre ou de la baleine qu'il porte en sa bannière ; d'où lui vient le nom de *Makara-kétou*, de *Makaradhvadscha*. Il s'entoure partout d'un harem de femmes qui l'enlacent et le dominent ; il est le bien-aimé de la Gynécocratie, dans tous les lieux où sa lumière abonde et se promène. »

Si des régions et des mers de l'Asie, nous repassons de nouveau en Amérique, nous y retrouvons les mêmes symboles que dans l'ancien monde, souvent avec les mêmes noms, toujours sous des noms analogues. Celui des dieux *Macares*, inexplicable ailleurs, d'une manière rationnelle, s'explique là. *Macar*, dans l'ancien Quiché (1), est le poisson, le monstre marin antique, celui qui s'élève au-dessus des autres, le *Cipactli* des Mexicains, le premier signe, représenté par un cétacé formidable, appelé aussi *Ymox* (2) en quiché et *Ymix* dans la langue yucatèque. *Macar*, dans le quiché encore, signifie symboliquement l'amour et l'embrassement d'une prostituée (3). Or, peut-on rien qui corres-

(1) *Macar*, composé de *ma*, mot dont ils usent dans le sens de vieux, ancien, et aussi comme une parole d'amour, — et de *car*, poisson et femme mondaine, prostituée (Ximenez, *Tesoro de las lenguas quiché, cakchiquel y zutuhil*, etc. part. I). Qui sait même si le mot *maquereau*, ou *makerel*, fils de *macar*, ne viendrait pas de là ? Les étymologies ont quelquefois une origine si étrange.

(2) *Ymox* se traduit encore par espadon, sorte de monstre marin, dans le *Vocabulaire de la langue quichée*.

(3) Voir la note précédente (2). — Du mot *car*, quiché, se dérivent une foule de mots servant à indiquer l'obscénité, la prostitution, etc. plus ou moins, comme le mot poissarde en français. A propos du mot *Makarah*, Eckstein dit qu'il n'a pas de racine dans l'idiome des *Aryas* : « Il aura appartenu à la vieille race des Ethiopiens de l'Orient et de l'Occident, ajoute-t-il, en passant d'eux et de leur culte aux Sémites

ponde plus franchement à l'idée de la divinité des Cares de l'Asie, navigateurs sur toutes les mers, fondateurs des institutions gynécocratiques et des temples, dont des prostituées étaient les prêtresses? Remarquons également que ce sont les lieux où les Cares paraissaient avoir établi le plus solidement leur domination, dans les provinces situées entre le Darien et le golfe de Maracaibo, que le nom de *Macar* a survécu aux révolutions de la nature et du temps, dans celui de *Macar-Ona*, que gardèrent jusqu'à leur entier assujettissement aux Espagnols, les rois des tribus de Ponda, de Malambó et de Tayrona (1). Ce sont ces provinces, où le nom de presque chaque localité importante commence en *car*, *cara* ou *cari*, dont les montagnes d'*Abibe*, d'*Abraime*, d'*Abraiva*, si riches en métaux et en bois précieux, dont les côtes étaient naguère si célèbres par leurs pêcheries de perles, que se conserva, avec le titre de *Macar-Ona*, le souvenir des Limnées fameuses des Tayronas, où se forgeaient les armures d'or dont se couvraient tous les rois de l'Amérique (2).

Macar, disons-nous, était aussi le même que *Melcarth*, l'Hercule phénicien (3) que les médailles antiques, trouvées à Cadix, représentent aussi par deux poissons (4), symboles également des deux jumeaux Hunahpu, de Guatémala, moitié hommes, moitié poissons qu'on voit, sous cette image, dans le MS, dit

et aux Aryas. Movers en a largement traité dans le premier volume de son important ouvrage; mais il a la manie de vouloir tout ramener à un type strictement phénicien. » (*Sur les sources de la cosmogonie de Sanchoniathon*, pages 150-151.) Qu'eût dit Eckstein, s'il avait connu les sources américaines de ce nom ?

(1) Castellanos, *Elegias de varones ilustres de Indias*, en la Bibl. de Autores esp. Madrid, 1847. Part. II, canto 3ᵉ, page 533. Ce nom est répété à plusieurs reprises, tantôt comme titre, tantôt comme nom propre, et il est donné aussi interverti en *Maracona* et *Marona*, peut-être par licence poétique, aux montagnes où ces chefs commandaient. Le nom du lac ou golfe *Maracaibo* n'est lui-même que le nom de *Macaraibo* interverti.

(2) Piedrahita, *Hist. gén. de las conquistas del nuevo Reyno de Granada*, lib. III, cap. 1. — Julian, *La Perla de la América*, prov. de Santa-Marta, reconocida, etc. Dis. VIII, § 4. — Laet. (*De novo orbe*) dit : « Ab oppido Sanctæ Marthae ad Ramadam auri reperiuntur metalla : » in Tayrona quoque plurima Lemma, quantumvis pretii. »

(3) *Melcarth*, en supprimant le *th* final, a encore un sens analogue dans le quiché : *mel*, parole d'amour, signifie ma chérie, etc. et *car*, poisson, ou femme mondaine, etc. (Ximenez, *Tesoro de las lenguas*, etc.) Dans le canon d'Eusèbe, édité par Scaliger, ce nom est traduit par θεὸς, qui signifie, dit-il, Dieu des amants. (Scaliger ad Euseb. 1, 498.)

(4) Anton. August. *Dialog.* VIII. Monet. 9, fol. 323.

Mexicain, n° 2, de la bibliothèque impériale. D'une extrémité à l'autre du globe, on le retrouve donc avec les mêmes caractères, dans la Méditerranée, aussi bien qu'en Amérique et que dans l'Inde. Ici le Macar se montre sous le nom de *Shambarah*, dit M. d'Eckstein (1), le Macar ou *Macaryah*, monstre marin qui avait englouti *Kâma* (Eros), dont il est aussi le symbole, comme Oannès à Babylone. Macar est le premier navigateur ou plutôt l'image du ciste qui transporte les premiers colons avec la civilisation, d'un monde à l'autre. C'est ainsi qu'au début des histoires religieuses et astronomiques des Mexicains, *Cipactli*, appelé aussi *Cipactonal*, le premier-né, au retour de la lumière, celui qui le premier fut sauvé du déluge (2), est figuré tantôt comme le monstre marin, vomissant un homme de sa gueule entr'ouverte, tantôt avec le nom de *Quetzalcohuatl*, sous la forme d'un dragon, d'un serpent épouvantable, engloutissant une forme humaine, ou bien, blessé à mort et se débattant dans l'agonie, baigné de flots de sang (3).

Chose remarquable, d'ailleurs, c'est du moment de son apparition que date la mesure du temps ; c'est pourquoi on l'appelle encore *Ce Acatl*, Une Canne, nom du jour où se montra pour la première fois *Tlahuizcalpan-teuctli* ou l'Etoile du matin, après les convulsions de la terre abîmée par le déluge (4). C'est ce serpent qui ondule en replis monstrueux autour de l'édifice qu'on admire à Uxmal, sous le nom de Palais des Vestales, et entre les mâchoires duquel se montre une tête couronnée du diadème royal (5). Ce serpent est orné de plumes : c'est pourquoi on l'appelle *Quetzalcohuatl*, *Gucumatz* ou *Kukulcan*. Au moment où le

---

(1) Eckstein. *Sur les sources de la cosmog.*, etc. pag. 153.
(2) *Cod. Mex. Tell. Rem.*
(3) *Ibid.* — Fabregat, *Esposizione del Cod. Borgia*, MS. de macoll.
(4) *Cod. Mex. Tell. Rem.* fol. 17. verso. — « L'homme, le Tchàkchuschah, issu du fleuve de l'Oxus, et d'origine fluviale, y invente une science, une industrie. Le jour ou la canne sert d'hiéroglyphe, et pour la mesure du temps. L'heure de vingt-quatre minutes reçoit le nom d'une nâdi, nâdikâ ; elle est indiquée sur la tige du jour aquatique, elle y est gravée ou incrustée comme une mesure du temps. Le nâdi mandalam est l'expression de l'équateur céleste ; le nâdi-nakchatram est l'étoile de la naissance de l'homme, etc. Le nâdi-taranga est l'astronome, l'astrologue qui calcule les ondes dans le mouvement des temps. » (Eckstein, *Sur les sources de la Cosmogonie de Sanchoniathon*, page 249.)
(5) Stephens, *Incidents of travel in Yucatan*, vol. I, page 302. — Voir aussi les photographies de M. Charnay et son ouvrage *Cités et ruines américaines*.

monde s'apprête à sortir du chaos de la grande catastrophe, on le voit apparaître, « comme le Créateur et le Formateur, lorsqu'il » n'y avait encore que l'eau paisible, que la mer calme et seule » dans ses bornes ;.... enveloppé de vert et d'azur, il est sur l'eau » comme une lumière mouvante (1). »

§ XII.

La création suivant le Livre sacré des Quichés. Origine des cosmogonies antiques. Identification de Hurakan, l'Ouragan américain avec Horus. L'Uræus égyptien et le Quetzalcohuatl au Mexique. Epervier et Vipère, Quetzal et Serpent.

« Voici le récit comme quoi tout était en suspens, dit le *Livre* » *Sacré*; tout était calme et silencieux; tout était immobile, tout » était paisible, et vide était l'immensité des cieux. — C'est au » milieu des ténèbres de la nuit, lit-on ailleurs, que le monde a » été formé; car la nature de la vie et de l'humanité sont l'œuvre » de celui qui est le cœur du ciel, dont le nom est Hurakan (2). » Ainsi que dans la plupart des cosmogonies antiques, c'est du sein des ténèbres primitives que sort, suivant la cosmogonie quichée, le principe créateur; c'est du sein de la nuit qui précède les jours et les nuits, qu'il apparaît sur l'eau comme une lumière mouvante. Mais si l'on entend bien le sens du *Popol Vuh*, il y a dans les pages de la création quichée deux idées bien distinctes : il y a la création première, au moment où l'univers sortit du néant, et la seconde qui fait allusion aux divers bouleversements physiques du globe terrestre, après la naissance de l'homme. « Ad» mirable, dit l'écrivain quiché, admirable est le récit du temps » auquel acheva de se former tout ce qui est au ciel et sur la » terre, la quadrature et la quadrangulation de leurs signes, la » mesure de leurs angles, leur alignement et l'établissement des » parallèles au ciel et sur la terre, aux quatre extrémités, aux » quatre points cardinaux, comme il fut dit par le Créateur et le » Formateur, la Mère, le Père de la vie, de l'existence, celui par » qui tout agit et respire, père et vivificateur de la paix des peu-

---

(1) Popol Vuh, *Livre Sacré*, etc. page 7. Les mots *qo pa ha zakletoh*, être sur l'eau comme une lumière mouvante ; dans le Popol Vuh nous traduisons comme une lumière grandissante, ce qu'exprime le mot *zakletoh* qui signifie le reflet d'une lumière brillante, mais tremblottante sur l'eau, légèrement ridée ; c'est bien là l'idée d'une étoile réfléchie sur la mer par un beau temps.

(2) Popol Vuh, *Livre Sacré*, etc. page 7.

» ples, de ses vassaux civilisés, Celui dont la sagesse a médité
» l'excellence de tout ce qui existe au ciel, sur la terre, dans les
» lacs et les mers. »

La Bible n'offre rien de plus sublime, et aucune nation antique, pas même l'Égypte, avec toute sa sagesse, n'a conservé de la création un souvenir qui réunisse à tant de simplicité et de grandeur, un tableau si frappant de la science cosmogonique. C'est là un reflet des connaissances que possédait l'antiquité américaine, aux temps où l'Égypte édifiait ses plus beaux monuments. Mais quand nous arrivons aux images du monde, sortant du chaos des catastrophes diluviennes, les idées américaines se rapprochent de celles du continent opposé. Le créateur n'est plus le même. C'est maintenant le serpent orné de plumes qui agit; il apparaît sur les eaux, comme une lumière mouvante. Le monde ne sort pas de la nuit; non, il est créé dans les ténèbres, dans la nuit; le texte est clair, *chi gekumal, chi agabal*. C'est le commencement de tous les systèmes idolâtriques, bâtis sur les idées cosmogoniques relatives à la terre, sortant du cataclysme, sur les terreurs des hommes échappés au naufrage et oubliant, dans leur effroi, les lumières de la religion primitive, source de cette civilisation prodigieuse, vers laquelle le christianisme les fait tendre de nouveau.

En effet, dit le texte quiché, « la nature et la vie de l'humanité
» se sont opérées dans les ténèbres, dans la nuit, par celui qui
» est au centre du ciel, dont le nom est Hurakan, » c'est-à-dire l'ouragan, la tempête, qui a renouvelé le monde par les eaux du déluge et par le vent, en éteignant les feux des volcans qui venaient de le bouleverser. Dès ce moment, toutes les forces de la nature vont être divinisées : avec Hurakan apparaissent les trois signes qui sont ses manifestations : « L'éclair, est-il dit, est le
» premier signe de Hurakan, le second est le sillonnement de
» l'éclair; le troisième est la foudre qui frappe, et ces trois sont
» du cœur du ciel. » Ce sont eux qui vont créer le monde, de concert avec Gucumatz, le serpent orné de plumes. « Que
» cette eau se retire, disent-ils, et cesse d'embarrasser, afin que
» la terre ici existe; qu'elle se raffermisse et présente sa surface,
» qu'elle s'ensemence et que le jour luise... — Ainsi fut la créa-
» tion de la terre lorsqu'elle fut formée par ceux qui sont le
» centre du ciel (l'ouragan) et le cœur de la terre (le feu des vol-
» cans, Typhon); car ainsi se nomment ceux qui les premiers la

» fécondèrent, le ciel et la terre, encore inertes, étant suspendus
» au milieu de l'eau (1). »

Ne trouve-t-on pas là tout l'ensemble des théogonies et des cosmogonies orphiques de l'Asie Mineure et des traditions que reproduit Hésiode? C'est le vieil hiéroglyphe de l'œuf du monde, traité par Lobeck, qui a réuni les fragments de ces cosmogonies dans les *Orphica*. « S'engendrant de soi-même, mais au sein des ténèbres primitives, le dieu créateur sort de soi-même dans l'œuf du monde. Il féconde la déesse Nuit, la Nuit qui précède la naissance des jours et des nuits. Le sein de la déesse prend la figure de l'œuf. C'est de cet œuf qu'il sort comme l'amour ailé, comme le dieu fort (*Tepeu Gucumatz*, le dominateur, serpent orné de plumes), comme le principe ailé du temps, ou comme le dieu qui ouvre la série des cycles ou des évolutions qui composent et achèvent le système des mondes. Cette œuvre s'accomplit quand le dieu, sorti de l'œuf, le partage en deux moitiés, l'une qui comprend les cieux, l'autre qui comprend la terre et l'abîme. Le troisième monde se compose de la mer atmosphérique qui constitue le lien intermédiaire entre les deux mondes. Le génie des trois mondes est le dragon aux trois têtes, ou aux trois corps. C'est l'hiéroglyphe d'un triple feu, d'un feu créateur, conservateur et destructeur, par lequel s'achève le mouvement des temps, dans un cercle éternel de créations et de destructions (2). »

Ainsi qu'en Asie, remarquons-le bien, nous trouvons en Égypte un fond d'idées cosmogoniques en tout semblables à celles du *Livre Sacré*. « Créés par Horus, dit Brugsch (3), ils formaient,
» d'après leur opinion, la première des quatre races du monde
» connu. » Qui était Horus? Appelé ailleurs le Soleil et Amon-Ra, le seigneur des cieux, ainsi que le Hurakan des Quichés, Horus était la tempête, exactement comme dans le *Popol-Vuh*. « Ἔστι δὲ Ὧρος ἡ πάντα σώζουσα καὶ τρέφουσα, τοῦ περιέχοντος, ὥρα, καὶ κρᾶσις ἀέρος, dit Plutarque (4); autrement, « est autem *Orus* TEMPESTAS, *ac temperies aeris* ambientis, omnia servans ac alens. » C'est-à-dire qu'*Horus* est l'ouragan, *huracan* ou *urogan*, dans les dialectes des Antilles, mots où l'on trouve, comme dans

---

(1) *Ibid.* pages 11, 12 et 13.
(2) *Aglaophamus*, vol. I, cap. v, pages 465-593, et Eckstein, *Sur les sources de la Cosmogonie de Sanchoniathon*, page 11.

(3) *Histoire d'Egypte*, part. I, page 3.
(4) *De Iside et Osiride*, page 444, 365.

le nom d'*Horus* ou *Orus*, non-seulement la même idée et la même signification, mais aussi le même son, une racine absolument identique. Allons plus loin. Nous découvrons un autre symbole de la même divinité dans l'Uraeus, ce reptile singulier qui orne, comme chacun le sait, la coiffure des dieux égyptiens et des pharaons, qui a la faculté de s'enfler la portion supérieure du corps, lorsqu'il s'irrite (1). Or, dans ce nom d'*Uraeus*, ne voit-on pas que la première syllabe est encore la racine du mot, *hurakan*, *urogan*? Ainsi que le serpent qui représente l'ouragan en Amérique, en Égypte, c'est l'aspic οὐραῖος, l'ουρο antique des dieux de Memphis ερρο, ογρο; c'est le *Quetzal-cohuatl*, emblème également de la puissance royale au Mexique, ainsi qu'en Égypte, le Quetzal-cohuatl qui se dresse en fureur, tel qu'on le voit dans un si grand nombre de monuments, serpent orné de plumes, ainsi que l'*Uraeus*, décoré également d'un diadème de plumes dans les monuments égyptiens; c'est le même symbole, dont Salvolini trouvait la valeur phonétique K, sans pouvoir se l'expliquer (2) et qui se montre parfaitement d'accord avec tous les noms de l'*Uraeus* américain *Quetzal-cohuatl* (Ketzal-cohuatl), en mexicain, *Gukumatz* en quiché, et *Kukulcan*, dans la langue maya (3).

Continuons. L'*Épervier*, selon tous les égyptologues, est le symbole spécial d'Horus, il est Horus lui-même. Champollion donne, en effet, l'image de cet oiseau pour la légende du nom d'Horus (4) et Salvolini ajoute (5) que « les monuments et les anciens auteurs attestent que l'image d'un *Épervier* servait habituellement à représenter dans les textes le nom du dieu Horus. » Encore une fois, n'est-ce pas là la lecture du nom de Quetzal-cohuatl, *Quetzal*, l'oiseau royal au Mexique et dans l'Amérique centrale, *cohuatl*, le serpent, aussi bien que *Kukul-can* et *Gukumatz*, ou bien encore l'*Ara* ou grand perroquet représentant le soleil au Yucatan, dont le symbole apparaît dans les

---

(1) Champollion, *Grammaire égyptienne ou principes généraux de l'Ecriture sacrée égyptienne*, Paris, 1836. Ch. II, n. 62, page 39.

(2) Salvolini, *Analyse raisonnée* pag. 68, 69.

(3) *Quetzal-cohuatl*, l'oiseau quetzal et le serpent, ou le serpent aux plumes de quetzal; *gucumatz* ou *guk-cumatz*, serpent aux plumes (de quetzal) *kukul-can*, la même chose, en tzendal *cuchut-chan*.

(4) *Grammaire égptienne*, p. 110 et 118.

(5) *Analyse raisonnée*, page 196.

monuments yucatèques presque partout où, dans les monuments égyptiens, se montre l'*Épervier?*

§ XIII.

Pan et ses diverses personnifications. Amon-Ra. Pan et Maïa en Grèce et au Mexique. Peutecatl et Maïaoel à Panuco. Les quatre cents mamelles de la déesse. Khem et Itzamna. Les quatre Canopes en Égypte et au Mexique. Le Sarigue et Sutech.

Un symbole non moins ordinaire dans les monuments égyptiens, c'est le signe], que les égyptologues traduisent par *neter*, dieu, et qui accompagne, dans les hiéroglyphes, toutes les divinités égyptiennes : dans son acception la plus commune, en dehors du cercle divin, ce signe s'exprime par *ter*, qui a le sens d'une *hache* ou d'un marteau, ou bien par le mot TOUT, *omnis* (1), et de là l'identification de ce signe par quelques écrivains avec le *Pan* des Grecs, symbole de la génération universelle (2). Ce qui semblerait confirmer cette opinion, c'est l'interprétation que M. de Rougé donne aux diverses variantes du groupe ⁂ ou ⁂, qui, en opposition du sens qui leur est donné par M. Birch, d'après Champollion, désigne un ensemble de dieux, groupe que le savant égyptologue français lit PAU, signifiant au pluriel un cycle de dieux (2). Cette explication vient parfaitement à l'appui de la précédente : car il est reconnu de tout le monde que *Pan*, *Mendès*, *Priape*, *Amon*, *Amon-Cnouphis*, *Knèph* et *Horus*, sont également des personnifications symboliques du SOLEIL, le grand Démiurge des Égyptiens; et que toutes ces divinités ne sont rigoureusement qu'un seul et même personnage mythologique.

« Le *Démiurge*, dit Champollion (3), la lumière éternelle, l'être
» premier qui mit en lumière *la force des causes cachées*, se
» nomma *Amon-Ra* ou *Amon-Ré* (Amon Soleil); et ce créateur
» premier, l'esprit démiurgique, procédant à la génération des
» êtres, s'appela *Amon* et plus particulièrement *Mendès*...
» Étienne de Byzance (*de Urbibus*, au mot Πανὸς πόλις) parle en

---

(1) Peyron, *Dictionnaire de la langue copte*, au mot *Pan*. — Goulianof, *Archéologie égyptienne*, tom. III, page 284 et suiv.

(2) E. de Rougé, *Etude sur une stèle égyptienne, appartenant à la Bibliothèque impériale.* Paris, 1858, p. 24-25.

(3) *Panthéon égyptien*, texte h. pl. 1 et 5.

» ces termes de la statue du dieu qu'on adorait à *Panopolis* : Là
» existe, dit-il, un grand simulacre du dieu *habens veretrum*
» *erectum*. Il tient de la main droite un fouet pour stimuler la
» lune; on dit que cette image est celle de Pan. » C'est là une
» description exacte et très-détaillée de l'*Amon-Générateur*,
» figuré sur notre planche. »

En Grèce, à côté du culte de *Pan* et d'Hermès, se montre celui de *Maïa*, donnée comme la mère d'Hermès qu'elle aurait eu de *Zeus*, qui n'est autre que Pan lui-même (1), et Maïa est regardée comme une sorte de Cybèle et une personnification de la terre. Ouvrons de nouveau le livre des traditions américaines et nous y retrouvons, ainsi qu'en Grèce et en Égypte, Pan et Maïa, sous les mêmes noms, avec les mêmes attributs, avec la même variété de personnifications et de symboles. *Pan-tecatl*, dans le rituel mexicain, l'homme par excellence, *Pan* est le même que *Cipactonal* qui est considéré comme le premier-né de la lumière après la catastrophe du déluge (2) : il est le dieu des amours lubriques et de l'ivrognerie; car c'est lui qui ensuite, sous le nom de Cuextecatl (3), parcourt les campagnes, dans les folies de l'ivresse, en exposant partout sa nudité, et sa compagne est *Maïa* ou *Maïaoel*, qui a inventé l'art de faire le vin, *octli*, qu'elle a tiré du maguey ou aloès (4). Ce dieu était adoré dans tout le Mexique et dans l'Amérique centrale, et il avait à *Panuco* ou

---

(1) A. Maury, *Histoire des religions de la Grèce antique, depuis leur origine jusqu'à leur plus parfaite constitution.* Paris, 1857, tome I, pages 106-106.

(2) *Cod. Mex. Tell. Rem.* fol. 15. v. « *Pantecatl*, marido de *Mayaguel*, » que por otro nombre se dixo *Ci-* » *pactonal*, que salio del diluvio.— » Este Pantecatl es señor destos » trece dias y de unas rayces » quellos echavan en el vino, porque » sin estas rayces no se podian em- » borrachar, aunque mas beviessen. » Y este Pantecatl dio el arte de » hacer el vino, porque como este » hizo, o dio orden como se hiciesse » el vino, y los hombres que han » bevido estan valientes, bien assi » los que aqui naciessen, serian » esforçados. »

(3) Sahagun, *Hist. gen. de las cosas de Nueva España*, édit. Bustamante, Mexico, 1830, tom. III, lib. X, cap. xxix, § 12. « Era muger » la que començo y supo primero, » ahugerar los magueyes para sacar » la miel de que se hace el vino, y » llamabase *Maiaoel*, y el que hallo » primero las raices que echan en » la miel se llamaba *Pantecatl*.... » y hubo una *Cuexteco*, que era cau- » dillo y señor de los *Guaxtecas*, » que bebio cinco tasas de el, » con las cuales perdio su juicio, » y estando sin él, echo por ahí sus » maxtles, descubriendo sus ver- » güenzas.... »

(4) *Maya* ou *Maïa*, nom antique d'une partie du Yucatan, paraît signifier aussi la terre, et le complément de son nom *huel*, *oel* ou *el*, est ce qui sort ou surgit, comme le jet ou la pousse du maguey ou

Panco, exactement *Panopolis* (1), des temples superbes où les Espagnols trouvèrent, à leur entrée au Mexique, des simulacres de Pan aussi prodigieux qu'ils étaient obscènes (2). On en découvre encore chaque jour dans ces contrées, et nous avons vu fréquemment nous-mêmes des statues de ce genre, *habentes veretrum erectum* entre les mains et d'une dimension énorme (3).

Le nom de *Pan* a d'ailleurs son étymologie parfaitement claire, phonétiquement parlant, dans les langues maya, mexicaine ou quichée. Dans la langue du Yucatan, c'est le drapeau, l'étendard, la chose principale, la raison d'être supérieure, ce qui joint au nom de *Maïa* ou *Maya*, qui était le nom principal de cette péninsule, faisait *Mayapan*, l'étendard de Maya, qui était celui de son ancienne capitale (4). De là vient qu'on trouve le mot *pan*, représenté dans les hiéroglyphes mexicains, exactement comme les dieux de l'Égypte par une hachette ou un petit drapeau (5). *Pa*, dans le vieux quiché, signifie au-dessus; *pan* a le sens de protecteur, *maya* celui de la douceur qu'on aspire d'une plante (6). En langue nahuatl *pan* ou *pani* signifie égale-

aloès dont il va être question. Quant au vin dont on parle ici, c'est l'*octli* nahuatl, aujourd'hui *pulqué* au Mexique, c'est-à-dire la sève de l'aloès qui se réunit dans le centre de la plante, lorsqu'on en a tranché le cœur ou le jet.

(1) *Panuco* a dans Sahagun une tout autre étymologie; il fait venir ce nom de *panoaia*, débarquer, et dit que le lieu s'appelait anciennement *Pantlan* ou *Panutla*, qui présentent néanmoins la même étymologie, *pan* ou *pantli* étant le drapeau, l'étendard, etc. *Tlan* et *co*, désignant également une localité, etc. C'est ainsi que de *mexitl* on a fait *Mexico*, de *challi*, *Chalco*, etc.

(2) « In altre provincie, dit le » Conquérant anonyme, e parti- » cularemente in quella di Panuco » adorano il membro, que portano » gli huomini fra le gambe, e lo » tengono nella meschita, e posto » similmente sopra la piazza insieme » con le imagini di rilievo di tutti » modi di piaceri che possono essere » fra l'uomo e la donna, e gli hanno » di ritratto con le gambe alzate in » diversi modi. In questa provincia » di Panuco sono gran sodomiti gli » huomini, e gran poltroni, e im- » briachi, in tanto che stanchi di » non poter bere piu vino per bocca » si colcano, e alzando le gambe se » lo fanno metter con una cannella » per li parti di sotto, fin tanto che » il corpo ne puo tenere. » (*Relacione d'alcune cose della Nuova Spagna e della gran città di Temistitan Messico, fatta per un gentilhuomo del signor Fernando Cortese.* Coll. de Ramusio, tom. III, page 257.

(3) Voir aussi à ce sujet Stephens, *Incidents of travel in Yucatan*, vol. I. Note en latin, dans l'appendice, page 434.

(4) Voir plus bas, Landa, pages 36 et 37.

(5) Aubin, *Mémoire sur la peinture didactique*, etc., page 43.

(6) Basseta, *Vocabulario en lengua quiche*, etc. MS de ma collection.

ment ce qui est au-dessus, ce qui pousse en dehors, qui se découvre tout d'abord ; de là encore une foule de mots, tels que *pantli*, l'étendard, la muraille, la ligne droite, la citadelle, qui découlent de celui-là, et *Pantecatl*, le dieu de la lubricité, de la fécondation et de l'ivresse, dont la signification première paraît être l'homme par excellence, le producteur au-dessus de tous les autres (1).

Si la Maïa des Grecs était considérée comme l'épouse du soleil, en tant que Zeus était assimilé à cet astre, il en était de même de la Maïa mexicaine, adorée encore sous le nom de *Centeotl* ou *Cinteotl*, la déesse du maïs et des fruits de la terre (2), de *Meahuatl*, signifiant le jet ou la pousse de l'aloès, qu'on est obligé de trancher dès sa naissance, au sein même de la plante, pour pouvoir y recueillir la séve, l'*octli* ou *pulqué*; c'est à cause de sa fécondité ou plutôt de la fécondation dont elle était la source, qu'on se l'imaginait couverte de quatre cents mamelles, comme l'Arthémis d'Éphèse (3) qui n'était peut-être qu'une copie de *Centeotl*, portée dans cette ville par les Cares qui, ainsi que les Lydiens, passaient pour être les propagateurs de son culte. Ainsi que les prêtres de la déesse d'Éphèse, ceux de la déesse mexicaine devaient garder une chasteté perpétuelle, de même que les vierges qu'on lui consacrait (4). Dans la mythologie américaine *Centeotl*, indistinctement mâle ou femelle, porte un caractère d'hermaphroditisme qui lui venait peut-être de la plante où

---

(1) Molina, *Vocab. en lengua mexicana*. — Ajoutons ici pour ce qui concerne l'explication du mot *pan*, en tant que *hache*, qu'une tradition antique de la province d'Oaxaca disait que les dieux du monde, établis au sommet du mont d'*Apoala*, y avaient bâti un palais somptueux, et que sur la cime la plus élevée de cet édifice existait une *hache* de cuivre, dont le tranchant tourné par en haut soutenait le ciel. (Ex quodam MS Vicarii Cuylapensis. Ord. Præd. ap. Garcia, *Origen de las Indios*, lib. V, cap. IV, page 37.)

(2) *Centeotl* ou *Cinteotl*, de *cenlli*, ou *cintli*, la gerbe de maïs. Voir Torquemada, *Mon. Ind.* lib. VI, cap. XXV.

(3) Cod. Mex. Vatic. ap. Rios, et Fabregat, *Esposizione delle figure del Cod. Borgia*, n. 19. — « Mammis multis et uberibus exstructa, dit Minutius. » (Octav. 22.) ap. A. Maury, *Hist. des relig. de la Grèce antique*, tome III, page 156. Ce symbole des mamelles pourrait fort bien avoir pris son origine de l'épi même du maïs, recouvert de ses graines, en forme de mamelles, et dont le nombre quatre cents *centzontli*, en mexicain, donne l'idée de l'année la plus fertile, lorsque d'un grain la terre en rend 400.

(4) A. Maury, *Histoire des religions de la Grèce antique*, tome III, page 157. — Torquemada, *loc. cit.* lib. IX, cap. XXVI.

le sexe de la femme pouvait se représenter par la forme évasée de l'aloès, après le retranchement de son jet, lequel, à son tour, exprimait si visiblement le caractère du mâle. Mère et nourricière du genre humain, on donnait encore à cette divinité le titre de *Tonacayohua*, celle de notre chair, et, dans cette qualité, elle était l'épouse de *Tonacateuctli*, le chef de notre chair, autre personnification du soleil (1), considéré, de son côté, comme le père du genre humain.

Pan, dans les monuments égyptiens, est appelé *Khem*, le dieu des Chemmis, où il apparaît sous les emblèmes d'un dieu phallique, enveloppé de langes; c'est pour cela que son nom est *Khem* ⲭⲉⲙ, ⲕⲉⲙ, ⲕⲏⲙ, le Renfermé (2). Ainsi en est-il des *Chemes*, *Chemens*, *Zemes* ou *Cemis*, dieux ou génies protecteurs et provéditeurs à Haïti, où sous la forme d'un os, d'un bâton, ils sont enveloppés dans des langes de coton (3), exactement comme le *Tlaquimilolli*, le paquet sacré des Mexicains, ou le dieu Priape des Mandans, qui célébraient encore, il y a si peu d'années, la fête de ce dieu avec des cérémonies d'une obscénité dont rien n'approchait (4). En nous reportant à l'idée première de cette divinité, nous la retrouvons tout naturellement dans la gerbe de maïs, bien nommée *Centeotl*, dieu ou déesse unique (5), enveloppée d'abord des feuilles qui recouvrent l'épi, exactement comme des langes qui en étaient l'image. Pan, considéré quelquefois comme Hermès ou le père d'Hermès (6), reparaît encore au Yucatan sous les symboles de ce dieu, comme l'inventeur de l'écriture et des arts, comme le maître de la sagesse humaine, dans le personnage de *Zamnà* ou *Itzamna*, qui est regardé comme le premier qui civilisa la péninsule, et le fils du dieu tout-puissant *Hunab-ku* seul saint (7). Mais le vrai nom de Zamnà, celui

---

(1) Torquemada, *loc. cit.* lib. VIII, cap. v.

(2) Bunsen, *Egypt's place in universal history*, vol. I, page 373.

(3) Voir à la suite de Landa, etc. l'*Ecrit du frère Romain Pane*, dans ce volume, pages 431-432.

(4) Catlin, *Letters and notes on the manners, customs and conditions of the North American Indians*, vol. I, page 215. — Nous tenons de M. Catlin lui-même des détails particuliers, extrêmement curieux sur cette matière.

(5) *Centeotl*, composé de *ce* ou *cen*, un, et *teotl*, dieu, ou de *centli*, la gerbe de maïs et de *teotl*.

(6) A. Maury. *Hist. des relig. de la Grèce antique*, tom. I, pag. 108 et suiv.

(7) Voir Cogolludo, *Hist. de Yucatan*, lib. IV, cap. vi. — *Hunab-ku*, un ou unique dieu, a exactement le même sens que *centeotl*.

qu'il se donnait lui-même dans l'opinion des peuples (1), était *Itzen-Muyal, Itzen-Caan*, la substance des nuages, la rosée du ciel, noms dont la première syllabe est encore celle du dieu des Chemmis (2). Ainsi que ce dernier, il s'appelait aussi *Ahcoc-ah-Mut* (3), et de lui venait le nom d'*Ytzmat-Ul* ou *Tzemat-Ul* à la plus antique des pyramides d'Izamal, élevée, assurait-on, sur le tombeau de Zamnà.

Sous ces divers symboles que nous venons d'examiner, comme sous le nom de Zeus, *Pan*, ainsi que nous l'avons vu, s'identifie parfaitement avec l'*Amon* des Égyptiens. Si Pan est la force cachée, la puissance génératrice, nous savons également, au rapport de Plutarque, appuyé sur l'autorité de Manethon (4), que le mot *amen*, chez les Égyptiens, signifiait « ce qui est caché, » et « l'action de cacher » de la racine ⲰⲚ, voiler, cacher. Champollion, qui cherchait comment d'*Amon*, le dieu caché, on avait pu faire *Amon-Ra*, le soleil, en trouve l'explication dans un manuscrit où ce nom est écrit « *Amoun*, ⲀⲘⲞⲨⲚ, qui paraît dérivé, » dit-il (5), de la même racine que l'ancien nom du soleil ΩΝ, » et qui, tous deux, ont la plus grande analogie avec ουων, » ⲞⲨⲰⲚϨ et ΤΟΥΩΝΧ, *illuminare, ostendere, apparere.* » *Amon-Ra* est donc le soleil caché, dans son acception la plus vulgaire. Mais qu'est-ce que le soleil caché, sinon le soleil qui se plonge dans la mer, le soleil passé à l'Occident ? de là les titres divers, de Seigneur de l'Amenti, de Seigneur du monde d'en bas, attribués à Osiris, de Seigneur des deux hémisphères, que lui donnent tous les monuments égyptiens, et que les égyptologues lui refusent systématiquement, en y substituant celui de Seigneur

---

(1) A la suite de Landa, *Relacion de las cosas de Yucatan*, page 357 dans ce volume.

(2) *Itzen* pour *tzen* ou *tzem*, ou *tzam*, d'où Itzamna ou Zamna, comme on appelle indifféremment cette divinité.

(3) Bunsen, *loc. cit.* page 374. — Voir Landa dans ce volume, page 221. Dans le manuscrit original, ce nom est écrit tout d'une pièce. Nous avons fait *ahcoc, ahmut*; le premier signifie *celui de la tortue*; nous n'avons pu trouver le sens du second, à cause de l'insuffisance de notre vocabulaire : dans le tzendal, langue assez rapprochée du maya, *mut*, est un oiseau. Conjointement avec Zamna on adorait au Yucatan une déesse qui passait pour la mère des dieux ; on l'appelait *Xchel* ou *Ixchel*. Le mot *chel* s'appliquait à un oiseau sacré, c'était aussi le nom d'une famille sacerdotale ; *x* ou *ix*, prononcer *ish*, désignait le féminin *ixix* ou *ishish*, le sexe de la femme.

(4) *De Iside et Osiride*, page 396.

(5) Champollion, *l'Egypte sous les Pharaons*, tom. I, page 217 et suiv.

de la haute et de la basse Égypte. C'est dans le même sens que *Tetzcatlipoca*, appelé aussi, comme le *Pan* mexicain, *Tonacateuctli*, devient la personnification du soleil *Tonatiuh* ou Τουωνχ, *Touônch*, l'illuminateur, au Mexique, puis, en descendant au fond des eaux, le Seigneur des ombres et de la mort, *Mictlanteuctli*, le prince de l'Enfer (1), lequel est encore ailleurs le père de *Tlaloc*, dieu des eaux, des orages et des tempêtes, l'ouragan, dont il a été question plus haut.

La coïncidence n'est pas moins remarquable, si nous observons que, dans toutes les fêtes qui se célébraient à l'occasion de cette divinité, quatre prêtres portant, au Mexique, le nom de *Tlaloque* et *Chac*, au Yucatan, ainsi que le dieu dont ils étaient les ministres spéciaux, plaçaient aux quatre angles de la cour du temple, quatre grandes amphores, toujours remplies d'eau, dont ils avaient la garde. Dans une de ces fêtes consacrées à Zamnà, ces prêtres ayant fait un grand feu au milieu de la cour, y jetaient les cœurs de tous les animaux qu'ils pouvaient rassembler, et quand ils étaient consumés, éteignaient le feu avec l'eau contenue dans les quatre amphores (2). C'est ainsi qu'en Égypte, les vases dits *canopes*, où l'on enfermait les entrailles des défunts, se trouvaient « toujours réunis quatre par quatre, ainsi que le
» sont les génies de l'Amenti ou enfer égyptien : *Amtet*,
» *Hapi*, *Satmauf* et *Namès*, dont ils portent ordinairement les
» têtes respectives qui les caractérisaient, c'est-à-dire *humaine*,
» de *cynocéphale*, de *chacal* et d'*épervier* (3). »

Ces *canopes* sont, sous le même nom, les dieux pénates du Pérou (4). *Can*, ou *con-op*, ou *con-ub*, la puissance qui souffle, ou le vase supérieur ; on les retrouve comme les quatre soutiens

---

(1) *Cod. Mex. Tell. Rem*, fol. 3. v.

(2) Motolinia, *Hist. de los Indios de la Nueva-España*, partie inédite, Manuscrit de don José Maria Andrade de Mexico.—Voir Landa, plus bas, page 255. *Chac*, l'orage, la pluie, le Dieu des eaux ainsi que *Tlaloc* au Mexique, et par conséquent des productions de la terre. Cette fête de l'éteignement du feu s'appelait *Tuppkak*, qui en est la signification et qui symboliquement, peut-être, rappelait l'éteignement par le déluge des feux allumés par les volcans, au temps du cataclysme

(3) Passalaqua, *Catalogue raisonné des antiquités découvertes en Égypte*, etc. page 168 (ad. XXVI). Des vases d'un genre analogue servaient au Mexique, au Yucatan, ainsi qu'en Egypte, à renfermer là les cendres, ici les entrailles des défunts. Il existe au musée de Mexico deux ou trois vases de ce genre d'une grande beauté : nous possédons les copies de deux des plus curieux, dessinés par M. Ed. Pingret.

(4) Calancha, *Coronica moralisada*, etc. lib. II, cap. x. Ces pénates sont appelés indifféremment *canapa* ou *conopa*, nom où l'on re-

du monde, dans les quatre *Bacab*, qu'ils représentent dans les fêtes au Yucatan (1); dans les quatre grands dieux du Mexique et de l'Amérique centrale, et le *Livre Sacré* nous les montre presque avec les mêmes symboles qu'en Égypte. C'est, en premier lieu, *Hun-Ahpu-Vuch*, un Tireur de sarbacane au *Sarigue*, dont le nom se retrouve dans celui de *Sat* ou *Sutech* (2), figuré, sans qu'on puisse s'y méprendre, dans le *Sarigue*, sur un grand nombre de monuments égyptiens, mais qu'aucun égyptologue n'a su expliquer jusqu'aujourd'hui, et qu'on n'expliquera pas facilement, si on ne le cherche en Amérique, le seul continent où se trouve cet animal (3). Puis vient *Hun-Ahpu-Utiu*, un Tireur de sarbacane au *chacal* (4), puis *Zaki-Nima-Tziiz*, la grande Épine blanche ou le grand Porc-Épic-Blanc (5); enfin, *Tepeu-Gucumatz*, l'Élevé, le Dominateur, le Maître de la Montagne, le *Serpent* aux plumes de quetzal, que le lecteur connaît déjà. Observons encore, à propos de ce nombre quatre, ceux des quatre

connaît celui de *con* ou *chon*, dont il a été parlé précédemment.

(1) Voir Landa, page 207 et suiv.

(2) Bunsen, *Egypt's place in universal history*, vol. I, page 514. Au n° 254 de la liste des signes hiéroglyphiques idéographiques, se trouve l'animal précité, sous le nom de *jerboa* ou *jerboise*, ce qui n'est pas exact, suivi de ces mots *sense unknown*. On le retrouve dans un grand nombre de documents, quelquefois très-exact, d'autres fois plus ou moins défiguré; ceci s'explique par l'interruption des communications de l'Égypte avec l'Amérique, seul pays où existe le Sarigue, qu'on finit par oublier avec le temps et qu'on regarda peut-être comme un animal symbolique. Tel l'énonce M. de Rougé, en le donnant comme l'animal symbolique de *Set*, à la suite d'une explication touchant le groupe de la page 16 de son ouvrage *Étude sur une stèle égyptienne*, page 17. Dans la *Gramm. Egypt.* de Champollion, on le retrouve avec la même tête de Sarigue, page 114, ayant la légende : « Avec la tête d'un animal fantastique et sous le nom de *Bôr* ou *Boré*, » page 119, ayant la légende : « une espèce de griffon. » Page 120, cette tête de sarigue est devenue, par l'oubli du temps sans doute, une tête d'âne et ensuite d'antilope.

(3) Dans le *Livre Sacré*, le Sarigue apparaît d'abord comme un des quatre grands dieux, page 2. Il revient ensuite, page 167, dans une fiction fort difficile à interpréter. Toute la scène, cependant, paraît faire allusion à un tremblement de terre, quatre fois répété, exprimé par l'idée que le *Sarigue ouvre ses jambes*, et où le volcan Hunahpu joue encore son rôle : ce qui se serait répété quatre jours de suite.

(4) *Utiu* est l'animal appelé *coyotl* en nahuatl; c'est le *chacal* américain. *Hun-ahpu-utiu*, un Tireur de sarbacane au chacal, est le même que l'*anupu* ou *anubis* des monuments d'Égypte, également représenté par un chacal.

(5) *Tziz* ou *zilz* signifie l'épine, l'aiguille ou l'animal, que Ximenez traduit par *pizote*, le *pitzotl* mexicain, que Molina traduit à son tour par *puerco* et qui paraît être une sorte de porc-épic.

animaux, dont les noms caractérisaient les initiés aux mystères de Mithras ou d'Osiris, du Lion ou Chacal, de la Hyène, de l'Aigle et du Corbeau, qui se représentent constamment, sous les mêmes noms et avec les mêmes symboles, dans les mystères antiques de la chevalerie au Mexique (1).

§ XIV.

Les dieux de l'Orcus mexicain. Ixcuina, déesse des amours, personnification de Mictecacihuatl, déesse de l'enfer. Ehecatl au Mexique, Yk au Yucatan, Eikton en Grèce, Hik en Egypte, l'air, l'esprit, le souffle. Phtha et Hun-Batz. Chouen et Chou-n-aten, etc.

Du fond des eaux qui couvraient le monde, ajoute un autre document mexicain (2), le dieu des régions d'en bas, *Mictlan-Teuctli* fait surgir un monstre marin nommé *Cipactli* ou *Capactli* (3) : de ce monstre, qui a la forme d'un caïman, il crée la terre (4). Ne serait-ce pas là le crocodile, image du temps, chez les Égyptiens, et, ainsi que l'indique Champollion (5), symbole également de la *Région du Couchant*, de l'*Amenti?* Dans l'Orcus mexicain, le prince des Morts, *Mictlan-Teuctli*, a pour compagne *Mictecacihuatl*, celle qui étend les morts. On l'appelle *Ixcuina*, ou la déesse au visage peint ou au double visage, parce qu'elle avait le visage de deux couleurs, rouge avec le contour de la bouche et du nez peint en noir (6). On lui donnait aussi le nom de *Tlaçolteotl*, la déesse de l'ordure, ou *Tlaçolquani*, la mangeuse d'ordure, parce qu'elle présidait aux amours et aux plaisirs lubriques avec ses trois sœurs (7). On la trouve personnifiée encore avec *Chantico*, quelquefois représenté comme un chien, soit à cause de sa lubricité, soit à cause du nom de *Chiucnauh-Itzcuintli* ou

(1) *Rouleau de papyrus de M. Fontana, expliqué par M. de Hammer*, page 11. — *Codex Chimalpopoca*, dans l'hist. des Soleils, MS de ma Coll. — *Cadastre et rôle des habitants de Huexolzinco et autres lieux*, etc. MS de la bibl. impér.
(2) *Cod. Mex. Tell.-Rem.*, fol. 4, v.
(3) Motolinia, *Hist. antig. de los Indios*, part. MS. Dans ce document, au lieu de *cipactli* il y a *capactli*, qui n'est peut-être qu'une erreur du copiste, mais qui, peut-être aussi est le souvenir d'une langue perdue et qui se rattacherait au *capac* ou *Manco-Capac* du Pérou.
(4) Motolinia, *ibid*.
(5) Dans *Herapollon*, I, 69 et 70, le crocodile est le symbole du couchant et des ténèbres.
(6) *Cod. Mex. Tell.-Rem.*, fol. 18, v.
(7) *Ixcuina*, au pluriel *ixcuiname*, dans la langue nahuatl; ainsi le donne le *Cod. Mex. Letellier*, et Sahagun (*Hist. de las cosas de N. España*, lib. I, cap. XII.)

les Neuf-Chiens, qu'on lui donnait également (1). C'est ainsi que dans l'Italie anté-pélasgique, dans la Sicile et dans l'île de Samothrace, antérieurement aux Thraces et aux Pélasges, on adorait une Zérinthia, une Hécate, déesse Chienne qui nourrissait ses trois fils, ses trois chiens, sur le même autel, dans la demeure souterraine; l'une et l'autre rappelaient ainsi le souvenir de ces hétaires qui veillaient au pied des pyramides, où elles se prostituaient aux marins, aux marchands et aux voyageurs, pour ramasser l'argent nécessaire à l'érection des tombeaux des rois. « Tout un calcul des temps, dit Eckstein (2), se rattache à l'adoration solaire de cette déesse et de ses fils. Le Chien, le Sirius, règne dans l'astre de ce nom, au zénith de l'année, durant les jours de la canicule. On connaît le cycle ou la période que préside l'astre du chien : on sait qu'il ne se rattache pas seulement aux institutions de la vieille Egypte, mais encore à celles de la haute Asie. » En Amérique le nom de la déesse *Ixcuina* se rattache également à la constellation du sud, où on la personnifie encore avec *Ixtlacoliuhqui*, autre divinité des ivrognes et des amours obscènes : les astrologues lui attribuaient un grand pouvoir sur les événements de la guerre, et, dans les derniers temps, on en faisait dépendre le châtiment des adultères et des incestueux (3).

Ainsi, de quelque côté qu'on jette les yeux sur les cosmogonies antiques, en Afrique, en Asie ou en Amérique, de chaque côté, on leur trouve, non-seulement des analogies, mais des ressemblances si grandes, qu'il serait inconséquent de n'y voir que de simples coïncidences, entièrement dues au hasard : il ne reste donc plus qu'à leur attribuer une origine commune. Dans les cieux, sur la terre ou au fond des mers, en Égypte et au Mexique, ce sont des mythes identiques : *Amon-Ra*, le soleil, devient *A.umu*, l'Osiris infernal, le roi des demeures souterraines, comme *Tetzcatlipoca* se personnifie en *Cipactonal*, celui-ci en *Mictlanteuctli*, en descendant des cieux au fond de l'Océan. *Osiris* et *Horus* apparaissent sous le nom de *Sat* ou Typhon; puis c'est *Chnouphis, Knèph,* l'Esprit, le souffle divin. C'est ainsi que *Quetzalcohuatl*, l'Oiseau-serpent devient *Ehecatl* au Mexique, et *Yk*

---

(1) *Cod. Mex. Tell.-Rem.*, fol. 21, v.
(2) *Sur les sources de la Cosmo-*
gonie *de Sanchoniathon*, page 101, 197.
(3) *Cod. Mex. Tell.-Rem.*, p. 16,v.

dans les langues de l'Amérique centrale « *Chnouphis*, remarque
» Champollion (1), porte dans plusieurs inscriptions hiérogly-
» phiques une légende de laquelle il résulte que cette divinité
» présidait à l'inondation. Puis il ajoute : *Cnèf, Cnouphis* ou
» *Chnoubis*, se rapportent évidemment aux racines égyptiennes
» *nèf, nèb, nife* et *nibe*, afflare, πνεῖν, » mots qu'on retrouve
presque identiques dans *ub, pub*, la sarbacane, l'instrument par
où la terre souffle le feu des volcans, dans la légende de *Hun-
Ahpu* ou *Ahpub*, dont le nom se retrouve encore dans celui de
l'*Anupu* égyptien.

« Or, par *Knèf*, continue Champollion, on voulait indiquer
» l'être inconnu et caché, l'*Esprit*, πνεῦμα, qui anime et gou-
» verne le monde (2), » dont la forme, dans Jamblique (3) Ἠμῆφ,
se retrouve dans l'*Ymox* ou *Ymix* du maya et du quiché (4) :
mais allons plus loin ; car Jamblique, parlant au nom d'Hermès,
c'est-à-dire des Gnostiques, ajoute (5) au sujet de cette divinité
ὃν καὶ Εἴκτων ἐπονομάζει. Le dieu *Knèf* portait donc également le
nom d'*Eikton*. Là-dessus, Champollion déclare (6) qu' « il ne sau-
» rait être douteux que le premier Hermès n'ait été bien certai-
» nement le même que le dieu nommé par Jamblique, d'après
» les livres sacrés de l'Égypte *Eikton*, le premier des dieux cé-
» lestes (Οὐράνιοι θεοί) intelligence supérieure, émanée de l'intel-
» ligence première *Knèph*, le grand Démiurge. »

Ainsi, rien de plus clair : Eikton, comme Ehec ou Ehecatl (7)
chez les Mexicains, comme Yk ou Hyk, au Yucatan et dans toutes
les régions voisines, ainsi que dans l'Amérique centrale, est
identique avec *Knèph;* il est l'Esprit qui parcourt le monde et le
pénètre dans toutes ses parties, l'ouragan encore, *hurakan* ou
ur-ik-an, qu'on peut traduire en quiché, l'esprit qui vient rapidement; il est le ⲈⲒⲔⲦⲞ, ⲈⲒⲔ ou ⲒⲔ des Égyptiens, le
modérateur universel (8), le même euphoniquement et symboliquement en Grèce, en Égypte, au Yucatan, au Mexique et
dans l'Amérique centrale. Veut-on continuer la comparaison,

---

(1) *Panthéon égyptien*, liv. IV, ch. I, texte 3, page 2.
(2) *Ibid.*, texte 3 *a*, page 1.
(3) Goulianof, *Archéol. égyp.*, tom. III, p. 330.
(4) *Ymox* ou *Ymix* est le premier signe du calendrier, *Yk* est le second, et se traduit par souffle, vent, esprit.

(5) Goulianof, *loc. cit.*
(6) *Panthéon égyp.*, 15 *b*.
(7) *Ehecatl* ou *eecatl*, se traduit *viento, aire*, dans Molina, *Vocab. de la leng. Mex.*, etc.
(8) Goulianof, *Archéol. égypt.*, tom. III, page 408.

qu'on ouvre la *Symbolique de Creuzer*, traduite et si bien complétée par M. Guigniaut (1), et l'on y trouvera la figure d'un personnage à longue queue, un instrument de musique entre les mains : « Vieillard assis, dit le savant secrétaire perpétuel de
» l'*Académie des Inscriptions*, et jouant d'un instrument à cordes :
» le caractère de sa physionomie et sa coiffure le rapprochent
» naturellement d'une des principales figures du numéro sui-
» vant. Nous voyons ici *Phtha*, le démiurge, inventeur des arts
» et de la musique en particulier, organisant toutes choses par
» sa divine harmonie. » Creuzer le représente lui comme le créateur *Knèph* ou Agathodémon, le bon esprit, tandis que M. Guigniaut insiste en disant « que ce vieillard barbu, nain à
» gros ventre et à face bizarre, portant une coiffure de plumes,
» est plutôt *Phtha*, le démiurge et l'artisan céleste. »

Knèph et *Phtha*, Bunsen le remarque judicieusement (2), sont clairement identifiés dans les monuments égyptiens, ce avec quoi nous sommes parfaitement d'accord. Bunsen observe ensuite que *Phtha* avait une grande ressemblance avec les *Pataïkoi*, ces statues de nains monstrueux que les Phéniciens attachaient à la poupe de leurs navires, ce qui ramène à l'idée de M. Guigniaut que le vieillard en question serait le dieu *Phtha*. Mais ce que d'autres n'ont pu remarquer comme nous, c'est la ressemblance frappante de ce personnage, c'est celle de la plupart des images de *Phtha*, avec celle que nous a laissée le *Livre sacré* des Quichés dans la description des deux frères *Hun-Batz* et *Hun-Chouen*, métamorphosés en singes par Hunahpu, et qui retournent ensuite danser et grimacer devant leur aïeule (3). « Or *Hun-*
» *Batz* et *Hun-Chouen* étaient de très-grands musiciens et
» chanteurs, est-il dit : ils étaient également joueurs de flûte,
» chanteurs, peintres et sculpteurs ; tout sortait parfait de leurs
» mains. » Ce que nous ajouterons au sujet de cette fiction, c'est que les deux paires de jumeaux, *Hun-Batz* et *Hun-Chouen*, d'un côté, qui se montrent si fréquemment dans les bas-reliefs et sculptures de l'Amérique centrale, de l'autre, ceux de *Hun-Ahpu* et

---

(1) *Religions de l'antiquité, considérées principalement dans leurs formes symboliques et mythologiques*, pl. XXXVIII, n. 156. On voit au Musée égyptien du Louvre un grand nombre de ces simulacres de grandeurs diverses, correspondant, on ne peut mieux, à l'idée que nous en donnons ici.

(2) *Egypt's place in Univ. hist.*, vol. I, pag. 382.

(3) *Popol Vuh*, page 113.

Xbalanqué, paraissent avoir été les symboles antiques de deux sectes religieuses, toujours ennemies, dans ces contrées, dès les temps les plus reculés. N'y aurait-il pas lieu de croire que ces symboles auraient été également, en Égypte, ceux de deux formes de culte, distinctes et opposées l'une à l'autre, quand on observe, précisément sous Amenhotep IV, les changements introduits à Thèbes, dans la religion, celui qui s'opère dans la physionomie même des princes de la famille royale, et qu'on voit le pharaon adopter le nom de *Chou-n-aten*, qui rappelle si bien celui de *Hun-Chouen?* Remarquons, en outre, ce que Brugsch ajoute à ce sujet (1) : « Le roi, les membres de sa famille, les » grands fonctionnaires, les guerriers, enfin, toute la population » de la nouvelle résidence, ont presque l'aspect d'une race étran- » gère... » Cela ne pourrait-il pas indiquer quelque autre invasion libyenne, des Éthiopiens de l'ouest ou des populations atlantiques?

On signale le culte des dieux-singes, des pontifes-singes dans les diverses théogonies de l'Inde, de l'Égypte et de l'Amérique : dans les peintures égyptiennes et mexicaines, ces animaux sont représentés dans une même posture d'adoration devant la divinité. On a trouvé dans des tombeaux en pierre de l'Amérique centrale des ossements parfaitement conservés de ces cynocéphales, dont la tête de mort est figurée dans les sculptures du grand palais de Copan : dans les provinces d'Oaxaca et de Yucatan, ils recevaient les honneurs divins sous les noms de *Hun-Chouen* et de *Hun-Ahau*, et ils y étaient regardés comme les fils d'*Ixchel* et d'*Itzamna*, dont les sexes sont changés dans le texte que nous citons ici (2). C'est d'ailleurs dans l'ensemble des régions, comprises entre ces deux provinces, que se présentent les souvenirs les plus complets de l'Orcus antique dans les noms de *Xibalba* et de *Mictlan*, où l'on trouvait, non trois juges, mais treize, dont

---

(1) *Histoire d'Égypte*, etc., page 118.

(2) Les deux premiers dieux furent, d'après cette tradition, un homme appelé *Xchel* et une femme appelée *Xlpamna*, lesquels engendrèrent trois fils. L'aîné s'étant enorgueilli, voulut créer des êtres humains ; mais il n'y réussit point : il ne sortit de ses mains que des œuvres de terre glaise sans consistance ; c'est pourquoi il fut lancé aux enfers avec ceux qui l'y avaient aidé. Les deux autres fils, appelés *Hun-Cheuen* et *Hun-Ahau*, ayant obtenu la permission de travailler à de nouvelles créatures, créèrent les cieux, la terre et les planètes, après quoi ils firent un homme et une femme, de qui descendit le genre humain. (Roman, *Republica de las Ind. Occid.*, lib. II, cap. xv, en las Repub. del Mundo.)

f

les noms, conservés de siècle en siècle, font encore frémir les populations (1). Là aussi, il fallait qu'une pièce de monnaie, représentée par une pierre fine, fût placée dans la bouche du défunt, afin qu'il pût se faire admettre au séjour infernal, et chacun se faisait précéder d'un ou de deux petits chiens roux, destinés à le porter à travers les eaux du fleuve qui tournait neuf fois autour de l'enfer (2). C'est dans cette demeure funèbre que le *Codex Chimalpopoca* nous montre Quetzalcohuatl, descendant un jour par ordre des dieux, afin de demander au Seigneur des morts les os de jade dont il fera des hommes (3) : le prince infernal présente à Quetzalcohuatl sa conque que celui-ci saisit, et, ainsi que le Yadus, dans l'enfer sous-marin de *Narakah* (4), il s'en sert comme d'une trompe ; l'enfer tremble, les vers et les autres insectes mystérieux qui étaient endormis s'éveillent et lui prêtent leur aide ; les portes de Mictlan s'ouvrent et il s'empare des jades sacrés qu'il porte au monde.

§ XV.

Le Thoth mythique. Viracocha, Bochica, Quetzalcohuatl. Civilisation qu'ils établissent. Opinion des philologues modernes sur les races couschites. Où était leur berceau ? Mythes de l'Occident. Gaïa et Iaïa. Peuples divers. Origine des métaux, etc.

Quetzalcohuatl, Kukulcan ou Zamna, c'est lui, nous l'avons dit, qui est l'inventeur des arts graphiques, le démiurge américain, le propagateur des sciences, qui civilise le Mexique et le Yucatan ; c'est lui qui reparaît sous le nom de *Bochica*, à la Nouvelle-Grenade, et de *Viracocha* au Pérou. Il représente partout « le personnage hiéroglyphique de *Thoth*, qui sert d'expression, dit Eckstein (5), aux rudiments d'un corps littéraire et scientifique de la plus vieille Égypte, » et j'ajouterai de l'Amérique plus primitive, peut-être, que l'Égypte elle-même. « Le mythique

---

(1) *Livre Sacré*, deux. part., ch. I et XIV.
(2) Sahagun, *Hist. gen. de las cosas de N. España*, apend. del lib. III, cap. II.
(3) Dans l'*Hist. des Soleils*. — Torquemada rapporte une tradition analogue ; mais celui qui va chercher les os de jade, s'appelle Xolotl (*Mon. Ind.*, lib. VI, cap. LXI). Cette histoire ne ferait-elle pas allusion aux grottes mystérieuses où se travaillait le jade et dont on a été jusqu'ici dans l'impossibilité de découvrir les mines ? Étaient-elles situées au *Tlapallan* fameux, tour à tour placé dans le nord et dans l'Amérique centrale, et qu'il faudrait peut-être encore reculer jusque dans l'Amérique méridionale ?
(4) Eckstein, *Sur les sources de la cosmogonie*, etc., page 157.
(5) *Loc. cit.*, page 234.

Thoth, continue cet écrivain, agissait comme le mythique Oannès, comme le mythique Pârâsharya, comme le mythique dragon de la primitive Chine. Il posait, comme eux, les fondements d'un ordre de civilisation au milieu de races sauvages, aborigènes de la vallée du Nil, du delta de l'Euphrate et du Tigre, du delta de l'Indus, du delta des confluents de la Gangâ et de la Yamunâ, et des contrées voisines des rives de la mer de Kokonor. Des étrangers sortaient, disaient-ils, d'un Hadès, d'un foyer souterrain, porteurs d'une science d'organisation qui reposait sur un principe de géométrie et d'astronomie, qui ordonnait un calendrier mythico-astronomique, qui canalisait le pays et faisait le cadastre de son territoire, fixait l'enceinte des villages et des cités, ordonnait celle des temples, des résidences pontificales et des résidences royales, qui ébauchait un code de lois, un corps d'ouvrages sur l'anatomie et la médecine, relevant d'un principe sacré. Elle apportait un système d'écriture hiéroglyphique pour exprimer toutes ces choses (1). Elle se révélait dans un ensemble qui ne permet pas d'y voir le développement d'une culture autochtone aux lieux où elle s'y applique.

» Tout cela se développe, il est vrai, dans le cours des âges, comme on peut le voir partout où se rencontre un principe d'organisation : en Chine, dans la Mésopotamie de l'Inde centrale ; dans les régions de l'Indus et du Guzzerate, en Babylonie, dans l'Arabie méridionale, dans l'Ethiopie, y compris Méroë, dans l'Égypte et finalement dans la Phénicie. Mais l'identité du principe se rapporte *à un ordre de civilisation complétement importé d'ailleurs*. C'est ce qui force l'esprit de critique à attribuer ces rayons de lumière au centre d'une vieille culture que tout concourt à placer dans les régions du Gihon et du Pishon. La Genèse biblique les place immédiatement dans le voisinage du berceau de l'espèce humaine. Ce n'est que dans ces régions de Kusch et de Chavila que la culture a pu parcourir la longue période de ses commencements ; ce n'est que là qu'elle a pu avoir son histoire et sa genèse. Son développement ultérieur émane partout ailleurs dans l'ensemble primitif d'un tout complétement formé. Il va de soi qu'un tel ensemble s'élabore, se subdivise, se fractionne de nouveau et se développe comme un arbre de

(1) N'est-ce pas là exactement ce qui se dit de Kukulcan et de Zamnà au Yucatan (Voir plus bas, Landa, pages 35 et 356 et note 2), de Quetzalcohuatl, qui enseigna au Mexique toutes les sciences énumérées ici ?

culture nouvelle, conformément aux accidents du sol, des contrées, des climats et des populations autochtones. Il est d'origine thibétaine dans l'Inde, ou encore d'origine malaisienne, nègre, quel que soit le mélange d'éléments auxquels tout cela ait primitivement appartenu. »

Ces deux paragraphes jettent certainement un grand jour sur l'histoire primitive du monde : ils placent à leur véritable point de vue les origines de la civilisation qu'ils ramènent précisément dans le cadre de nos recherches sur l'Amérique. Au premier coup d'œil, ils sembleraient tout à fait d'accord avec les observations de M. Fresnel et de M. Oppert, qui attribuent au pays de Mahrah l'ancienne langue de Cousch, à laquelle se rattacheraient toutes celles dont M. Renan est tenté de créer un groupe distinct sous le nom de *sémitique-couschites*, « renfermant l'himyarite, le ghez, le mahri, la langue des inscriptions babyloniennes. Mais, dans l'état actuel de la science, ajoute le savant académicien (1), il serait prématuré d'adopter à cet égard aucune formule définitive. » D'autant plus prématuré qu'il faudrait ainsi faire de l'Arabie le point de départ des Couschites de Nemrod, que M. d'Eckstein met, lui, dans le voisinage immédiat du berceau de l'espèce humaine. Mais dans l'une ou l'autre hypothèse, comment accorder ces idées avec le fait de l'origine attribuée par Diodore de Sicile à Bélus, que la plupart des auteurs identifient, d'ailleurs, avec l'Hercule assyrien, avec Nemrod (2) ? S'il est vrai, comme l'affirme cet auteur (3), que Bélus était fils de Libye et de Neptune, c'est-à-dire d'un mélange de libyen et d'atlantique, il est clair qu'il ne venait pas de l'Arabie.

En admettant, toutefois, les conclusions de M. d'Eckstein sur les sources de la civilisation primitive, il sera toujours difficile de trouver une solution aux questions qu'il soulève, aussi longtemps qu'on n'aura pas fixé d'une manière satisfaisante la situation du pays de Cousch et de Chavila, le berceau de la race brune, des Égyptiens, des Cares, des populations libyennes et des Américains. S'il était dans l'Asie centrale, comme bien des indices inclinent à le supposer, en voyant de quel côté l'Égypte et la Phénicie paraissent avoir reçu leurs dieux et leurs institutions, il faudrait admettre que cette civilisation, marchant

---

(1) *Histoire générale et système comparé des langues sémitiques.* Paris, 1864, liv. I, ch. ii, page 60.

(2) Movers, *Die Phönizier*, tom. 1, pag. 471, etc.

(3) *Biblioth. hist.*, lib. I, 28.

au rebours de celle des Aryâs, se serait répandue d'abord sur les régions les plus orientales de l'Asie, puis en Amérique, d'où elle aurait fait retour sur notre continent, par l'ouest. Ceci n'est qu'une simple supposition ; mais elle s'énonce comme la conséquence des faits dont nous avons entretenu nos lecteurs et des cosmogonies qui font sortir de l'Océan atlantique les dieux d'Homère et d'Hésiode, ainsi que les populations de race rouge et cuivrée qui envahirent l'Europe et l'Afrique aux périodes primitives de la terre. Si M. d'Eckstein, de ce regard qui a si bien pénétré au fond des mystères de l'histoire du vieux monde, avait pu, comme nous, voir et juger d'ensemble les deux hémisphères, peut-être eût-il tiré des faits que nous avons exposés des conséquences plus larges que nous-mêmes.

Ce ne pouvait être que par un souvenir de leur antique filiation, que les Égyptiens montraient l'Occident comme la patrie de leurs ancêtres, comme l'*Amenti*, où les âmes des morts allaient rejoindre leurs pères. En dehors de toute hyperbole, la Genèse, dans sa concision, indique les deux extrémités d'une mappemonde chamitique où nous avons le droit de chercher le continent qui nous intéresse. Elle connaît les Ethiopiens de l'orient et ceux de l'occident, dont Homère et Hésiode nous ont également conservé le souvenir (1). L'Odyssée les partage en deux διχθά, les appelant les hommes des deux bouts ou des deux extrémités du monde, ce qui ne peut convenir qu'aux Ethiopiens des bords de la mer Rouge, à l'orient, et aux populations atlantiques, Américains et Libyens de l'occident qui s'enchaînaient autrefois par des liens rompus depuis par le cataclysme. « Les grands dieux s'y réunissent à certaines époques de l'année, une fois chez les Ethiopiens de l'orient, une autre fois chez les Ethiopiens de l'occident ; c'est chez ces derniers que Zeus passe les douze fameuses nuits de la fin de l'année (2) que nous rencontrons dans les mythologies anciennes et qui appartiennent à la constitution d'un vieux calendrier.

« Il est inutile, ajoute plus loin M. d'Eckstein (3), d'insister sur les richesses d'une mythologie dont les détails se perdent à l'infini. Où ne retrouve-t-on pas cet Atlas du Mont au nombril de la terre? cet Atlas de l'Océan au nombril de l'Océan ? ce père

---

(1) *Odyssée*, I, 22-26, dans Eckstein, *Sur les sources de la cosm. de Sanchoniathon*, page 132.

(2) *Iliade*, I, 423-425 ; XIII, 204-206.

(3) *Loc. cit.*, page 135.

de la nymphe des séductions, de la Kalypsô? ce père d'une nombreuse postérité de filles qui se partagent les constellations célestes et qui figurent dans la couche mythique des rois de la terre? ces dangers de la navigation de l'Océan ? ce thème des dieux Macares, des îles Macares, des femmes Macares, des tyrans et des monstres Macares?... C'est là que l'Erôs des Céphènes sortait de la gueule du poisson qui l'avait avalé, c'est-à-dire du cist où il avait été exposé sur les flots de l'Océan, et que, triomphant de la mer en courroux, il allait fonder un empire dans ces îles Macares ou sur les continents qui étaient au bout de la traversée. »

C'est dans ces îles de l'occident, où les *Cares* apparaissent à l'origine de l'histoire, que nous retrouvons le mythe de *Gaia* qui donne naissance à *Ouranos* dans la nuit; nous l'avons vu dans *Giaia* ou *Iaia*, l'être puissant de la tradition haïtienne, le père de *Giaia-el*, qu'il enferme dans le sein de la terre, figurée par une calebasse, d'où ses os, changés en poissons, sortent bientôt après avec l'Océan qui submerge une partie du monde. Les dieux qui habitent la sphère de cet Ouranos sont les dieux *Macares*, issus comme Ouranos lui-même de la terre et de l'Océan (1) : c'est ainsi qu'à Haïti les Caras apparaissent avant l'existence même de la mer dont ils causent bientôt après l'épanchement. Dans les traditions haïtiennes, comme dans celles de l'Inde et de la haute Asie, « il s'agit ici d'une foule d'événements extraordinaires, de comètes dans les cieux, de baleines et autres monstres marins, des flammes d'un volcan sous-marin qui exigent une victime pour le salut de la navigation. Kâmâ, l'Erôs qui sort de l'Océan et qui est la victime engloutie par *Keto* ou par le *Makarah*, le monstre marin, est en même temps la victime et celui qui rachète la victime par le sacrifice de la personne divine. » Dans la légende haïtienne, il y a également une victime : c'est *Dimivan Caracol* qui détache la calebasse où étaient renfermés la mer et les poissons; c'est de son épaule que sort la tortue sur laquelle les Caras bâtissent leur demeure et commencent la culture de la terre (2).

(1) Hesiod., *Theogon.* 126-128. Eckstein, *loc. cit.* page 142. — Voir plus haut, page 24.

(2) Voir plus bas *Ecrit du frère Romain*, page 440 et suiv. — Eckstein, *loc. cit.* page 214. « Il s'agit, dans le dernier cas, d'une science du genre de la science hermésienne, qui est attribuée à la katchapé, à la tortue femelle de la vieille Inde. Le Cercops pontifical, le Kapivaktrah en forma une lyre. » Dimivan Ca-

Ici nous retrouvons avec les *Caras* la plupart des populations auxquelles les *Cares* se rattachaient dans les temps antiques en Orient. Ce sont les *Cauuna* et les *Hi-Auna* qui rappellent les *Caucones* et les *Cauniens* de l'Asie; puis les *Hadruvava*, les *Kâdru* ou hommes bruns de la Gédrosie (1). Nous n'aurions point songé à signaler ces noms ni à les comparer avec aucun de ceux de l'ancien monde, s'ils s'étaient présentés isolément ; mais ils se rattachent à tant de symboles dont les analogues se retrouvent en Asie, à tant d'autres indices d'antiques communications, que nous aurions cru manquer à notre devoir d'historien fidèle, si nous les avions passés sous silence. Ces noms s'enchaînent constamment à des traditions et à des vestiges d'institutions disparues qui se retrouvent à la fois sur l'un et l'autre continent. Voleur de femmes, comme les Cares, et après ceux-ci les Phéniciens, *Gua-Ha-Hiona* (celui ou le chef des fils de Hiona), enlève les femmes de la grotte du soleil à *Caunau* et les transporte à *Matinino*, où il fonde un royaume de femmes, dont le souvenir durait encore à l'époque de Colomb (2) : au fond de l'Océan, il rencontre le beau *Cobo*, le dieu de la conque marine, puis une femme, une enchanteresse qui le retient dans ses bras et lui fait payer le tribut de l'amour (3).

Tout cela est le pendant des traditions de l'ancien monde ; on en voit comme un reflet dans la région des *Barbaras* (varvaras, gargara, caracara) où les hommes sont les esclaves voluptueux de la déesse des plaisirs, où, suivant Arrien (4), les femmes règnent sur les hommes. C'est encore comme cette île des côtes de la Gédrosie, où une nymphe de l'Océan exigeait, ainsi que Circé, le tribut des amours des marins, qui passaient de ses bras dans ceux de l'abîme. Ce peuple d'amants transformés en phoques par la déesse rappelle les enfants de Haïti, abandonnés de leurs mères et métamorphosés en grenouilles (5). Mais ce qu'on voit ici de bien particulier à l'Amérique, c'est que *Gua-Ha-Hiona*, au lieu d'être sacrifié comme les amants de l'île de la

---

racol en tira l'art de cultiver et de bâtir, et tous les peuples de l'Amérique centrale en ont fait un instrument de musique sacré.

(1) Voir plus bas *Ecrit du frère Romain*, page 433, etc.

(2) Cette île était la même que la *Martinique*. Voir dans la Coll. de Ramusio, *Della historia dell'Indie*, lib. II, cap. VIII, pag. 70, v.

(3) Voir plus bas, *loc. cit.* page 435.

(4) *Indic.*, cap. XXII, ap. Eckstein, *loc. cit.* page 139.

(5) Voir plus bas, page 434.

Gédrosie, reçoit de son amante un mal qu'on ne reconnaît que trop aisément pour la syphilis (1), et dont il doit aller se guérir dans la *Nara*, la retraite sacrée, où il est avec son amante et les baigneurs qui prennent soin de lui. C'est dans ce lieu qu'en le quittant *Gua-Bonito*, cette femme par excellence (2), en échange de son amour, donne au chef des *Ha-Hiona*, la connaissance des métaux précieux, des pierres fines, l'art de les travailler et de les mettre en usage; elle ne le quitte qu'après l'avoir mis en possession de cet art, lui et les autres chefs qui l'accompagnaient, *Albeborael* et son père *Albebora* (3). Combien d'autres souvenirs s'éveillent encore dans toutes ces traditions! *Nara*, la retraite sacrée, se retrouve dans le *Nâr*, *Nara*, *Nairrit* des légendes antiques de l'Inde et, en Amérique, dans le *Nare*, l'un des plus grands affluents du Magdalena; dans ce royaume de l'autre crépuscule (4), antipode de l'Inde, celui peut-être où la Matsyâ, la nymphe de la traversée, conduit le marchand, le marin, le passager, dont elle était l'amante.

Ainsi, dit encore M. d'Eckstein, dans un passage analogue (5), « la nymphe reste au service du roi des pêcheurs; elle appartient au Tîrtha, au lieu saint de la traversée d'une rive de la Jamunâ. Les Tîrthas sont des institutions fondées par les Céphènes et les Chamites, à travers toute l'Asie et l'Afrique. C'est par elles qu'on initie les marchands et les marins aux mystères de leur route. La route terrestre et la route maritime servent de figure à celle de la vie. Le soleil voyageur va de l'orient au couchant, du couchant à l'orient, du royaume oriental d'un Kuverah des richesses métalliques et des gommes précieuses, trésors de la montagne, pleines de vertus magiques et curatives, au royaume occidental d'un Nairrit possesseur des perles, des

---

(1) Voir plus bas, pages 435-436. — On sait déjà que la syphilis joue un rôle assez important dans les antiques traditions américaines. Voir le *Livre Sacré*, etc., introd., page CXLII et suiv.

(2) C'est probablement là l'étymologie du nom de *Gua-Bonito*. Voir au *Vocab. haïtien*, à la fin du volume.

(3) Ces noms ne sont pas moins intéressants que les précédents, à comparer avec ceux de l'ancien monde.

(4) Il y avait également une province de *Naïrit* ou *Nayarit* au Mexique, ainsi appelé du dieu principal qu'adoraient ses habitants. Elle était située dans les montagnes entre les provinces de Zacatecas, de Culiacan et de Durango. (Alcedo, *Dicc. geogr. hist.*, etc., art. *Nayarith*. — Frejes, *Hist. breve de la conquista de los estados indep. del imp. mex.*, pag. 150.)

(5) *Sur les sources de la cosmog. de Sanchon.*, etc., page 226.

coraux, des conques précieuses, trésors de l'Océan. Les deux abîmes se correspondent ainsi, le gouffre du mont et le gouffre de la mer. Le marchand va aussi d'un bout du monde à l'autre sous la tutelle du dieu. »

On le voit, malgré l'incohérence des traditions haïtiennes, elles renferment encore de précieux renseignements pour l'histoire primitive. On y retrouve les origines de la métallurgie dans ces îles, où elles se rapportent à des événements antérieurs, ou postérieurs au cataclysme qui acheva la séparation des continents, aujourd'hui réunis de nouveau, grâce au génie de Colomb. Avec l'art de fondre et de ciseler l'or, nous avons celui de travailler le marbre et les pierres précieuses, ce qui est indiqué par le *guanin* et le *ciba* dans la légende haïtienne (1). Les grandes grottes de Haïti où Bartolomé Colomb découvrit, jusqu'à seize milles de profondeur, des mines et des travaux métallurgiques, abandonnés depuis des siècles (2), témoignent de l'antique exploitation de l'or aux Antilles. Pierre Martyr mentionne les travaux d'art retrouvés de son temps, et Saint-Méry affirme (3) qu'on découvrit en 1787, dans les montagnes de Guanaminto, un sépulcre avec une pierre, gravée de lettres inconnues. Dans ces montagnes, comme dans toutes les îles voisines, il existe des grottes considérables, travaillées de main d'homme, ornées de sculptures analogues à celle du soleil et de la lune de Caunau, et précédées d'ordinaire des deux stèles des *chemis* qu'on découvre toujours deux par deux, ainsi qu'en Asie.

L'état de civilisation « où les Caraïbes, aussi bien que les autres naturels des îles et des Guyanes, furent trouvés, dit un auteur haïtien (4), ne permet pas de supposer qu'ils étaient capables de construire des monuments de l'importance de ceux qu'on a dé-

(1) Voir l'*Ecrit du frère Romain*, plus bas, page 436.

(2) « Repertæ etiam in Aiti mirabiles fodinæ, ex quibus aurum à Salomonis classe petitum Columbus judicavit. De illis in navigation. Columbi ita scribitur : *Barthol. Columbus in Hispaniola invenit specus altissimos et vetustissimos, unde aiunt Salomonem aurum suum eruisse. Hæc auri fodina protendebatur ultra milliaria* xvi. *Hæc ille.* Ingens omnino argumentum, gentes olim eam insulam accessisse metallicas, quales ab omni ævo Phœnices et Hispani fuerunt. Nam illæ fodinæ, non ab Aitanis, quales reperti, quos metallicæ rei penitus ignaros fuisse, et venas in terræ visceribus ignorasse, constat. Aurum ex rivis sublegebant. (Hornii, *De originibus americanis*, lib. II, cap. VIII, pag. 99.)

(3) *Description de la partie française de Saint-Domingue*.

(4) E. Nau, *Histoire des Caciques d'Haïti*, Port-au-Prince, pages 49-50.

couverts ensevelis dans leurs forêts. Ce sont de vastes cryptes creusées dans le roc, et des murailles d'une longue étendue, en pierre sèche ou seulement en terre. Une autre race, d'autres hommes plus policés, auraient donc occupé ces pays, dans des temps reculés, et les Indiens de la dernière époque auraient succédé à la civilisation et à ces peuples éteints par on ne peut savoir quelles révolutions! Ces premiers occupants, d'où venaient-ils? étaient-ils autochtones? Les savants sont partagés sur ces questions; elles sont obscures et inextricables. »

§ XVI.

La Limné de l'Occident. Si elle était située en Amérique? Nations Cares de l'Amérique méridionale et leurs alliés. Les Tayrouas ou peuples forgerons des montagnes de Santa-Marta. Leur habileté dans la mise en œuvre des métaux et des pierres précieuses. Cultes divers qui s'y rattachaient. Mythe de Bochica et de Chia.

Les questions d'origine présentent partout de grandes difficultés, et ce n'est qu'en recherchant dans les traditions des peuples les lambeaux de leur histoire, et en les comparant entre eux qu'on parvient quelquefois à faire sortir une lueur de ce chaos. Celles qui se rapportent aux origines de la métallurgie américaine, dont nous parlions tout à l'heure, ne sont pas des moins importantes. C'est sur ce point qui paraît se rattacher encore d'une manière si curieuse au nom des Cares, que nous désirons porter maintenant l'attention du lecteur. On sait la quantité de métaux précieux qui ont été tirés du continent américain depuis Colomb; mais on a vu également la preuve que dans les temps anciens ce continent n'avait pas moins de célébrité sous ce rapport. M. d'Eckstein, que nous aimons à citer à l'occasion, va lui-même nous donner une description poétique et savante à la fois, des lieux où la tradition des Cares plaçait anciennement les mines les plus renommées : « L'Hélios d'Homère, dit-il (1), sort d'une Limné empourprée par les feux du couchant et remonte ensuite à l'Orient pour trôner dans un ciel d'airain. Voss et Welker, ainsi que Völker, ont rapproché ce passage de celui d'un fragment du Prométhée délivré d'Eschyle, où le chœur des Titans vient retrouver Prométhée attaché au mont Caucase; il arrive de la Limné qui est d'un rouge ardent ou d'un golfe du couchant sur les rives de l'Okeanos, fleuve qui enveloppe le globe.

---

(1) *Sur les sources de la cosmog. de Sanchoniathon*, page 130.

C'est là que descend Hélios avec ses coursiers fatigués de la course du jour, dans le pays des Éthiopiens de l'occident. »

Maintenant, si l'on jetait les yeux sur une carte de la mer des Antilles et des côtes voisines du Darien et de Sainte-Marthe, on pourrait s'imaginer, en réunissant, avec cela, les données géographiques et les traditions de ces contrées, que c'est là précisément que l'auteur aurait voulu placer cette Limné ainsi que le séjour des véritables Éthiopiens de l'occident. C'est, en effet, dans les montagnes qui s'élèvent en amphithéâtre autour du golfe de Darien, entre la baie de *Maracaibo* et l'isthme de Panama, que se trouvent encore aujourd'hui des mines d'or et d'argent, des plus riches et des moins exploitées du globe : c'est entre les sommets les plus inaccessibles de ces montagnes qu'existent les ruines gigantesques des cités cares, ainsi que les débris des forges célèbres où les cyclopes de l'Amérique forgeaient les armures d'or des rois et des princes de ces régions. C'est là, nous l'avons dit, aussi bien que dans les portions du continent qui s'étendent au sud et à l'est, arrosées par les plus grands fleuves du monde, que se retrouve plus qu'en aucun lieu de l'Asie et de l'Amérique elle-même, ce nom de *car* ou de *cara*, dans les noms des populations et des villes, sans compter une multitude d'autres noms, dont le son et l'étymologie sont familiers à tous ceux qui ont présents les souvenirs de la Phénicie et de l'Asie Mineure.

A la suite de Panama, vient *Pananome*, puis les provinces et les rivières de *Tabor*, d'*Abinamechi*, d'*Abibeiba*, etc. (1); les montagnes d'*Oromina*, d'*Abibi*, baignées au sud par le grand fleuve *Cauca*, dont le nom rappelle encore le *Caucase* et les *Caucaunes*; puis *Cartama*, *Caramanta*, et plus au nord les Cofanes, tribu puissante habitant les bords d'un fleuve du même nom (2), autre souvenir des *Cophanes* ou *Cephènes* de l'orient, issus d'une souche chamitique comme les Cariens. Aux bords de la mer vers le nord, dans ces régions de Terre-Ferme, où presque chaque nom de tribu ou de bourgade commence encore aujour-

---

(1) Sans compter les suivants : *Abacachi* ou *Abacari*, dans le territoire des Amazones; *Abanos*, tribu de la Nouvelle-Grenade; *Abigira*, *Abipi*, *Abitani*, noms de tribus et de villes; *Abibeya*, *Abraya*, *Abraiba*, *Abrayme*, etc., comme noms de chefs dans ces contrées.

(2) Montesinos, *Memorias antiguas historiales del Peru*, lib. I, cap. IX. MS. de ma Coll., tiré des Arch. de l'Acad. royale d'hist. de Madrid. — Alcedo, *Dicc. geogr. hist.*, art. *Cofanes*.

d'hui par *car*, se présente *Malambo*, dont le son phénicien n'échappera à personne ; c'est celui d'une tribu célèbre anciennement avec les *Bondas*, les *Chimilas* et les *Tayronas* ou les forgerons, les gens de l'enclume, populations essentiellement métallurges et des plus distinguées entre toutes les nations cares dont ils faisaient partie, et qui fournissaient d'or et de bijoux la plus grande partie de l'Amérique méridionale et des Antilles (1). Toute la chaîne des montagnes, avec ses ramifications, aux cimes couvertes de neige, entre le golfe de Darien et la ligne de l'Équateur, où l'on devrait chercher peut-être le véritable Atlas, ce nombril du monde, était renommée pour l'abondance et la richesse de ses veines métalliques, pour la splendeur de ses cristaux, pour la beauté de ses pierres précieuses, et surtout l'existence de ses mines de jade vert, la pierre sacrée de l'Amérique qu'on ne trouvait, qu'on ne taillait que là (2).

Les immenses ruines que les premiers conquérants espagnols découvrirent dans ces contrées, surtout en s'avançant dans la direction de *Cartama* et de *Caramanta*, au bassin du haut Magdalena, les routes taillées dans le roc vif, ou construites de pierres énormes, dans des proportions plus vastes encore qu'au Pérou (3), tout cela avec des traces remarquables d'antique canalisation, et, en face des vestiges de la civilisation qu'avaient conservés les nations riveraines de ce fleuve, prouve de quel haut degré de culture celles-ci étaient alors descendues. Dans les montagnes, l'or et l'argent, travaillés avec tant d'art (3), le cuivre

---

(1) Voici ce que dit à ce sujet l'évêque de Panama, Piedrahita : « Oyo la voz (Ursua) que celebrada » la riquezas del Tayrona, del cerro y » valle en que estaban los minera- » les de oro, y plateria, en que se » fundian las primorosas joyas de » feligrana en varias figuras, de » aguilas, de sapos y culebras, ore- » jeras, chagualas, medias lunas, y » canutillos, de que tan vistosa y » ricamente se arreaban todas las » naciones que corren desde el cabo » de la Vela, hasta las extremida- » des de Uraba, y la suma quan- » tiosa de oro en puntas y pol- » vos, etc. » (*Hist. gen. del reyno de Nueva Granada*, etc., lib. II, cap. 9.)

(2) Julian, *la Perla de la America*, etc., part. I, disc. III, IV, VIII et part. II, disc. II.

(3) *Relacion de lo que sucedio al Magnifico señor capitan Jorge Robledo en el descubrimiento que hizo de las provincias de Antiochia*, etc. MS. des Archives de l'Acad. roy. de Madrid. Copie de ma Coll.

(4) Piedrahita, *Hist. de N. Granada*, etc., lib. cap. XIV.— Julian, *la Perla de la America*, passim. — « Il est certain que les mathématiciens français, dit Carli, n'ont jamais pu comprendre comment ces peuples sont parvenus à faire des statues d'or et d'argent toutes d'un jet, vides au dedans, *minces et déliées*, etc. » (*Lettres américaines*,

si admirablement trempé (1), les pierres fines et dures, le jaspe, le porphyre et le marbre qu'on ciselait encore avec tant d'habileté (2) ;

tome I, lettre 21.) « J'en ai tenu une, dit l'annotateur de ces lettres, qui était une espèce de momie. On n'y voit aucune soudure. On a pareillement admiré des plats à huit faces, chacune d'un métal différent, c'est-à-dire alternativement d'or et d'argent, sans aucune soudure ; des poissons jetés en fonte, dont les écailles étaient mêlées d'or et d'argent ; des perroquets qui remuaient la tête, la langue et les ailes ; des singes qui faisaient divers exercices, tels que filer au fuseau, de manger des pommes, etc. Ces Indiens entendaient fort bien l'art d'émailler, qu'a tant cherché Palissy, et de mettre en œuvre toutes sortes de pierres précieuses. » Je possède un vase à dessins émaillés dans ma collection, provenant des ruines de Palenqué ; il me fut donné par le dernier gouverneur de l'État de Chiapas, don Angel Corso, et je crois que c'est l'unique en Europe. B. de B.

(1) « Parmi les arts que nous avons appris des Américains, ou que nous aurions pu en apprendre, nous rangerons celui de donner au cuivre une trempe aussi dure que celle de l'acier et d'en faire des haches excellentes et d'autres instruments tranchants. C'est un secret qui nous est totalement inconnu. Le comte de Caylus examina une de ces haches en France et la jugea de la plus haute antiquité ; parce qu'elle était semblable aux anciens ouvrages analogues de la Grèce. Ils savaient aussi donner au cuivre un poli qui réfléchissait parfaitement les images des objets et servait de miroir. C'était l'espèce des miroirs communs ; car ceux des femmes de la cour étaient d'argent.... Ils mêlaient aussi l'or au cuivre et donnaient à ce métal mixte une trempe assez dure pour en faire des haches de bon usage. Oviedo nous apprend,

dans son *Histoire générale*, que parmi les présents que les Indiens apportèrent au port Saint-Antoine, il y avait trente-six haches de métal mêlé d'or et de cuivre. L'ancien Ulloa dit avoir observé, dans le *Journal de Colomb*, que lorsqu'il arriva à la terre ferme d'Amérique (*ou continent*), que certainement il découvrit avant Vespuce, il y avait parmi ces peuples des rasoirs et autres instruments faits de bon cuivre, c'est-à-dire bien trempés. » (Carli, *loc. cit.*) « L'art de tremper le cuivre, ajoute l'annotateur, connu des Grecs et des Romains, se conserva en Occident jusqu'à la prise de Constantinople. » Voyez *Art des siéges*, par M. Joly de Maizeroy, 1778, page 4. — Je possède plusieurs haches de cuivre mêlé d'or et de bronze, trouvées dans des tombeaux américains, et un masque en bronze admirablement fondu, le seul objet de ce genre qui existe en Europe. Un membre de l'Institut fort distingué, M. Rossignol, a publié *Sur les métaux dans l'antiquité*, etc., un ouvrage remarquable de recherches et d'érudition. Mais il en eût doublé l'intérêt, s'il y avait ajouté quelque chose de l'art métallurgique des Américains, si analogue à celui de l'antiquité classique. Les détails à ce sujet dans les auteurs espagnols sont aussi curieux que nombreux et intéressants. B. de B.

(2) « Les académiciens français et espagnols en virent (des miroirs) chez les Guanches, et l'on ne sait pas s'ils sont de pierre naturelle ou de composition. Ceux de Gallinace (obsidienne) étaient ovales, et quelques-uns avaient même un pied et demi de diamètre. La surface en était concave ou convexe. La Condamine assure qu'ils étaient aussi bien travaillés que si ces gens avaient eu les instruments les plus parfaits et avaient connu les règles les plus

aux bords de la mer, la pêche des perles les plus brillantes, rappelaient sans nul doute cette civilisation des Cares, qui avaient couvert le monde de leurs colonies. Au souvenir de ces traditions extraordinaires, en face de ces montagnes qui portent le nom de la Limné, par excellence, nous sommes bien souvent tenté de voir là la source de ces légendes mexicaines où Quetzalcohuatl joue un si grand rôle; nous sommes tenté d'y placer cet Orcus de l'Océan et de la terre, ce Mictlan où ce personnage mythique allait chercher ces os de jade (1), ces pierres si précieuses au point de vue religieux, dont il voulait faire des hommes, de reculer jusque dans cette terre puissante des Cares, le *Tlapallan*, si longtemps mystérieux et où Quetzalcohuatl avait puisé tous les éléments de la civilisation primitive du Mexique.

Établis au centre des montagnes les plus élevées de l'Amérique, entourés des fleuves gigantesques qui s'en échappent entre les scènes de la nature la plus riche du monde, et qui semblent l'image la plus vraie du paradis terrestre, est-il étonnant que les Cares, quel que soit d'ailleurs leur berceau primitif, aient pu rayonner de là vers toutes les régions, dans les deux hémisphères? est-il étonnant qu'ainsi que dans les contrées phlégéennes de l'Asie centrale, il aient eu, les premiers, le monopole des métaux précieux, et qu'on ait retrouvé encore au XVIe siècle, parmi les peuples descendus d'eux, en Amérique, ou parmi lesquels ils se mêlèrent, l'art métallurgique porté à un si haut degré de perfection? peut-on s'étonner, enfin, que ce qui restait d'eux et de leurs institutions, malgré la barbarie relative où ils étaient tombés, depuis leur mélange avec des tribus anthropophages, eût un caractère d'analogie si frappant avec les institutions primitives de l'Asie? Car il est une chose dont on devrait toujours se souvenir, en lisant les histoires de la conquête de l'Amérique; c'est que bien des populations qu'on se représente si souvent comme des nations sauvages, l'étaient bien moins alors qu'on ne saurait se

---

précises de l'optique. La Condamine avait mis un de ces miroirs d'Inca dans la caisse qu'il envoyait à Paris et qui périt dans le voyage » (Carli, *loc. cit.*) — « Je suis étonné, ajoute ici l'annotateur, que l'auteur ne nous dise rien de ces miroirs d'un très-beau métal blanc particulier, aussi brillant que l'argent, qui faisaient partie des riches présents que Montézuma envoya la première fois à Cortès. Ils étaient enchâssés en or. Etait-ce du *platine?* Cela me paraît fort probable. On savait donc le fondre et le traiter. » (Ibid. *loc. cit.*)

(1) Alcedo dit quelque part que l'on trouvait le jade vert dans les mines d'argent (*Dicc. geogr. hist.*).

l'imaginer aujourd'hui (1) : que ce n'est qu'en lisant les relations originales des conquérants qu'on entrevoit la vérité à l'égard de ces nations, dont plusieurs ne sont devenues sauvages et anthropophages même qu'à la suite de la conquête.

Au-dessous des volcans qui continuent à remuer la terre dans ces régions phlégéennes, les populations, de leur côté, continuent encore aujourd'hui à porter leurs hommages au lac d'Iguague, à quatre lieues de Tunja, dans la Nouvelle-Grenade, où la tradition place une des scènes de leur antique cosmogonie. Dans ce lac, qui paraît avoir succédé à un volcan éteint (2), ils adoraient naguère la déesse Bachué qui, fécondée par son fils, né sans père, était devenue la mère des hommes, et après avoir peuplé le monde, s'était précipitée avec lui dans les eaux du lac, où ils avaient été l'un et l'autre transformés en de gigantesques serpents. Le plateau de Bogota est également entouré de montagnes élevées : le niveau parfait de son sol, sa construction géologique, la forme des rochers de Suba et de Facativa, qui se dressent comme des îlots au milieu des savanes, tout y semble indiquer l'existence d'un ancien lac. La rivière du Funzhà, communément appelée Rio de Bogota, après avoir réuni les eaux de la vallée, s'est frayé un chemin à travers les montagnes situées au sud-ouest de la ville de Santa-Fé. C'est là que la mythologie des *Muyscas* ou *Chibchas* place encore une des scènes de ses origines cosmogoniques. Dans les temps les plus reculés, avant que la lune accompagnât la terre, dit la tradition, les habitants du plateau de Bogota vivaient comme des sauvages, nus, sans agriculture, sans lois et sans religion. Alors apparut *Bochica*, appelé quelquefois le fils du soleil, d'autres fois identifié lui-même avec cet astre : il était accompagné d'une femme appelée *Chia*, non moins remarquable par sa beauté que par son extrême méchanceté. Par son art magique, elle fit enfler la rivière de Funzha, dont les eaux inondèrent bientôt toute la vallée. Ce déluge fit périr la plupart des habitants; quelques-uns seulement s'échappèrent, en se réfugiant au sommet des montagnes voisines. Bochica, irrité, chassa Chia de la terre, et elle devint la lune qui, depuis cette époque, commença à éclairer notre planète. Ayant ensuite pitié des hommes, il brisa par sa puissance la barrière de rochers qui

---

(1) Voir le *Popol Vuh*, introd., page XXII et suiv.

(2) Simon, *Noticias de Tierra-firme*, etc., part. II, not. IV, cap. IV. — Ternaux Compans, *Essai sur l'ancien Cundinamarca*, page 8.

fermaient le plateau, et fit écouler ainsi les eaux en créant la rivière de Funzha (1).

Le temps reculé où la lune n'existait pas encore rappelle la prétention des Arcadiens sur l'antiquité de leur origine (2). L'astre de la nuit est peint comme un être malfaisant, qui augmente l'humidité sur la terre, tandis que Bochica, fils du soleil, sèche le sol, protége l'agriculture et devient le bienfaiteur des Muyscas. Ces Muyscas ou *Moscas* de la Nouvelle-Grenade, nation métallurge également comme les *Tibareni* et les *Moschici*, ces autres alliés des Cariens, dans l'Asie occidentale, adoraient encore *Nemodocon*, ou *Nemiatocoa*, regardé en particulier comme le dieu des orfèvres et des tisserands. C'était lui qui présidait aux orgies, où il apparaissait sous la forme d'un ours, affublé d'un manteau, qui dansait et s'enivrait avec les danseurs. On ne lui offrait jamais de sacrifices, parce qu'il se contentait de la *chicha* ou hydromel qu'il buvait dans ces occasions. On le désignait aussi sous le nom de *Fo*, le renard (3).

Ce culte et celui de *Chia*, la lune, se rattachaient encore aux conceptions lascives des Cares, à qui toutes ces contrées devaient leur civilisation primitive. Car Chia était la déesse des sortiléges et des amours, souveraine des lieux souterrains, où elle avait ses sanctuaires; c'est pourquoi les dieux ne lui permettaient de paraître que dans les ténèbres ou de nuit. Véritable Hécate, elle était représentée sous la forme d'une chouette, et son culte se célébrait par des danses, mêlées d'orgies licencieuses, ce qu'on retrouve chez les Caras et ensuite chez les nations de la race nahuatl (4). Au culte de Chia paraissait se rapporter celui de *Dobayba*, la mère des dieux (5), dont le temple, caché au fond d'une caverne, dans les montagnes les plus âpres du Darien, recélait, disait-on, des richesses prodigieuses; mais soit que ces richesses n'existassent que dans l'imagination avide des Espagnols, soit que les indigènes eussent réussi à leur en dérober le chemin, il est certain que les conquérants ne parvinrent jamais à le découvrir.

(1) Simon, *loc. cit.* — Ternaux, *ibid.* — Piedrahita, *Hist. de N. Granada*, lib. I, part. I, cap. 3.
(2) Humboldt, *Vues des Cordillères*, etc., tome I, page 89.
(3) Simon, *Noticias*, etc., part. II, lib. IV, not. 4.

(4) La race nahuatl paraît s'être apparentée de bonne heure avec les *Caras*, avec lesquels elle s'identifie en bien des lieux.
(5) Herrera, *Hist. gen. de las Ind. occid.*, decad. II, lib. I, cap. I, et lib. II, cap. XIV.

§ XVII.

Antiques sanctuaires. Les Cabires et Curètes. Souvenirs des dieux Macares, existant encore en Amérique. Dieux et cosmogonie du Pérou. Signes distinctifs de la civilisation antique, couschite, assyrienne, égyptienne, américaine, etc.

Un autre sanctuaire du soleil et de la lune existait au confluent de la rivière de *Carare* et du fleuve Magdalena, sous la forme de deux colonnes naturelles, sculptées et cannelées de main d'homme, d'une hauteur prodigieuse : elles portaient aussi l'une et l'autre le nom de *Furatena*, et elles étaient regardées comme les génies tutélaires des montagnes, des fleuves et de la mer (1). Les nations voisines y accouraient en foule pour y présenter leurs offrandes. De petits simulacres de ces colonnes étaient placés à côté des morts dans les tombeaux, et l'on en emportait, ainsi que ceux des Dioscures et des Cabires (2), sur la terre, sur les fleuves et sur l'Océan, comme des dieux protecteurs des voyageurs, des marins et des marchands. De même qu'en Asie et en Grèce, on les retrouvait sous cette forme, ou sous celle de phallus ou de serpents, presque toujours unis deux par deux : car sous ces divers symboles, les Américains représentaient aussi parfois les jumeaux, *Hun-Batz* et *Hun-Chouen*, changés en singes, ou leurs adveraires *Hun-Ahpu* et *Xbalanqué*, les deux serpents, couverts de plumes, *Quequetzalcohua*, tels qu'ils se trouvent sur le titre de cet ouvrage (3), ou bien formant le caducée de Mercure, symbole non moins américain que grec, les deux colonnes ou les deux bras, les vrais *Cabirim* ou *Gabirim*, dont le sens, dans le quiché et ses dialectes (4), les Deux, les Bras ou Ceux qui ouvrent

(1) « Su adoratorio (de los *Musos*) mas principal eran dos elevados peñascos en forma de hermosisimas columnas, llamadas *Furatenas*, ambas de piedra histriadas, etc. » (Zamora, *Hist. de la prov. del N. Reyno de Granada*, lib. III, cap. xxviii.)

(2) « Tuve en Santa-Marta el gusto de ver algunas alhagas de estos sepulcros... Eran dos columnitas de marmol blanco, pero con algunas manchas de jaspe... todo labrado con tanto primor y finura, que no podia salir con mayor perfeccion, de las manos de un artifice europeo... las columnas eran chiquitas, a manera de las que suelen verse en los Sagrarios, con su basa y chapitel pulidas y hermosas a maravilla. » (Julian, *la Perla de Santa-Marta*, etc., part. I, disc. x, § 1.)

(3) La gravure des deux serpents enlacés du titre de ce volume, a été dessinée d'un anneau en pierre du Jeu de paume antique de Chichen-Itza, au Yucatan.

(4) *Cab*, dans le quiché, et *kab*, dans le maya, signifie main, bras, dans son acception la plus ordinaire ; de là *cabir*, verbe quiché, et *kabul*, maya, qui signifie se faire bras et se faire deux, se doubler,

la bouche en bâillant, comme les *Pataikoi*, ne se trouve nulle part aussi complet qu'en Amérique.

C'étaient donc eux, les vrais Pataikoi, *Hun-Batz* et *Hun Chouen*, les artisans célestes, les démiurges, qu'on adorait sous ces diverses formes, les dieux singes, les génies protecteurs des travaux de la civilisation dans l'Amérique centrale, dans les montagnes de Bonda et de Tayrona, comme au Cundinamarca, au pied des deux colonnes de *Furatena*, modèles, peut-être, de celles que les Phéniciens placèrent depuis à l'entrée de la Méditerranée. Du pied d'une de ces colonnes sortait une source sacrée où les pèlerins s'abreuvaient : leur situation, au centre des plus hautes montagnes du noyau américain, dans une contrée où tout annonçait le nom des *Cares* ou des races qui leur furent apparentées, le culte dont elles étaient l'objet, ne rappellent que trop les colonnes d'Hercule, si fréquentes dans l'ancien monde, entre l'Océan et la Palestine ; mais ce qui n'est pas moins remarquable, c'est qu'avec tous ces souvenirs, elles existaient précisément dans ces lieux, comme les signes des richesses minérales, des pierres précieuses et des forges d'or, apanage des dieux Macares et des Hercules, dont le nom même s'y conserva jusqu'au temps de la conquête, comme le titre des rois de Bonda et de Malambó. En effet, la plus grande partie de l'Amérique était déjà soumise aux armes espagnoles et plus de soixante ans s'étaient écoulés depuis la découverte du continent par Colomb, que le *Macar-Ona* des forges de Sainte-Marthe continuait à résister avec les Tayronas aux envahisseurs étrangers et à tenir cette ville en éveil (1). Aujourd'hui même, que ces populations sont en grande partie disparues, sans laisser d'autre souvenir que celui de leurs antiques richesses, le nom de l'Hercule *Macar* s'est maintenu comme un dernier signe de la puissance et de l'extension maritime des Cares, aux embouchures de plusieurs des plus grands fleuves du Nouveau-Monde. Une montagne et un cap de la côte du Rio de la Hacha (2) en a pris le nom

---

de *cab*, qui veut dire deux dans ces deux langues. *Cab*, dans les mêmes langues signifie aussi le miel, la douceur ; prononcé gutturalement comme *gab* en quiché, il signifie ouvrir la bouche, saisir avec les dents et bâiller, comme le mot *gape* en anglais.

(1) Castellanos, *Varones ilustres de Indias*, etc., part. II, canto 3, pag. 533.

(2) Sur la côte de terre-ferme de la Nouvelle-Grenade. Il n'est pas jusqu'au Mississipi qui ne présentât autrefois un souvenir du mêm. genre, dans la rivière *Macaret*, un

de *Macaira*. La plus grande des îles situées à l'embouchure de l'Orénoque, porte celui de *Macare*, et l'un de ses bras celui de *Macareo*. Entre Caracas et Victoria, une localité de la côte porte le nom de *Macarao*. Une autre s'appelle *Macarapana*, dans la province de Cumana; *Macara* en est une autre de la province de Jaen, dans l'Equateur; *Macarabita*, dans celle de Tunja de la Nouvelle-Grenade, sans en compter bien d'autres qu'il serait fastidieux d'énumérer.

Cabires ou Curètes, nous les retrouvons dans le même pays, offrant partout, dans leurs étymologies, un sens raisonnable. Stèles, colonnes ou phallus, deux à deux, comme les *chemin* du soleil et de la lune, à l'entrée des grottes de Cauuna, à Haïti; *Pataikoi* jumeaux et protecteurs des arts, dans les forêts ou au fond des forges souterraines, comme *Hun-Batz* et *Hun-Chouen*; volcans sublimes au Guatémala et fils d'une prostituée de l'Enfer, comme les deux Hun-Ahpu, qui reparaissent sous la forme de deux êtres, moitié hommes, moitié poissons, après avoir été livrés au bûcher de Xibalba, ils sont identiques avec les Dioscures qui se montrent sous la forme d'Ichtyes, issus de Derketo (1), dans les régions chamitiques de la Syrie. Cabires, ce sont encore les Hun-Ahpu qui allument les fourneaux et soufflent le feu intérieur de la terre, de manière à faire trembler le monde; stèles, colonnes ou phallus, ils se présentent à l'entrée des montagnes de Carare et de Caracua, protégeant les orfèvres et les forgerons dans la montagne, comme les pêcheurs de perles au fond de la mer (2).

---

de ses affluents dans la Louisiane (Alcedo, *Dicc. geogr. hist.*, au mot *Macara*, etc.)

(1) Eckstein, *Sur les sources de la cosm. de Sanchoniathon*, page 118.

(2) A l'exception du nom de *Macar*, dont le nom subsiste en tant de lieux, il n'est resté dans la tradition rien de bien clair sur les divinités spéciales des Cares dans ces contrées. Ce qu'il y a de curieux, toutefois, c'est que la langue quichée, dont un dialecte était parlé par les Cares de Copan, donne une fort bonne étymologie d'*Osôgo*, nom du dieu national des Cariens d'Asie, soit qu'on le fasse dériver d'*otz* ou *otzoy*, le homard, et de *ogo*, resplendir sur l'eau; ce qui ferait le *homard resplendissant*, nom qui conviendrait à merveille à une divinité de l'élément humide, comme l'était celle des Cariens; soit qu'on le fasse venir d'*ox*, trois ou trois fois, et d'*ogo*, celui qui brille trois fois sur l'eau, étymologie également admissible dans ce cas. Ajoutons que le nom même de *Labrandeus*, dieu guerrier des Cares, identique probablement avec *Osôgo*, a une racine tout à fait américaine: *lab* est l'augure qu'on cherchait avant de commencer le combat, en quiché, et de là *labal*, guerre. Dans la langue maya, *lob* est le mal. Voir pour ces dieux cariens, A. Maury, *Hist. des*

Continuons à monter vers l'équateur, et du Mexique jusqu'au pied du Chimborazo, du Cotopaxi jusqu'au Cuzco, nous retrouverons, comme un symbole des mêmes idées, les indigènes, amassant de distance en distance des tas de pierres, ainsi qu'on l'a vu dans plus d'un canton de la Grèce et de l'Asie Mineure : nul ne passera sans y jeter sa pierre ; souvent il y ajoutera un brin d'herbe ou une branche d'arbre, en hommage au génie du lieu ; d'autres fois, il réunira trois autres petites pierres, dont il formera un foyer éphémère, où il brûlera quelques grains de copal. Là aussi nous rencontrerons les mêmes symboles mythologiques qu'au Cundinamarca, souvent encore avec les mêmes noms que dans le monde ancien. Au Pérou, on adorait sous le nom de *Curi*, les dieux jumeaux, et semblables aux Dioscures et aux Curètes, les *Curacas* ou chefs des races primitives étaient sortis d'un œuf (1).

Dans les idées cosmogoniques des prêtres de Guamachuco, *Ataguyu* était le principe de toutes choses : de son sein étaient sortis deux éléments opposés, *Sagad-Çaura* et *Vanu-Gaurad* (2), lesquels à leur tour créèrent une trinité qui gouvernait le monde, *Gua-Mansuri*, *Uvigaicho* et *Vustigui* : ceux-ci étaient les dieux de la génération, producteurs des moissons, et ils s'étaient adjoint *Llaygen*, le fécondateur, le dieu des eaux et des pluies. Gua-Mansuri, d'après la tradition recueillie à Guamachuco était né dans la province de ce nom, qu'il avait trouvée, à sa naissance, habitée par des êtres semi-divins comme lui, et qu'on appelait *Gua-Chemin* (3). Ceux-ci avaient une sœur du nom de *Cauptaguan*, et Gua-Mansuri l'ayant vue, l'aima et la féconda. Ses frères irrités la tuèrent et réduisirent son corps en poussière, après l'avoir brûlé, et Gua-Mansuri retourna au ciel annoncer à *Ataguyu* que la création des hommes n'avait pas pu avoir lieu. Mais Cauptaguan, en mourant, avait mis au monde deux œufs que ses frères jetèrent à la voirie. Il en sortit deux jeunes gens, *Apo-Catequil* et *Piguerao :* ils naquirent à *Porcon* (4). Le premier

religions de la Grèce antique, etc., tom. III, page 139 et suiv.

(1) Calancha, *Hist. mor. del Peru*, etc., lib. II, cap. xix.

(2) *Ritos de los naturales del Peru*, Memoria escrita por los Augustinos de la misma provincia. MS. des Archives de l'Acad. roy.

d'hist. de Madrid, copie de ma Coll.

(3) Ces mots *gua-chemin*, semblent tout à fait d'origine haïtienne: *gua*, ce, il, le, et *chemin*, la divinité, etc.

(4) *Porcon* était une ville considérable, suivant le même document, avec un temple immense dédié à

était l'auteur de tous les maux, et, à l'époque de la conquête, ajoute le document d'où nous tirons ces détails, Apo-Catequil était, de tous les dieux ou génies du Pérou, le plus craint et le plus respecté, de Quito au Cuzco. A peine venu au monde, celui-ci ressuscita sa mère qui lui remit la *guaraca* ou fronde, laissée par son père Gua-Mansuri. A l'aide de cette arme, il tua ou chassa tous les Gua-Chemin et monta ensuite au ciel annoncer à Ataguyu que la terre était libre. Ataguyu l'envoya alors à la puna de *Guacat* (2), au-dessus de *Santa* (1), avec son frère : là, par son ordre, ils creusèrent la terre d'où sortirent les hommes, puis tirant avec sa fronde, Apo-Catequil produisit la foudre et les éclairs.

Dans ces fictions, ainsi que dans bien d'autres, on retrouve toute cette suite de créations que signalent les mythologies de l'Asie Mineure et de la Babylonie; elles se combinent ici avec la pensée des mystères de la vie et de la mort, de la résurrection et des jugements, ainsi que dans l'épopée des Hun-Ahpu, au Guatémala. Pour le moment, nous nous contentons de signaler ce nouveau point de contact avec quelques cosmogonies du vieux monde; mais en terminant, ajoutons que pour se rendre à l'enfer péruvien, *Upamarca*, dans la langue qquichua (3), il fallait que l'âme, dépouillée de son enveloppe mortelle, passât une rivière sur un pont étroit, formé de quelques cheveux, en se faisant précéder par de petits chiens noirs (4).

De tant de ressemblances et d'analogies entre les origines et les cultes de l'*ancien* et du *nouveau* monde, il est impossible de douter que ces deux continents n'aient eu autrefois des communications fort fréquentes et que l'un ne soit venu de l'autre. Auquel donnerons-nous la priorité? C'est là, comme nous l'avons déjà dit, une question que nous laissons au temps et à des investigations plus complètes à décider. La science arrivera-t-elle jamais, d'ailleurs, à préciser l'âge du monde? Ce à quoi nous nous intéressons davantage en ce moment, c'est aux origines de la ci-

Apocatequil, et de vastes logements pour les pèlerins qui y venaient de toutes parts. Alcedo (*Dicc. geogr.*) écrit *Porco* et en fait une petite ville de la province du même nom.

(1) *Guacat* paraît un nom d'origine nahuatl, aussi bien que la fable de la fronde, qui rappelle, avec ses divers autres détails, l'histoire de Hunahpu et de Xbalanqué.

(2) *Santa*, orthographié quelquefois *Sancta* et que nous trouvons écrit *Santapor*, dans Calancha, *loc. cit.* lib. II, cap. VIII. C'était une ville et une province confinant au Pacifique entre Guailas et Truxillo.

(3) Calancha, *Hist. moral. del Peru*, lib. II, cap. XII.

(4) Au Mexique, c'étaient des chiens roux qu'il fallait.

vilisation dont on retrouve des vestiges si considérables dans les antiques traditions de l'Amérique. Nous parlons surtout de cette civilisation matérielle, aux constructions gigantesques, dont Babylone en Asie, Thèbes et Memphis en Égypte, étaient l'expression; de cette civilisation, « de cette puissante organisation de la force, de ce despotisme où le roi usurpait la place de Dieu (1), » telle que nous la voyons dans les débris des sociétés antiques, d'un bout à l'autre du continent américain.

Dans cette communauté d'idées, de culte et de cosmogonies que nous avons montrée entre l'Amérique, l'Égypte et la Phénicie, il y a surtout une chose qui nous a frappé et que nous n'avons point hésité un instant à faire remarquer tout d'abord, c'est l'embarras où se montrent la plupart des philologues et des historiens pour assigner un berceau aux peuples qui étaient en possession de cette civilisation étonnante et que rien, ni leurs langues, ni leurs institutions, ne rattachent aux autres populations de l'Asie. Si, comme l'avance M. d'Eckstein (2), les Cares sont d'origine couschite, si aux Cares se rattachent en Asie, les Lydiens, les Léléges, les Cauniens, les Chaldéens, les Cephènes, etc., et de l'autre, en Afrique, les Égyptiens et les populations libyennes, il faudra bien admettre que si le premier berceau de Cousch, en tant qu'origine première, est en Asie, son berceau comme père de tant de nations, de langues et d'institutions analogues, aurait bien des chances de se retrouver un jour en Amérique. C'est de ce continent que « les Cariens, dont l'origine est un des problèmes les » plus importants et les plus obscurs de l'ethnographie an- » cienne (3), » ont rayonné sur tous les points du globe, et bien que M. Renan assure que « la question d'une intrusion de races de » l'Occident parmi les Sémites ne peut être agitée qu'à propos » des Philistins (4), » nous croyons avoir présenté déjà suffisamment de preuves tendant à établir le contraire.

« Le caractère de l'ancienne civilisation assyrienne (5), qui se » rapproche parfois de celle de l'Égypte, » nous rappelle les paroles de Diodore de Sicile, qui dit positivement que Bélus était « fils de Neptune et de Libya; il conduisit des colons à Babylone, » et, établi sur les rives de l'Euphrate, il institua des prêtres qui

---

(1) Renan, *Hist. gén. des langues sémitiques*, liv. I, ch. III, page 33.
(2) *Des Cares ou Cariens de l'antiquité*, IIe part. *passim*.
(3) Renan, *loc. cit.*, page 49.
(4) Id. *ibid.*, page 53.
(5) Renan, *ibid. ut sup.*, page 34.

» étaient, comme ceux de l'Égypte, exempts d'impôt et de toute
» charge publique. » Diodore ajoute encore (1), ce qui est très-
significatif : « les Babyloniens les appellent Chaldéens. » Or on
sait que Bélus et Nemrod sont des personnages identiques, et
« le Livre de Daniel distingue expressément la langue des Chal-
» déens de la langue vulgaire de Babylone, (la sémitique sans
» doute), et nous présente l'étude de la littérature des Chaldéens
» comme un privilége de la classe noble, une sorte d'enseigne-
» ment réservé, qui se donnait dans une école du palais (2). »

Ainsi les Chaldéens, les maîtres de Babylone, cette race de
prêtres étrangers, devenue la noblesse du pays, était bien d'origine libyenne et occidentale, et, ce qui est plus significatif, sortie
de l'Atlantique, ainsi que l'indique le nom de Neptune. M. Renan
va achever de les identifier : « A une époque également anté-
» historique, dit-il, nous rencontrons sur le Tigre et le bas Eu-
» phrate une race qui paraît étrangère aux Sémites, les Cous-
» chites, représentés dans les souvenirs des Hébreux par le
» personnage de Nemrod (3), et dont le nom se retrouve peut-être
» dans celui des כותים ou *Cuthéens*, des Κίσσιοι d'Hérodote,
» des Κοσσαῖοι et du *Kouzistan* actuel. Tout porte à croire qu'iden-
» tiques aux Céphènes, auxquels la tradition grecque attribuait
» la fondation du premier empire chaldéen, ils procédèrent du
» sud au nord et se portèrent de la Susiane et de la Babylonie
» vers l'Assyrie. Babylone, Ninive, plusieurs des grands centres
» de population groupés autour de Ninive et que les explorations
» récentes viennent de rendre à la lumière, durent à ces peuples
» leur première fondation. Le caractère grandiose des construc-
» tions babyloniennes et ninivites, le développement scientifique
» de la Chaldée, les rapports incontestables de la civilisation assy-
» rienne avec celle de l'Égypte, auraient leur cause dans cette
» première assise de peuples matérialistes, constructeurs, aux-
» quels *le monde entier* doit, avec le système métrique, les plus
» anciennes connaissances qui tiennent à l'astronomie, aux ma-
» thématiques et à l'industrie.

» Ces conjectures sont, du reste, en accord avec les travaux de

---

(1) *Biblioth. hist.*, lib. I, 28.
(2) Renan, *loc. cit.*, page 65.
(3) *Nemrod* est un nom dont l'é-
tymologie se trouve également fort
satisfaisante dans le quiché : *Nim*, grand, fort, et *rul*, bruit, effort violent, ou bien lancer, remuer avec
fracas, et aussi le verbe qui signifie
roler en français, dont la racine est
tout à fait quichée.

» M. Oppert sur les inscriptions babyloniennes et avec les re-
» cherches de M. Fresnel sur les langues de l'Arabie méridio-
» nale. Tous deux sont persuadés que la langue des inscriptions
» babyloniennes est un dialecte sémitique analogue au dialecte
» du pays de Mahrah, situé au nord-est d'Hadramant. Or le dia-
» lecte du pays de Mahrah semble représenter un reste de l'an-
» cienne langue de Cousch. M. Fresnel conclut de là que c'est en
» Arabie qu'il faut aller chercher le point de départ des Cous-
» chites de Nemrod (1). »

Mais nous avons déjà vu, avec Diodore, que c'est de la côte libyenne, et comme colonie de l'Égypte et non de l'Arabie, que Nemrod et les Chaldéens sont allés à Babylone. Pourquoi s'étonner après cela qu'on trouve entre les langues sémitiques et l'égyptien, ainsi que les autres langues d'origine couschite, des analogies quelquefois si marquées? le contraire serait presque un prodige, après le long séjour des Hébreux en Égypte, où les Béni-Israël eurent tout le temps d'oublier leur propre langue; après la certitude que nous avons acquise de la parenté des populations couschites avec les Égyptiens, avec Cham, après les nombreuses alliances de celui-ci avec les fils de Sem, en Égypte ou ailleurs. Ajoutons encore ici, pour en finir avec nos emprunts à M. Renan, que « cette redou-
» table organisation militaire, cette vaste féodalité qui faisait tout
» aboutir à un même centre, cette science du gouvernement, »
représentant si bien l'esprit de la race couschite, se trouvaient encore dans toute leur force dans les empires du Mexique, du Cundinamarca et du Pérou, au moment même de la conquête espagnole. Tout ce que cet écrivain dit de Ninive, où « nous
» trouvons, dit-il (2), un grand développement de civilisation
» proprement dite, une royauté absolue, des arts plastiques et
» mécaniques très-avancés, une architecture colossale, un culte
» mythologique qui semble empreint d'idées iraniennes, la ten-
» dance à envisager la personne du roi comme une divinité, un
» grand esprit de conquête et de centralisation, » tout cela existait dans l'empire des Incas, comme au Michoacan et à Mexico, lorsque les conquérants espagnols apparurent sur les côtes de l'Amérique.

(1) Id. *ibid.*, pages 60-61. | (2) *Ibid.*, page 62.

§ XVIII.

Résultats de ces recherches. Décadence d'une civilisation et d'une navigation antiques. Les Phéniciens en héritent, puis les Carthaginois. Souvenirs affaiblis des anciennes connaissances maritimes. L'Amérique dans Diodore de Sicile, etc.

Maintenant une dernière question reste à faire au sujet de tous ces peuples, soit de ceux qui existaient sur le continent américain, soit de ceux qu'on trouve si intimement liés avec eux, en Europe, en Afrique et en Asie. A quelle époque se séparèrent-ils, quand cessèrent les relations qui paraissent avoir relié autrefois, presque comme aujourd'hui, toutes les nations du monde ? Ainsi que nous l'avons vu, au commencement de ce récit, on ne peut en attribuer l'interruption qu'à ces catastrophes immenses antérieures à tous les souvenirs précis de l'histoire, et qui nous reportent évidemment aux époques diluviennes, dont parlent les différentes traditions de la terre. C'est à quoi semble faire allusion également le nom de *Phaleg* ou *Peleg*, un des descendants de Sem, suivant la Bible, et qui signifie, ajoute l'Écriture, que ce fut de son temps que la terre fut divisée (1). Mais c'est là une question trop ardue et sur laquelle nous ne nous appesantirons pas : notre tâche était de chercher à relier les deux mondes en comparant les traditions qui de part et d'autre ont conservé le souvenir d'antiques communications. Nous l'avons tenté ; le lecteur dira si nous avons réussi (2), et si nous avons apporté suffisamment de preuves pour justifier le titre de cet essai.

---

(1) C'est au sens d'un déchirement matériel des diverses contrées de la terre, à la suite d'une catastrophe physique, cause ainsi d'une séparation forcée des nations, que ferait allusion le nom de *Phaleg*, suivant quelques commentateurs de l'Ecriture. Ce serait à peine deux ou trois siècles avant Abraham. Car on ne peut guère fixer la chronologie de la Bible antérieurement à ce patriarche d'une manière positive. Moïse n'en donne point, et l'Eglise, en adoptant celle des Septante dans le *Martyrologe romain*, a toutefois adopté la plus longue. Elle a agi avec sa prudence accoutumée et pris celle-là, faute d'une autre qui fût meilleure.

(2) A propos de ces recherches, quelques amis nous ayant témoigné la crainte qu'elles ne vinssent à se trouver en opposition avec la Bible, au sujet de la tradition du déluge universel, nous avons répondu ce que d'autres avaient dit avant nous : que la Bible, comme la vérité, ne pouvait que gagner aux recherches scientifiques, de quelque nature qu'elles pussent être. En ce qui concerne le déluge, nous dirons que l'Eglise n'a pas plus décidé cette question que celle de la chronologie. Rappelons à ceux dont la conscience

A la suite de toutes les recherches que nous avons faites, dans ce dessein, nous ajouterons que ce qui semblerait résulter des documents variés que nous avons eus sous les yeux, ce serait l'idée vague d'une doctrine analogue au dogme chrétien de la déchéance, qu'on trouve répandue surtout dans les traditions mexicaines (1) et qui s'expliquerait ici par la décadence d'une

pourrait s'alarmer, que la Congrégation de l'*Index* ayant été réunie à Rome en 1686, à propos du livre de Vossius, intitulé *Dissertatio de vera ætate mundi*, le docte Mabillon, invité à donner son avis, soutint que l'opinion émise par le savant hollandais, sur ce que le déluge n'avait pas été universel, peut être acceptée ou au moins tolérée, comme ne contenant aucune erreur capitale contre la foi, ni contre les bonnes mœurs : « *Principio hæc opinio nullatenus » continet errorem capitalem, ne- » que contra fides, neque contra » bonos mores. Itaque tolerari po- » test et criticorum disputationi » permitti.* » Tel fut l'avis de Mabillon. La congrégation, composée de neuf cardinaux, d'un grand nombre de prélats et de religieux éminents, et du maître du Sacré Palais, l'écouta avec une grande admiration et s'en tint à la décision du savant bénédictin français. Voir pour plus de détails les *Ouvrages posthumes* de Don Mabillon, Paris, 1724, pag. 59, 61, etc. Aussi la *Vie de Don Mabillon*, par Don Ruinart, Paris, 1709, page 127; la *Correspondance inédite de Mabillon et de Montfaucon*, par Valery, tome 1, p. 213. Je dois les détails de cette note à l'obligeance de M. Schæbel, savant allemand, résidant à Paris.

(1) C'est ce qu'exprime encore le *Codex Letellier*, à propos d'*Itzpapaloll*, le Papillon aux couteaux d'obsidienne, donnée comme la même qu'*Ixcuina*, la déesse des amours impudiques, la même, ajoute le document, qui apporta la mort au monde. *Itzpapaloll* est présentée aussi comme une des six constellations qui tombèrent du ciel au temps du déluge, lesquelles étaient enfants de *Citlallicué* et de *Citlallatonac*, images de la voûte céleste. Elle est identifiée avec *Xochiquetzal*, déesse des fleurs et de l'amour, l'habitante du paradis terrestre. « Esta fingen, » dit le *Codex Letellier*, » que estando » en aquel huerto, que comia de » aquellas rosas, que esto duro » poco, que luego se quebro el ar- » bol. » Après cela vient l'image d'un tronc d'arbre couvert de fleurs, rompu par le milieu et dont les racines sont des ruisseaux de sang. En tête, il y a ces mots : « *Tamo- » anchan o Xuchillycacan*; quiere » dezir en romance (langue vul- » gaire) : Alli es su casa, donde » abaxaron y donde estan sus rosas » levantadas. » Au bas, il continue d'une autre main : « Para dar a en- » tender que esta fiesta no era buena » y lo que hazian era de temor, pin- » tan este arbol ensangrentado y » quebrado por medio, como quien » dize fiesta de travajos por aquel » pecado. » — « Este lugar que se » dize Tamoanchan, » continue la première main, « y Xuchitlycacan » es el lugar donde fueron criados » estos dioses que ellos tenian, que » asi estando, como dezir en el pa- » rayso terrenal, y asi dizen que » estando estos dioses en aquel lu- » gar, se desmandaron en cortar » rosas y ramas de los arboles, y » que por esto se enojo mucho el » *Tonacateuctli* y la muger *Tona- » caciuatl*, y que los hecho dalla de » aquel lugar, y asi vinieron unos a » la tierra y otros al infierno y estos » son los que a ellos ponen los te- » mores. » L'arbre couvert de fleurs paraît être l'image d'un pays magnifique, détruit par quelque catastrophe; les dieux qui descendent aux enfers, sont ceux qui périssent.

immense civilisation primitive dont on ne connaît jusqu'à présent, quant à l'Amérique, que des souvenirs et des traditions, mais dont l'Égypte ainsi que l'Assyrie auraient été peut-être les reflets dans l'ancien monde. Ce qui paraît hors de doute, c'est qu'à dater du cataclysme, cause de la grande séparation des peuples, les connaissances humaines se seraient trouvées partout abaissées sur la terre, dans l'ordre matériel, aussi bien que dans l'ordre moral. De là paraissent dater, ainsi que nous l'avons observé précédemment, la plupart des systèmes idolâtriques, fondés sur les terreurs de l'homme au sortir du cataclysme, et organisés par un petit nombre de prêtres, instruits de la science antique, dans le but d'établir leur puissance sur les sociétés renaissantes. Avec la décadence de la civilisation s'arrêtèrent également ces étonnantes navigations où les Cares avaient pris une si large part : le souvenir même tendit à s'en effacer de siècle en siècle parmi les nations, et l'on oublia presque qu'il y avait un autre continent, opposé à l'Europe et à l'Afrique. A l'exception des indices mystérieux que nous trouvons des voyages des Phéniciens et des Carthaginois entre l'Afrique et l'Amérique tropicale, en dehors des invasions partielles entreprises par le nord de la Scandinavie à l'Islande et de là aux côtes septentrionales de l'Amérique, antérieurement, peut-être, et postérieurement à l'ère chrétienne, on ignore s'il a existé, par l'Atlantique, quelque communication avec le continent occidental, jusqu'au jour où le génie de Colomb est venu renouer les deux mondes.

Cette décadence de la navigation, cette interruption qui se produit insensiblement dans les relations entre les deux continents, cet oubli de l'occident ou plutôt l'obscurcissement des idées à cet égard, seraient encore l'objet de plus d'une question intéressante. On ne saurait encore s'expliquer ces choses que par des cataclysmes partiels et consécutifs, brisant l'un après l'autre des nœuds antiques, en faisant descendre de nouvelles portions de terre au fond des mers; par des bouleversements terribles dans les continents ou des émigrations de peuples, fuyant dans l'épouvante leur patrie déchirée par les convulsions de la nature, comme celles qui obligèrent les tribus du nord de l'Asie à descendre vers l'Inde, qui de Céphène alors devint Arya (1). Sans doute les na-

---

et ceux qui vont sur la terre, ceux qui échappent à la mort.

(1) Eckstein, *Sur les sources de la cosmogonie de Sanchoniathon*, pages 216-217 et 227.

tions échappées au cataclysme atlantique, du côté de l'Orient, durent penser d'abord que c'en était fait à jamais de toutes les terres occidentales, et ce fut apparemment un hasard heureux, comme celui dont parle Diodore, à propos de la grande île découverte par les Phéniciens, qui leur fit reconnaître que tout n'avait pas été englouti par les flots, au delà de l'Océan.

Quelles que soient, d'ailleurs, les causes de la décadence de la navigation antique, il n'en demeure pas moins établi que les peuples qui nous apparaissent aujourd'hui comme les principaux navigateurs, dans les siècles passés, étaient les peuples de la race de Cham et en particulier les Cares. Des Cares, cette science passa aux Phéniciens et aux Étrusques : mais déjà elle avait perdu de son caractère d'universalité. En prenant tour à tour les rares fragments conservés dans les écrits des anciens, on la voit décliner avec les notions des terres transatlantiques, qui deviennent de siècle en siècle plus vagues et plus obscures. Les Phéniciens, craignant sans doute qu'on ne leur enlevât le monopole du commerce de l'Occident, en dérobaient, autant que possible, la connaissance aux autres nations, et l'Égypte, qui devait être mieux qu'aucune d'elles instruite de l'existence de l'Amérique, se taisait par orgueil national ou par esprit de secte, ne disant que ce que ses prêtres voulaient qu'on sût, afin d'empêcher les Grecs, trop curieux et trop bavards, d'approfondir ses origines.

« Dès les temps homériques, dit Humboldt (2), les Hellènes
» avaient la croyance que des pays riches et fertiles étaient situés
» vers le couchant ; mais leur connaissance précise du bassin mé-
» diterranéen ne s'étendait pas alors au delà du méridien de la
» Grande-Syrte et de la Sicile. Toute la partie occidentale de ce
» bassin, depuis longtemps parcourue par les Phéniciens, ne fut
» connue aux Hellènes que depuis le voyage de Colœus de Samos,
» dont Hérodote a reconnu l'importance (3). » Leur horizon géographique s'agrandit peu à peu, de la mer Égée au méridien des Syrtes, de là aux colonnes d'Hercule et hors du détroit, avec Han-

---

(1) *Biblioth. hist.*, lib. V, 19-20.
(2) *Essai sur l'hist. de la géogr. du N. Continent*, tome I, page 34.
(3) *Hist.*, lib. IV, cap. CLII, ed. Steph., 1618, pag. 273. Voss, en se fondant sur l'époque de la colonisation de Cyrène, place l'expédition de Colœus, avant la dix-huitième olympiade, plus de 708 ans avant notre ère (*Krit. Blätter*, tom. II, p. 335 et 344). D'après les recherches de Letronne, l'expédition des Samiens tombe dans la première année de la trente-cinquième olympiade.

non vers le sud, avec Pytheas vers le nord (1). A l'ouest, les Carthaginois suivaient en Amérique les traces des Carcs, auxquels ils avaient succédé. Diodore nous l'apprend dans les termes les plus clairs. Déjà le récit de Platon nous a fait connaître ce qu'on savait de l'Atlantide ; ceux de Plutarque et de Théopompe sur le grand continent Cronien ou transatlantique ne laissent presque rien à désirer, si on les compare à la description du Groenland et de l'Amérique du nord (2). Voici maintenant en quels termes Diodore décrit l'Amérique méridionale :

« Après avoir parlé des îles situées en deçà des colonnes d'Her-
» cule, nous allons décrire celles qui sont dans l'Océan. Du côté
» de la Libye, on trouve une île dans la haute mer, d'une étendue
» considérable, et située dans l'Océan. Elle est éloignée de la
» Libye de plusieurs journées de navigation, et située à l'occi-
» dent. Son sol est fertile, montagneux, peu plat et d'une grande
» beauté. Cette île est arrosée par des fleuves navigables. On y
» voit de nombreux jardins plantés de toutes sortes d'arbres, et
» des vergers traversés par des sources d'eau douce. On y trouve
» des maisons de campagne somptueusement construites et dont
» les parterres sont ornés de berceaux couverts de fleurs. C'est
» là que les habitants passent la saison d'été, jouissant volup-
» tueusement des biens que la campagne leur fournit en abon-
» dance. La région montagneuse est couverte de bois épais et
» d'arbres fruitiers de toutes espèces ; le séjour dans les mon-
» tagnes est embelli par des vallons et de nombreuses sources.
» En un mot, toute l'île est bien arrosée d'eaux douces qui con-
» tribuent, non-seulement aux plaisirs des habitants, mais en-
» core à leur santé et à leur force. La chasse leur fournit nombre
» d'animaux divers et leur procure des repas succulents et somp-
» tueux. La mer, qui baigne cette île, renferme une multitude
» de poissons, car l'Océan est naturellement très-poissonneux.
» Enfin l'air y est si tempéré, que les fruits des arbres et d'autres
» produits y croissent en abondance pendant la plus grande partie
» de l'année. En un mot, cette île est si belle qu'elle paraît plutôt
» le séjour heureux de quelques dieux que celui des hommes (3).

(1) Un travail moderne d'un grand intérêt archéologique et géographique a prouvé que le Thulé, où aborda Pythéas, et qu'il décrit, ne peut être que l'Islande (Nilsson, *Die ureinwohner des Scandina-vischen Nordens*, Hamburg, 1863, pag. 102 et 109.)

(2) Voir le *Popol Vuh*, introd., page xcix et suiv.

(3) « Quelle est cette île, dit le savant annotateur de notre traduc-

» Jadis cette île était inconnue à cause de son grand éloigne-
» ment du continent, et voici comment elle fut découverte : les
» Phéniciens exerçaient de toute antiquité un commerce mari-
» time fort étendu; ils établirent un grand nombre de colonies
» dans la Libye et dans les pays occidentaux de l'Europe. Leurs
» entreprises leur réussissaient à souhait, et, ayant acquis de
» grandes richesses, ils tentèrent de naviguer au delà des co-
» lonnes d'Hercule, sur la mer qu'on appelle l'Océan. Ils fon-
» dèrent d'abord sur le continent, près des colonnes d'Hercule,
» dans une presqu'île de l'Europe, une ville qu'ils nommèrent
» *Gadira*. Ils y firent toutes les constructions convenables à cet
» emplacement. Ils y élevèrent un temple magnifique consacré
» à Hercule et instituèrent de pompeux sacrifices d'après les rites
» phéniciens. Ce temple est encore de nos jours en grande véné-
» ration. Beaucoup de Romains célèbres par leurs exploits y ont
» accompli les vœux qu'ils avaient faits à Hercule pour le succès
» de leurs entreprises. Les Phéniciens avaient donc mis à la voile
» pour explorer, comme nous l'avons dit, le littoral situé en
» dehors des colonnes d'Hercule, et, pendant qu'ils longeaient la
» côte de la Libye, ils furent jetés par des vents violents fort loin
» dans l'Océan. Battus par la tempête pendant beaucoup de jours,
» ils abordèrent enfin dans l'île dont nous avons parlé. Ayant
» pris connaissance de la richesse du sol, ils communiquèrent
» leur découverte à tout le monde (1). C'est pourquoi les Tyrrhé-
» niens, puissants en mer, voulaient aussi y envoyer une colo-
» nie; mais ils en furent empêchés par les Carthaginois. Ces
» derniers craignaient d'un côté qu'un trop grand nombre de leurs
» concitoyens, attirés par la beauté de cette île, ne désertassent
» leur patrie. D'un autre côté, ils la regardaient comme un asile
» où ils pourraient se retirer dans le cas où il arriverait quelque
» malheur à Carthage (2). Car ils espéraient qu'étant maîtres de

tion de Diodore; quelle est cette île dont parle ici Diodore? Est-ce l'Atlantide de Platon, ou même l'Amérique? Quoi qu'il en soit, je ne saurais partager l'opinion de Miot, d'après laquelle le récit de Diodore ne serait qu'une tradition fabuleuse, embellie par l'imagination des historiens et des poëtes. Il me semble que la description que Diodore fait du climat et du sol de cette île in- connue peut, sous plusieurs rapports, s'appliquer aux îles Canaries ou aux îles Açores (mais ni les Canaries, ni les Açores n'ont de grandes rivières navigables). » Diod. *Biblioth. hist.*, trad. de M. Ferd. Hoefer, lib. V, 19-20.

(1) Ceci peut être légèrement exagéré : les Phéniciens n'étaient pas si bavards.

(2) Dans le discours que Quetzal-

» la mer, ils pourraient se transporter, avec toutes leurs familles, » dans cette île qui serait ignorée de leurs vainqueurs. »

Un passage, presque en tout semblable, mais beaucoup moins détaillé, existe dans le pseudo-Aristote, qui attribue la découverte de l'île aux Carthaginois, que Diodore ne nomme qu'après avoir parlé des Phéniciens et de la volonté des Tyrrhéniens d'y fonder une colonie. Le faux Aristote ajoute que ce fut la crainte de voir les colons secouer la dépendance et nuire ainsi au commerce de la mère-patrie, qui engagea le Sénat à sévir, en portant peine de mort contre quiconque serait tenté de naviguer de nouveau dans cette île (1). Le savant auteur de la géographie d'Aristote, Konigsmann, conjecture que le philosophe de Stagire, en parlant des anciens traités de commerce conclus entre les Carthaginois et les Tyrrhéniens, a voulu désigner le traité romain dont Polybe nous a conservé la traduction (2); mais Diodore, dans le passage en discussion, fait sans doute allusion à une époque beaucoup plus ancienne. Beckmann, commentateur des *Mirabiles Auscultationes*, a discuté, de son côté, l'opinion des philologues qui ont cru reconnaître le Brésil ou d'autres parties de l'Amérique dans ces deux passages. Wesseling, après avoir traité ces interprétations de très-douteuses, finit pourtant par ajouter qu'on pourrait y trouver des *indices* de l'Amérique, comme ayant été plus ou moins connue des Carthaginois.

Après avoir discuté avec sa sagacité accoutumée les opinions diverses qui se sont produites de son temps pour identifier la situation de l'île, décrite par Diodore, l'auteur de l'*Histoire de la géographie du Nouveau Continent* ajoute : « Il est impossible, je pense, de s'arrêter à une localité déterminée au milieu de tant de descriptions incertaines. La tradition est ancienne, car le trait « de l'asile offert dans le cas d'un renversement de fortune, ou de la chute de Carthage, » n'appartient qu'à Diodore, et pourrait bien être un ornement oratoire, ajouté après la destruction de la cité de Didon. Ce même asile s'offrit, du moins en espérance, à Sertorius (3), lorsqu'à l'embouchure du Bœtis, il vit entrer un navire revenant « de deux îles atlantiques qu'on croyait éloignées de dix mille stades. » Les *Récits*

cohuatl adresse à ses compagnons, en les laissant, il semble faire allusion à l'idée émise ici par Diodore. Cf. *Popol Vuh*, Intr. p. LXXXV et suiv.

(1) Aristot., *De Mirab. Auscull.*, cap. LXXXIV, pag. 836. Bœkk.

(2) Letronne, dans le *Journal des Savants*, février-mai 1825, p. 236.

(3) Plutar., *In vita Sertor.*, cap. VIII. — Sallust., *Fragm.*, 489.

Merveilleux, qui sont la seule source à laquelle nous pouvons remonter, ont été compilés, pour le moins (1) avant la fin de la première guerre punique, car ils nous dépeignent la Sardaigne tyrannisée par les Carthaginois. Le mystère dont ceux-ci avaient intérêt d'envelopper leurs navigations lointaines, ne permet que de vagues conjectures. »

C'est dans cet ouvrage et dans d'autres du même genre, aujourd'hui perdus, mais dont les traces se trouvent dans la plupart des classiques anciens, que les Grecs et les Romains curieux puisaient les renseignements qu'ils désiraient sur cette matière intéressante (2). Mais ces renseignements, bien que vagues souvent, présentent encore assez d'indices pour nous faire douter quelquefois si les Romains eux-mêmes, à la suite des Étrusques et des Carthaginois, ne connurent pas, par leur expérience personnelle, ce continent enveloppé de tant de fables et d'obscurités. On peut néanmoins s'imaginer qu'en général les philosophes et les curieux se contentaient de discuter scientifiquement sur ces questions, sans en aborder le côté pratique, ni se soucier des intérêts immenses qu'une connaissance plus approfondie de ces contrées aurait pu faire surgir et favoriser. Privées des ressources de l'imprimerie qui a tant aidé à la diffusion des lumières, surtout depuis la découverte de Colomb, les populations s'inquiétaient sans doute fort peu de ces régions lointaines abandonnées au monopole de quelques marchands; et il devait en être alors du commerce extérieur de l'Atlantique à peu près comme il en fut pour les nations européennes au moyen âge, relativement au commerce des Vénitiens dans l'Inde.

(1) Mannert, *Geogr. der Alten*, part. I, pag. 44, 77.

(2) Voici, entre autres passages curieux, celui où Silène raconte à Midas (Ælian. III, *Histor.*) : « Europam, Asiam, Lybiam, insulas Oceano circumfusas esse; extra eas continentem quamdam infinitæ magnitudinis quæ nutriat grandia animalia et homines duplo majores et longæviores quam nostri sint Ibidem esse magnas civitates, diversa vitæ instituta et leges nostris contrarias. » Et plus loin : « Hanc terram possidere grandem vim auri et argenti, ita ut inter illos populos minoris pretii sit quam apud vos ferrum. » — De son côté, Marcellin disait : « In Atlantico mari Europæo orbe potior insula, » et Avienus : « Fertiles in Oceano jacere terras, ultraque eum rursus alia littora alium jacere orbem. »

FIN DE L'INTRODUCTION.

RELATION DES CHOSES

DE YUCATAN

TIRÉE DES ÉCRITS DU

PÈRE DIEGO DE LANDA
de l'ordre de Saint François.

MDLXVI.

RELACION

DE LAS COSAS

DE YUCATAN

§ I. — *Descripcion de Yucatan. Estaciones varias.*

Que Yucatan no es isla, ni punta que entra en la mar, como algunos pensaron sino tierra firme, y que se engañaron por la punta de Cotoch que haze la mar entrando la vaya de la Ascension haz el golfe Dulce y por la punta que por esta otra parte haz à Mexico haze la Desconocida antes de llegar à Campeche, o por el estendimiento de las lagunas que haze la mar entrando por Puerto Real y Dos Bocas.

Que es tierra muy llana y límpia de hiervas, y que por esto no se descubre desde los navios hasta muy cerca, salvo entre Campeche y Champoton donde descubren unas serrezetas y un morro de ellas que llaman de los Diablos.

---

(1) Aujourd'hui on connait sous le nom de *baie de l'Ascension*, celle qui est entre 18° 50' et 19° de lat. puis le *golfe Amatique*, au fond duquel se trouve le *Rio-Dulce* qui unit le golfe du même nom ou *Golfete* à la mer : il serait possible que le nom de golfe Dulce s'appliquât à cette époque au golfe Amatique, ou *baie de Honduras*, et celui de l'Ascension à tout l'ensemble du golfe.

(2) La *Desconocida* est une pointe de terre au 20° 50' lat. formée par un grand estuaire qui s'allonge du sud au nord, à l'ouest de la péninsule.

(3) *Puerto-Real* est le nom de la

RELATION
DES CHOSES
DE YUCATAN.

§ I. — *Description du Yucatan. Saisons diverses de l'année.*

Le Yucatan n'est point une île ni simplement une pointe de terre avançant dans la mer, comme quelques-uns l'ont cru, mais bien la terre ferme. On s'était trompé à cet égard, soit à cause de la pointe de *Cotoch*, qui est formée par la mer et la baie de l'Ascension (1) entrant vers le golfe Dulce, soit à cause de la projection que, de l'autre côté, forme en allant vers le Mexique la Desconocida, avant d'arriver à Campêche (2), ou bien encore à cause de l'étendue des lagunes creusées par la mer entrant par Puerto-Real et Dos Bocas (3).

C'est une terre aux abords unis et débarrassés de végétation, d'où il arrive qu'on ne la découvre de dessus les navires, que de très-près, excepté entre Campêche et Champoton (4), où l'on aperçoit quelques petites montagnes, et entre celles-ci un morne appelé de los Diablos.

plus orientale des deux îles qui ferment la lagune de *Terminos.* D'après une carte en ma possession, celle de Bailey, *Dos Bocas* est une barre de Tabasco au 93° 10' long.

(4) C'est un rameau détaché de la *Sierra de Tekax*, la seule chaîne qui existe au Yucatan ; elle commence au Pueblo de *Kambul*, arrondissement de *Peto* (19° 40' lat.), court au N.-O., laissant à droite *Tekax* et *Ticul*, à la gauche *Oxul* et *Nohcacab* jusqu'à la ville de *Maxcanú*, où elle tourne au sud jusqu'à *Campêche*, pour s'interner ensuite dans les terres vers la république de Guatémala (*Pequeño Catecismo de Geografía*, arre-

Que viniendo de la Vera Cruz por parte de la punta de Cotoch, esta en menos de xx grados y por la boca de Puerto Real en mas de veinte y tres y que tiene de un cabo de estos al otro bien ciento y treinta leguas de largo camino derecho. Que su costa es baja y por esto los navios grandes van algo apartados de tierra.

Que la costa es muy suzia de peñas y piçarrales ásperos que gastan mucho los cables de los navios, y que tiene mucha lama por lo cual aunque los navios den en la costa se pierde poca gente.

Que es tan grande la menguante de la mar especial en la baya de Campeche, que muchas veces queda media legua en seco por algunas partes. Que con estas grandes menguantes se quedan en las ovas y lamas y charcos muchos pescados pequeños de que se mantiene mucha gente.

Que atraviesa à Yucatan una sierra pequeña de esquina à esquina y comiença cerca de Champoton y procede hasta la villa de Salamanca que es el cornijal contrario al de Champoton. Que esta sierra divide à Yucatan en dos partes, y que la parte de mediodia haz à Lacandon y Taiza, esta despoblada por falta de agua, que no la hay sino quando llueve. La otra que es al norte esta poblada.

Que esta tierra es muy caliente, y el sol quema mucho, aunque no faltan aires frescos como Brisa o Solano que alli reyna mucho, y las tardes la virazon de la mar. Que en esta tierra vive mucho la gente, y que

glado para el uso de los niños, por J. S. C. Y. G. M. R. Merida de Yucatan, 1851.)

(1) Les connaissances géographiques de cette époque étaient loin d'être complètes. Voici ce que dit l'auteur de la petite géographie cité dans la note précédente:

En venant de la Vera-Cruz vers la pointe de Cotoch, elle est située à moins de xx degrés, et vers la bouche de Puerto-Real à moins de vingt-trois ; et, d'une extrémité à l'autre, elle peut bien avoir cent trente lieues de long, chemin direct (1). La côte est basse ; aussi les gros navires cinglent-ils quelque peu éloignés de terre.

Elle est hérissée de rochers et d'âpres ardoisières qui usent beaucoup les câbles des navires, et la plage y est très-étendue, d'où il arrive que quand même les navires donnent à la côte, il se perd peu de monde.

Les marées sont si fortes, surtout dans la baie de Campêche, que la mer en plusieurs endroits laisse souvent à découvert une étendue de plus d'une demi-lieue. De sorte qu'avec ces grandes marées, il reste souvent entre les algues et les épaves, ou dans les flaques d'eau, un grand nombre de petits poissons dont se nourrit beaucoup de monde.

Le Yucatan est traversé par une petite chaîne de montagnes d'un angle à l'autre, laquelle commence près de Champoton, et s'avance jusqu'à la ville de Salamanca, à l'encoignure opposée à celle de Champoton. Cette chaîne divise le Yucatan en deux parts ; celle du midi, qui s'étend vers le Lacandon et *Taiza* (2), est déserte faute d'eau, car il n'y en a que lorsqu'il pleut ; et celle du nord qui est habitée.

Cette terre est fort chaude et le soleil brûle durement, bien qu'il n'y manque pas de brises fraîches comme celles du nord-est et de l'est qui dominent principalement, et les vents de mer qui soufflent le

---

Le Yucatan se trouve entre le 18° 21' de latitude nord et 18° 20' et 18° 24' de longitude occidentale de Cadix.

(2) *Taiza* serait ici au lieu de *Taizal* ou *Tayazal*, nom qu'on donnait alors à la capitale du Peten.

se ha hallado hombre de ciento y quarenta años.

Que comiença el ynvierno desde St Francisco, y dura hasta fin de marzo, porque en este tiempo corren los nortes, y causan catarros rezios y calenturas por estar la gente mal vestida. Que por fin de enero y febrero ay un veranillo de rezios soles, y no llueve en este tiempo sino a las entradas de las lunas. Que las aguas comiençan desde abril hasta fin de setiembre, y que en este tiempo siembran todas sus cosas, y viene a maduracion aunque siempre llueva, y que siembran cierto genero de maiz por Sant Francisco que se coge brevemente.

§ II. — *Origen del nombre desta provincia. Situacion della.*

Que esta provincia se llama en lengua de los Indios *Ulumil Cuz* y *Etel Ceh*, que quiere dezir tierra de pavos y venados, y que tambien la llaman *Peten* que quiere dezir isla, engañados por las ensenadas, y bayas dichas. Que quando Francisco Hernandez de Cordoba llego a esta tierra, saltando en la punta que el llamo Cabo de Cotoch, hallo ciertos pescadores indios, y les pregunto que tierra era aquella; y que le respondieron *Co t'och* que quiere dezir nuestras casas, y nuestra patria, y que por esto se puso este nombre a aquella punta, y que preguntandoles por

(1) La Saint-François tombe au 4 octobre.

(2) *Peten* signifie une île ou une presqu'île; les Mayas savaient fort bien que leur pays tenait à la terre ferme; preuve, les cartes dressées par eux et dont Montejo et les autres Espagnols se servirent pour reconnaître le Yucatan. Ils savaient du reste qu'ils

soir. Le monde vit longtemps dans ce pays, et l'on y a vu plus d'une fois des gens de cent quarante ans.

L'hiver commence à la Saint-François (1), et dure jusqu'à la fin de mars, parce que c'est le temps où dominent les vents du nord, qui occasionnent des rhumes très-forts, et des fièvres causées surtout par la mauvaise manière de se vêtir des habitants. Vers la fin de janvier et en février, il y a un petit été accompagné d'un soleil ardent, et durant ce temps il ne pleut point, sinon à l'entrée de la lune. Les eaux commençant dès le mois d'avril durent jusqu'à la fin de septembre : c'est dans cet intervalle que les indigènes font toutes leurs semailles, lesquelles arrivent à maturité, bien qu'il continue à pleuvoir ; ils sèment aussi à la Saint-François une qualité particulière de maïs qu'ils recueillent au bout d'un temps fort court.

§ II. — *Origine du nom de cette province. Sa situation.*

Cette province, dans la langue des Indiens, se nomme *Ulumil Cuz* et *Etel Ceh*, c'est-à-dire la terre de la volaille et du gibier ; ils l'appellent aussi *Peten*, ce qui veut dire île (2), trompés qu'ils étaient par les anses et baies susdites. Lorsque Francisco Hernandez de Cordoba aborda à cette terre, étant descendu à la pointe, nommée cap de *Cotoch*, il y trouva des pêcheurs indiens auxquels il demanda quelle terre c'était, et ceux-ci lui répondirent : *C'otoch*, ce qui veut dire nos maisons (3) et notre patrie, d'où vient le nom qu'on donna à cette pointe. Leur ayant ensuite

avaient été envahis plus d'une fois par des populations venues du sud par les montagnes.

(3) Ceci n'est pas complet. Ils disaient aux Espagnols : « *Conex c'otoch*, c'est-à-dire : Venez à nos maisons.

señas que como era suya aquella tierra, respondieron *ci u than* que quiere dezir, dizen lo, y que los españoles la llamaron *Yucatan,* y que esto se entendio de uno de los conquistadores viejos llamado Blas Hernandez que fueron con el adelantado la primera vez.

Que Yucatan a la parte de medio dia tiene los rios de Taiza, y las sierras de Lacandon, y que entre medio dia y poniente cae la provincia de Chiapa, y que para passar a ella, se avian de atravesar los quatro rios que decienden de las sierras, que con otros se viene a hazer Sant Pedro y Sant Pablo, rio que discubrio en Tabasco Grijalva y que a poniente esta Xicalango y Tavasco que es una mesma provincia.

Que entre esta provincia de Tabasco y Yucatan estan las dos bocas que rompe la mar en la costa, y que la mayor de estas tiene una gran laguna de abertura y que la otra no es muy grande. Que entra la mar por estas bocas con tanta furia que se haze una gran laguna abundante de todos pescados, y tan llena de isletas que los indios ponen señales en los arboles para acertar el camino, para ir o venir navegando de Tavasco a Yucatan y que estas islas y sus playas y arenales estan llenos de tanta diversidad de aves marinas, que es cosa de admiracion y hermosura, y que tambien ay infinita caça de venados, conejos, y puercos de los de aquella tierra, y monos que no los ay en Yucatan. Que ay muchas yguanas que

(1) Cette région n'ayant été jusqu'ici que fort peu explorée, il est difficile de déterminer les rivières dont parle l'auteur : car celles qui descendent du Taiza ou Peten sont le *San-Pedro* à l'ouest, dont il parle un peu plus bas, et le *Zacchich* avec les autres af-

demandé par signes de quelle manière était leur terre, ils répliquèrent *Ci u than*, qui signifie : Ils le disent, d'où les Espagnols dirent *Yucatan*; c'est ce que racontait un des vieux conquérants, nommé Blas Hernandez, qui arriva ici avec l'adelantado la première fois.

Au sud du Yucatan sont les rivières de *Taiza* (1) et les montagnes de *Lacandon*. Entre le midi et le couchant se trouve la province de Chiapa ; pour s'y rendre d'ici, il faut traverser les quatre rivières qui descendent des montagnes et qui, avec quelques autres, forment le San Pedro y San Pablo, fleuve découvert en Tabasco par Grijalva, au couchant duquel existent *Xicalanco* et *Tavasco*, qui ne sont qu'une seule et même province (2).

Entre cette province de Tabasco et le Yucatan s'ouvrent les deux embouchures, coupées par la mer sur cette côte; la plus considérable des deux a une grande lagune pour ouverture; mais l'autre n'est pas très-large. Ce qui forme cette lagune, c'est la mer qui entre avec furie dans les terres; elle est très-abondante en poissons de toute sorte et remplie d'îlots. Les Indiens y posent des signaux entre les arbres, afin de reconnaître le chemin à suivre, pour aller et venir par eau entre Tabasco et Yucatan. Ces îles, leurs plages et leurs grèves, sont remplies d'une si grande variété d'oiseaux de mer que c'est admirable de les voir et de considérer leur beauté ; il s'y trouve également du gibier à l'infini; chevreuils, lapins et porcs du pays,

---

fluents, formant le cours du *Rio-Hondo* qui se jette à l'est dans la lagune de Bacalar.

(2) *Xicalanco* était une ville importante pour son commerce, située à l'extrémité d'une langue de terre en face de la pointe occidentale de l'île de *Carmen*, formant une des entrées de la lagune de Terminos.

espanta, y en una dellas esta un pueblo que llaman *Tixchel*.

Que al norte tiene la isla de Cuba y a LX leguas muy en frente la Habana y algo adelante una islilla de Cuba que dizen de Pinos. Que al Oriente tiene a Honduras, y que entre Honduras y Yucatan se haze una muy gran ensenada de mar la qual llamo Grijalva Baya de la Ascension, y que esta muy llena de isletas y que se pierden en ella navios, principalmente de los de la contractacion de Yucatan a Honduras, y que avra xv años que se perdio una barca con mucha gente y ropa que se les zozobro el navio y se ahogaron todos, salvo un Majuelas y otros quatro que se abraçaron con un gran pedaço de un arbol del navio, y que anduvieron assi tres o quatro dias sin poder llegar a ninguna de las isletas y que se ahogaron faltandoles las fuerças, sino fue Majuelas que salio medio muerto, y torno en si, comiendo caracolejos y almejar; y que desde la islilla passo a tierra en una balsa que hizo de ramos como mejor pudo, y passado a tierra firme buscando de comer en la ribera topo con un cangrejo que le corto el dedo pulgar por la primera conjuntura con gravissimo dolor. Y tomo la derrota por un aspero monte a tiento para la villa de Salamanca y que anochescido se subio en un arbol, y que desde alli vio un gran Tigre que se puso en asechanza de una cierva y se la vio matar y que en la mañana el comio de lo que avia quedado.

---

(1) Ce lieu était probablement consacré à la déesse de la médecine et des accouchements; le nom se compose de *tí*, in, apud,

ainsi que des singes, dont il n'y a point au Yucatan. Les iguanes s'y rencontrent aussi en si grande quantité qu'il y a de quoi épouvanter, et, dans une de ces îles, il y a une localité appelée *Tixchel* (1).

Au nord du Yucatan est située l'île de Cuba, et, tout en face, à soixante lieues de distance, la Havane, et un peu plus avant, une petite île dépendante de Cuba, qu'on appelle *de los Pinos*. Au levant s'étend le Honduras, et entre le Honduras et le Yucatan s'ouvre une fort grande baie que Grijalva appelle la baie de l'Ascension (2); elle est remplie d'îlots, et il s'y perd quelquefois des navires, surtout de ceux du commerce de Yucatan à Honduras. Il y a justement quinze ans qu'une barque chargée de beaucoup de monde et d'effets y fit naufrage; tous se noyèrent, à l'exception d'un certain Majuelas et de quatre autres qui s'attachèrent à un tronçon du mât du navire; ils allèrent ainsi durant quatre jours, sans pouvoir atteindre aucun des îlots, et les forces venant à leur manquer, ils finirent par se noyer à leur tour. Majuelas seul se sauva de la mer à demi mort, et recouvra ses forces en mangeant de petites limaces et des moules; de la petite île il passa à la terre ferme dans un radeau qu'il fabriqua de branches d'arbres, le mieux qu'il put; arrivé là et cherchant sur la plage de quoi se nourrir, il donna contre un cancre qui lui coupa le pouce à l'articulation, ce qui lui causa une très-grande souffrance. Il chemina ensuite au hasard, cherchant à se diriger sur Salamanca : la nuit venant, il grimpa sur un arbre; il aperçut de là un grand tigre qui se mit à guetter une biche qu'il lui vit tuer et dont il mangea ensuite lui-même les restes au matin.

---

et de *Ixchel*, nom de cette divinité.

(2) Voir la note 1re, § I.

Que Yucatan tiene algo mas baxo de la punta de Cotoch a *Cuzmil* en frente, v leguas de una canal que haze la mar entre ella y la isla de muy gran corriente. Que Cuzmil es isla de xv leguas en largo y cinco en ancho en que ay pocos indios y son de la lengua y costumbres de los de Yucatan y esta en xx grados a esta parte de la equinocial. Que la isla de las Mugeres esta xiii leguas abaxo de la punta de Cotoch xi leguas de tierra en frente de *Ekab*.

§ III. — *Geronimo de Aguilar. Su cautiverio entre los Indios de Yucatan. Navegan Hernandez de Cordoba y Grijalva á Yucatan.*

Que los primeros Españoles que aportaron a Yucatan, segun se dice, fueron Geronimo de Aguilar natural de Ecija y sus compañeros; los quales el año de MDXI, en el desbarato del Darien por las rebueltas entre Diego de Nicueza, y Vasco Nuñez de Balboa, siguieron a Valdivia que venia en una caravela a Santo-Domingo, a dar cuenta al almirante y al governador de lo que passava, y a traer xx mil ducados del rey, y que esta caravela llegando a Jamaica dieron en los baxos que llaman *Viboras* donde se perdio que no escaparon mas de hasta xx hombres que con Valdivia entraron en el

---

(1) Cette île, aujourd'hui *Cozumel*, est appelée aussi *Acuzamil* et *Ah-Cuzamil*, c'est-à-dire des hirondelles, du mot *cuzam*, hirondelle. On y adorait dans un temple superbe une divinité du nom de *Teel-Cuzam*, Aux pieds d'Hirondelle, dont la statue était représentée avec les pieds de cet oiseau. Elle était de terre cuite, grande et revêtue des ornements royaux. Comme elle était creuse et adossée à la muraille, un prêtre s'y renfermait pour répondre au nom du dieu aux demandes des pèlerins qui s'y rendaient en grand nombre des diverses provinces du Yucatan; car *Cozumel* était un

Un peu plus bas que la pointe de *Cotoch*, entre la côte du Yucatan et *Cuzmil* (1), qui est en face, s'ouvre un canal de cinq lieues de large formé par la mer et dont le courant est d'une très-grande force. *Cuzmil* est une île de quinze lieues de long sur cinq de largeur : les Indiens y sont en petit nombre; leur langue et leurs coutumes sont les mêmes qu'au Yucatan. Cette île est située au xx° degré nord de la ligne équinoxiale. L'île dite de Las Mugeres est située à treize lieues en bas du cap Cotoch et à onze lieues de terre ferme, en face d'*Ekab* (2).

§ III. — *Geronimo de Aguilar. Sa captivité chez les Mayas. Navigation d'Hernandez de Cordoba et de Grijalva à Yucatan.*

Les premiers Espagnols qui abordèrent au Yucatan furent, à ce qu'on dit, Geronimo de Aguilar, natif d'Ecija, ainsi que ses compagnons. Ceux-ci, à la suite du bouleversement occasionné au Darien par les querelles de Diego de Nicueza et de Vasco Nuñez de Balboa, suivirent, en 1511, Valdivia, qui partait avec une caravelle pour Santo-Domingo, où il allait rendre compte de ce qui se passait à l'amiral et au gouverneur, et portait en même temps vingt mille ducats du quint royal. En approchant de la Jamaïque, cette caravelle donna dans les bas-fonds appelés Las Viboras (3), où

---

des lieux les plus vénérés de la péninsule. En face de l'île se terminait à la ville de Ppolé la chaussée qui venait d'Izamal et autres villes principales du pays. (Cogolludo, *Hist. de Yucatan*, lib. IV, cap. 7.)

(2) *Mugeres*, d'après la carte du Yucatan de l'ouvrage de Stephens entre 21° 30' et 22° de latitude nord. Le nom d'*Ekab* ne se trouve sur aucune carte que je connaisse; mais sur celle de Stephens on signale des ruines en plusieurs endroits sur la côte opposée à Cozumel et à Mugeres.

(3) *Vivora*, rescifs de la mer du nord, situés à 15 lieues au sud de l'île de la Jamaïque, qui ont 42

batel sin velas, y con unos ruynes remos y sin mantenimiento ninguno, y que anduvieron XIII dias por la mar; despues de muertos de hambre casí la mitad llegaron a la costa de Yucatan a una provincia que llamavan de la *Maya*, de la qual la lengua de Yucatan se llama *Mayathan* que quiere dezir lengua de Maya.

Que esta pobre gente vino a manos de un mal caçique el qual sacrifico a Valdivia y a otros quatro a sus idolos, y despues hizo vanquetes de ellos a la gente, y que dexo para engordar a Aguilar y a Guerrero y a otros cinco o seis, los quales quebrantaron la prision y huieron por unos montes, y que aportaron a otro señor enemigo del primero, y mas piadoso, el qual se sirvio dellos como de esclavos, y que el que succedio a este señor los trato con buena gracia; pero que ellos de dolencia se murieron quedando solos dos Geronimo de Aguilar y Gonçalo Guerrero, de los quales Aguilar era buen christiano y tenia unas horas por las quales sabia las fiestas, y que este se salvo con la ída del marques Hernando Cortes, año de MDXVII, y que el Guerrero como entendia la lengua se fue a *Chectemal*, que es la Salamanca de Yucatan y que alli le recibio un señor llamado *Nachancan*, el qual le dio a cargo las cosas de la guerra en que se uvo muy bien, venciendo muchas vezes los enemigos de su señor, y que

lieues de long E.-O., fort dangereux pour les embarcations qui naviguent de ce côté... La tête se trouve par 27° 10' de long. et par 17° lat. nord (Alcedo, *Diccionario geogr. hist. de las Indias-Occidentales*, etc.)

(1) Suivant Ordoñez, le nom de *Maya*, qu'il applique à tout le Yucatan, viendrait de *ma-ay-ha*, exactement *non adest aqua*, terre sans eau.

(2) *Salamanca* de Yucatan fut fondé en 1544, près d'une ancienne

elle se perdit, et il ne s'en échappa qu'une vingtaine d'hommes qui, avec Valdivia, se jetèrent dans une chaloupe sans voiles : ils voguèrent pendant treize jours sur la mer à l'aide de quelques mauvaises rames et sans vivres aucuns; près de la moitié de leur nombre étant déjà morts de faim, les autres finirent par aborder à la côte du Yucatan à une province appelée de là *Maya*, de laquelle la langue du Yucatan tire le nom de *Maya than*, ce qui veut dire langue de Maya (1).

Ces misérables tombèrent alors entre les mains d'un cacique méchant, qui sacrifia Valdivia avec quatre des autres à ses idoles, et fit ensuite de leurs membres un festin à ses gens. Il garda, pour les engraisser, Aguilar et Guerrero avec cinq ou six autres; mais ceux-ci étant parvenus à s'échapper s'enfuirent par les montagnes chez un autre seigneur ennemi du premier et moins inhumain qui les retint comme esclaves. Le successeur de ce dernier maître les traita mieux encore; mais tous, à l'exception d'Aguilar et de Guerrero, moururent de tristesse. Aguilar était bon chrétien et avait un bréviaire, à l'aide duquel il conservait la mémoire des jours de fête, et ce fut lui qui s'échappa, en l'année 1519, à l'arrivée du marquis Hernando Cortes. Quant à Guerrero, qui avait appris la langue, il s'en alla à *Chetemal*, qui est la Salamanca de Yucatan (2); un seigneur nommé *Nachan-Can* l'y reçut et le chargea des choses de la guerre, en quoi il se comporta extrêmement bien, remportant de

---

ville indienne nommée *Bakhalal* (enceinte de joncs ou de bambous), et la province est appelée par les uns *Vaymil*, par les autres *Chetemal*; peut-être y avait-il deux petites provinces indigènes confinant près de *Bakhalal*, aujourd'hui *Bacalar*, au fond de la lagune de *Chetemal*, à l'est du Yucatan. Dans le document en langue maya qui suit cette relation, la province où se trouve Bacalar est appelée *Zyan-Caan*.

enseño a los indios pelear mostrandoles hazer fuertes y bastiones, y que con esto y con tratarse como indio gano mucha reputacion y le casaron con una muy principal muger en que uvo hijos, y que por esto nunca procuro salvarse como hizo Aguilar, antes labrava su cuerpo y criava cabello, y harpava las orejas para traer çarcillos como los indios y es creible que fue idolatra como ellos.

Que el año de MDXVII por quaresma salio de St-Iago de Cuba Francisco Hernandez de Cordoba con tres navios a rescatar esclavos para las minas, que ya en Cuba se yva la gente apocando y que otros dizen que salio a descubrir tierra, y que llevo por piloto a Alaminos y que llego a la isla de Mugeres, que el le puso este nombre por los idolos que alli hallo de las diosas de aquella tierra, como *Aixchel, Ixchebeliax, Ixbunié, Ixbunieta*, y que estavan vestidas de la cinta abaxo, y cubiertos los pechos como usan las indias, y que el edificio era de piedra de que se espantaron, y que hallaron algunas cosas de oro, y las tomaron, y que llegaron a la punta de Cotoch, y que de alli dieron buelta hasta la baya de Campeche donde desembarcaron domingo de Lazaro y que por esto la llamaron Lazaro y que fueron bien recibidos del señor y que los indios se espantaron de ver los españoles, y les tocavan las barbas y personas.

Que en Campeche hallaron un edificio dentro en la

nombreuses victoires sur les ennemis de son seigneur et apprenant aux Indiens à combattre et à construire des forts et des bastions. De cette manière, comme aussi en adoptant les coutumes des indigènes, il s'acquit une grande réputation : ceux-ci alors le marièrent avec une femme de haut rang, dont il eut des enfants, ce qui fut cause qu'il ne chercha jamais à se sauver comme le fit Aguilar ; bien au contraire, il se couvrit le corps de peinture, laissa croître ses cheveux et se troua les oreilles pour porter des pendants à la mode des Indiens, et il est à croire même qu'il devint idolâtre comme eux.

Au carême de l'an 1517, Francisco Hernandez de Cordoba sortit de Sant-Iago de Cuba avec trois navires, afin de faire la traite des esclaves pour les mines; car la population allait déjà diminuant à Cuba. D'autres disent qu'il partit pour découvrir des terres nouvelles et qu'il emmena Alaminos pour pilote, et qu'ainsi il arriva à l'île de Mugeres, nom qu'il lui donna à cause des idoles qu'il y trouva, représentant les déesses du pays, telles qu'*Aixchel, Ixchebeliax, Ixbunié, Ixbunieta*, lesquelles étaient vêtues de la ceinture en bas et les seins couverts, suivant l'usage des Indiennes. L'édifice qui les renfermait était de pierre, ce qui les remplit d'étonnement; ils y trouvèrent divers objets en or qu'ils enlevèrent, après quoi ils abordèrent à la pointe de *Cotoch*, faisant ensuite le tour jusqu'à la baie de Campêche, où ils débarquèrent le dimanche que les Espagnols appellent de Lazare. Ils y furent reçus bénévolement par le seigneur du lieu ; mais les Indiens prirent l'épouvante en voyant les Espagnols, et ils leur touchaient la barbe et le corps.

A Campêche, ils trouvèrent un édifice en dedans de

mar cerca de tierra, quadrado y gradado todo y que en lo alto estava un idolo con dos fieros animales que le comian las ijadas y una sierpe larga y gorda de piedra que se tragava un leon y que los animales estavan llenos de sangre de los sacrificios. Que desde Campeche entendieron que avia un pueblo grande cerca, que era Champoton, donde llegados hallaron que el señor se llamava *Mochcovoh*, hombre bellicoso el qual appellidó su gente contra los españoles. De lo qual peso a Francisco Hernandez viendo en lo que avia de parar, y que por no mostrar poco animo, puso tambien su gente en orden y hizo soltar artilleria de los navios y que los indios aunque les fue nuevo el sonido, humo y fuego de los tiros, no dexaron de acometer con gran alarido y que los españoles resistieron, dando muy fieras heridas y matando muchos; pero que el señor los animo tanto, que hizieron retirar a los españoles y que mataron xx y hirieron cincuenta y prendieron dos vivos que despues sacrificaron, y que Francisco Hernandez salio con xxxiii heridas, y que assi volvio triste a Cuba donde publico que la tierra era muy buena y rica por el oro que hallo en la isla de Mugeres. Que estas nuevas movieron a Diego Velasquez, governador de Cuba y a otros muchos, y que embio a su sobrino Juan de Grijalva con quatro navios y dozientos hombres y que fue con el Francisco de Montejo cuyo era un navio y que partieron primero de mayo de MDXVIII.

(1) *Campéche* était appelé *Kimpech* par les indigènes, d'après Cogolludo.
(2) *Champoton* s'appelait auparavant *Potonchan*, qui paraît un nom de la langue mexicaine plutôt que maya; on le fait venir de *potoni*, puer, sentir mauvais, et *chan*, demeure; ce qui serait la *maison-puante*, sans doute à cause des marécages qui entouraient cette ville.

la mer, non loin de terre, quadrangulaire et s'élevant par degrés tout autour (1); au sommet, il y avai tune idole avec deux animaux féroces qui lui dévoraient les flancs, et un grand serpent en pierre avalant un lion, et ces animaux étaient couverts du sang des sacrifices. De Campêche, ils apprirent qu'il y avait près de là une localité considérable qui était Champoton (2) : en y arrivant, ils y trouvèrent un seigneur qui s'appelait *Mochcovoh*; c'était un homme belliqueux qui s'empressa de convoquer ses gens contre les Espagnols. Francisco Hernandez vit donc avec chagrin ce qui viendrait à en résulter; mais pour ne pas avoir l'air d'être moins animé que lui, il mit également son monde en ordre de bataille, et fit décharger contre eux l'artillerie des navires. Malgré la nouveauté du bruit, de la fumée et du feu de la décharge, les Indiens ne laissèrent pas d'engager l'action avec de grands cris : les Espagnols, dans leur résistance, leur causèrent de terribles blessures, leur tuant beaucoup d'hommes; mais le seigneur du lieu inspira aux siens une si grande valeur qu'ils obligèrent les Espagnols à la retraite : ils en tuèrent vingt, en blessèrent cinquante, et leur firent deux prisonniers qu'ils sacrifièrent ensuite. Francisco Hernandez se rembarqua avec trente-trois blessures, et retourna tristement à Cuba, où il publia la découverte de cette terre, la représentant comme heureuse et riche, à cause de l'or qu'il avait trouvé dans l'île de Mugeres. Ces nouvelles excitèrent vivement l'envie de Diego Velasquez, gouverneur de Cuba, ainsi que de beaucoup d'autres : celui-ci envoya alors son neveu, Juan de Grijalva, avec quatre navires et deux cents hommes; avec eux partit Francisco de Montejo, à qui appartenait un de ces navires. et l'expédition s'embarqua le 1er mai de l'an 1518.

Que llamaron consigo al mismo piloto Alaminos y llegados a la isla de Cuzmil, que el piloto vio desde ella a Yucatan, y que la otra vez con Francisco Hernandez la avia corrido a la mano derecha, y que con desseo de bajarla si fuesse isla, echo a la mano izquierda y siguieron por la baya que ellos llamaron la Ascension, porque en tal dia entraron en ella, y que dieron buelta a toda la costa hasta llegar otra vez a Champoton, donde sobre tomar agua les mataron un hombre y les hirieron cincuenta y entre ellos a Grijalva de dos flechas, y le quebraron diente y medio, y que assi se fueron y nombraron a este puerto el puerto de Mala Pelea, y que deste viage descubieron la Nueva España, y a Panuco, y a Tavasco, y que en esto gastaron cinco meses y quisieron saltar en tierra en Champoton, lo qual les estorbaron los indios con tanto corage que en sus canoas entravan hasta cerca de las caravelas a flecharlos y que assi se hizieron a la vela y los dexaron.

•

Que quando Grijalva torno de su descubrimiento y rescate de Tavasco y Ulua, estava en Cuba el gran capitan Hernando Cortes, y que viendo la nueva de tanta tierra y tantas riquezas, desseo verlo y aun ganarlo para Dios y para su rey, y para si, y para sus amigos.

§ IV. — *Navegacion de Cortes a Cuzmil. Escribe a Aguilar.*

Que Hernando Cortes salio de Cuba con onze navios

(1) *Ulua* pour *Culua* ou *Culhua*, noms qu'on donna à l'île où se trouve le fort de San-Juan, auprès de la Vera-Cruz; on désignait

Ils engagèrent avec eux le même pilote, Alaminos : arrivés à l'île de Cuzmil, le pilote vit de là le Yucatan. Mais, comme la première fois, avec Francisco Hernandez, il l'avait côtoyé à main droite; désirant faire le tour alors pour s'assurer si c'était une île, il gouverna à gauche, et ils suivirent par la baie qu'ils nommèrent de l'Ascension, parce qu'en ce jour ils y entrèrent; puis ils retournèrent le long de la côte jusqu'à ce qu'ils fussent arrivés de nouveau à Champoton. Comme ils avaient débarqué pour faire de l'eau, on leur tua un homme, en blessant cinquante autres, l'un étant Grijalva lui-même qui reçut deux flèches, et à qui on brisa une dent et demie. De cette façon, ils s'en allèrent, laissant à ce port le nom de port de Mala-Pelea : c'est dans ce trajet qu'ils découvrirent la Nouvelle-Espagne, ainsi que *Panuco* et *Tavasco*. Dans ce voyage, ils employèrent cinq mois : ayant voulu descendre à Champoton, les Indiens y mirent obstacle avec tant de courage, qu'avec leurs canots ils arrivaient jusqu'aux caravelles à leur lancer des flèches, et ainsi les Espagnols mirent à la voile et les laissèrent.

Lorsque Grijalva fut de retour de son voyage de découverte et d'échange à Tavasco et à Ulua (1), le grand capitaine Hernando Cortès se trouvait à Cuba : sur la nouvelle de tant de terres et de richesses, Cortès éprouva le désir de les voir et de les acquérir pour Dieu et pour son roi, comme pour lui-même et ses amis.

§ IV. — *Voyage de Cortès à Cuzmil. Sa lettre à Aguilar.*

Hernando Cortès partit de Cuba avec onze navires,

---

ainsi la puissance mexicaine, à cause de *Culhuacan* d'où les rois de Mexico-Tenochtitlan tiraient leur titre.

que el mejor era de cien toneles y que puso en ellos onze capitanes, siendo el uno dellos, y que llevava quinientos hombres y algunos cavallos y mercerias para rescatar, y a Francisco de Montejo por capitan, y al dicho piloto Alaminos mayor piloto del armada, y que puso en su nao capitana una vandera de fuegos blancos y azules en reverencia de nuestra señora cuya ymagen con la cruz ponia siempre donde quitava idolos, y que en la vandera iva una cruz colorada con un letrero entorno que dezia *Amici sequamur crucem, si nos habuerimus fidem in hoc signo vincemus.* Que con esta flota y no mas aparato partio y que llego a Cotoch con los diez navios porque el uno se le aparto con una refriega, y que despues lo cobro en la costa. Que la llegada a Cuzmil fue por la parte del norte y hallo buenos edificios de piedra para los idolos y un buen pueblo, y que la gente viendo tanto navio, y salir los soldados a tierra huyo toda a los montes.

Que llegados los españoles al pueblo lo saquearon y se aposentaron en el y que buscando gente por el monte toparon con la muger del señor y con sus hijos de los quales, con Melchior interprete indio que avia ido con Francisco Hernandez y con Grijalva, entendieron que era la muger del señor. A la qual y a sus hijos regalo mucho Cortes e hizo que embiassen a llamar al señor al qual venido le trato muy bien y le dio algunos donezillos, y le entrego á su muger y hijos, y todas las cosas que por el pueblo se avian tomado, y que le rogo que hiziesse venir los indios a sus casas y que venidos hizo restituir a cada uno lo que era suyo y que despues de assegurados les predico la vanidad de

dont le plus fort était de cent tonneaux, leur donna onze commandants, lui-même étant l'un d'eux, et emmena cinq cents hommes et quelques chevaux avec des objets propres à être échangés. Il avait également avec lui Francisco de Montejo, qui était un des commandants, et le pilote Alaminos, premier pilote de la flotte. Au navire amiral, il arbora une bannière aux couleurs blanche et bleue en l'honneur de Notre-Dame, dont il plaçait toujours l'image avec une croix aux endroits d'où il ôtait des idoles, et sur la bannière se montrait une croix rouge ayant ces paroles à l'entour : *Amici, sequamur crucem, si nos habuerimus fidem in hoc signo vincemus.* Avec cette flotte et sans autres apprêts, il mit à la voile et arriva à Cotoch (1) avec dix navires, le onzième s'étant séparé des autres dans une tempête; mais il le recouvra plus tard à la côte. Arrivé à Cuzmil, il cingla au nord et trouva de bons édifices de pierre pour les idoles et une belle bourgade; mais les indigènes, voyant tant de vaisseaux et tant de soldats qui prenaient terre, s'enfuirent tous dans les bois.

Les Espagnols étant entrés dans la bourgade, la saccagèrent et s'y logèrent; se mettant ensuite dans les bois à la recherche des habitants, ils trouvèrent la femme du seigneur du lieu avec ses enfants. Au moyen de l'interprète Melchior, Indien qui avait suivi Francisco Hernandez et Grijalva, ils apprirent qui elle était. Les caresses que leur fit Cortès, accompagnées de dons faits à propos, les déterminèrent à faire appeler le seigneur, qu'il traita également avec beaucoup de bienveillance ; il lui fit quelques petits présents, lui rendit sa femme et ses enfants, ainsi que toutes les

(1) Il y a, par erreur, dans la copie espagnole Campêche ; il faut Cotoch.

los idolos, y les persuadio que adorassen la cruz y que la puso en sus templos con una ymagen de nuestra señora y que con esto cessava la idolatria publica.

Que Cortes supo alli como unos hombres barbados estavan camino de seis soles en poder de un señor y que persuadio a los indios que los fuessen a llamar, y que hallo quien fuesse aunque con dificultad porque tenian miedo al señor de los barbaros y escrivioles esta carta.

Nobles señores, yo parti de Cuba con onze navios de armada y quinientos españoles y llegue aqui a Cuzmil de donde os escrivo esta carta. Los desta isla me han certificado que ay en essa tierra cinco o seis hombres barbados y en todo a nosotros muy semejantes, no me saben dar ni dezir otras señas, mas por estas conjeturo y tengo por cierto sois españoles, yo y estos hidalgos que comigo vienen a poblar y descubrir estas tierras os rogamos mucho que dentro de seis dias que recibieredes esta, os vengais para nosotros sin poner otra dilacion ni escusa. Si vinieredes todos conoceremos, y gratificaremos la buena obra que de vosotros recibira esta armada. Un bergantin embio para en que vengais, y dos naos para seguridad.

Que los indios llevaron esta carta embuelta en el cabello, y la dieron a Aguilar, y que los navios porque

(1) Ces barbares paraissent avoir été de race différente des autres populations indigènes du Yucatan, peut-être de descendance caraïbe.

choses que les soldats avaient pillées dans la bourgade. Il l'engagea à faire retourner les Indiens à leurs demeures et fit restituer à chacun ce qui lui appartenait. Les ayant ainsi rassurés, il leur prêcha la vanité des idoles et leur persuada d'adorer la croix, la plaçant dans leurs temples avec une image de Notre-Dame, et c'est ainsi que cessa l'idolâtrie publique.

C'est là que Cortès apprit comment des hommes barbus se trouvaient à trois soleils de chemin au pouvoir d'un seigneur ; il voulut persuader les Indiens d'aller les chercher et en trouva un qui s'en chargea, quoique avec difficulté, parce qu'ils avaient peur du seigneur des barbares (1), et il écrivit la lettre suivante :

« Nobles seigneurs, étant parti de Cuba avec une
» flotte de onze navires et cinq cents Espagnols, je suis
» arrivé à Cuzmil d'où je vous écris cette lettre. Ceux
» de cette île m'ont assuré qu'il y a dans le pays cinq
» ou six hommes barbus et en tout à nous fort sem-
» blables; ils ne peuvent me donner ni dire d'autres
» signalements ; mais pour ceux-ci je conjecture et
» tiens pour certain que vous êtes Espagnols. Moi et
» ces seigneurs qui viennent avec moi ocouper et dé-
» couvrir ces terres, nous vous prions beaucoup que
» d'ici à cinq ou six jours, ayant reçu la présente, vous
» veniez vers nous sans mettre d'autre retard ni
» excuse. Que si vous venez, nous le reconnaîtrons
» et vous remercierons des bons offices que de vous
» recevra cette flotte. J'envoie un brigantin pour que
» vous y veniez et deux bâtiments pour la sécurité. »

Les Indiens emportèrent cette lettre enveloppée dans leur chevelure et la remirent à Aguilar; mais

---

Serait-ce parce qu'ils mangeaient quelquefois les membres de leurs ennemis sacrifiés aux dieux ?

tardavan los indios mas del tiempo del plazo, creieron que los avian muerto y que se volvieron al puerto de Cuzmil y que Cortes viendo que los indios no tornavan ni los barbados, se hizo otro dia a la vela. Mas aquel dia se les abrio un navio, y les fue necessario tornar al puerto y que estandole aderezando, Aguilar recibido la carta atraveço en una canoa la canal entre Yucatan y Cuzmil, y que viendole los del armada fueron a ver quien era, y que Aguilar les pregunto si eran Christianos y que respondiendole que si y españoles, lloro de plazer y puestas las rodillas en tierra dio gracias a Dios y pregunto a los españoles si era miercoles. Que los españoles le llevaron a Cortes assi desnudo como venia, el qual le vistio y mostro mucho amor, y que Aguilar conto alli su perdida y trabajos, y la muerte de sus compañeros, y como fue impossible avisar a Guerrero en tan poco tiempo por estar mas de LXXX leguas de alli.

Que con esto Aguilar que era muy bien interprete torno Cortes a predicar la adoracion de la Cruz y quito los idolos de los templos, y dizen que hizo esta predicacion de Cortes tanta impression en los de Cuzmil que salian a la playa diziendo a los españoles que por alli passavan *Maria Maria Cortes Cortes*.

Que partio Cortes de alli, y que toco de passo en Campeche y no paro hasta Tavasco donde entre otras cosas y indios que le presentaron los de Tavasco le dieron una india que despues se llamo Marina, la qual era de Xalisco hija de padres nobles y hurtada pe-

comme ceux-ci tardèrent plus de temps qu'ils n'avaient annoncé, on les crut morts et les navires s'en retournèrent au port de Cuzmil. Cortès voyant alors que les Indiens n'étaient point revenus non plus que les hommes barbus, mit à la voile le lendemain. Mais ce jour-là un des navires s'ouvrit et ils se virent dans la nécessité de retourner au port. Comme ils travaillaient à le radouber, Aguilar ayant reçu la lettre, traversa dans un canot le canal entre Yucatan et Cuzmil; ce que voyant ceux de la flotte, ils furent voir qui c'était. Aguilar leur ayant demandé s'ils étaient chrétiens, ils répondirent qu'ils étaient et chrétiens et Espagnols, sur quoi il versa des larmes de joie, et s'agenouillant, il rendit grâces à Dieu, demandant ensuite si ce jour était un mercredi. Les Espagnols l'amenèrent nu comme il était à Cortès, qui le fit habiller et lui témoigna beaucoup d'amitié. Aguilar raconta alors son naufrage et ses souffrances, ainsi que la mort de ses compagnons, tout en faisant comprendre l'impossibilité où il avait été d'aviser Guerrero dans ce court espace de temps, celui-ci se trouvant à plus de quatre-vingts lieues de là.

Avec cet Aguilar, qui était un fort bon interprète, Cortès recommença à prêcher l'adoration de la croix et retira les idoles des temples. On dit que cette prédication de Cortès fit une si grande impression sur ceux de Cuzmil (1), qu'ils sortaient sur la plage, disant aux Espagnols qui passaient par là : Maria, Maria, Cortès, Cortès.

Cortès partit de là, toucha en passant à Campêche et ne s'arrêta point jusqu'à Tabasco : c'est là qu'en-

---

(1) Les Yucatiques adoraient déjà la croix; Hernandez de Cordova et Grijalva en avaient trouvé dans plusieurs de leurs temples; il n'était donc pas bien difficile de leur en faire admettre une autre.

queña y vendida en Tavasco y que de ay la vendieron tambien en Xicalango, y Champoton, donde aprendio la lengua de Yucatan con la qual se vino a entender con Aguilar y que assi proveio Dios à Cortes de buenos y fieles interpretes, por donde vino a tener noticia y entrada en las cosas de Mexico de las quales la Marina sabia mucho por aver tratado con mercaderes indios y gente principal que hablavan de esto cada dia.

§ V. — *Provincias de Yucatan. Sus edificios antiguos mas principales.*

Que algunos viejos de Yucatan dizen aver oido a sus passados que aquella tierra poblo cierta gente que entro por Levante a la qual avia Dios librado abriendoles doze caminos por la mar; lo qual si fuesse verdad era necessario que veniessen de Judios todos los de las Indias, porque passado el estrecho de Magellanes, se avian de ir estendiendo mas de dos mil leguas de tierra que oy govierna España.

---

(1) Le texte espagnol est souvent difficile à entendre; il l'est ici particulièrement, le copiste de Landa ayant probablement passé quelques mots ou mal écrit les autres. Voici ce que Lizano écrit au sujet des premiers habitants du Yucatan. « Ils surent... que la race de ce pays-ci vint, partie du couchant, partie du levant. Ainsi dans leur ancienne langue ils appellent le levant d'une autre manière qu'aujourd'hui. Actuellement ils appellent l'Orient *Li-kin*, ce qui revient à dire que d'où se lève le soleil sur nous. Et le Couchant ils le nomment *Chi-kin*, ce qui est la même chose que chute ou fin du soleil, ou bien où il se cache par rapport à nous. Mais

tre autres choses et personnes que lui présentèrent ceux de Tabasco, ils lui donnèrent une Indienne qui se nomma ensuite Marina; elle était de Xalisco, fille de parents nobles, et elle avait été enlevée et vendue toute petite à Tabasco, d'où on la revendit ensuite à Xicalanco et à Champoton, où elle avait appris la langue de Yucatan, avec laquelle elle vint à s'entendre avec Aguilar. C'est ainsi que Dieu pourvut Cortès de bons et fidèles interprètes, au moyen desquels il vint à savoir la connaissance des choses du Mexique, dont Marina était parfaitement au courant pour avoir traité avec des marchands indiens et des gens distingués qui parlaient de tout cela chaque jour.

§ V. — *Provinces du Yucatan. Ses principaux édifices antiques.*

Quelques anciens du Yucatan disent avoir entendu de leurs ancêtres que cette terre fut occupée par une race de gens qui entrèrent du côté du levant et que Dieu avait délivrés en leur ouvrant douze chemins par la mer. Or si cela était vrai, il s'ensuivrait nécessairement que des Juifs seraient descendus tous les habitants des Indes Occidentales, parce que, passé le détroit de Magellan, ils avaient dû s'étendre en plus de deux mille lieues de terre, dans ce qui est aujourd'hui gouverné par l'Espagne (1).

dans l'antiquité ils disaient de l'orient *Cenial*, petite descente, et du couchant *Nohen-ial*, la grande descente et le peu de gens, d'un côté, la grande multitude, de l'autre, quels qu'ils puissent être les uns et les autres. Je remets le lecteur qui voudrait en savoir davantage au Père Torquemada, dans son Histoire Indienne (*Monarquia Indiana*), et il verra là comment les Mexicains vinrent du Nouveau-Mexique, et de là par ici. Et comme l'île Espagnole (Haïti) fut peuplée de Carthaginois, que de ceux-ci se peupla Cuba, et cette terre, du côté de l'Orient, comme gens de tant de raison et de valeur, ils purent connaître l'art d'édifier de

Que la lengua de esta tierra es todo una y que esto aprovecho mucho para su conversion aunque en las costas ay alguna diferencia en vocablos y en el tono de hablar y que assi los de la costa son mas pulidos en su trato, y lengua, y que las mugeres se cubren los pechos, y las demas adentro no.

Que esta tierra esta partida en provincias sujectas a los pueblos de españoles mas cercanos. Que la provincia de *Chectemal* y *Bac-halal* esta sujeta a Salamanca. La provincia de *Ekab*, de *Cochuah* y la de *Kupul* estan sujetas a Valladolid. La de *Ahkin-Chel* y *Yzamal*, la de *Zututa*, la de *Hocabaihumun*, la de *Tutuxiu*, la de *Cehpech*, la de *Chakan*, estan sujetas a la ciudad de Merida, la de *Camol* y *Campech*, y *Champutun* y *Tixchel* acuden a St Francisco de Campeche.

Que en Yucatan ay muchos edificios de gran hermosura que es la cosa mas señalada que se ha descubierto en las Indias, todos de canteria muy bien labrada sin aver ningun genero de metal en ella con que se pudiesse labrar. Que estan estos edificios muy cerca unos de otros y que son templos, y que la razon de aver tantos es por mudarse las poblaciones muchas vezes y que en cada pueblo labravan un templo por el gran aparejo que ay de piedra y cal, y cierta tierra blanca excellente para edificios.

---

si somptueux monuments et de s'assujettir les autres nations; sinon que, comme la communication avec Carthage leur manqua avec le temps, ils seraient devenus avec le climat des gens rudes et barbares. (Lizana, *Hist. de Nuestra Señora de Yzamal*, Part. 1, cap. 3.)

(1) Comme on le voit, *Chectemal* (écrit ailleurs *Chetemal*) et *Bakhalal* sont donnés comme ne faisant qu'une province.

Dans ce pays, il n'y a qu'une seule langue, ce qui a été fort utile pour sa conversion, quoique sur les côtes il y ait quelque différence dans les mots et dans la manière de parler. Ceux de la côte sont aussi plus aimables dans leur commerce habituel et plus gracieux dans leur langage; les femmes s'y couvrent la gorge, ce qu'elles ne font pas à l'intérieur.

Cette contrée est partagée en provinces sujettes aux localités espagnoles les plus voisines. La province de *Chectemal* et de *Bac-halal* est sujette à Salamanca (1). La province d'*Ekab*, celle de *Cochuah* et celle de *Kupul* sont sujettes à Valladolid (2). Celle d'*Ahkinchel* et d'*Yzamal*, celle de *Zututa*, celle de *Hocabai-Humun*, celle de *Tutu-Xiu*, celles de *Cehpech* et de *Chakan* sont sujettes à la cité de Merida (3); celle de *Camol*, de *Campech*, de *Champutun* et de *Tixchel* relèvent de San Francisco de Campêche.

Il y a dans le Yucatan beaucoup d'édifices de grande beauté, qui sont la chose la plus remarquable qu'on ait découverte dans les Indes; ils sont tous de pierre de taille fort bien travaillée, quoiqu'il n'y ait en ce pays aucun métal avec lequel on ait pu les mettre en œuvre (4). Ces édifices, qui sont fort rapprochés les uns des autres, sont des temples, et la raison pour laquelle il y en a tant, c'est que les populations changeaient fréquemment de localité; or, en chaque bourgade ils édifiaient un temple, en vue de l'abondance extraordinaire de la pierre et de la chaux et d'une terre blanche qui s'y trouve, particulièrement propre à bâtir.

(2) Cette circonscription commençait au bord de la mer en face de Mugeres où était *Ekab* et terminait vers le centre de la péninsule.

(3) Mérida da Yucatan fut fondé sur les ruines de *Tihoo* ou *Thoo*, capitale de l'antique province de *Cehpech*, prononcez *Qehpech*, le c maya étant dur dans tous les mots.

(4) Le pays ne produisait peut-être aucun métal; mais il est

Que estos edificios no son hechos por otras naciones sino por indios lo qual se ve por hombres de piedra desnudos, y honestados de unos largos listones que llaman en su lengua *ex*, y de otras divisa. que los indios traen.

Que estando este religioso autor desta obra en aquella tierra se hallo en un edificio que desbarataron, un cantaro grande con tres asas, pintado de unos fuegos plateados por de fuera, y dentro ceniza de cuerpo quemado, y algunos guessos de los brazos y piernas muy gruessos a maravilla, y tres cuentas de piedra buenas de las que usavan los indios por moneda. Que estos edificios de Yzamal eran xi o xii por todos sin aver memoria de los fundadores, y que en uno dellos, a instancia de los indios, se poblo un monesterio, el año de MDXLIX que se llamo St Antonio.

Que los segundos edificios mas principales son los de *Tikoch* y *Chicheniza* los quales se pintaran despues. Que Chicheniza es un assiento muy bueno, x leguas de Yzamal y xi de Valladolid, donde dizen que reynaron tres SS^{res} hermanos que vinieron a aquella tierra de la parte de Poniente, los quales eran muy

indubitable qu'il en tirait d'ailleurs : on sait, du reste, que les Mayas, ainsi que les autres populations civilisées du Mexique, travaillaient la pierre avec des instruments en cuivre et en bronze trempé et avec d'autres en pierre dure.

(1) Ces lignes sont répétées à peu près mot pour mot au § XLII.

(2) Landa, tout en donnant des notions fort précieuses sur le Yucatan, ne s'est guère préoccupé de l'histoire ancienne du pays. Ce que Lizana d'un côté, et Cogolludo de l'autre, ont recueilli, complète ce que dit Landa. Au rapport du second, le prêtre Zamná, venu des régions occidentales, aurait été le premier civilisateur de cette contrée. Nous en parlerons plus en détail dans un autre §. Quant aux édifices d'Izamal, des onze ou douze que compte notre auteur, il n'en restait déjà plus que cinq du temps de Lizana, en-

Tous ces édifices sont construits par les mêmes nations d'Indiens qui les habitent aujourd'hui, ce qui se voit clairement par les hommes de pierre nus et ayant les parties naturelles couvertes de certaines ceintures qu'ils appellent dans leur langue *ex*, comme aussi par d'autres objets que portent les Indiens.

Or, le religieux qui a écrit ce livre se trouvant dans ce pays, on découvrit dans un édifice en démolition une grande urne à trois anses, peinte de couleurs argentées au dehors et renfermant les cendres d'un corps brûlé, avec quelques-uns des os des bras et des jambes d'une merveilleuse grosseur, ainsi que trois objets de pierre bleue travaillés (1), de la classe de ceux qui servaient aux Indiens de monnaie. Quant aux édifices d'Yzamal, il y en avait onze ou douze, mais sans qu'on connaisse les fondateurs d'aucun d'eux (2). Or, sur les instances des Indiens, on en occupa un, en y construisant, en 1549, un monastère qu'on appela de San Antonio (3).

Après ceux-ci, les édifices les plus remarquables sont ceux de *Tikoch* (4) et de *Chichen-Itza* qu'on décrira plus tard. Chichen-Itza est une localité fort bonne, située à dix lieues d'Yzamal et à onze lieues de Valladolid. On dit que trois seigneurs qui étaient frères, et qui vinrent en cette contrée du côté du cou-

---

viron soixante ans après; et de ces cinq, deux étaient consacrés à Zamnà, à qui l'un avait été érigé comme sépulture après sa mort. Ce sont ces édifices que les Espagnols nommèrent *Cu* et au pluriel *cues* ou *cuyos*, du mot maya *ku*, saint, sacré. A cause de leur forme massive et pyramidale, les indigènes les désignaient sous celui d'*omul* ou *homul*, qui donne l'idée d'une élévation artificielle ou d'une taupinière.

(3) Le monastère des franciscains d'Yzamal fut bâti sur l'*omul* appelé encore aujourd'hui par les indigènes *Ppapp-hol-chac*, c'est-à-dire la Maison des Têtes et des Éclairs, et l'église de San-Antonio sur l'omul de Hunpictok ainsi nommé du dieu de la guerre qui avait là son temple (Lizana, *Hist. de N. S. de Yzamal*, lib. 1, cap. 3.)

(4) Je trouve ailleurs ce nom de *Tikoch* écrit *Ticoh* et *Tecoh*, comme on le voit aujourd'hui.

religiosos, y que assi edificaron muy lindos templos y que vivieron sin mugeres muy honestamente, y que el uno de estos se murio o se fue, por lo qual los otros se hizieron parçiales y deshonestos, y que por esto los mataron. La pintura del edificio mayor pintaremos despues, y escriviremos la manera del pozo donde hechavan hombres vivos en sacrificio, y otras cosas preciosas : tiene mas de vii estados de hondo hasta el agua y de ancho mas de cient pies hecho redondo en una peña tajada, que es maravilla, y el agua parece verde, dizen que lo causan la arboleda de que esta cercado.

§ VI. — *De Cuculcan y de la edificacion de Mayapan.*

Que es opinion entre los indios que con los *Izaes* que poblaron a Chicheniza reyno un gran señor llamado *Cuculcan*, y que muestra ser verdad el edificio principal que se llama *Cuculcan*. Y dizen que entro por la parte de Poniente, y que difieren en si entro antes o despues de los izaes, o con ellos, y dizen que fue bien dispuesto, y que no tuvo muger ne hijos, y

---

(1) Ce fait que Herrera a tiré de Landa, se trouve ici isolément, sans qu'il soit possible de déterminer à quelle époque il peut appartenir; mais il parait assez évident qu'il s'agit d'une sorte de réaction religieuse.

(2) Voir le § XLII.

(3) Cet abime, situé au centre de la cité, était environné de toutes parts d'épais bocages, dont le silence et la solitude le mettaient à l'abri des bruits profanes du monde. L'aspect qu'il offre encore aujourd'hui est celui d'un précipice circulaire d'environ cent pieds de diamètre, aux parois raboteuses et perpendiculaires, au-dessus desquelles se penche le sombre feuillage du bois voisin. Un escalier circulaire taillé dans la roche calcaire, invisible au premier abord, descend jusqu'au bord de l'eau, et jadis il s'arrêtait au pied d'un autel où l'on offrait des sacrifices à Cukulcan. (Stephens, *Incidents of travel in Yucatan*, vol. II, chap. 17. — *Relation du Lic. Lopez Medel*, trad. de Ternaux-Compans, dans les Nouv. Annales des Voyages, tom. 1, 1843.)

(4) *Cuculcan*, écrit quelquefois

chant, y régnèrent autrefois : ils étaient fort religieux;
c'est pourquoi ils édifièrent de fort beaux temples et
vécurent sans femmes d'une manière fort honnête.
Mais l'un d'eux étant venu à mourir ou s'en étant allé,
les deux autres se conduisirent injustement et sans
décence, d'où il advint qu'on les mit à mort (1). Nous
esquisserons plus loin le dessin de l'édifice principal (2) et nous décrirons le puits où ils jetaient vivants les hommes en sacrifice, ainsi que d'autres choses précieuses : il a plus de sept stades de profondeur
jusqu'à l'eau et plus de cent pieds de diamètre, taillé
en rond dans la roche vive d'une manière admirable;
l'eau en paraît verte, ce qui provient, dit-on, du bo-
cage dont ce lieu est environné (3).

§ VI. — *De Cuculcan et de la fondation de Mayapan.*

C'est une opinion commune entre les Indiens qu'a-
vec les *Itzaes* qui occupèrent Chichen-Itza, régna un
grand prince, nommé *Cuculcan* (4), ce que confirme
le nom de l'édifice principal, appelé *Cuculcan*. Ils
racontent qu'il arriva du côté du couchant; mais ils
ne s'accordent pas sur le point, s'il vint avant ou
après ou avec les Itzaes (5). Ils disent que c'était un

Kukulcan, vient de *kuk*, oiseau qui paraît être le même que le quetzal; son déterminatif est *kukul* qui uni à *can*, serpent, fait exactement le même mot que *Quetzal Cohuatl*, serpent aux plumes vertes, ou de Quetzal.

(5) Qui étaient les *Izaes*, ou *Itzaex*, c'est ce qu'il est difficile de déterminer. Ils étaient maîtres de *Chichen-Itza*, lorsque les Tutul-Xius les en chassèrent au xiii° *Ahau-Katun*, c'est-à-dire vers l'an 270 de notre ère, et le document que nous publions plus loin les appelle *kuyen uinkob*, des hommes saints.

Si nous pouvions hasarder ici une conjecture, nous dirions qu'ils pourraient être des restes de la grande famille des Xibalbaïdes, réfugiés dans le Yucatan, après la victoire des *Nahoas*, de la race desquels étaient les Tutul-Xius. Parlant des princes de Xibalba, le Livre Sacré les appelle *Ah-Tza, Ah-Tucur*, mot à mot : ceux du mal, ceux des hiboux; mais ces mots sont plutôt des dénominations anciennes de peuples, de qui ceux de *Tucurub*, dans la Vérapaz, et ceux du Peten-Itza seraient descendus. *Peten-Itza*, ou l'île des *Itzas*, dans

que despues de su buelta fue tenido en Mexico por uno de sus dioses, y llamado *Cezalcouati*, y que en Yucatan tambien le tuvieron por dios por ser gran republicano, y que esto se vio en el assiento que puso en Yucatan despues de la muerte de los señores para mitigar la discussion que sus muertes causaron en la tierra.

Que este Cuculcan torno a poblar otra cibdad, tratandolo con los señores naturales de la tierra en que el y ellos viniessen, y que alli viniessen todas las cosas y negocios y que para esto eligieron un assiento muy bueno VIII leguas mas dentro en la tierra que donde esta agora Merida XV o XVI de la mar, y que alli cercaron de una muy ancha pared de piedra seca como medio quarto de legua, dexando solas dos puertas angostas y la pared no muy alta, y que en medio desta cerca hizieron sus templos y que al mayor, que es como el de Chicheniza llamaron *Cuculcan*, y que hizieron otro redondo con quatro puertas, diferente de quantos ay en aquella tierra, y otros muchos a la redonda, juntos unos a otros, y que dentro deste cercado hizieron casas para los señores solos entre los quales repartieron toda la tierra, dando pueblos a cada uno, conforme a la antiguedad de su linaje y ser de su persona, y que Cuculcan puso nombre a la cibdad, no del suyo, como hizieron los *Ahizaes* en Chicheniza que quiere dezir el *Pozo de los Aizaes*, mas llamola *Mayapan* que quiere dezir el *Pendon de la Maya*, porque a la lengua de la tierra llaman *Maya*

le lac de *Tayazal*, aurait été peut-être le dernier refuge de cette antique nation, dont les Espagnols ne s'emparèrent qu'en 1697.

homme bien dispos, qu'il n'eut ni femme ni enfants, et qu'après son départ il fut regardé au Mexique comme un dieu et appelé *Cezalcouati* (1). On le vénéra également comme un dieu dans le Yucatan, à cause de son zèle pour le bien public, et cela se vit dans l'ordre qu'il établit dans le Yucatan, après la mort des seigneurs, afin de calmer les dissentiments que leur assassinat avait causés dans le pays.

Ce Cuculcan établit ensuite une autre ville, d'accord avec les seigneurs de la contrée, où ils convinrent de se rendre et de faire venir toutes les affaires : à cet effet, ils choisirent une très-bonne localité à huit lieues plus à l'intérieur du pays que celle où est actuellement Mérida, à quinze ou seize lieues de la mer. Ils l'environnèrent d'une fort large muraille de pierre sèche, d'environ un demi-quart de lieue de circonférence, n'y laissant que deux portes très-étroites : la muraille n'était pas bien haute, et au centre de cette enceinte ils édifièrent leurs temples, donnant au plus grand, ainsi qu'à Chichen-Itza, le nom de Cuculcan. Ils en firent encore un autre de forme ronde, avec quatre portes, entièrement différent de tous ceux qu'il y a dans le Yucatan, et un grand nombre d'autres à l'entour : dans la même enceinte, ils construisirent des maisons pour les seigneurs seulement, partageant entre eux la terre, attribuant des villes et villages à chacun, suivant l'ancienneté de sa famille et ses qualités personnelles. Quant à la cité, Cuculcan ne lui donna pas son nom, comme avaient fait les *Ahizaes* à Chichen-Itza, mais il l'appela *Mayapan*, ce qui veut

(1) *Cezal-couati*, c'est Quetzal-cohuatl, le *c* maya, ainsi que nous l'avons dit, devant se prononcer dur comme *q* devant toutes les voyelles indistinctement.

y que los Indios llaman *Ychpa*, que quiere dezir *Dentro de las Cercas*.

Que este Cuculcan vivio con los señores algunos años en aquella cibdad, y que dexandolos en mucha paz y amistad se torno por el mismo camino a Mexico, y que de passada se detuvo en Champoton, y que para memoria suya y de su partida hizo dentro en la mar un buen edificio al modo del de Chicheniza, un gran tiro de piedra de la ribera, y que assi dexo Cuculcan en Yucatan perpetua memoria.

§ VII. — *Gobierno politico. Sacerdotes, ciencias y libros de Yucatan.*

Que partido Cuculcan acordaron los señores para que la republica durasse que tuviesse el principal mando la casa de los *Cocomes*, por ser mas antigua o mas rica, o por ser el que la regia entonces hombre de mas valor, y que hecho esto ordenaron que pues en el cercado no avia sino templos y casas para los señores y gran sacerdote, que se hiziessen fuera de la

---

(1) La question est de savoir si *Mayapan* dut sa construction première à ce Cuculcan, et si celui-ci vint longtemps après Zamnà qui paraît, d'après les autres traditions, avoir été le premier législateur de cette contrée. Quelques indices sembleraient les faire contemporains; mais d'autres donneraient à penser que Zamnà était le chef d'une religion différente, peut-être de celle des Itzaex. Si Zamnà est plus ancien que Cuculcan, Izamal est aussi plus ancienne que Mayapan : cependant, au dire d'Ordoñez qui avait eu en sa possession des documents anciens des Tzendales, la fondation de Mayapan aurait été contemporaine de celle de *Nachan* (Palenqué), de celle de *Tulhá* (Ococingo) et de celle de *Copan* (Chiquimula), et remonterait à 1000 ans environ avant l'ère chrétienne. Je laisse au docte chanoine de Ciudad Real toute la responsabilité de son assertion.

(2) Au Mexique on fait retourner

dire l'Étendard de la Maya, parce qu'ils nomment la langue du pays *maya*, et les Indiens disent (1) encore aujourd'hui *Ychpa*; ce qui signifie en dedans des fortifications.

Cuculcan vécut avec ces seigneurs durant quelques années dans cette ville : ensuite les ayant laissés dans une profonde paix et amitié, il s'en retourna par le même chemin au Mexique (2). En passant, il s'arrêta à Champoton, et en mémoire de son séjour et de son départ, on érigea en dedans de la mer un bon édifice à la manière de ceux de Chichen-Itza, à un bon jet de pierre du rivage; c'est ainsi que Cuculcan laissa un souvenir perpétuel en Yucatan (3).

§ VII. — *Gouvernement politique. Sacerdoce, sciences et livres du Yucatan.*

Cuculcan étant parti, les seigneurs s'accordèrent pour le bon ordre et la durée de la république à donner le commandement principal à la maison des *Cocomes* (4), soit parce qu'elle était la plus ancienne ou la plus riche, soit que celui qui était à sa tête, en ce temps-là, fût l'homme le plus considérable. Cela fait, voyant qu'il n'y avait dans l'intérieur de l'enceinte que des temples et des maisons pour les sei-

Quetzalcohuatl à Tlapallan, et au Yucatan on le renvoie au Mexique. Mais il ne serait pas impossible que ce Cuculcan fût le même que le personnage plus ou moins mythologique, dont parle Sahagun, conducteur de la race nahuatl en Tamoanchan, qui paraît se confondre avec le Quetzalcohuatl du *Codex Chimalpopoca* et le Gucumatz du Livre Sacré, l'un découvrant le maïs en Tonacatepetl et l'autre en Pampaxil et Pacayala.

(3) On sait que les marécages voisins de Champoton sont parsemés de ruines magnifiques qui s'étendent dans les îles et tout autour de la lagune de Terminos.

(4) *Cocom* signifie écouteur, croyant. Il fut donné probablement à cette famille, comme une récompense pour avoir cru la première aux enseignements de Cuculcan.

cerca casas donde cada uno de ellos tuviesse alguna gente de servicio y donde los de sus pueblos acudiessen quando viniessen a la cibdad con negocios, y que en estas casas puso cada uno su mayordomo, el qual traya por señal una vara gorda y corta y que le llamavan *Caluac*; y que este tenia cuenta con los pueblos, y con los que los regian, y que a ellos se embiava aviso de lo que era menester en casa del señor como aves, maiz, miel, sal, pesca, caça, ropa y otras cosas, y que el *Caluac* acudia siempre a la casa del señor y veia lo que era menester en ella, y lo proveya luego porque su casa era como oficina de su señor.

Que acostumbravan buscar en los pueblos los mancos y ciegos y que les davan lo necessario.

Que los señores proveian de governadores y si les eran acceptos confirmavan en sus hijos los oficios y que les encomendavan el buen tratamiento de la gente menuda, y la paz del pueblo, y el ocuparse en trabajar paraque se sustentassen ellos y los señores.

Que todos los señores tenian cuenta con visitar, respetar, alegrar a Cocom, acompañandole y festejandole y acudiendo a el con los negocios arduos y que entre si bivian muy en paz y en mucho passatiempo como ellos lo usan tomar en vailes y combites y caças.

gneurs et le grand prêtre, ils ordonnèrent que l'on construisît au dehors d'autres maisons où chacun d'eux pût avoir, au besoin, des gens de service, et où ceux de leur province pussent trouver place, quand ils viendraient à la capitale pour leurs affaires : chacun alors établit dans sa maison un intendant, lequel portait pour insigne un bâton court et gros, qu'ils appelaient *Caluac*; celui-ci avait à sa charge les diverses localités de la province et ceux qui les gouvernaient ; ceux-ci, à leur tour, recevaient l'avis de ce qui était nécessaire dans la maison du seigneur, comme les oiseaux, le maïs, le miel, le sel, le poisson, le gibier, les étoffes et autres choses. Quant au *Caluac*, il assistait toujours dans la maison de son seigneur, afin de voir ce qui y manquait et de la pourvoir de tout aussitôt, sa maison étant comme l'office du palais.

On avait coutume de rechercher dans les villes et villages les estropiés et les aveugles, afin de leur donner le nécessaire.

Les seigneurs pourvoyaient au gouvernement de ces localités et confirmaient les fils dans les emplois de leurs pères, s'ils le tenaient pour agréable ; ils leur recommandaient de traiter avec bienveillance le pauvre peuple, de maintenir la paix et de faire en sorte que les gens s'occupassent de leurs travaux, pour se sustenter eux-mêmes ainsi que leurs seigneurs.

Tous les seigneurs avaient l'obligation de visiter, de respecter et de réjouir Cocom, l'accompagnant, lui faisant fête et se réunissant autour de lui pour toutes les négociations importantes. Ils vivaient en paix les uns avec les autres, ayant beaucoup de divertissements, durant lesquels ils s'entretenaient en danses, en festins et en chasses, suivant leur usage.

Que los de Yucatan fueron tan curiosos en las cosas de la religion como en las del govierno, y que tenian un gran sacerdote que llamavan *Ahkin-Mai*, y por otro nombre *Ahau-Can-Mai*, que quiere dezir *el Sacerdote Mai o el Gran Sacerdote Mai*, y que este era muy reverenciado de los señores el qual no tenia repartimiento de indios, pero que sin las offendas, le hazian presentes los señores y que todos los sacerdotes de los pueblos le contribuian : y que a este le succedian en la dignidad sus hijos y parientes mas cercanos, y que en este estava la llave de sus sciencias, y que en estas tratavan lo mas, y que davan consejo a los señores y respuestas a sus preguntas; y que cosas de los sacrificios pocas vezes las tratava sino en fiestas muy principales, o en negocios muy importantes; y que este proveia de sacerdotes a los pueblos quando faltavan, examinandoles en sus sciencias y cerimonias, y que les encargava las cosas de sus officios y el buen exemplo del pueblo y proveya de sus libros y los embiava, y que estos attendian al servicio de los templos, y a enseñar sus sciencias y escrivir libros de ellas.

Que enseñavan los hijos de los otros sacerdotes, y a los hijos segundos de los señores que los llevavan para esto desde niños, si veian que se inclinavan a este officio.

---

(1) *Ahkin-Mai*, le prêtre de Mai ou *Ahau-Can-Mai*, le prince | Serpent Mai. Qu'était *Mai*, une divinité ou un personnage des

Les indigènes du Yucatan n'étaient pas moins attentifs aux choses de la religion qu'à celles du gouvernement. Ils avaient un grand prêtre qu'ils nommaient *Ahkin-Mai* et autrement *Ahau-Can-Mai*, ce qui veut dire le Prêtre-Mai ou le Grand Prêtre-Mai (1) : c'était un personnage très-respecté des seigneurs, qui n'avait eu aucune part à la distribution des domaines ; mais, en outre des offrandes, les seigneurs lui faisaient des présents, et les prêtres de toutes les communes lui apportaient une contribution. Les fils ou les parents les plus proches succédaient au grand prêtre dans sa dignité : en lui était la clef de leurs sciences, et c'était à quoi ils s'appliquaient le plus ; car c'étaient les prêtres qui donnaient des conseils aux seigneurs et des réponses à leurs questions. Quant aux choses qui avaient rapport aux sacrifices, ils en traitaient rarement en dehors des fêtes principales ou des assemblées réunies pour des affaires importantes. C'était le grand prêtre qui nommait les prêtres, quand ils venaient à manquer dans les communes, les examinant auparavant dans les sciences et les cérémonies : il leur recommandait les choses de leur office et le bon exemple envers le peuple, les pourvoyaient des livres à leur usage, après quoi il les envoyait ; ceux-ci à leur tour s'employaient au service des temples, à enseigner leurs diverses sciences comme à écrire les livres qui les contenaient.

Ils instruisaient les fils des autres prêtres et les fils cadets des princes qu'on leur amenait à cet effet dans leur enfance, si l'on remarquait qu'ils fussent enclins à cet office.

temps antiques, sans doute celui à l'occasion duquel le pays fut appelé *Maya* et dont l'origine devrait peut-être se chercher dans les traditions religieuses de Haïti.

Que las sciencias que enseñavan eran la cuenta de los años, meses y dias, las fiestas y cerimonias, la administracion de sus sacramentos, los dias y tiempos fatales, sus maneras de adivinar y sus prophecias, los acaecimientos, y remedios para los males, y las antiguedades, y leer y escrivir con sus libros y carateres con los quales escrivian y con figuras que significavan las escrituras.

Que escrivian sus libros en una hoja larga doblada con pliegues, que se venia a cerrar toda entre dos tablas que hazian muy galanas y que escrivian de una parte y de otra a colunas, segun eran los pliegues, y que este papel hazian de raizes de un arbol, y que le davan un lustre blanco en que se podia bien escrivir, y que sabian de estas sciencias algunos principales señores, por curiosidad, y que por esto eran mas estimados, aunque no lo usavan en publico.

§ VIII. — *Llegada de los Tutuxivis y alianza que hicieron con les señores de Mayapan. Tirania de Cocom, ruina de su poder y de la ciudad de Mayapan.*

Que cuentan los indios que de parte de medio dia vinieron a Yucatan muchas gentes con sus señores y parece aver venido de Chiapa aunque los indios no lo saben; mas que este autor lo conjetura porque muchos vocablos y composiciones de verbos es lo mismo

(1) Ces livres étaient appelés *Analté,* ou livre de bois, parce que le papier en était fabriqué de l'écorce d'un arbre, le même apparemment qu'on appelle *Amatl* au Mexique : c'était une sorte de papyrus, préparé avec grand soin, en tout semblable à celui de la Bibliothèque impériale et recouvert d'un enduit glacé analogue à celui de nos cartes de visite. Les planches entre lesquelles on les renfer-

Les sciences qu'ils enseignaient étaient la computation des années, mois et jours, les fêtes et les cérémonies, l'administration de leurs sacrements, les jours et époques fatales, l'art de la divination et les prophéties, les événements à venir, les remèdes pour les maladies, ainsi que leurs antiquités, avec l'art de lire et d'écrire selon les lettres et caractères à l'aide desquels ils écrivaient, comme aussi avec les figures qui signifiaient des écritures.

Leurs livres étaient écrits sur une grande feuille, doublée en plis, qu'on renfermait ensuite entre deux planches qui étaient ornées avec soin ; ils écrivaient de l'un et de l'autre côté en colonnes, suivant l'arrangement des plis ; quant au papier, ils le faisaient des racines d'un arbre et lui donnaient un vernis blanc sur lequel on écrivait très-bien (1). Il y avait de ces sciences que cultivaient par goût des seigneurs de haut rang, ce qui ajoutait à leur considération, quoiqu'ils ne s'en servissent pas publiquement.

§ VIII. — *Arrivée des Tutul-Xius et leur alliance avec les rois de Mayapan. Tyrannie des Cocomes, ruine de leur puissance et abandon de Mayapan.*

Les Indiens racontent que, du côté du midi, entrèrent au Yucatan des tribus nombreuses avec leurs chefs, et il paraît qu'elles seraient venues de Chiapa, quoique les Indiens ne sachent pas le dire (2) ; mais l'auteur de ce livre le conjecture à cause d'un grand

---

mait, et qu'on garnissait avec soin, annonce une sorte de reliure.

(2) Il s'agit ici de l'émigration des *Tutul-Xius*, dont le document chronologique placé à la suite de cet ouvrage fixe la sortie du pays de *Tulapan* ou de *Tula* (Tulha), à l'an 143 ou bien à l'an 174 de notre ère ; ce qui recule à plusieurs siècles en arrière le commencement de la dynastie *Cocome*. Ni Lizana, ni Cogolludo ne font allusion à l'entrée des Tutul-Xius dans le Yucatan.

en Chiapa y en Yucatan y que ay grandes señales en la parte de Chiapa de lugares que an sido despoblados. Y dizen que estas gentes anduvieron XL años por los despoblados de Yucatan, sin aver en ellos agua sino la que llueve, y que en fin de este tiempo aportaron a las sierras que caen algo en frente de la cibdad, de Mayapan X leguas de ella, y que alli començaron a poblar y hazer muy buenos edificios en muchas partes y que los de Mayapan tomaron mucha amistad con ellos, y holgaron que labrassen la tierra como naturales, y que assi estos de *Tutuxiu* se sujetaron a las leyes de Mayapan, y assi emparentaron unos con otros y que como el señor *Xiui* de los *Tutuxios* era tal vino a ser muy estimado de todos.

Que estas gentes vivieron tan quietamente que no avia pleito ninguno, ni usavan armas, ni arcos, aun para la caça, siendo agora excellentes flecheros, y que solamente usavan lazos y trampas con que tomavan mucha caça y que tenian cierto arte de tirar varas con un palo gruesso como tres dedos, agujerado hazia la tercia parte, y largo seis palmos, y que con el y unos cordeles tiravan fuerte y certezamente.

---

(1) Cette identité se trouve en particulier dans les langues zotzile, tzendale et Chamho (Chamula), qu'Ordoñez prétend être de l'égyptien ou du cophte.

(2) Landa ferait-il allusion aux ruines de Palenqué? ce qui est certain c'est que de bonne heure les religieux espagnols avaient signalé des débris considérables de villes, abandonnées déjà au temps de la conquête, entre autres ceux d'Ococingo, (Garcia, *Origen de los Indios* lib. II, cap. 4.)

nombre de mots et de constructions de verbes identiques au Chiapa et au Yucatan (1), et qu'il y a au Chiapa des vestiges considérables de localités qui ont été abandonnées (2). Ils ajoutent que ces tribus furent errantes durant quarante ans dans les solitudes du Yucatan, sans y avoir de l'eau, sinon ce que la pluie leur donnait, et qu'au bout de ce temps-là, elles arrivèrent aux montagnes qui tombent presque en face de Mayapan, à dix lieues de cette ville : là, ajoutent-ils, elles commencèrent à occuper la terre et à construire de bons édifices en beaucoup d'endroits, et que ceux de Mayapan se lièrent d'une grande amitié avec elles, se réjouissant de voir qu'elles cultivaient la terre comme les naturels du pays. De cette manière, les gens de la race *Tutuxiu*, s'étant soumis aux lois de Mayapan, ils s'allièrent les uns avec les autres, et ainsi le seigneur *Xiui* des Tutuxius en vint au point d'être fort estimé de tout le monde (3).

Ces tribus vécurent d'une manière si paisible qu'il n'y avait aucune sorte de querelles. Ces gens-là ne se servaient point d'armes, pas même d'arcs pour la chasse, quoiqu'il y ait aujourd'hui d'excellents archers parmi eux (4). Ils se contentaient alors de se servir de lacs et de piéges, à l'aide desquels ils prenaient beaucoup de gibier; ils avaient aussi un art particulier pour tirer des baguettes à l'aide d'un morceau de bois de trois doigts, troué au tiers de sa longueur, et avec cela ils tiraient fort et juste.

(3) Le nom des *Tutul-Xiu* paraît d'origine nahuatl ; il serait dérivé de *totol, tototl*, oiseau, et de *xiuitl* ou *xihuitl*, herbe, etc. En ceci il n'y aurait rien d'extraordinaire, puisqu'ils sortaient de *Tula* ou *Tulapan*, cité qui aurait été la capitale des Nahuas ou Toltèques, après leur victoire sur Xibalba.

(4) Il n'est pas probable que ces paroles puissent être prises à la lettre ; le peu qu'on sait de l'histoire du Yucatan serait en opposition avec Landa.

Que tenian leyes contra los delinquentes y las esecutavan mucho, como contra el adultero que le entregavan al ofendido para que el le matasse, soltando una piedra grande desde lo alto sobre la cabeza, o le perdonasse si quisiesse, y que a las adulteras no davan otra pena mas de la infamia, que entre ellos era cosa muy grave. Y que al que forçasse donzella le matavan a pedradas, y cuentan un caso que el señor de los Tutuxios tenia un hermano que fue acusado deste crimen, y le hizo apedrear, y despues le hizo cubrir de un gran monton de piedras, y que dizen que tenian otra ley antes de la poblacion desta cibdad, que mandava sacar las tripas por el umbligo a los adulteros.

Que el governador Cocom entro en cudicia de riquezas, y que para esto trato con la gente de guarnicion que los reyes de Mexico tenian en Tabasco y Gicalango, que les entregaria la cibdad, y que assi truxo gente mexicana a Mayapan, y oprimio los pobres y hizo muchos esclavos, y que le mataran los señores, si no tuvieran miedo a los mexicanos; y que el señor de los Tutuxios nunca consintió en esto, y que viendose assi los de Yucatan, aprendieron de los mexicanos el arte de las armas, y que assi salieron maestros del arco y flecha y de la lança y hachuela y sus rodelas y iacos fuertes de sal y algodon, y de otros pertrechos de guerra, y que ya no se admiravan de los mexicanos ni

---

(1) Ces paroles seraient une preuve de l'existence d'une société antérieure, possédant des institutions différentes de celles de Cuculcan qui étaient probablement d'origine toltèque. Cette société se rattacherait-elle à la civilisation apportée par Zamna et dont Izamal paraîtrait avoir été le centre?

(1) Sous le nom de Mexicains et de rois du Mexique, on comprend

Les Mayas avaient des lois contre les délinquants et les exécutaient rigoureusement : ainsi en était-il de l'adultère qu'ils remettaient aux mains du mari outragé, afin qu'il le tuât, en lui jetant de haut une grosse pierre sur la tête, ou lui pardonnât s'il le jugeait à propos ; quant aux femmes coupables, elles ne subissaient d'autre peine que celle de l'infamie, qui parmi elles était une chose fort grave. Mais à celui qui forçait une jeune fille on donnait la mort par lapidation. On raconte à ce sujet qu'un prince des Tutuxius, ayant un frère qu'on accusa de ce crime, il le fit lapider et ensuite couvrir son cadavre d'un grand monceau de pierres. On ajoute qu'il y avait une autre loi, antérieure à la fondation de cette ville (1), par laquelle il était ordonné d'arracher par l'ombilic les entrailles aux adultères.

Le roi Cocom ayant commencé à convoiter des richesses, traita à cet effet avec les troupes de garnison que les rois du Mexique entretenaient à Tabasco et à Xicalango (2), afin de leur confier la garde de la capitale. C'est ainsi qu'il amena des gens de race mexicaine à Mayapan, opprimant les pauvres et faisant beaucoup d'esclaves, au point que les princes l'auraient fait mourir, sans la crainte qu'ils avaient des Mexicains. Mais le chef des Tutuxius ne consentit jamais à cette tyrannie : les Yucatèques se trouvant dans cette situation, apprirent des Mexicains l'usage des armes; ils devinrent si habiles à manier l'arc et la flèche, la lance et la hache, les rondaches et les sayes, faites de sel et de coton (3), ainsi que les autres

---

sans difficulté qu'il s'agit ici des petits princes qui gouvernaient les provinces soumises depuis au sceptre ou au vasselage des derniers rois de Mexico, mais non de ces rois eux-mêmes.

(3) Il s'agit ici d'une sorte de cotte de mailles en coton piqué,

los temian, antes hazian poca cuenta de ellos y que en esto passaron algunos años.

Que aquel Cocom fue primero el que hizo esclavos pero que deste mal se siguio usar las armas con que se defendieron para que no fuessen todos esclavos.

Que entre los successores de la casa Cocomina uvo uno muy orgulloso, y imitador de Cocom, y que este hizo otra liga con los de Tavasco, y que metio mas Mexicanos dentro de la cibdad, y que començo a tyranizar y hazer esclavos a la gente menuda; y que por esto se juntaron los señores a la parte de Tutuxiu, el qual era gran republicano como sus passados, y que concertaron de matar a Cocom, y que assi lo hizieron, matando tambien a todos sus hijos, sin dexar mas de uno que estava ausente, y que le sequearon la casa y le tomaron las heredades que tenia de cacau y de otras frutas, diziendo que se pagavan de lo que les avia robado, y que duraron tanto los vandos entre los Cocomes que dezian ser injustamente echados, y los Xiuis, que despues de aver estado en aquella cibdad mas de D años, la desampararon y despoblaron, yendose cada uno a su tierra.

appelée *ichcahuipil* en langue mexicaine. Quant au sel dont il est question ici, on comprend difficilement quel pouvait en être l'usage dans le piqué de ces sayes : j'avais cru d'abord voir une erreur du copiste dans le texte ; mais ce détail est répété ailleurs, § XXIX. Peut-être ces sayes étaient-elles faites de manière à ce qu'on introduisît une couche de sel dans la doublure, chaque fois qu'on devait s'en servir.

(1) L'auteur, ainsi qu'on s'en aperçoit dans le cours de sa narration, copiée par Herrera, confond

engins de guerre, qu'ils cessèrent d'admirer les Mexicains et de les craindre, faisant, au contraire, peu d'estime d'eux, et dans cette situation ils passèrent quelques années.

Ce Cocom fut le premier qui eût fait des esclaves ; de cette manière d'agir si pernicieuse data l'usage des armes avec lesquelles les habitants se défendirent pour ne pas être tous réduits en esclavage.

Entre les successeurs de la maison de Cocom, il y en eut un fort orgueilleux, imitateur de l'autre Cocom, qui s'étant ligué avec ceux de Tabasco, augmenta le nombre des Mexicains qui étaient dans la capitale. Il commença à son tour à tyranniser et à faire des esclaves parmi le bas peuple : alors les seigneurs se réunirent au chef des Tutuxius, grand ami du bien public, comme ses ancêtres, et conjurèrent la mort de Cocom. C'est ce qu'ils exécutèrent, tuant en même temps tous ses fils, à l'exception d'un seul qui était absent : ils saccagèrent son palais, lui enlevèrent ses domaines, tant en cacao qu'en autres produits, disant qu'ils se payaient de ce qui leur avait été pris. Les querelles entre les Cocomes qui disaient avoir été injustement dépouillés et les Xiuis, durèrent ensuite si longtemps, que plus de cinq cents ans après avoir été dans cette capitale, ils l'abandonnèrent et la laissèrent en solitude, chacun s'en retournant à son pays (1).

ici deux faits qui paraissent assez distincts : 1° la première révolte des Tutul-Xius et des autres grands vassaux de l'empire maya, à la suite de laquelle il se partage en trois royaumes, celui de Mayapan, celui de Chichen-Itza et celui d'Uxmal, qui d'après le document maya, déjà cité, aurait eu lieu du IX° au X° siècle, ce qui ferait les cinq cents ans et plus dont il est question dans ce paragraphe ; 2° la révolution qui chassa définitivement la dynastie des Cocomes, au milieu du XV° siècle, de la ville de Mayapan qui fut abandonnée alors.

§ IX. — *Monumento cronologico de Mayapan. Establecimiento del reino de Zututa. Origen de los Cheles. Los tres reinos principales de Yucatan.*

Que conforme a la cuenta de los indios avra c y xx años que se despoblo Mayapan, y que se hallan en la plaça de aquella cibdad vii o viii piedras de a x pies en largo cada una, redondas por la una parte, bien labradas, y que tienen algunos renglones de los caracteres que ellos usan, y que por estar gastadas de la agua no se pueden leer, mas piensan que es memoria de la fundacion y destruicion de aquella cibdad, y que otras semejantes estan en *Zilan*, pueblo de la costa aunque mas altas, y que los naturales preguntados que cosa era respondieron que acostumbravan erigir de xx en xx años que es el numero que tienen de contar sus edades, una piedra de aquellas. Mas parece que no lleva camino, porque segun esto, avia de aver muchas mas, principalmente que no les ay en otros pueblos sino en Mayapan y Zilan.

Que lo principal que llevaron a sus tierras estos señores que desampararon a Mayapan fueron los libros de sus sciencias, por que siempre fueron muy

(1) D'après ce calcul, Mayapan aurait été abandonné en 1446, cent vingt ans avant l'année 1566, où écrivait Landa ; date qui concorde admirablement avec celle donnée par le document chronologique ci-joint, où cet événement est placé au vi⁰ *Ahau Katun*, commençant en 1446 ou en 1461.

(2) Ces pierres de dix-huit pieds de long (de hauteur sans doute), et rondes par le bout, rappellent assez bien les monolithes de Copan et de Quirigua, assez semblables à des obélisques et recouverts d'inscriptions analogues à celles dont il est ici question.

(3) *Zilan*, que les Yucatèques écrivent Ɔilan, était une ville de la principauté des Chèles, à vingt lieues et demie de Mérida. Elle est à six lieues au nord d'Izamal dont elle est aujourd'hui le port sur l'Atlantique : il y reste les ruines d'un des plus grands *omules* du Yucatan.

§ IX. — *Monument chronologique de Mayapan. Fondation du royaume de Zotuta. Origine des Chèles. Les trois États principaux du Yucatan.*

Suivant la computation des Indiens, il y aura cent vingt ans de l'abandon de Mayapan (1). On trouve dans la place de cette ville sept ou huit pierres, de dix pieds de longueur chacune et rondes par le bout, bien travaillées, et offrant plusieurs inscriptions en caractères de ceux dont ils usent, mais qui, pour avoir été trop effacés par les eaux, ne peuvent plus se lire (2) : on pense, toutefois, qu'elles portent la mémoire de la fondation et de la destruction de cette capitale; car il y en a d'autres semblables à *Zilan*, qui est une localité de la côte (3), quoiqu'elles soient plus hautes. Or, les naturels du pays, interrogés à ce sujet, répondent qu'ils avaient accoutumé ériger de vingt en vingt ans, ce qui est le chiffre de la computation de leurs cycles, une de ces pierres; mais il paraît qu'on ne s'y reconnaît pas, car d'après cela il devrait y en avoir bien d'autres, d'autant plus qu'on n'en retrouve qu'à Mayapan et à Zilan (4).

Ce que les seigneurs qui abandonnèrent Mayapan, emportèrent de plus important, en se retirant dans leurs domaines, ce furent les livres de leurs sciences;

(4) Voici ce qu'ajoute à ce sujet Cogolludo : « Leurs lustres arrivant à cinq qui font vingt ans, ce qu'ils appelaient *katún*, ils plaçaient une pierre gravée sur une autre également gravée, incrustée avec de la chaux et du sable dans les murs de leurs temples et des maisons des prêtres, comme on le voit encore aujourd'hui dans les édifices en question, et dans quelques anciennes murailles de notre couvent de Mérida, sur lesquelles il y a quelques cellules. Dans une ville, nommée *Tixhualahtun*, qui signifie lieu où l'on met une pierre gravée sur une autre, se trouvaient, disent-ils, leurs archives, où tout le monde avait recours, pour les événements de tout genre, comme nous à Simancas. » (*Hist. de Yucatan*, lib. IV, cap. 4.)

sujetos a los consejos de sus sacerdotes y que por eso ay tantos templos en aquellas provincias.

Que el hijo de Cocom el que escapo de la muerte por estar absente en sus contrataciones en tierra de *Ulua*, que es adelante de la villa de Salamanca, como supo la muerte de su padre y el desbarato de la cibdad, vino muy presto, y que se junto con sus parientes y vassallos y poblo un lugar que llamo *Tibulon*, que quiere dezir *Jugados fuimos*, y que edificaron otros muchos pueblos en aquellos montes y procedieron muchas familias de estos Cocomes y que la provincia donde manda este señor se llama Zututa.

Que estos señores de Mayapan no tomaron vengança de los Mexicanos que ayudaron a Cocom, viendo que fueron persuadidos por el governador de la tierra y por que eran estrangeros, y que assi los dexaron, dandoles facultad para que poblassen en pueblo apartado para si solos, o se fuessen de la tierra, y que no pudiessen casar con los naturales de ella, sino entre ellos, y que estos escogieron quedarse en Yucatan y no bolver a las lagunas y mosquitos de Tavasco, y poblaron en la provincia de *Canul*, que les fue señalada y que alli duraron hasta las guerras segundas de los españoles.

(1) La terre d'*Ulua*, dont il est question ici, située au delà de Salamanca, c'est-à-dire de Bacalar, ne saurait être le Mexique : il s'agirait donc du pays arrosé par le fleuve de ce nom dans le Honduras avec lequel les Mayas étaient en relations de commerce très-étendues : on sait du reste que les princes de ces contrées s'occupaient d'affaires commerciales tout autant que leurs sujets, témoin le roi d'*Acallan* qui était toujours élu d'entre les marchands les plus expérimentés.

(2) Mot à mot : Au roulement, ou bien On a été joué, roulé *ti bulon* ou *bolon*.

car ils furent toujours soumis aux conseils de leurs prêtres, et c'est pour cela qu'il y a tant de temples dans ces provinces.

Quant au fils de Cocom qui avait échappé à la mort, par son absence, il se trouvait dans la terre d'*Ulua*, qui est située au delà de la ville de Salamanca (1), occupé d'affaires commerciales : apprenant la mort de son père et la destruction de la capitale, il revint au plus tôt, et réunissant ses parents et ses vassaux, il alla s'établir dans une localité qu'il appela *Tibulon*, ce qui veut dire : Nous avons été joués (2). Ils bâtirent dans ces lieux boisés un grand nombre de villes et de bourgades : de la famille de ces Cocom procédèrent des familles nombreuses, et la province où ce prince régna s'appelle *Zututa* (3).

Considérant que les Mexicains qui avaient prêté leur aide à Cocom, ne l'avaient fait que sur l'invitation du souverain du pays, et qu'ils étaient étrangers, les seigneurs qui avaient désemparé Mayapan, ne songèrent point à tirer d'eux aucune vengeance : ils les laissèrent tranquilles, leur donnant la faculté, soit de s'établir dans une partie de la contrée, séparés de la nation, soit de s'en aller, ne permettant pas toutefois à ceux qui resteraient, de se marier avec des femmes du pays, mais avec leurs propres filles. Ils préférèrent néanmoins demeurer dans le Yucatan, plutôt que de retourner aux lagunes et moustiques de Tabasco; ils prirent alors possession de la province de *Canul*, qu'on leur signala (4) et où ils restèrent jusqu'à la seconde guerre des Espagnols (5).

(3) *Zututa*, aujourd'hui *Sotuta*, est encore actuellement un arrondissement du département de *Tekax*, à peu près au centre nord de Yucatan.

(4) Ce nom s'écrit *Acanul* ou *Ahcanul*; c'était une province au nord-est de Campêche, et touchant à la mer vers *Pocboc*.

(5) C'est-à-dire jusqu'à l'époque

Dizen que entre los xii sacerdotes de Mayapan uvo uno muy sabio que tuvo una sola hija a la qual caso con un mancebo noble, llamado *Achchel*, el qual uvo hijos que se llamaron como el padre, conforme a la usança de la tierra, y dizen que este sacerdote aviso a su yerno de la destruicion de aquella cibdad, y que este supo mucho en las sciencias de su suegro, el qual dizen que le escrivio ciertas letras en la tabla del braço izquierdo de gran importancia para ser estimado, y que con esta gracia poblo en la costa hasta que vino a hazer assiento en *Tikoch*, siguiendole gran numero de gentes. Y que assi fue muy insigne poblacion aquella de los *Cheles* y poblaron la mas insigne provincia de Yucatan que llamaron de su nombre la provincia de *Ahkinchel*, y es la de Yzamal donde residieron estos Cheles y se multiplicaron en Yucatan hasta la entrada del Adelantado Montejo.

Que entre estas tres casas de señores principales que eran *Cocomes*, *Xiuies* y *Cheles*, uvo grandes vandos y enemistades, y oy en dia con ser christianos los ay. Los Cocomes dezian a los Xiuies que eran estrangeros y traidores, matando a su señor natural y robandole su hazienda. Los Xiuies dezian ser tan buenos como ellos y tan antiguos y tan señores, y que no fueron traidores, sino libertadores de la patria, matando al

de la colonisation espagnole de Campêche en 1540. (Cogolludo, *Hist. de Yucatan*, lib. iii, cap. 5.)

(1) Ces mots jetés comme par hasard nous donnent le nombre exact des chefs du sacerdoce de Mayapan, tel, probablement, qu'il avait été institué par Cuculcan. Le nom de *Chel* qui est donné ici à l'une de ces familles paraît devoir se rattacher à quelque origine divine, *Ixchel* qui signifie la femme

Entre les douze prêtres de Mayapan (1), il y en eut un, à ce qu'on dit, qui était renommé pour sa sagesse; n'ayant qu'une fille unique, il la maria à un jeune homme noble, appelé *Achchel* (2), lequel eut plusieurs fils qui portèrent le nom de leur père, suivant l'usage du pays. On raconte que ce prêtre avait prédit à son gendre la destruction de cette capitale : celui-ci, de son côté, s'instruisit considérablement dans les sciences de son beau-père qui, à ce qu'on ajoute, écrivit sur la partie charnue de son bras gauche certaines lettres d'une grande importance dans l'opinion publique (3). Ayant reçu cette faveur, il alla s'établir vers la côte, fondant le siège de son autorité à *Tikoch*, où le suivit une population nombreuse : telle fut l'origine de l'illustre famille des *Chèles*, dont les adhérents occupèrent la plus considérable des provinces du Yucatan, qu'ils appelèrent de leur nom *Ahkin-Chel*, qui est la même qu'*Yzamal* où ces Chèles résidèrent (4), se multipliant dans toute la péninsule jusqu'à l'arrivée de l'adelantado Montejo.

Entre ces trois grandes maisons princières des Cocomes, des Xiuis et des Chèles, il y eut constamment des luttes et des haines cruelles, et elles durent même encore aujourd'hui, qu'ils sont devenus chrétiens. Les Cocomes disaient aux Xiuis qu'ils étaient des étrangers et des traîtres qui avaient assassiné leur souverain et volé ses domaines. Les Xiuis répondaient, disant qu'ils n'étaient ni moins bons ni moins anciens

---

Chel étant à la fois la déesse de la médecine et des accouchements.

(2) Ailleurs ce nom est écrit *Ahchel*, quoiqu'il serait plus exact de dire *H'chel*.

(3) Serait-ce un tatouage à la mode des marins ou des philactères comme ceux des Pharisiens de l'Evangile ?

(4) Les Chèles étaient à la tête du sacerdoce dans la province d'Izamal, ville sacerdotale par excel-

tyrano. El Chel dezia que era tan bueno como ellos en linaje, por ser nieto de un sacerdote el mas estimado de Mayapan y que por su persona era mayor que ellos, pues avia sabido hazerse tan señor como ellos y que en esto se hazian desabrimiento en los mantenimientos, porque el Chel que estava a la costa no queria dar pescado ni sal al Cocom, haziendole ir muy lexos por ello y el Cocom no dexava sacar caça ni frutas al Chel.

§ X. — *Varias calamidades esperimentadas en Yucatan en el siglo anterior á la conquista, huracan, pestilencias, guerras, etc.*

Que estas gentes tuvieron mas de xx años de abundancia y de salud y se multiplicaron tanto que toda la tierra parescia un pueblo, y que entonces se labraron los templos en tanta muchedumbre, como se vee oy en dia por todas partes y que atravesando por montes se veen entre las arboledas assientos de casas y edificios labrados a maravilla.

Que despues desta felicidad, una noche por ivierno vino un ayr como a las seis de la tarde y fue cresciendo haziendose huracan de quatro vientos y que este ayr

---

lence, ce qui devait leur donner une influence considérable dans tout le Yucatan.

(1) Ce terme de vingt ans paraît s'appliquer au premier abord à l'époque qui suivit immédiatement l'abandon définitif de Mayapan; mais les événements qui

ni moins princes qu'eux, et que loin d'être des traîtres, ils avaient été les libérateurs de la patrie, en mettant à mort le tyran. Le Chel, à son tour, prétendait être d'aussi noble famille que les deux autres, puisqu'il était le descendant du prêtre le plus estimé de Mayapan ; que quant à lui personnellement, il valait mieux que ses émules, puisqu'il avait su se créer une royauté comme eux. D'un autre côté, ils se reprochaient mutuellement l'insipidité de ce qu'ils mangeaient, puisque le Chel, habitant la côte, ne voulait donner ni poisson ni sel au Cocom, l'obligeant ainsi à envoyer fort loin pour ces deux choses, et que le Cocom ne permettait au Chel de tirer ni gibier ni fruits de ses États.

§ X. — *Calamités diverses qu'éprouve le Yucatan au siècle précédant la conquête, ouragan, pestes, guerres, etc.*

Ces diverses populations vécurent durant plus de vingt ans dans l'abondance et la santé (1). Elles se multiplièrent tellement, que la terre entière ne paraissait faire qu'une seule ville : c'est alors qu'ils construisirent des temples en si grand nombre, tels qu'on les voit aujourd'hui de tous les côtés, et qu'en traversant les forêts, on retrouve au milieu des bois des fondations de maisons et des édifices si merveilleusement travaillés.

Mais à la suite de cette prospérité, pendant une nuit d'hiver, il survint, vers les six heures du soir, un vent qui alla croissant, pour se changer bientôt en un

suivent la construction d'un si grand nombre d'édifices et de monuments de toute sorte, dont il est question ensuite, donneraient à penser que Landa confond de nouveau l'époque première de la ruine de Mayapan et sa ruine définitive.

derribo todos los arboles crecidos lo qual hizo gran matança en todo genero de caça y que derribo todas las casas altas las quales como son pajizas y tenian dentro lumbre por el frio, se encendieron y abrasaron gran parte de la gente, y que si algunos escapavan quedavan hechos pedaços de los golpes de la madera.

Y que duro este huracan hasta otro dia a las doze y que hallaron que avian escapado los que moravan en casas pequeñas, y los moços recien casados que alla usan hazer unas casillas en frente de sus padres o suegros donde moran los primeros años, y que assi perdio entonces el nombre la tierra que solia llamarse de los venados y pavos, y tan sin arboles que los que agora ay parecen que se plantaron juntos, segun estan nacidos a la ygual; y que mirando esta tierra de algunas partes altas, parece que toda esta cortada con una tijera.

Que los que escaparon se animaron a edificar y cultivar la tierra, y se multiplicaron mucho viniendoles xv años de salud y buenos temporales y que el ultimo fue el mas fertil de todos y que quiriendo començar a coger los frutos, sobrevinieron por toda la tierra unas calenturas pestilenciales que duraron

---

(1) Les réflexions de la note précédente peuvent également s'appliquer ici. L'ouragan dont il est question est mentionné par Cogolludo, comme un événement très-ancien, trouvé par le docteur Aguilar dans les livres mayas. Il réfère l'événement comme « une

ouragan des quatre points cardinaux (1) : ce vent renversa tous les arbres déjà grands, ce qui occasionna une destruction considérable de bêtes fauves ; il enleva pareillement toutes les maisons élevées, lesquelles étant couvertes de paille et contenant du feu à cause du froid, s'enflammèrent et firent périr beaucoup de monde dans l'incendie ; si quelques-uns s'échappèrent, ils restèrent estropiés des coups qu'ils avaient reçus sous les madriers de leurs maisons.

Cet ouragan dura jusqu'au lendemain midi. On trouva que ceux qui en étaient sortis sains et saufs, étaient ceux qui demeuraient dans les maisons les plus petites, ainsi que les époux nouvellement mariés ; car il était d'usage pour ceux-ci d'habiter dans des cabanes érigées en face de la maison de leur père ou de leur beau-père, pendant les premières années qui suivent le mariage. Alors se perdit le nom que la péninsule avait accoutumé de porter anciennement, de terre du gibier et des oiseaux ; elle resta tellement privée d'arbres, qu'il semble actuellement que ceux qu'il y a furent replantés tous ensemble, tant ils sont nés d'égale hauteur, et qu'en jetant les yeux sur le pays de quelque point élevé, on dirait que les bois ont été partout taillés avec des ciseaux.

Quant à ceux qui se sauvèrent, ils s'animèrent à réédifier et à cultiver la terre, et ils se multiplièrent considérablement avec quinze années de santé et d'abondance qui se succédèrent, la dernière étant la plus fertile de toutes. Mais, au moment où ils pensaient à commencer la cueillée des fruits, il survint partout le

---

» inondation ou ouragan, qu'ils » appelaient *Hun-Yecil*, ou submersion des forêts. » (*Hist. de Yucatan*, lib. IV, cap. 5.) Ceci serait curieux à comparer avec le cataclysme dont il est parlé aux époques primitives des Quichés, des Mexicains et des Péruviens.

xxiiii horas, y despues que cessavan, se hinchavan y rebentavan llenos de guzanos, y que con esta pestilencia murio mucha gente y se quedo gran parte de los frutos por coger.

Que despues de cessado la pestilencia uvieron otros dies y seis años buenos, en los quales se renovaron las passiones y vandos de manera que murieron en batallas c y l mil hombres, y que con esta matança se sosegaron y hizieron paz y descansaron por xx años, despues de los quales les dio pestilencia de unos granos grandes que les podria el cuerpo con gran hedor, de manera que se les caian los miembros a pedaços dentro de quatro o cinco dias. Que avra que passo esta ultima plaga mas de l años, y que la mortandad de las guerras fue xx años antes, y que la pestilencia de la hinchazon y guzanos seria xvi años antes de las guerras, y el huracan otros dies y seis antes que esta y xxii o xxiii despues de la destruicion de la cibdad de Mayapan, que, segun esta cuenta, ha cxxv años que se desbarrato dentro de los quales los de esta tierra an passado las dichas miserias, sin otras muchas despues que començaron a entrar en ella los españoles, assi por guerras como por otros castigos que Dios embio de manera que es maravilla aver la gente que ay aunque no es mucha.

---

(1) Cogolludo parle de cette peste, et le document en langue maya l'attribue à certaines fièvres et à la petite vérole qui aurait été

pays certaines fièvres pestilentielles qui duraient vingt-quatre heures : après qu'elles avaient cessé, le corps des malades enflait, puis crevait rempli de vers, avec quoi il mourut beaucoup de monde, les fruits de la terre restant en majeure partie abandonnés sans être recueillis.

Après que cette épidémie eut disparu, il y eut de nouveau seize années abondantes, durant lesquelles se renouvelèrent les passions et les luttes, au point qu'en diverses batailles il périt cent cinquante mille hommes. Ce ne fut qu'à la suite de ces massacres qu'on se calma ; on fit la paix et l'on eut vingt ans de repos : après cela survint une maladie, consistant en quelques grosses pustules, de quoi le corps se putréfiait, au point que les membres se détachaient l'un de l'autre au bout de quatre ou cinq jours avec une grande puanteur (1). Depuis l'époque de cette mortalité, il s'est passé actuellement plus de cinquante ans : les massacres causés par la guerre eurent lieu vingt ans avant ; la peste de l'enflure et des vers survint seize années avant les guerres ; entre celles-ci et l'ouragan, il s'en était passé seize autres, et jusqu'à cet événement vingt-deux ou vingt-trois depuis la destruction de la cité de Mayapan. Ainsi, suivant cette computation, il y a de l'abandon de cette ville cent vingt-cinq ans, durant lesquels survinrent les diverses calamités, rapportées plus haut, sans compter beaucoup d'autres, à la suite desquelles les Espagnols commencèrent à entrer, et causées par la guerre, ou par d'autres châtiments que Dieu a envoyés à ce pays, que c'est un miracle d'y voir encore du monde, quoiqu'il n'y en ait pas beaucoup.

apportée par les Espagnols, lors de leur première tentative de conquête. Elle est marquée au XIIIe *Ahau Katun*, commençant à l'an 1518 ou 1521.

§ XI. — *Profecias de la llegada de las españoles. Historia de Francisco de Montejo, primer Adelantado de Yucatan.*

Que como la gente mexicana tuvieron señales y prophecias de la venida de los españoles y de la cessacion de su mando y religion, tambien los tuvieron los de Yucatan algunos años antes que el Adelantado Montejo los conquistasse y que en las tierras de *Mani* que es en la provincia de Tutuxiu, un indio llamado *Ahcambal* y por officio *Chilan*, que es el que tiene cargo de dar las respuestas del demonio, les dixo publicamente que presto serian señoreados de gente estrangera, y les predicarian un Dios, y la virtud de un palo que en su lengua llamo *vahom che*, que quiere dezir palo enhiesto de gran virtud contra los demonios.

Que el successor de los Cocomes, llamado don Juan Cocom despues de christiano, fue hombre de gran reputacion y muy sabio en sus cosas y en las naturales bien sagaz y entendido, y que fue muy familiar del autor deste libro fray Diego de Landa, y que le conto muchas antiguedades y que le mostro un libro que fue de su aguelo, hijo del Cocom que mataron en Mayapan y que en el estava pintado un venado y que aquel su aguelo le avia dicho que quando en aquella tierra entrassen venados grandes, que assi llaman a las vacas, cessaria el culto de los Dioses, y que se

(1) Il est parlé de ces prétendues prophéties dans tous les livres composés depuis la conquête. Ce que Landa nous apprend ici toutefois, c'est que *Chilan* était le nom d'un office sacerdotal parmi les Mayas.

(2) Il est parlé dans Lizana et

§ XI. — *Prédictions de l'arrivée des Espagnols. Histoire de Francisco de Montejo, premier adelantado du Yucatan.*

De même que la nation mexicaine eut des signes et des prophéties de la venue des Espagnols, de la cessation de sa puissance et de sa religion, les populations du Yucatan en eurent également, quelques années avant que l'adelantado Montejo ne les conquît : dans les montagnes de *Mani*, qui sont de la province de Tutuxiu, un Indien, nommé *Aheambal*, et par sa charge *Chilan*, qui est celui qui a pour office de donner les réponses du démon (1), leur annonça publiquement qu'ils ne tarderaient pas d'être assujettis à une race étrangère, que cette race leur prêcherait un Dieu unique et la vertu d'un arbre qui, dans leur langue, s'appelle *vahom-che*, ce qui veut dire arbre érigé avec une grande vertu contre les démons.

Le successeur des Cocomes, nommé don Juan Cocom, depuis devenu chrétien, fut un homme d'une grande réputation, savant dans les sciences de son pays, d'une sagacité et d'une intelligence remarquables dans les choses naturelles ; il pratiqua beaucoup l'auteur de ce livre, frère Diego de Landa, et lui raconta bien des faits concernant les antiquités de son histoire. Il lui montra, entre autres choses, un livre qui avait appartenu à son aïeul, descendant du Cocom (2) qu'ils avaient tué à Mayapan : on y voyait la peinture d'une bête fauve, et son aïeul lui avait dit que

---

Cogolludo d'histoires analogues, toutes aussi peu fondées les unes que les autres, ou inventées par les vaincus pour plaire aux religieux, leurs maîtres. (Cogolludo, *Hist. de Yucatan*, lib. II, cap. 14.)

avia cumplido, porque los españoles truxeron vacas grandes.

Que el Adelantado Francisco de Montejo fue natural de Salamanca y que passo a las Indias despues de poblada la cibdad de Santo-Domingo en la isla Española, aviendo estado primero algun tiempo en Sevilla, donde dexo un hijo niño que alli uvo, y que vino a la cibdad de Cuba donde gano de comer y tuvo muchos amigos por su buena condicion y que entre ellos fueron Diego Velasquez, governador de aquella isla y Hernando Cortes y que como el governador se determino embiar a Francisco de Grijalva, su sobrino, a rescatar a tierra de Yucatan y a descubrir mas tierra, despues de la nueva que Francisco Hernandez de Cordova truxo, quando la descubrio, que era rica tierra, determino que Montejo fuesse con Grijalva y puso uno de los navios y mucho bastimento, como era rico y que assi fue de los segundos españoles que descubrieron a Yucatan y que vista la costa de Yucatan, truxo desseo de enriquecer alli antes que en Cuba. Y vista la determinacion de Hernando Cortes le siguio con su hazienda y persona y que Cortes le dio un navio a cargo, haziendole capitan del y que en Yucatan uvieron a Geronimo de Aguilar de quien Montejo tomo lengua de aquella tierra y de sus cosas, y que llegado Cortes a la Nueva España començo luego a poblar y que el primer pueblo llamo la Vera Cruz, conforme al blason de su vandera y que en este pueblo fue Montejo nombrado por unos de los alcaldes del rey, en que se uvo discretamente y que assi le publico por tal Cortes quando tomo por alli,

lorsqu'il viendrait dans cette contrée des bêtes fauves de cette espèce grande, car c'est ainsi qu'ils appelaient les vaches, le culte des dieux cesserait, ce qui s'était vérifié avec l'arrivée des grandes vaches que les Espagnols apportèrent dans la péninsule.

L'adelantado Francisco de Montejo était naturel de Salamanca et il passa aux Indes, après la fondation de la ville de Santo-Domingo, dans l'Ile Espagnole, ayant été auparavant quelque temps à Séville, où il laissa un fils encore enfant qui lui était né là. Etant venu à la ville de Cuba, où il gagnait sa vie, il s'y fit beaucoup d'amis parce qu'il était de bonne condition, et de ce nombre furent Diego Velasquez, gouverneur de cette île, et Hernando Cortès. A la suite de la nouvelle apportée par Francisco Hernandez de Cordoba, des riches contrées qu'il avait explorées, le gouverneur avait envoyé Francisco de Grijalva, son neveu, faire des échanges au Yucatan et découvrir de nouvelles terres, déterminant en même temps que Montejo accompagnerait Grijalva dans son expédition. Montejo mit à la mer un des navires avec des vivres en abondance; et comme il était riche, ainsi que les autres Espagnols qui, les seconds, explorèrent le Yucatan, il éprouva, en reconnaissant la côte de la péninsule, le désir de s'y enrichir de préférence à Cuba. Plus tard, voyant la détermination de Hernando Cortès, il le suivit de sa personne et de sa fortune, et Cortès lui confia le soin d'un navire, dont il le nomma capitaine. Arrivés dans le Yucatan, ils y prirent Geronimo de Aguilar, de la bouche duquel Montejo s'instruisit des choses de cette terre. Après son débarquement dans la Nouvelle Espagne, Cortès commença immédiatement à édifier la première localité espagnole, à laquelle il donna le nom de la Vera-Cruz, d'après l'insigne

despues del camino que hizo navegando la tierra a la redonda, y que por esto le embio a España por uno de los procuradores de aquella republica de la Nueva España y para que llevasse el quinto al rey con relacion de la tierra descubierta y de las cosas que se començavan a hazer en ella.

Que quando llego Francisco de Montejo a la corte de Castilla, era presidente del consejo de las Indias Juan Rodriguez de Fonseca, obispo de Burgos, el qual estava malamente informado contra Cortes por parte de Diego Velasquez, governador de Cuba, que pretendia tambien lo de la Nueva España y que estavan los mas del consejo con los negocios de Cortes que parecia que no embiara dineros al rey, sino que se los pedia y que entendiendo que por estar el emperador en Flandes se negociava mal, persevero siete años, desde que salio de las Indias que fue año de MDXIX hasta que se embarco que fue el de XXVI y con esta perseverancia recuso al presidente y al papa Adriano que era governador; hablo y al emperador, lo qual aprovecho mucho y que se despacho lo de Cortes como era razon.

§ XII. — *Montejo navega á Yucatan y toma posesion de la tierra. Los Çheles le conceden el asiento de Chicheniza. Los indios le obligan á que lo deje.*

Que en este tiempo que Montejo estuvo en la corte

de sa bannière : Montejo, ayant été choisi pour un des alcaldes du roi dans cette ville, se conduisit avec beaucoup de prudence dans sa charge, ce que Cortès publia au retour de son voyage le long de la côte. C'est pourquoi il le dépêcha ensuite en Espagne, comme un des procureurs de cette colonie de la Nouvelle Espagne, afin de porter avec le quint royal au souverain, la relation de la terre nouvellement découverte et des choses qui commençaient à s'y faire.

A son arrivée à la cour de Castille, Montejo trouva pour président du conseil des Indes Juan Rodriguez de Fonseca, évêque de Burgos : celui-ci avait été indisposé méchamment contre Cortès par Diego Velasquez, gouverneur de Cuba, qui prétendait également au gouvernement de la Nouvelle Espagne, et la plupart des membres du conseil étaient également prévenus contre Cortès qui, à leur avis, loin d'envoyer de l'argent au roi, paraissait au contraire en demander. Comprenant qu'en l'absence de l'empereur, qui était en Flandre, les affaires de son chef prenaient une mauvaise tournure, il resta sept ans à travailler pour lui, de l'an 1519 jusqu'à l'an 1526, qu'il se rembarqua, et par sa persévérance il réussit à récuser le président et le pape Adrien qui était régent (1); il parla à l'empereur avec tant de succès que l'on finit par dépêcher les affaires de Cortès, suivant la justice et la raison.

§ XII. — *Montejo s'embarque pour le Yucatan et en prend possession. Les Chèles lui cèdent pour s'établir le cité de Chichen Itza. Les Indiens l'obligent à le quitter.*

Dans le temps que Montejo resta à la cour, il né-

---

(1) Le précepteur de Charles-Quint, régent d'Espagne et depuis Pape sous le nom d'Adrien VI, en 1522.

negocio para si la conquista de Yucatan, aunque pudiera negociar otras cosas; y dieronle titulo de Adelantado y que assi se vino a Sevilla y llevo un sobrino suyo de treze años de su mismo nombre y que hallo en Sevilla a su hijo de edad de xxviii años a quien llevo consigo y que trato palabras de casamiento con una señora de Sevilla viuda que era rica y assi pudo juntar D hombres, y los embarco en tres navios, y siguio su viage y aporto a Cuzmil, isla de Yucatan donde los indios no se alteraron, porque estavan domesticados con los españoles de Cortes; y que alli procuro saber muchos vocablos de los indios para entenderse con ellos, y que de alli navego a Yucatan, y tomo la possession, diziendo un Alferez suyo con la vandera en la mano : en nombre de Dios tomo la possession desta tierra por Dios y por el rey de Castilla.

Que desta manera se fue la costa abaxo, que estava bien poblada entonces; hasta llegar a *Conil*, pueblo de aquella costa y que los indios se espantaron de ver tantos cavallos y gente y que dieron aviso a toda la tierra de lo que passava y esperavan el fin que tenian los españoles.

Que los indios señores de la provincia de *Chicaca* vinieron al Adelantado a visitarle de paz y que fueron bien recibidos, entre los quales venia un hombre de

---

(1) Cogolludo distingue entre *Cóni* et *Conil*, celui-ci étant un port de mer sur la côte nord, situé en avant de *Cóni*, et dont le nom est resté aujourd'hui à une pointe de terre qui s'avance entre le Cap-Catoch et le Rio-Lagartos, à l'entrée de la lagune de *Yala-*

gocia pour lui-même la conquête du Yucatan, quoiqu'il eût pu négocier des choses plus avantageuses. On lui donna le titre d'adelantado, après quoi il vint à Séville, où il prit avec lui un de ses neveux, âgé de treize ans et portant son nom : il trouva aussi à Séville son fils, qui avait alors vingt-huit ans et qu'il emmena également avec lui. En même temps, il travailla à arranger son mariage avec une dame de cette ville, veuve et riche, ce qui lui donna le moyen de réunir cinq cents hommes, qu'il embarqua dans trois navires. Il continua ensuite son voyage avec eux et aborda à Cuzmil, qui est une île du Yucatan : les Indiens ne s'émurent pas à son arrivée, accoutumés qu'ils étaient aux Espagnols de Cortès. Durant son séjour en cet endroit, il s'occupa d'apprendre un grand nombre de mots de leur langue, afin de s'entendre avec eux; ensuite, il mit à la voile pour le Yucatan, et son porte-drapeau prit possession du pays, le drapeau à la main, disant : « Au nom de Dieu, je prends possession de la terre pour Dieu et pour le roi de Castille ! »

De cette manière, il descendit la côte, qui était alors fort peuplée, jusqu'à *Conil*, ville située dans cette direction (1); mais les Indiens, alarmés à la vue de tant de gens et de chevaux, donnèrent avis à toute la terre de ce qui se passait, attendant la fin de l'entreprise des Espagnols.

Les seigneurs indigènes de la province de *Chicaca* (2) se présentèrent à l'adelantado avec des intentions pacifiques, et ils reçurent de lui un accueil

---

hau, où il y a tant de ruines intéressantes.

(2) Cogolludo appelle cette province *Chavacha-Háa* ou *Choáca*, qui est, ainsi que toute la portion orientale de la péninsule, presque entièrement dépeuplée actuellement : Chichen-Itza en dépendait.

grandes fuerças y que este quito un alfange a un negrillo que le llevava detras de su amo y quiso matar con el al Adelantado, el qual se defendio y se llegaron españoles y se apaziguo el ruydo y entendieron que era menester andar sobre aviso.

Que el Adelantado procuro entender qual era la mayor poblacion, y entendio que era la de *Tecoh* donde eran señores los Cheles, la qual estava en la costa la tierra abaxo por el camino que los españoles llevavan, y que los indios pensando que caminavan para salirse de la tierra, no se alteravan, ni les estorvavan el camino y que desta manera llegaron a *Tecoch* y que hallaron ser pueblo mayor y mejor que avian pensado, y que fue dichoso no ser señores de aquella tierra los *Covohes* de Champoton que siempre fueron de mas corage que los Cheles, los quales con el sacerdotio que les dura hasta oy, no son tan orgullosos como otros, y que por esto concedieron al Adelantado que pudiesse hazer un pueblo para su gente y les dieron para ello el assiento de Chicheniza, vii leguas de alli, que es muy excellente, y que desde alli fue conquistando la tierra, lo qual hizo facilmente porque los de Ahkincbel no le resistieron, y los de Tutuxiu le ayudaron y con esto los demas hizieron poca resistencia.

---

(1) *Tecoh* est situé à moins de cinq lieues au sud-est de Mérida, dans l'arrondissement de cette ville.

(2) *Covoh* paraît avoir été le nom de la famille régnante à Champoton, au temps de la conquête.

(3) Ainsi les Chèles continuaient

bienveillant. A leur suite venait un homme qui se distinguait par sa force : il arracha un sabre à un nègre qui le portait en arrière de son maître, et voulut tuer l'adelantado qui se défendit ; entre temps, les Espagnols arrivèrent, le bruit s'apaisa ; mais ils comprirent qu'il fallait marcher en se tenant sur leurs gardes.

Ayant cherché à savoir quelle était la ville la plus considérable, on lui désigna celle de *Tecoh*, soumise à la seigneurie des Chèles (1), située sur la côte en bas, par le chemin que les Espagnols avaient pris. Les Indiens, s'imaginant qu'ils étaient en route pour sortir de la contrée, n'en prirent aucune alarme, et ne mirent point d'obstacle à leur marche ; de cette manière, ils arrivèrent à Tecoh, qu'ils trouvèrent être une ville plus grande et plus belle qu'ils ne l'eussent pensé. Il était fort heureux que les chefs du pays ne fussent pas les *Covohes* de Champoton (2), qui s'étaient montrés constamment plus courageux que les Chèles ; car ceux-ci, avec le sacerdoce qu'ils ont continué à garder jusqu'aujourd'hui (3), ne sont pas aussi orgueilleux que les autres. C'est ce qui fait qu'ils concédèrent à l'adelantado l'autorisation d'édifier une ville pour les gens de sa suite ; ils lui donnèrent à cet effet le site de Chichen-Itza, à sept lieues de là, et qui est des meilleurs (4). Il en partit ensuite pour soumettre le pays, ce qu'il fit avec facilité ; les Ahkin-Chel ne lui offrant aucune résistance et les Tutuxius lui prêtant leur aide, les autres ne purent mettre que peu d'entraves à sa marche.

à exercer le sacerdoce à Tecoh, en 1565, malgré les efforts de Landa et des autres franciscains.

(4) Chichen-Itza paraît avoir continué à jouer un rôle important dans l'histoire jusque vers la fin du XIIIe siècle. Le titre et la puissance royale seraient passés en-

Que desta manera pidio el Adelantado gente para edificar en Chicheniza, y que en breve edifico un pueblo, haziendo las casas de madera y la cobertura de ciertas palmas y paja larga al uso de los indios. Y assi viendo que los indios servian sin pesadumbre, conto la gente de la tierra que era mucha y repartio los pueblos entre los españoles, y segun dizen a quien menos cabia alcanzava dos o tres mil indios de repartimiento y que assi començo a dar orden a los naturales, como avian de servir a aquella su cibdad y que no pluxo mucho a los indios, aunque dissimularon por entonces.

§ XIII. — *Montejo deja á Yucatan con toda su gente y vuelve a Mexico. Su hijo Francisco de Montejo pacifica despues a Yucatan.*

Que el Adelantado Montejo no poblo a proposito.... de quien tiene enemigos, porque estava muy lexos de la mar, para tener entrada y salida a Mexico y para las cosas de España; y que los indios pareciendoles una cosa dura servir a estrangeros donde ellos eran señores, començaron a offenderle por todas partes, aunque el se defendia con sus cavallos y gente, y les matava muchos; pero los indios se reforçavan cada dia y de manera que los vino a faltar la comida, y que al fin dexaron la cibdad una noche, poniendo un

suite aux Chèles de Tecoh, qui possédaient le territoire de Chichen ainsi que celui d'Izamal, à la conquête. N'y aurait-il pas là encore une preuve d'antagonisme entre deux sectes religieuses, personnifiées dans les familles sacerdotales de Chichen et de Tecoh?

L'adelantado demanda alors du monde pour bâtir à Chichen-Itza, et en fort peu de temps il construisit une bourgade, faisant les maisons de bois et le toit d'une sorte de palmes fort grandes et de paille, dont se servaient les Indiens. Voyant donc que les Indiens obéissaient sans murmure, il se mit à dénombrer la population du pays, qui était considérable, et partagea les communes entre les Espagnols; on dit que le moins qu'ils eussent chacun en partage était deux ou trois mille Indiens; c'est ainsi qu'il commença à mettre ordre parmi les indigènes sur la manière dont ils avaient à faire leur service dans la nouvelle ville, ce qui ne plut que médiocrement aux Indiens, bien qu'ils ne le manifestassent pas pour le moment.

§ XIII. — *Montejo abandonne le Yucatan et retourne à Mexico avec son monde. Francisco de Montejo, son fils, pacifie plus tard le Yucatan.*

C'est à dessein que l'adelantado n'occupa pas. . . . . (1) ; car il était trop loin de la mer pour entretenir des relations avec Mexico et recevoir des choses d'Espagne. Les Indiens, de leur côté, trouvant qu'il était dur de servir des étrangers là où ils étaient les maîtres, commençaient à l'offenser en toutes les occasions, quoiqu'il se défendît avec ses gens et ses chevaux et tuât un assez grand nombre d'ennemis. Mais les Indiens reprenaient courage chaque jour : les vivres venant à manquer aux Espagnols, ils se déci-

Chichen, autant qu'on peut en juger, était en ruines et abandonné lorsque les Chèles en firent la cession à Montejo.

(1) Il manque probablement des mots dans ce texte; car il est intraduisible ici.

perro atado al badajo de la campana y un poco de pan apartado que no lo pudiesse alcançár, y que cançaron el dia antes a los indios con escaramuças para que no los siguiessen, y que el perro repicava la campana por alcançar el pan, lo qual hizo mucha maravilla en los indios, pensando que querian salir a ellos, y que despues de sabido, estavan muy corridos de la burla y acordaron seguir a los españoles por muchas partes por no saber el camino que llevavan; y que la gente que fue por aquel camino alcançaron a los españoles, dandoles mucha grita como a gente que huye y que seis de cavallo les esperaron en un raso y alcançaron muchos dellos y que uno de los indios asio de la pierna de un cavallo y le detuvo como si fuera un carnero, y que los españoles llegaron a Zilan que era muy hermoso pueblo cuyo señor era un mancebo de los Cheles ya christiano y amigo de españoles, el qual les trato bien y que estava cerca *Ticokh*, lo qual y todos los otros pueblos de aquella costa estavan en obediencia de los Cheles, y que assi los dexavan estar seguros algunos meses.

Que el Adelantado viendo que desde alli no se podia socorrer de las cosas de España, y que si los indios tomavan sobre ellos que serian perdidos, acordo de irse a Campeche y a Mexico, dexando a Yucatan sin gente y que avia desde Zilan a Campeche quarenta y ocho leguas muy pobladas de gente, y que dieron parte a *Vamuxchel*, señor de Zilan, y el se ofreció de

dèrent à abandonner la ville pendant la nuit : ils attachèrent un chien au battant de la cloche, avec un peu de pain à distance, de manière à ce que l'animal n'y pût atteindre, ayant le jour d'avant fatigué les Indiens par des escarmouches, afin qu'ils ne se missent pas à les suivre. Le chien sonnait la cloche pour tâcher de happer le pain, ce qui étonnait grandement les Indiens s'imaginant que les Espagnols s'apprêtaient à faire une sortie contre eux. Mais en apprenant ensuite ce qui avait eu lieu, furieux du tour qu'on leur avait joué, ils se résolurent à courir de tous les côtés à la fois après les Espagnols, ne sachant par quel chemin ils s'étaient dirigés. Ceux qui parvinrent à les rejoindre, leur tombèrent dessus avec de grands cris comme sur des fuyards ; mais six cavaliers les attendirent dans une plaine et en tuèrent un grand nombre à coups de lance. Un Indien, entre autres, saisit un cheval par une jambe et le retint quelque temps, comme si c'eût été un mouton. Les Espagnols arrivèrent enfin à Zilan, qui est une fort belle ville, dont le seigneur était un jeune homme de la famille des Chèles, déjà chrétien et ami des Espagnols. Celui-ci les traita avec beaucoup de bienveillance ; comme *Ticokh* était près de là, et que cette ville, ainsi que toutes les autres localités de cette côte, relevait de la seigneurie des Chèles, ils les laissèrent tranquilles durant plusieurs mois.

Considérant qu'il lui était impossible, en ce lieu, de recevoir aucun secours d'Espagne, qu'en cas d'un soulèvement des Indiens, ils seraient inévitablement perdus, l'adelantado prit la résolution de partir pour Campêche et Mexico, abandonnant entièrement le Yucatan avec son monde. De Zilan à Campêche, il y a quarante-huit lieues. Ayant fait part

asegurarles el camino y acompanarlos, y que el Adelantado trato con el tio deste señor que era señor de *Yobain* que le diesse dos hijos que tenia bien dispuestos para que le acompañasen, de manera que con estos mancebos primos hermanos los dos en colleras, y el de Zilan a cavallo llegaron seguros a Campeche donde fueron recebidos en paz y se despidieron los Cheles, y volviendose a sus pueblos, se cayo muerto el de Zilan, y que desde alli partieron para Mexico donde Cortes avia señalado repartimientos de indios al Adelantado aunque estava ausente.

Que llegado el Adelantado a Mexico con su hijo y sobrino llego luego a buscar suya doña Beatrix de Herrera su muger y una hija que en ella tenia, llamada doña Beatrix de Montejo con quien avia casado clandestinamente en Sevilla... y dizen algunos que la negava; pero don Antonio de Mendoça virey de la Nueva España se paso de por medio, y que assi la recibio y le embio el virey por governador de Honduras donde caso su hija con el licenciado Alonso Maldonado, presidente de la audiencia de los confines y que despues de algunos años le passaron a Chiapa desde donde embio a su hijo con poderes a Yucatan y la conquisto y pacifico.

Que este don Francisco hijo del adelantado se crio

---

(1) Cogolludo écrit ce nom *Anamux-Chel.*

(2) *Yobain* est aujourd'hui un village de l'arrondissement de Motul, département d'Izamal, à une lieue environ de la mer, sur la route de cette ville.

(3) L'audience royale dite des

de son dessein à *Vamux-Chel*, seigneur de Zilan (1), celui-ci s'offrit à assurer le chemin et à accompagner les Espagnols : l'adelantado traita l'affaire avec un oncle de ce seigneur qui était seigneur de *Yobaïn* (2), et obtint qu'il lui donnât pour l'accompagner deux fils qu'il avait, jeunes gens de fort bonne mine. De cette façon, ayant placé ces deux jeunes princes en croupe et celui de Zilan à cheval, il arriva en sécurité avec eux à Campêche, où il fut reçu pacifiquement ainsi que son monde. Là, les Espagnols prirent congé des Chèles; mais le prince de Zilan tomba mort en s'en retournant dans ses États. L'adelantado partit pour Mexico où Cortès lui avait signalé des Indiens en partage, quoiqu'il fût absent.

L'adelantado étant arrivé à Mexico, avec son fils et son neveu, se mit aussitôt à la recherche de doña Beatrix de Herrera, sa femme, avec qui il s'était marié clandestinement à Séville, ainsi qu'une fille qu'il avait d'elle, nommée doña Beatrix de Montejo. D'autres disent qu'il refusait de la reconnaître pour son épouse, mais que don Antonio de Mendoza, vice-roi de la Nouvelle Espagne, s'entremit pour les mettre d'accord et la fit recevoir. Le vice-roi l'envoya ensuite comme gouverneur en Honduras, et là sa fille épousa le licencié Alonso de Maldonado, président de l'Audience des Confins (3). Quelques années après, il fut transféré au gouvernement de Chiapa, d'où Montejo envoya son fils avec ses pouvoirs au Yucatan, et celui-ci en fit la conquête et pacifia le pays.

Ce même don Francisco, fils de l'adelantado, avait

Confins, parce qu'elle avait été transférée à Gracias-à-Dios, ville du Honduras située sur les frontières de cette province, et tout près de celles de Guatémala, pour veiller aux intérêts de l'Amérique centrale, en particulier du Nicaragua et du royaume de Guatémala.

en la corte del rey catholico y que le truxo su padre quando bolvio a las Indias a la conquista de Yucatan y de alli fue con el a Mexico y que el virey don Antonio y el marques don Hernando Cortes le quisieron bien, y fue con el marques a la jornada de Caliphornia y que tornado le proveyo el virey para regir a Tabasco y se desposo con una señora llamada doña Andrea del Castillo que avia passado donzella a Mexico con parientes suyos.

§ XIV. — *Estado de Yucatan despues de la salida de los españoles. Don Francisco hijo del Adelantado Montejo restablece el govierno español en Yucatan.*

Que salidos los españoles de Yucatan, falto el agua en la tierra, y que por aver gastado sin orden su maiz en las guerras de españoles, les sobrevino gran hambre, tanto que vinieron a comer cortezas de arboles, en especial de uno que llaman *cumché*, que es fofo por de dentro y blando, y que por esta hambre los Xiuis, que son los señores de Mani acordaron hazer un sacrificio solemne a los idolos, llevando ciertos esclavos y esclavas a echar en el pozo de Chicheniza y que avian de pasar por el pueblo de los señores Cocomes sus capitales enemigos, y que pensando que en tal tiempo no renovarian las passiones viejas, les embiaron a rogar que les dexassen passar por su tierra y que los Cocomes les engañaron con buena respuesta: y que dandoles posada a todo juntos en una gran casa les pegaron fuego y mataron a los que escapavan y que por esto uvo grandes guerras; y que se les recrecio langosta por espacio de cinco años que no

été élevé à la cour du roi catholique : son père l'emmena avec lui, lorsqu'il retourna aux Indes, pour la conquête du Yucatan, d'où ils allèrent ensuite ensemble à Mexico. Le vice-roi don Antonio et le marquis Hernando Cortès avaient pour lui beaucoup d'affection, c'est ce qui fit que le marquis l'emmena à son tour dans son expédition de la Californie. A son retour à Mexico, il fut pourvu par le vice-roi du poste de gouverneur de Tabasco, et il y épousa une dame nommée doña Andrea del Castillo, laquelle était venue fille à Mexico, avec ses parents.

§ XIV. — *Etat du Yucatan après le départ des Espagnols. Don Francisco fils de l'Adelantado Montejo rétablit le gouvernement espagnol dans ce pays.*

Après le départ des Espagnols du Yucatan, l'eau manqua à la terre : comme les habitants avaient gaspillé le maïs dans les guerres avec l'étranger, il y eut une si grande famine, qu'ils en vinrent à manger des écorces d'arbre, en particulier de celui qu'ils appellent *cum-ché*, dont l'intérieur est mou et tendre. Par suite de cette famine, les Xiuis, qui sont les princes de Mani, résolurent d'offrir un sacrifice solennel aux idoles, emmenant avec eux des esclaves des deux sexes, pour les jeter dans le puits de Chichen-Itza. Comme ils devaient, à cet effet, traverser une localité appartenant aux princes Cocom, leurs ennemis déclarés, s'imaginant qu'en de telles circonstances ceux-ci ne renouvelleraient pas les haines antiques, ils leur envoyèrent demander de les laisser passer par leurs terres, à quoi les Cocomes répondirent, avec une apparente cordialité, afin de les attirer dans le piége. Ils les reçurent tous ensemble dans une grande maison, à

les dexava cosa verde, y que vinieron a tanta hambre que se cayan muertos por los caminos, de manera que quando los españoles volvieron, no conocian la tierra, aunque en otros quatro años buenos despues de la langosta se avian algo mejorado.

Que este don Francisco se partio para Yucatan por los rios de Tabasco y entro por las lagunas de dos bocas y que el pueblo primero que topo fué Champoton con cuyo señor llamado *Mochkovoh* le fue mal a Francisco Hernandez y a Grijalva; y por ser ya muerto, no uvo alli resistencia, antes los deste pueblo sustentaron a don Francisco y a su gente dos años en el qual tiempo no pudo passar adelante por la mucha resistencia que hallava, y que despues passo a Campeche y vino a tener mucha amistad con los de aquel pueblo. De manera que con su ayuda y de los de Champoton acabo la conquista prometiendoles que serian remunerados del rey por su mucha fidelidad, aunque hasta agora el rey no lo ha cumplido.

Que la resistencia no fue bastante para que don Francisco dexasse de llegar con su exercito a *Tiho*,

---

(1) Cogolludo ne raconte pas cette histoire de la même manière que Landa; mais celui-ci paraît être dans le vrai. (Cogolludo,

laquelle ils mirent ensuite le feu, massacrant ceux qui parvenaient à se sauver des flammes (1). Cette trahison donna lieu à une recrudescence d'hostilités; il y eut en même temps une invasion de sauterelles cinq années successivement, durant lesquelles il ne resta rien de vert; ce qui causa une telle famine, que les gens tombaient morts dans les chemins, en sorte que lorsque les Espagnols retournèrent, ils ne reconnaissaient plus le pays, bien que quatre années d'abondance eussent remédié, tant soit peu, à la ruine occasionnée par les sauterelles.

Don Francisco, fils de l'adelantado, se mit en chemin pour le Yucatan, par les rivières de Tabasco; étant entré dans les lagunes de Dos Bocas (2), la première localité qu'il toucha fut Champoton, dont le seigneur Mochcovoh avait si mal reçu auparavant Francisco Hernandez et Grijalva. Mais celui-ci était mort. Don Francisco n'éprouva de leur part aucune résistance; ils le nourrirent, au contraire, lui et ses gens, pendant deux années qu'il y demeura, sans pouvoir marcher en avant, à cause de la grande opposition qu'on lui faisait plus loin. Il passa ensuite à Campêche, dont les habitants s'allièrent à lui solidement : à l'aide de ceux de cette ville et de Champoton, il acheva ainsi la conquête du pays, leur promettant, aux uns et aux autres, qu'ils seraient récompensés par le roi, pour leur fidélité, bien que jusqu'aujourd'hui le roi n'ait pas encore pensé à remplir cet engagement.

Cette résistance fut, par conséquent, insuffisante pour empêcher don Francisco d'arriver avec son armée

---

Hist. de Yucatan, lib. III, cap. 6.) | Tabasco et la lagune de Termi-
(2) Ce sont les embouchures du | nos.

donde se poblo la cibdad de Merida, y que dexando el bagage en Merida començaron a proseguir su conquista embiando capitanes a diversas partes, y que don Francisco embio a su primo Francisco de Montejo a la villa de Valladolid, para pacificar los pueblos que estavan algo rebeldes, y para poblar aquella villa como aora esta poblada. Y que poblo en Chectemal la villa de Salamanca, y que tenia ya poblado a Campeche, y dio orden en el servicio de los indios y en el govierno de los españoles, hasta que el Adelantado su padre vino a governar desde Chiapa con su muger y casa y fue bien recebido en Campeche y llamo a la villa Sant Francisco por su nombre, y despues passo a la cibdad de Merida.

§ XV. — *Crueldades de los españoles en los naturales. Como se disculparon.*

Que los indios recibian pesadamente el iugo de la servidumbre; mas los españoles tenian bien repartidos sus pueblos que abraçavan la tierra, aunque no faltava entre los indios quien los alterasse, sobre lo qual se hizieron castigos muy crueles, que fue causa que se apocasse la gente. Quemaron vivos algunos principales de la provincia de Cupul, y ahorcaron otros. Hizose informacion contra los de Yobain, pueblo de los Cheles, y prendieron la gente principal y metieronlos en una casa en cepos y pegaron fuego a

---

(1) Ti-Hoo et mieux T'Hoo, signifie la cité par excellence, *ad urbem*. La tradition en attribuait la fondation aux Tutul-Xius, et elle renfermait des monuments remarquables de son antique splen-

jusqu'à *Tiho*, où il établit la cité de Mérida (1). Laissant les bagages dans cette ville, il commença à poursuivre sa conquête, dirigeant des capitaines en différentes parties du pays, envoya son cousin Francisco de Montejo à la ville de Valladolid, afin de pacifier les populations qui se montraient quelque peu rebelles et pour coloniser cette ville de la manière qu'elle est occupée actuellement : il établit pareillement à Chectemal la ville de Salamanca, et comme il occupait déjà Campêche, il régularisa le service des Indiens et le gouvernement des Espagnols, jusqu'à l'arrivée de son père l'adelantado : celui-ci vint alors de Chiapa, avec sa femme et sa maison, afin de prendre les rênes de l'autorité ; il fut parfaitement reçu à Campêche, qu'il appela de son nom la ville de San-Francisco, et se transporta ensuite à la cité de Mérida.

§ XV. — *Barbaries des Espagnols envers les indigènes ; comment ils se disculpent.*

Ce n'était pas sans douleur que les Indiens voyaient s'appesantir sur eux le joug de la servitude : mais les Espagnols tenaient leurs communes habilement réparties sur toute l'étendue du pays. Il n'en manqua cependant pas d'entre les Indiens qui excitassent leurs frères à la révolte, à quoi ceux-là répondirent par des châtiments cruels qui causèrent une diminution sensible dans la population. Quelques-uns des principaux seigneurs de la province de Cupul furent brûlés vifs et d'autres pendus. On fit une information juridique

---

deur, lorsque les Espagnols y fixèrent leur résidence. (Cogolludo, *Hist. de Yucatan*, lib. III, cap. 7 et 11.)

la casa y se abrasaron vivos con la mayor inhumanidad del mundo, y dize este Diego de Landa que el vio un gran arbol cerca del pueblo en el qual un capitan ahorco muchas mugeres indias de las ramas, y de los pies dellas los niños sus hijos y que en este mismo pueblo, y en otro que dizen *Verey*, dos leguas del, ahorcaron dos indias la una donzella, y la otra rezien casada, no por otra culpa, sino porque eran muy hermosas, y temian que se rebolveria el real de los españoles sobre ellas, y porque pensassen los indios que no se les dava nada a los españoles de las mugeres, y que destas dos ay mucha memoria entre los indios y españoles por su gran hermosura y por la crueldad con que las mataron.

Que se alteraron los indios de la provincia de Cochua y Chectemal y que los españoles los apaziguaron de tal manera que siendo dos provincias las mas pobladas y llenas de gente, quedaron las mas desventuradas de toda aquella tierra, haziendo en ellas crueldades inauditas, cortando manos, braços, y piernas, y a las mugeres los pechos y echandolas en lagunas hondas con calabaças atadas a los pies, y dando de estocadas a niños porque no andavan tanto como las

---

(1) Voici donc Landa, que l'on a si souvent accusé de fanatisme et de cruauté même à l'égard des Indiens, racontant lui-même les barbaries commises par les conquérants. Ce n'est pas ici l'en-

contre ceux de Yobaïn, ville des Chèles ; on se saisit des plus distingués d'entre les chefs et on les mit aux fers, dans une maison, qu'ensuite on livra aux flammes. Ces infortunés furent brûlés vivants dans l'embrasement avec la plus grande inhumanité du monde, et ce Diego de Landa dit qu'il vit, près de cette ville, un grand arbre aux branches duquel un officier pendit un grand nombre de femmes indiennes, en pendant, en outre, leurs petits enfants à leurs pieds. Dans cette même ville et dans une autre du nom de Verey, à deux lieues de celle-là, ils pendirent deux Indiennes, l'une encore vierge, et l'autre mariée récemment, qui n'avaient d'autre crime que leur beauté. Ce fut au point que l'on craignit que les Espagnols ne se révoltassent eux-mêmes contre leurs chefs, à cause de ces femmes : les capitaines qui commandèrent cette barbarie n'en agirent de cette sorte que pour laisser croire aux Indiens que les Espagnols étaient insensibles à leurs femmes : aussi le souvenir de la beauté de ces deux victimes et la cruauté de ceux qui les condamnèrent, n'est-elle pas restée moins vivante parmi les Espagnols, que parmi les Indiens eux-mêmes (1).

Les Indiens des provinces de Cochua et de Chectemal s'étant soulevés, les Espagnols les pacifièrent si bien, que ces deux provinces, qui étaient auparavant les plus peuplées et les plus remplies de monde, demeurèrent les plus désolées de toute la contrée ; ils commirent des cruautés inouïes, tranchant les mains, bras et jambes, coupant les mamelles aux femmes, les jetant dans des lagunes profondes avec des calebasses attachées aux pieds, frappant à coups de crosse les pe-

thousiaste déclamateur Las Casas; c'est Landa lui-même. Mais hâtons-nous de le répéter avec lui, les Espagnols eux-mêmes se révoltaient des cruautés exercées par quelques-uns de leurs chefs.

madres; y si los que llevavan en colleras enfermavan, o no andavan tanto como los otros, cortavanles entre los otros las cabeças por no pararse a soltarlos, y que trayan gran numero de mugeres y hombres captivos para su servicio con semejantes tratamientos. Y que sa afirma que don Francisco de Montejo no hizo ninguna destas crueldades, ni se hallo a ellas, antes le parecieron muy mal, pero que no pudo mas.

Que los españoles se desculpan con dezir que siendo ellos pocos, no podian sujetar tanta gente sin ponerles miedo con castigos terribles y traen exemplo de historias y de la passada de los Hebreos a la tierra de promission con grandes crueldades, por mandado de Dios, y que por otra parte tenian razon los indios de defender su libertad, y confiar en los capitanes que tenian muy valientes para entre ellos y pensavan que assi serian contra los españoles.

Que cuentan de un ballestero español y de un flechero indio que por ser muy diestros el uno y el otro se procuravan matar y no podian tomarse descuidados, y que el español fingio descuidarse puesta la una rodilla en tierra, y que el indio le dio un flechazo por la mano que le subio el braço arriba y le aparto las canillas una de otra, y que al mismo tiempo solto el español la ballesta y dio al indio por los pechos; y que sintiendose herido de muerte, porque no dixessen que

tits enfants, parce qu'ils ne marchaient pas aussi vite que leurs mères. Quant à ceux qu'ils emmenaient à la chaîne, s'ils devenaient malades et n'allaient pas comme les autres, ils leur coupaient la tête au milieu des autres pour ne pas se donner la peine de s'arrêter et de les délier; c'est avec ces traitements inhumains qu'ils traînaient à leur suite pour leur service un grand nombre d'hommes et de femmes qu'ils avaient réduits en esclavage. On affirme, cependant, que don Francisco de Montejo n'eut à se reprocher aucune de ces barbaries, et qu'il ne s'en commit jamais en sa présence; loin de là, il les condamna toujours, mais ne fut pas assez puissant pour y mettre un frein.

Les Espagnols s'efforcent de se disculper à ce sujet, en disant qu'étant en petit nombre, ils n'auraient pu soumettre tant de monde, s'ils ne leur avaient imposé par la terreur de ces terribles châtiments : ils apportent pour exemple l'histoire, comme aussi le passage des Hébreux à la terre de promission, où il y eut de si grandes cruautés commises par ordre de Dieu; mais, de leur côté, les Indiens avaient raison de chercher à défendre leur liberté et de mettre leur confiance dans les vaillants chefs qu'ils avaient parmi eux, dans l'espoir de se délivrer ainsi des Espagnols.

On raconte d'un arbalétrier espagnol et d'un archer indien, l'un et l'autre également adroits, que depuis quelque temps ils cherchaient à se surprendre mutuellement, mais qu'ils n'avaient pu réussir jusque-là à se trouver en défaut de vigilance. L'Espagnol feignant un jour de s'oublier un moment, mit un genou en terre : l'Indien lui lança alors une flèche à la main qui lui fit monter le bras et entr'ouvrir les jambes ; mais au même instant l'Espagnol lâcha son coup d'arbalète à travers la poitrine de l'Indien ; se sentant

español le avia muerto, corto un bexuco que es como minbre y muy mas largo, y se ahorco a vista de todos con el; y que destas valentias ay muchos exemplos.

§ XVI. — *Modo de los pueblos de Yucatan. Cedula real en favor de los indios. Muere el Adelantado; sus descendientes por su hijo don Francisco de Montejo.*

Que antes que los españoles ganassen aquella tierra vivian los naturales juntos en pueblos con mucha policia y que tenian la tierra muy limpia y desmontada de malas plantas, y puestos muy buenos arboles. Y que la habitacion era de esta manera: en medio del pueblo estavan los templos con hermosas plaças y entorno de los templos estavan las casas de los señores y de los sacerdotes, y luego la gente mas principal; y que assi yvan los mas ricos y estimados mas cercanos a estos y a los fines del pueblo estavan las casas de la gente mas baxa. Y que los pozos donde avia pocos estavan cerca de las casas de los señores, y que tenian sus heredades plantadas de los arboles de vino y sembrado con algodon, pimienta y maiz, y que vivian en estas congregaciones por miedo de sus enemigos que los captivavan, y que por las guerras de los españoles se desparzieron por los montes.

Que los indios de Valladolid por sus malas costumbres, o por el mal tratamiento de los españoles se con-

(1) C'était là la condition de la plupart des nations indigènes de ces contrées. Combien d'ouvrages de l'époque y a-t-il, cependant, où on les accuse de vivre comme des bêtes sauvages dans les bois

blessé à mort, celui-ci ne voulant pas qu'on pût dire qu'un Espagnol l'avait tué, coupa une liane, semblable à de l'osier, mais fort longue, et s'y pendit en vue de tous ; et de ces actes de courage il y a un grand nombre d'exemples.

§ XVI. — *Manière d'être des villes du Yucatan. Cédule royale en faveur des indigènes. Mort de l'adelantado. Postérité de son fils Francisco Montejo.*

Avant que les Espagnols eussent conquis ce pays, les indigènes vivaient réunis en communauté avec beaucoup d'ordre (1). La campagne était extrêmement bien cultivée et nettoyée de mauvaises herbes, en même temps qu'elle était plantée d'arbres productifs. Voici comment ils ordonnaient leurs habitations : au milieu de la localité se trouvaient les temples avec de belles places, et tout autour des temples étaient bâties les maisons des seigneurs et des prêtres, puis des gens les plus distingués par leur rang; de la même manière venaient après ceux-ci les plus riches et les plus estimés, et aux extrémités de la ville étaient les maisons de la basse classe. Les puits, qui étaient peu nombreux, se trouvaient près des maisons des seigneurs; ils avaient leurs héritages plantés d'arbres à vin et semés de coton, de piment et de maïs. Ils vivaient ainsi réunis par crainte de leurs ennemis, qui les faisaient captifs, et ce n'est qu'au temps des guerres avec les Espagnols qu'ils se dispersèrent dans les bois.

Entraînés par leurs coutumes vicieuses ou par les mauvais traitements qu'ils recevaient des Espagnols,

---

et au fond des précipices ! A qui la faute, sinon à ceux dont l'avidité et la barbarie les forçaient à se cacher et changèrent en solitudes les régions naguères les plus florissantes et les plus peuplées !

juraron de matar a los españoles quando se dividian a cobrar sus tributos y que en un dia mataron a 17 españoles, y 400 criados de los muertos y de los que quedaron vivos, y que luego embiaron algunos braços y pies por toda la tierra en señal de lo que avian hecho, para que se alçassen : mas no lo quisieron hazer y con esto pudo el Adelantado socorrer a los españoles de Valladolid y castigar a los indios.

Que el Adelantado tuvo desasosiego con los de Merida y muy mayores con la cedula del emperador con la qual privo de indios a todos los governadores, y que fue un receptor a Yucatan y quito al Adelantado los indios y los puso en cabeça del rey, y que tras esto le tomaron residencias a la Audiencia real de Mexico la qual le remitio al Consejo real de Indias en España, donde murio, lleno de dias y trabajos, y dexo a su muger doña Beatriz en Yucatan mas rica que el, y a don Francisco de Montejo su hijo casado en Yucatan y a su hija doña Catalina casada con el licenciado Alonso Maldonado presidente de las Audiencias de Honduras y Santo Domingo de la Isla Española, y a don Juan de Montejo español, y a don Diego mestizo que uvo en una india.

Que este don Francisco despues que dexo el govierno a su padre el Adelantado, vivio en su casa como un particular vezino, quanto al govierno, aunque muy respetado de todos por aver conquistado, repartido y regido aquella tierra; fue a Guatimala con su residencia y torno a casa. Tuvo por hijos a don Juan de Mon-

les Indiens de Valladolid se conjurèrent contre eux, au temps où ils se partagèrent pour aller recouvrer les tributs : en un seul jour ils tuèrent dix-sept Espagnols et des gens de leur service quatre cents furent mis à mort ou blessés (1). Cela fait, ils envoyèrent par toute la contrée des bras et des jambes, annonçant ce qu'ils avaient fait, afin d'exciter les autres indigènes à se soulever ; mais ceux-ci ne répondirent point à cet appel, et ainsi l'adelantado put porter secours aux Espagnols de Valladolid et châtier les Indiens.

Il eut à lutter également avec ceux de Mérida. Mais ce qui troubla particulièrement son repos, ce fut la cédule de l'empereur qui enlevait les Indiens à tous les gouverneurs. Il vint au Yucatan un commissaire qui ôta à l'adelantado ses Indiens et les mit sous la tutèle royale, après quoi on lui demanda compte de son administration à l'Audience royale de Mexico, qui le renvoya au Conseil royal des Indes en Espagne, où il alla mourir, plein de jours et de travaux, laissant dans le Yucatan sa femme doña Beatrix, plus riche que lui, son fils don Francisco de Montejo, marié dans le pays, et sa fille doña Catalina, mariée au licencié Alonso Maldonado, président des Audiences de Honduras et de Santo-Domingo, dans l'Ile Espagnole, ainsi que don Juan de Montejo, Espagnol, et don Diego, métis qu'il avait eu d'une Indienne.

Quant à don Francico, après qu'il eut remis le gouvernement à l'adelantado, son père, il vécut dans sa maison en simple particulier, au moins quant aux choses de la politique, bien qu'il continuât à être respecté de tous pour avoir conquis, partagé et gouverné cette contrée ; il alla toutefois à Guatémala pour ren-

---

(1) Cette révolte eut lieu en 1546.

tejo que caso con doña Isabel, natural de Salamanca,
y a doña Beatriz de Montejo (que caso con) su tio
primo hermano de su padre, y a doña Francisca de
Montejo que caso con don Carlos de Avellano, natural
de Guadalaxara. Murio de larga enfermedad despues
de averlos visto a todos casados.

§ XVII. — *Los frayles Franciscanos vienen á Yucatan. Toman
la defensa de los naturales. Odio de los españoles contra
ellos.*

Que fray Jacobo de Testera franciscano passo a Yucatan y començo de doctrinar a los hijos de los indios
y que los soldados españoles se quisieron servir de
los moços tanto que no les quedava tiempo para
aprender la doctrina, y que por otra parte disgustaron
a los frayles quando los reprehendian de lo que hazian
mal contra los indios, y que por esto fray Jacobo se
torno a Mexico donde murio, y que despues fray To-
ribio Motolinia embio desde Guatimala frayles, y
que de Mexico fray Martin de Hoja Castro embio mas
frayles y que todos tomaron assiento en Campeche y
Merida con favor del Adelantado y de su hijo don
Francisco. Los quales les edificaron un monesterio en
Merida, como esta dicho, y que procuraron saber la
lengua, lo qual era muy dificultosa. El que mas supo
fue fray Luis de Villalpando que començo a saberla
por señas y pedrezuelas y la reduxo a alguna manera
de arte y escrivio una doctrina christiana de aquella

---

(1) Jacques de Testera était Français, natif de Bayonne et frère d'un chambellan de François Ier, roi de France : le premier il arrêta la destruction des documents indigènes, si malheureusement et

dre compte de son administration, et revint ensuite chez lui. Ses enfants furent don Juan de Montejo, qui épousa doña Isabel, native de Salamanca, doña Beatrix de Montejo, qui se maria avec son oncle, frère cadet de son père, et doña Francisca de Montejo, qui devint l'épouse de don Carlos de Avellano, natif de Guadalaxara. Il mourut à la suite d'une longue maladie, après les avoir vus tous mariés.

§ XVII. — *Les franciscains s'établissent dans le Yucatan. Ils prennent la défense des indigènes. Haine des Espagnols pour les moines.*

Frère Jacques de Testera, franciscain, étant venu au Yucatan, commença à enseigner les fils des Indiens; mais les soldats espagnols soumettaient ces jeunes garçons à un si long service, qu'il ne leur restait plus de temps pour apprendre la doctrine. D'un autre côté, ils donnaient toutes sortes de dégoûts aux religieux, lorsque ceux-ci venaient à les reprendre du mal qu'ils faisaient aux indigènes; c'est pourquoi frère Jacques retourna à Mexico où il mourut (1). Après cela, frère Torribio Motolinia envoya des moines de Guatémala, et de Mexico frère Martin de Hojacastro dépêcha davantage de religieux qui tous s'établirent à Campêche et à Mérida, sous la protection de l'adelantado et de son fils don Francisco. Ceux-ci leur bâtirent un monastère à Mérida, ainsi qu'on l'a dit, et les religieux travaillèrent à apprendre la langue du pays, qui était fort difficile. Celui qui la sut le mieux fut frère Luis de Villalpando qui commença à l'apprendre avec des

---

en si grand nombre déjà livrés aux flammes par Landa dans le Yucatan et par Zumarraga à Mexico et à Tetzcuco.

lengua, aunque avia muchos estorbos de parte de los españoles que eran absolutos señores y querian que se hiziesse todo endereçado a su ganancia y tributos, y de parte de los indios que procuravan estarse en sus idolatrias y borracheras, principalmente era gran trabajo estar los indios tan derramados por los montes.

Que los españoles tomavan pesar de ver que los frayles hiziessen monesterios, y ahuyentavan los hijos de los indios de sus repartimientos para que no viniessen a la doctrina, y quemaron el monesterio de Valladolid dos vezes con su yglesia que era de madera y paja, tanto que fue necessario irse los frayles a vivir entre los indios, y que quando se alçaron los indios de aquella provincia escrivieron al visorey don Antonio que se avian alçado por amor de los frayles, y que el virey hizo diligencia y averiguo que al tiempo que se alçaron, aun no eran llagados los frayles a aquella provincia, y que velavan de noche a los frayles en escandalo de los indios y hazian inquisicion de sus vidas y les quitavan las limosnas.

Que los frayles viendo este peligro embiaron al muy singular juez Çerrato, presidente de Guatymala, un re-

(1) Voici ce que dit à ce sujet Torquemada : « Ils comptaient les paroles de la prière qu'ils apprenaient avec des petits cailloux ou des grains de maïs, mettant à chaque mot ou période un caillou ou un grain, l'un après l'autre, comme après ces mots *Pater noster* úne pierre, après *qui es in cœlis* une autre, et ainsi du reste. Puis, les signalant du doigt, ils commençaient avec le premier caillou, disant *Pater noster*, et continuaient ainsi jusqu'à la fin, recommen-

signes et des petites pierres (1); il la coordonna en une sorte de grammaire et écrivit un catéchisme de la doctrine chrétienne (2) dans cette langue, bien qu'il rencontrât beaucoup d'obstacles de la part des Espagnols qui étaient les maîtres absolus de la contrée, et qui ne voulaient autre chose que ce qui favorisait leurs intérêts. Les Indiens, de leur côté, ne cherchaient qu'à demeurer dans leur idolâtrie et leurs festins, et le travail était d'autant plus grand à leur égard, qu'ils étaient plus disséminés dans les bois.

Les Espagnols voyaient, d'ailleurs, avec chagrin que les religieux s'occupassent à construire des monastères : ils chassaient les fils des Indiens de leurs domaines, afin de les empêcher de se rendre au catéchisme, et ils brûlèrent deux fois le monastère de Valladolid avec son église, qui était de bois, couverte en paille. Ce fut au point que les religieux se virent obligés de vivre parmi les Indiens, et que lorsque ceux de cette province se soulevèrent, les Espagnols écrivirent au vice-roi don Antonio, qu'ils s'étaient révoltés par amour pour les moines ; mais le vice-roi s'étant enquis des faits, vérifia qu'à l'époque où eut lieu ce soulèvement, les religieux n'étaient pas encore arrivés dans ce département. On alla jusqu'à surveiller ces derniers durant la nuit, au grand scandale des Indiens, et à s'enquérir de leur vie privée, leur ôtant les aumônes qu'il avaient reçues.

Les religieux considérant le danger, envoyèrent un des leurs à un juge singulièrement intègre, Cerrato,

çant aussi souvent qu'il le fallait pour se graver le tout dans la mémoire. » (*Mon. Ind.*, lib. xv, cap. 36.)

(2) La grammaire maya du père Louis de Villalpando fut augmentée par Landa lui même ; mais on ne sait ce que ces manuscrits sont devenus. Pinelo cite de Villalpando un *Arte*, *i Vocabulario*, qui auraient été imprimés, mais ne dit ni où ni quand.

ligioso que le diesse cuenta de lo que passava; el qual vista la desorden y mala christiandad de los españoles, porque llevavan los tributos absolutamente quantos podian sin orden del rey, y mas el servicio personal en todo genero de trabajo hasta alquilarlos a llevar cargas, proveyo de cierta tassacion harta larga, aunque passadera en que señalava que cosas eran del indio, despues de pagado el tributo a su encomendero, y que no fuesse todo absolutamente del español, y que suplicaron de esto, y que con temor de la tassa sacavan a los indios mas que hasta alli, y que los frayles tornaron a la audiencia, y embiaron a España, y hizieron tanto que la audiencia de Guatimala embio un oidor el qual tasso la tierra, y quito el servicio personal, y hizo casar a algunos, quitandoles las casas que tenian llenas de mugeres. Este fue el licenciado Thomas Lopez natural de Tendilla, y que esto causo que aboresciessen mucho mas a los frayles, haziendoles libellos infamatorios, y cessando de oir sus missas.

Que este aborecimiento causo que los indios estuviessen muy bien con los frayles, considerando los trabajos que tomavan sin interesse ninguno, y que les causaron libertad, tanto que ninguna cosa hazian sin dar parte a los frayles, y tomar su consejo, y esto dio causa para que los españoles con embidia que los frayles avian hecho esto por governar las Indias y gozar de lo que a ellos se avia quitado.

président de Guatémala, afin de lui rendre compte de ce qui se passait. Ce magistrat voyant le désordre et la conduite si peu chrétienne des Espagnols, qui levaient tous les tributs possibles contre la volonté du roi, aggravant le service personnel des Indiens de toutes les manières, jusqu'à les louer même comme des bêtes de somme, établit un tarif, élevé à la vérité, mais supportable ; il faisait connaître ce à quoi l'Indien avait droit, après qu'il avait payé son tribut à son propriétaire, de manière à ce que l'Espagnol ne pût pas s'attribuer tout. Mais on interjeta appel à ce sujet ; car par crainte de la taxe, les Espagnols obligèrent les Indiens à payer encore davantage qu'auparavant. Les religieux revinrent alors à la charge auprès de l'Audience et allèrent jusqu'en Espagne ; ils firent si bien que l'Audience de Guatémala envoya un auditeur. Celui-ci établit un tarif et déchargea les Indiens du service personnel ; il obligea quelques-uns des Espagnols à se marier, leur ôtant leurs maisons qui étaient remplies de femmes. Cet auditeur était le licencié Thomas Lopez, natif de Tendilla. Mais toutes ces choses leur firent concevoir une aversion bien plus grande encore pour les religieux, qu'ils outragèrent par des libelles diffamatoires, cessant même d'entendre leurs messes.

Cette haine fut cause précisément que les Indiens s'attachèrent aux religieux, en considérant les travaux qu'ils supportaient pour eux sans intérêt aucun, et conséquemment la liberté qu'ils en dérivèrent : aussi ne faisaient-ils rien sans prendre auparavant leur avis ; ce qui fit dire aux Espagnols avec envie que les moines n'avaient agi de cette sorte que pour gouverner les Indes et jouir de ce dont ils avaient dépouillé leurs compatriotes.

§ XVIII. — *Vicios de los indios. De como los frayles les enseñaron. Enseñanza de la lengua y letras. Castigo de algunos apostatas.*

Que los vicios de los indios eran idolatrias, y repudios y boracheras publicas, y vender y comprar por esclavos, y que sobre apartarles destas cosas vinieron a aborecer a los frayles; pero que a parte de los españoles los que mas fatigaron a los religiosos, aunque encubiertamente fueron los sacerdotes, como gente que avia perdido su officio y los provechos del.

Que la manera que se tuvo para doctrinar los indios fue recoger los hijos pequeños de los señores, y gente mas principal, y que los ponian en torno de los monesterios en casas que cada pueblo hazia para los suyos donde estavan todos juntos los de cada lugar, y que sus padres y parientes les trayan de comer, y que con estos niños se recogian los que venian a la doctrina, y que con esta frequentacion pidieron muchos el baptismo con mucha devocion, y que estos niños despues de enseñados tenian cuydado de avisar a los frayles de las idolatrias y boracheras, y que rompian los idolos, aunque fuessen de sus padres, y exhortavan a las repudiadas y a los huerphanos si los hazian esclavos que se quexassen a los frayles, y aunque fueron amenazados de los suyos, no por esto cessavan, antes respondian que les hazian onra, pues era por el bien de sus almas, y que el Adelantado y los juezes del rey siempre andado fiscales a los frayles para recoger los indios a la doctrina, y para castigar a los que se to-

§ XVIII. — *Défauts des Indiens. Manière dont les instruisirent les religieux. Enseignement de la langue et des lettres. Châtiments infligés à quelques apostats.*

Les principaux vices des Indiens étaient l'idolâtrie, la répudiation, les orgies où ils s'enivraient publiquement, l'usage où ils étaient de vendre et d'acheter des esclaves; de là vint qu'ils commencèrent à haïr les religieux, lorsque ceux-ci travaillèrent à les en détourner. Mais en dehors des Espagnols, ceux qui donnèrent le plus de désagrément aux religieux, quoique en cachette, ce furent les prêtres, ce qui était assez naturel, puisqu'ils avaient perdu leur office et les profits qui leur en revenaient.

La manière que l'on adopta pour enseigner la doctrine aux Indiens fut de réunir les petits enfants des chefs avec ceux des principaux de l'endroit, en les faisant placer autour du monastère ou de la maison qu'en chaque localité on préparait à cet effet : ils étaient là tous ensemble, et leurs parents leur apportaient à manger. A ces enfants se joignaient ceux qui venaient au catéchisme, et il arriva fréquemment à un grand nombre d'entre eux de demander le baptême avec une grande dévotion : ces enfants une fois instruits avaient soin d'avertir les religieux des actes d'idolâtrie et des orgies qui se commettaient; ils brisaient les idoles, encore même qu'elles appartinssent à leurs pères. Ils engageaient les femmes qui avaient été répudiées, ainsi que les orphelins qu'on réduisait en esclavage, à porter leurs plaintes aux moines, et sans craindre les menaces que leur adressaient leurs parents, ils leur répondaient sans s'arrêter qu'ils leur faisaient honneur, en s'occupant du bien de leurs âmes.

mavan a la vida passada, y que al principio davan los señores de mala gana sus hijos, pensando que los querian hazer esclavos como avian hecho los españoles, y que por esta causa davan muchos esclavillos en lugar de sus hijos, mas como entendieron el negocio, los davan de buena gana. Que desta manera aprovecharon tanto los moços en las escuelas y la otra gente en la doctrina, que era cosa admirable.

Que aprendieron leer y escrivir en la lengua de los indios, la qual se reduxo tanto a arte que se estudiava como la latina y se hallo que no usavan de seis letras nuestras que son D, F, G, Q, R, S, que para cosa ninguna las han menester; pero tienen necesidad de doblar otras y añadir otras para entender las muchas significaciones de algunos vocablos, porque *pa* quiere dezir abrir, y *ppa,* apretando mucho los labios quiere dezir quebrar; y *tan* es cal, o ceniza, y *tan* dicho rezio entre la lengua y los dientes altos, quiere dezir palabra o hablar, y assi en otras diciones. Y puesto que ellos para estas cosas tenian diferentes caratheres, no fue menester inventar nuevas figuras de letras sino aprovecharse de las latinas porque fuesse comun a todos.

(1) Landa parle ici d'après son expérience personnelle dans la matière.

(2) Ce mot est le même que les écrivains yucatèques, successeurs de Landa, écrivirent *than,* où le *th* a un son tout particulier, et qui n'est pas le *th* anglais.

(3) Si nous comprenons bien ce que veut dire l'auteur, c'est que

L'adelantado et les juges du roi prêtaient constamment main forte aux religieux pour réunir les Indiens au catéchisme, comme pour châtier ceux qui retournaient à leur vie passée. Les chefs, dans les commencements, donnaient leurs enfants de mauvaise volonté, s'imaginant que c'était pour en faire des esclaves, ainsi que les Espagnols l'avaient fait : aussi envoyaient-ils fréquemment leurs jeunes serviteurs au lieu de leurs fils; mais lorsqu'ils eurent compris de quoi il était question, ils les laissèrent aller de bon cœur. C'est ainsi que les jeunes gens profitèrent si bien dans les écoles et le reste du peuple au catéchisme; aussi était-ce une chose admirable.

On apprit à lire et à écrire la langue des Indiens, de telle façon qu'on la réduisit en forme de grammaire qu'on étudiait comme la latine (1). Il se trouva ainsi qu'ils n'usaient pas de six de nos lettres qui sont : D, F, G, Q, R, S, dont ils n'ont aucun besoin; mais ils sont obligés d'en doubler d'autres, comme aussi d'en ajouter, afin d'entendre les significations variées de certains mots; parce que *pa* veut dire ouvrir, et *ppa*, en serrant beaucoup les lèvres, signifie briser; *tan* est la chaux et la cendre, et *tan*, prononcé avec force entre la langue et les dents de la mâchoire supérieure (2), veut dire parole ou parler, et ainsi des autres. Ayant admis, d'ailleurs, qu'ils avaient pour ces choses des caractères différents, il n'y eut aucune nécessité d'inventer de nouvelles figures de lettres, mais bien de profiter des lettres latines, afin que l'usage en fût commun à tous (3).

les religieux adoptèrent les lettres latines pour les mots nouveaux que l'espagnol introduisit dans la langue maya; ou bien signifie-t-il qu'on ajouta à l'alphabet latin les lettres dont le son manquait en espagnol?

Dioseles tambien orden para que dexassen los assientos que tenian en los montes, y se juntassen como antes en buenas poblaciones, para que mas facilmente fuessen enseñados, y no tuviessen tanto trabajo los religiosos, para cuya sustentacion les hazian limosnas las pascuas y otras fiestas, y hazian limosnas a las yglesias por medio de dos indios ancianos, nombrados para esto, con lo qual davan lo necessario a los frayles quando andavan visitando entre ellos, y tambien adereçavan las iglesias de ornamentos.

Que estando esta gente instruidos en la religion y los moços aprovechados como diximos, fueron pervertidos por los sacerdotes que en su idolatria tenian, y por los señores, y tornaron a idolatrar y hazer sacrificios no solo de saumerios sino de sangre humana, sobre lo qual los frayles hizieron inquisicion y pidieron ayuda al alcalde mayor y prendieron muchos y les hizieron processos y se celebro un auto en que pusieron muchos en cadahalço, encoroçados, y açotados y trasquilados, y algunos ensanbenitados por algun tiempo, y que algunos de tristeza, engañados del demonio se ahorcaron, y que en comun mostraron todos mucho repentimiento y voluntad de ser buenos christianos.

(1) L'auteur dit les trois Pâques, suivant l'usage espagnol, la Noël, Pâque et la Pentecôte.

(2) Cet *auto-da-fé*, où personne toutefois ne fut brûlé, ce fut le père Landa lui-même qui le célé-

On travailla en même temps à ce que les Indiens laissassent les habitations qu'ils avaient dans les bois et qu'ils se réunissent comme auparavant dans de bonnes bourgades : c'était le moyen de les instruire avec plus de commodité, et de donner moins de peine aux religieux. Pour sustenter ces derniers, ils faisaient des aumônes aux trois fêtes principales (1) et aux autres fêtes : les aumônes pour les églises étaient recueillies par deux Indiens d'un âge respectable, nommés à cet effet, et de cette façon ils fournissaient de quoi vivre aux religieux, lorsque ceux-ci allaient les visiter, comme aussi de quoi pourvoir aux ornements des églises.

Mais les Indiens, après avoir été instruits dans la religion, et les jeunes garçons, après avoir reçu l'enseignement dont nous avons parlé plus haut, furent pervertis par les prêtres qu'ils avaient au temps de leur idolâtrie, ainsi que par les chefs ; ils recommencèrent alors à adorer les idoles et à leur offrir des sacrifices, non-seulement d'encens, mais encore de sang humain. En conséquence, les religieux firent une enquête, demandant l'aide de l'alcalde mayor : ils en emprisonnèrent un grand nombre auxquels ils firent le procès, après quoi eut lieu l'exposition publique, où plusieurs parurent sur l'échafaud, coiffés avec le bonnet de l'inquisition, battus de verges et tondus, et d'autres revêtus du san-benito pour un certain temps. Mais il y en eut qui, entraînés par le démon, se pendirent de douleur ; en général, néanmoins, ils montrèrent beaucoup de repentir et de volonté de devenir de bons chrétiens (2).

bra, usurpant, comme on l'en accusa bientôt après, les droits épiscopaux. Voir à ce sujet, pour les détails, Cogolludo, *Hist. de Yucatan*, lib. vi, cap. 4 et 6.

§ XIX. — *Llegada del obispo Toral: suelta a los indios presos. El provincial de San Francisco va a España para justificarse.*

Que en esta sazon llego a Campeche fray Francisco Toral, frayle franciscano, natural de Ubeda, que avia estado xx años en lo de Mexico, y venia por obispo de Yucatan, el qual por las informaciones de los españoles, y por las quexas de los indios, deshizo lo que los frayles tenian hecho, y mando soltar los presos y que sobre esto se agravio el provincial y determino ir a España, quexandose primero en Mexico, y que assi vino a Madrid, donde los del consejo de Indias le afearon mucho que uviesse usurpado el oficio de obispo, y inquisidor, para descargo de lo qual alegava la facultad que su orden tenia para en aquellas partes concedida por el papa Adriano, a instancia del emperador, y el auxilio que la Audiencia real de las Indias le mando dar conforme a como se dava a los obispos; y que los del consejo se enojaron mas por estas desculpas, y acordaron de remitirle a el y a sus papeles y a los que el obispo avia embiado contra las frayles a fray Pedro de Bovadilla, provincial de Castilla, a quien el rey escrivio, mandandole que los viesse y hiziesse justicia y que este fray Pedro, por estar enfermo, cometio el examen destos processos a fray Pedro de Guzman de su orden, hombre docto y esperimentado en cosas de inquisicion, y se presentaron los pareceres de siete personas doctas del reyno de Toledo que fueron el D. fray Francisco de Medina y fray Francisco Dorantes de la orden de St Francisco, y el maestro fray Alonzo de la Cruz, frayle de St Augustin, quien avia estado xxx años en las Indias, y el licenciado Thomas Lopez, que

§ XIX. — *Arrivée de l'évêque Torral; il délivre les Indiens emprisonnés. Le provincial des franciscains se rend en Espagne pour se justifier.*

En ce temps-là arriva à Campêche frère Francisco Toral, religieux franciscain, natif d'Ubeda, qui avait été durant vingt ans employé au Mexique, et qui venait actuellement comme évêque du Yucatan. Ce prélat, sur les informations des Espagnols et les plaintes des Indiens, détruisit ce que les moines avaient fait, commandant de mettre en liberté les prisonniers. Le provincial, qui se crut offensé, résolut d'aller en Espagne, après avoir d'abord porté ses plaintes à Mexico. Il arriva à Madrid où les membres du conseil des Indes l'accueillirent fort mal, pour avoir usurpé l'office d'évêque et d'inquisiteur. Il allégua pour sa décharge les facultés que son ordre avait reçues, pour ces contrées, du pape Adrien, sur les instances de l'empereur, et le secours que le conseil royal des Indes lui avait fait donner d'après ce qui se faisait avec les évêques ; mais les membres du conseil éprouvèrent encore plus d'irritation de ces excuses : ils résolurent de le remettre lui, avec ses papiers et ceux que l'évêque avait envoyés contre les religieux, à frère Simon de Bovadilla, provincial de Castille, à qui le roi écrivit, lui donnant ordre d'examiner l'affaire et de faire justice. Mais frère Pedro étant malade confia l'examen de cette procédure à frère Pedro de Guzman, de son ordre, homme docte et expérimenté dans les choses d'inquisition. A la suite de cela il y eut sept avis différents donnés par des hommes de science du royaume de Tolède, qui furent frère Francisco de Medina et frère Francisco Dorantes,

fue oidor en Guatimala en el Nuevo Reyno, y fue Juez en Yucatan, y el D. Hurtado cathedratico de canones, y el D. Mendez, cathedratico de santa Escritura, y el D. Martinez, cathedratico de Scoto en Alcala, los quales dixeron que el provincial hizo justamente el auto y las otras cosas en castigo de los indios. Lo qual visto por fray Francisco de Guzman, escrivio largamente sobre ello al provincial fray Pedro de Bovadilla.

Que los indios de Yucatan merecen que el rey les favoresca por muchas cosas y por la voluntad que mostraron a su servicio. Estando necessitado en Flandes embio la princesa doña Juana su hermana, que entonces era governadora del reyno, una cedula pidiendo ayuda a los de las Indias, la qual llevo a Yucatan un oidor de Guatimala y para esto junto los señores y ordeno que un frayle les predicasse lo que devian a su magestad, y lo que entonces les pedia, y que concluyda la platica, se levantaron dos indios en pie y respondieron que bien sabian lo que eran obligados a Dios por aver les dado tan noble y christianissimo rey, y que les pesava no vivir en parte donde le pudieron servir con sus personas, por tanto que viesse lo que de su pobreza queria que le servirian con ello y que si no bastasse, que venderian sus hijos y mugeres.

(1) Dans le nouveau Royaume de Grenade.
(2) Il y a dans le texte cate-*dratico de Scoto*, qui tient la chaire de l'enseignement de *Scot*, le célèbre professeur de philoso-

de l'ordre de Saint-François; le maitre frère Alonzo de la Cruz, moine de Saint-Augustin, qui avait passé trente ans dans les Indes; le licencié Thomas Lopez, qui avait été auditeur à Guatémala et dans le Nouveau Royaume (1), et juge au Yucatan; le D. Hurtado, professeur de droit canon; le D. Mendez, professeur d'Ecriture sainte, et le D. Martinez, professeur de philosophie scolastique (2) à Alcala : or tous ensemble déclarèrent que le provincial avait agi justement à l'occasion de l'*auto-da-fé* et des autres choses en châtiment de l'apostasie des Indiens. Ce qu'ayant vu frère Francisco de Guzman, il en écrivit longuement au provincial frère Pedro de Bovadilla.

Les Indiens du Yucatan méritent que le roi leur fasse quelque faveur pour bien des raisons et pour la bonne volonté qu'ils ont montrée pour son service, durant les besoins qu'il éprouva en Flandre; car ce fut alors que la princesse doña Juana, sa sœur, qui était régente du royaume, expédia une cédule, demandant de l'aide aux habitants des Indes; un auditeur de Guatémala la porta au Yucatan et réunit à cet effet les chefs du pays, commandant à un religieux de les prêcher sur ce qu'ils devaient à Sa Majesté et ce qu'il leur demandait pour le moment. A la fin du sermon, deux Indiens se levèrent et répondirent qu'ils savaient fort bien ce qu'ils devaient à Dieu pour leur avoir donné un roi si noble et si chrétien, et qu'ils regrettaient de n'être point là où ils auraient pu le servir de leurs personnes; que néanmoins il voulût bien voir en quoi le peu qu'ils possédaient pouvait lui être utile, et que si cela ne lui suffisait point, ils vendraient jusqu'à leurs fils et leurs femmes (3).

phie scolastique du moyen âge.
(3) On voit que ces seigneurs indiens savaient au besoin flatter leurs vainqueurs.

§ XX. — *Manera de las casas en Yucatan. Obediencia y respete de los indios á sus señores. Modo de ornar sus cabezas y de llevar sus vestidos.*

Que la manera de hazer las casas era cubrirlas de paja que tienen muy buena y mucha, o con hojas de palma que es propia para esto y que tenian muy grandes corrientes para que no se lluevan, y que despues echan una pared por medio al largo que divide toda la casa, y que en esta pared dexan algunas puertas para la mitad que llaman las espaldas de la casa, donde tienen sus camas, y que la otra mitad blanquean de muy gentil encalado, y que los señores las tienen pintadas de muchas galanterias y que esta mitad es el recebimiento y aposento de los guespedes, y que esta pieça no tiene puerta, sino toda abierta conforme al largo de la casa, y baxa mucho la corriente delantera por temor de los soles y aguas, y dizen que tambien para enseñorearse de los enemigos de la parte de dentro en tiempo de necessitat. Y que el pueblo menudo hazia a su costa las casas de los señores, y que con no tener mas puertas, tenian por grave delicto de hazer mal a casas agenas. Tenian una portezilla atras para el servicio necessario y que tienen unas camas de varillas, y en cima una serilla donde duermen, cubiertas de sus mantas de algodon : en verano duermen comunmente en los encalados con una de aquellas serillas, especialmente los hombres. Allende de la casa hazian todo el pueblo a los señores sus sementeras, y se las beneficiavan y cogian en cantidad que le bastava a el y a su casa, y quando avia caças o pescas, o era

(1) C'est encore aujourd'hui de cette manière que se construisent à la campagne les maisons non-seulement des indigènes, mais

§ XX. — *Habitations des Mayas. Leur soumission à leurs princes. Ornements de tête et vêtements.*

La manière de bâtir les maisons dans le Yucatan était de les couvrir avec de la paille, et ils en avaient de fort bonne et abondamment, ou avec des feuilles de palmier, tout à fait propres à cet usage; ils en élevaient le toit, lui donnant une pente considérable, de manière à ce que les eaux de la pluie n'y pussent pénétrer. Ils élevaient ensuite un mur au milieu, partageant la maison dans sa longueur, laissant dans ce mur quelques portes pour communiquer avec la partie qu'ils appelaient les derrières de la maison, où ils avaient leurs lits; l'autre moitié était blanchie à la chaux avec beaucoup de soin. Chez les seigneurs, ces murs étaient recouverts de peintures agréables; c'était dans cette partie qu'on recevait les hôtes et qu'on les logeait. Cette pièce n'avait point de portes; mais elle était ouverte tout le long de la maison, le toit descendant fort bas, afin que l'on y fût à l'abri du soleil et de l'eau (1). On dit aussi que c'était pour se rendre maître de l'ennemi intérieur, en temps de nécessité (2). Le menu peuple bâtissait à ses frais les maisons des grands, et comme elles n'avaient point de portes, on regardait comme un grave délit de faire le moindre tort aux maisons d'autrui. Elles avaient toutefois, par derrière, une petite porte pour le service des communs. Pour dormir, ils avaient des bois de lit faits en treillis de cannes, tapissées de nattes, et ils s'y étendaient recouverts de leurs étoffes de coton. Durant

encore de la plupart des autres habitants du pays, au Yucatan et ailleurs.

(2) On en verra plus loin la description.

tiempo de traer sal siempre davan parte al señor, por que estas cosas siempre las hazian de comunidad.

Si moria el señor, aunque le succediesse el hijo mayor, eran siempre los demas hijos muy acatados, y ayudados y tenidos por señores. A las demas principales inferiores del señor ayudavan en todas estas cosas, conforme a quien eran, o al favor que el señor les dava. Los sacerdotes vivian de sus officios y offrendas. Los señores regian el pueblo, concertando los litigios, ordenando y concertando las cosas de sus republicas, lo qual todo hazian por manos de los mas principales que eran muy obedecidos y estimados, especial la gente rica, a quien visitavan y tenian palacio en sus casas donde concertavan las cosas, y negocios principalmente de noche, y si los señores se salian del pueblo, llevavan mucha compañia, y lo mesmo quando salian de sus casas.

Que los indios de Yucatan son bien dispuestos y altos y rezios y de muchas fuerças y comunmente todos estevados, porque en su niñez, quando las madres los llevan de una parte a otra, van ahorcajados en los quadriles. Tenian por gala ser vizcos lo qual hazian por arte las madres, colgandoles del pelo un

l'été, ils dorment d'ordinaire sur le devant, étendus sur leurs nattes, les hommes principalement. Non loin de la maison, la population réunie préparait les champs du seigneur : elle en prenait soin et moissonnait ce qui lui était nécessaire pour lui et sa famille; lorsqu'il y avait du gibier ou du poisson, ou bien au temps où l'on apportait le sel, on faisait toujours la part du seigneur, toutes ces choses étant du ressort de la communauté.

Si le seigneur venait à mourir, bien que ce fût l'aîné qui lui succédait, les autres n'en étaient pas moins aimés, secourus ou regardés comme des seigneurs eux-mêmes. Quant aux autres chefs d'un rang inférieur, on leur fournissait également tout ce qui pouvait leur être nécessaire, chacun selon sa qualité et la faveur dont ils jouissaient près du seigneur. Les prêtres vivaient de leurs offices et des offrandes. Les seigneurs gouvernaient la ville ou la bourgade, arrangeant les procès, ordonnant et concertant les choses de leurs communautés par l'intermédiaire des principaux chefs, à qui l'on témoignait beaucoup d'obéissance et de respect, surtout s'ils étaient riches. On les visitait chez eux et on leur faisait la cour dans leurs maisons; on s'y réunissait pour agiter les questions importantes, ce qui ordinairement avait lieu la nuit. Si les seigneurs sortaient de la résidence, ils emmenaient à leur suite beaucoup de monde, et il en était de même lorsqu'ils sortaient de leurs maisons.

Les Indiens du Yucatan sont une race bien faite et de haute stature, vifs et très-forts, mais généralement cagneux; car, dans leur enfance, lorsque leurs mères les portent d'un endroit à l'autre, elles les portent à califourchon sur les hanches. Ils regardaient comme une marque de beauté d'être louches; aussi

pegotillo que les llegava al medio de las sejas desde niños, y alcançando los ojos, siempre como les andava alli jugando venian a quedar vizcos; y que tenian las cabeças y frentes llanas, hecho tambien de sus madres por industria desde niños y que trayan las orejas horadadas para çarcillos y muy harpadas de los sacrificios. No criavan barbas, y dezian que les quemavan los rostros sus madres con paños calientes, siendo niños, por que no les naciessen, y que agora crian barbas aunque muy asperas como cerdas de tocines.

Que criavan cabello como las mugeres; por lo alto quemavan como una buena corona, y que assi crecia lo de abaxo mucho, y lo de la corona quedava corto, y que lo entrençavan y hazian una guirnalda de ello entorno de la cabeça, dexando la colilla atras como borlas.

Que todos los hombres usavan espejos y no las mugeres y que para llamarse cornudos, dezian que su muger le avia puesto el espejo en el cabello sobrando del colodrillo.

Que se vañavan mucho, no curando de cubrirse de las mugeres, sino quando podia cubrir la mano. Que eran amigos de buenos olores y que por esto usan de ramilletes de flores y yervas olorosas, muy curiosos y labrados; que usavan pintarse de colorado

leurs mères leur donnaient-elles artificiellement ce défaut en leur suspendant dès leur enfance aux cheveux une petite emplâtre de poix qui leur descendait au milieu des sourcils jusqu'à toucher les yeux ; et comme cette emplâtre s'y balançait constamment, ils en arrivaient à rester louches. Ils portaient la tête et le front aplatis, ce qui était également l'ouvrage de leurs mères : tout petits on leur perçait les oreilles pour y placer des pendants, et elles étaient généralement fort scarifiées à cause des sacrifices (1). Ils n'avaient point de barbe : ils disaient que leurs mères leur brûlaient le visage avec des linges chauds dans leur enfance, afin d'en empêcher la croissance ; mais maintenant ils en ont, quoique les poils soient aussi rudes que des soies de sanglier.

Ils portaient les cheveux longs comme les femmes ; au sommet ils se brûlaient comme une grande tonsure, laissant croître la chevelure tout autour, tandis que les cheveux de la tonsure restaient courts ; ils les tressaient en guirlande autour de la tête, à l'exception d'une petite queue qui tombait en arrière comme une houppe.

Tous les hommes se servaient de miroirs, tandis que les femmes n'en avaient point ; aussi, pour parler de ceux qui étaient cocus, disait-on d'eux que leurs femmes leur avaient mis le miroir dans les cheveux au-dessus de l'occiput.

Ils se baignaient fréquemment, sans se mettre en peine de couvrir leur nudité devant les femmes, si ce n'est en y portant la main. Ils étaient amateurs de parfums ; aussi ont-ils l'usage des bouquets de fleurs ou d'herbes odoriférantes, arrangés avec beaucoup

---

(1) On en verra plus loin la description.

el rostro y cuerpo y les parecia muy mal, pero tenian lo por gran gala.

Que su vestido era un liston de una mano en ancho que les servia de bragas y calças, y que se davan con el algunas vueltas por la cintura, de manera que el un cabo colgava delante y el otro detras, y que estos cabos los hazian sus mugeres con curiosidad y labores de pluma, y que traian mantas largas y quadradas, y las atavan en los ombros, y que traian sandalias de cañamo o cuero de venado por curtir seco, y no usavan otro vestido.

§ XXI. — *Mantenimientos y comidas de los indios de Yucatan.*

Que el mantenimiento principal es maiz del qual hazen diversos manjares y bevidas, y aun bevido como lo beven, les sirve de comida y bevida; y que las indias echan el maiz a remojar una noche antes en cal y agua, y que a la mañana esta blando y medio cozido, y desta manera se le quita el hollejo y peçon, y que lo muelen en piedras, y que de lo medio molido dan a los trabajadores y caminantes, y navegantes grandes pelotas y cargas; y que dura con solo azedarse algunos meses, y que de aquello toman una pella y deslianlo en un vaso de la caxcara de una fruta que cria un arbol, con el qual les proveio Dios de vasos, y que se beven aquella substancia y se comen lo demas, y que es sabroso y de gran mantenimiento, y

d'art. La coutume existait également chez eux de se peindre le corps et le visage en rouge, bien qu'elle leur parût mauvaise, mais cela passait pour très-gracieux.

Leur vêtement était une ceinture de la largeur de la main qui leur servait de braies et de haut-de-chausses; ils s'en enveloppaient plusieurs fois les reins, de manière à ce qu'il en tombât un bout par devant et un autre par derrière. Ces bouts étaient travaillés avec beaucoup de soin par leurs femmes, qui les ornaient de broderies et d'ouvrages de plumes; par là-dessus, ils portaient des manteaux amples et carrés, qu'ils se nouaient sur les épaules; ils avaient des sandales de chanvre ou de cuir de bêtes fauves tanné à sec, et n'usaient point d'autres vêtements (1).

§ XXI. — *Nourriture et repas des Indiens mayas.*

Leur principale subsistance est le maïs, dont ils font des mets et des breuvages variés : en le buvant même à leur manière, cela leur sert à la fois de boire et de manger. Les Indiennes mettent la veille le maïs tremper durant une nuit dans de l'eau, mêlée de chaux; au matin, il se trouve ramolli et à moitié cuit, et elles lui ôtent ainsi la peau et le germe. Elles le moudent ensuite sur une pierre, et c'est lorsqu'il est à demi moulu qu'elles le donnent aux ouvriers, aux voyageurs et aux navigateurs sous forme de grandes pelotes : ceux-ci les emportent et elles leur durent plusieurs mois, sans autre détérioration que de s'aigrir. Lorsqu'ils veulent s'en servir, ils en prennent une poignée qu'ils délayent avec de l'eau dans un vase formé de l'écorce du fruit

---

(1) Suivant d'autres auteurs ils auraient eu quelquefois des vêtements plus complets et de plus de luxe.

y que de lo mas molido sacan leche y la coajan al fuego, y hazen como poleadas para las mañanas, y que lo beven caliente y que sobre lo que sobra de las mañanas echan agua para bever entre dia, porque no acostumbran bever agua solo. Que tambien lo tuestan y muelan y deslian en agua que es muy fresca bevida, echandole un poco de pimienta de Indias o cacao.

Que hazen del maiz y cacao molido una manera de espuma muy sabrosa con que celebran sus fiestas, y que sacan del cacao una grasa que parece mantequillas y que desto y del maiz hazen otra bevida sabrosa y estimada, y que hazen otra bevida de la substancia del maiz molido, assi crudo que es muy fresca y sabrosa. Que hazen pan de muchas maneras, bueno y sano, salvo que es malo de comer, quando esta frio, y assi passan las indias trabajo en lo hazer dos vezes al dia. Que no se ha podido acertar a hazer harina, que se amasse como la del trigo, y que si alguna vez se haze como pan de trigo, no vale nada.

Que hazen guisados de legumbres y carne de venados y aves monteses y domesticas que ay muchas, y de pescados que ay muchos, y que assi tienen bue-

---

(1) Cette boisson est en effet fort rafraîchissante et aussi nourrissante qu'agréable : on l'appelle *tisté* au Nicaragua.

d'un arbre que Dieu leur a donné, les pourvoyant ainsi de vases naturels : ils y boivent cette substance et mangent le reste, ce qui leur fait une nourriture savoureuse et qui les soutient à merveille. De la portion moulue entièrement, ils tirent du lait qu'ils épaississent au feu et dont ils font une sorte de bouillie pour le matin : ils la boivent chaude, et sur ce qui reste du matin ils jettent de l'eau pour le boire durant le jour ; car ils ne sont pas accoutumés à boire de l'eau seule. Ils font griller aussi du maïs et le moudent ensuite, le délayant dans de l'eau, ce qui fait une boisson fort fraîche, en y mêlant un peu de piment des Indes ou de cacao (1).

Ils font encore du maïs et du cacao, réduits en poudre, une sorte de boisson écumante fort savoureuse (2) : c'est avec cela qu'ils célèbrent leurs fêtes. Ils retirent du cacao une graisse qui ressemble à du beurre, et de cette graisse mêlée avec du maïs composent un autre breuvage savoureux et fort estimé. Ils font également une boisson de la substance du maïs moulu et cru, qui est fort rafraîchissante et agréable. Ils font du pain de différentes manières bon et salubre, sauf qu'il est indigeste lorsqu'on le mange froid ; aussi les Indiennes passent-elles beaucoup de temps au travail afin d'en faire plusieurs fois le jour. On n'a pu réussir encore à en faire de la farine qu'on puisse pétrir comme celle du froment, et ce qu'on a essayé d'en faire en guise de pain de froment ne valait rien.

Ils préparent des ragoûts de légumes et de gibier, gros et menu, d'oiseaux sauvages et domestiques, qu'ils ont en grand nombre ; aussi ont-ils de cette façon de fort

---

(2) Celle-ci est une sorte de chocolat, tel que le préparaient les indigènes, de qui l'Europe l'a reçu.

nos mantenimientos, principalemente despues que crian puercos y aves de Castilla.

Que por la mañana toman la bebida caliente con pimienta, como esta dicho y entre dia las otras frias, y a la noche los guisados. Y que si no ay carne hazen sus salsas de la pimienta y legumbres. Que no acostumbravan comer los hombres con las mugeres, y que ellos comian por si en el suelo, o quando mucho sobre una serilla por mesa : y que comen bien quando lo tienen, y quando no, sufren muy bien la hambre y passan con muy poco. Y que se lavan las manos y la boca despues de comer.

§ XXII. — *Como estos indios se labravan el cuerpo. Sus borracheras, vino, banquetes. Farsantes, musica y bailes.*

Labravanse los cuerpos y quanto mas, tanto mas valientes y bravosos se tenian, porque el labrarse era gran tormento que era desta manera. Los oficiales dello labravan la parte que querian con tinta, y despues sejavanle delicadamente las pinturas, y assi con la sangre y tinta quedavan en el cuerpo las señales, y que se labran poco a poco por el tormento grande, y tambien se ponen despues malos, porque se les enconavan los labores, y haziase materia, y que con todo esso se mofavan de los que no se labravan. Y que se precian muchos de ser requebrados y tener gracias y habilidades naturales, y que ya comen y beben como nosotros.

(1) Ou plutôt les Espagnols et leurs descendants ont emprunté des Yucatèques et ceux-ci des Espagnols leurs coutumes mutuel-

bonnes provisions de bouche, surtout depuis qu'ils ont commencé à élever la volaille et les porcs de Castille.

Au matin, ils prennent leur boisson chaude au piment, ainsi qu'on l'a fait voir; de jour, ils boivent les autres froides et mangent les ragoûts la nuit : à défaut de viande, ils composent des sauces de piments et de légumes. Les hommes n'avaient pas la coutume de manger avec les femmes : ils prenaient leurs repas seuls, sur le sol ou bien sur une natte qui leur servait de table. Ils sont de fort bon appétit, quand ils ont de quoi se satisfaire; sinon, ils souffrent très-patiemment la faim et font avec peu. En finissant de manger, ils se lavent les mains et la bouche.

§ XXII. — *Tatouage des Yucatèques. Orgies, vin et banquets. Comédie, instruments de musique et ballets.*

Les Indiens se tatouaient le corps, et plus ils en faisaient, plus ils étaient considérés comme braves et vaillants, le tatouage étant accompagné d'une grande souffrance. Voici comment ils le pratiquaient : ceux qui étaient chargés de ce travail peignaient d'abord la partie qu'ils voulaient avec de la couleur; puis ils incisaient délicatement la peinture, et ainsi le sang et la couleur se mêlant, faisaient que les traces restaient dans le corps. Ce travail se faisait petit à petit, à cause de l'extrême douleur qu'il causait; mais ils en demeuraient assez malades ensuite, car ces dessins s'enflaient et donnaient de la matière. Avec tout cela ils raillaient ceux qui ne se tatouaient point. Beaucoup d'entre eux aimaient à faire les aimables, à montrer leur grâce et leur adresse naturelles, et aujourd'hui ils boivent et mangent comme nous (1).

les, surtout quant à la nourriture, ce dont s'aperçoivent fort facilement les voyageurs qui parcourent ces contrées.

Que los indios eran muy dissolutos en bever y emborracharse, de que les seguian muchos males, como matarse unos a otros, violar las camas, pensando las pobres mugeres recebir a sus maridos, tambien con padres y madres como en casa de sus enemigos, y pegar fuego a sus casas, y que con todo esso se perdian por emborracharse; y que quando la borrachera era general, y de sacrificios contribuian todos para ello, porque quando era particular, hazia el gasto el que la hazia con ayuda de sus parientes. Y que hazen el vino de miel y agua, y cierta raiz de un arbol que para esto criavan con lo qual se hazia el vino fuerte y muy hediondo. Y que con vailes y regozijos comian sentados de dos en dos, o de quatro en quatro; y que despues de comido, sacavan los escancianos los quales no se solian emborachar, de unos grandes artezones de bever hasta que se hazian unos cimitaras, y que las mugeres tenian mucha cuenta de bolver sus maridos borachos a casa.

Que muchas vezes gastan en un banquete lo que en muchos dias mercadeando y trompeando ganavan; y que tienen dos maneras de hazer estas fiestas, la primera que es de los señores y gente principal, obliga a cada uno de los combidados a que hagan otro tal combite, y que dava á cada uno de los combidados una ave assada y pan y bevida de cacao de abundancia, y que al fin del combite suelen dar a cada uno una manta

---

(1) C'était un véritable hydromel, comme on le voit. Dans la suite de ce récit le mot *vin*, qui se représente souvent, ne doit pas être pris dans un autre sens.

(2) Ce livre est rempli de vieux

Ces Indiens étaient fort dissolus dans leurs orgies, aussi s'ensuivait-il souvent qu'ils se tuaient les uns les autres, et qu'ils violaient mutuellement le domicile conjugal, les pauvres femmes pensant recevoir leurs maris, qui outrageaient quelquefois leurs pères et leurs mères comme dans la maison d'un ennemi prise d'assaut, mettaient même le feu aux habitations, et avec tout cela ils se tuaient pour boire. Lorsque la débauche était générale et accompagnée de sacrifices, tout le monde y contribuait; car lorsqu'elle était particulière, c'était l'amphitryon qui en faisait les frais avec l'aide de ses parents. Leur vin se faisait de miel et d'eau (1), à quoi ils ajoutaient la racine d'un arbre qu'ils cultivaient à cet effet, ce qui rendait le vin fort et lui donnait une très-mauvaise odeur. Des danses et des réjouissances accompagnaient leurs festins, où ils mangeaient assis de deux en deux ou de quatre en quatre. Après le repas, les échansons, à qui la coutume ne permettait pas de s'enivrer, tiraient de quoi boire de quelques grandes cruches jusqu'à ce qu'ils fussent devenus ivres *comme des souches* (2), et les femmes avaient la plus grande peine du monde à ramener leurs maris ivres à la maison.

Il leur arrivait souvent de dépenser dans un banquet ce qu'ils avaient gagné péniblement en commerçant durant un grand nombre de jours. Ils avaient deux manières de célébrer leurs festins : la première était celle des seigneurs et des gens de condition ; elle obligeait chacun des conviés à rendre à son tour la fête à laquelle il avait été invité; à chacun d'eux on donnait une volaille rôtie, du pain et des boissons de

provincialismes souvent introuvables et encore plus intraduisibles; il y a ici *cimitaras*, peut-être pour *cimitarras*, cimeterres, mais que veut-il dire ? Nous avons traduit l'idée, sinon le mot.

para cubrirse y un banquillo y vaso mas galano que pueden. Y si se muere uno dellos es obligada a pagar el combite la casa o parientes del. La otra manera es entre parentelas, quando casan sus hijos o hazen memorias de las cosas de sus antepassados, y esta no obliga a restitucion, salvo que si ciento an combidado a un indio a una fiesta, assi a todos quando el haze fiesta o casa sus hijos combida. Y que sienten mucho la amistad y conservan la memoria aunque lejos unos de otros con estos combites, y que en estas fiestas les davan a bever mugeres hermosas las quales despues de dado el vaso volvian las espaldas al que lo tomava hasta vaciado el vaso.

Que los indios tienen recreaciones muy donosas y principalmente farsantes que representan con mucho donayre tanto que estos alquilan los españoles para no mas que vean los chistes de las españoles que passan con sus moças, maridos o ellos proprios sobre el buen o mal servir, y despues lo representan con tanto artificio como curiosos españoles. Tienen atabales pequeños que tañen con la mano, y otro atabal de palo hueco de sonido pesado y triste; tañenlo con un palo larguillo puesto al cabo cierta leche de un arbol, y tienen trompetas largas y delgadas de palos huecos, y al cabo unas largas y tuertas calabaças. Y tienen otro

---

(1) « Au temps de leur idolàtrie, » ils dansaient et encore actuelle- » ment ils dansent et chantent » suivant l'usage des Mexicains : » ils ont un chanteur principal qui » donne le ton et enseigne ce » qu'il faut chanter ; ils le véné- » rent et le respectent, lui don-

cacao en abondance, et à la fin du repas un manteau pour se couvrir et un petit piédestal avec la coupe qu'on y posait, aussi bien travaillée que possible. Si l'un d'eux venait ensuite à mourir, l'obligation de rendre le repas incombait à sa maison ou à ses parents. La seconde manière de donner des festins avait lieu entre les familles, lorsqu'elles venaient à marier leurs enfants ou à célébrer la mémoire des faits de quelqu'un de leurs ancêtres, mais ceci n'obligeait pas à rendre le repas ; seulement si cent personnes avaient invité un Indien à une fête, il les invitait tous à son tour, quand il venait à marier quelqu'un de ses enfants. Ils sont fort sensibles à une preuve d'amitié et ils conservaient longtemps le souvenir de ces invitations, quoique fort éloignés les uns des autres. Dans ces repas, celles qui leur donnaient à boire étaient de belles femmes qui, après leur avoir présenté le vase, tournaient le dos à celui qui le prenait jusqu'à ce qu'il l'eût vidé.

Ces Indiens ont des divertissements fort agréables : ils ont surtout des comédiens qui donnent des représentations avec beaucoup de grâce ; c'est au point que les Espagnols les louent, afin qu'ils puissent être témoins des bons mots des Espagnols qui passent avec leurs servantes et leurs maris, sur la manière de servir bien ou mal, ce qu'ils représentent ensuite avec autant de vérité que les Espagnols eux-mêmes. Ils ont de petits tambours dont ils jouent avec la main, et une autre sorte de tambour de bois creux au son sourd et triste (1) ; ils le battent avec une baguette, au bout de laquelle ils mettent une boule de la gomme d'un arbre ; ils ont

---

» nant sa place à l'église, dans les
» fêtes et assemblées. Ils le nom-
» ment *Holpop*, et c'est à ses soins
» que sont confiés les tambours
» ou *tunkules* et autres instru-
» ments de musique, tels que flû-
» tes, trompettes, conques mari-
» nes et autres choses dont ils se

instrumento de toda la tortuga entera con sus conchas, y sacada la carne, tañenlo con la palma de la mano, y es su sonido lugubre y triste.

Tienen chiflatos de cañas, de huessos de venado, y caracoles grandes y flautas de cañas, y con estos instrumentos hazen son a los vailantes, y tienen especialmente dos vailes muy de hombre y de ver. El uno es un juego de cañas y assi le llaman ellos *Colomche* que lo quiere dezir; para jugarlo se junta una gran rueda de vailadores con su musica que les haze son y por su compas salen dos de la rueda, el uno con un manojo de bohordos, y vaila con ellos en hiesto. El otro vaila en cuclillas, ambos con compas de la rueda, y el de los bohordos con toda su fuerça los tira al otro, el qual con gran destreza con un palo pequeño arebatelos. Acabado de tirar buelven con su compas a la rueda y salen otros hazer lo mismo.

Otro vaile ay en que vailan ocho cientos y mas y menos indios con banderas pequeñas con son y passo

» servent. Le *tunkul* (en mexicain *teponaztli*) est de bois creux, et il y en a de si grands qu'on en entend le son à deux lieues de distance, quand vient le vent du même côté. Ils chantent avec ces instruments leurs fables et leurs antiquités. Ils avaient et ils ont encore des comédiens qui représentent les fables et les histoires antiques, que je crois qu'il serait bon de leur ôter, au moins les costumes avec lesquels ils les représentent; car, à ce qu'il paraît, ils sont comme ceux de leurs prêtres idolâtres... Ils mettent de la grâce dans les plaisanteries et les bons mots qu'ils adressent à leurs anciens et aux juges, figu-

des trompettes de bois longues et minces dont l'extrémité est formée de grandes calebasses tordues. Il y a une autre espèce d'instrument, formé d'une tortue entière avec sa carapace, dont on a enlevé la chair et qu'on fait sonner avec la paume de la main : le son en est lugubre et triste.

Ils ont des sifflets, fabriqués de bambous et d'os de bêtes fauves, de grandes conques marines et des flûtes de roseaux. Avec tous ces instruments ils font de la musique pour animer les danseurs : ils ont entre autres deux ballets tout à fait virils et dignes d'être vus. L'un est un jeu de roseaux, c'est pourquoi ils l'appellent *Colomche,* qui en est la signification. Pour l'exécuter, il se forme un grand cercle de danseurs avec leur musique qui en joue l'air : deux d'entre eux sortent en dedans du cercle suivant la mesure, l'un ayant un faisceau de baguettes à la main et danse ainsi tout à fait droit et debout. L'autre danse accroupi, suivant, ainsi que l'autre, la mesure du cercle, le premier lançant avec force les baguettes au second, lequel à l'aide d'un petit bâton les saisit avec beaucoup d'adresse. Le faisceau terminé, ils reprennent en mesure leur place dans le cercle et il en sort deux autres qui recommencent le même jeu.

Ils exécutent un autre ballet où ils se trouvent au nombre de huit cents danseurs, dont une partie est

» rant leur rigueur, leur ambi-
» tion ou leur avarice, imitant
» leurs gestes et leurs manières,
» disant les vérités à leur propre
» curé, devant lui-même, souvent
» dans un seul mot. Mais pour les
» comprendre, il faut bien possé-
» der leur langue et être très-at-
» tentif. Ces représentations sont
» d'ailleurs fort dangereuses, sur-
» tout si elles ont lieu de nuit
» dans leurs maisons; car Dieu
» sait ce qui s'y passe. *Balzam* est
» le nom qu'ils donnent à ces co-
» médiens et par extension à
» l'homme d'esprit, au bouffon;
» car ils imitent aussi fort bien les
» oiseaux dans ces représenta-
» tions. » (Cogolludo, *Hist. de Yucatan,* lib. IV, cap. 5.)

largo de guerra, entre los quales no ay uno que salga de compas. Y en sus vailes son pesados, porque todo el dia entero no cessan de vailar, porque les llevan ay de comer y bever. Los hombres no solian vailar con las mugeres.

§ XXIII. — *Comercio y moneda. Agricultura y semillas. Justicia y hospitalidad.*

Que los officios de los indios eran olleros y carpinteros, los quales por hazer los idolos de barro y madera con muchos ayunos y observancias ganavan mucho. Avia tambien cirujanos, o por mejor dezir hechizeros, los quales curavan con yervas y muchas supersticiones, y assi de todos los demas officios.

El officio en que mas inclinados estavan es mercaderia, llevando sal, ropa y esclavos a tierra de Ulua y Tavasco, trocandolo todo por cacao y cuentas de piedra que era su moneda, y con esta solian comprar esclavos o otras cuentas con razon que eran finas y buenas, las quales por joyas trayan sobre si en las fiestas los señores. Y tenian otras hechas de ciertas conchas coloradas por moneda y joyas de sus personas. Y lo

---

(1) Il y a cependant quelques exceptions, comme on le verra plus loin au § XXXII.

(2) « La monnaie dont ils se servaient, c'étaient des clochettes et des grelots de cuivre, dont la grandeur fixait le prix, et quelques coquillages rouges qu'ils apportaient du dehors et qu'ils enfilaient comme les grains d'un cha-

armée de banderolles; ils dansent sur un air particulier au grand pas de guerre, sans qu'il n'y en ait un seul qui n'observe la mesure. Dans leurs ballets, ils sont généralement lourds, car durant le jour entier ils ne cessent de danser, et on leur apporte à boire et à manger. Il n'était pas d'usage que les hommes dansassent avec leurs femmes (1).

§ XXIII. — *Commerce et monnaie. Labour et semailles. Justice et hospitalité.*

La principale industrie de ces Indiens était celle de potier et de charpentier; ils étaient chargés de fabriquer les idoles d'argile et de bois, auxquelles, toutefois, ils ne mettaient la main qu'après un certain nombre de jeûnes et d'observances religieuses; mais ils y faisaient un bénéfice considérable. Il y avait aussi parmi les Mayas des chirurgiens, ou pour mieux dire, des sorciers qui guérissaient les maladies à l'aide des simples, mais avec beaucoup de rites superstitieux; et ainsi de toutes les autres professions.

Celle à laquelle ils avaient le plus de propension était le commerce : ils transportaient du sel, des étoffes et des esclaves à la terre d'Ulua et à Tabasco, les échangeant contre du cacao et des bagatelles de pierre qui étaient leur monnaie (2) : c'est avec cela qu'ils étaient accoutumés d'acheter des esclaves ou d'autres bagatelles de pierre, mais plus fines et plus belles, que leurs chefs portaient comme des joyaux

pelet. Les grains de cacao servaient également de monnaie; c'était ce qu'il y avait de plus en usage dans leurs achats et ventes, ainsi que certaines pierres de prix et de petites haches de cuivre qu'ils tiraient de la Nouvelle-Espagne, etc. (Cogolludo, *Hist. du Yucatan*, lib. VI, cap. 3.)

traian en sus bolsas de red que tenian y en los mercados tratavan de todas quantas cosas avia en essa tierra. Fiavan, prestavan, y pagavan cortesmente y sin usuras.

Y sobre todo eran los labradores y los que ponen a coger maiz y las demas semillas, lo qual guardan en muy lindos sitios y trojes para vender a sus tiempos. Sus mulas y bueyes son la gente. Suelen de costumbre sembrar para cada casado con su muger medida de cccc pies, lo qual llaman *hun-uinic*, medida con vara de xx pies, xx en ancho, y xx en largo.

Que los indios tienen costumbre buena de ayudarse unos a otros en todos sus trabajos. En tiempo de sus sementeras, los que no tienen gente suya para las hazer, juntanse de xx en xx, o mas o menos, y hazen todos juntos por su medida y tasa la labor de todos, y no lo dexan hasta cumplir con todos. Las tierras por aora es de comun, y assi el que primero las ocupa las possee. Siembran en muchas partes, por si una faltare supla la otra. En labrar la tierra, no hazen sino coger la vassura y quemarla para despues sembrarla; y desde medio enero hasta abril labran, y entonces con las lluvias siembran, lo qual hazen, trayendo un taleguillo a cuestas, y con un palo puntiagudo hazen agujero en tierra y ponen alli cinco o seis granos, lo qual con el mesmo palo cubren. En lluviendo, espanto es como nace. Juntanse tambien para la caça de L en L, mas o menos, y la carne del venado assan en parrillas, porque no se les gaste, y venidos al pueblo, hazen sus

dans les fêtes. Ils avaient encore une autre sorte de monnaie, faite de certaines coquilles rouges et qui servaient également à orner leurs personnes : ils les portaient dans des bourses de filet qu'ils avaient; et dans leurs foires ils traitaient de toutes les choses que produit cette contrée. Ils donnaient à crédit, prêtaient et payaient honnêtement et sans aucune usure.

Par-dessus tout ils étaient cultivateurs, recueillaient le maïs et les autres graines qu'ils conservent dans des greniers et des lieux parfaitement appropriés, pour les vendre en leur temps. Les hommes remplaçaient les mules et les bœufs. Pour chaque ménage, ils ont l'habitude de semer une mesure de quatre cents pieds en carré, qu'ils appellent *hun-uinic*, ce qui est une mesure avec une verge de 20 pieds, 20 en hauteur et 20 en largeur.

Ces Indiens ont la bonne coutume de s'entr'aider mutuellement dans tous leurs travaux. Au temps des semailles, ceux qui n'ont pas suffisamment de monde à eux pour les faire, se réunissent de vingt en vingt, plus ou moins, et s'occupent tous ensemble, suivant sa mesure et son étendue, du champ de chacun d'eux et n'en laissent point jusqu'à ce que le tout soit terminé. Les terres aujourd'hui sont communes, et le premier occupant en devient le possesseur. Ils sèment en un grand nombre d'endroits, afin que les semailles d'un champ venant à manquer, l'autre y supplée. En labourant la terre, ils n'y font d'autre engrais que d'y réunir les mauvaises herbes et de les brûler avant d'ensemencer : ils la travaillent depuis la mi-janvier jusqu'en avril, et ils sèment alors à l'entrée des pluies; ils le font, portant un petit sac sur les épaules et creusant avec un bâton pointu un trou dans la terre où ils jettent cinq ou six grains, les recouvrant ensuite avec le

presentes al señor, y distribuyen como amigos y el mesmo hazen en la pesca.

Que los indios en sus visitas siempre llevan consigo don que dar, segun su calidad, y el visitado con otro don satisfaze al otro, y los terceros destas visitas hablan y escuchan curiosamente conforme a la persona con quien hablan, no obstante que todos se llaman *tu*, porque en el progresso de sus platicas, el menor por curiosidad suele repetir el nombre del officio o dignidad del mayor. Y usan mucho yr ayudando al que da los mensages un sonsonete hecho con la aspiracion en la garganta que es como dezir vastaque o assique. Las mugeres son cortas en sus razonamientos y no acostumbravan a negociar por si, especialmente si eran pobres, y por esso los señores se mofaron de los frayles que davan oydo a pobres y ricos sin respeto.

Que los agravios que hazian unos a otros mandava satisfazer el señor del pueblo del dañador, y sino, era occasion y instrumento de mas passiones; y si eran de un mesmo pueblo, con el juez lo comunicavan que era arbitro, y examinado el daño, mandava la satisfacion, y si no era sufficiente para la satisfacion, los parientes y muger le ayudavan. Las causas de que se solian hazer estas satisfaciones eran si matavan a al-

même bâton. Du moment qu'il commence à pleuvoir, c'est une chose merveilleuse de voir comme tout pousse. Pour la chasse, ils se réunissent également de cinquante en cinquante, plus ou moins : ils font ensuite rôtir la chair du gibier sur des grils, afin qu'elle ne se gâte point ; arrivés à la ville ou à la bourgade, ils font leurs présents au seigneur et se distribuent le reste entre eux comme des amis. Ils en font de même avec la pêche.

Dans leurs visites, ces Indiens portent toujours quelque présent qu'ils puissent offrir, chacun suivant sa qualité : la personne visitée répond par un don analogue. Durant ces visites, les tiers parlent et écoutent avec attention, selon le rang et le langage de la personne à qui ils s'adressent : tous, néanmoins, se tutoient ; mais, dans le cours de la conversation, le plus infime répète par égard le titre de l'office ou de la dignité des plus élevés. Un usage fort commun, c'est d'aider celui qui délivre un message, en répondant par quelques petits sons cadencés, produits par l'aspiration dans la gorge et qui est comme s'ils disaient : Il suffit, c'est fort bien. Les femmes sont brèves dans leurs raisonnements, n'étant pas accoutumées à traiter pour elles-mêmes, surtout si elles étaient pauvres ; aussi les seigneurs raillaient-ils les moines de ce qu'ils prêtaient attention aux pauvres et aux riches sans distinction.

Quant aux offenses qu'ils commettaient les uns contre les autres, c'était le seigneur du lieu d'où était le coupable qui envoyait donner satisfaction ; autrement, c'était une occasion et un motif pour des querelles. Si l'offenseur et l'offensé étaient du même endroit, ils en faisaient part au juge, qui était l'arbitre, et qui, sur examen du dommage, ordonnait la satisfaction ; si l'offenseur n'avait pas de quoi satisfaire

guno casualmente, o quando se ahorcava la muger o el marido con alguna culpa de haverle dado o el la occasion, o quando eran causa de algun incendio de casas o eredades, de colmenas o trojes de maiz. Los otros agravios hechos con malicia satisfazian siempre con sangre y puñadas.

Que los yucataneses son muy partidos y hospitales, porque entra nadie en su casa a quien no den la comida o bevida, que tienen de dia de sus bevidas, de noche de sus comidas, y si no las tienen, buscanlo por la vezindad; y por los caminos si les junta gente, a todos an de dar dellas, aunque les quepe por esso mucho menos.

§ XXIV.— *Modo de contar de los yucataneses. Nombres. Eredades y tutela de los huerfanos. Sucesion de los señores.*

Que su cuenta es de v en v, hasta xx, y de xx en xx hasta c, y de c en c hasta 400, y de cccc en cccc hasta viii mil. Y desta cuenta se servian mucho para la contratacion de cacao. Tienen otras cuentas muy largas, y que las protienden *in infinitum*, contandolas viii mil xx vezes que son c y lx mil, y tornando a xx duplican estas ciento y lx mil, y despues yrlo assi xx duplicando hasta que hazen un incontable numero : cuentan en el suelo o cosa llana.

Que tienen mucha cuenta con saber el origen de sus linajes, especial si vienen de alguna casa de Mayapan, y esso procuran de saberlo de los sacerdotes, que

seul, ses parents et sa femme l'y aidaient. Ce qui pouvait donner lieu à des satisfactions de ce genre, c'était si l'un des deux en tuait un autre par accident ; si par hasard le mari ou la femme venait à se pendre par quelque faute du conjoint ; si quelqu'un était cause d'un incendie soit d'une maison ou d'un héritage, de ruches à miel ou d'un grenier de maïs. S'il s'agissait d'offenses ou de dommages causés par malice, la satisfaction ne s'obtenait jamais sans qu'il y eût des coups ou du sang versé.

Le Yucatèque est libéral et hospitalier : personne n'entre dans sa maison qu'il ne lui offre aussitôt à boire et à manger ; de jour, de la bouillie ou du breuvage accoutumé ; de nuit ; de son dîner. S'il ne l'a point, il va le chercher dans le voisinage ; si, en route, du monde se joint à lui, avec tous il partage, quelque peu qu'il puisse y avoir pour chacun d'eux.

§ XXIV. — *Manière de compter des Yucatèques. Noms de famille. Héritages et tutelle des orphelins. Succession princière.*

Les Yucatèques comptent de 5 en 5 jusqu'à 20 et de 20 en 20 jusqu'à 100 ; de 100 en 100 jusqu'à 400 et de 400 en 400 jusqu'à 8000. Cette manière de compter était fort en usage dans les marchés qui concernaient le cacao. Ils ont d'autres numérations fort longues qu'ils étendent *ad infinitum*, comptant le nombre 800 vingt fois, ce qui fait 160,000 ; puis retournant à 20, ils doublent 160,000 et ainsi multipliant par 20, jusqu'à ce qu'ils arrivent à un chiffre innombrable. Leurs comptes se font sur le sol ou une chose plane.

Ils tiennent beaucoup à connaître l'origine de leurs familles, surtout s'ils descendent de quelque maison de Mayapan ; aussi cherchent-ils à s'en instruire au-

es una de sus sciencias, y jatanse mucho de los varones que en sus linajes ha avida señalados. Los nombres de los padres duran siempre en los hijos, en las hijas no. A sus hijos y hijas siempre llamavan del nombre del padre y de la madre, el del padre como propio y de la madre apellativo. Desta manera el hijo de *Chel* y *Chan* llamavan *Na-Chan-Chel*, que quiere dezir hijo de fullanos, y esta es la causa que dizen los indios son los de un nombre deudos y se tratan por tales, y por esso quando viene alguno en parte no conocido y necessitado, luego acude el nombre, y si ay quien, luego con toda charidad se reciben y tratan y assi ninguna muger o hombre se casava con otro del mesmo nombre, porque era a ellos gran infamia. Llamanse aora los nombres de Pilar los propios.

Que los indios no admittian las hijas a heredar con los hermanos sino era por via de piedad o voluntad y entonces davanles del monton algo; lo demas partian los hermanos igualmente, salvo que al que mas notablemente avia ayudado a allegar la hazienda davan la equivalencia y si eran todas hijas, heredavan los hermanos o mas propinquos. Y si eran de edad que no se suffria entregar la hazienda, entregavanla a un tutor debdo mas cercano, el qual dava a la madre para criarlos, porque no usavan de déxar nada en poder de madres, o quitavanles los niños principalmente siendo los tutores hermanos del difunto. Estos tutores

---

(1) On sait qu'en Espagne et dans les pays espagnols, les noms absurdes de *Pilar*, Pilier, *Soledad*, Solitude, etc. sont fort communs

près des prêtres, les connaissances généalogiques étant une des branches de leurs sciences : ils sont très-fiers si dans leurs familles il y a eu des hommes distingués. Les noms des pères durent toujours dans les fils, mais non dans les filles. Ils donnaient toujours à leurs fils et filles les noms du père et de la mère, celui du père comme le nom propre et celui de la mère comme l'appellatif : ainsi le fils de *Chel* et de *Chan* se nommait *Na-Chan-Chel*, ce qui veut dire fils de tels. C'est à cause de cela que l'on dit que ces Indiens sont tous ensemble parents et d'un même nom, et qu'ils se traitent pour tels ; aussi, s'il arrive que l'un d'eux se trouve en quelque endroit inconnu et dans l'embarras, il dit son nom ; sur-le-champ, s'il y en a là de la même descendance, ils accourent, le reçoivent et le traitent avec la plus grande tendresse. C'est pour cela que ni homme ni femme n'épousait quelqu'un du même nom, car il y avait là pour tous une grande note d'infamie. Leurs noms propres aujourd'hui sont comme Pilar, etc. (1).

Ces Indiens ne permettaient pas aux filles d'hériter avec leurs frères, si ce n'est par condescendance ou bonne volonté; dans ce cas, on leur donnait quelque chose de la succession. Les frères partageaient le reste d'une manière égale, sauf que celui qui avait le plus aidé auparavant à accroître le bien, en recevait l'équivalent d'avant part ; s'il n'y avait que des filles, les cousins ou parents les plus proches prenaient l'héritage. Si les enfants étaient trop jeunes, pour qu'on pût le leur confier, on le remettait au plus proche parent, qui était ainsi le tuteur. Celui-ci donnait à la mère de quoi les élever ; car, d'après leurs usages, ils

---

pour *Maria del Pilar* ou de la *Solitude*, à cause des sanctuaires dédiés à la Sainte Vierge.

davan lo que assi se les entregava a los erederos quando eran de edad, y no hazerlo era gran fealdad entre ellos y causa de muchas contiendas. Quando assi le entregavan era delante de los señores y principales, quitando lo que havian dado para los criar y no davan de las cosechas de las eredades nada mas como era de colmenares y algunos arboles de cacao, porque dezian era harto tenerlo en pie. Si quando el señor moria no eran los hijos para regir y tenia hermanos, regia de los hermanos el mayor o el mas desenbuelto y al heredero mostravan sus costumbres y fiestas para quando fuesse hombre y estos hermanos, aunque el eredero fuesse para regir, mandavan toda su vida, y sino avia hermanos, elegian los sacerdotes y gente principal un hombre sufficiente para ello.

§ XXV. — *Repudiacion frecuente entre los yucataneses. Sus casamientos.*

Que antiguamente se casavan a xx años, aora de xii o xiii, y por esso aora se repudian mas facilmente como se casan sin amor i ignaros de la vida matrimonial y officio de casados, y si los padres no podian persuadir que volviessen con ellas, buscavanles otra y otras y otras. Con la mesma facilidad dexavan los

ne laissaient rien en la puissance de la mère, ou même lui ôtaient les enfants, principalement si les tuteurs étaient les frères du défunt. Quand les héritiers avaient atteint leur majorité, ces tuteurs leur rendaient leur bien ; le contraire était considéré comme une grande vilainie et devenait la cause de grandes querelles. La remise de l'héritage se faisait en présence du seigneur et des principaux de l'endroit, qui en distrayaient ce que le tuteur avait donné pour élever les enfants ; mais les héritiers ne recevaient absolument rien de ce qui avait été moissonné sur l'héritage, non plus que du miel et du cacao, à cause du travail qu'occasionnaient les cacaotiers et les ruches. Lorsque le seigneur venait à mourir, ce n'étaient pas ses fils qui succédaient au gouvernement, mais bien l'aîné de ses frères, s'il en avait, ou le plus capable ; l'héritier présomptif entre-temps était instruit de ce qui concernait les coutumes et les fêtes, afin qu'il devînt un homme capable lui-même. Mais encore qu'il fût en état de gouverner, c'étaient les frères de son père qui commandaient jusqu'à la fin de leur vie ; mais s'il n'y avait pas de frères, les prêtres et les principaux chefs faisaient choix d'un homme capable de gouverner jusqu'à la majorité de l'héritier.

§ XXV. — *Répudiation fréquente des Yucatèques. Leurs mariages.*

Anciennement ils se mariaient à l'âge de vingt ans : aujourd'hui ils le font de douze à treize ; aussi se répudient-ils bien plus facilement, se mariant comme ils le font, sans amour, sans connaissance de la vie matrimoniale et des devoirs qu'elle impose : quand les parents du fils ne réussissaient pas à lui persuader

hombres con hijos a sus mugeres sin temor de que otro las tomasse por mugeres o despues volver a ellas; pero con todo esso son muy zelosos y no llevan a paciencia que sus mugeres no les esten honestas, y aora que han visto que los españoles sobre esso matan a las suyas, empieçan a maltratarlas y aun a matarlas. Si quando repudiavan los hijos eran niños, dexavanlos a las madres, si grandes los varones con los padres y hembras con las madres.

Que aunque era tan comun y familiar cosa repudiar, los ancianos y de mejores costumbres lo tenian por malo y muchos avia que nunca avian tenido sino una, la qual ninguno tomava de su nombre, de parte de su padre; ca era cosa muy fea entre ellos y si algunos se casavan con las cuñadas mugeres de sus hermanos, era tenido por malo. No se casavan con sus madrastas, ni cuñadas hermanas de sus mugeres, ni tias hermanas de sus madres, y si alguno lo hazia era tenido malo; con todas las demas parientas de parte de su madre contrayan aunque fuesse prima hermana.

Los padres tienen mucho cuidado de buscarles con tiempo mugeres de su estado y condicion y si podian en el mesmo lugar; y poquedad era entre ellos buscar las mugeres para si, y los padres para sus hijas casamiento; y para tratarlo, buscavan casamenteros que lo rodeassen: concertado y tratado, concertavan las

de retourner avec sa femme, ils en cherchaient une autre et les parents de la femme un autre mari. Les hommes ayant des enfants laissaient avec la même facilité leurs femmes, sans appréhension que d'autres les prissent ou qu'ils pussent eux-mêmes retourner à elles. Avec tout cela, ils sont fort jaloux et supportent difficilement que leurs femmes soient infidèles; et maintenant qu'ils ont vu dans des cas semblables les Espagnols tuer les leurs, ils commencent à les maltraiter et à les tuer à leur tour. Si, en les répudiant, leurs enfants étaient encore en bas âge, ils les laissaient à leurs mères ; s'ils étaient grands, les garçons allaient avec le père et les filles avec la mère.

Quoique la répudiation fût une chose si commune et si familière à ces Indiens, les anciens et ceux qui tenaient aux bonnes mœurs la condamnaient; il y en avait donc beaucoup qui n'en avaient jamais eu qu'une. Ils n'en prenaient jamais qui portassent leur propre nom du côté paternel, car ils regardaient un mariage de ce genre comme une mauvaise action, de même qu'un mariage contracté avec sa belle-sœur, veuve d'un frère. Ils n'épousaient ni leurs belles-mères ni leurs belles-sœurs, du côté de leurs femmes, ni leurs tantes maternelles ; et si l'un d'eux le faisait, on considérait son union de mauvais œil. Du reste ils se mariaient sans scrupule avec toutes leurs autres parentes du côté maternel, fût-ce même avec leurs cousines germaines.

Les pères avaient grand soin de chercher de bonne heure à leurs fils des femmes de leur condition et, si faire se pouvait, du même endroit qu'eux : il y avait une sorte de bassesse pour les hommes à chercher eux-mêmes leurs femmes, ou pour les pères à chercher eux-mêmes des maris pour leurs filles; à cet effet ils

aras y dote, lo qual era muy poco, y davalo el padre del moço al consuegro, y hazia la suegra allende del dote vestidos a la nuera y hijo; y venido el dia, se juntavan en casa del padre de la novia, y alli aparejada la comida, venian los combidados y el sacerdote, y juntado los casados y consuegros, tratava el sacerdote quadrarles, pues lo avian bien mirado los suegros y estarles bien y assi le davan su muger al moço essa noche si era para ello y luego se hazia la comida y combite; y de ay adelante quedava en casa del suegro el yerno, trabajando cinco o seis años por el suegro, y sino lo hazia, hechavanle de casa y travajavan las madres diesse siempre la muger de comer y bever al marido en señal de casamiento. Los viudos y viudas sin fiesta ni solemnidades se concertavan, con solo ir ellos a casa dellas y admittirlos y darles de comer se hazia el casamiento; de lo qual nacia que se dexavan con tanta facilidad como se tomavan. Nunca los yucataneses tomaron mas de una como se ha hallado de otras partes tener muchas juntas, y los padres algunas vezes contrahen matrimonio por sus hijos niños hasta que sean venidos en edad y se tratan como suegros.

s'adressaient à des personnes qui se chargeaient de ce soin. Les choses une fois arrangées, on concertait le douaire et la dot, ce qui était fort peu de chose : le père du futur en remettait le montant au beau-père et, en outre de la dot, la mère faisait des habits pour sa belle-fille et pour son fils. Le jour des noces, tous s'assemblaient dans la maison du père de la future : un repas y était préparé. Les convives se trouvant réunis avec les fiancés et leurs parents, le prêtre, ayant suffisamment reconnu que ceux-ci avaient mûrement considéré l'affaire, donnait au jeune homme sa femme, s'il était destiné à la recevoir cette même nuit, après quoi avait lieu le festin. A dater de ce moment le gendre restait dans la maison de son beau-père et travaillait pour son compte pendant cinq ou six ans : s'il négligeait de le faire, on le chassait de la maison ; mais les mères s'arrangeaient pour que la femme donnât toujours de quoi manger à son mari, en signe de mariage. Les veufs et veuves s'unissaient sans fêtes ni solemnités : il suffisait aux premiers de se rendre à la maison d'une veuve, d'y être reçus et d'y trouver à manger de sa main, pour que le mariage eût lieu ; aussi ne se séparaient-ils pas avec moins de facilité qu'ils se prenaient pour époux. Les Yucatèques n'ont jamais eu l'usage d'épouser plus d'une femme, comme cela s'est vu dans les pays voisins, où l'on en a plusieurs à la fois. Il arrivait quelquefois que les pères contractaient mariage pour leurs enfants en bas âge, qu'ils unissaient ensuite en leur temps, et jusque-là ils ne se traitaient pas moins comme alliés.

§ XXVI. — *Modo de bautismo en Yucatan. Como lo celebravan.*

No se halla el baptismo en ninguna parte de las Indias, sino en esta de Yucatan, y aun con vocablo que quiere dezir nacer de nuevo o otra vez, que es lo mesmo que en la lengua latina *renascor*, porque en la lengua de Yucatan *zihil* quiere dezir nacer de nuevo o otra vez, y no se usa sino en composicion de verbos, y assi *caput zihil* quiere dezir nacer de nuevo. No hemos podido saber su origen, mas de que es cosa que an siempre usado y a que tenian tanta devocion, que nadie lo dexava de recebir, y tanta reverencia que los que tenian peccados, si eran para saber los cometer los avian de manifestar, especialmente a los sacerdotes para recebirlo, y tanta fee en el que no lo iteravan en ninguna manera. Lo que pensavan recebian en el era una previa disposicion para ser buenos en sus costumbres, y no ser dañados en las cosas temporales de los demonios, y venir mediante el y su buena vida a conseguir la gloria que ellos esperavan, en la qual, segun en la de Mahoma, avian de usar de manjares y beveres.

Tenian pues esta costumbre para venir a hazer los baptismos, que criavan las indias los niños hasta edad de tres años, y a los varoncillos usavanles siempre poner pegada a la cabeça en los cabellos de la coronilla una contezuela blanca, y a las muchachas traian ce-

---

(1) Ceci est une erreur de Landa, qui ne paraît guère avoir été au courant des coutumes du Mexique où l'enfant était lavé quel-

§ XXVI. — *Sorte de baptême au Yucatan. Comment on le solennisait.*

On ne trouve de baptême en aucune partie des Indes, excepté dans le Yucatan (1), où il existe désigné sous un nom qui signifie naître de nouveau ou une autre fois : le mot est identique avec le latin *renasci;* car dans la langue du Yucatan *zihil* veut dire renaître. Mais il n'est usité qu'en composition verbale; ainsi *caput-zihil* signifie naître de nouveau. Nous n'avons pu retrouver son origine ; on sait seulement que c'est une coutume qui a toujours existé et à laquelle ils avaient tant de dévotion qu'ils ne laissaient jamais de s'y conformer. Ils y avaient un tel respect que ceux qui avaient des péchés sur la conscience ou qui se sentaient inclinés à en commettre quelqu'un, s'en confessaient particulièrement au prêtre, afin d'être en état de recevoir le baptême, et ils y mettaient une si grande foi qu'ils ne l'auraient réitéré pour quoi que ce fût. Ils croyaient y recevoir une disposition préalable à se conduire honnêtement, et se trouver garantis de toute atteinte des démons dans les choses temporelles; par ce moyen et une vie réglée, ils espéraient obtenir la béatitude qu'ils attendaient, dans laquelle, comme en celle de Mahomet, ils auraient trouvé le plaisir avec les femmes, ainsi qu'à boire et à manger.

Voici la coutume qu'ils avaient pour se préparer au baptême : les femmes étant chargées d'élever les enfants jusqu'à l'âge de trois ans, mettaient sur la tête des petits garçons quelque chose de blanc attaché entre les cheveux à l'occiput; quant aux petites fil-

---

ques jours après sa naissance et purifié par l'invocation de la déesse Chalchiuhlicué, etc.

ñidas por las senes muy abaxo con un cordel delgado y en el una conchuela asida que les venia a dar encima de la parte honesta, y destas dos cosas era entre ellos peccado y cosa muy fea quitarla de las mochachas antes del baptismo, el qual les davan siempre desde edad de tres años hasta doze y nunca se casavan antes del baptismo.

Quando alguno avia que quisiesse baptizar su hijo, iva al sacerdote y davale parte de su intento, el qual publicava por el pueblo el baptismo y el dia en que lo hazia, el qual ellos miravan siempre no fuesse aciago. Esto hecho el que hazia la fiesta que era el que movia la platica, elegia un principal del pueblo a su gusto para que le ayudasse a su negocio y las cosas del. Despues tenian de costumbre elegir a otros quatro hombres ancianos y honrados que ayudassen al sacerdote el dia de la fiesta a las cerimonias, y estos elegian juntamente a su gusto con el sacerdote. Y en estas elecciones entendian siempre los padres de todos los niños que avia que baptizar, ca de todos era tambien la fiesta y llamavanlos a estos que escogian *chaces*. Tres dias antes de la fiesta ayunavan los padres de los mochachos y los officiales, abstiniendose de las mugeres.

El dia juntavanse todos en casa del que hazia la fiesta y llevavan los niños todos que avian de baptizar, a los quales ponian en el patio o plaça de la casa, que limpio y sembrado de hojas frescas le

les, elles portaient de la ceinture en bas une corde fort menue, à laquelle était attachée une petite coquille qui venait à se trouver placée justement au-dessus des parties sexuelles; on regardait comme un grand péché et une chose fort malhonnête d'ôter ces choses aux petites filles avant leur baptême, qui leur était toujours administré entre trois et douze ans, et jamais on ne les mariait auparavant.

Lorsque quelqu'un désirait faire baptiser son enfant, il allait au prêtre et lui faisait part de son intention : celui-ci publiait le baptême dans toute la commune, ayant soin toujours que la cérémonie ne tombât pas en un jour malheureux. Cela fait, celui qui en avait fait la proposition, et qui, par conséquent, se chargeait de la fête, choisissait à son goût un des principaux de la localité, afin de l'aider dans tout ce qui y avait rapport. Après cela, on avait coutume d'en choisir encore quatre autres d'entre les anciens et des plus honorables, qui prêtaient secours au prêtre dans ses fonctions le jour de la fête : ce choix se faisait toujours d'accord avec le prêtre lui-même. Les pères de tous les enfants à baptiser avaient également part à cette élection, car la fête était du ressort de tous : à ceux qui avaient été désignés pour accompagner le prêtre on donnait le titre de *chac* (1). Durant les trois jours précédant la fête, les pères des enfants jeûnaient ainsi que ces officiers, s'abstenant d'user de leurs femmes.

Au jour convenu, tous ensemble se réunissaient dans la maison de celui qui faisait la fête, amenant avec eux les enfants à baptiser : on les rangeait dans la cour ou la place de la maison qui avait été ba-

---

(1) *Chac* ou *Chaac*, ainsi qu'on le verra plus loin, était aussi le nom générique des dieux protecteurs de la campagne et des moissons, comme les *tlaloque* au Mexique.

tenian por orden en rengla los varones por si y las niñas por si, ponian les como padrinos una muger anciana a las niñas, y a los niños un hombre que los tuviessen a cargo.

Esto hecho tratava el sacerdote de la purificacion de la posada, hechando al demonio della. Para echarlo ponian quatro vanquillos en las quatro esquinas del patio en los quales se sentavan los quatro chaces con un cordel largo asido de uno a otro, de manera que quedavan los niños acorralados en medio a dentro del cordel, despues pasando sobre el cordel avian de entrar todos los padres de los niños que avian ayunado dentro del circuito. Despues o antes ponian en medio otro vanquillo donde el sacerdote se sentava con un brasero, y un poco de maiz molido y de su encienso. Alli venian los niños y niñas por orden y echavales el sacerdote un poco de maiz molido y del encienso en la mano, y ellos en el brasero; y ansi hazian todos, y estos saumerios acabados, tomavan el brasero en que los hazian, y el cordel con que los chaces los tenian cercados y echavan en un vaso un poco de vino y davan lo todo a un indio que lo llevasse fuera del pueblo, avisandole no beviesse ni mirasse atras a la buelta y con esto dezian quedava el demonio echado.

El qual assi ido verrian el patio y limpiavanlo de las hojas del arbol que tenia que se dize *cihom* y echavan otras de otro que llaman *copo*, y ponian unas seras en tanto que el sacerdote se vestia. Vestido salia con un jaco de pluma colorado y labrado de otras

layée et parsemée de verdure ; les garçons se plaçant d'un côté, sous la garde d'un homme qui faisait comme l'office de parrain à leur égard; et de l'autre, les filles à qui l'on donnait une matrone pour prendre soin d'elles.

Cela fait, le prêtre s'occupait à purifier la maison, chassant le démon du lieu. A cet effet, on plaçait un petit banc aux quatre angles de la cour : les quatre chacs s'asseyaient tenant une corde de l'un à l'autre, de façon à ce que les enfants demeurassent en quelque sorte renfermés au milieu, après quoi les pères tous ensemble qui avaient observé le jeûne jusque-là, passaient par-dessus la corde pour entrer dans l'enceinte. Au milieu était une autre banquette où le prêtre s'asseyait, ayant à côté de lui un brasier avec du maïs moulu et de l'encens (1). Les petits garçons et les petites filles s'approchaient en ordre, et le prêtre leur mettait dans la main un peu du maïs et de l'encens qu'ils jetaient tour à tour dans le brasier. Cela passé et les encensements terminés, on enlevait le brasier et la corde dont les chacs faisaient l'enceinte; ceux-ci versaient un peu de vin dans un vase qu'ils donnaient avec ces choses à un homme pour les porter hors de la commune, en lui recommandant surtout de ne pas boire le vin et de ne pas regarder par derrière à son retour. De cette manière, on disait que le démon était chassé.

On balayait ensuite la cour et on la nettoyait de la verdure qui s'y trouvait et qui était des feuilles d'un arbre appelé *cihom*; on les remplaçait par d'autres d'un arbre nommé *copo*, et on étendait quelques nattes, pendant que le prêtre revêtait ses habits. Il se pré-

(1) L'encens dont il s'agit ordinairement dans ce livre, c'est le *copal*, en usage encore dans toutes ces contrées.

plumas de colores, y que le cuelgan de los estremos otras plumas largas y una como coroza en la cabeça de las mesmas plumas, y debaxo del jaco muchos listones de algodon hasta el suelo como colas, y con un isopo en la mano de un palo corto muy labrado, y por barbas o pelos del isopo ciertas colas de unas culebras que son como caxcaveles, y con no mas ni menos gravedad que ternia un papa para coronar un emperador, que cosa era notable la serenidad que les causavan los aparejos. Los chaces ivan luego a los niños y ponian a todos sendos paños blancos en las cabeças que sus madres para aquello traian. Preguntavan a los que eran grandecillos si avian hecho algun peccado y tocamiento feo, y si lo avian hecho, confessavanlo, y separavanlos de los otros.

Esto hecho mandava el sacerdote callar y sentar la gente, y començava el a bendezir con muchas oraciones a los mochachos, y a santiguarlos con su isopo, y con mucha serenidad. Acabada su bendicion se sentava y se levantava el principal que avian los padres de los mochachos elegido para esta fiesta, y con un guesso que el sacerdote le dava iva a los mochachos y amagava a cada uno por si nueve vezes con el guesso en la frente; despues mojavale en un vaso de una agua que llevava en la mano, y untavales la frente, y las faciones del rostro y entre los dedos de los piez y los de las manos a todos sin hablar palabra. Esta agua hazian de ciertas flores y de cacao mojado y desleido con agua virgen que ellos dezian traida de los concavos de los arboles o de los montes.

Acabada esta unctura se levantava el sacerdote y les

sentait bientôt après revêtu d'une tunique de plume rouge, travaillée d'autres plumes de diverses couleurs et d'où pendaient d'autres plumes plus grandes, et pardessus comme une grande quantité de rubans de coton qui pendaient jusqu'à terre : sur la tête il portait une sorte de mitre travaillée en plume de la même manière, et à la main comme un petit goupillon de bois, sculpté avec art, dont les poils étaient des queues de serpent analogues aux serpents à sonnette. Il sortait ainsi n'ayant ni plus ni moins de gravité qu'un pape en aurait pour couronner un empereur; et c'est une chose notable de voir la sérénité que lui donnait tout cet appareil. Les chacs aussitôt s'avançaient vers les enfants et leur mettaient sur la tête des linges blancs que leurs mères avaient apportés à cet effet. Ils demandaient aux plus grands s'ils n'avaient pas commis quelque péché ou attouchement obscène, et s'ils l'avaient fait, ils le confessaient et on les séparait des autres.

Cela terminé, le prêtre commandait à tout le monde de s'asseoir et de se taire ; il se mettait ensuite à bénir les enfants avec certaines prières, et à les sanctifier avec son goupillon avec beaucoup de majesté. La bénédiction finie, il s'asseyait : celui que le père des enfants avait choisi pour aider principalement à cette fête, se levait alors, et armé d'un os que le prêtre lui donnait, il allait à chaque enfant et le lui passait neuf fois au front; il le trempait ensuite dans un vase d'eau qu'il portait à la main, en oignait à tous le front et le visage, ainsi que les interstices des doigts des pieds et des mains, sans dire un seul mot. Cette eau se composait de certaines fleurs et de cacao mouillé et délayé dans de l'eau vierge qu'ils disaient provenir des concavités des bois ou des montagnes.

A la suite de cette onction, le prêtre se levait ; il leur

quitava los paños blancos de la cabeça y otros que tenian colgados a las espaldas en que cada uno traia atadas unas pocas de plumas de un paxaro muy hermoso y algunos cacaos, lo qual todo recogia uno de los chaces, y luego el sacerdote les cortava a los niños con una navaja de piedra la cuenta que avian traido pegada en la cabeça; tras esto ivan los demas ayudantes del sacerdote con un manojo de flores y un humaço que los indios usan chupar; y amagavan con cada uno dellos nueve vezes a cada mochacho, y despues davanle a oler las flores y a chupar el humaço. Despues recogian los presentes que las madres traian y davan dellos a cada mochacho un poco para comer alli, ca de comida eran los presentes, y tomavan un buen vaso de vino y presto en medio ofrecianlo a los dioses y con devotas plegarias les rogavan recibiessen aquel don pequeño de aquellos mochachos, y llamando otro oficial que les ayudava que llamavan *Cayom* davanse lo que lo beviesse, lo qual hazia sin descançar que diz que era peccado.

Esto hecho se despedian las mochachas primero, a las quales ivan sus madres primero a quitarles el hilo con que avian andado hasta entonces atadas por las renes, y la conchuela que traian en la puridad, lo qual era como una licencia de poderse ya quando quiera que los padres quisiessen casar. Despues despedian por si a los mochachos, y idos venian los padres al monton de las mantillas que avian traido, y repartianlo de su mano por los circumstantes y officiales. Despues acabavan la fiesta con comer y bever largo; llamavan a esta fiesta *Emku*, que quiere dezir baxada de Dios. El que la avia hecho principalmente mo-

ôtait de la tête les linges blancs qu'on leur avait mis, ainsi que d'autres qu'ils avaient aux épaules, où chacun d'eux portait quelques plumes d'un fort bel oiseau et des grains de cacao. L'un des chacs recueillait toutes ces choses, après quoi le prêtre coupait avec un couteau de pierre aux petits garçons ce qu'ils portaient attaché à la tête; derrière le prêtre marchaient ses autres aides, un bouquet de fleurs à la main avec une pipe à parfums que les Indiens ont coutume de fumer; ils en faisaient neuf passes à chaque enfant et ensuite lui donnaient tour à tour à sentir le bouquet et à aspirer la pipe. Ils recueillaient après cela les présents que les mères avaient apportés et en donnaient un peu à manger là même à chacun des enfants; car ces présents étaient de victuailles. Ils prenaient un grand vase rempli de vin, ils l'offraient rapidement aux dieux, en les priant avec des paroles de dévotion d'agréer ce faible hommage de la part des enfants, puis appelant à eux un autre officier, dont le titre était *Cayom*, ils lui donnaient le vase qu'il devait vider d'un trait; car s'arrêter pour prendre haleine eût été un péché.

La cérémonie achevée, les jeunes filles prenaient congé du prêtre; mais auparavant leurs mères leur enlevaient le cordon qu'elles avaient porté jusque-là autour des reins avec la coquille, insigne de leur pureté, ce qui était comme une permission de pouvoir se marier, quand il plairait aux parents de leur choisir un époux. Après les filles venaient les garçons, qui comme elles prenaient congé du prêtre; puis arrivaient les pères qui, s'approchant du monceau de linges qu'ils avaient apportés, les distribuaient de leurs mains aux officiers et assistants. La journée se terminait avec un grand festin où ils mangeaient et buvaient en abon-

viendola y haziendo el gasto, allende de los tres dias que se avia, como por ayuno, abstenido, se avia de abstener nueve mas y lo hazian inviolablemente.

§ XXVII. — *Confesion entre los yucataneses. Abstinencias y supersticiones. Variedad de idolos. Officios de los sacerdotes.*

Que los yucataneses naturalmente conocian que hazian mal, y por que creian que por el mal y pecado les venian muertes, enfermedades y tormentos, tenian por costumbre confessarse, quando ya estava en ellos, en esta manera : que quando por enfermedad o otra cosa, eran en peligro de muerte, confessavan su peccado, y si se descuydavan, traianselo los parientes mas cercanos o amigos a la memoria, y ansi dezian publicamente sus peccados, si estava alli el sacerdote, a el, sino a los padres y madres, y las mugeres a los maridos, y maridos a las mugeres.

Los peccados de que comunmente se acusavan, eran del hurto, homicidio, de la carne, y falso testimonio, y con esto se creian salvos, y muchas vezes si escapavan avia rebueltas entre el marido y la muger, por las desgracias que les avian succedido, y con las que las avian causado.

Ellos confessavan sus flaquezas, salvo las que con sus esclavas los que las tenian cometian, porque dezian era licito usar de sus cosas como querian. Los pecca-

dance. La fête avait pour nom *Em-Ku*, c'est-à-dire descente de Dieu. Celui qui l'avait célébrée, surtout en la mettant en train et en en faisant les frais, devait, en outre des trois jours d'abstinence qu'il avait eus en forme de jeûne, s'abstenir encore durant neuf jours, et il le faisait inviolablement.

§ XXVII. — *Confession chez les Yucatèques. Abstinences et superstitions. Idoles de tout genre. Charges diverses du sacerdoce.*

Les Yucatèques connaissaient naturellement le mal quand ils le commettaient, et ils croyaient que c'était en châtiment du mal et du péché que leur venaient la mort, les maladies et les tourments ; ils avaient coutume de se confesser, et quand ils en avaient l'idée, c'était de la manière suivante. Lorsque, par suite d'une maladie ou d'autre chose, ils étaient en danger de mourir, ils confessaient leurs péchés ; mais s'ils oubliaient d'y penser, leurs parents les plus proches ou leurs amis le leur rappelaient. Ainsi ils disaient publiquement leurs péchés au prêtre, s'il était présent, sinon à leurs pères et mères, les femmes à leurs maris et les maris à leurs femmes.

Les fautes dont ils s'accusaient le plus communément étaient le vol, l'homicide, les faiblesses de la chair et les faux témoignages ; après quoi, ils se croyaient sauvés. Mais il arrivait souvent, quand ils venaient à échapper, qu'il surgissait des querelles entre mari et femme, pour les infidélités dont ils avaient pu se rendre coupables, et avec ceux qui en étaient la cause.

Les hommes confessaient leurs faiblesses, sauf celles qu'ils commettaient avec leurs esclaves ; car ils disaient qu'il était licite d'user de ce qui leur

dos de intencion no confessavan, tenian empero por malos, y en sus consejos y predicaciones consejavan evitarlos. Que las abstinencias que comunmente hazian eran de sal en los guisados y pimienta, lo qual les era grave, y abstenianse de sus mugeres para la celebracion de todas sus fiestas.

No se casavan despues de viudos un año, por no conocer hombre a muger en aquel tiempo, y a los que esto no guardavan, tenian por poco templados y que les vendria por esso algun mal.

Y en algunos ayunos de sus fiestas no comian carne ni conocian sus mugeres; recibian los officios de las fiestas siempre con ayunos, y lo mesmo los officios de republica y algunos tan largos que eran de tres años, y todos estos quebrantarlos eran grandes peccados.

Que eran tan dados a sus idolatricas oraciones, que en tiempo de necessidad hasta las mugeres, mochachos, y moças, todos entendian en esto que era quemar encienso y suplicar a Dios les librasse del mal y reprimiesse al demonio, que esto les causava.

Y que aun los caminantes en sus caminos llevavan encienso y un platillo en que lo quemar, y assi a la noche do quiera que llegavan, erigian tres piedras pequeñas y ponian en ellas sendos pocos del encienso, y ponian les delante otras tres piedras llanas, en las quales echavan encienso, y rogando al Dios que llamavan *Ekchuah* los volviesse con bien a sus casas, y esso

appartenait suivant leur caprice. Ils ne confessaient pas les péchés d'intention, quoiqu'ils les regardassent comme un mal; aussi dans leurs conseils et prédications conseillaient-ils de les éviter. Les abstinences qu'ils faisaient le plus communément étaient de se passer de sel et de piment dans les mets, ce qui pour eux était fort dur; ils s'abstenaient de l'usage de leurs femmes pour la célébration de toutes les fêtes.

Les veufs ne se remariaient qu'un an après leur veuvage, la coutume étant de ne connaître ni homme ni femme durant cet intervalle : ceux qui négligeaient de s'y conformer étaient regardés comme peu continents, et on s'imaginait qu'il leur en surviendrait quelque calamité.

Ils avaient des fêtes où non-seulement ils s'abstenaient de leurs femmes, mais aussi de manger de la chair : ils jeûnaient en entrant en office pour quelque fête, comme en entrant dans les charges de la république; il y avait de ces jeûnes qui duraient jusqu'à trois années entières, et ils considéraient comme un fort grand péché de les rompre.

Ils étaient, du reste, tellement observateurs de leurs pratiques idolâtres, que, dans les temps de calamité publique, jusqu'aux femmes et aux enfants des deux sexes s'occupaient à brûler de l'encens, à adresser leurs supplications à Dieu pour qu'il les délivrât du mal et réprimât le démon qui en était la cause.

Les voyageurs même emportaient en chemin de l'encens et une petite cassolette pour le brûler; c'est ainsi que de nuit, en quelque lieu qu'ils arrivassent, ils érigeaient trois petites pierres, déposant sur chacune quelques grains de cet encens; devant ils étendaient trois autres pierres plates, sur lesquelles ils mettaient encore de l'encens, en priant

hasta ser bueltos a sus casas cada noche lo hazian donde no faltava quien por ellos hiziesse otro tanto y aun mas.

Que tenian gran muchedumbre de idolos y templos sumptuosos en su manera, y aun sin los comunes templos tenian los señores sacerdotes y gente principal oratorios y idolos en casa para sus oraciones y ofrendas particulares. Y que tenian a Cuzmil y poço de Chicheniza en tanta veneracion como nosotros a las romerias de Hierusalem y Roma y assi les ivan a visitar y offrecer dones, principalmente a la de Cuzmil, como nosotros a lugares santos, y ya que no ivan, siempre embiavan sus offrendas. Y los que ivan tenian de costumbre de entrar tambien en templos derelictos, quando passavan por ellos a orar y quemar copal.

Tantos idolos tenian que aun no les bastava los de sus diosos; pero no avia animal ni savandija que no le hiziessen estatua y todos los hazian a la semejanza de sus dioses y diosas. Tenian algunos idolos de piedra, mas pocos, y otros de madera, y de bulto pequeños, pero no tantos como de barro. Los idolos de madera eran tenidos en tanto que se eredavan, y tenidos por lo principal de la herencia. Idolos de metal no tenian, por que no ay metal aï. Bien sabian ellos que los idolos eran obras suyas y muertas y sin deidad, mas que los tenian en reverencia por lo que representavan, y por

(1) *Echuah*, signifie marchand ; au dire de Las Casas, c'est la divinité que les Mayas invoquaient en chemin (Cogolludo, *Hist. de Yucatan*, lib. vi, cap. 6.

(2) A l'exception des masques

le dieu qu'ils nommaient *Ekchuah* (1), qu'il daignât les ramener heureusement chez eux. Cette pratique ils la recommençaient toutes les nuits jusqu'à leur retour dans les foyers, où toujours il y avait quelqu'un pour en faire autant et même davantage.

Ils avaient un très-grand nombre d'idoles et de temples somptueux à leur manière. A part même des temples ordinaires, les princes, les prêtres et les gens les plus considérables avaient encore des oratoires, avec des idoles domestiques, où ils faisaient en particulier leurs prières et leurs offrandes. Ils avaient autant de dévotion pour Cuzmil et le puits de Chichen Itza que nous pour les pèlerinages de Jérusalem et de Rome. Ainsi ils allaient les visiter et offrir des présents, principalement à Cuzmil, comme nous le faisons aux saints lieux, et s'ils ne pouvaient y aller eux-mêmes, ils y envoyaient toujours leurs offrandes. Ceux qui y allaient étaient accoutumés également de s'arrêter devant les temples abandonnés, s'ils avaient à passer à côté, d'y prier et d'y brûler du copal.

Ils avaient une si grande quantité d'idoles que celles même de leurs dieux ne leur suffisaient point; car il n'y avait pas d'animal ni de reptile dont ils ne fissent la statue, et ils les faisaient à l'image de leurs dieux et de leurs déesses. Ils avaient quelques idoles de pierre, mais en petit nombre, et d'autres de bois, de petite stature quoique pas en si grande quantité qu'en terre cuite. Les idoles de bois étaient si estimées, qu'elles comptaient dans les héritages, et ils y avaient la plus grande confiance (2). Ils n'ignoraient nullement que les idoles

servant aux représentations scéniques, je n'ai jamais vu de ces idoles de bois, les missionnaires ayant brûlé toutes celles dont ils ont pu s'emparer.

que les avian hecho con tantas cerimonias, en especial los de palo.

Los mas idolatras eran los sacerdotes, *chilanes*, hechizeros y medicos, *chaces* y *nacones*. El officio de los sacerdotes era tratar y enseñar sus sciencias y declarar las necessidades y sus remedios, predicar y echar las fiestas, hazer sacrificios y administrar sus sacramentos. El officio de los *chilanes* era dar respuestas de los demonios al pueblo y eran tenidos en tanto que acontecia llevarlos en ombros. Los hechizeros y medicos curavan con sangrias hechas en la parte donde dolia al enfermo, y echavan suertes para adivina en sus officios y otras cosas. Los *chaces* eran quatro hombres ancianos elegidos siempre de nuevo para ayudar al sacerdote a bien y complidamente hazer las fiestas. *Nacones* eran dos officios, el uno perpetuo y poco onroso, por que era el que abria los pechos a las personas que sacrificavan. El otro era una elecion hecha de un capitan para la guerra y otras fiestas que duravan tres años, este era de mucha onra.

§ XXVIII. — *Sacrificios crueles y sucios de los yucataneses. Victimas humanas matadas á flechazas y otros.*

Que hazian sacrificios con su propia sangre unas vezes, cortandose las (orejas) a la redonda por peda-

(1) Le *Nacon* dont le titre se donnait à deux différents chefs, se donnait aussi à la supérieure ou abbesse des vestales ou vierges

étaient des ouvrages de leurs mains, œuvres mortes et sans divinité; mais ils les vénéraient à cause de ce qu'elles représentaient et des rites avec lesquels ils les avaient consacrées, surtout celles de bois.

Les plus idolâtres étaient les prêtres, *Chilan*, sorciers et médecins, *Chacs* et *Nacon* (1). Ils avaient pour office de discourir sur leurs sciences et de les enseigner, de faire connaître les besoins et les moyens d'y satisfaire, de prêcher et de notifier les jours de fête, d'offrir des sacrifices et d'administrer leurs sacrements. L'office du *Chilan* consistait à donner les réponses des démons au peuple; on avait pour eux un tel respect, qu'ils ne sortaient d'ordinaire que portés en litière. Les sorciers et médecins guérissaient au moyen de saignées, pratiquées dans la partie malade; ils jetaient des sorts pour savoir l'avenir dans leurs offices et autres choses. Les *chacs* étaient quatre vieillards, élus chaque fois, suivant la circonstance, pour aider le prêtre à remplir entièrement ses fonctions durant les fêtes. La charge de *Nacon* était double : l'un était perpétuel et peu honorable, parce que c'était lui qui ouvrait la poitrine aux victimes humaines qu'on sacrifiait; le second, qui arrivait à son poste par élection, était un général d'armée, chargé également de présider à certaines fêtes : ses fonctions duraient trois ans et étaient réputées fort honorables.

§ XXVIII. — *Sacrifices cruels et obscènes des Yucatèques. Victimes humaines tuées à coups de flèches et autres.*

Ils faisaient des sacrifices de leur propre sang, quelquefois se taillant les oreilles tout à l'entour par lam-

consacrées au service des temples, laquelle prenait le titre de *Ixna-can* ou *Xnacon Katun*. (Cogolludo, *Hist. du Yucatan*, lib. iv, cap. 2.)

ços y alli los dexavan en señal. Otras vezes se agujeravan las mexillas, otras los beços baxos, otras se separavan partes de sus cuerpos, otras se agujeravan las lenguas al soslayo por los lados, y passavan por los agujeros pajas con grandissimo dolor; otras, se harpavan lo superfluo del miembro vergonçoso, dexandolo como las orejas, de lo qual se engaño el historiador general de las Indias, diziendo que se circumcidian.

Otras vezes hazian un suzio y penoso sacrificio añudandose los que lo hazian en el templo, donde puestos en rengla, se hazian sendos agujeros en los miembros viriles al soslayo por el lado, y hechos passavan toda la mas cantidad de hilo que podian, quedando assi todos asidos, y ensartados; tambien untavan con la sangre de todas estas partes al demonio, y el que mas hazia, por mas valiente era tenido, y sus hijos desde pequeños en ello començavan a ocupar y es cosa espantable quan aficionados eran a ello.

Las mugeres no usavan destos derramamientos, aunque eran harto santeras; mas de todas las cosas que aver podian que son aves del cielo, animales de la tierra, o pescados de la agua, siempre les embadurnavan los rostros al demonio con la sangre dellos. Y

---

(1) L'historien général des Indes dont il s'agit ici était Gonçalo Fernandez de Oviedo, dont l'erreur, si erreur il y a, comme l'affirme ici Landa, a été reproduite par Herrera et beaucoup d'autres écrivains. Cogolludo ajoute à son tour le témoignage de tous les

beaux qu'ils laissaient attachés en signe de pénitence; d'autres fois, ils se trouaient les joues, ou la lèvre inférieure. Les uns se tranchaient des morceaux de chair de certaines parties du corps, ou se perçaient la langue de biais, se passant à travers des fétus de paille avec de cruelles souffrances; d'autres se taillaient le superflu du membre viril, de manière à y laisser comme deux oreilles pendantes : c'est là ce qui causa l'erreur de l'historien général des Indes qui disait qu'ils se circoncisaient (1).

Dans d'autres circonstances, ils accomplissaient un obscène et douloureux sacrifice et voici comment : ceux qui voulaient en avoir le mérite se réunissaient dans le temple, rangés par ordre et attachés les uns aux autres : ils se perçaient alors chacun le membre viril de biais par le côté, puis dans les trous qu'ils avaient faits, ils passaient un cordon aussi long que possible, et ils demeuraient ainsi tous ensemble attachés et enfilés les uns avec les autres. Avec le sang qui coulait de ces plaies, ils oignaient toutes les parties des statues du démon; celui qui en faisait davantage était considéré comme le plus vaillant, et ses fils, dès le plus bas âge, apprenaient à s'y accoutumer, tant ils étaient enclins à cette épouvantable cérémonie.

Entre les femmes il n'y avait rien de semblable à cette effusion de sang, quoiqu'elles fussent excessivement dévotes. De tous les animaux que les Yucatèques pouvaient obtenir, soit des oiseaux du ciel, soit du gibier ou des bêtes fauves, ou même encore des

moines de son ordre et de Las Casas qui n'ont jamais remarqué rien qui rappelât la circoncision; il dit aussi avoir interrogé un grand nombre de vieillards qui ne se souvenaient d'aucune coutume semblable. (*Hist. de Yucatan*, lib. iv, cap. 7.)

otras cosas que tenian ofrecian; a algunos animales les sacavan el corazon y lo ofrecian, a otros enteros, unos vivos, otros muertos, unos crudos, otros guisados, y hazian tambien grandes ofrendas de pan y vino, y de todas las maneras de comidas, y bevidas que usavan.

Para hazer estos sacrificios en los patios de los templos (avia) unos altos maderos y labrados y enhiesto, y cerca de las escaleras del templo tenian una peña redonda ancha, y en medio una piedra de quatro palmos o cinco de alto enhiesta, algo delgada; arriba de las escaleras del templo avia otra tal peña.

Que sin las fiestas en las quales, para la solemnidad de ellas, se sacrificavan animales, tambien por alguna tribulacion o necessidad, les mandava el sacerdote o chilanes sacrificar personas, y para esto contribuian todos, para que se comprasse esclavos, o algunos de devocion davan sus hijitos los quales eran muy regalados hasta el dia y fiesta de sus personas, y muy guardados que no se huyessen o ensuziassen de algun carnal peccado, y mientras a ellos llevavan de pueblo en pueblo con vailes, ayunavan los sacerdotes y chilanes y otros officiales.

Y llegado el dia, juntavanse en el patio del templo, y si avia de ser sacrificado a saetadas, des-

---

(1) Il s'agit ici de la pierre des sacrifices.
(2) A Tyr, et dans les pays chananéens, à Carthage, etc., des mères portaient leurs petits enfants en holocauste à Baal, à Mo-

poissons, ils en tiraient le sang pour en embarbouiller le visage de leurs idoles. Ils leur offraient de tout ce qu'ils possédaient : à quelques animaux, ils arrachaient le cœur pour l'offrir; ils en présentaient d'autres entiers, les uns vivants, les autres morts, crus ou cuits, sans compter le pain et le vin dont ils faisaient de grandes offrandes, ainsi que de toutes les variétés de mets et de boissons à leur usage.

Pour faciliter ces différents sacrifices, il y avait dans les cours des temples quelques grands arbres debout, ornés de sculptures, et au pied de l'escalier de chaque temple se trouvait comme un piédestal rond et large, au centre duquel s'élevait une pierre de quatre ou cinq palmes de hauteur et assez fine. En haut de l'escalier il y avait une autre pierre semblable (1).

Outre les fêtes, pour la solennité desquelles on sacrifiait des animaux, le prêtre ou le chilan commandait quelquefois, à l'occasion d'un malheur ou d'une nécessité publique, de sacrifier des victimes humaines. Tout le monde y contribuait, les uns en donnant de quoi acheter des esclaves, les autres en livrant, par dévotion, leurs petits enfants (2). On les caressait et on avait un grand soin de ces victimes jusqu'au jour de la fête; mais on les gardait aussi avec beaucoup de vigilance, de peur qu'elles ne prissent la fuite ou ne se souillassent de quelque faute charnelle. Dans l'intervalle on les conduisait de ville en ville avec des danses, tandis que les prêtres, les chilans et les autres officiers observaient les jeûnes accoutumés.

Le jour convenu, tous se réunissaient dans le temple : si la victime devait être sacrifiée à coups

---

loch, etc. Quant aux sacrifices du sang humain, ils existaient chez la plupart des peuples de l'antiquité.

nudavanle en cueros y untavanle el cuerpo de azul con una coroça en la cabeça; y despues de alcançado el demonio, hazia la gente un solemne vaile con el, todos con arcos y flechas al rededor del palo, y bailando subianle en el, y atavanle y siempre vailando y mirandole todos. Subia el suzio del sacerdote vestido, y con una flecha en la parte verenda, fuesse muger o hombre le heria, y sacava sangre y baxavase y untava con ella los rostros al demonio; y haziendo cierta señal a los vailantes, le començavan a flechar por orden, como vailando passavan a priessa, al coraçon el qual tenia señalado con una señal blanca, y desta manera ponianle todos los pechos en un punto, como erizo de flechas.

Se le avian de sacar el corazon le traian al patio con gran aparato y compañia de gente, y enbadurnado de azul y su coroza puesta le llevavan a la grada redonda que era el sacrificadero, y despues que el sacerdote y sus officiales untavan aquella piedra con color azul y echavan purificando el templo al demonio; tomavan los chaces al pobre que sacrificavan, y con gran presteza le ponian de espaldas en aquella piedra y asianle de las piernas y braços todos quatro que le partian por medio. En esto llegava el saion nacon con un navajon de piedra, y davale con mucha destreza y crueldad una cuchillada entre las costillas del lado

de flèches, on la mettait toute nue, en lui barbouillant tout le corps de couleur bleue, et on lui posait une mitre sur la tête. Dès qu'on était arrivé à la statue du dieu, tous armés d'arcs et de flèches dansaient avec la victime un ballet solennel autour des arbres dont il a été question plus haut; tandis que les uns la montaient et l'attachaient, les autres continuaient à danser à l'entour, les yeux fixés sur elle (1). Le sacrificateur impur, revêtu, montait à son tour une flèche à la main; et que la victime fût un homme ou une femme, il la frappait de son arme aux parties naturelles, en tirait du sang, descendait et en oignait le visage de l'idole. Sur un signal qu'il donnait ensuite aux danseurs, ceux-ci commençaient à lancer, en dansant, des flèches au cœur de la victime, à mesure qu'ils passaient avec rapidité devant elle, le but marqué de blanc ayant été signalé d'avance. C'est ainsi que toutes les poitrines tournées vers un seul point, en faisaient comme un hérisson armé de flèches.

S'il s'agissait d'enlever le cœur à la victime, on la conduisait avec un grand appareil, dans la cour du temple, toute barbouillée de bleu et la mitre en tête, entourée de beaucoup de monde, jusqu'au pied du socle de forme ronde qui était le lieu du sacrifice. Le prêtre, assisté de ses officiers, oignaient de bleu la pierre et purifiaient le temple en chassant les mauvais esprits. Les chacs saisissaient ensuite la pauvre victime, la renversaient avec rapidité sur la pierre et la tenaient tous quatre des bras et des jambes qu'ils séparaient par le milieu. Dans le même instant, arrivait le bourreau nacon, un couteau de pierre à la main :

---

(1) Un sacrifice analogue avait lieu à Quauhtitlan, près de Mexico. (Torquemada, *Monarq. Ind.* lib. x, cap. 30.)

izquierdo debaxo de la tetilla, y acudiale alli luego con la mano y echava la mano del coraçon, como rabioso tigre y arancavaselo vivo, y puesto en un plato lo dava al sacerdote, el qual iva muy a prissa y untava a los idolos los rostros con aquella sangre fresca.

Algunas vezes hazian este sacrificio en la piedra y grada alta del templo, y entonces echavan el cuerpo ya muerto las grandas abaxo a rodar y tomavanle abaxo los officiales, y dessollavanle todo el cuero entero, salvo los pies y las manos, y desnudo el sacerdote en cueros vivos se aforrava de aquella piel y vailavan con el los demas, y era cosa de mucha solemnidad para ellos esto. A estos sacrificados comunmente solian enterrar en el patio del templo, o sino, comianseles repartiendo por los que alcançavan y los señores, y las manos y pies y cabeça eran del sacerdote y officiales, y a estos sacrificados tenian por santos. Si eran esclavos captivados en guerra el señor dellos tomava los huessos para sacar por divisa en los vailes en señal de victoria. Algunas vezes echavan personas vivas en el pozo de Chicheniza creiendo que salian al tercero dia, aunque nunca mas parecian.

(1) On retrouve ce sacrifice avec tous ses détails barbares au Mexique où il paraît avoir été apporté par une population étrangère, à Tollan, vers la fin de l'empire toltèque de l'Anahuac, au milieu du xi° siècle. C'était ce qu'on appelait à Mexico la fête de Xipe-Totec.
(2) *Hostia, ab hoste sacrificato...* Pour nous la victime la plus sainte n'est pas seulement un homme, c'est un Dieu, immolé pour nous sauver.
(3) Dans le drame quiché de *Ra-*

il l'en frappait avec une barbare habileté entre les côtes sous le sein gauche ; puis aussitôt il plongeait la main dans la poitrine, d'où il enlevait avec la joie féroce d'un tigre le cœur palpitant. Il le déposait ensuite sur un plat qu'il présentait au prêtre ; celui-ci s'empressait de le saisir, et du sang frais qui en dégouttait oignait le visage de ses idoles.

Quelquefois ce sacrifice avait lieu sur la pierre érigée en haut de l'escalier du temple, après quoi ils lançaient le cadavre par les degrés en bas : les officiers s'en emparaient, l'écorchaient en entier, à l'exception des pieds et des mains, et le prêtre s'étant dépouillé de ses habits, tout nu se recouvrait de la peau. Ceci était suivi d'une danse générale où il prenait part, et le sacrifice de cette manière était considéré comme une grande solennité (1). L'usage était d'enterrer dans la cour du temple ceux qu'on sacrifiait de cette façon : au cas contraire, on le mangeait, le partageant aux chefs et à ceux qui pouvaient en obtenir un morceau ; les pieds, les mains et la tête étant réservés pour le prêtre et ses officiers, les victimes immolées de cette manière étant considérées comme saintes (2). Si c'étaient des esclaves prisonniers de guerre, leur maître gardait leurs ossements, qu'il étalait dans les ballets comme des insignes de victoire (3). Quelquefois on jetait des victimes vivantes dans les puits de Chichen-Itza, dans l'idée qu'elles en sortaient le troisième jour, quoiqu'on ne les vît jamais reparaître.

---

binal-Achi que j'ai recueilli et traduit à Rabinal, au Guatémala, l'un des héros, Queché-Achi, fait allusion à cette coutume d'une manière poétique : « Or voici, s'écrie-t-il, ce que dit ma parole à la face du ciel, à la face de la terre : Sont-ce là votre table et votre coupe ? Mais c'est la tête de mon aïeul, mais c'est la tête de mon père que je vois et que je considère ! Ne serait-il donc pas possible qu'on en fasse de même et que l'on travaille ainsi l'os de mon

§ XXIX. — *Armas de los yucataneses. Dos capitanes, uno hereditario, otro electivo. Abstinencia de este. Milicia y soldada, guerra, etc.*

Que tienen armas offensivas y defensivas. Ofensivas eran arcos y flechas que llevavan en su cargaje con pedernales por caxcillos y dientes de pescados muy agudas, las quales tiran con gran destreza y fuerza. Son los arcos de un hermoso palo leonado y a maravilla fuerte mas derechos que corvos, las cuerdas de su cañamo. La largura del arco es siempre algo menos que el que lo trae : las flechas son de cañas muy delgadas que se crian en lagunas y largas de mas de a cinco palmos, y enxierenle a la caña un pedaço de palo delgado muy fuerte y en aquel va enxerido el pedernal. No usavan ni la saben poner ponsoña, aunque tienen harto de que. Tenian hachuelas de cierto metal y desta hechura, las quales encaxavan en un hastil de palo, y les servia de armas, y buelta de labrar la madera. Davanle filo con una piedra a porrazos que es el metal blando. Tenian lançuelas cortas de un estado con los hierros de fuerte pedernal, y no tenian mas armas que estas.

---

front, le crâne de ma tête, qu'on le cisèle et le peigne de couleurs en dedans et en dehors? Alors quand on descendra en mes montagnes et en mes vallées, pour négocier des sacs de peck ou de cacao avec mes fils et mes vassaux, dans mes montagnes et dans mes vallées, mes fils, mes vassaux diront : « Voilà la tête de notre aïeul, de notre père. » Ainsi le répéteront mes fils et mes vassaux en mémoire de moi, aussi longtemps que le soleil éclairera.... Voici donc l'os de mon bras, voici donc la baguette montée en argent,

§ XXIX. — *Armes des Yucatèques. Deux généraux, l'un héréditaire et l'autre électif. Abstinence du dernier. Milice et mercenaires. Guerre, etc.*

Les Yucatèques ont des armes offensives et défensives. Les offensives sont des arcs et des flèches qu'ils portent dans leurs carquois, armées de pointes d'obsidienne et de dents de poisson, fort aiguës, et qu'ils tirent avec non moins d'adresse que de force. Les arcs sont d'un beau bois fauve et extraordinairement solide, plutôt droits que courbes, et les cordes de l'espèce de chanvre qu'ils fabriquent. La longueur de l'arc est toujours un peu moindre que la hauteur de celui qui s'en sert; les flèches sont de roseaux fort menus qui croissent dans les lagunes, longues de cinq palmes : ils y ajustent un morceau de bois également très-menu et fort, auquel s'adapte la pierre. Ils ne connaissaient pas l'usage de les empoisonner, quoique les poisons ne leur manquent pas. Ils avaient de petites haches d'un métal particulier et de cette forme (2) : ils les ajustaient à un manche de bois; au combat, ils s'en servaient comme d'une arme, et chez eux comme d'un instrument à travailler le bois. Ce métal n'étant pas fort dur, ils leur donnaient le fil, en les battant avec une pierre. Ils se servaient aussi de lances d'une toise de longueur, dont le fer était d'un silex très-dur, et ils n'avaient pas d'autres armes (3).

dont le bruit retentira, en excitant le tumulte au dedans des murailles du grand château; voici l'os de ma jambe qui deviendra le battant du *teponovoz* (ou *teponaztli*, tambour de bois creux) et du tambour et qui fera trembler le ciel et la terre...» (B. de B. *Rabinal-Achi*, ou drame-ballet du *Tun*, etc. scène iv, pages 103 et 105.)

(2) Voir la gravure de la hache au texte espagnol.

(3) A l'époque où Landa écrivait, les Mayas, ainsi que la plupart

Tenian para su defensa rodelas que hazian de cañas hendidas, y muy texidas redondas y guarnecidas de cueros de venados. Hazian xacos de algodon colchados y de sal por moler colchada de dos tandas o colchaduras, y estos eran fortissimos. Tenian algunos señores y capitanes como moriones de palo y estos eran pocos, y con estas armas ivan a la guerra, y con plumajes y pellejos de tigres, y leones, puestos los que los tenian. Tenian siempre dos capitanes, uno perpetuo y se eredava, otro elegido con muchas cerimonias por tres años para hazer la fiesta que hazian en su mes de *Pax* y caé al doze de mayo, o por capitan de la otra banda para la guerra.

A este llamavan *Nacon*; no avia en estos tres años conocer muger ni aun la suya, ni comer carne, teniante en mucha reverencia y davanle pescados y yguanas que son como lagartos a comer; no se emborachava en este tiempo y tenia en su casa las vasijas y cosas de su servicio a parte, y no le servia muger y no tratava mucho con el pueblo.

Passados los tres años como antes, estos dos capitanes tratavan la guerra y ponian sus cosas en orden, y para esto avia en (cada) pueblo gente esco-

---

des nations voisines, dont la civilisation était analogue, avaient déjà perdu l'usage de leurs armes anciennes; il est loin de les énumérer toutes ici. Comme elles étaient les mêmes dans le Mexique et l'Amérique centrale, le lecteur qui voudrait en avoir une idée peut consulter mon *Hist. des nations civilisées du Mexique et de l'Amé-*

Pour la défense, ils avaient des rondaches qu'ils fabriquaient de roseaux fendus et tissés avec soin; elles étaient rondes et garnies de cuir de cerf. Ils tissaient aussi des sayes de coton piqué, doublées de gros sel, de deux épaisseurs, et qui étaient d'une résistance extraordinaire (1). Quelques seigneurs remplissant la charge de généraux, avaient des casques en bois; mais ils étaient en petit nombre. C'est avec ces armes qu'ils allaient en guerre, ornés de plumes et revêtus de peaux de tigres et de lions. Les généraux étaient toujours au nombre de deux, l'un dont la charge était perpétuelle et héréditaire, l'autre élective : celle-ci se conférait avec beaucoup de cérémonies pour l'espace de trois ans, à celui qui devait présider à la fête qui se célébrait au mois de *Pax*, tombant au douze mai, et qui avait le commandement du second corps d'armée, durant la guerre.

C'était ce dernier qui avait le titre de *Nacon* ; il ne devait, pendant ces trois années, communiquer avec aucune femme, pas même avec la sienne, ni manger de la viande. On l'avait en grande vénération; pour sa nourriture, on lui donnait du poisson et des iguanes, qui sont une sorte de lézards (2); en tout ce temps-là, il se gardait de s'enivrer; il avait à part dans sa maison sa vaisselle et autres objets à son usage, aucune femme n'étant admise à le servir, et il ne communiquait que fort peu avec le monde.

Passés ces trois ans, les deux généraux traitaient de la guerre et en ordonnaient les affaires; il y avait pour cela dans chaque localité des gens choisis pour soldats,

---

rique centrale, etc. tom. III, liv. XII, chap. 5, pag. 591.

(1) Ce détail confirme ce qui se trouve plus haut, § VIII, sur l'usage du sel dans la doublure piquée de coton de ces sayes.

(2) On assure que la chair de l'iguane, qu'on dit d'ailleurs d'un goût fort agréable, a la propriété de refroidir les sens.

gida como soldados, que quando era menester con sus armas acudian, los quales llaman *holcanes*, y no bastando estos, recogian mas gente, y concertavan y repartian entre si, y guiados con una bandera alta, salian con mucho silencio del pueblo, y assi ivan a arrevatar a sus enemigos con grandes gritos y crueldades, donde topavan descuidos.

En los caminos y passos, los enemigos les ponian defensas de flechaderos de varaçon y madera y comunmente hechos de piedra. Despues de la victoria quitavan a los muertos la quixada y limpia de la carne poniansela en el braço. Para sus guerras hazian grandes ofrendas de los despojos, y si captivavan algun hombre señalado luego le sacrificavan, porque no querian dexar quien les dañasse despues. La demas gente era captiva en poder del que la prendia.

Que a essos holcanes sino era en tiempo de guerra no davan soldada, y que entonces les davan cierta moneda los capitanes, y poca, porque era del suyo, y sino bastava, el pueblo ayudava a ello. Davanles tambien el pueblo la comida, y essa adereçavan las mugeres para ellos; la llevavan a cuestas por carecer de bestias y assi les duravan poco las guerras. Acabada la guerra los soldados hazian muchas vexaciones en sus pueblos durante el olor de la guerra, sobre el haziause

---

(1) Ceci ferait croire qu'il s'agit d'une sorte de garde analogue à la *landwehr* en Suisse, quoique un peu plus loin le texte ferait penser qu'il s'agit de mercenaires payés par le prince. Quant au titre de

et qui, au besoin, se présentaient en armes à l'appel des *holcans* (1). Si cette milice était insuffisante, ceux-ci réunissaient plus de monde, les instruisaient et les répartissaient les uns parmi les autres ; et conduits, un grand drapeau en tête, ils sortaient fort silencieusement de la ville ; c'est ainsi qu'ils marchaient contre leurs ennemis, qu'ils attaquaient avec de grands cris et férocité, s'ils arrivaient à les atteindre à l'improviste.

Dans les chemins et les défilés, les ennemis leur opposaient des défenses pourvues d'archers, des retranchements en bois et en branchages, mais le plus souvent en pierre. Après la victoire, ils enlevaient aux morts la mâchoire, en nettoyaient la chair et se la mettaient au bras. A l'occasion de ces guerres, ils faisaient de grandes offrandes des dépouilles et, s'ils faisaient prisonnier quelque chef distingué, ils le sacrifiaient aussitôt, ne voulant laisser vivre personne qui pût leur nuire plus tard. Le reste des prisonniers demeuraient au pouvoir de ceux qui les avaient captivés.

Quant aux holcans, ils n'amenaient point la milice hors du temps de la guerre. Les généraux leur donnaient alors une solde particulière, mais peu importante, car c'était de leurs propres fonds, et si cela ne suffisait point, la commune leur venait en aide. La commune leur donnait aussi la nourriture, les femmes étant chargées de la leur préparer ; faute de bêtes de somme, c'étaient des hommes qui la portaient à dos ; aussi les guerres étaient-elles de courte durée. La

---

holcan donné à son chef, son étymologie paraît être *hol*, tête, et *can*, serpent, tête de serpent, peut-être à cause des insignes qu'il portait.

servir y regalar, y si alguno avia matado algun capitan o señor era muy honrado y festejado.

§ XXX. — *Castigo de los adulteros, homicidas y ladrones. Educacion de los mancebos. Uso de llanar la cabeça á los niños.*

Que a esta gente les quedo de Mayapan costumbre de castigar los adulteros desta manera : hecha la pesquiza, y convencido alguno del adulterio, se juntavan los principales en casa del señor, y traido el adultero atavan a un palo, le entregavan al marido de la muger delinquente, y si el le perdonava, era libre, sino le matava con una piedra grande en la cabeça de una parte alta, a la muger por satisfacion bastava la infamia que era grande y comunmente por esto las dexavan.

La pena del homicida era morir por insidias de los parientes, aunque fuesse casual, o sino pagar el muerto. El hurto pagavan y castigavan con hazer esclavos, aunque fuesse muy pequeño el hurto, y por esto hazian tantos esclavos, principalmente en tiempo de hambre, y por esso fue que nosotros frayles tanto travajamos en el baptismo, para que les diessen libertad.

guerre terminée, les soldats causaient encore beaucoup d'embarras et d'ennuis dans leurs localités, tant que le feu n'en était pas tout à fait éteint, sans compter qu'ils se faisaient servir et régaler; et si l'un d'eux avait tué quelque capitaine ou seigneur, on le comblait d'honneurs et de festins.

§ XXX. — *Châtiment de l'adultère, du meurtre et du vol. Education des jeunes gens. Coutume d'aplatir la tête aux enfants.*

Ce peuple avait conservé de Mayapan la coutume de châtier les adultères de la manière suivante : l'instruction achevée, et le coupable ayant été convaincu, les principaux habitants se réunissaient dans la maison du seigneur. L'adultère était amené et attaché à un poteau et on le livrait au mari de sa complice. Celui-ci pouvait lui pardonner, et, dans ce cas, on le rendait à la liberté; sinon il le tuait, en lui lançant d'un lieu élevé une grande pierre sur la tête. Quant à la femme, son châtiment consistait dans son infamie, qui était grande, et d'ordinaire le mari se séparait d'elle.

La peine de l'homicide, quand bien même il ne le fût que par accident, était d'être abandonné aux piéges que lui tendaient les parents du défunt, qui le tuaient quand ils en avaient la chance, ou bien de payer pour le mort. Le voleur rendait la valeur de ce qu'il avait pris, ou bien on le réduisait à l'esclavage, quelque peu qu'il eût dérobé : c'est pour cela qu'il y avait tant d'esclaves, surtout en temps de famine, et que, nous autres, religieux, nous avons tant travaillé, au moment de les baptiser, pour qu'ils leur rendissent la liberté.

Y si eran señores o gente principal juntavasse el pueblo; prendido le labravan el rostro desde la barba hasta la frente por los lados en castigo, lo qual tenian por grande infamia.

Que los moços reverenciavan mucho a los viejos y tomavan sus consejos y ansi se jactavan de viejos, y esso dezian a los moços, que pues avian mas visto que ellos, les avian de creer, lo qual si hazian, los demas les davan mas credito. Eran tan estimados en esto que los moços no tratavan con viejos, sino era en cosas inevitables, y los moços por casar; con los casados, sino muy poco; por lo qual se usava tener en cada pueblo una casa grande y encalada, abierta por todas partes, en la qual se juntavan los moços para sus passatiempos. Jugavan a la pelota y a un juego con unas habas como a los dados, y a otros muchos. Dormian aqui todos juntos casi siempre, hasta que se casavan.

Y dado que e vido que en otras partes de las Indias usavan del nefando peccado en estas tales casas, en esta tierra no e entendido que hiziessen tal, ni creo lo hazian, porque los llagados desta pestilencial miseria dizen que no son amigos de mugeres como eran estos, ca a estos lugares llevavan las malas mugeres publicas, y en ellos usavan dellas, y las pobres que entre esta gente acertava a tener este officio no obstante que recibian dellos gualardon, eran tantos los moços que a ellas acudian que las traian acossadas y muertas. Enbadurnavanse de color negro hasta que se casavan,

Si le voleur était un seigneur ou un homme de condition, toute la commune s'assemblait; dès qu'il était pris, on lui scarifiait le visage des deux côtés, des lèvres au front, châtiment qui était regardé comme une grande infamie.

Les jeunes gens avaient beaucoup de respect pour les vieillards : ils demandaient leurs conseils et se faisaient passer pour vieux; les vieillards, de leur côté, disaient aux jeunes gens que, puisqu'ils avaient vu plus qu'eux, leur devoir était d'ajouter foi à leurs discours, et lorsqu'ils le faisaient, ils n'en étaient que plus estimés des autres. Ils avaient une si haute opinion de la vieillesse, que les jeunes gens ne traitaient avec les anciens que quand ils ne pouvaient faire autrement, comme au moment de se marier; avec les gens mariés ils se tenaient aussi fort peu. C'est pourquoi il était d'usage dans chaque localité d'avoir une grande maison, blanchie à la chaux, mais ouverte de tous les côtés, où les jeunes gens s'assemblaient pour leurs divertissements. Ils jouaient à la balle et à une sorte de jeu de fèves, comme aux dés, ainsi qu'à beaucoup d'autres. Ils dormaient là presque toujours ensemble jusqu'au moment de se marier.

Or, comme j'ai vu qu'en d'autres endroits des Indes ils étaient adonnés à la pédérastie, dans des maisons de ce genre, je n'ai cependant jamais ouï dire que cela eût lieu ici, et je ne crois pas qu'ils en usassent, car on dit que ceux qui sont affligés de cette misère pestilentielle, ne sont pas amateurs des femmes, tandis que ceux-ci le sont. Car ils avaient la coutume d'amener dans ces endroits des femmes publiques, dont ils usaient; or, les malheureuses qui, parmi ce peuple, faisaient ce métier, encore qu'elles se fissent payer, étaient obsédées par un si grand nombre de

y no se solian labrar hasta casados, sino poco. En las demas cosas acompañavan siempre a sus padres, y assi salian tan buenos idolatras como ellos, y servianles mucho en los trabajos.

Que las indias criavan sus hijitos en toda aspereza y desnudez del mundo, porque a cuatro o cinco dias nacida la criatura la ponian tendidita en un lecho pequeño hecho de varillas, y alli boca abaxo le ponian entre dos tablillas la cabeça, la una en el colodrillo, y la otra en la frente, entre las quales se le appretavan reciamente y le tenian alli padeciendo hasta que acabados algunos dias le quedava la cabeça llana y enmoldada como lo usavan todos ellos. Era tanta molestia y peligro de los niños pobres que peligravan algunos, y el autor deste vio agujerarsele a uno la cabeça por detras de las orejas, y assi devian hazer muchos.

Criavanlos en cueros, salvo que de 4 a 5 años les davan una mantilla para dormir y unos listoncillos para onestarse como sus padres y a las mochachas las començavan a cubrir de la cinta abaxo. Mamavan mucho, porque nunca dexavan de darles leche pudiendo, aunque fuessen de tres o quatro años, de donde venia aver entre ellos tanta gente de buenas fuerças. Criavanse los dos primeros años a maravilla lindos y gordos. Despues con el continuo bañarlos las madres y los soles se hazian morenos; pero eran todo el tiempo de la niñez bonicos y traviesos, que nunca paravan andar con arcos y flechas, y jugando unos

jeunes gens, qu'elles s'en trouvaient poursuivies jusqu'à en mourir. Ceux-ci avaient la coutume de se peindre en noir jusqu'au moment de leur mariage ; il y en avait peu qui se tatouassent auparavant. Dans tout le reste, ils suivaient constamment leurs parents ; c'est ainsi qu'ils les servaient si bien dans leurs travaux et qu'ils devenaient de si grands adorateurs d'idoles.

Les femmes élevaient leurs petits enfants avec toute la rudesse et la nudité possibles : la faible créature était à peine venue au monde de quatre ou cinq jours, qu'elles l'étendaient sur un petit lit fabriqué de baguettes d'osier et de roseaux ; là, le visage contre terre, elles lui mettaient la tête entre deux planchettes, l'une au front, l'autre à l'occiput, serrées avec force, et le tenaient dans la souffrance jusqu'à ce qu'au bout de quelques jours, la tête ainsi moulée restait à jamais aplatie suivant leurs usages. Il y avait là-dedans tant d'incommodité et de péril pour les petits enfants, que plusieurs en étaient près de mourir ; l'auteur de ce livre en a vu un dont la tête s'était trouée derrière les oreilles, ce qui devait arriver à un grand nombre.

Ils étaient élevés tout nus ; mais, à l'âge de quatre ou cinq ans, on leur donnait un morceau de toile pour se couvrir, en dormant, et quelques petites bandes pour cacher leur nudité, comme leurs pères ; quant aux petites filles, on commençait alors à les vêtir de la ceinture en bas. Ils tétaient beaucoup ; car les mères ne laissaient jamais de leur donner du lait, si longtemps qu'elles en étaient capables, quoiqu'ils eussent atteint l'âge de trois ou quatre ans ; de là tant de gens forts et robustes dans ce pays. Tout jeunes encore, on les élevait à merveille beaux et forts ; mais ensuite avec les bains fréquents que

con otros, y assi se criavan hasta que començavan a seguir el modo de vivir de los mancebos y tenerse, en su manera en mas y dexar las cosas de niños.

§ XXXI. — *Modo de vestir y de adornarse entre las indias de Yucatan.*

Que los indias de Yucatan son en general de mejor dispusicion que las españolas, y mas grandes y bien hechas, ca no son de tantas renes como las negras. Precianse de hermosas las que son, y a una mano no son feas; no son blancas sino de color baço, causado mas del sol y del continuo bañarse, que de su natural; no se adoban los rostros como nuestra nacion, y esso tienen por liviandad. Tenian por costumbre acerrarse los dientes dexandolos como diente de sierra y esto tenian por galanteria, y hazian este officio viejas, limandolos con ciertas piedras y agua.

Horadavanse las narices por la ternilla que divide las ventanas por medio para ponerse en el agujero una piedra de ambar y tenianlo por gala. Horadavanse las orejas, para ponerse zarzillos al modo de sus maridos; labravanse el cuerpo de la cinta arriba, salvo los pechos por el criar, de labores mas delicadas y hermosas que los hombres. Bañavanse muy a menudo con agua fria

leur faisaient prendre leurs mères, et l'ardeur du soleil, ils devenaient plus bronzés. Durant toute leur enfance, ils étaient vifs et pétulants, toujours armés d'arcs et de flèches, et jouant les uns avec les autres : c'est ainsi qu'ils croissaient, jusqu'à ce qu'ils fussent en état d'adopter la manière de vivre des jeunes gens, et de se donner plus d'importance, en laissant les jeux de l'enfance.

§ XXXI. — *Toilette des femmes yucatèques. Leurs vêtements divers.*

Les Indiennes du Yucatan sont généralement plus agréables que les Espagnoles, plus grandes et bien faites, et elles n'ont pas les hanches si grandes que les négresses. Celles qui sont belles en tirent de la vanité, et de fait elles ne sont pas laides : elles ne sont pas blanches, mais brunes de couleur, ce qui leur vient plutôt de leur exposition au soleil et de l'habitude de se baigner trop souvent, que de leur nature. Elles ne se fardent pas le visage comme les dames de notre pays; car elles regardent cet usage comme de l'immodestie. Elles avaient pour coutume de se couper les dents en forme de dents de scie, ce qu'elles considéraient comme une marque de beauté; c'étaient les vieilles femmes qui leur rendaient ce service, en leur limant les dents avec une certaine pierre et de l'eau.

Elles se perçaient le cartilage du nez entre les narines, afin d'y placer une pierre d'ambre, ce qui était encore une gentillesse à leurs yeux. Elles se perçaient aussi les oreilles pour y mettre des pendants, à l'imitation de leurs maris; elles se tatouaient de dessins plus délicats et plus élégants que les hommes, le corps de la ceinture en haut, à l'exception des seins qu'elles

como los hombres, y no lo hazian con sobrada honestidad, porque acaescia demudarse en cueros en el poço donde ivan por agua para ello. Acostumbravan demas de esto bañarse en aqua caliente y fuego y deste poco y por causa mas de salud que limpieza.

Acostumbravan untarse con cierta uncion de colorado como los maridos, y las que tenian possibilidad, echavan la cierta confecion de una goma olorosa y muy pegajosa, y que creo es liquidambar que en su lengua llaman *iztah-te*, y con esta confecion untavan cierto ladrillo como deseaban que tenian labrado galanas labores, y con aquel se untavan los pechos, y braços, espaldas y quedavan galanas y olorosas, segun les parecia, y duravales muchos dias sin se quitar segun era buena la uncion.

Traian cabelles muy largos, y hazian y hazen dellos muy galan tocado partidos en dos partes, y entrençavanselos para otro modo de tocado. A las moças por casar suelen las madres curiosas curarselos con tanto cuydado que e visto muchas indias de tan curiosos cabellos como curiosas españolas. A las mochachas hasta que son grandecitas, se los trençan en quatro quernos y en dos que les parecen bien.

Las indias de la costa y de la provincia de Bacalar y

gardaient pour allaiter leurs enfants. Elles prenaient très-souvent des bains dans l'eau froide comme les hommes, mais sans trop de réserve ; car elles se mettaient pour cela toutes nues dans les endroits où l'on allait chercher de l'eau. Elles avaient également la coutume de se baigner dans l'eau chaude et au feu (1), mais peu et plutôt pour raison de santé que de propreté.

Une autre coutume était de se oindre aussi d'une couleur rouge comme leurs maris, et celles qui en avaient les moyens y ajoutaient d'une gomme odoriférante et fort poisseuse, que je crois être le liquidambar, appelé dans leur langue *iztah-té* : de cette gomme elles imprégnaient une brique ornée de gracieux dessins qu'elles avaient toujours chez elles et s'en frottaient les seins, les bras et les épaules; c'est ainsi qu'elles s'embellissaient et se parfumaient à leur manière, l'odeur leur restant en proportion de la qualité du parfum employé.

Comme elles avaient les cheveux très-longs, elles en faisaient et en font encore une coiffure fort élégante, les partageant en deux tresses, dont elles se servaient encore pour une autre sorte de coiffure. Quant aux jeunes filles à marier, les mères soigneuses s'attachaient à les faire briller d'une manière si particulière, que j'ai vu beaucoup d'Indiennes portant les cheveux avec tout autant de grâce que les Espagnoles les plus distinguées sous ce rapport. Aux petites filles, jusqu'à ce qu'elles deviennent d'une certaine taille, elles les leur tressent en quatre ou deux sortes de cornes qui leur font très-bien.

Les Indiennes de la côte et de la province de Bacalar

---

(1) Ce bain au feu, était probablement le bain de vapeur dont les Mexicains faisaient usage, appelé chez eux *temazcalli* et chez les Quichés *tuh*.

Campeche son mas honestas en su traje, porque allende de la cobertura que traian de medio abaxo se cubrian los pechos atandoselos por debaxo los sobacos con una manta doblada; las demas todas no traian mas de una vestidura como saco largo y ancho, abierto por ambas partes y metidas en el hasta los quadriles donde se les apretavan con el anchor mesmo y no tenian mas vestidura, salvo que la manta con que siempre duermen, usavan, quando ivan camino, llevar cubierta doblada o arollada, y assi andavan.

§ XXXII. — *Castitad de las mugeres y su educacion. Sus grandes calidades, su economia, etc. Su devocion y sus partos.*

Preciavanse de buenas y tenian razon, porque antes que conociessen nuestra nacion, segun los viejos aora lloran, lo eran a maravilla y desto traere dos exemplos. El capitan Alonso Lopez de Avila cuñado del adelantado Montejo prendio una moça india y bien dispuesta y gentil muger, andando en la guerra de Bacalar. Esta prometio a su marido temiendo que en la guerra no le matassen de no conocer otro si el no, y assi no basto persuasion con ella paraque no se quitasse la vida, por no quedar en peligro de ser ensuziada de otro varon, por lo qual la hizieron aperrear.

A mi se me quexo una india por baptizar de un indio baptizado, el qual andando enamorado della, ca her-

(1) Quel aveu pour un évêque, surtout pour un évêque espagnol et un homme du caractère généralement attribué à Landa! Il prouve, du reste, en faveur de sa véracité, mais il est

et de Campêche sont plus modestes dans leur habillement ; car, outre le jupon dont elles se couvrent de la ceinture en bas, elles se voilent la poitrine, en la renfermant dans une pièce d'étoffe doublée sous les aisselles ; les autres n'avaient d'autre vêtement d'en haut qu'un sac long et large, ouvert sur les côtés, descendant jusqu'aux hanches, qu'elles y serraient sur la largeur. C'était là toute leur toilette, à l'exception de l'étoffe avec laquelle elles dorment toujours et qu'elles portaient habituellement, lorsqu'elles allaient en chemin, doublée ou roulée sur les épaules.

§ XXXII. — *Chasteté des femmes yucatèques. Leur éducation ; leurs grandes qualités. Economie du ménage, etc. Leur caractère dévot et leurs couches.*

Elles se vantaient d'être bonnes et avec raison : car, avant qu'elles connussent notre race, au dire des vieillards qui en gémissent aujourd'hui (1), elles l'étaient merveilleusement, ce dont j'apporterai ici deux exemples. Le capitaine Alonso Lopez de Avila, beau-père de l'adelanto Montejo, avait fait prisonnière, durant la guerre de Bacalar, une jeune Indienne aussi belle que gracieuse et élégante. Craignant pour son mari le danger de la mort, elle lui avait fait la promesse de ne jamais appartenir à un autre : aussi rien ne put-il la persuader de consentir à se laisser flétrir, pas même la perte de la vie, et ainsi on la livra aux chiens qui la dévorèrent (2).

Quant à moi, j'eus occasion d'entendre les plaintes d'une Indienne catéchumène que poursuivait de ses

---

bien triste pour la civilisation européenne.

(2) Martyre de la chasteté et de la fidélité conjugales, persécutées par des hommes qui avaient la prétention d'introduire l'Evangile.

mosa era, aguardose ausentasse su marido, y se le fue una noche a su casa y despues de manifestarle con muchos requiebres su intento, y no bastarle, provo a dar dadivas que para ello llevava, y como no aprovechassen, intento forçarla, y con ser un giganton y travajar por ello toda la noche no saco jella mas de darle enojo tan grande que se me vino a quexar a mi de la maldad del indio, y era assi lo que dezia.

Acostumbravan a volver las espaldas a los hombres, quando los topavan en alguna parte, y hazerles lugar paraque passassen, y lo mesmo quando les davan a bever, hasta que acabavan de bever. Enseñan lo que saben a sus hijas, y crianlas a su modo bien, ca las riñen y las doctrinan y hazen trabajar, y si hazen culpas las castigan, dandoles pellizcos en las orejas, y en los braços. Si las ven alçar los ojos, las riñen mucho y se los untan con su pimienta que es grave dolor, y si no son honestas, las aporrean y untan con la pimienta en otra parte por castigo y afrenta. Dizen por mucho valdon y grave reprehension a las moças mal disciplinadas que *parecen mugeres criadas sin madre.*

Son zelosas y algunas tanto que ponian los manos a las de quien tenian zelos, y tan colericas, enojadas, aunque harto mansas, que solian dar buelta de pelo

sollicitations un Indien déjà baptisé, amoureux d'elle; car elle était belle. L'Indien ayant attendu l'absence de son mari, se présenta une nuit chez elle, et, après lui avoir témoigné ses désirs de toutes les manières, voyant qu'il n'arrivait à aucun résultat, la tenta par des présents; ne réussissant pas davantage par ce moyen, il voulut lui faire violence. Mais, avec sa grande taille et une lutte qui dura la nuit entière, il n'obtint autre chose que d'exciter la colère de cette femme; elle vint se plaindre à moi le lendemain des tentatives coupables de l'Indien, et je vérifiai effectivement l'exactitude de son récit.

Entre autres usages, les femmes avaient celui de tourner le dos aux hommes, chaque fois qu'elles venaient à rencontrer l'un ou l'autre dans le chemin, et se mettaient de côté pour les laisser passer. La même chose avait lieu, lorsqu'elles leur donnaient à boire, jusqu'à ce qu'ils eussent vidé la coupe. Elles instruisent leurs filles de ce qu'elles savent, les élèvent très-bien à leur manière, les enseignent et les grondent et les font travailler : si elles commettent quelque faute, elles les punissent, en les pinçant aux bras et aux oreilles. Si elles leur voient lever les yeux, elles les reprennent fortement et les leur frottent avec un peu de leur piment, ce qui leur cause beaucoup de souffrance; si elles sont peu honnêtes, elles les battent et leur frottent une autre partie du même piment, ce qui est à la fois un châtiment et un affront. C'est une réprimande fort sévère et un reproche très-dur que de dire aux jeunes filles désobéissantes « qu'elles ressemblent à des femmes élevées sans mère. »

Les Indiennes sont très-jalouses, et quelques-unes le sont au point qu'elles mettent les mains sur celles qu'elles soupçonnent; elles sont si colères alors

algunas a los maridos con hazerlo ellos pocas vezes. Son grandes travajadoras y vividoras, porque dellas cuelgan los mayores y mas trabajos de la sustentacion de sus casas y educacion de sus hijos, y paga de sus tributos y con todo esso si es menester llevan algunas vezes mayor carga, labrando y sembrando sus mantenimientos. Son a maravilla grangeras, velando de noche el rato que de servir sus casas les queda, yendo a los mercados a comprar y vender sus cosillas.

Crian aves para vender de Castilla, y de las suyas y para comer. Crian paxaros para su recreacion y para las plumas para hazer sus ropas galanas, y crian otros animales domesticos de los quales dan el pecho a los corços, con lo qual los crian tan mansos que no saben irseles al monte jamas, aunque los llevan y traigan por los montes y crien en ellos.

Tienen costumbre de ayudarse unas a otras a las telas y al hilar, y paganse estos trabajos como sus maridos los de sus eredades, y en ellos tienen siempre sus chistes de mofar y contar nuevas, y a ratos un poco de murmuracion. Tienen por gran fealdad mirar a los hombres y reirseles, y por tanto que solo esto bastava para hazer qualquiera fealdad, y sin mas entremeses

et si irritables, quoique généralement d'un caractère fort doux, qu'il y en a qui arrachaient les cheveux à leurs maris, pour peu qu'ils leur fussent infidèles. Elles sont grandes travailleuses et excellentes pour l'administration intérieure : car c'est d'elles que dépendent la plupart et les principaux travaux du ménage pour le support de leurs maisons, l'éducation de leurs enfants et le payement des tributs; avec tout cela, si le besoin s'en fait sentir, ce sont elles qui souvent encore portent à dos les plus fortes charges, qui travaillent la terre et y sèment les graines dont ils se nourrissent. Elles sont merveilleusement économes, veillant de nuit, durant les instants qui leur restent après le service de la maison, allant au marché de jour pour acheter et vendre les choses qui sont à leur usage.

Elles élèvent la volaille, soit celle de Castille ou du pays, pour la vendre ou pour s'en nourrir : elles élèvent également des oiseaux pour leur amusement, comme aussi pour en retirer les plumes qui servent à leurs ornements; elles élèvent également d'autres animaux domestiques, allaitant même des chevreaux et les apprivoisant de telle sorte que, bien qu'elles les emmènent dans les bois, où souvent elles les nourrissent, ils n'y resteraient jamais sans elles.

A toutes ces coutumes elles ajoutaient celles de s'entr'aider mutuellement, quand elles filaient ou tissaient : elles s'acquittaient par ces mêmes travaux les unes envers les autres, comme leurs maris de ceux de leurs champs. Elles avaient leurs saillies et leurs bons mots pour railler et conter des aventures et par moment aussi pour murmurer de leurs maris (1). Elles

---

(1) L'espagnol dit « conter des nouvelles et par moments un peu de murmures, » sans dire contre qui, mais le reste du texte semble indiquer que c'était contre leurs maris.

hazianlas ruines. Vailavan por si sus vailes y algunos con los hombres, en especial uno que llamavan *Naual* no muy honesto. Son muy fecundas y tempranas en parir, y grandes criaderas por dos razones, la una porque la bevida de las mañanas que beven caliente cria mucha leche y el continuo moler de su maiz y no traer los pechos apretados les haze tenerlos muy grandes donde les viene tener mucha leche.

Emborachavanse tambien ellas con los combites, aunque por si, como comian por si, y no se emborachavan tanto como los hombres. Son gente que dessea mucho hijos la que carece dellos, y que los pedian a sus idolos con dones y oraciones, y aora los piden a Dios. Son avisadas y corteses y conversables, con que se entienden, y a maravilla bien partidas. Tienen poco secreto y no son tan limpias en sus personas ni en sus cosas con quanto se lavan como los ermiños.

Eran muy devotas y santeras, y assi tenian muchas devociones con sus idoles, quemandoles de sus enciensos, ofreciendoles dones de ropa de algodon, pero con

(1) Le nom *naual* donné à ce ballet appartient à la langue mexicaine. On sait, d'ailleurs, que certaines populations d'origine nahuatl, à Panuco, à Teo-Colhuacan, etc., avaient des mœurs fort dissolues et des fêtes très-lascives, d'où cette danse peut avoir été empruntée ou apportée au Yucatan.

(2) Landa, en faisant, d'un côté,

regardent comme une fort vilaine chose de fixer les yeux sur les hommes et de rire avec eux ; cela seul suffisait pour amener du désordre et sans plus de cérémonie les rendre un objet de mépris. Elles dansaient entre elles des danses qui leur sont propres ; quelquefois elles en avaient en commun avec les hommes, entre autres le ballet, nommé *Naual* qui n'est guère décent (1). Elles sont très-fécondes et enfantent de bonne heure ; elles sont excellentes nourrices et pour deux raisons : la première, parce que la boisson qu'elles prennent au matin toute chaude donne beaucoup de lait ; la seconde, que l'usage où elles sont de moudre continuellement le maïs et de ne pas se tenir les mamelles serrées, les rend fort grandes et de lait très-abondantes.

Il leur arrivait aussi de s'enivrer dans les festins, mais toutes seules ; car elles mangeaient à part et, d'ailleurs, elles s'enivraient rarement autant que les hommes. Ces femmes yucatèques tiennent beaucoup à avoir des enfants : celle qui n'en avait pas, les demandait avec de grandes supplications et des présents aux idoles ; aujourd'hui elles les demandent à Dieu. Elles sont prudentes, polies, de très-bonne conversation, quand on les comprend, et extrêmement généreuses (2). Elles gardent difficilement un secret et ne sont pas sur leurs personnes et dans leurs maisons aussi propres qu'elles devraient l'être, en se baignant comme des hermines.

Elles étaient fort dévotes et affectionnées à leurs idoles : aussi avaient-elles à leur égard une foule de pratiques, leur brûlant de l'encens, leur offrant des

---

l'éloge de leur économie, de l'autre de leur générosité, ne pouvait mieux dépeindre la femme de ménage par excellence, *la femme forte* dont il est question dans les saintes Ecritures, à propos de Judith. (*Proverb.* cap. 31.)

todo esso no tenian en costumbre derramar su sangre a los demonios, ni lo hazian jamas; ni tampoco las dexavan llegar a los templos a los sacrificios, salvo en cierta fiesta que admitian ciertas viejas para la celebracion della. Para sus partos acudian a las hechizeras, las quales les hazian creer de sus mentiras y les ponian debaxo de la cama un idolo de un demonio, llamado *Ixchel*, que dezian era la diosa de hazer las criaturas.

Nacidos los niños, los bañan luego y quando ya los avian quitado del tormento de allanarles las frentes y cabeças ivan con ellos al sacerdote para que los viesse el hado y dixesse el officio que avia de tener y pusiesse el nombre que avia de tener el tiempo de su niñez, porque acostumbravan llamar a los niños nombres differentes hasta que se baptizavan o eran grandecillos, y despues dexavan aquellos y començavan a llamarlos el de los padres, hasta que los casavan, que se llamavan el del padre y de la madre.

§ XXXIII. — *Duelo para los muertos en Yucatan. Entierro de los sacerdotes. Estatuas con las cenizas de los señores. Reverencia para ellas. Su gloria e infierno.*

Que esta gente tenia mucho temor y excessivo a la muerte, y esto muestravan en que todos los servicios

---

(1) *Ixchel*, mieux *Xchel*, suivant la grammaire du P. Beltran, est tout simplement le féminin de *Chel*, indéfini dont le masculin est

présents d'étoffes de coton ; elles n'avaient, néanmoins, par la coutume de se tirer du sang en leur honneur, et jamais elles ne le faisaient. Du reste, on ne leur permettait point d'assister aux sacrifices dans les temples, à l'exception d'une fête spéciale où l'on admettait certaines vieilles que demandait la circonstance. Au temps de leurs couches, elles avaient recours à des sorcières qui leur faisaient accroire toute sorte de mensonges et leur mettaient sous le lit une idole appelée *Ixchel*, qu'on disait être la déesse fécondatrice des enfants (1).

Dès que ceux-ci étaient venus au monde, on s'empressait de les laver : quand elles avaient fini de les tourmenter avec les planchettes où on leur déprimait le front et la tête, elles allaient trouver le prêtre, afin qu'il consultât leur horoscope et leur désignât leur future profession. Il devait en même temps leur imposer le nom qu'ils devaient porter durant leur enfance; car ils donnaient aux enfants des noms différents, sous lesquels on les désignait jusqu'à ce qu'ils eussent été baptisés ou qu'ils devinssent plus grands; à cette époque seulement, ils les laissaient pour prendre celui de leur père qu'ils gardaient jusqu'à leur mariage, et alors ils prenaient conjointement ceux de leur père et de leur mère.

§ XXXIII. — *Deuil chez les Yucatèques. Enterrement des morts, des prêtres, etc. Statues renfermant les cendres des princes. Vénération qu'ils avaient pour elles. Idées de leur paradis et de leur enfer.*

Les Yucatèques avaient une crainte excessive de la mort : aussi reconnaît-on que dans tous les services

---

Ahchel ou *Hchel*, nom patronymique de la famille sacerdotale qui régnait à Tecoh, capitale de la province d'Izamal. Voir le § IX.

que a sus dioses hazian no eran por otro fin ni para otra cosa sino para que les diessen salud y vida y mantenimientos. Pero ya que venian a morir, era cosa de ver las lastimas y llantos que por sus difuntos hazian, y la tristeza general que les causavan. Lloravanlos de dia en silencio, y de noche a altos y muy dolorosos gritos que lastima era oirlos. Andavan a maravilla tristes muchos dias : hazian abstinencias y ayunos por el difunto, especial el marido a la muger, y dezian se lo avia llevado el diablo porque del pensavan les venian los males todos y especial la muerte.

Muertos los amortajavan hinchandoles la boca del maiz molido que es su comida y bevida que llaman *koyem*, y con ello algunas piedras de las que tienen por moneda, para que en la otra vida no les faltasse de comer. Enterravanlos dentro en sus casas o a las espaldas dellas, echandoles en la sepultura algunos de sus idolos, y si era sacerdote algunos de sus libros, y si hechizero de sus piedras de hechizos y peltrechos. Comunmente desamparavan la casa y la dexavan yerma despues de enterrados, sino era quando avia en ella mucha gente con cuya compañia perdian algo de miedo que les quedava de la muerte.

(1) On sait d'ailleurs que les Mayas embaumaient à leur manière les cadavres, lorsqu'ils ne les brûlaient point ; qu'ils les déposaient, comme on le voit quelques lignes plus bas, dans des sarcophages en terre cuite ou en bois, dont le couvercle représentait l'image du

qu'ils célébraient en l'honneur de leurs dieux, ils n'avaient d'autre fin que d'en obtenir la santé et la vie, ainsi que le pain quotidien. Aussi, dès que l'un d'eux venait à mourir, fallait-il voir la douleur et les gémissements dont les défunts étaient l'occasion et la tristesse générale qui se montrait au moment où ils cessaient de vivre. Le jour ils pleuraient en silence; mais la nuit c'étaient des cris douloureux et perçants à briser le cœur de ceux qui les entendaient. Ils portaient pendant longtemps les marques d'une profonde tristesse, observant des abstinences et des jeûnes pour le défunt, spécialement le mari pour la femme, ajoutant que c'était le mauvais esprit qui avait enlevé le défunt; car ils s'imaginaient que c'était de lui que venaient tous les maux, et en particulier la mort.

Une fois morts, ils les ensevelissaient, leur remplissant la bouche du même maïs moulu qui leur sert à boire et à manger, et qu'ils appellent *koyem*: avec cela ils leur mettaient quelques-unes des petites pierres qui leur servaient de monnaie, afin qu'ils eussent de quoi manger dans l'autre vie. Ils les enterraient en dedans de leurs maisons ou sur les derrières, renfermant avec eux dans la tombe quelques-unes de leurs idoles, et, si c'était un prêtre, quelques-uns de ses livres (1); si c'était un sorcier, quelques objets servant à la divination et des babioles mêlées d'étain. D'ordinaire alors ils abandonnaient la maison et la laissaient déserte après l'enterrement, à moins qu'il ne s'y trouvât beaucoup de monde, habitant ensemble, de manière à ce que ceux qui restaient pussent se rassurer les uns par les autres contre la peur de la mort.

défunt, peinte de couleurs vives, et qu'ils enfermaient avec lui ses livres, s'il était prêtre, et d'autres objets rappelant sa profession et son rang. C'était exactement ce qui avait lieu dans l'ancienne Égypte.

A los señores y gente de mucha valia quemavan los cuerpos y ponian las cenizas en vasijas grandes y edificavan templos sobre ellos como muestran aver antiguamente hecho los que en Yzamal se hallaron. Aora en este tiempo se hallo que echavan las cenizas en estatuas hechas huecas de barro, quando eran muy señores.

La demas gente principal hazian a sus padres estatuas de madera a las quales dexavan hueco el colodrillo, y quemavan alguna parte de su cuerpo, y echavan alli las cenizas y tapavanlo, y despues desollavan al defunto el cuero del colodrillo y pegavanselo alli, y enterrando lo residuo como tenian de costumbre guardavan estas estatuas con mucha reverencia entre sus idolos. A los señores antiguos de Cocom avian cortado las cabeças, quando murieron, y cozidas las limpiaron de la carne y despues aserraron la mitad de la coronilla para tras dexando lo de adelante con las quixadas y dientes, a estas medias calaveras suplieron lo que de carne les faltava de cierto betun y les dieron la perfeccion muy al propio de cuyos eran, y las tenian con las estatuas de las cenizas, lo qual todo tenian en los oratorios de sus casas con sus idolos en muy gran reverencia y acatamiento, y todos los dias de sus fiestas y regozijos les hazian ofrendas de sus comidas para que no les faltassen en la otra vida donde pensavan descanzavan sus almas y les aprovechavan sus dones.

---

(1) Ces paroles indiquent suffisamment l'usage primitif des pyramides d'Izamal et l'intérêt qu'il y aurait à fouiller dans leurs entrailles.

(2) Tout à fait comme les cer-

Quant aux seigneurs et aux gens de condition supérieure, ils brûlaient leurs cadavres et déposaient leurs cendres dans de grandes urnes : ils édifiaient ensuite des temples au-dessus, comme on voit qu'on le faisait anciennement d'après ceux qu'on trouva à Izamal (1). On a découvert de notre temps que, lorsque c'étaient des princes de haute catégorie, on renfermait leurs cendres dans des statues creuses en terre cuite (2).

Le reste des gens de condition fabriquaient pour leurs parents des statues en bois, dont l'occiput seul était creux : ils brûlaient une partie du cadavre, en déposaient les cendres dans ce vide, et le bouchaient, après quoi ils enlevaient au défunt la peau de l'occiput qu'ils y appliquaient. Ils enterraient le reste comme de coutume et conservaient les statues avec beaucoup de vénération entre leurs idoles. Concernant les princes de l'ancienne maison de Cocom, on leur avait coupé la tête après leur mort : on les avait fait cuire pour en enlever la chair; et on en avait scié la partie de derrière, laissant celle de devant avec les mâchoires et les dents. On avait ensuite remplacé sur ces demi-têtes de mort la chair qui leur manquait, à l'aide d'un mastic particulier, leur rendant en perfection l'apparence qu'elles avaient de leur vivant : ils avaient ces images entre les statues aux cendres, ainsi que leurs idoles, dans les oratoires de leurs maisons, où ils les gardaient avec une tendresse mêlée de révérence. Aux jours de fête et aux réjouissances de toute sorte, ils leur faisaient des offrandes de mets, afin qu'il ne leur manquât rien dans l'autre vie, où ils croyaient que reposaient leurs âmes, tout en profitant des dons qui leur étaient offerts.

cueils ou les sarcophages du même genre trouvés en Etrurie, dans la Babylonie et en Egypte.

Que esta gente an siempre creido la immortalidad del alma mas que otras muchas naciones, aunque no ayan sido en tanta policia, porque creian que avia despues de la muerte otra vida mas excellente de la qual gozava el alma, en apartandose del cuerpo. Esta vida futura dezian que se dividia en buena y mala vida, en penosa y llena de descansos. La mala y penosa dezian era para los viziosos, y la buena y delectable para los que uviessen vivido bien en su manera de vivir; los descansos que dezian avian de alcanzar si eran buenos eran ir a un lugar muy delectable donde ninguna cosa les diesse pena y donde uviesse abundancia de comidas de mucha dulçura, y un arbol que alla llaman *Yaxché* muy fresco, y de gran sombra que es zeyva, debaxo de cuyas ramas y sombra descansassen y holgassen todos siempre.

Las penas de la mala vida que dezian avian de tener los malos eran ir a un lugar mas baxo que el otro que llaman *Mitnal* que quiere dezir infierno, y en el ser atormentados de los demonios y de grandes necessidades de hambre y frio y cansancio y tristeza. Tenian avia en este lugar un demonio principe de todos los demonios al qual obedecian todos y llamanle en su lengua *Hunhau*, y dezian no tenian estas vidas mala y buena fin, por no lo tener el alma. Dezian tambien, y tenian por muy cierto ivan a esta su gloria los que se

---

(1) Le *Yaxché*, qui signifie arbre vert, est probablement le même que le *tonacaste* ou *tonacazquahuitl*, arbre au tronc puissant et élevé, au feuillage immense, mais menu et serré, dont la beauté et l'extrême fraîcheur lui ont fait donner le nom d'arbre de la vie; pour moi je n'en ai jamais vu dont la fraîcheur fût plus délicieuse.

(2) *Mitnal*, quelquefois écrit *metnal*, qui paraît dériver du

Ce peuple a cru toujours à l'immortalité de l'âme, bien plus que beaucoup d'autres nations, quoiqu'il n'ait pas eu une aussi grande civilisation. Car ils croyaient à l'existence d'une autre vie, meilleure après la mort et dont l'âme jouissait en se séparant du corps : ils disaient que cette vie future se partageait en bonne ou en mauvaise vie, la première pénible et la seconde remplie de délices. La mauvaise et la pénible, disaie..t-ils, était pour les gens vicieux ; la bonne, la délectable, pour ceux qui auraient bien vécu, suivant leurs idées. Les délices qu'ils attendaient, au cas qu'ils eussent été bons, consistaient à vivre dans un endroit délicieux, où ils n'auraient à souffrir de rien, où il y aurait en abondance de quoi boire et manger les choses les plus savoureuses. Là se trouvait un arbre qu'ils appelaient *Yaxché*, d'une admirable fraîcheur, aux branches ombreuses comme le ceyba (1), sous lequel ils jouiraient d'une volupté et d'un repos éternels.

Les peines de la vie mauvaise consistaient à aller dans un lieu plus bas que l'autre et qu'ils nommaient *Mitnal*, ce qui veut dire enfer (2); d'y être tourmentés par les démons, souffrant tous les tourments de la faim, du froid, de la fatigue et de la tristesse. Ils ajoutaient qu'en ce lieu commandait un démon, chef de tous les autres, qui lui obéissaient, et que dans leur langue ils appellent *Han-hau* (3). Cette vie, bonne et mauvaise, disaient-ils, n'avait point de fin, l'âme n'en ayant point. Ils prétendaient

mictlan ou *mitlan* de la langue nahuatl.

(3) *Hun-hau* pour *hun-ahau*, suivant la prononciation maya où le son guttural de la lettre *h* se prononce autant que possible sans voyelle. Ce mot signifie un seigneur, un roi, etc. Il est probable qu'il fait allusion au personnage nommé *Hun-Camé* dans le Livre sacré. (*Popol-Vuh.*)

ahorcavan, y assi avia muchos que con pequeñas occasiones de tristezas, travajos o enfermedades se ahorcavan para salir dellas, y ir a descançar a su gloria, donde dezian los venia a llevar la diosa de la horca que llamavan *Ixtab*. No tenian memoria de la resureccion de los cuerpos, y de que ayan avido noticia desta su gloria y infierno no dan razon.

§ XXXIV. — *Cuenta del año yucateco. Caracteres de los dias. Agueros de los años. Los cuatro Bacabes y sus nombres. Dioses de los dias aciagos.*

No se esconde ni aparte tanto el sol desta tierra de Yucatan que vengan las noches jamas a ser mayores que los dias, y quando mayores vienen a ser, suelen ser iguales desde St Andres a Sta Lucia, que comiençan los dias a crecer. Regian de noche para conocer la hora que era por el luzero y las cabrillas y los artilejos. De dia por el medio dia, y desde el al oriente y puniente tenian puestos a pedaços nombres con los quales se entendian y para sus travajos se regian.

Tienen su año perfecto como el nuestro de ccc y lxv dias y vi horas. Dividenlo en dos maneras de meses, los unos de a xxx dias que se llaman *U*, que

encore et tenaient pour une chose fort certaine que ceux qui se pendaient allaient dans leur paradis : aussi y avait-il bien des gens qui, pour une légère contrariété, un chagrin ou une maladie, se donnaient la mort de cette manière, afin d'en finir et d'aller jouir des joies du repos éternel, où la déesse des pendus, appelée *Ixtab*, venait les recevoir. Ils n'avaient aucune idée de la résurrection des corps et ne pouvaient donner raison de ceux qui leur avaient apporté les notions relatives à leur paradis et à leur enfer.

§ XXXIV. — *Computation de l'année yucatèque. Signes qui président aux années et aux jours. Les quatre Bacab et leurs noms divers. Dieux des jours néfastes.*

Le soleil ne se cache et ne s'éloigne jamais assez de cette terre de Yucatan, pour que les nuits viennent à être plus longues que les jours, et lorsqu'elles s'allongent, c'est pour être égales de la Saint-André à la Sainte-Lucie (1), où les jours commencent à croître. Pour connaître les heures durant la nuit, les Yucatèques se guidaient sur l'étoile du matin, sur les Pléiades et les Gémeaux. De jour, ils se réglaient sur le midi, et, du levant au couchant, ils avaient donné des noms aux différentes parties de la journée, au moyen desquels ils s'entendaient et d'après lesquels ils conduisaient leurs travaux.

Ils ont leur année parfaite, comme la nôtre, de trois cent soixante-cinq jours et six heures : ils la divisent en mois de deux manières, les uns sont de trente jours

---

(1) Du 30 novembre au 13 décembre.

quiere dezir luna, la qual contavan desde que salia nueva hasta que no parecia.

Otra manera de meses tenian de a xx dias, a los quales llaman *Uinal-Hun-Ekeh*: destos tenia el año entero XVIII, y mas los cinco dias y seis horas. Destas seis horas se hazian cada quatro años un dia, y assi tenian de quatro en quatro años el año de CCCLXVI dias. Para estos CCCLX dias tienen xx letras o carateres con que los nombran, dexando de poner nombre a los demas cinco, porque los tenian por aciagos y malos. Las letras son las que siguen y llevara cada una su nombre en cima, porque se entienda con los nuestros.

(1) C'est la première fois que je trouve des mois de trente jours chez une nation où le calendrier ordinaire et la civilisation paraissent être d'origine toltèque. Il n'est probablement pas question de mois lunaires; car dans ce cas ils n'eussent pas été de trente jours et n'auraient pas complété le 360.

(2) On omettait de nommer alors les cinq jours supplémentaires, comme le dit ici l'auteur, en ce sens qu'étant en dehors des dix-huit mois de l'année, ils ne pouvaient avoir le nom d'aucun d'eux : mais en tant que jours, il explique un peu plus bas qu'ils omettaient, tout en les comptant, ceux des cinq premiers signes suivants ;

qu'ils appellent *U*, ce qui veut dire lune, et ils la comptaient depuis le moment où sortait la nouvelle lune, jusqu'à l'instant où elle ne se montrait plus (1).

Les autres étaient de vingt jours qu'ils nommaient *Uinal-Hun-Ekeh* : de ces mois, il en fallait dix-huit pour faire l'année entière, plus cinq jours et six heures. De ces heures, ils faisaient tous les quatre ans un jour, ce qui donnait, de quatre en quatre ans, une année de trois cent soixante-six jours. Pour ces trois cent soixante-six jours, ils ont vingt lettres ou caractères, sous les noms desquels ils les connaissent, omettant toutefois de donner un nom aux cinq supplémentaires (2) ; car ils les regardaient comme sinistres et de mauvais augure. Ces lettres sont les suivantes ; chacune d'elles montrera son nom au-dessus, afin qu'on comprenne leur corrélation avec les nôtres :

Kan, Chicchan, Cimi, Manik, Lamat, Muluc, Oc, Chuen, Eb, Ben, Yx, Men, Cib, Caban, Ezanab, Cauac, Ahau, Ymix, Yk, Akbal (3).

ainsi le 360 forment, l'année terminant avec *Akbal*, comme dans le calendrier présenté par l'auteur, les cinq jours supplémentaires devaient s'appeler *Kan, Chicchan, Cimij, Manik,* et *Lamat,* afin que l'année nouvelle pût commencer avec *Muluc,* d'après le système même de Landa qui recevra plus loin d'amples éclaircissements, dans le calendrier yucatèque, publié au Yucatan par don Pio Perez et que nous plaçons à la suite de cet ouvrage.

(3) Voir au document cité dans la note précédente relativement à la signification de ces noms, dont le sens est pour la plupart resté inconnu ; au dire de l'évêque Nuñez de la Vega, ceux du calen-

Ya e dicho que el modo de contar de los indios es de cinco en cinco, y de quatro cincos hazen veinte; assi en estos sus carateres que son xx sacan los primeros de los quatro cincos de los xx y estos sirven cada uno dellos un año de lo que nos sirven a nosotros nuestras letras dominicales para començar todos los primeros dias de los meses de a xx dias.

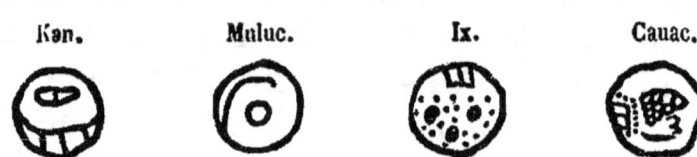

Entre la muchedumbre de dioses que esta gente adorava, adoravan quatro llamados *Bacab* cada uno dellos. Estos dezian eran quatro hermanos a los quales puso Dios quando crio el mundo a las quatro partes del, sustentando el cielo no se cayesse. Dezian tambien destos Bacabes que escaparon quando el mundo fue del diluvio destruido. Ponen a cada uno destos otros nombres y señalanle con ellos a la parte del mundo que Dios le tenia puesto, tiniendo el cielo y apropianle una de las quatro letras dominicales a el y a la parte que esta; y tienen señaladas las miserias o felices successos que dezian avian de succeder en el año de cada uno destos, y de las letras con ellos.

Y el demonio que en esto, como en las demas cosas los engañava, les señalo los servicios y offrendas que para evadirse de las miserias le avian de hazer. Y assi si no les venian dezian era por los servicios que le

drier tzendal qui sont presque identiques, seraient les noms des chefs qui vinrent avec Votan peupler ces contrées ou de ses premiers successeurs (Nuñez de la Vega, *Const. diœces. del obispado de Chiappa*, in Præamb. § xxx et xxxi.)

(1) Peut-être les mêmes qu'*Oxo-*

J'ai déjà remarqué que la manière de compter de ces Indiens est de cinq en cinq, et de quatre fois cinq ils font vingt; ainsi de ces caractères qui sont au nombre de vingt, ils ôtent les premiers de chaque quint entre les vingt, lesquels servent tour à tour durant un an, de la même manière que les lettres dominicales nous servent à nous, afin de désigner le premier de chacun des mois de vingt jours.

Kan, Muluc, Yx, Cauac.

Entre la multitude de dieux que cette nation adorait, il y en avait quatre auxquels on donnait le nom de *Bacab.* C'étaient, disait-on, quatre frères que Dieu avait placés aux quatre coins du monde, en le créant, pour soutenir le ciel et l'empêcher de tomber. On disait également de ces Bacab qu'ils étaient de ceux qui s'étaient sauvés, lorsque le monde fut détruit par le déluge (1). A chacun d'eux on donne d'autres noms, avec lesquels on les met chacun à la section du monde que Dieu leur avait attribuée, portant le ciel et signalé par une de leurs quatre lettres dominicales du côté où il se trouve : ils signalent ainsi les événements heureux ou malheureux qui doivent arriver durant leur année, qui est celle du caractère qui accompagne chacun d'eux.

Le démon, qui les trompait en ceci comme en tout le reste, leur avait fait connaître les cérémonies et les offrandes au moyen desquelles ils pouvaient échapper à ces misères : aussi les prêtres disaient-ils, quand

---

moco, *Cipactonal, Quetzalcohuatl* et *Tetzcatlipoca,* autrement *Oxomoco, Cipactonal, Tlaltecui* et *Xuchicaoaca.* Voir le *Livre sacré* (*Popol-Vuh*), Introd. pag. CXVII.

hazian y si venian hazian entender y creer al pueblo los sacerdotes era por alguna culpa o falta de los servicios o los que los hazian.

La primera pues de las letras dominicales es *Kan*. El año que esta letra servia era el aguero del *Bacab* que por otros nombres llaman *Hobnil*, *Kanal Bacab*, *Kan-pauahtun*, *Kan-xibchac*. A este señalavan a la parte de medio dia. La segunda letra es *Muluc* señalavanle al oriente, su año era aguero el *Bacab* que llaman *Canzienal*, *Chacal Bacab*, *Chac-pauahtun*, *Chac-xib-chac*. La tercera letra es *Yx*. Su año era aguero el *Bacab* que llaman *Zaczini-Zacal-Bacab*, *Zac-pauahtun Zac-xibchac*, señalavanle a la parte del norte. La quarta letra es *Cauac*: su año era aguero el *Bacab* que llaman *Hozanek*, *Ekel-Bacab*, *Ek-pauahtun*, *Ekxibchac*; a este señalavan a la parte del poniente.

En qualquiera fiesta o solemnidad que esta gente hazian a sus dioses, començavan siempre del echar

---

(1) La plupart des mots composant les noms de ces divinités sont introuvables dans les maigres vocabulaires qui sont sous nos yeux: leur orthographe, d'ailleurs, est incertaine; nous chercherons toutefois à expliquer les plus importants, mais sans rien affirmer, les étymologies que nous donnons ici ne devant servir tout au plus que comme de simples indications. L'auteur, en disant que les *Bacab* étaient les soutiens du ciel, permet de chercher l'étymologie du mot dans *bak*, qui signifie un os, un rocher, une chose fondamentale; *bacab* ou *bakab* serait peut-être un pluriel ancien; dans ce cas ce seraient les *fondements* ou les *fondateurs* du ciel. Les autres noms ont évidemment rapport aux présages annuels de chacun des quatre signes qui se suivaient continuellement : ainsi l'année du

gion du midi. Cette année-là donc ils fabriquaient une image ou figure de terre cuite creuse de l'idole qu'ils appelaient *Kan-u-Uayeyab* et la portaient aux massifs de pierre sèche qu'ils avaient faits du côté du midi. Ils choisissaient un chef de la ville, dans la maison duquel ils célébraient ces jours-là la fête ; à cet effet, ils façonnaient aussi la statue d'un autre dieu nommé *Bolon-Zacab* (1), qu'ils plaçaient dans la maison du chef élu, exposé dans un endroit où tout le monde pût arriver.

Cela fait, les nobles, le prêtre, et les hommes de la population se réunissaient tous ensemble ; ils se rendaient par un chemin balayé et orné d'arcs et de verdure, aux deux massifs de pierre où se trouvait la statue, autour de laquelle ils se rassemblaient avec beaucoup de dévotion. Le prêtre alors l'encensait avec quarante-neuf grains de maïs moulu, mêlés avec de l'encens ; les nobles mettaient ensuite leur encens dans la cassolette de l'idole et l'encensaient à leur tour. Le maïs avec l'encens du prêtre s'appelait *zacah*, et celui que les nobles présentaient *chahalté*. Ayant encensé l'image, ils coupaient le cou à une poule et la lui présentaient.

Cela terminé, ils plaçaient la statue sur un brancard, appelé *Kanté* (2), et, sur ses épaules, un ange, comme signe de l'eau et de la bonne année qu'on devrait avoir ; quant à ces anges, ils les figuraient épouvantables à voir. Ils emportaient ensuite la statue en dansant avec beaucoup d'allégresse, à la maison du chef, où se trouvait l'autre statue de *Bolon-Zacab* : pendant qu'ils étaient en chemin, on en apportait

d'orgeat. Cette statue était-elle une image allégorique de cet orgeat offert en cette occasion ?

(2) *Kanté*, bois jaune ; c'est probablement le cèdre.

dos que llaman *Picula Kakla* y bevian todos della; llegados a la casa del principal, ponian esta imagen en frente de la estatua del demonio que alli tenian, y assi le hazian muchas offrendas de comidas y bevidas de carne y pescado, y estas offrendas repartian a los estrangeros que alli se hallavan y davan al sacerdote una pierna de venado.

Otros derramavan sangre, cortandose las orejas, y untando con ella una piedra que alli tenian de un demonio *Kanal-Acantun*. Hazian un corazon de pan, y otro pan con pepitas de calabaças y offrecianlos a la imagen del demonio *Kan-u-Uayeyab*. Tenianse assi esta estatua y imagen estos dias aciagos, y sahumavanla con su encienso y con los maizes molidos con encienso. Tenian creido si no hazian estas cerimonias avian de tener ciertas enfermedades que ellos tienen en este año. Passados estos dias aciagos llevavan la estatua del demonio *Bolonzacab* al templo y la imagen a la parte del oriente para ir alli otro año por ella, y echavan la ay, y ivanse a sus casas a entender en lo que les dava a cada uno que hazer para la celebracion del año nuevo.

Dexando con las cerimonias hechas, echado el demonio, segun su engaño, este año tenian por bueno, porque reynava con la letra *Kan* el *Bacab-Hobnil*, del qual dezian no avia peccado como sus hermanos y por esso no les venian miserias en el. Pero porque muchas vezes las avia, proveyo el demonio de que le hiziessen servicios paraque assi quando las uviesse,

il ne survenait aucune calamité, que c'était à cause des sacrifices qu'ils avaient offerts, et, en cas de malheur, ils faisaient accroire au peuple que c'était le châtiment de quelque péché ou d'un défaut dans la manière dont ils s'étaient acquittés de leur devoir.

La première de ces lettres dominicales est *Kan*. L'année dont ce caractère était le principe avait pour présage le *Bacab*, dont les autres noms étaient *Hobnil, Kanal-Bacab, Kan-Pauah-Tun, Kan-Xib-Chac*. On plaçait celui-ci du côté du midi. La seconde lettre est *Muluc* qu'on mettait du côté du levant, et son année avait pour présage le *Bacab*, qu'ils appellent *Canzicnal, Chacal-Bacab, Chac-Pauah-Tun, Chac-Xib-Chac*. La troisième de ces lettres est *Yx*. Le présage durant son année était le *Bacab*, qu'ils nomment *Zac-Zini, Zacal-Bacab, Zac-Pauah-Tun, Zac-Xic-Chac*, et on lui signalait le côté du nord. La quatrième lettre est *Cauac*. Le présage de son année est le *Bacab*, qu'ils appellent *Hozan-Ek, Ekel-Bacab, Ec-Pauah-Tun, Ek-Xib-Chac*, à qui ils assignaient le côté du couchant.

Quelle que fût la fête ou la solennité que les Yucatèques célébrassent en l'honneur de leurs dieux, ils

---

signe *Kan*, placé au midi, était marquée de la couleur jaune, *kan* ou *kanal*; l'année du signe *Muluc*, placé au levant, était marqué de la couleur rouge, *chac* ou *chacal*; l'année du signe *Yx*, placé au nord, était marquée de la couleur blanche, *zac* ou *zacal*; enfin celle du signe *Cauac*, placé au nord, était marquée de noir, *ek* ou *ekel*. Le mot *pavahtun*, composé de *paa*, édifice, de *vah*, passé probablement d'un verbe qui veut dire ériger, dresser, et de *tun*, la pierre du *katun* qu'on incrustait dans le mur pour rappeler la mémoire de l'année. Le mot *chac*, avec lequel se termine chacun des noms, rappelle sans doute la divinité protectrice des champs, et dans ce cas il faudrait l'écrire *çhac*, avec le *ch* barré ou cédillé.

de si al demonio para mejor la hazer. Y el echarle unas vezes eran con oraciones y bendiciones que para ello tenian, otras con servicios y offrendas y sacrificios que le hazian por esta razon. Para celebrar la solemnidad de su año nuevo esta gente con mas regocijo y mas dignamente, segun su desventurada opinion, tomavan los cinco dias aciagos que ellos tenian por tales antes del primero dia de su año nuevo y en ellos hazian muy grandes servicios a los *Bacabes* de arriba y al demonio que llamavan por otros quatro nombres como a ellos, es a saber *Kan-u-Uayeyab, Chac-u-Uayeyab, Zac-u-Uayeyab, Ek-u-Uayeyab*. Y estos servicios y fiestas acabadas y alançado de si, como veremos, el demonio, començavan su año nuevo.

§ XXXV. — *Fiestas de los dias aciagos. Sacrificios del principio del año nuevo en la letra de Kan.*

Uso era en todos los pueblos de Yucatan tener hecho dos montones de piedra, uno en frente de otro, á la entrada del pueblo, por todas las quatro partes del pueblo, es a saber a oriente, poniente, septentrion y medio dia, para la celebracion de las dos fiestas de los dias aciagos los quales hazian desta manera cada año.

El año que la letra dominical era de *Kan* era el aguero *Hobnil*, y segun ellos dezian, reynavan ambos a la parte del medio dia. Este año pues hazian una imagen

---

(1) Les mêmes noms de couleurs se représentent ici avec *u-Uayeyab*, mieux *u uayeb haab*, *les lits* ou *les couches de l'année*; ces noms sont

commençaient toujours par chasser le mauvais esprit, afin d'y arriver d'une manière plus convenable. Ces exorcismes se faisaient tantôt par des prières et des bénédictions, dont ils avaient les formules toutes préparées, tantôt par des sacrifices et des oblations qu'ils offraient à cet effet. Pour célébrer chez cette nation la solennité du nouvel an avec plus d'allégresse et de dignité, dans leur malheureuse idée, ils profitaient des cinq jours supplémentaires, regardés par eux comme néfastes, pour faire de grandes fêtes aux *Bacab*, dont on a parlé plus haut, et au dieu qu'ils désignaient, ainsi que ces derniers, sous quatre noms différents qui sont *Kan-u-Uayeyab*, *Chac-u-Uayeyab*, *Zac-u-Uayeyab* et *Ek-u-Uayeyab* (1) ; ces fêtes et cérémonies terminées, et le mauvais esprit chassé de chez eux, comme nous verrons, ils commençaient l'année nouvelle.

§ XXXV. — *Fêtes des jours supplémentaires. Sacrifices du commencement de l'année nouvelle au signe Kan.*

L'usage, dans toutes les villes du Yucatan, était qu'il y eût, à chacune des quatre entrées de la localité, c'est-à-dire à l'orient, au couchant, au nord et au midi, deux massifs de pierre, en face l'un de l'autre, destinés à la célébration des deux fêtes des jours néfastes; ces fêtes avaient lieu de la manière suivante.

L'année dont la lettre dominicale était *Kan*, le présage était *Hobnil*, et, suivant ce que les Yucatèques disaient, ils dominaient tous les deux dans la ré-

---

donnés aux jours supplémentaires, ainsi désignés parce qu'ils étaient comme les jours de repos de l'année.

o figura hueca de barro del demonio que llamavan *Kan-u-Uayeyab*, y llevavanla a los montones de piedra seca que tenian hechos a la parte de medio dia. Elegian un principe del pueblo, en cuya casa se celebrava estos dias esta fiesta, y para celebrarla hazian una estatua de un demonio que llamavan *Bolon-Zacab*, al qual ponian en casa del principal, adereçado en un lugar publico y que todos pudiessen llegar.

Esto hecho se juntavan los señores y el sacerdote y el pueblo de los hombres, y teniendo limpio y con arcos y frescuras adereçado el camino hasta el lugar de los montones de piedra donde estava la estatua, ivan todos juntos por ella con mucha de su devocion : llegados la sahumava el sacerdote con quarenta y nueve granos de maiz molidos con su encienso y ellos lo repartian en el brasero del demonio y le saumavan. Llamavan al maiz molido solo *zacah*, y a lo de los señores *chahalté*. Sahumavan la imagen, degollavan una gallina y se la presentavan o offrecian.

Esto hecho metian la imagen en un palo llamado *Kanté*, y puniendole acuestas un angel en señal de agua y que este año avia de ser bueno, y estos angeles pintavan y hazian espantables ; y assi la llevavan con mucho regocijo y vailes a la casa del principal donde estava la otra estatua de *Bolonzacab*. Sacavan de casa deste principal a los señores y al sacerdote al camino una bevida hecha de cccc y xv granos de maiz tosta-

---

(1) ***Bolon*** est l'adjectif numéral neuf, *zacab*, dont la racine est *zac*, blanc, est le nom d'une sorte de maïs moulu, dont on fait une espèce

gion du midi. Cette année-là donc ils fabriquaient une image ou figure de terre cuite creuse de l'idole qu'ils appelaient *Kan-u-Uayeyab* et la portaient aux massifs de pierre sèche qu'ils avaient faits du côté du midi. Ils choisissaient un chef de la ville, dans la maison duquel ils célébraient ces jours-là la fête; à cet effet, ils façonnaient aussi la statue d'un autre dieu nommé *Bolon-Zacab* (1), qu'ils plaçaient dans la maison du chef élu, exposé dans un endroit où tout le monde pût arriver.

Cela fait, les nobles, le prêtre, et les hommes de la population se réunissaient tous ensemble; ils se rendaient par un chemin balayé et orné d'arcs et de verdure, aux deux massifs de pierre où se trouvait la statue, autour de laquelle ils se rassemblaient avec beaucoup de dévotion. Le prêtre alors l'encensait avec quarante-neuf grains de maïs moulu, mêlés avec de l'encens; les nobles mettaient ensuite leur encens dans la cassolette de l'idole et l'encensaient à leur tour. Le maïs avec l'encens du prêtre s'appelait *zacah*, et celui que les nobles présentaient *chahalté*. Ayant encensé l'image, ils coupaient le cou à une poule et la lui présentaient.

Cela terminé, ils plaçaient la statue sur un brancard, appelé *Kanté* (2), et, sur ses épaules, un ange, comme signe de l'eau et de la bonne année qu'on devrait avoir; quant à ces anges, ils les figuraient épouvantables à voir. Ils emportaient ensuite la statue en dansant avec beaucoup d'allégresse, à la maison du chef, où se trouvait l'autre statue de *Bolon-Zacab*: pendant qu'ils étaient en chemin, on en apportait

d'orgeat. Cette statue était-elle une image allégorique de cet orgeat offert en cette occasion?

(2) *Kanté*, bois jaune; c'est probablement le cèdre.

dos que llaman *Picula Kakla* y bevian todos della; llegados a la casa del principal, ponian esta imagen en frente de la estatua del demonio que alli tenian, y assi le hazian muchas offrendas de comidas y bevidas de carne y pescado, y estas offrendas repartian a los estrangeros que alli se hallavan y davan al sacerdote una pierna de venado.

Otros derramavan sangre, cortandose las orejas, y untando con ella una piedra que alli tenian de un demonio *Kanal-Acantun*. Hazian un corazon de pan, y otro pan con pepitas de calabaças y offrecianlos a la imagen del demonio *Kan-u-Uayeyab*. Tenianse assi esta estatua y imagen estos dias aciagos, y sahumavanla con su encienso y con los maizes molidos con encienso. Tenian creido si no hazian estas cerimonias avian de tener ciertas enfermedades que ellos tienen en este año. Passados estos dias aciagos llevavan la estatua del demonio *Bolonzacab* al templo y la imagen a la parte del oriente para ir alli otro año por ella, y echavan la ay, y ivanse a sus casas a entender en lo que les dava a cada uno que hazer para la celebracion del año nuevo.

Dexando con las cerimonias hechas, echado el demonio, segun su engaño, este año tenian por bueno, porque reynava con la letra *Kan* el *Bacab-Hobnil*, del qual dezian no avia peccado como sus hermanos y por esso no les venian miserias en el. Pero porque muchas vezes las avia, proveyo el demonio de que le hiziessen servicios paraque assi quando las uviesse,

aux nobles et au prêtre un breuvage fait de quatre cent vingt-cinq grains de maïs grillé, qu'ils appellent *Picula-Kakla*, dont tous aussitôt buvaient. Arrivés à la demeure du chef, ils plaçaient l'image qu'ils apportaient vis-à-vis de la statue qui s'y trouvait déjà, et lui faisaient beaucoup d'offrandes de boissons et de mets, de viande, de poisson; ces offrandes étaient partagées, après cela, entre les étrangers qui étaient présents et on ne donnait au prêtre qu'un gigot de daim.

D'autres se tiraient du sang, scarifiant leurs oreilles, et en oignaient une pierre qu'il y avait là, idole nommée *Kanal-Acantun*. Ils modelaient un cœur de la pâte de leur pain, ainsi qu'un autre pain de graines de calebasses qu'ils présentaient à l'idole de *Kan-u-Uayeyab*. C'est ainsi qu'ils gardaient cette statue et l'autre durant les jours néfastes, les enfumant de leur encens et d'encens mêlé de grains de maïs moulu. Ils tenaient pour certain que s'ils négligeaient ces cérémonies, ils seraient sujets à des maladies qui étaient du ressort de cette année. Les jours malheureux passés, ils portaient la statue du dieu *Bolon-Zacab* au temple et l'image de l'autre à la sortie orientale de la ville, afin de l'y aller prendre l'année suivante : ils l'y laissaient et s'en retournaient chez eux, chacun s'occupant de ce qu'il pouvait avoir à faire pour la célébration du nouvel an.

Une fois les cérémonies terminées et le mauvais esprit chassé, dans leur fausse manière de voir, ils tenaient cette année pour bonne, parce qu'avec le signe *Kan* dominait le *Bacab-Hobnil*, qui, à ce qu'ils disaient, n'avait pas péché comme ses frères, et c'était à cause de cela qu'il ne leur en venait aucune calamité. Mais comme il arrivait fréquemment d'y en avoir

hechassen la culpa a los servicios o servidores y quedassen siempre engañados y ciegos.

Mandavales pues hiziessen un idolo que llamavan *Yzamna-Kauil* y que la pusiessen en su templo, y que le quemassen en el patio del templo tres pelotas de una leche o resina que llaman *kik* y que le sacrificassen un perro o un hombre, lo qual ellos hazian, guardando la orden que en el capitulo ciento dixe, tenian con los que sacrificavan, salvo que el modo de sacrificar en esta fiesta era diferente, porque hazian en el patio del templo un gran monton de piedras y ponian al hombre o perro que avian de sacrificar en alguna cosa mas alta que el, y echando atado al paciente de lo alto a las piedras le arrebatavan aquellos officiales y con gran presteza le sacavan el corazon y lo llevavan al nuevo idolo y se le ofrecian entre dos platos. Ofrecian otros dones de comidas y en esta fiesta vailavan las viejas del pueblo que para esto tenian elegidas, vestidas de ciertas vestiduras. Dezian que descendia un angel y recibia este sacrificio.

§ XXXVI. — *Sacrificios del año nuevo de la letra Muluc. Bailes de los Zancos. Otro de las viejas con perros de barro.*

El año en que la letra dominical era *Muluc* era el aguero *Canzienal.* Y a su tiempo elegian los señores

(1) Nous avons déjà parlé de Zamna, au *Itzamna*, § v, note 5; son nom se retrouve dans celui d'*Izamal*, dont il fut peut-être le fondateur et qui s'appelait, ainsi que lui-même, *Itzamatul* : mais je ne trouve pas dans Lizana le nom d'*Yzamna-Kauil*, mais bien *Kab-*

également, le démon s'était arrangé à leur faire établir des cérémonies, de façon à ce qu'en cas de malheur, ils en attribuassent la faute à leurs cérémonies et à ceux qui en étaient les serviteurs, et qu'ainsi ils demeurassent toujours dans l'erreur et dans l'aveuglement.

A son instigation, donc, ils fabriquaient une idole, nommée *Yzamna-Cauil* (1), qu'ils plaçaient dans son temple, et lui brûlaient dans la cour trois pelotes d'un lait ou résine qu'ils appelaient *kik* : ils lui sacrifiaient un chien ou un homme, ce qui se faisait avec l'apparat dont il a été parlé au chapitre cent (2) au sujet de ces victimes. Il y avait toutefois quelque différence dans la manière d'offrir ce sacrifice : on établissait dans la cour du temple un grand massif de pierre, et l'homme ou l'animal qui devait être sacrifié était attaché à une sorte d'échafaud plus élevé d'où ils le lançaient sur le massif : les officiers aussitôt le saisissaient et lui arrachaient avec prestesse le cœur, qu'ils portaient à la nouvelle idole, en le lui offrant entre deux plats. On faisait encore d'autres offrandes de comestibles. Dans cette fête, des vieilles femmes, choisies à cet effet, dansaient revêtues d'habillements particuliers. On ajoutait qu'un ange descendait alors et recevait le sacrifice.

§ XXXVI. — *Sacrifices de l'année nouvelle au signe de Muluc. Danse des Échasses. Danse des vieilles femmes aux chiens de terre cuite.*

L'année dont la lettre dominicale était *Muluc* avait pour présage *Canzienal*. Quand le temps en était

ul; c'est peut-être encore une faute du copiste de Landa (Lizana, *Hist. de N. S. de Ytsamal*. Part. 1, cap. 4.)

(2) L'original du manuscrit de Landa était partagé en un grand nombre de petits chapitres, dont les divisions ont été à peu près

y el sacerdote un principal para hazer la fiesta, el qual elegido hazian la imagen del demonio como la del año passado, a la qual llamavan *Chac-u-Uayeyab* y llevavanla a los montones de piedra de hazia la parte del oriente donde avian echado la passada. Hazian una estatua al demonio llamado *Kinch-Ahau*, y ponianla en casa del principal en lugar conveniente y desde alli, teniendo muy limpio y adereçado el camino, ivan todos juntos con su acostumbrada devocion por la imagen del demonio *Chac-u-Uayeyab*.

Llegados la sahumava el sacerdote con LIII granos de maiz molidos y con su encienso, a lo qual llaman *zacah*. Dava el sacerdote a los señores que pusiessen en el brasero mas encienso de lo que llamamos *chahalté*, y despues degollavanle la gallina, como al passado, y tomando la imagen en un palo llamado *Chacté*, la lievavan accompañandola todos con devocion y vailando unos vailes de guerra que llaman *Holcan-Okot*, *Batel-Okot*. Sacavan al camino a los señores y principales su bevida de CCC y LXXX maizes tostados como la de atras.

Llegados a casa del principal ponian esta imagen en frente de la estatua de *Kinch-Ahau* y hazianle todas sus ofrendas, las quales repartian como las de-

---

partout omises par le copiste, ce qui fait que nous n'avons pu les suivre. La division présente est la nôtre. Le chapitre 100 de l'original correspondant à un des alinéas du § XXVIII.

(1) Je trouve ce nom écrit alternativement *Kinch-Ahau* et *Kineh-Ahau*, ailleurs *Kinich-Ahau*, qui serait le seul acceptable : *kin*, soleil, *ich*, œil et visage, et *ahau*, seigneur ; ce qui reviendrait à dire seigneur au visage de soleil, ou suivant Lizana qui l'appelle *Kinich Kakmó*, soleil au visage et rayons de feu, bien que *kakmó* ait la signification

venu, les nobles et le prêtre élisaient le chef qui devait célébrer la fête. Cela fait, ils moulaient, comme l'année précédente, l'image de l'idole, appelée *Chac-u-Uayeyab*, et la portaient aux massifs de pierre vers la partie de l'orient où ils avaient laissé celle de l'année d'avant. Ils fabriquaient une statue du dieu, nommé *Kinch-Ahau* (1), qu'ils plaçaient en lieu convenable dans la maison du chef : puis, de là, s'acheminant par une rue proprement balayée et ornée, ils se rendaient tous ensemble, avec leur dévotion accoutumée, à l'endroit de la statue de *Chac-u-Uayeyab*.

En arrivant, le prêtre l'encensait avec son encens et ses quarante-trois (2) grains de maïs moulu, qu'ils nomment *Zacah* : il donnait aux nobles de l'encens appelé *Chahalté* pour le mettre dans l'encensoir, après quoi ils coupaient le cou à une poule, comme l'autre fois. Ils enlevaient ensuite la statue sur le brancard, nommé *Chacté*, et l'emportaient avec dévotion, tandis que la foule exécutait à l'entour quelques danses de guerre, appelées *Holcan-Okot, Batel-Okot* (3). On apportait en même temps aux seigneurs et aux principaux habitants leur boisson composée de trois cent quatre-vingts grains de maïs grillés, comme auparavant (4).

Arrivés à la maison du chef, ils plaçaient la statue en face de celle de *Kinch-Ahau* et lui faisaient les oblations accoutumées, qu'ils partageaient ensuite

---

d'Ara-de-feu, ainsi qu'il le donne à entendre lui-même un peu plus loin. (*Hist. de N. S. de Yzamal*, Part. I, cap. 4.)

(2) Plus haut il est parlé de quatre cent vingt-cinq grains de maïs grillé composant le *zacah*.

(3) *Holcan*, tête de serpent, titre des chefs inférieurs de la milice, et *okot*, danse ou ballet.

(4) Ici le nombre des grains de maïs grillé pour la boisson change de nouveau.

mas. Ofrecian a la imagen pan hecho como yemas de uevos, y otros como coraçones de venados, y otro hecho con su pimienta desleida. Avia muchos que derramavan sangre, cortandose las orejas, y untando con la sangre la piedra que alli tenian del demonio que llamavan *Chacan-cantun*. Aqui tomavan mochachos y les sacavan sangre por fuerça de las orejas, dandoles en ellas cuchilladas. Tenian esta estatua y imagen hasta passados los dias aciagos, y entre tanto quemavanle sus enciensos. Passados los dias, llevavan la imagen a echar a la parte del norte por ay donde otro año la avian de salir a recibir, y la otra al templo, y despues ivanse a sus casas á entender en el aparejo de su año nuevo. Avian de temer, si no hazian, las cosas dichas, mucho mal de ojositos.

Este año en que la letra *Muluc* era dominical y el *Bacab Canziemal* reynava, tenian por buen año, ca dezian que era este el mejor y mayor destos dioses *Bacabes*; y ansi le ponian en sus oraciones el primero. Pero con todo eso, les hazia el demonio hiziessen un idolo llamado *Yax-Coc-Ahmut*, y que lo pusiessen en el templo y quitassen las imagenes antiguas, y hiziessen en el patio de delante del templo un bulto de piedra en el qual quemassen de su encienso, y una pelota de la resina o leche *kik*, haziendo alli oracion al idolo, y pidiendole remedio para las miserias que aquel año tenian; las quales eran poca agua, y echar los maizes muchos hijos y cosas desta manera; para

---

(1) Ce nom est écrit plus haut *Chac-Acantun*.
(2) Ce nom est écrit tantôt *can-ziemal, canziemal* et *canzienal*. Je n'ai pu jusqu'ici vérifier quelle était la véritable orthographe.

comme la dernière fois. Ils lui offraient du pain fait en forme de jaunes d'œuf et d'autres comme des cœurs de cerf et un autre composé avec du piment délayé. Il y avait, comme d'ordinaire, bien des gens qui se tiraient du sang, en se scarifiant les oreilles, et en oignaient la pierre de l'idole appelée *Chacan-Cantun* (1). Ici ils prenaient des petits garçons et leur tiraient par force du sang des oreilles, en leur faisant des incisions avec des couteaux. Ils gardaient cette statue jusqu'à la fin des jours néfastes et entre temps lui brûlaient de leur encens. Ces jours passés, ils la portaient au côté du nord où ils devaient aller la prendre l'année suivante, et déposaient l'autre dans son temple, après quoi ils retournaient chez eux, pour se préparer aux solennités de l'an nouveau. Ils tenaient pour certain que s'ils négligeaient de célébrer les cérémonies susdites, ils seraient exposés à avoir de grands maux d'yeux.

Cette année, dont la lettre dominicale était *Muluc* et dans laquelle dominait *Bacab-Canziemal* (2), ils la regardaient comme bonne; car ils disaient que celui-ci était le plus grand et le meilleur de ces dieux Bacab; aussi le mettaient-ils le premier dans leurs prières. Avec tout cela, cependant, le démon leur avait inspiré de fabriquer une idole nommée *Yax-Coc-Ahmut* (3), qu'ils plaçaient dans le temple, après en avoir enlevé les anciennes statues : ils érigeaient dans la cour qui est au-devant du temple un massif en pierre sur lequel ils brûlaient de l'encens avec une pelote de la résine ou lait *kik*, invoquant l'idole et lui demandant de les secourir contre les misères de l'année cou-

---

(3) *Yax-Coc-Ahmut* était le même que *Zamná* et considéré comme fils de *Hunabku*, le seul saint, le dieu suprême.

cuyo remedio, les mandava el demonio ofrecerle hardillas y un paramento sin labores; el qual texessen las viejas que tienen por officio el bailar en el templo para aplacar a *Yax-Coc-Ahmut*.

Tenian otras muchas miserias y malos señales, aunque era bueno el año, sino hazian los servicios que el demonio les mandava; lo qual era hazer una fiesta y en ella vailar un vaile en muy altos zancos y ofrecerle cabeças de pavos y pan y bevidas de maiz; avian de ofrescerle perros hechos de barro con pan en las espaldas, y avian de vailar con ellos en las manos las viejas y sacrificarle un perrito que tuviesse las espaldas negras y fuesse virgen, y los devotos dellos avian de derramar su sangre y untar la piedra de *Chacacantun* demonio con ella. Este servicio y sacrificio tenian por agradable a su dios *Yax-Coc-Ahmut*.

§ XXXVII.—*Sacrificios del año nuevo de la letra Yx. Pronosticos malos y modo de remediar sus efectos.*

El año en que la letra dominical era *Yx* y el aguero *Zacciui*, hecha la eleccion del principal que celebrasse la fiesta, hazian la imagen del demonio, llamado *Zacu-Uayeyab*, y llevavanla a los montones de piedra de la parte del norte, donde el año passado la avian echado. Hazian una estatua al demonio *Yzamna* y ponianla en casa del principal, y todos juntos, y el

rante. Ces misères devaient être la rareté de l'eau, l'abondance des rejetons dans le maïs et autres choses du même genre; pour avoir un remède à ces maux, le démon leur commandait d'offrir des écureuils et un parement sans broderies, tissé par les vieilles, dont l'office était de danser dans le temple, afin d'apaiser le dieu *Yax-Coc-Ahmut*.

On les menaçait encore d'une foule d'autres misères et de mauvais signes relativement à cette année, bien qu'elle fût réputée bonne, s'ils n'accomplissaient les devoirs que le démon leur imposait : l'un entre autres était une fête, avec un ballet qu'ils exécutaient montés sur de très-hautes échasses, et un sacrifice où ils offraient des têtes de dindons, du pain et des boissons de maïs. Il leur était imposé de présenter également des chiens en terre cuite, portant du pain sur le dos : les vieilles étaient obligées de danser, ces chiens entre les mains, et de sacrifier au dieu un petit chien aux épaules noires, et qui fût encore vierge; ceux qui étaient les plus dévots à cette cérémonie devaient tirer le sang de l'animal et en frotter la pierre du dieu *Chac-Acantun*. Ces rites et ce sacrifice passaient pour être fort agréables au dieu *Yax-Coc-Ahmut*.

§ XXXVII. — *Sacrifices de l'année nouvelle au signe d'Yx. Pronostics sinistres; comment on en conjurait les effets.*

L'année dont la lettre dominicale était *Yx* et le présage *Zac-Ciui*, l'élection du chef qui célébrait la fête étant terminée, ils fabriquaient l'image du dieu appelé *Zac-u-Uayeyab* et la portaient aux massifs de pierre où ils avaient laissé l'autre, l'année d'avant. Ils modelaient une statue du dieu *Yzamna* et la plaçaient dans la maison du chef, après quoi, par une rue or-

camino adereçado, ivan devotamente por la imagen de *Zac-u-Uayeyab*. Llegados la sahumavan como lo solian hazer, y degollavan la gallina y puesta la imagen en un palo llamado *Zachia*, la trayan con su devocion y bailes los quales llaman *Alcabtan-Kamahau*. Traian les la bevida acostumbrada al camino, y llegados a casa ponian esta imagen delante la estatua de *Yzamna*, y alli le offrecian todas sus offrendas, y las repartian, y a la estatua de *Zac-u-Uayeyab* ofrescian una cabeça de un pavo, y empanados de codornices y otras cosas y su bevida.

Otros se sacavan sangre y untavan con ella la piedra del demonio *Zac-Acantun* y tenianse assi los idolos los dias que avia hasta el año nuevo, y saumavanlos con sus saumerios hasta que llegado el dia postrero llevavan a *Yzamna* al templo y a *Zac-u-Uayeyab* a la parte del poniente a echarle por ay para recibirla otro año.

Las miserias que tenian este año si eran negligentes en estos sus servicios eran desmayos y amortecimientos y mal de ojos. Tenianle por ruyn año de pan, y bueno de algodon. Este año en que la letra dominical era *Yx*, y el *Bacab Zacciui* reynava, tenian por ruyn año, porque dezian avian de tener en el miserias muchas, ca dezian avian de tener gran falta de agua, y muchos sóles, los quales avian de secar los maizales, de que se les seguiria gran hambre, y de la hambre hurtos, de hurtos esclavos, y vender a los que los hiziessen. Desto se les avian de seguir discordias y guerras entre si propios o con otros pueblos. Dezian tambien avia

née, suivant la coutume, ils se rendaient dévotement à l'image de *Zac-u-Uayeyab*. A leur arrivée, ils l'encensaient comme l'autre fois et y coupaient le cou à une poule; l'image ayant été mise ensuite sur un brancard, appelé *Zachia*, ils l'emportaient dévotement, l'accompagnant de danses nommées *Alcabtan-Kam-Ahau*. On leur portait la boisson accoutumée dans le chemin, et, en arrivant à la maison, ils colloquaient l'image devant celle d'*Yzamna* et lui faisaient leurs oblations, pour les partager ensuite : à la statue de *Zac-u-Uayeyab*, ils présentaient une tête de dindon, des pâtés de cailles, des boissons diverses, etc.

Comme toujours, il y en avait parmi les spectateurs qui se tiraient du sang, dont ils oignaient la pierre du dieu *Zac-Acantun*. De cette manière, ils gardaient les idoles durant les jours précédant l'année nouvelle, et les encensaient suivant leurs coutumes jusqu'au dernier : alors ils portaient *Yzamna* au temple et *Zac-u-Uayeyab* à l'orient de la ville, l'y laissant jusqu'à l'année suivante.

Les misères auxquelles ils étaient exposés cette année, s'ils venaient à négliger ces diverses cérémonies, étaient des défaillances, des pamoisons et des maux d'yeux. Ils la tenaient pour une année mauvaise quant au pain, mais abondante en coton. C'était celle qu'ils signalaient avec le caractère *Yx* et où dominait le *Bacab Zac-Ciui* (1), qui n'annonçait rien de bien bon : suivant leur manière de voir, l'année devait entraîner des calamités de toute espèce, un grand manque d'eau, des jours où le soleil serait d'une ardeur excessive, qui dessécherait les champs de maïs; la conséquence en serait la famine; de la famine naî-

---

(1) Ce nom est écrit plus haut *Zac-Zini*.

de aver mudança en el mando de los señores o de los sacerdotes, por razon de las guerras y discordias.

Tenian tambien un pronostico de que alguños de los que quisiessen ser señores no prevalescerian. Dezian ternian tambien langosta, y que se despoblarian muchos de sus pueblos de hambre. Lo que el demonio les mandava hazer para remedio destas miserias las quales todas o algunas dellas entendian les vernian, era hazer un idolo que llamavan *Cinch-Ahau Yzamna*, y ponerle en el templo, donde le hazian muchos saumerios y muchas ofrendas y oraciones, y derramamientos de su sangre, con la qual untavan la piedra de *Zac-Acantun* demonio. Hazian muchos vailes, y vailavan las viejas como solian, y en esta fiesta hazian de nuevo un oratorio pequeño al demonio, o le renovavan, y en el se juntavan a hazer sacrificios y offrendas al demonio, y a hazer una solemne borachera todos; ca era fiesta general y obligatoria. Avia algunos santones que de su voluntad, y por su devocion hazian otro idolo como el de arriba y le ponian en otros templos, donde se hazian ofrendas y borachera. Estas boracheras y sacrificios tenian por muy gratos a sus idolos, y por remedios para librarse de las miserias del pronostico.

traient les vols et des vols l'esclavage pour ceux qui s'en rendraient coupables. Tout cela, naturellement, devait être la source de discordes et de guerres intestines entre les citoyens et entre les villes. Ils ajoutaient qu'en l'année, marquée par ce signe, il arrivait d'ordinaire aussi des changements dans les princes ou les prêtres, par suite des guerres et des discordes.

Un autre pronostic qu'ils avaient également, c'est que quelques-uns de ceux qui recherchaient le commandement, n'arriveraient pas à leurs fins. Cette année était signalée parfois aussi par une irruption de sauterelles, dont la conséquence serait la famine et la dépopulation d'un grand nombre de localités. Pour remédier à ces calamités, qu'ils craignaient du tout ou en partie, ils fabriquaient, à l'instigation du démon, la statue d'une idole nommée *Kinch-Ahau-Yzamna*; ils la plaçaient dans le temple où ils lui offraient toutes sortes d'encens et d'oblations, se tirant du sang dont ils frottaient la pierre du dieu *Zac-Acantun*. Ils exécutaient diverses danses, les vieilles dansant comme de coutume : dans cette fête ils faisaient à neuf un petit oratoire au démon; ils s'y réunissaient pour lui offrir des sacrifices et lui faire des présents, et terminaient par une orgie solennelle où tout le monde s'enivrait; car cette fête était générale et obligatoire. Il y avait également quelques fanatiques qui, de leur propre volonté et par dévotion, fabriquaient une autre idole, comme celle dont il est parlé plus haut, qu'ils portaient dans d'autres temples, lui faisant des offrandes et s'enivrant en son honneur. Ils regardaient ces orgies et ces sacrifices comme très-agréables à leurs idoles et comme des préservatifs capables de conjurer les calamités dont ils se croyaient menacés.

§ XXXVIII. — *Sacrificios del año nuevo en la letra Cauac. Pronosticos malos y su remedio en el baile del fuego.*

El año que la letra dominical era *Cauac* y el aguero *Hozanek*, hecha la elecion del principal, para celebrar la fiesta hazian la imagen del demonio llamado *Ekuvayeyab*, y llevavanla a los montones de piedra de la parte del poniente, donde el año passado la avian echado. Hazian tambien una estatua a un demonio llamado *Uacmitun-Ahau*, y ponianla en casa del principal en lugar conveniente, y desde alli ivan todos juntos al lugar donde la imagen de *Ekuvayeyab* estava, y tenian el camino para ello muy adereçado; llegados a ella saumavanla el sacerdote y los señores, como solian y degollavanle la gallina. Esto hecho, tomavan la imagen en un palo que llamavan *Yaxek*, y ponianle acuestas a la imagen una calabera y un hombre muerto y en cima un paxaro cenicero llamado *kuch*, en señal de mortandad grande, ca por muy mal año tenian este.

Llevavanla despues desta manera, con su sentimiento y devocion, y bailando algunos vailes, entre los quales vailavan uno como cazcarientas y assi le llamavan ellos *Xibalba-Okot*, que quiere dezir baile del demonio. Llegavan al camino los escanciaros con la bevida de los señores, la qual bevida llevavan al lugar de la estatua *Uacmitun-Ahau*, y ponianle alli en frente la imagen que traian. Luego comença-

---

(1) *Yax-ek* doit signifier vert et noir.
(2) *Kach* doit être l'oiseau carnas- sier nommé *zopilote* au Mexique.
(3) C'est la traduction du mot espagnol *cazcarientas* qui se trouve

§ XXXVIII. — *Sacrifices de l'année nouvelle au signe de Cauac. Pronostics sinistres, conjurés par la danse du feu.*

L'année dont la lettre dominicale était *Cauac* et le présage *Hozanek*, après qu'on avait élu le chef de la fête, on fabriquait pour la célébrer l'image du dieu nommé *Ek-u-Uayeyab* : on la portait aux massifs de pierre du côté du couchant, où on l'avait laissée l'année d'avant. On moulait en même temps la statue d'un dieu appelé *Uac-Mitun-Ahau*, que l'on plaçait, comme d'ordinaire, dans le lieu le plus convenable de la maison du chef. De là ils se dirigeaient tous ensemble à l'endroit où se trouvait l'image d'*Ek-u-Uayeyab*, ayant soin préalablement d'orner le chemin : en arrivant, les seigneurs et le prêtre l'encensaient, suivant l'usage, et coupaient le cou à une poule. Cela fini, ils prenaient la statue sur un brancard nommé *Yaxek* (1), en lui mettant sur les épaules une calebasse avec un homme mort, et par-dessus un oiseau cendré, qu'ils appelaient *Kuch* (2), en signe de grande mortalité; car cette année était tenue pour fort mauvaise.

Ils l'emportaient ensuite de cette manière, avec une dévotion mêlée de tristesse, en exécutant quelques danses, entre lesquelles il y en avait une qui était comme les *crottées* (3), qu'ils appelaient *Xibalba-Okot*, ce qui signifie danse des démons (4). Dans l'intervalle, les échansons arrivaient avec la boisson des seigneurs, que ceux-ci buvaient au lieu où était la statue de *Uac-Mitun-Ahau* et mettaient vis-à-vis d'elle l'image

dans le manuscrit; serait-ce le nom d'une danse qui se trouve au pays de l'auteur ?

(4) Ceci rappelle l'antique empire dont le nom est resté pour signifier l'enfer chez les uns et les démons ou plutôt d'effrayants fantômes chez les autres.

van sus ofrendas, saumerios y oraciones, y muchos derramavan la sangre de muchas partes de su cuerpo, y con ella untavan la piedra del demonio llamado *Ekel-Acantun*, y assi passavan estos dias aciagos, los quales passados, llevavan a *Uacmitun-Ahau* al templo, y a *Ekuvayeyab* a la parte de medio dia, para recibirla otro año.

Este año en que la letra era *Cauac* y reynava el *Bacab-Hozanek* tenian, allende de la pronosticada mortandad, por ruyn, por que dezian les avian los muchos soles de matar los maizales, y comer las muchas hormigas lo que sembrassen y los paxaros, y porque esto no seria en todas partes avria en algunos comida, la qual avrian con gran trabajo. Haziales el demonio para remedio destas miserias hazer quatro demonios llamados *Chichac-Chob*, *Ek-Balam-Chac*, *Ahcan-Uolcab*, *Ahbuluc-Balam*, y ponerlos en el templo donde los saumavan con sus saumerios, y les ofrecian dos pellas de una leche o resina de un arbol que llaman *kik*, para quemar y ciertas iguanas y pan y una mitra y un manojo de flores, y una piedra preciosa de las suyas. Demas desto, para la celebracion desta fiesta, hazian en el patio una grande boveda de madera, y henchianla de leña por lo alto y por los lados, dexandole en ellos puertas para poder entrar y salir. Tomavan despues los mas hombres de hecho sendos manojos de unas varillas muy secas y largas atadas, y puesto en lo alto de la leña un cantor, cantava y hazia son con un atambor de los suyos, vailavan los de abaxo todos con mucho concierto y de-

---

(1) *Ek-balam-chac* signifie tigre noir dieu des champs : ce sont du reste des noms donnés au tigre encore aujourd'hui. *Ahcan* est le

dont ils étaient chargés. Aussitôt commençaient les oblations, les encensements et les prières; un grand nombre se tiraient du sang de diverses parties du corps et en oignaient la pierre de l'idole, appelée *Ekel-Acantun*. Ainsi passaient les jours néfastes, à la suite desquels on portait *Uac-Mitun-Ahau* au temple et *Ek-u-Uayeyab* du côté du midi, où on devait le retrouver l'année suivante.

Cette année, signalée par le caractère *Cauac* et où dominait le *Bacab-Hozanek*, outre la mortalité dont elle était menacée, était particulièrement regardée comme fatale : on disait que les ardeurs extrêmes du soleil détruiraient les plantations de maïs, sans compter la multiplication des fourmis et des oiseaux qui allaient dévorer le reste des semailles; cependant, ajoutait-on, ces calamités ne devant pas être tout à fait générales, il y aurait quelques endroits où l'on trouverait des subsistances, quoique avec un grand travail. Pour conjurer ces fléaux, ils faisaient, à l'instigation du démon, quatre idoles nommées *Chichac-Chob*, *Ekbalam-Chac*, *Ahcan-Uolcab* et *Ahbuluc-Balam* (1) : après les avoir colloquées dans le temple, où ils les encensaient, comme de coutume, ils leur présentaient deux pelotes de la résine nommée *kik*, afin de les brûler, quelques iguanes, du pain et une mitre, avec un bouquet de fleurs et une pierre dont ils faisaient grand cas. En outre, ils élevaient, pour la célébration de cette fête, une grande voûte de bois dans la cour, la remplissant de bois à brûler en haut et sur les côtés, en y laissant toutefois des issues pour pouvoir entrer et sortir. La plupart des hommes prenaient

---

serpent mâle en général. *Ahbuluc-Balam* signifie Celui des onze tigres.

vocion, entrando y saliendo por las puertas de aquella boveda de madera, y assi vailavan hasta la tarde, que dexando alli cada uno su manojo, se ivan a sus casas a descansar y comer.

En anocheciendo volvian y con ellos mucha gente, porque entre ellos esta cerimonia era muy estimada y tomando cada uno su hacho lo encendian y con ellos cada uno por su parte pegavan fuego a la leña, la qual ardia mucho y se quemava presto. Despues de hecho toda braza, la allanavan y tendian muy tendida y juntos los que avian bailado, avia algunos que se ponian a passar descalços y desnudos como ellos andavan por encima de aquella braza de una parte a otra y passavan algunos sin lesion, otros abraçados, y otros medio quemados, y en esto creian estava el remedio de sus miserias y malos agueros, y pensavan era este su servicio muy agradable a sus dioses. Esto hecho se ivan a bever y hazerse cestos, ca assi lo pedia la costumbre de la fiesta, y el calor del fuego.

(1) Ne croirait-on pas lire la description de cette fête des Scythes, rapportée par Hérodote, et que M. Viollet-Leduc a insérée dans

ensuite, chacun en particulier, des faisceaux de longues baguettes fort sèches, et, tandis qu'un musicien, monté au sommet du bûcher, chantait en battant du tambour, tous dansaient avec beaucoup d'ordre et de dévotion, entrant et sortant l'un après l'autre de dessous le bûcher; ils continuaient ainsi à danser jusqu'au soir que, laissant leurs faisceaux, ils rentraient chez eux pour se reposer et manger.

A la nuit tombante, ils retournaient accompagnés de beaucoup de monde; car cette cérémonie était tenue en grande estime parmi eux. Chacun, prenant alors son faisceau, l'allumait et mettait le feu au bûcher, qui prenait aussitôt et brûlait rapidement (1). Du moment qu'il n'y avait plus qu'un brasier, ils l'étendaient au large, et ceux qui avaient dansé se réunissaient à l'entour : les uns se mettaient à passer pieds nus sur la braise ardente, les autres à courir d'un bord à l'autre, plusieurs réussissant à faire la traverse sans aucun mal, plusieurs se brûlant en partie ou en totalité, s'imaginant ainsi conjurer les fléaux qu'ils redoutaient et détourner l'effet des pronostics sinistres de l'année, dans la persuasion que rien ne pouvait être plus agréable à leurs dieux que cette sorte de sacrifice. Cela fini, ils s'en allaient chez eux pour boire et s'enivrer; car ainsi l'exigeaient à la fois et la coutume de la fête et l'ardeur du feu.

ses *Antiquités mexicaines,* formant l'introduction de l'ouvrage de M. Désiré Charnay: *Cités et Ruines américaines,* page 16?

§ XXXIX. — *Esplica el autor varias cosas del calendario. Su intento al dar estas noticias.*

Con las letras de los indios puestas atras en el capitulo cx, ponian a los dias de sus meses nombres, y de todos juntos los meses hazian un modo de calendario, con el qual se reglan assi para sus fiestas como para sus cuentas y tratos y negocios, como nosotros nos regimos con el nuestro, salvo que no començavan el primero dia de su calendario en el primero dia de su año, sino muy adelante; lo qual hazian por la dificultad con que contavan los dias de los meses todos juntos, como se vera en el proprio kalendario que aqui porne; porque aunque las letras y dias para sus meses son xx, tienen en costumbre de contarlas desde una hasta xiii. Tornan a començar de una despues de las xiii, y assi reparten los dias del año en xxvii trezes y ix dias sin los aciagos.

Con estos retruecanos y embaraçosa cuenta es cosa de ver la liberalidad con que los que saben cuentan y se entienden, y mucho de notar que salga siempre la letra que es dominical en el primero dia de su año, sin errar ni faltar, ni venir a salir otra de las xx alli. Usavan tambien deste modo de contar para sacar destas letras cierto modo de contar que tenian para las edades y otras cosas que aunque son para ellos curiosas, no nos hazen aqui mucho al proposito; y por

---

(1) Voir au § xxxiv.
(2) En effet, le premier jour du premier mois ne se retrouvait d'accord avec le premier jour de l'année qu'une fois au commencement de chaque cycle de cinquante-deux ans.
(3) C'est ce dont le lecteur

§ XXXIX. — *Explications de l'auteur sur le calendrier yucatèque. Son dessein, en écrivant ces diverses notices.*

Avec les caractères de ces Indiens, placés plus bas au chapitre cx (1), ils imposaient aux jours de leurs mois des noms, et de tous les mois réunis ils formaient une sorte de calendrier, à l'aide duquel ils se réglaient tant pour leurs fêtes que pour leurs comptes, contrats et affaires, ainsi que nous le faisons avec le nôtre. Il y avait toutefois cette différence que le premier jour de leur année ne s'accordait pas avec le premier du calendrier, qu'ils laissaient bien en arrière (2). Elle provenait de la difficulté avec laquelle ils comptaient les jours de leurs mois tous ensemble, comme on le verra dans le calendrier que je joindrai ici : car, encore que les caractères et jours de leurs mois soient au nombre de vingt, ils ont la coutume de ne les compter que de un à treize ; ils recommencent ensuite à compter après ces treize, partageant ainsi les jours de l'année en vingt-sept trezaines et neuf jours, sans compter les supplémentaires.

Malgré ces retours périodiques et cette computation embarrassante, c'est une chose merveilleuse de voir avec quelle rapidité ceux qui sont au courant savent compter et s'entendre ; ce n'est pas une chose moins notable, que la lettre qui est la dominicale est toujours celle qui sort avec le premier jour de leur année, sans manque ni erreur, et sans qu'il en vienne aucune autre des vingt dont se compose le mois (3). Ils se servaient aussi de

---

pourra se rendre un compte plus exact en jetant les yeux sur l'explication du calendrier maya, d'après le travail de don Pio Perez, à la suite de cet ouvrage.

esso se quedaran con dezir que el caracter o letra de que començava su cuenta de los dias o kalendario, se llama *Hun-Ymix* y es este el qual no tiene dia cierto ni señalado en que caiga. Porque cada uno le muda la propia cuenta y contado esso no falta el salir la letra que viene por dominical el primero del año que se sigue.

El primer dia del año desta gente era siempre a xvi dias de nuestro mes de julio, y primero de su mes de *Popp*, y no es de maravillar que esta gente, aunque simple que en otras cosas les emos hallado curiosidad en esta la tuviessen tambien, y opinion como la an otras naciones tenido; ca segun la glossa sobre Ezechiel henero es segun los Romanos el principio del año, segun los Hebreos abril, segun los Griegos março y segun los Orientales octubre. Pero aunque ellos comiençan su año en julio, yo no porne aqui su Kalendario sino por la orden del nuestro y junto con el nuestro, de manera que iran señaladas nuestras letras y las suyas, nuestros meses y los suyos, y su cuenta de los trezes sobre dichos, puesta en cuenta de guarismo.

(1) *Hun-Ymix* correspond au *Ce-Cipactli* du calendrier mexicain, qui se trouve dans les tables de Veytia, au 9ᵉ jour du mois *Micailhuitzintli*, xiiᵉ de l'année me- xicaine, correspondant alors au 18 septembre. (Veytia, *Hist. antig. de Mexico*, tom. 1, cap. 10.)

(2) L'auteur se rapporte à quelque commentaire de l'Ecriture

cette manière de compter, pour établir une sorte de computation des cycles et d'autres choses qui, bien qu'intéressantes pour eux, ne le sont pas pour notre sujet : nous nous bornerons donc à dire que la lettre ou le caractère avec laquelle commençait leur computation des jours ou calendrier, s'appelle *Hun-Ymix*, qui est celui-ci : particulièrement ber (1); car chacompte, et, avec tout cela, la lettre qui doit être la dominicale ne manque jamais de venir pour la première de l'année à suivre.

Le premier de l'année, chez les Yucatèques, était invariablement le seizième jour de notre mois de juillet, premier de leur mois *Popp* : il n'y a pas de quoi s'étonner que cette nation, chez qui nous avons trouvé, malgré sa simplicité, des connaissances de diverse nature, ait possédé également celle-là, puisque nous voyons que d'autres peuples l'ont eue; car, selon la glose sur Ezéchiel (2), janvier est, suivant les Romains, le commencement de l'année; suivant les Hébreux, c'est avril; suivant les Grecs, mars, et selon les Orientaux, octobre. Mais, quoique ceux de ce pays commencent leur année en juillet, je ne mettrai toutefois ici leur calendrier que suivant l'ordre du nôtre, auquel je le joindrai, de manière à ce que nos lettres et les leurs soient signalées ensemble, nos mois et les leurs, ainsi que leur compte de treizaines, dans l'ordre de leur progression (3).

---

sainte où il est question du calendrier des Hébreux, comparé à celui de diverses nations.

(3) L'auteur, en joignant ici au calendrier romain le calendrier maya, n'a pas remarqué qu'il en a interverti l'ordre, en commençant son calcul par la dernière moitié, ce qui fait qu'en arrivant à la fin de cette moitié avec le

Y porque no aya necessidad de poner en una parte el calendario y en otra las fiestas, porne en cada uno de sus meses sus fiestas, y las observancias y cerimonias, con que las celebravan, y con esto cumplire lo que en algunas partes atras e dicho que hare su calendario, y en el dire de sus ayunos y de las cerimonias con que hazian los idolos de madera y otras cosas, las quales todas y las demas que desta gente e aqui tratado no es mi entento sirvan de mas de materia de alabar a la bondad divina que tal ha sufrido y tal ha tenido por bien de remediar en nuestros tiempos; para que advirtiendolo con entrañas christianas le suplique mas por su conservacion y aprovechamiento en buena christiandad, y los que a cargo lo tienen, lo favorescan y ayuden, porque, por sus peccados desta gente o los nuestros no les falte el ayuda, o ellos no falten en lo començado, y assi buelvan a sus miserias y gomitos de hierros; y les acaescan las cosas peores que las primeras, tornando los demonios a las casas de sus almas, de donde con trabajoso cuidado hemos procurado echarlos, limpiandoselas y barriendolas de sus vicios y malas costumbres passadas. Y esto no es mucho temerlo, viendo la perdicion que tantos años ay en toda la grande y muy christiana Asia, y en la buena y catholica y augustissima Africa, y las miserias y calamidades que el dia de oy passan en nuestra Europa, y en una nacion y casas por lo qual podriamos dezir se nos an cumplido las evangelicas prophecias sobre Iherusalem, de

dernier des jours supplémentaires, on aurait, s'il fallait le suivre, pour premier jour du mois maya *Popp*. le jour *Muluc* au lieu de *Kan*, ce qui est impossible. Ce qui fait voir clairement d'ailleurs que Landa a fait ces choses sans y réfléchir, c'est qu'il commence en janvier avec la continuation des explications relatives à des fêtes commencées dans le mois précédent de décembre, ce qui

Mais, comme il n'y a aucune nécessité de placer en un endroit le calendrier et dans un autre les fêtes, je joindrai celles-ci à chacun de leurs mois, avec les observances et cérémonies qui en accompagnaient la célébration, gardant ainsi la promesse que j'ai faite ailleurs de donner leur calendrier : je dirai avec quels jeûnes et quels rites ils fabriquaient leurs idoles de bois, ainsi que d'autres choses; bien entendu que toutes ces notions, ainsi que celles que j'ai déjà données sur ce pays, n'ont d'autre fin, dans mon esprit, que de rendre grâces à la bonté divine qui les a tolérées et a tenu à bien d'y remédier en notre temps. C'est pour cela qu'y portant notre attention avec des entrailles chrétiennes, nous la supplions pour ces peuples, pour leur conservation et leur avancement dans la bonne doctrine du christianisme, et pour que ceux qui ont la charge de leurs âmes, les favorisent et les aident, afin que, pour leurs propres péchés ou les nôtres, le secours ne vienne pas à leur manquer, ou qu'ils ne tombent pas dans la voie, après avoir commencé à y marcher, et qu'ainsi ils ne retournent point aux misères et aux vomissements de leurs erreurs; que leur condition ne soit pas pire qu'auparavant, par le retour des démons aux maisons de leurs âmes, d'où nous avons travaillé si péniblement à les chasser, les purifiant de leurs vices et de leurs mauvaises coutumes passées. Et ce n'est certes pas trop nous avancer que d'exprimer une telle crainte, quand nous voyons la perdition qu'il y a depuis tant

n'ajoute pas à leur clarté. Il aura évidemment pris le calendrier maya et l'aura copié, en commençant par la fin, n'attachant d'importance qu'au romain. Mais le lecteur peut facilement réparer ce manque d'attention, en prenant à son tour le calendrier romain par le milieu avec le 1er jour du mois *Popp*.

que la cercarian sus enemigos y ensangostarian y apretarian tanto que la derrocassen por tierra. Y esto ya lo avria Dios permittido segun somos, sino que no puede faltar su yglesia ni lo que della dixo : *Nisi Dominus reliquisset semen, sicut Sodoma fuissemus.*

§ XL. — *Comiença el kalenderio romano y yucatanense.*

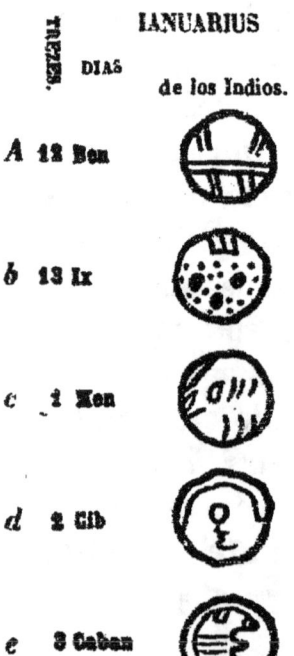

IANUARIUS

DIAS   MESES
        de los Indios.

A 12 Ben

b 13 Ix

c 1 Xen

d 2 Cib

e 3 Caban

Ivan con mucho temor, segun dezian, criando dioses. Acabados ya y puestos en perfeccion los idolos, hazia el dueño dellos un presente el mayor que podia de aves y caças y de su moneda para pagar con el el trabajo de los que los avian hecho, y sacavanlos de la casilla, y ponianlos en otra ramada para ello hecha en el patio, en la qual los bendezia el sacerdote con mucha solemnidad, y abundancia de devotas oraciones, aviendose primero el y los officiales quitado el tizne de que, porque dezian que ayunavan entanto que los hazian, estavan untados; y echado como solian el demonio, y quemado el encienso bendicto, assi los ponian en una petaquilla embueltos en un paño, y los entregavan al dueño, y el con

(1) On conçoit ici les plaintes de Landa: il écrivait au milieu de l'époque la plus ardente de la réforme en Allemagne et en Angleterre.
(2) Voir à la fin du calendrier

d'années dans la grande et chrétienne Asie, ainsi que dans la bonne, catholique et très-auguste Afrique, les misères et calamités qui aujourd'hui affligent notre Europe, dans une nation et des maisons, dont nous pourrions dire en effet que se sont accomplies à notre égard les prophéties évangéliques sur Jérusalem (1); que ses ennemis l'environneraient de toutes parts et la presseraient jusqu'à ce qu'elle tombât par terre. Or, tout cela Dieu l'aurait déjà permis, sinon que son Église ne peut manquer, non plus que ce qui est dit d'elle : *Nisi Dominus reliquisset semen, sicut Sodoma fuissemus.*

§ XL. — *Ici commence le calendrier romain et yucatèque.*

1ᵉʳ Janvier.	XII	BEN.	
2	—	XIII	YX.
3	—	I	MEN.
4	—	II	CIB.
5	—	III	CABAN.

10ᵉ *jour du mois* CHEN (2).

Suivant ce qu'ils disaient, ils travaillaient dans une grande crainte, à former les dieux. Une fois que les idoles étaient achevées et perfectionnées, celui qui en était le possesseur faisait à ceux qui les avaient modelées un présent, le meilleur possible, d'oiseaux, de gibier et de monnaie, afin de payer leur travail. On enlevait les idoles de la cabane où elles avaient été fabriquées, et on les portait dans une autre cabane en feuillages, érigée à ce dessein dans la cour, où le prêtre les bénissait avec beaucoup de solennité et de ferventes prières, les artistes s'étant nettoyés préalablement de la suie dont ils s'étaient frottés, en signe

le commencement de ce mois et des solennités dont la suite seulement se trouve ici. Quant à l'étymologie des noms des mois, elle se trouvera plus loin avec celle des jours.

DIAS.	MESES.

f 4 Ezanab.

g 5 Cauac.

A 6 Ahau.

b 7 Ymix

c 8 Ik

d 9 Akbal

e 10 Kan

f 11 Chicchan

g 12 Cimil

A 13 Manik

b 1 Lamat

asaz devocion los recibia. Luego predicava el buen sacerdote un poco de la excellencia del officio de hazer dioses nuevos y del peligro que tenian los que los hazian si a caso no guardavan sus abstinencias y ayunos. Despues comian muy bien y se emborachavan mejor.

YAX.

En qualquiera de los dos meses de *Chen* y *Yax*, y en el dia que señalava el sacerdote, hazian una fiesta que llamavan *Ocna*, que quiere dezir renovacion del templo en honra de los *Chaces*, que tenian por dioses de los maizales, y en esta fiesta miravan los pronosticos de los *Bacabes*, como mas largo queda dicho en los capitulos CXIII, CXIIII, CXV, CXVI, y conforme á la orden en su lugar dicha: la hazian cada año y demas desto renovavan los idolos de barro y sus braseros, ca costumbre era tener cada idolo un braserito en que le quemassen su encienso, y si era menester hazian de nuevo la casa o renovavanla y ponian en la pared la memoria destas cosas con sus caracteres.

JOURS.		
6 Janvier.	IV	EZANAB.
7 —	V	CAUAC.
8 —	VI	AHAU.
9 —	VII	YMIX.
10 —	VIII	IK.
11 —	IX	AKBAL.
12 —	X	KAN.
13 —	XI	CHICCHAN
14 —	XII	CIMI.
15 —	XIII	MANIK.
16 —	I	LAMAT.

de jeûne, disaient-ils, pour tout le temps qu'ils restaient à l'œuvre. Ayant ensuite chassé le mauvais esprit, comme à l'ordinaire, et brûlé de l'encens béni, ils plaçaient dans une corbeille les nouvelles images, enveloppées d'un linge, et les remettaient à leur possesseur, qui les recevait avec beaucoup de dévotion. Le bon prêtre prêchait ensuite aux artistes quelques instants sur l'excellence de leur profession, celle de faire des dieux nouveaux, et sur le danger qu'il y aurait pour eux d'y travailler sans garder les préceptes de l'abstinence et du jeûne. A la suite de tout cela, ils prenaient ensemble un repas abondant et buvaient encore mieux.

1er *jour du mois* YAX.

Quel que fût celui des deux mois *Chen* et *Yax* dont le prêtre signalait le jour, ils célébraient une fête appelée *Ocna*, ce qui veut dire rénovation du temple en honneur des *Chac*, qu'ils regardaient comme les dieux des champs. Dans cette fête, ils consultaient les pronostics des *Bacab*, ainsi qu'il est dit plus au long aux chapitres CXIII, CXIIII, CXV et CXVI (1), et suivant l'ordre déjà y mentionné. Ils célébraient cette fête chaque année. En outre, ils renouvelaient alors les idoles de terre cuite et leurs brasiers; car il était d'usage que chaque idole eût son petit brasier où l'on brûlait son encens, et, si on le trouvait nécessaire, on lui bâtissait une maison nouvelle,

---

(1) Voir les §§ XXXV, XXXVI, XXXVII et XXXVIII.

	DIAS.	MESES.
c	2 Muluc	
d	3 Oc	
e	4 Chuen	
f	5 Eb	
g	6 Ben	
A	7 Ix	
b	8 Men	
c	9 Cib	
d	10 Caban	
e	11 Ezanab.	
f	12 Cauac	

JOURS.		
17 Janvier.	II MULUC.	

ou bien on la renouvelait, en ayant soin de placer dans le mur l'inscription commémorative de ces choses, écrite dans leurs caractères (1).

18	—	III OC.
19	—	IV CHUEN.
20	—	V EB.
21	—	VI BEN.
22	—	VII YX.
23	—	VIII MEN.
24	—	IX CIB.
25	—	X CABAN.
26	—	XI EZANAB.
27	—	XII CAUAC.

(1) De là le nom de *katun* ou *kat-tun*, pierre appelée ou qu'on interroge, du verbe *kaat*, appeler, donner un nom, interroger, demander, etc. et de *tun*, pierre. Voir le § IX, note 4.

— 246 —

DIAS.   MESES.

g 13 Ahau

A 1 Ymix      Aqui comiença la cuenta del Ka-
                                          lendario de los indios, diziendo en
                                          su lengua *Hun Ymix*.

b 2 Ik

c 3 Akbal

FEBRUARIUS.
                                ZAC.
d 4 Kan      En un dia deste mes de *Zac*
                                          qual señalava el sacerdote, ha-
                                          zian los caçadores otra fiesta
                                          como la que hizieron en el mes
e 5 Chicchan      de *Zip*, la qual hazian aora para
                                          aplacar los dioses de la ira que te-
                                          nian contra ellos y sus sementeras;
                                          que las hiziessen por la sangre que
f 6 Cimi      derramavan en sus caças, porque
                                          tenian por cosa horrenda qualquier
                                          derramamiento de sangre, sino era en
                                          sus sacrificios, y por esta causa siem-
g 7 Manik      pre que ivan a caça, invocavan el
                                          demonio y le quemavan su encienso,
                                          y si podian le untavan con la sangre del
                                          coraçon de la tal caça los rostros.
A 8 Lamat

b 9 Muluc

JOURS.

28 Janvier. XIII AHAU.

29 — I YMIX.   Ici commence le comput du calendrier des Indiens, disant dans leur langue *Hun Ymix*.

30 — II IK.

31 — III AKBAL.

1ᵉʳ jour du mois ZAC.

1ᵉʳ Février. IV KAN.   En un des jours de ce mois *Zac*, que le prêtre signalait, les chasseurs célébraient une autre fête, comme celle qu'ils avaient célébrée au mois *Zip*. Celle-ci avait lieu actuellement,

2 — V CHICCHAN   afin d'apaiser le courroux des dieux contre eux et leurs semailles, à cause du sang qu'ils répandaient durant la chasse; car ils regardaient comme

3 — VI CIMI.   chose abominable toute effusion de sang, en dehors de leurs sacrifices (1): aussi n'allaient-ils jamais à la chasse, sans auparavant invoquer leurs idoles

4 — VII MANIK.   et leur brûler de l'encens; et s'ils le pouvaient ensuite, ils leur barbouillaient le visage du sang de leur gibier.

5 — VIII LAMAT.

6 — IX MULUC.

(1) Ce qui, d'accord avec divers autres indices, annoncerait bien que l'effusion du sang, et surtout du sang humain, dans les sacrifices, était d'origine étrangère, nahuatl probablement.

DIAS. MESES.

c 10 Oc

d 11 Chuen

e 12 Eb

f 13 Ben

g 1 Ix

A 2 Men

b 3 Cib

c 4 Caban

d 5 Ezanab.

e 6 Cauac

f 7 Ahau

g 8 Ymix

En qualquier dia que cayesse este septimo de *Ahau*, hazian una muy gran fiesta que durava tres dias de saumerios y offrendas, y en gentil borrachera, y porque esta es fiesta movible, tenian los cuidadosos sacerdotes cuidado de echarla con tiempo, para que se ayunasse devidamente.

JOURS.

7 Février. X OC

8 — XI CHUEN.

9 — XII EB.

10 — XIII BEN.

11 — I YX.

12 — II MEN.

13 — III CIB.

14 — IV CABAN.

15 — V EZANAB.

16 — VI CAUAC.

17 — VII AHAU.

18 — VIII YMIX.

Quelque jour que tombât ce septième *Ahau*, ils célébraient une fort grande fête, qui se continuait pendant trois jours, avec des encensements, des offrandes et une orgie assez respectable ; mais comme c'était une fête mobile, les prêtres avaient soin de la publier d'avance, afin que chacun pût jeûner, selon son devoir.

— 250 —

DIAS.   MESES.

A 9 Ik

b 10 Akbal

                CEH.

c 11 Kan

d 12 Chicchan

e 13 Cimij

f 1 Manik

g 2 Lamat

A 3 Muluc

b 4 Oc

c 5 Chuen

MARTIUS.

d 6 Eb

JOURS.

19 Février.   IX IK.

20   —   X AKBAL.

21   —   XI KAN.   1ᵉʳ *jour du mois* CEH.

22   —   XII CHICCHAN

23   —   XIII CIMI.

24   —   I MANIK.

25   —   II LAMAT.

26   —   III MULUC.

27   —   IV OC.

28   —   V CHUEN.

1ᵉʳ Mars.   VI EB.

— 252 —

DIAS. MESES.

e 7 Ben

f 8 Ix

g 9 Men

A 10 Eib

b 11 Caban

c 12 Ezanab.

d 13 Kauac

e 1 Ahau

f 2 Ymix

g 3 Ik

A 4 Akbal

b 5 Kan

MAC.

En qualquiera dia deste mes *Mac* hazian la gente anciana y mas viejos una fiesta a los *Cha-*

JOURS.

2 Mars.   VII BEN.

3   —   VIII YX.

4   —   IX MEN.

5   —   X CIB.

6   —   XI CABAN.

7   —   XII EZANAB.

8   —   XIII CAUAC.

9   —   I AHAU.

10   —   II YMIX.

11   —   III IK.

12   —   IV AKBAL.

       1ᵉʳ *jour du mois* MAC.

13   —   V KAN. L'un ou l'autre jour de ce mois *Mac*, les gens âgés et la plupart des vieillards célébraient une fête aux *Chac*,

— 254 —

DIAS.	MESES.
c 6 Chicchan	
d 7 Cimij	
e 8 Mazik	
f 9 Lamat	
g 10 Mulac	
A 11 Oc	
b 12 Chuen	
c 13 Eb	
d 1 Ben	
e 2 Ix	
f 3 Men	

ces, dioses de los panes y a *Yzamna*. Y un dia o dos antes hazian la siguiente cerimonia a la qual llamavan en su lengua *Tupp-kak*. Tenian buscados todos animales y savandijas del campo que podian aver y en la tierra avia, y con ellos se juntavan en el patio del templo en el qual se ponian los *Chaques*, y el sacerdote sentados en las esquinas, como para echar el demonio solian, con sendos cantaros de agua que alli los traian a cada uno. En medio ponian un gran manojo de varillas secas atadas, y enhiestas, y quemando primero de su encienso en el brazero, pegavan fuego a las varillas, y en tanto que ardian, sacavan con liberalidad los coraçones a las aves y animales, y echavanlos a quemar en el fuego; y sino podian averlos animales grandes como tigres, leones o lagartos, hazian los coraçones de su encienso, y si los matavan trayanles los coraçones para aquel fuego. Quemados los coraçones todos, matavan el fuego con los cantaros de agua los *chaces*. Esta hazian para con ello y la siguiente fiesta alcançar buen año de aguas para sus panes; luego celebravan la fiesta. Esta fiesta celebravan differentemente de las otras; ca para ella no ayunavan, salvo el muñidor della que este ayunava su ayuno. Venidos pues a celebrar la fiesta, se juntavan el pueblo, y sacerdote y officiales en el patio del templo, donde tenian hecho un monton de piedras con sus escaleras, y todo muy limpio y adereçado de frescuras. Dava el sacerdote encienso preparado para el muñidor, el qual lo quemava en el brasero y assi dizque huia el demonio. Esto hecho con su devocion acostumbrada, untavan el primero escalon del

---

(1) *Tupp-kak*, c'est-à-dire extinction du feu.

(2) Landa écrit alternativement les *chaces* et las *chaques*, pour plu-

JOURS.		
14 Mars.	VI	CHICCHAN
15 —	VII	CIMI.
16 —	VIII	MANIK.
17 —	IX	LAMAT.
18 —	X	MULUC.
19 —	XI	OC.
20 —	XII	CHUEN.
21 —	XIII	EB.
22 —	I	BEN.
23 —	II	YX.
24 —	III	MEN.

dieux de l'abondance, ainsi qu'à *Yzamma*. Quelques jours auparavant, ils faisaient la cérémonie suivante, qu'ils appelaient dans leur langue *Tuppkak* (1). Ayant réuni tous les animaux, reptiles et bêtes des champs qu'ils avaient pu trouver dans le pays, ils s'assemblaient dans la cour du temple, les *Chac* (2) avec le prêtre prenant les coins, pour chasser le mauvais esprit, suivant l'usage, chacun d'eux ayant à côté de lui une cruche remplie d'eau qu'on lui apportait. Debout, au centre, se trouvait un énorme fagot de bois menu et sec, auquel ils mettaient le feu, après avoir jeté de l'encens dans le brasier : tandis que le bois brûlait, ils arrachaient à l'envi le cœur aux animaux et aux oiseaux et les jetaient dans le feu. S'ils avaient été dans l'impossibilité de prendre de grands animaux du genre des tigres, des lions ou des caïmans, ils en imitaient les cœurs avec de l'encens; mais s'ils les avaient, ils leur arrachaient également le cœur pour le livrer au feu et le brûler. Aussitôt que tous ces cœurs étaient consumés, les *Chac* éteignaient le feu avec l'eau contenue dans les cruches. Le but de ce sacrifice et de la fête suivante était d'obtenir ainsi de l'eau en abondance pour leurs semailles, durant l'année. Ils célébraient toutefois cette fête d'une manière différente des autres; car, pour celle-ci, ils ne jeûnaient point, à l'exception du bedeau de la confrérie qui faisait pénitence. Au jour convenu pour la célébration, tout le peuple se réunissait avec le prêtre et les officiers dans la cour du temple, où on avait érigé une plateforme en pierre, avec des degrés pour monter, le tout bien propre et orné

raliser le mot *chac*, nom commun aux dieux protecteurs des campagnes et aux aides des prêtres.

| DIAS. | MESES. |

monton de las piedras con lodo del poço y los demas escaiones con betun azul, y echavan muchos saumerios y invocavan a los *Chaces* con sus oraciones y devociones, y ofrecian sus presentes. Esto acabado, se consolavan comiendo y beviendo lo ofrecido, y quedando confiados del buen año con sus servicios y invocaciones.

g 4 Cib

A 5 Caban

b 6 Ezanab.

c 7 Cauac

d 8 Ahau

e 9 Ymix

f 10 Ik

APRILIS.

g 11 Akbal

A 12 Kan KANKIN.

b 13 Chicchan

c 1 Cimij

JOURS.		
25 Mars.	IV	CIB.
26 —	V	CABAN.
27 —	VI	EZANAB.
28 —	VII	CAUAC.
29 —	VIII	AHAU.
30 —	IX	YMIX.
31 —	X	IK.
1ᵉʳ Avril.	XI	AKBAL.
2 —	XII	KAN.
3 —	XIII	CHICCHAN
4 —	I	CIMI.

de feuillage. Le prêtre donnait de l'encens préparé d'avance au bedeau qui le brûlait dans le brasier, ce qui suffisait pour chasser le mauvais esprit. Cela terminé, avec la dévotion accoutumée, ils frottaient le premier degré de la plate-forme avec de la vase du puits ou de la citerne, et les autres avec de la couleur bleue; ils l'encensaient à plusieurs reprises et invoquaient les *Chac* avec des prières et des cérémonies, leur offrant des dons. En finissant, ils se réjouissaient, mangeant et buvant les oblations, pleins de confiance dans le résultat de leurs rites et de leurs invocations pour cette année.

1ᵉʳ *jour du mois* KANKIN.

DIAS.   MESES.

d   2 Manik

e   3 Lamat

f   4 Muluc

g   5 Oc

A   6 Chuen

b   7 Eb

c   8 Ben

d   9 Ix

e   10 Men

f   11 Cib

g   12 Caban

A   13 Ezanab.

JOURS.

5 Avril.   II MANIK.

6   —   III LAMAT.

7   —   IV MULUC.

8   —   V OC.

9   —   VI CHUEN.

10   —   VII EB.

11   —   VIII BEN.

12   —   IX YX.

13   —   X MEN.

14   —   XI CIB.

15   —   XII CABAN.

16   —   XIII EZANAB.

— 260 —

DIAS.   MESES.

b 1 Cauac

c 2 Ahau

d 3 Ymix

e 4 Ik

f 5 Akbal

g 6 Kan

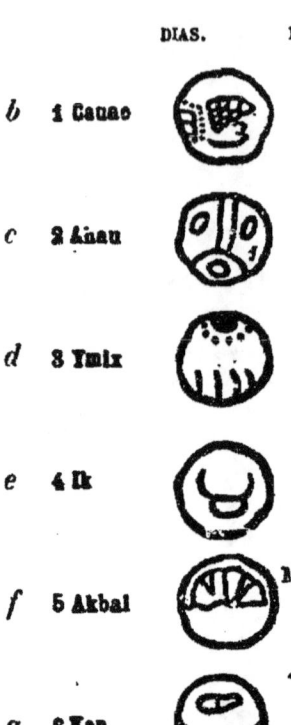

A 7 Chicchan

b 8 Cimij

c 9 Manik

d 10 Lamat

e 11 Muluc

En el mez de *Muan* hazian los que tenian cacauatales una fiesta a los dioses *Ekchuah*, *Chac* y *Hobnil*, que eran sus abogados; ivanla a hazer a alguna heredad de uno dellos, donde sacrificavan un perro, manchado por la color del cacao, y quemavan a los idolos su encienso, y ofrecianles yguanas de las azules y ciertas plumas de un paxaro y otras caças y davan a cada uno de los officiales una mazorca de la fruta del cacao. Acabado el sacrificio y sus oraciones comianse los presentes y bevian, dizque no mas de cada tres vezes de vino que no llevavan a mas y ivanse a casa del que tenia la fiesta a cargo y hazianse unas passas con regocijo.

JOURS.		
17 Avril.	I	CAUAC.
18 —	II	AHAU.
19 —	III	YMIX.
20 —	IV	IK.
21 —	V	AKBAL.

1ᵉʳ *jour du mois* MUAN.

22 —	VI	KAN.
23 —	VII	CHICCHAN
24 —	VIII	CIMI.
25 —	IX	MANIK.
26 —	X	LAMAT.
27 —	XI	MULUC.

Au mois *Muan*, les propriétaires de plantations de cacao célébraient une fête en l'honneur des dieux *Ekchuah, Chac* et *Hobnil*, qui étaient leurs patrons (1) : ils allaient pour la solenniser à la métairie de l'un d'entre eux, où ils sacrifiaient un chien, portant une tache de couleur cacao. Ils brûlaient de l'encens à leurs idoles, leur offraient des iguanes, de celles qui sont bleues, des plumes d'un oiseau particulier, ainsi que diverses sortes de gibier; ils donnaient à chacun des officiers une branche avec le fruit du cacao. Le sacrifice terminé, ils se mettaient à manger et à boire les oblations; mais on dit qu'on ne permettait à chacun de boire que trois coupes de leur vin, et qu'ils n'en apportaient que juste la quantité nécessaire. Ils se rendaient ensuite à la maison de celui qui faisait les frais de la fête, où ils se divertissaient ensemble.

(1) *Ekchuah*, écrit ailleurs *Echuah*, était le patron des marchands et naturellement des cacaos, marchandise et monnaie à la fois.

DIAS.   MESES.

f 12 Oc

g 13 Chuen

A 1 Eb

MAIUS.

b 2 Ben

c 3 Ix

d 4 Men

e 5 Cib

f 6 Caban

g 7 Ezanab.

A 8 Cauac

b 9 Ahau

JOURS.

28 Avril.   XII OC.

29   —   XIII CHUEN.

30   —   I EB.

1ᵉʳ Mai.   II BEN.

2   —   III YX.

3   —   IV MEN.

4   —   V CIB.

5   —   VI CABAN.

6   —   VII EZANAB.

7   —   VIII CAUAC.

8   —   IX AHAU.

DIAS.	MESES.
c 10 Ymix 	
d 11 Ik 	
e 12 Akbal 	PAX
f 13 Kan 	
g 1 Chicchan 	
A 2 Cimij 	
b 3 Manik 	
c 4 Lamat	
d 5 Muluc 	
e 6 Oc 	
f 7 Chuen 	

En este mes de *Pax* hazian una fiesta llamada *Pacumchac*, para la qual se juntavan los señores y sacerdotes de los pueblos menores a los mayores, y assi juntos velavan cinco noches en el templo de *Cit-Chac-Coh*, en oraciones y ofrendas y saumerios como esta dicho hizieron en la fiesta de *Kukulcan* en el mes de *Xul*, en noviembre. Antes de estos dias passados, ivan todos a casa del capitan de sus guerras, llamado *Nacon*, del qual trate en el capitulo cı, y trayanle con gran pompa, saumandole como a idolo al templo, en el qual le sentavan y quemavan encienso como a idolo, y assi estavan el y ellos hasta passados los cinco dias, en los quales comian y bevian de los dones que se offrecian en el templo, y bailavan un vayle a manera de passo largo de guerra, y assi le llamavan en su lengua *Holkan-Okot*, que quiere dezir vaile de guerreros. Passados los cinco dias, venian a la fiesta la qual, porque era para cosas de guerra y alcançar victoria de sus enemigos, era muy solemne. Hazian pues primero la cerimonia y sacrificios del fuego, como dixe en el mes de *Mac*. Despues echavan, como solian, el demonio con mucha solemnidad. Esto echo andava

JOURS.

9 Mai.   X YMIX.

10 —   XI IK.

11 —   XII AKBAL.

                                 1er *jour du mois* PAX.

12 —   XIII KAN.

Au mois *Pax* ils célébraient une fête nommée *Pacum-Chac*, à l'occasion de laquelle les seigneurs et les prêtres des bourgades inférieures s'assemblaient avec ceux des villes plus

13 —   I CHICCHAN

importantes; ainsi réunis, ils passaient dans le temple de *Cit-Chac-Coh* (1) cinq nuits en prières, présentant leurs offrandes avec de l'encens, comme on

14 —   II CIMI.

a vu qu'ils le faisaient à la fête de *Kukulcan*, au mois *Xul*, en novembre. En commençant ces cinq jours, ils se rendaient tous ensemble à la maison

15 —   III MANIK.

du général de leurs armées, du titre de *Nacon*, dont j'ai traité au chapitre CI (2). Ils le portaient en grande pompe, l'encensant comme une idole

16 —   IV LAMAT.

jusqu'au temple où ils l'asseyaient et lui brûlaient des parfums de la même manière qu'aux dieux. Ils passaient ainsi les cinq jours, mangeant et bu-

17 —   V MULUC.

vant les oblations que l'on présentait au temple, et ils exécutaient un ballet assez semblable à un grand pas de guerre, auquel ils donnaient dans leur

18 —   VI OC.

langue le nom de *Holkan-Okot*, ce qui veut dire danse des guerriers. Passé les cinq jours, tout le monde venait à la fête qui, pour concerner les

19 —   VII CHUEN.

choses de la guerre et dans l'espoir d'obtenir la victoire, était fort solen-

(1) *Cit* paraît être une sorte de cochon sauvage; *chac* est le nom générique des dieux de la pluie, des campagnes, des fruits de la terre, etc. *Coh* est le puma ou lion américain; suivant d'autres, *chac-coh* est le léopard.

(2) Voir le § XXVII.

— 266 —

DIAS. MESES.

g 8 Eb
A 9 Ben
b 10 Ix
c 11 Men
d 12 Cib
e 13 Caban
f 1 Ezanab.
g 2 Cauac
A 3 Ahau
b 4 Ymix
c 5 Ik
d 6 Akbal

el orar y ofrecer dones y saumerios, y en tanto que la gente hazian estos sus ofrendas y oraciones, tomavan los señores y los que ya las avian echo al *Nacon* en hombros, y trayanle saumando al rededor del templo, y quando volvian con el, sacrificavan los *chaces* un perro y sacavanle el coraçon y embiavanle al demonio entre dos platos, y los *chaces* quebravan sendos ollas grandes, llenas de bevida y con esto acabavan su fiesta. Acabada comian y bevian los presentes que alli se avian ofrecido y llevavan al *Nacon* con mucha solemnidad a su casa sin perfumes.

Alla tenian gran fiesta, y en ello se emborachavan los señores y sacerdotes, y los principales, y ivase la demas gente a sus pueblos, salvo que el *Nacon* no se emborachava. Otro dia despues de digerido el vino, se juntavan todos los señores y sacerdotes de los pueblos que se avian embeodado y quedado alli en casa del señor, el qual les repartia mucha cantidad de su enciendo que tenia alli aparejado, y benditto de aquellos bendittos sacerdotes; y junto con ello les hazia una gran platica y con mucha eficacia les encomendava las fiestas que, en sus pueblos, ellos avian de hazer a los dioses, paraque fuesse el año prospero de mantenimientos. La platica hecha, se despidian todos unos de otros con mucho amor y tabahola, y se ivan cada uno a su pueblo y casa. Alla tratavan de hazer sus fiestas, las quales duravan, segun las hazian hasta el mes de *Pop*, y llamavan las *Zabacil-than*, y hazianlas desta manera. Miravan en el pue-

JOURS.		
20 Mai.	VIII	EB.
21 —	IX	BEN.
22 —	X	IX.
23 —	XI	MEN.
24 —	XII	CIB.
25 —	XIII	CABAN.
26 —	I	EZANAB.
27 —	II	CAUAC.
28 —	III	AHAU.
29 —	IV	YMIX.
30 —	V	IK.
31 —	VI	AKBAL.

nelle. Ils commençaient par les cérémonies et les sacrifices du feu, dont j'ai parlé au mois *Mac*. Ensuite, ils chassaient, comme de coutume, le démon avec beaucoup de solennité. Cela terminé, on recommençait les prières, les offrandes et les encensements. Tandis que toutes ces choses allaient leur train, les seigneurs et ceux qui les avaient accompagnés chargeaient de nouveau le *Nacon* sur leurs épaules et le portaient processionnellement autour du temple. A leur retour, les *Chac* sacrifiaient un chien, en lui arrachant le cœur, qu'ils présentaient à l'idole entre deux plats; chacun d'eux brisait ensuite une grande cruche remplie de boisson, avec quoi s'achevait la fête. Tous ensuite mangeaient et buvaient les offrandes qu'on avait apportées, et on reportait le *Nacon* avec beaucoup de solennité, mais sans aucun encens, chez lui.

Là avait lieu un grand festin où seigneurs, nobles et prêtres s'enivraient à qui mieux mieux, à l'exception du *Nacon* qui restait sobre, tandis que la foule s'en retournait d'où elle était venue. Le lendemain, après qu'ils avaient cuvé leur vin, les seigneurs et les prêtres, qui étaient restés dans la maison du général, à la suite de l'orgie, recevaient de sa main de grands présents d'encens qu'il avait préparé à cet effet et fait bénir par ces prêtres bénoits. Dans cette réunion, il leur faisait à tous un long discours et leur recommandait avec componction les fêtes qu'ils devaient célébrer en l'honneur des dieux dans leurs bourgades, afin d'en obtenir une année prospère et abondante. Le sermon terminé, tous prenaient congé les uns des autres avec beaucoup de tendresse et de bruit et chacun reprenait le chemin de sa commune et de sa maison. Ils s'y occupaient de la célébration de leurs fêtes qui duraient quelquefois,

DIAS. MESES.

blo de los mas ricos quien queria hazer esta fiesta, y encomendavanle su dia, por tener mas gasajo estos tres meses que avia hasta su año nuevo; y lo que hazian era juntarse en casa del que la fiesta hazia, y alli hazer las cerimonias de echar el demonio, y quemar aquel copal, y hazer ofrendas con regosijos y vailes, y hazerse unas bolas de vino y en esto parava todo y era tanto el excesso que avia de estas fiestas, estos tres meses, que lastima era grande verlos; ca unos andavan arañados, otros descalabrados, otros los ojos encarnizados del mucho emboracharse, y con todo esso amor al vino que se perdian por el.

IUNIUS. KAYAB.

e 7 Kan

f 8 Chicchan

g 9 Cimij

A 10 Manik

suivant les circonstances, jusqu'au mois de *Pop*. Ils donnaient à ces fêtes le nom de *Zabacil-Than*, et voici comment ils les solennisaient. Ils cherchaient dans la commune ceux qui, comme les plus riches, étaient les plus en état de faire les frais de la fête et la leur recommandaient au jour signalé ; parce qu'on avait davantage de..... durant ces trois mois qui restaient jusqu'à l'année naturelle. Ce qu'ils faisaient alors c'était de se réunir dans la maison de celui qui célébrait la fête, après avoir fait la cérémonie de chasser le mauvais esprit. On brûlait du copal, on présentait des offrandes avec des réjouissances et des danses, après quoi on avalait quelques cruches de vin, ce qui était toujours le fond de la fête. Tels étaient d'ailleurs les excès auxquels ils se livraient durant ces trois mois, que cela faisait peine à voir : les uns s'en allaient tout couverts d'égratignures ou de contusions, les autres les yeux enflammés de la quantité de liqueurs, dont ils s'abreuvaient, et avec cette passion pour le vin ils s'y ruinaient entièrement.

JOURS.			
1er Juin.	VII KAN.	1er *jour du mois* KAYAB.
2	—	VIII CHICCHAN.	
3	—	IX CIMI.	
4	—	X MANIK.	

	DIAS.	MESES.
b	11 Lamat	
c	12 Muluc	
d	13 Oc	
e	1 Chuen	
f	2 Eb	
g	3 Ben	
A	4 Ix	
b	5 Men	
c	6 Cib	
d	7 Caban	
e	8 Ezanab.	
f	9 Cauac	

JOURS.

5 Juin.   XI LAMAT.

6   —   XII MULUC.

7   —   XIII OC.

8   —   I CHUEN.

9   —   II EB.

10 —   III BEN.

11 —   IV IX.

12 —   V MEN.

13 —   VI CIB.

14 —   VII CABAN.

15 —   VIII EZANAB.

16 —   IX CAUAC.

— 272 —

DIAS.   MESES.

g   10 Ahau 

A   11 Ymix 

b   12 Ik 

c   13 Akbal    CUMHU

d   1 Kan 

e   2 Chicchan 

f   3 Cimij 

g   4 Manik 

A   5 Lamat 

b   6 Muluc

c   7 Oc 

d   8 Chuen 

JOURS.

17 Juin.   X AHAU.

18 —   XI YMIX.

19 —   XII IK.

20 —   XIII AKBAL.

21 —   I KAN.   1ᵉʳ *jour du mois* CUMKU.

22 —   II CHICCHAN.

23 —   III CIMI.

24 —   IV MANIK.

25 —   V LAMAT.

26 —   VI MULUC.

27 —   VII OC.

28 —   VIII CHUEN.

DIAS.　　MESES.

e　9 Eb　

f　10 Ben　

IULIUS.

g　11 Ix　

A　12 Men　

b　13 Cib　

c　1 Caban　

d　2 Ezanab.　

e　3 Cauac　

f　4 Ahau　

g　5 Ymix　

A　6 Ik　

JOURS.

29 Juin.   IX EB.

30 —   X BEN.

1ᵉʳ Juillet. XI YX.

2   —   XII MEN.

3   —   XIII CIB.

4   —   I CABAN.

5   —   II EZANAB.

6   —   III CAUAC.

7   —   IV AHAU.

8   —   V YMIX.

9   —   VI IK.

DIAS.   MESES.

b   7 Akbal

c | Kan |

d | Chicchan |

e | Cimij |

f | Manik |

g | Lamat |

Dicho quedo en los capitulos passados que començavan los indios sus años desde estos dias sin nombre, aparejandose en ellos como con vigilia para la celebridad de la fiesta de su año nuevo; y allende del aparejo que hazian con la fiesta del demonio *Uvayeyab*, para la qual salian de sus casas, los demas aparejos eran salir muy poco de casa estos cinco dias, offrecer allende de los dones de la fiesta general cuentas a sus demonios y a los otros de los templos. Estas cuentas que assi ofrecian nunca tomavan a sus usos, ni cosa que al demonio ofreciessen y dellas compravan encienso que quemar. En estos dias no se peinavan se lavavan, ni espulgavan los hombres, ni las mugeres ni hazian obra servil ni trabajosa, porque temian les avia de succeder algun mal si lo hazian.

PRINCIPIO DEL AÑO MAYA.

POP

A   12 Kan

b   13 Chicchan

El primero dia de *Pop* es el primero mes de los indios, era su año nuevo, y entre ellos fiesta muy celebrada porque era general y de todos, y

---

(1) Landa s'est préoccupé fort peu de l'exactitude du calendrier qu'il donne ici: il est évident qu'il n'a eu d'autre intention que d'en signaler les fêtes, de faire connaître les caractères correspondants, et de montrer en général comment il pouvait corrrespondre avec le calendrier romain; car, ainsi que je l'ai remarqué plus haut, il commence par la seconde partie, laquelle devrait être, dès le 1er janvier, placée à la fin. Il n'a donné, d'un autre côté, que 28 jours à février; mais l'année dont il a pris le calendrier pour modèle était évidemment une année bissextile où février avait 29 jours; car au lieu de terminer par *XII Lamat*, le calendrier maya

JOURS.

10 Juillet. VII AKBAL.

11 — VIII KAN.

12 — IX CHICCHAN.

13 — X CIMI.

14 — XI MANIK.

15 — XII LAMAT.

On a dit, dans les chapitres précédents, que les Indiens commençaient leurs années par ces jours sans nom, en s'y préparant dans les veilles à célébrer la fête de l'année nouvelle. Outre la fête qu'ils faisaient au dieu *U-vayeyab*, à raison duquel seulement ils sortaient de chez eux, ils solennisaient surtout ces cinq jours, en quittant peu l'intérieur de leurs maisons, excepté pour aller présenter, en outre des offrandes faites en commun, diverses bagatelles à leurs dieux et dans les autres temples. Ils n'employaient jamais ensuite à leur usage particulier les bagatelles qu'ils offraient aux idoles, mais ils en achetaient de l'encens pour le brûler. Ils ne se peignaient ni ne se lavaient durant ces jours : ni hommes ni femmes ne s'épouillaient; ils ne faisaient aucune œuvre servile ni fatigante, de peur qu'il leur en arrivât quelque malheur (1).

COMMENCEMENT DE L'ANNÉE MAYA.

16 — XII KAN.

17 — XIII CHICCHAN.

1er *jour du mois* POP.

Le premier jour de *Pop* commençait le premier mois de ces Indiens; c'était le jour de leur année nouvelle et celui d'une fête fort solennelle chez

devait pour être juste finir avec *XIII Lamat*; car cette année ayant commencé par le signe *Kan*, la suivante devait commencer avec *Muluc* qui suit *Lamat*. Mais Landa ne s'est guère préoccupé de ces choses qui nous intéressent tant aujourd'hui. Se fiant également sur le titre sans nom qu'on donnait aux jours supplémentaires, il les omet entièrement, se contentant de mettre des vides à la place de leurs signes respectifs, ce qui serait une nouvelle source d'embarras, si nous n'avions le travail de don Pio Perez, qui met tout à sa place, et qu'on peut voir dans ce volume à la suite de l'ouvrage de Landa.

DIAS.	MESES.
c 1 Cimij	
d 2 Manik	
e 3 Lamat	
f 4 Muluc	
g 5 Oc	
A 6 Chuen	
b 7 Eb	
c 8 Ben	
d 9 Ix	
e 10 Men	
f 11 Cib	
g 12 Caban	

assi todo el pueblo junto hazian fiesta a todos los idolos. Para celebrarla con mas solemnidad, renovavan en este dia todas las cosas de su servicio, como platos, vasos, vanquillos, serillas y la ropa vieja, y las mantillas en que tenian los idolos enbueltos. Varrian sus casas y la vasura y estos peltrechos viejos echavanlo fuera del pueblo al muladar y nadie, aunque lo uviesse menester tocava a ello. Para esta fiesta començavan ayunar y abstenerse de sus mugeres los señores y sacerdote y la gente principal y los que mas querian por su devocion, el tiempo antes que les parecia; ca algunos lo començavan tres meses antes, otros dos, otros como les parecia y ninguno menos de xiii dias, y estos xiii añadian a la abstinencia de la muger no comer en los manjares sal, ni de su pimienta que era tenido por grande penitencia entre ellos. En este tiempo elegian los officiales *chaces* para ayudar al sacerdote, y el aparejava muchas pelotillas de su encienso fresco en unas tablillas que para ello tenian los sacerdotes, para que los abstinentes y ayunantes quemassen a los idolos. Los que estos ayunos començavan no los osavan quebrantar porque creian les vendria algun mal en sus personas o casas.

Venido pues el año nuevo, se juntavan todos los varones en el patio del templo solos, porque en ningun sacrificio o fiesta que en el templo se hazia,

JOURS.		
18 Juillet.	I	CIMI.
19 —	II	MANIK.
20 —	III	LAMAT.
21 —	IV	MULUC.
22 —	V	OC.
23 —	VI	CHUEN.
24 —	VII	EB.
25 —	VIII	BEN.
26 —	IX	YX.
27 —	X	MEN.
28 —	XI	CIB.
29 —	XII	CABAN.

eux; car elle était générale, tous y prenaient part et tout le peuple se réunissait pour fêter tous les dieux. Pour la célébrer avec plus d'ostentation, ils renouvelaient ce jour-là tous les objets dont ils se servaient, tels que plats, coupes, piédestaux, paniers, vieux habits et étoffes avec lesquelles ils enveloppaient leurs idoles. Ils balayaient leurs maisons et allaient jeter le tout avec l'ordure et les vieux ustensiles à la voirie, en dehors de la localité, et nul, en eût-il eu le plus grand besoin, n'eût osé y toucher. Pour se préparer à cette fête, les princes et les prêtres, ainsi que la noblesse, commençaient par jeûner et s'abstenir préalablement de leurs femmes, ce que faisaient également ceux qui voulaient montrer leur dévotion, et ils y donnaient tout le temps qu'ils jugeaient à propos; car il y en avait qui s'y prenaient trois mois à l'avance, d'autres deux, d'autres à leur fantaisie, autant qu'il leur plaisait, quoique jamais moins de treize jours. A ces treize jours d'abstinence de leurs femmes, ils ajoutaient celle de ne prendre avec leurs mets ni sel, ni piment, ce qu'ils regardaient comme une grande pénitence. C'est dans cet intervalle qu'ils faisaient l'élection des officiers *Chac* qui aidaient le prêtre : celui-ci leur préparait une grande quantité de petites boules d'encens frais sur des planchettes que les prêtres avaient à cet effet, afin que les jeûneurs et les abstinents pussent les brûler en l'honneur de leurs idoles. Ceux qui avaient une fois commencé cette pénitence se gardaient bien de la rompre, persuadés qu'ils étaient qu'il leur arriverait de cette infraction quelque calamité soit à eux-mêmes, soit à leurs maisons.

Le jour du nouvel an arrivé, tous les hommes s'assemblaient dans la cour du temple, mais seuls : car, en aucune occasion, si la fête ou le sa-

DIAS.	MESES.
A 13 Ezanab.	
b 1 Cauac	

AUGUSTUS.

c 2 Ahau	
d 3 Imix	
e 4 Ik	
f 5 Akbal	

havian de hallarse mugeres, salvo las viejas que avian de hazer sus vailes; en las demas fiestas que hazian en otras partes, podian ir y hallarse mugeres. Aqui ivan limpios y galanos de sus unturas coloradas, y quitada la tizne negra de que andavan untados quando ayunavan. Congregados todos y con muchos presentes de comidas y bevidas que llevavan, y mucho vino que avia hecho, purgava el sacerdote el templo, sentandose en medio del patio, vestido de pontifical, y cabe si un brasero y las tablillas del encienso. Sentavanse los *chaces* en las quatro esquinas y tiravan un cordel nuevo de uno a otro dentro del qual avian de entrar todos los que avian ayunado para echar el demonio, como dixe en el capitulo XCVI. Echado el demonio començavan todos sus oraciones devotas y los *chaces* sacavan lumbre nueva; quemavan el encienso al demonio y el sacerdote començava a echar su encienso en el brasero y venian todos por su orden, començando desde los señores, a recibir de la mano del sacerdote encienso lo qual el les dava con tanta mesura y devocion como si les diera reliquas, y ellos lo echavan en el brasero poco a poco, y aguardando se fuesse acabado de quemar. Despues deste saumerio comian entre todos los dones y presentes y andava el vino, hasta que se hazian unas uvas, y este era su año nuevo y servicio muy accepto a sus idolos. Avia despues otros algunos que dentro deste mes de *Pop*, celebravan esta fiesta por su devocion con sus amigos y con los señores y sacerdote, que sus sacerdotes siempre eran primeros en sus regrosijos y bevidas.

JOURS.		
30 Juillet.	XIII	EZANAB.
31 —	I	CAUAC.
1ᵉʳ Août.	II	AHAU.
2 —	III	YMIX.
3 —	IV	IK.
4 —	V	AKBAL.

crifice se célébrait dans le temple, les femmes ne pouvaient y assister, à l'exception des vieilles qui y venaient pour leurs danses particulières ; mais dans les différentes autres fêtes qui avaient lieu ailleurs, les femmes avaient la faculté de se présenter. Dans la circonstance actuelle, les hommes venaient propres et ornés de leurs peintures et de leurs couleurs, après s'être débarbouillés de la suie dont ils s'étaient recouverts pendant le temps de leur pénitence. Tous étant réunis avec les offrandes de mets et de boissons qu'on avait apportés et une grande quantité de vin, nouvellement fermenté, le prêtre purifiait le temple et s'asseyait au milieu de la cour, vêtu de pontifical, ayant à côté de lui un brasier et les planchettes à encens. Les *Chac* prenaient place aux quatre coins, étendant de l'un à l'autre un cordon neuf, au centre duquel devaient entrer tous ceux qui avaient jeûné, afin de chasser le mauvais esprit, comme je l'ai dit au chapitre xcvi. L'esprit malin une fois expulsé, tous se mettaient à prier dévotement, tandis que les *chaces* tiraient le feu nouveau : ils brûlaient de l'encens aux idoles, le prêtre commençant le premier à jeter le sien dans le brasier ; toute l'assemblée le suivait, les seigneurs se présentant d'abord, chacun suivant son rang, pour recevoir les boulettes d'encens de la main du prêtre, qui le leur mettait dans les mains avec autant de gravité et de dévotion, que s'il leur eût donné des reliques ; puis, l'un après l'autre, les jetaient lentement dans le brasier, attendant qu'il eût achevé de brûler. A la suite de cette cérémonie, ils mangeaient entre tous les oblations et les présents de vivres, en buvant le vin qui allait son train, comme toujours, jusqu'à ce qu'ils eussent terminé. C'était là leur fête de l'an neuf et la solennité avec laquelle ils croyaient se rendre parfaitement agréables aux idoles. Dans le courant de ce mois *Pop*, il y avait aussi des gens particulièrement dévots qui célébraient encore cette fête avec leurs amis, ainsi que les nobles et les prêtres, ceux-ci étant, d'ailleurs, toujours les premiers dans les réjouissances et les festins.

	DIAS.	MESES.
		UO
g 6 Kan		
A 7 Chicchan		
b 8 Cimij		
c 9 Manik		
d 10 Lamat		
e 11 Muluc		
f 12 Oc		
g 13 Chuen		
A 1 Eb		
b 2 Ben		
c 3 Ix		
d 4 Men		

JOURS.			
5 Août.	VI KAN.		1er *jour du mois* Uo.
6 —	VII CHICCHAN.		
7 —	VIII CIMI.		
8 —	IX MANIK.		
9 —	X LAMAT.		
10 —	XI MULUC.		
11 —	XII OC.		
12 —	XIII CHUEN.		
13 —	I EB.		
14 —	II BEN.		
15 —	III YX.		
16 —	IV MEN.		

DIAS.	MESES.
e 5 Cib	
f 6 Caban	
g 7 Ezanab.	
A 8 Cauac	
b 9 Ahau	
c 10 Ymix	
d 11 Ik	
e 12 Akbal	

En el mes de *Uo* se comencavan a aparejar con ayunos y las demas cosas para celebrar otra fiesta los sacerdotes, los medicos y hechizeros que era todo uno; los caçadores y pescadores venianla celebrar a siete de *Zip;* y celebravanla cada uno destos por si en su dia, primero celebravan la suya los sacerdotes, a la qual llamavan *Pocam;* y juntos en casa del señor con sus adereços, hechavan primero al demonio, como solian, despues sacavan sus libros y tendianlos sobre las frescuras que para ello tenian, y invocando con oraciones y su devocion a un idolo que llamavan *Cinchau-Yzamna,* el qual dizen fue el primer sacerdote, ofrecianle sus dones y presentes y quemavanle con la lumbre nueva sus pelotillas de encienso, entretanto desleyan en su vaso un poco de su cardenillo con agua virgen que ellos dezian traida del monte, donde no

(1) *Cinchau-Yzamná* est une orthographe erronée, si l'on en juge d'après les leçons précédentes; c'est probablement une mau-

JOURS.		
17 Août.	V	CIB.
18 —	VI	CABAN.
19 —	VII	EZANAB.
20 —	VIII	CAUAC.
21 —	IX	AHAU.
22 —	X	YMIX.
23 —	XI	IK.
24 —	XII	AKBAL.

Durant le mois *Uo*, les prêtres, les médecins et les sorciers, ce qui était tout un, commençaient à se préparer par des jeûnes et autres actes de piété, à la célébration d'une autre fête que les chasseurs et les pêcheurs solennisaient au septième jour du mois *Zip*; chacun d'eux la célébrait en son jour de son côté; les prêtres les premiers. On donnait à cette fête le nom de *Pocam*. S'étant rassemblés, revêtus de leurs ornements, dans la maison du prince, ils chassaient d'abord le mauvais esprit, comme à l'ordinaire : ils découvraient ensuite leurs livres et les exposaient sur un tapis de verdure qu'ils avaient préparé à cet effet. Ils invoquaient ensuite dévotement un dieu nommé *Cinchau-Yzamna*, qui avait, disaient-ils, été le premier prêtre (1); ils lui offraient divers présents et lui brûlaient au feu nouveau des boulettes d'encens. Pendant ce temps-là d'autres délayaient dans un vase un peu de vert-

---

vaise abréviation de *Kinich-Ahau-Yzamná*, donné, d'ailleurs, comme l'inventeur des lettres et de l'écriture, l'auteur de tous les noms imposés au Yucatan.

— 286 —

DIAS.   MESES.

llegasse muger, y untavan con ello las tablas de los libros, para su mundificacion, y esto hecho, abria el mas docto de los sacerdotes un libro, y mirava los pronosticos de aquel año, y declaravalos a los presentes, y predicavales un poco, encomendandoles los remedios, y echava esta fiesta para otro año al sacerdote o señor que la avia de hazer; y si moria el que señalavan para ella, eran los hijos obligados a cumplir por el defunto. Esto hecho, comian todos los dones y comida que avian traido y bevian hasta hazerse zaques y assi se acabava la fiesta, en la qual bailavan algunas vezes un baile que llaman *Okot-Uil.*

ZIP

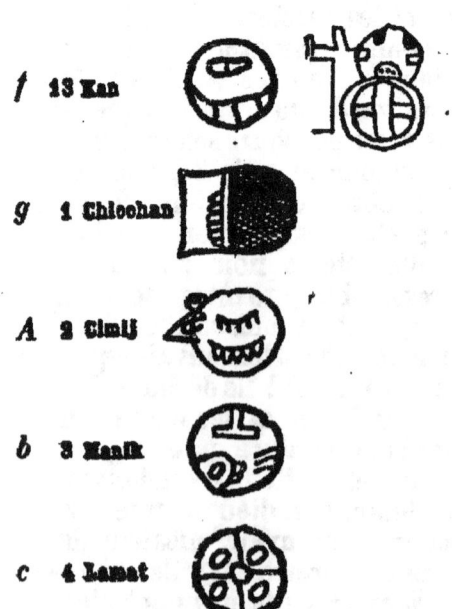

1 13 Kan

g 1 Chicchan

A 2 Cimij

b 3 Manik

c 4 Lamat

(1) Ainsi les prêtres de la déesse Centeotl, retirés dans les montagnes des Totonaques, étaient chargés » d'écrire en figures et de » mettre en bon style un grand » nombre d'histoires qu'ils don-

de-gris avec de l'eau vierge, qu'ils disaient avoir apportée des bois où jamais femme n'avait pénétré : ils en humectaient les planches des livres, afin de les nettoyer; cela fait, le plus savant des prêtres ouvrait un livre où il examinait les pronostics de cette année, qu'il déclarait à tous ceux qui étaient présents (1). Il les prêchait après cela quelque peu, leur recommandant ce qu'ils devaient faire pour en éloigner les effets sinistres, et faisait connaître cette même fête pour l'année suivante au prêtre ou seigneur qui devait la célébrer : si celui-ci venait à mourir dans l'intervalle, ses fils étaient tenus de la célébrer à sa place. Cela terminé, tous ensemble consommaient les vivres et les boissons des offrandes, buvant comme des sacs à vin. Ainsi s'achevait la fête, durant laquelle ils dansaient quelquefois un ballet du nom d'*Okot-Uil*.

JOURS.			
25	—	XIII KAN.	1ᵉʳ *jour du mois* ZIP.
26	—	I CHICCHAN.	
27	—	II CIMI.	
28	—	III MANIK.	
29	—	IV LAMAT.	

» naient après les avoir coordon-
» nées, aux grands-prêtres, qui
» les racontaient dans les sermons
» qu'ils prêchaient dans les assem-
» blées publiques. » (Torquemada,
Monarquia Indiana, lib. IX, cap. 8.)

— 288 —

DÍAS.	MESES.
d 5 Muluc	
e 6 Oc	

SEPTEMBER.

f 7 Chuen	
g 8 Eb	
A 9 Ben	
b 10 Ix	
c 11 Men	

El dia siguiente se juntavan los medicos y hechizeros en casa de uno dellos con sus mugeres, y los sacerdotes echavan el demonio; lo qual hecho, sacavan los emboltorios de su medicina en que traian muchas niñerias y sendos dollillos de la diosa de la medicina que llamavan *Ixchel*, y asi a esta fiesta llamavan *Ihcil-Ixchel*, y unas pedreznelas de las suertes que echavan que llamavan *Am*, y con su mucha devocion invocavan con oraciones a los dioses de la medicina, que dezian *Yzamna*, *Citbolontum* y *Ahau-Chamahez*, y dandoles el encienso los sacerdotes lo quemavan en el brasero de nuevo fuego, y entretanto los *chaces*, enbadurnavanlos con otro betun azul como el de los libros de los sacerdotes. Esto hecho embolvia cada uno las cosas de su officio, y tomando el emboltorio a cuestas vailavan todos un vaile que llamavan *Chan-tun-yab*. Acabado el vaile se sentavan los varones por si, y por si las mugeres, y echando la fiesta para otro año, comian los presentes, y emborachavanse muy sin asco, salvo los sacerdotes que diz que avian verguença y guardavanlos del vino para bever a sus solas y a su placer.

JOURS.		
30 Août.	V	MULUC.
31 —	VI	OC.
1er Septemb.	VII	CHUEN.
2 —	VIII	EB.
3 —	IX	BEN.
4 —	X	YX.
5 —	XI	MEN.

Le jour suivant, les médecins et sorciers se réunissaient dans la maison de l'un d'eux avec leurs femmes. Les prêtres chassaient l'esprit mauvais, après quoi ils exposaient les enveloppes de leur médecine, où ils tenaient une foule de bagatelles et, chacun en particulier, de petites images de la déesse de la médecine qu'ils appelaient *Ixchel*, d'où le nom de la fête *Ihcil-Ixchel*, ainsi que des petites pierres servant à leurs sortiléges, nommées *am*. Avec une grande dévotion, ils invoquaient alors dans leurs prières les dieux de la médecine *Yzamna, Cit-Bolon-Tun* et *Ahau-Chamahez*, tandis que les prêtres brûlaient en leur honneur de l'encens qu'ils jetaient dans le brasier du feu nouveau et que les *Chac* les barbouillaient de couleur bleue comme les livres des prêtres. Cela fait, chacun enveloppait les choses qui le regardaient, et, chargés de leurs paquets, ils dansaient un ballet nommé *Chan-tunyab*. Le ballet terminé, les hommes s'asseyaient d'un côté et les femmes de l'autre; on signalait ensuite le jour pour la fête de l'année suivante, et tous ensemble faisaient le festin accoutumé des offrandes et des boissons, s'enivrant à qui mieux mieux. Les prêtres seuls, dit-on, honteux de s'y joindre cette fois, mettaient de côté leur part du vin, afin de le boire à leur aise et sans témoins.

— 290 —

DIAS.	MESES.
d 12 Cib	
e 13 Caban	
f 1 Ezanab.	
g 2 Cauac	
A 3 Ahau	
b 4 Ymix	

El dia de adelante se juntavan los caçadores en una casa de uno de ellos y llevando consigo sus mugeres, como los demas, venian los sacerdotes y echavan el demonio como solian. Echado, ponian en medio el adereço para el sacrificio de encienso y fuego nuevo, y betun azul. Y con su devocion invocavan los caçadores a los dioses de la caça, *Acanum Zuhuy Zipi Tabai* y otros, y repartianles el encienso, el qual echavan en el brasero, y en tanto que ardia, sacava cada uno una flecha y una calabera de venado, las quales los *chaces* untavan con el betun azul; y untados, vailavan con ellas en las manos unos, y otros se horadavan las orejas, otros las lenguas, y passavan por los agujeros siete hojas de una hierva algo anchas que llamavan *Ac*. Aviendo hecho esto primero el sacerdote y los oficiales de la fiesta, luego ofrecian los dones, y assi vailando se escanciava el vino y se emborachavan hechos unos cestos.

| c 5 Ix |  |
| d 6 Akbal |  |

Luego el seguiente dia hazian su fiesta los pescadores por el orden que los demas, salvo que lo que untavan eran los aparejos de pescar, y no se oradavan las orejas, sino harpavanselas a la redonda, y bailavan su vaile llamado *Chohom*, y todo hecho, bendezian un palo alto y gordo y ponianle en hiesto. Tenian costumbre despues que avian hecho esta fiesta en los pueblos, irla hazer los señores y mucha gente a la costa, y alla hazian muy grandes pesquerias y regosijos; ca llevavan gran recabdo de trasmallos de sus redes y ançuelos y otras industrias con que pescan. Los dioses

JOURS.		
6 Septemb.	XII	CIB.
7 —	XIII	CABAN.
8 —	I	EZANAB.
9 —	II	CAUAC.
10 —	III	AHAU.
11 —	IV	YMIX.
12 —	V	IK.
13 —	VI	AKBAL.

Le jour précédent, les chasseurs se réunissaient dans la maison de l'un d'eux où ils amenaient leurs femmes; les prêtres y venaient comme les autres, et après avoir chassé le mauvais esprit, comme à l'ordinaire, ils plaçaient au milieu de la maison les préparatifs nécessaires au sacrifice d'encens et de feu nouveau avec de la couleur bleue. Les chasseurs invoquaient avec dévotion les dieux de la chasse *Acanum*, *Zuhuy-Zip*, *Tabai* et d'autres, et distribuaient l'encens qu'ils jetaient ensuite dans le brasier. Tandis qu'il brûlait, chacun prenait une flèche et une tête de cerf que les *Chac* frottaient de la couleur bleue; ainsi peints, les uns dansaient, en les tenant à la main, pendant que d'autres se perçaient les oreilles ou la langue, se passant par les trous qu'ils y pratiquaient sept feuilles d'une herbe appelée *Ac* (1). Cela terminé, le prêtre d'abord et les officiers de la fête après, lui présentaient les oblations, puis ils se mettaient à danser, se faisant verser du vin et s'enivrant jusqu'à satiété.

Le lendemain c'était le tour des pêcheurs à célébrer la fête, ce qu'ils faisaient de la même manière que les autres, sauf qu'au lieu de têtes de cerfs, ils barbouillaient de couleur leurs instruments de pêche; ils ne se perçaient pas non plus les oreilles, mais se les taillaient à l'entour, après quoi ils dansaient un ballet nommé *Chohom* (2). Cela fait, ils bénissaient un grand et gros arbre qu'ils laissaient debout. Lorsque cette fête était finie dans les villes, les seigneurs avaient coutume d'aller la célébrer avec beaucoup de monde à la côte, où ils faisaient de grandes pêches avec

---

(1) *Ac* paraît être une sorte de plante commune au pays.

(2) C'était le ballet que dansaient les pêcheurs.

DIAS.	MESES.

que en esta fiesta eran sus abogados eran *Ahkak Nexoi, Ahpua, Ahcitz, Amalcum.*

TZOZ

e 7 Kan

f 8 Chicchan

g 9 Cimij

En el mes de *Tzoz* se aparejavan los señores de las colmenares para celebrar su fiesta en *Tzec*, y aunque el aparejo principal destas sus fiestas era el ayuno, no obligava mas de al sacerdote y a los officiales que le ayudavan, y en los demas era voluntario.

A 10 Manik

b 11 Lamat

c 12 Muluc

d 13 Oc

e 1 Chuen

f 2 Eb

(1) C'étaient là sans doute les dieux de la pêche, à propos desquels Cogolludo dit les paroles suivantes : « On dit aussi que bien après la conquête, les Indiens de la province de Titzimin, quand ils allaient pêcher le long de la côte de Choáca, avant de se mettre à la pêche, commençaient par des sacrifices et des oblations à

JOURS.

des réjouissances de toute sorte ; car ils portaient avec eux une grande quantité de filets et de hameçons, avec d'autres instruments à pêcher. Les dieux qu'ils invoquaient alors comme leurs patrons étaient *Ahkak-Nexoï, Ahpua, Ahcitz* et *Amalcum* (1).

14 Septemb. VII KAN.   1ᵉʳ *jour du mois* TZOZ.

15 — VIII CHICCHAN.

16 — IX CIMI.   Au mois *Tzoz*, les maîtres de ruches à miel se préparaient à la célébration de leur fête de *Tzec;* mais quoique la principale préparation à ces fêtes fût

17 — X MANIK.   le jeûne, il n'obligeait que le prêtre et les officiers qui lui prêtaient leur aide, étant tout volontaire pour les autres.

18 — XI LAMAT.

19 — XII MULUC.

20 — XIII OC.

21 — I CHUEN.

22 — II EB.

leurs faux dieux, leur offrant des chandelles, des réaux d'argent et des *curcas*, qui sont leurs émeraudes, et d'autres pierres précieuses, en certains endroits, aux *ku* et oratoires qui se voient encore dans les bras de mer (estuaires) et les lagunes salées qu'il y a sur cette côte vers le *Rio de Lagartos*. (*Hist. de Yucatan*, lib. IV. cap. 4.)

— 294 —

DIAS.   MESES.

g 3 Men

A 4 Ix

b 5 Men

c 6 Cib

d 7 Caban

e 8 Exanab.

f 9 Cauac

g 10 Ahau

OCTOBER.

A 11 Ymix

b 12 Ik

c 13 Akbal

JOURS.

23 Septemb. III BEN.

24 — IV YX.

25 — V MEN.

26 — VI CIB.

27 — VII CABAN.

28 — VIII EZANAB.

29 — IX CAUAC.

30 — X AHAU.

1er Octobre. XI YMIX.

2 — XII YX.

3 — XIII AKBAL.

DIAS.	MESES. TZEC

d 1 Kan

e 2 Chicchan

f 3 Cimij

g 4 Manik

A 5 Lamat

b 6 Muluc

c 7 Oc

d 8 Chuen

e 9 Eb

f 10 Ben

g 11 Ix

... Venido el de la fiesta, se juntavan en la casa que se celebrava, y hazian todo lo que en las demas, salvo que no derramavan sangre. Tenian por avogados a los *Bacabes* y especialmente a *Hobnil*. Hazian ofrendas muchas y especial a los quatro *chaces*, davan 4 platos con sendas pelotas de encienso en medio de cada uno y pintadas a la redonda unas figuras de miel que por la abundancia della era esta fiesta. Concluiyanla con vino como solian, y harto porque davan para ello los dueños de las colmenas miel en abundancia.

JOURS.

1er jour du mois Tzec.

4 Octobre.	I KAN.	Le jour de la fête étant venu, ils se réunissaient dans la maison de celui qui la célébrait et faisaient tout ce qu'ils étaient accoutumés de faire
5 —	II CHICCHAN.	dans les autres, sauf qu'ils ne répandaient pas de sang. Ils avaient pour patrons les *Bacab*, et surtout *Hobnil*. Ils faisaient alors de grandes offrandes,
6 —	III CIMI.	en particulier aux quatre *Chac*, auxquels ils présentaient quatre plats, peints tout autour de figures de miel, afin d'en obtenir en abondance par le
7 —	IV MANIK.	moyen de cette fête. Ils la finissaient, comme de coutume, par une orgie complète, les maîtres des ruches n'épargnant pas le miel en cette cir-
8 —	V LAMAT.	constance (1).
9 —	VI MULUC.	
10 —	VII OC.	
11 —	VIII CHUEN.	
12 —	IX EB.	
13 —	X BEN.	
14 —	XI YX.	

(1) Le miel passé à l'état d'hydromel, qui était leur vin ordinaire.

— 298 —

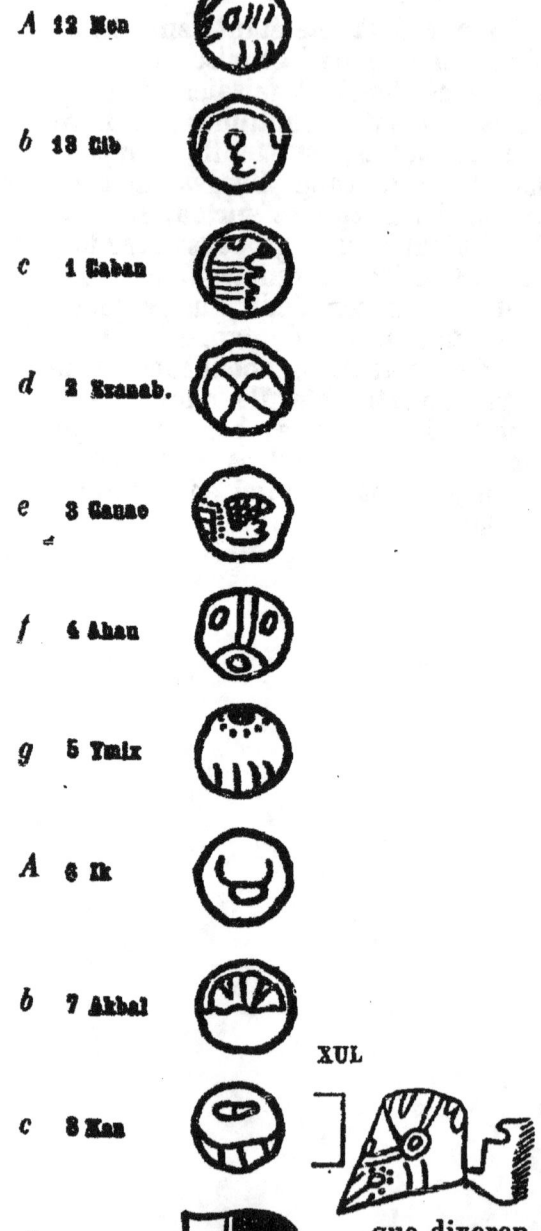

	DIAS.	MESES.
A	12 Men	
b	13 Cib	
c	1 Caban	
d	2 Exanab	
e	3 Cauac	
f	4 Ahau	
g	5 Ymix	
A	6 Ik	
b	7 Akbal	
c	8 Kan	XUL
d	9 Chicchan	

En el decimo capitulo queda dicha la ida de Kukulcan de Yucatan despues de la qual uvo entre los indios algunos que dixeron se avia ido al cielo con los dioses, y por esso le tuvieron por dios y le señalaron templo en

(1) Voir au § IV, où il est question du départ de Kukulcan, mais nullement de son ascension au ciel : il est certain, cependant, qu'une tradition de ce genre existait dans plusieurs provinces du

JOURS.

15 Octobre. XII MEN.

16 — XIII CIB.

17 — I CABAN.

18 — II EZANAB.

19 — III CAUAC.

20 — IV AHAU.

21 — V YMIX.

22 — VI IK.

23 — VII AKBAL.

24 — VIII KAN.

25 — IX CHICCHAN.

1ᵉʳ jour du mois XUL.

On a vu, dans le dixième chapitre (1), comment après le départ de Kukulcan du Yucatan, il y eut des Indiens qui assurèrent qu'il était monté au ciel avec les dieux, le regardant comme un dieu et lui bâtissant Mexique; il en est question en plus d'un ouvrage, entre autres dans le *Codex Chimalpopoca*; il y est raconté que Quetzalcohuatl se jeta dans les flammes, au pied de l'Orizaba, et qu'on vit ensuite son âme monter au ciel, où elle se transforma en étoile.

DIAS.	MESES.
e 10 Cimij	
f 11 Manik	
g 12 Lamat	
A 13 Muluc	
b 1 Oc	
c 2 Chuen	
	NOVEMBER.
d 3 Eb	
e 4 Ben	
f 5 Ix	

que como a tal le celebrassen su fiesta, y se la celebro toda la tierra hasta la destruicion de Mayapan. Despues desta destruicion se celebrava en la provincia de Mani solamente y les demas provincias en reconocimiento de lo que devian a Kukulcan presentavan, una un año y otra otro a Mani quatro, y a las vezes cinco muy galanas vanderas de pluma, con las quales hazian la fiesta en esta manera, y no como las passadas. A diez y seis de Xul, se juntavan todos los señores y sacerdotes en Mani, y con ellos gran gentio de los pueblos, los quales venian ya preparados de sus ayunos y abstinencias. Aquel dia en la tarde salian con gran procession de gente y con muchos de sus farsantes de casa del señor donde juntos estavan y yvan con gran sosiego al templo de Kukulcan, el qual tenian muy adereçado, y llegados haziendo sus oraciones, ponian las vanderas en lo alto del templo, y abaxo en el patio tendian todos cada uno sus idolos sobre hojas de arboles que para ello avia, y sacada lumbre nueva, començavan a quemar en muchas partes de su encienso, y a hazer ofrendas de comidas guisadas sin sal ni pimienta y de bevidas de sus habas y pepitas de calabaças, y passavan quemando siempre copal, y en estas ofrendas alli sin volver a sus casas los señores, ni los que avian ayunado cinco dias y cinco noches en oraciones y en algunos vailes devotos. Hasta el primero dia de *Yaxkin* andavan los farsantes estos cinco dias por las casas principales, haziendo sus farsas, y

(1) La province de Mani avait été colonisée par les Tutul-Xius, dont l'origine était toltèque ou nahuatl; les fêtes de Kukulcan se bornant à cette province après la destruction de Mayapan, ne laissent point de doute sur l'origine de ce personnage, et donnent lieu de penser que le reste du Yucatan, tout en vénérant jusqu'à

JOURS.		
26 Octobre.	X	CIMI.
27 —	XI	MANIK.
28 —	XII	LAMAT.
29 —	XIII	MULUC.
30 —	I	OC.
31 —	II	CHUEN.
1ᵉʳ Novemb.	III	EB.
2 —	IV	BEN.
3 —	V	YX.

des temples; c'est pourquoi ils célébrèrent des fêtes en son honneur et elles continuèrent par toute la contrée jusqu'à la destruction de Mayapan. A la suite de cet événement, on ne les célébra plus que dans la province de Mani (1); mais les autres provinces, en reconnaissance de ce qu'elles devaient à Kukulcan, lui présentaient tour à tour, chaque année, à Mani, quelquefois quatre et d'autres fois cinq bannières magnifiques de plume, avec lesquelles ils solennisaient la fête, non comme les autres, mais de la manière suivante. Au 16 du mois *Xul*, tous les seigneurs et les prêtres de Mani s'assemblaient et avec eux une multitude considérable qui se joignait à eux, après s'être préparés par des jeûnes et des abstinences. Le soir de ce jour ils sortaient en procession, avec un grand nombre de comédiens, de la maison du prince et s'avançaient lentement vers le temple de *Kukulcan* qu'on avait au préalable orné convenablement. En arrivant, ils faisaient leurs prières et plaçaient les bannières en haut du temple; ils étalaient leurs idoles sur un tapis de feuillage; ayant ensuite tiré du feu nouveau, ils brûlaient de l'encens en beaucoup d'endroits, faisant des oblations de viande, cuite sans sel ni piment, avec des boissons de fèves et de pepins de calebasses. Les seigneurs ainsi que ceux qui avaient observé le jeûne, passaient là, sans retourner chez eux, cinq jours et cinq nuits en prière, brûlant du copal, et exécutant quelques danses sacrées. Pendant ce

un certain point ce mythe ou ce prophète, avait gardé au fond la religion qui avait précédé celle des Toltèques. Ce serait un point d'histoire d'une grande importance au point de vue philosophique. Nous trouverons plus loin d'autres indices du culte primitif des Mayas.

| DIAS. | MESES. |

g 6 Men

A 7 Cib

b 8 Caban

c 9 Ezanab.

d 10 Cauac

e 11 Ahau

f 12 Ymix

g 13 Ik

A 1 Akbal

b 2 Kan

c 3 Chicchan

d 4 Cimij

YAXKIN

recogian los presentes que les davan, y todo lo llevavan al templo, donde acabados de passar los cinco dias, repartian los dones entre los señores, sacerdotes y vailantes, y cogian las vanderas y idolos, y se bolvian a casa del señor y de ay cada qual a su casa. Dezian y tenian muy creido baxava Kukulcan el postrero dia de aquellos del cielo y recibia sus servicios, vigilias y offrendas; llamavan a esta fiesta *Chic-Kaban*.

En este mes de *Yaxkin* se començavan a aparejar, como solian, para una fiesta que hazian general en *Mol* en el dia que señalava el sacerdote a todos los dioses: llamavanla *Olohzab-kam-yax*. Lo que despues juntos en el templo y hechas las cerimonias y saumerios que en las passadas hazian pretendian era untar con el betun azul que hazian todos los instrumentos de todos los officios, desde el sacerdote hasta los husos de las mu-

JOURS.		
4 Novembr.	VI	MEN.
5 —	VII	CIB.
6 —	VIII	CABAN.
7 —	IX	EZANAB.
8 —	X	CAUAC.
9 —	XI	AHAU.
10 —	XII	YMIX.
11 —	XIII	IK.
12 —	I	AKBAL.
13 —	II	KAN.
14 —	III	CHICCHAN
15 —	IV	CIMI.

temps-là, les comédiens allaient de la maison d'un des nobles à l'autre, représentant leurs pièces et recueillant les dons qu'on leur offrait; au bout de cinq jours, ils portaient le tout au temple où ils les partageaient aux seigneurs, aux prêtres et aux danseurs; après cela, on reprenait les bannières avec les idoles, on les remportait à la maison du prince, d'où chacun rentrait chez lui avec ce qui lui revenait. Ils disaient et tenaient pour certain que Kukulcan descendait du ciel le dernier jour de la fête et recevait personnellement les sacrifices, les pénitences et les offrandes qu'on faisait en son honneur. Quant à la fête on l'appelait *Chic-Kaban*.

1ᵉʳ *jour du mois* YAXKIN.

Durant ce mois *Yaxkin*, on commençait à se préparer, suivant la coutume, pour une fête générale qui se célébrait en *Mol*, en un jour que le prêtre désignait, en l'honneur de tous les dieux; on l'appelait *Oloh-Zab-Kam Yax*. Après les cérémonies et encensements d'usage, ce qu'ils voulaient faire, c'était de barbouiller avec leur couleur bleue les instruments de

DIAS.	MESES.
e 5 Manik	
f 6 Lamat	
g 7 Muluc	
A 8 Oc	
b 9 Chuen	
c 10 Eb	
d 11 Ben	
e 12 Ix	
f 13 Men	
g 1 Cib	
A 2 Caban	
b 3 Ezanab	

geres y las postes de sus casas. Para esta fiesta pintavan todos los niños y niñas del pueblo, y en lugar de embadurmientos y cerimonias davan en las conjunturas de las manos por la parte de fuera cada nueve golpezillos, y a las niñas se les dava una vieja, vestida de un habito de plumas, que las traia alli y por esto la llamavan *Ixmol*, la allegadera. Davanles estos golpes para que saliessen espertos officiales en los officios de sus padres y madres. La conclusion era con buena borrachera, comidas las offrendas, salvoque es de creer que aquella devota vieja allegaria con que se emborachava en casa por no perder la pluma del officio en el camino.

MOIS.		
16 Novemb.	V	MANIK.
17 —	VI	LAMAT.
18 —	VII	MULUC.
19 —	VIII	OC.
20 —	IX	CHUEN.
21 —	X	EB.
22 —	XI	BEN.
23 —	XII	YX.
24 —	XIII	MEN.
25 —	I	CIB.
26 —	II	CABAN.
27 —	III	EZANAB.

toutes les professions, depuis ceux dont se servaient les prêtres jusqu'aux fuseaux des femmes et jusqu'aux portes de leurs maisons. A cette occasion, ils peignaient de la même couleur les enfants des deux sexes; mais, au lieu de leur barbouiller les mains, on leur donnait en dehors, sur les articulations, à chacun, neuf petits coups; quant aux petites filles, c'était une vieille femme qui les amenait là, et pour cela on la nommait *Ixmol*, c'est-à-dire la conductrice. On donnait ces petits coups sur les mains aux enfants, afin qu'ils devinssent d'habiles ouvriers dans les professions de leurs pères et de leurs mères. La conclusion de cette cérémonie était une bonne orgie et un festin de toutes les offrandes qu'on avait présentées, quoiqu'il y ait à croire qu'on ne permettait à la dévote vieille de ne s'enivrer que chez elle, afin qu'elle ne perdît pas en chemin la plume de son office.

DIAS. MESES.

c 4 Cauac

d 5 Ahau

e 6 Ymix

DECEMBER.

f 7 Ik

g 8 Akbal

MOL

A 9 Kan

b 10 Chicchan

En este mes tornavan los colmeneros a hazer otra fiesta como la que hizieron en *Tzec*, para que los dioses proveessen de flores a las avejas.

c 11 Cimij

d 12 Manik

Una de las cosas que estos pobres tenian por mas ardua y difficultosa era hazer idolos de palo a la qual llamavan hazer dioses, y assi tenian para hazerlos señalado tiempo particular y era este mes de *Mol*, o otro si el sacerdote les dezia bastava. Los que los querian pues hazer consultavan el sacerdote primero, y tomando su consejo, ivan al official dellos, y dizen se escusavan siempre los officiales,

e 13 Lamat

JOURS.

28 Novemb. IV CAUAC.

29 — V AHAU.

30 — VI YMIX.

1ᵉʳ Décemb. VII IK.

2 — VIII AKBAL.

3 — IX KAN.   1ᵉʳ *jour du mois* MOL.

4 — X CHICCHAN. Durant ce mois, les maîtres de ruches à miel recommençaient la fête qu'ils avaient célébrée au mois *Tzec*, afin que les dieux fissent naître des fleurs pour les abeilles.

5 — XI CIMI. Une des choses que ces misérables regardaient comme des plus difficiles et des plus ardues, c'était de fabriquer leurs idoles de bois, ce qu'ils appelaient faire des dieux (1). Ils

6 — XII MANIK. avaient pour cela une époque particulière qui était ce mois de *Mol*, ou un autre, si le prêtre jugeait à propos de la changer. Ceux qui souhaitaient

7 — XIII LAMAT. en faire faire, consultaient d'abord le prêtre, et, d'après son avis, allaient

(1) Ici commencent la fête et les sacrifices de la formation des dieux dont la suite se trouve placée par l'auteur au commencement de ce calendrier.

DIAS.	MESES.
f 1 Muluc	
g 2 Oc	
A 3 Chuen	
b 4 Eb	
c 5 Ben	
d 6 Ix	
e 7 Men	
f 8 Cib	
g 9 Caban	
A 10 Exanab.	
b 11 Cauac	
c 12 Ahau	

porque tenian se avian ellos o algunos de sus casas de morir, o venirles enfermedades de amortecimientos, y acceptados començavan los *chaces* que para esto tambien elegian y el sacerdote y el oficial a ayunar sus ayunos. En tanto que ellos ayunavan, yva el cujos idolos eran o embiava por la madera para ellos al monte, la qual era siempre de cedro. Venida la madera, hazian una casilla de paja cercada donde metian la madera y una tinaja para en que echar los idolos, y alli tenerlos atapados como los fuessen haziendo. Metian encienso que quemar a quatro demonios, llamados *Acantunes*, que metian y ponian a las quatro partes del mundo. Metian consque se sajar o sacar sangre de las orejas y la erramienta para labrar los negros dioses, y con estos adereços se encerravan en la casilla el sacerdote y los *chaces* y el official, y començavan su labor de dioses, cortandose a menudo las orejas y untando con la sangre aquellos demonios y quemandoles su encienso, y assi perseveravan hasta que los acabavan dandoles de comer y lo necessario cuyos eran, y no havian de conocer sus mugeres ni por pienso ni aun llegar nadie a aquel lugar donde ellos estavan.

JOURS.		
8 Décembre.	I	MULUC.
9 —	II	OC.
10 —	III	CHUEN.
11 —	IV	EB.
12 —	V	BEN.
13 —	VI	YX.
14 —	VII	MEN.
15 —	VIII	CIB.
16 —	IX	CABAN.
17 —	X	EZANAB.
18 —	XI	CAUAC.
19 —	XII	AHAU.

trouver les artistes qui s'occupaient de cette profession ; mais, à ce qu'on dit, ceux-ci s'en excusaient toujours, parce qu'ils étaient persuadés que l'un ou l'autre de leur maison en mourrait, ou qu'il leur surviendrait quelque maladie du cœur. Dès qu'ils avaient accepté, les *Chac* qu'ils choisissaient à cet effet, ainsi que le prêtre et l'artiste, commençaient le jeûne. Entre temps, celui qui avait commandé les idoles, allait en personne, ou bien envoyait couper dans le bois l'arbre dont elles devaient être sculptées, et c'était toujours du cèdre. Quand le bois était arrivé, ils édifiaient une cabane de chaume bien fermée, où ils mettaient le bois avec une grande urne pour y enfermer les idoles tout le temps qu'ils y travailleraient. Ils offraient de l'encens à quatre dieux, appelés *Acantun*, dont ils plaçaient les images aux quatre points cardinaux ; ils prenaient également ce qu'il fallait pour se scarifier ou se tirer du sang des oreilles, ainsi que les instruments dont ils avaient besoin pour sculpter leurs noires divinités. Préparés de cette manière, le prêtre, les *Chac* et l'artiste s'enfermaient dans la chaumière et se mettaient à l'œuvre sacrée, se scarifiant fréquemment les oreilles et barbouillant les idoles de leur sang et leur brûlant de l'encens ; ils continuaient ainsi jusqu'à ce que le travail fût terminé, les gens de leur famille leur apportant à manger, avec ce qui leur était nécessaire ; mais ils ne pouvaient, durant tout ce temps, s'approcher de leurs femmes, et nul n'était admis dans l'endroit où ils étaient renfermés.

DIAS. MESES.

d 13 Ymix

e 1 Ik

f 2 Akbal

                        CHEN
g 3 Kan

A 4 Chicchan

b 5 Cimij

c 6 Manik

d 7 Lamat

e 8 Muluc

f 9 Oc

g 10 Chuen

A 11 Eb

JOURS.

20 Décemb. XIII YMIX.

21 — I IK.

22 — II AKBAL.

23 — III KAN.   1ᵉʳ *jour du mois* CHEN.

24 — IV CHICCHAN.

25 — V CIMI.

26 — VI MANIK.

27 — VII IAMAT.

28 — VIII MULUC.

29 — IX OC.

30 — X CHUEN.

31 — XI EB.

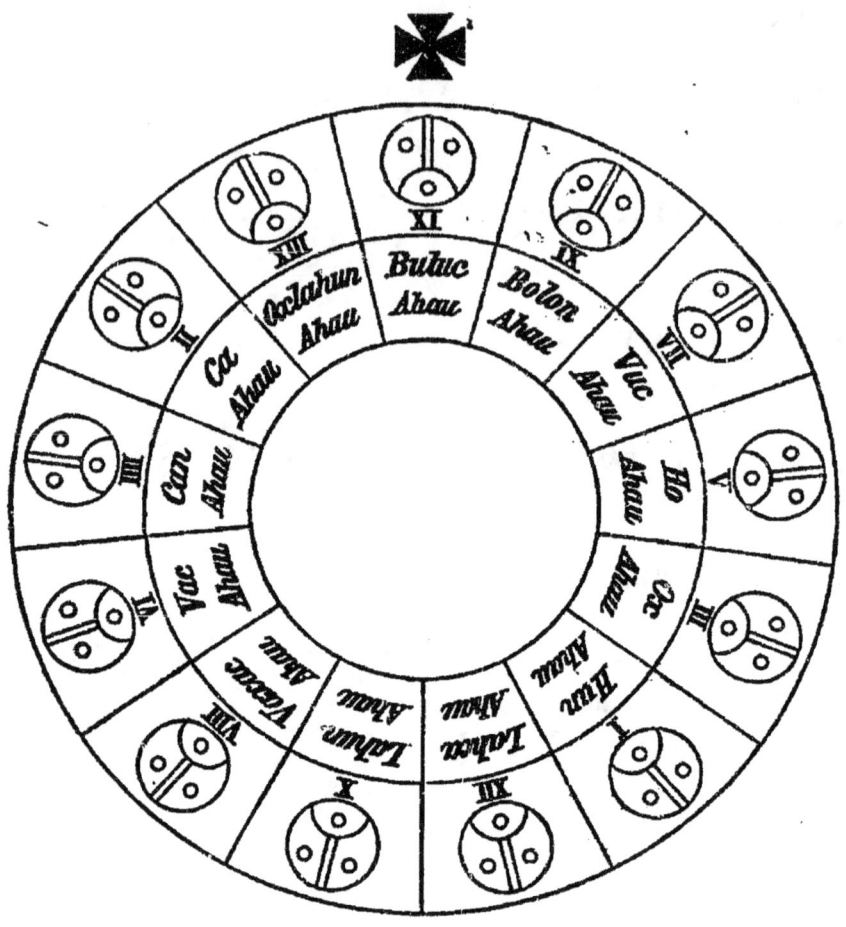

§ XLI. — *Ahau Katun ó siglo de los Mayas. Escritura de ellos.*

No solo tenian los indios cuenta en el año y meses, como queda dicho, y señalado atras pero tenian cierto modo de contar los tiempos y sus cosas por edades, las quales hazian de veynte en veynte años, contando XIII veyntes con una de las XX letras de los meses que llaman *Ahau,* sin orden sino retruecanados como pareceran en la siguiente raya redonda; llaman les a estos en su lengua *Katunes,* y con ellos tenian a maravilla cuenta con sus edades, y le fue assi facil al viejo de quien en el primero capitulo dixe avia tres-

Au centre de la roue qui fait face à cette page, se trouvent dans le texte original ces paroles :

« Llaman a esta cuenta en su lengua Uazlazon Katun que quiere dezir
» la gerra de los Katunes. »

C'est-à-dire, ils appellent, dans leur langue, cette computation *Uazlazon Katun*, ce qui signifie la guerre ou le jeu des Katuns.

§ XLI. — *Ahau-Katun ou cycle des Mayas. Leur écriture et leur alphabet.*

Ainsi qu'on l'a fait voir plus haut, ces Indiens n'avaient pas seulement la computation de l'année et des mois, mais ils avaient aussi une certaine manière de compter les temps et leurs choses par âges, ce qu'ils faisaient de vingt en vingt ans, en comptant treize vingtaines au moyen d'une des vingt lettres de leur mois, appelé *Ahau*, mais sans ordre et alternés seulement, comme on le verra dans la roue ci-dessus : ils appellent ces figures *Katun* et ils y retrouvaient à merveille la computation de leurs âges. Aussi était-il facile

cientos años acordarse dellos. Ca si yo no supiera destas sus cuentas yo no creyera se pudiera assi acordar de tanta edad.

Quien esta cuenta de katunes ordeno, si fue el demonio, hizo lo que suele hordenandolo a su honor, o si fue hombre, devia ser buen idolatra, porque con estos sus katunes añadio todos los principales engaños y agueros, y embaymientos con que aquesta gente anda allende de sus miserias del todo enbaucada y assi esta era la sciencia a que ellos davan mas credito, y la que tenian en mas, y de la que no los sacerdotes todos sabian dar cuenta. La orden que tenian en contar sus cosas y hazer sus divinaciones, con esta cuenta, era que tenian en el templo dos idolos dedicados a dos destos caracteres. Al primero conforme a la cuenta desde la cruz de la raya redonda arriba contenida adoravan, y hazian servicios para remedio de las plagas de sus xx años, y a los x años que faltavan de los xx del primero, no hazian con el mas de quemarle encienso y reverenciarle. Cumplidos los xx años del primero, començava a seguirse por los hados del segundo, y a hazerle sus sacrificios, y quitado aquel idolo primero, ponian otro para venerarle otros diez años.

Verbi gratia dizen los indios que acabaron de llegar los españoles a la cibdad de Merida el año de la Natividad del Señor de MDXLI, que era en punto en el

au vieillard dont j'ai parlé dans le premier chapitre (1) de se souvenir de trois cents ans en arrière; car si je n'avais su ce que c'est que ces computations, je n'aurais jamais cru qu'ils pussent ainsi se souvenir d'un temps si long.

Quant à celui qui régla l'ordre de ces *Katuns*, si ce fut le démon, il s'en tira certainement comme à l'ordinaire, en tout honneur; si ce fut un homme, ce devait être un bien grand idolâtre; car à tous ces *Katuns* il ajouta toutes les tromperies, les divinations et les subtilités où ces gens, en outre de leurs misères, se sont laissés enjôler, cette science étant entre toutes celle à laquelle ils donnaient le plus de crédit, mais dont tous les prêtres également ne savaient, d'ailleurs, pas rendre bien compte. L'ordre qu'ils avaient pour compter leurs dates et faire leurs divinations, à l'aide de cette computation, était qu'ils avaient dans le temple deux idoles dédiées à deux de ces caractères. Au premier, qui commençait avec la croix placée au-dessus du cercle, ils rendaient leurs hommages, en lui faisant des offrandes et des sacrifices pour obtenir le remède des calamités de ces vingt ans; mais après qu'il s'était passé dix années de ce premier, ils ne lui offraient plus autre chose que de l'encens et des respects. Une fois les vingt années du premier passées, ils commençaient à se conduire d'après les présages du second et à lui offrir des sacrifices, ayant ôté l'idole du premier pour mettre celle du second, afin de le vénérer dix autres années.

Ces Indiens disent, par exemple, que les Espagnols étaient arrivés à la cité de Mérida l'an de la nativité de Notre-Seigneur 1541, ce qui était précisément le premier de l'an *Buluc-Ahau*, le même qui se

---

(1) Ce chapitre ou le paragraphe en question a été omis par le copiste.

primero año de la era de *Buluc-Ahau*, que es el que esta en la casa donde esta la Cruz, y llegaron el mesmo mes de *Pop*, que es el primero mes de su año. Sino huviera españoles, adoraran ellos el idolo de *Buluc-Ahau* hasta el año de LI, que son dies años, y al año decimo, pusieran otro idolo a *Bolon-Ahau*, y honraranle, siguiendose por los pronosticos de *Buluc-Ahau* hasta el año de LXI, y entonces quitaranle del templo, y pusieran a *Uuc-Ahau* idolo, y siguieranse por los pronosticos de *Bolon-Ahau* otros x años, y assi davan a todos buelta; de manera que veneravan a estos sus katunes xx años, y los x se regian por sus supersticiones y engaños, las quales eran tantas y tan bastantes para engañar a gente simple que admira aunque no a los que saben de las cosas naturales, y la experiencia que dellas el demonio tiene.

Usavan tambien esta gente de ciertos carateres o letras con las quales escrivian en sus libros sus cosas antiguas, y sus sciencias, y con ellas, y figuras, y algunas señales en las figuras entendian sus cosas, y las davan a entender y enseñavan. Hallamosles grande numero de libros destas sus letras, y porque no tenian cosa en que no uviesse supersticion y falsedades del demonio se les quemamos todos, lo qual a maravilla sentian, y les dava pena.

De sus letras porne aqui un *a, b, c*, que no per-

(1) L'auteur paraît confondre ici le calendrier civil avec le calendrier astrologique du rituel, ainsi qu'on le verra plus loin.

(2) Il est à regretter que l'auteur n'ait pas jugé la matière assez im-

trouve placé sur la case où est la croix, et qu'ils entrèrent aussi au mois de *Pop*, le premier de leur année. Si les Espagnols n'étaient ici actuellement, ils auraient adoré l'idole de *Buluc-Ahau* jusqu'à l'an 51, ce qui aurait fait dix ans; mais à la dixième année, ils auraient mis l'idole de *Bolon-Ahau*, et lui auraient rendu leurs hommages, en continuant à se conduire par les pronostics de *Buluc-Ahau* jusqu'à l'an 61; alors ils l'auraient enlevée du temple et y auraient mis l'idole de *Uac-Ahau*, tout en continuant à se conduire par les pronostics de *Bolon-Ahau*, durant dix ans encore, et ainsi du reste jusqu'à ce qu'ils eussent fait le tour. De cette manière, ils vénéraient leurs *Katuns* pendant vingt ans, et pendant dix, se réglaient suivant leurs superstitions et jongleries qui étaient en si grand nombre, qu'il y en avait plus qu'il n'en fallait pour tromper ces gens simples, et il y aurait de quoi s'en étonner, si on ne savait ce que sont les choses de la nature et l'expérience qu'en a le démon (1).

Ces peuples se servaient aussi de certains caractères ou lettres, avec lesquelles ils écrivaient dans leurs livres leurs choses antiques et leurs sciences, et par leur moyen et celui de certaines figures et signes particuliers dans ces figures (2), ils entendaient leurs choses, les donnaient à entendre et les enseignaient. Nous leur trouvâmes un grand nombre de livres dans ces caractères, et, comme ils n'en avaient aucun où il n'y eût de la superstition et des mensonges du démon, nous les leur brûlâmes tous, ce qu'ils sentirent vivement et leur donna de l'affliction (3).

De leurs lettres, je mettrai ici un A, B, C, leur gros-

portante pour nous conserver ces signes avec les caractères dont il donne plus loin le dessin.

(3) Aujourd'hui on comprend mieux que jamais toute l'affliction qu'une telle destruction dut causer

mite su pesadumbre mas porque usan para todas las aspiraciones de las letras de un caracter, y despues, al puntar de las partes otro, y assi viene a hazer *in infinitum*, como se podra ver en el siguiente exemplo. *Lé*, quiere dezir laço y caçar con el ; para escrivirle con sus carateres, haviendoles nosotros hecho entender que son dos letras, lo escrivian ellos con tres, puniendo a la aspiracion de la *l* la vocal *é*, que antes de si trae, y en esto no hierran, aunque usense, si quisieren ellos de su curiosidad. Exemplo : Despues al cabo le pegan la parte junta. *Ha* que quiere dezir agua, porque la *haché* tiene *a*, *h*, antes de si la ponen ellos al principio con *a*, y al cabo desta manera. Tambien lo escriven a partes pero de la una y otra manera, yo no pusiera aqui ni tratara dello sino por dar cuenta entera de las cosas desta gente. *Ma in kati* quiere dezir no quiero, ellos lo escriven a partes desta manera :

à la noblesse, au sacerdoce et aux lettres mayas : le monde savant, le monde civilisé, pardonnera difficilement aux premiers religieux espagnols cette ignorance déplorable, si peu d'accord, d'un autre côté, avec les sentiments que Landa lui-même exprime, en racontant avec naïveté tant de choses intéressantes. Après tout, est-il permis de leur faire un si grand reproche, quand on vient à songer à l'incendie des archives de l'empire chinois, allumé au palais impérial de Pékin par les soldats des armées anglaises, en présence de celles de la France.

(1) Ce style est si obscur et si diffus, si familièrement provincial, qu'il est souvent intraduisible ; malheureusement là où il faudrait le plus de clarté comme ici, c'est le cas contraire, et dans le mot présenté en exemple, il semblerait qu'il y a une répétition inutile par celle du second *lé*

sièreté n'en permettant pas davantage ; car ils se servent, pour toutes les aspirations de leurs lettres, d'un caractère, et ensuite pour la ponctuation, d'un autre, qui viennent ainsi à se reproduire à l'infini, comme on le pourra voir dans l'exemple suivant : *Lé* veut dire le lacet et chasser avec ; pour l'écrire avec leurs caractères, quoique nous leur eussions donné à entendre qu'il n'y avait que deux lettres, ils l'écrivaient eux avec trois, mettant à l'aspiration du *l* la voyelle *e* qu'il porte devant lui, et en cela ils ne se trompent point, encore qu'ils usent, s'ils le veulent, de leur manière curieuse (1). Exemple : *e l e lé*. Ensuite, mettant à la fin la partie qui est jointe, *Ha*, qui veut dire eau, parce que le son de la lettre se compose de *a, h,* ils lui placent d'abord par devant un *a* et au bout de cette manière *ha* (2). Ils l'écrivent aussi par parties, mais de l'une et de l'autre manière. Je n'aurais pas mis tout cela ici et je n'en traiterais pas, sinon pour rendre entièrement compte des choses de ce peuple. *Ma in Kati* veut dire je ne veux pas ; ils l'écrivent par parties de cette manière : *ma in ka ti.*

qui paraît de trop ici ; il est vrai que ce peut être une inadvertance du copiste de Landa.

(2) Voir à la page 318. Le signe ʌ qui se trouve dans l'original à la suite du signe *ha* est-il un signe d'aspiration ou bien est-ce une simple marque de l'auteur ? il est difficile de le préciser. Dans le manuscrit dit *Mexicain*, n° 2, de la Bibliothèque impériale, on voit plusieurs fois un signe analogue, écrit en fer à cheval, serait-ce le même et par conséquent le signe de l'aspiration ? Du reste, autant que le texte de Landa le laisse comprendre, le mot *ha*, eau, est écrit d'abord avec les deux lettres *h* (aspirée gutturale) et *a*, et le caractère suivant serait tout simplement le signe symbolique de l'eau ; ce qui nous amènerait à conclure que les Mayas, ainsi que les Egyptiens, donnaient d'abord la lettre et ensuite le signe figuratif de la chose écrite, pour plus d'intelligence.

SIGUESE SU A B C.

Signos.	Valor fonetico.	Signos.	Valor fonetico.	Signos.	Valor fonetico.
1.	a	10.	i	19.	p(1)
2.	a	11.	ca	20.	pp
3.	a	12.	k	21.	cu
4.	b	13.	l	22.	ku
5.	b	14.	l	23.	x#
6.	c	15.	m	24.	x
7.	t	16.	n	25.	u(2)
8.	é	17.	o	26.	u
9.	h	18.	o	27.	z

(1) Dans le feuillet original du manuscrit de Landa le signe de la lettre P est hors de sa place, et placé en marge, accompagné du signet ∧ que je retrouve entre les caractères *o* et *pp*. La ressemblance avec celui que j'avais pris plus haut pour un signe d'aspiration, et au sujet duquel je doute encore, m'avait fait croire à un *o* aspiré (figure 18) et à l'aspiration du caractère n° 25. Je pense cependant qu'il n'en est ainsi ni dans l'un ni dans l'autre cas.

(2) Il m'a été impossible de reconnaître s'il s'agit ici d'un *u* ou d'une autre lettre, le manuscrit ne permettant pas de la lire clairement. Des recherches subséquentes dans des documents écrits

ICI COMMENCE L'A B C.

Signes.	Valeur phonétique.	Signes.	Valeur phonétique.	Signes.	Valeur phonétique.
1. *a*	a	10. *i*	i	19. *p*	p (2)
2. *a*	a	11. *ca*	ca (?)	20. *pp*	pp (dur)
3. *a*	a	12. *k*	k (ha guttural)	21. *cu*	cu ?
4. *b*	b	13. *l*	l	22. *ku*	k (kou guttural)
5. *b*	b	14. *l*	l	23. *x*	dj ou dz (?)
6. *c*	q (?)	15. *m*	m	24. *x*	tch (?)
7. *t*	t	16. *n*	n	25. *u*	ou (?)
8. *é*	é	17. *o*	o	26. *u*	ou
9. *h*	h	18. *o*	o	27. *z*	ç (3)

à l'aide de ces caractères en feront retrouver le son, aussi bien que celui des différents *c, ca, cu, ka, x* et *x*, sur lesquels il y a encore quelques doutes.

(3) Le lecteur trouvera à la page suivante plusieurs signes additionnels monosyllabiques, qui existent, ainsi que les variantes de la lettre *a* n. 1, et de la lettre *h*, dans les explications données plus haut, je dois ajouter qu'ils se retrouvent aussi dans plusieurs des caractères des jours, et que ceux-ci paraissent devoir offrir une série de signes syllabiques ou figuratifs, employés également dans l'ensemble de l'écriture maya, à part de leur signification comme caractères spéciaux des jours.

SIGNOS ADICIONALES.

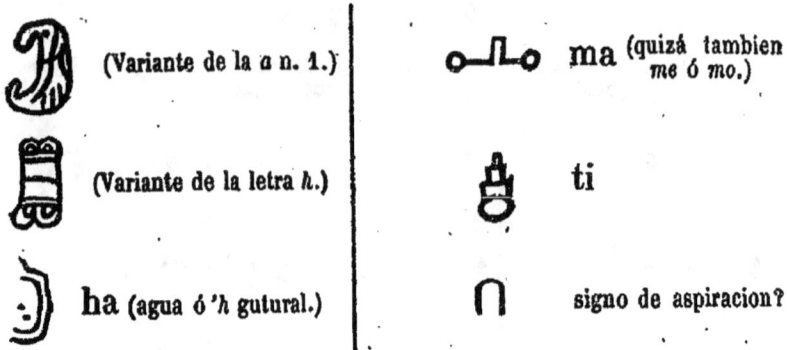

(Variante de la a n. 1.)

(Variante de la letra *h*.)

ha (agua ó '*h* gutural.)

ma (quizá tambien me ó mo.)

ti

signo de aspiracion?

De las letras que aqui faltan carece esta lengua y tiene otras añadidas de la nuestra para otras cosas que las ha menester, y ya no usan para nada destos sus caracteres especialmente la gente moça que an aprendido los nuestros.

§ XLII. — *Multitud de los edificios de Yucatan. Los de Izamal, de Merida y de Chicheniza.*

Si Yucatan uviere de cobrar nombre y reputacion con muchedumbre, grandeza y hermosura de edificios, como lo han alcançado otras partes de las Indias, con oro, plata y riquezas, ella uviera estendidose tanto como el Peru y la Nueva-España, porque es assi en esto de edificios y muchedumbre de ellos la mas señalada cosa de quantas hasta oy en las Indias se ha descubierto, porque son tantos y tantas las partes donde los ay y tan tiene edificados de canteria a su modo que espanta; y porque esta tierra no es tal al

(1) Ajoutons ici, en attendant, que l'alphabet maya comprend aujourd'hui, d'après la grammaire de Pedro Beltran de Santa Maria, vingt-deux lettres, dont les suivantes: Ɔ (c renversé), *ch* barré du haut, que je remplace par un *ch* cédille, uniquement pour le distinguer de l'autre, *k*, *pp*, *th* (écrit ailleurs *tt*), *tz*; sont propres à la lan-

SIGNES ADDITIONNELS.

(Variante de la lettre *a* n. 1.)
(Variante de la lettre *h*.)
(ha, (eau ou '*h* guttural.)

(ma, (peut-être aussi *me* ou *mo*)
(ti)
(signe d'aspiration?)

Cette langue manque des lettres qui ne sont pas ici ; elle en a d'autres, ajoutées de la nôtre pour d'autres choses dont elle a besoin ; mais déjà ils ne se servent pour rien de leurs anciens caractères, particulièrement les jeunes gens qui ont appris les nôtres (1).

§ XLII. — *Multitude des édifices du Yucatan. Ceux d'Izamal, de Mérida et de Chichen-Itza.*

Si la multitude, la grandeur et la beauté des édifices étaient capables d'ajouter à la gloire et à la renommée d'un pays, ainsi qu'il est arrivé à tant d'autres régions des Indes pour l'or, l'argent et les richesses de toute sorte, il est bien certain que le Yucatan n'eût pas acquis une illustration moindre que le Pérou et la Nouvelle-Espagne ; car quant à ses édifices et à leur multitude, c'est bien de toutes les choses découvertes dans les Indes la plus remarquable. En effet, ils s'y trouvent en si grand nombre, et en tant de contrées

---

gue et d'une prononciation difficile qu'on ne saurait guère acquérir que dans le pays. Le *ch* non barré a le son de *tch* ; *h* est aspiré guttu-ralement, *u* a le son de *ou* remplaçant fréquemment le *w*, et *x* le son de *ch* français ou *sh* anglais.

presente, aunque es buena tierra como parece aver sido en el tiempo prospero, en que en ella tanto y tan señalado edificio se labro con no aver ningun genero de metal en ella con que los labrar, porne aqui las razones que he visto dar a los que en ellos an mirado.

Las quales son que estas gentes devieron ser sugetas a algunos señores amigos de ocuparlas mucho, y que las ocuparon en esto, o que como ellos an sido tan honradores de los idolos, se señalaran de comunidad en hazer los templos, o que por algunas causas, se mudaran las poblaciones, y assi donde poblavan, edificavan siempre de nuevo sus templos y santuarios y casas a su usança para la señores, que ellos siempre las an usado de madera cubiertas de paja, o que el grande aparejo que en la tierra ay de piedra y cal y cierta tierra blanca excelente para edificios les ha hecho, como occasion hazer tantos que sino es a los que los an visto, parecera burla hablar dellos.

O la tierra tiene algun secreto que hasta agora no se le a alcançado, ni la gente natural destas tiempos ha tampoco alcançado. Porque dezir los ayan otras nacio-

---

(1) Ces lignes, d'une ignorance si naïve, suffisent pour donner une idée de l'innombrable quantité de cités et de temples ruinés qui couvrent le sol yucatèque. Quel champ plus vaste aux explorations de l'archéologue! Stephens, qui visita le Yucatan trois cents ans

distinctes, ils sont si bien bâtis, à leur manière, en pierre de taille, qu'il y a de quoi remplir le monde d'étonnement. Mais comme cette contrée, tout excellente qu'elle soit, n'a plus aujourd'hui la prospérité dont elle paraît avoir joui autrefois, qu'on y admire un si grand nombre d'édifices sculptés, sans qu'il s'y trouve, néanmoins, aucun genre de métal, avec lequel on ait pu les travailler, je donnerai ici les raisons que j'ai entendu émettre à ce sujet par ceux qui les ont examinés.

C'est d'abord que cette nation a dû être soumise à des princes, désireux d'occuper constamment leurs sujets, ou qu'étant si singulièrement dévots à leurs idoles, ils aient voulu obliger les communes à leur bâtir des temples; c'est peut-être que les populations ayant changé de place, pour des raisons particulières, elles aient toujours pensé à édifier de nouveaux sanctuaires et des maisons pour l'usage de leurs chefs, aux lieux où elles se transportaient, leur coutume, quant à elles-mêmes, étant de se bâtir des demeures en bois, couvertes de chaume, ou bien que la facilité qu'il y a de se procurer de la pierre et de la chaux dans ce pays, ainsi qu'une sorte de terre blanche, excellente pour les édifices, leur ait donné l'idée d'ériger une si grande quantité de monuments qu'en vérité, à moins de les avoir vus, on pourrait s'imaginer que c'est de la folie d'en parler ainsi (1).

Ou bien ce pays cache encore un secret que jusqu'à présent on n'a pu deviner, et que les gens d'aujourd'hui sont impuissants à le découvrir ; car, dire que d'autres

après que Landa eut écrit ces lignes, est entièrement d'accord avec lui sur le nombre des villes ruinées et sur l'identité de leurs fondateurs (Stephens, *Incidents of travel in Yucatan*, vol. II, ch. 24).

nes sujetando los indios edificado, no es assi, por las señales que ay de aver sido edificados los edificios de gente indiana y desnuda como se vee en uno de los edificios de muchos y muy grandes que alli ay en las paredes de los bastiones del qual aun duran señales de hombres en carnes y honestados de unos largos listones que llaman en su lengua *ex* y de otras divisas que los indios destos tiempos trayan, todo hecho de argamaça muy fuerte, y morando yo alli, se hallo en un edificio que desbaratamos un cantaro grande con tres asas y pintado de unos fuegos plateados por defuera, dentro del qual estavan cenizas de cuerpo quemado, y entre ellas hallamos tres cuentas de piedra, buenos, del arte de las que los indios aora tienen por moneda, lo qual todo muestra aver sido indios.

Bien se que si lo fueron fue gente de mas ser que los de aora, y muy de mayores cuerpos y fuerças y aun veese esto mas aqui en Yzamal que en otra parte en los bultos de media talla que digo estan oy en dia de argamasa en los bastiones que son de hombres crecidos, y los estremos de los braços y piernas del hombre cuyas eran las cenizas del cantaro que hallamos en el edificio que estavan a maravilla por quemar y muy gruessos. Veese tambien en las escaleras de

(1) Stephens parle d'ornements analogues, existant encore sur une des façades de l'édifice appelé *Monjas*, à Uxmal; on y voit précisément le corps d'un homme, vêtu comme le dit Landa, et quant aux décorations en ciment si dur ou en stuc, on sait que les édifices de Palenqué en présentaient encore beaucoup, il y a peu d'années.

nations auraient assujetti ces Indiens pour les faire travailler, n'a pas davantage de fondement, parce qu'on voit clairement à des caractères certains que c'est la même race indienne, nue comme elle est, qui a construit ces édifices; c'est ce dont on peut s'assurer, en considérant un des plus grands qui se trouve ici, entre les ornements duquel on remarque des débris d'hommes nus, mais les reins couverts de la ceinture qu'ils appellent *ex*, sans compter d'autres décorations que les Indiens d'aujourd'hui font encore d'un ciment extrêmement fort (1). Or il arriva que, tandis que je demeurais ici, on trouva dans un édifice en démolition une grande urne à trois anses, recouverte d'ornements argentés extérieurement, au fond duquel il y avait des cendres provenant d'un corps brûlé, parmi lesquelles nous trouvâmes des objets d'art en pierre, bien travaillés, de ceux que les Indiens reçoivent encore actuellement comme de la monnaie; ce qui, au total, prouve que ce furent des Indiens qui furent les constructeurs de ces édifices (2).

Je sais bien que si ce furent des Indiens, ils devaient être d'une condition supérieure à ceux d'aujourd'hui, plus grands et plus robustes, ce qui se voit bien plus ici encore et à Yzamal qu'ailleurs, dans les statues en demi-bosse, modelées en ciment que je dis se trouver dans les contreforts, et qui sont d'hommes de haute taille; on ne le voit pas moins dans les extrémités des bras et des jambes de l'homme, de qui étaient les cendres de l'urne que nous trouvâmes dans l'édifice en question; ces os avaient dû brûler à mer-

(Stephens, *Incidents of travel in Yucatan*, vol. 1, chap. 14, pag. 313.)

(2) Ce ne serait pas là une bien forte preuve en faveur de l'assertion de Landa; heureusement il y en a beaucoup d'autres. Quant à l'urne dont il est question ici, nous en avons vu du même genre au Musée national de Mexico, et d'une grande beauté.

los edificios que son mas de dos buenos palmos de alto, y esto aqui solo en Yzamal y en Merida.

Ay aqui en Yzamal un edificio entre los otros de tanta altura que espanta, el qual se vera en esta figura y en esta razon della. Tiene xx gradas de a mas 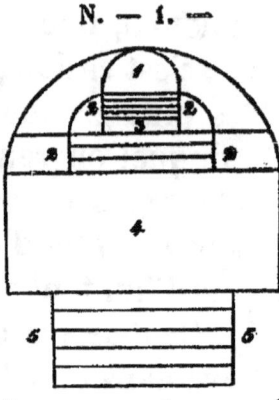 de dos buenos palmos de alto y ancho cada un y terna, mas de cien pies de largo. Son estas gradas de muy grandes piedras labradas aunque con el mucho tiempo, y estar al agua, estan ya feas y maltratadas. Tiene despues labrado en torno como señala esta raya, redonda labrado de canteria una muy fuerte pared a la qual como estado y medio en alto sale una ceja de hermosas piedras todo a la redonda y desde ellas se torna despues a seguir la obra hasta ygualar con el altura de la plaça que se haze despues de la primera escalera.

Despues de la qual plaça se haze otra buena placeta, y en ella algo pegado a la pared esta hecho un cerro bien alto con su escalera al medio dia, donde caen las escaleras grandes y encima esta una hermosa capilla de canteria bien labrada. Yo subi en lo alto desta capilla y como Yucatan es tierra llana se vee desde ella tierra quanto puede la vista alcançar a maravilla y se vee la mar. Estos edificios de Yzamal eran por todos XI o XII, aunque es este el mayor y estan muy cerca unos de otros. No ay memoria de los fundadores, y parecen aver sido los

(1) N° 1. — Chapelle (capilla).
N° 2. — Escalier (escalera).
N° 3. — Palier ou plate-forme (descanso o plaça).

veille et étaient fort gros. On le voit encore dans les marches des édifices qui sont de deux bons palmes de hauteur, et cela seulement ici à Yzamal et à Merida.

Ici à Yzamal, entre autres, il y a un monument d'une telle élévation qu'il en inspire l'épouvante, ce qu'on verra dans la figure et l'explication ci-jointes (1). Il y a vingt degrés, de plus de deux bons palmes de haut et d'un palme et tiers de large, et l'édifice a plus de cent pieds de hauteur. Ces degrés sont de pierres fort grandes et bien travaillées, quoique elles soient déjà bien laides et abîmées à cause du temps et de la pluie. Tout autour, comme le montre le demi-cercle, elle a une muraille parfaitement travaillée, d'une grande solidité, et comme à une toise et demie de haut, une corniche en saillie de fort belles pierres tout à l'entour, après quoi l'édifice continue à s'élever jusqu'à ce qu'il atteigne l'esplanade qui se trouve en haut du premier escalier.

Ensuite, de cette esplanade, vient une autre petite plate-forme ; puis, tout contre le mur, une pyramide fort élevée, avec son escalier au midi, où viennent donner également les grands escaliers, et tout en haut se trouve une chapelle en pierre équarrie, parfaitement sculptée. Étant monté un jour au sommet de cette chapelle, comme on sait que le Yucatan est un pays plat, j'ai vu de là toute la terre, autant que les yeux peuvent en atteindre, ainsi que la mer. Ces édifices d'Izamal étaient en tout onze ou douze, quoique celui-ci soit le plus grand, et ils sont fort rapprochés

---

N° 4. — Plate-forme grande et belle (*plaça muy grande y hermosa*).
N° 5. — Escalier très-raide à monter (*escalones muy agros de subir*).

primeros. Estan VIII leguas de la mar en muy hermoso sitio, y buena tierra y comarca de gente, por lo qual nos hizieron los indios poblar con harta importunacion una casa en uno destos edificios que llamamos St Antonio, el año de MDXLIX, en lo qual y en todo lo de a la rodonda se les ha mucho ayudado a su christiandad, y assi se an poblado en este assiento dos buenos pueblos a parte uno del otro.

Los segundos edificios que en esta tierra son mas principales y antiguos tanto que no ay memoria de sus fundadores, son los de *Tiho*, estan treze leguas de los de Yzamal y ocho de la mar como los otros y ay señales oy en dia de aver avido una muy hermosa calçada de los unos a los otros. Los españoles poblaron aqui una cibdad, y llamaronla Merida, por la estrañeza y grandeza de los edificios, el principal de los quales señalare aqui como pudiere y hize al de Yzamal, paraque mejor se pueda ver lo que es.

---

(1) Voir à la suite de ce chapitre la description des temples d'Izamal, tirée de Lizana.
(2) Cogolludo parlant des routes qui allaient à Cozumel et à Izamal, les compare pour la solidité et la perfection aux plus belles chaussées royales d'Espagne : di-

les uns des autres. Il n'y a aucun souvenir de leurs fondateurs, et ils paraissent avoir été les premiers. Ils se trouvent à huit lieues de la mer, dans une fort belle situation, dans une région fertile et bien peuplée; c'est pour cela que les Indiens nous obligèrent par toutes sortes d'importunités à établir, en 1549, une maison sur le sommet d'un de ces édifices, ce qui a beaucoup aidé à les amener au christianisme avec ceux des environs, d'où il suit que l'on a colonisé deux bonnes communes de ce côté-ci, à part l'une de l'autre (1).

Au second rang des édifices de ce pays, et parmi les plus beaux, sont ceux de *Tiho*, qui sont d'une si haute antiquité qu'il n'y a pas non plus mémoire de leurs fondateurs : ils existent à treize lieues d'Yzamal et à huit de la mer, ainsi que les autres, et l'on voit entre les deux villes les restes d'une chaussée, qui paraît avoir été fort belle (2). Les Espagnols établirent ici une cité qu'ils appelèrent Mérida, à cause de la singularité et de la grandeur des édifices ; j'en ferai connaître ici le principal, aussi bien que je le pourrai, comme pour celui d'Izamal, afin qu'on puisse mieux comprendre ce que c'est.

---

vers témoignages contemporains corroborent cette opinion. (Cogolludo, *Hist. de Yucatan*, liv. IV, cap. 7. — Stephens, *Incidents of travel in Yucatan*, vol. II, chap. 24.)

N. — 2. —

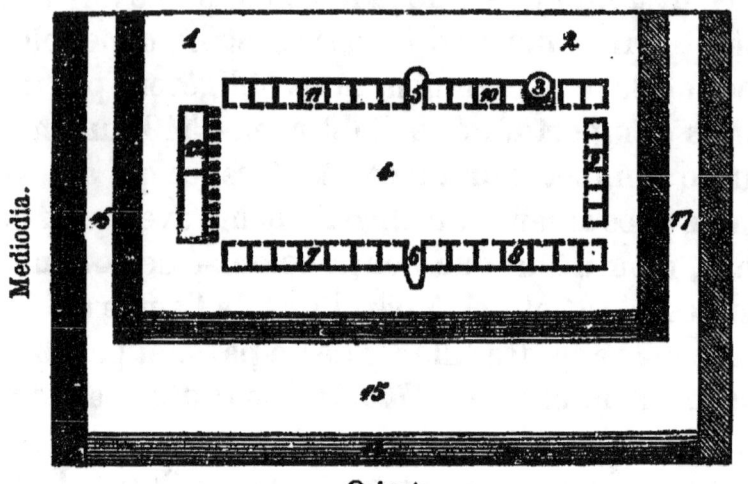

Este es el borron que he podido traçar del edificio para cuyo entendimiento se ha de entender que este es un assiento quadrado de mucha grandeza, porque tiene mas de dos carreras de caballo, desde la parte del oriente comiença luego la escalera desde el suelo sera esta escalera de siete escalones del altor de los de Yzamal. Las demas partes de medio dia, poniente y norte se siguen de una fuerte pared muy ancha. Despues aquel henchimiento del quadro todo es de piedra seca, y ya llano toma a començar otra escalera por la mesma parte de oriente, a mi parecer xxviii, o xxx pies recoxida a dentro de otros tantos escalones, y tan grandes. Haze el mismo recogimiento por la parte del medio dia y del norte, y no del poniente y assi llegan hasta el peso de las escaleras, haziendo todo el henchimiento de piedra seca que espanta tal altura y grandeza como alli ay de henchimiento a

(1) Cette mesure équivaut, dit-on, à l'élan que fournit un cheval sans reprendre haleine évalué en quelques endroits de l'Amérique espagnole à 400 vares (environ 400 mètres) pour le moins, dans

TEMPLE N. — 2.

N° 1 et 2. — Cour (*patio*).
N° 3. — Chapelle (*capilla*).
N° 4. — Cour fort belle (*patio hermosisimo*).
N°° 5, 6. — Passages.
N°° 7, 8, 9, 10, 11. — Cellules (*estas eran celdas de una parte y otra, y el de en medio era transito y asi lo era lo de la parte del poniente*).
N° 12. — Appartement partagé en deux (*este quarto es largo, partido en dos pieças*).
N°° 13 et 14. — Escaliers (*escaleras*).
N° 15. — Palier principal (*descanso de mas de treinte pies*).
N°° 16 et 17. — Autres paliers intermédiaires (*otro descanso adonde se subia por esta escalera*).

C'est ici l'esquisse que j'ai pu tracer de l'édifice : pour le comprendre, il faut se mettre dans l'idée que c'est un grand plan carré qui a bien deux courses de cheval en extension (1). Du côté de l'orient commence l'escalier qui, du sol à la première esplanade, a sept degrés de la hauteur de ceux d'Izamal. Les trois autres faces du midi, du couchant et du nord consistent en une muraille forte et très-large. Après cette première masse, toute carrée et de pierre sèche, au sommet aplani, recommence un second escalier du même côté oriental, faisant retrait au-dessus du premier, autant qu'il m'a paru, de vingt-huit à trente pieds, composé de tout autant de degrés et aussi grands que les autres. Le même retrait a lieu au nord et au midi, mais pas au couchant, où le mur arrive à la hauteur des escaliers, faisant un massif de pierre sèche dont la hauteur et la grandeur remplissent d'étonnement, tant

d'autres à 1,200, ce qui donnerait à la base de ce monument une étendue de plus de 3,000 pieds.

mano. Despues en lo llano arriba comiençan los edificios en esta manera. A la parte del oriente se sigue un quarto a la larga recogido adentro hasta seis pies y no llega a los cabos labrado de muy buena canteria, y todo de celdas de una parte y de otra de a xii pies en largo, y viii en ancho. Las puertas en medio de cada una sin señal de batientes, ni manera de quicios para cerrarse, sino affillanas de su piedra muy labrada y la obra a maravilla travada, y cerradas todas las puertas por lo alto con tezas de piedra enterizas.

Tenia en medio un transito como arco de puente, y en cima de las puertas de las celdas salia un relexe de piedra labrada por todo el quarto a la larga sobre el qual salian hasta lo alto unos pilarejos, la mitad de ellos labrados redondos, y la mitad metidos en la pared, y seguianse hasta lo alto que piden las bovedas de que las celdas eran hechas, y serradas por arriba. En cima destos pilaritos salia otro relexe en rededor de todo el quarto. Lo alto era de terrado encalado muy fuerte como alla se haze con cierta agua de corteza de un arbol.

A la parte del norte avia otro quarto de celdas tales como estotras, salvo que el quarto con casi la mitad no era tan largo. Al poniente se seguian otra vez las celdas; y a quatro o cinco avia un arco que atravesava como el den medio del quarto del oriente todo el edificio, y luego un edificio redondo algo alto, y

---

(1) Dans le petit plan de la page 332, le lecteur ne doit voir qu'une idée de l'ensemble, les cellules ayant dû être en beaucoup plus grand nombre que celles qui se montrent ici ; mais en rectifiant l'esquisse de Landa pour pouvoir la graver, nous n'avons pas voulu en faire un plan d'architecture. Ce qu'il y a à remarquer ici surtout, c'est ce qu'il appelle les passages en arc de pont,

la main-d'œuvre est considérable. Sur le plan supérieur commencent alors les édifices de la manière suivante : du côté de l'orient, comme à six pieds environ de l'escalier, s'étend, d'un bout à l'autre, un appartement tout bâti en pierre, parfaitement travaillée, partagé en cellules de douze pieds de long, sur huit de large. Les portes de chacune d'elles sont au centre, sans aucune apparence de battants ni de gonds pour les fermer, sinon que les linteaux sont de pierres fort bien travaillées et admirablement jointes, les portes toutes fermées par le haut de moellons d'une seule pièce.

Au milieu, il avait un passage comme un arc de pont (1), et au-dessus des portes des cellules s'avançait une corniche de pierre, entièrement sculptée dans son étendue ; sur la corniche se trouvaient un certain nombre de petits pilastres ronds, enclavés à demi dans le mur, et s'élevant jusqu'à la hauteur où commençaient les voûtes qui fermaient les cellules par le haut ; au-dessus de ces pilastres s'avançait une autre corniche tout autour des chambres. Le sommet était en terrasse, fait à la chaux et d'une grande force, comme tout ce qui se fait dans ce pays, où ces ciments se préparent avec l'eau d'une certaine écorce d'arbre (2).

Du côté du nord, il y avait une autre suite de cellules semblables, sauf qu'elles étaient de moitié moins larges que les précédentes. Au couchant, il y en avait d'autres, et après quatre ou cinq il se trouvait une arcade qui traversait l'ensemble de l'édifice, comme celui du milieu de la rangée orientale ; puis un édifice de forme

---

dont l'un est figuré rond ou à plein cintre dans son plan, et l'autre à voûte *en encorbellement* qui est la voûte commune de l'Amérique centrale.

(2) C'est le stuc antique du pays dont j'ai vu moi-même des restes considérables dans un grand nombre de ruines, et que les Indiens employaient soit à modeler des ornements, soit à couvrir des murs et quelquefois le sol.

luego otro arco y lo demas eran celdas como las demas. Este quarto atraviessa todo el patio grande con buena parte menos de la mitad, y assi ay dos patios, uno por detras del al poniente y otro a su oriente que viene a estar cercado de quatro quartos, el quarto de los quales es muy differente, porque es un quarto hecho a medio dia de dos pieças cerradas de boveda, como las demas a la larga, la delantera de las quales tiene un corredor de muy gruessos pilares cerrados por arriba de muy hermosas piedras, labradas enterizas. Por medio va una pared sobre que carga la boveda de ambos quartos con dos puertas para entrar al otro quarto, de manera que a todo por arriba lo cierra y serve un encalado.

Tiene este edificio apartado de si como dos tiros de piedra buenos, otro muy alto y hermoso patio en el qual ay tres cerros que de mamposteria estavan bien labrados, y encima sus muy buenas capillas de la boveda que solian ellos y sabian hazer. Tiene bien apartado de si un tan grande y hermoso cerro que, con averse edificado gran parte de la cibdad del que se la poblaron a la redonda, no de si ha de verse jamas acabado. El primero edificio de los quatro quartos nos dio el adelantado Montejo a nosotros hecho un monte aspero, limpiamosle y emos hecho en el con su propia piedra un razonable monesterio todo de piedra y una buena yglesia que llamamos la Madre

---

(1) Il est question en plusieurs endroits de l'ouvrage de Cogolludo, d'une de ces pyramides désignée par lui comme la plus grande, *el grande de los Kues, adoratorio que era de los idolos,* dont les débris embarrassèrent pendant de longues années une des rues de Mérida. Je ne saurais dire si c'est la même dont parle ici Landa. Cogolludo cite également un autre *omul* qui était à l'est du monastère des franciscains, dédié au dieu *Ahchun-*

ronde assez élevé, puis un autre arc et ensuite des cellules comme le reste. Cette rangée de bâtiments traverse toute la cour principale, laissant de côté bien moins que la moitié; de sorte qu'il y a deux cours, l'une derrière au couchant, et l'autre au levant, qui se trouvent ainsi renfermées par quatre rangées de bâtiments. Mais la dernière est fort différente, car c'est un appartement érigé au midi, comprenant seulement deux chambres voûtées tout le long comme les autres, ayant par devant une galerie formée de fort gros piliers et fermée du haut avec de très-belles pierres d'une seule pièce. Au milieu s'étend un mur sur lequel s'appuie la voûte des deux chambres, avec deux portes pour entrer de l'une dans l'autre, de manière que par le haut le tout se ferme en forme de harnais (?).

A quelque distance de cet édifice, comme à deux bons jets de pierre, il y a une autre fort belle cour en terrasse; il s'y trouve trois monticules de pierre, bien travaillés, au sommet desquels s'élèvent de bonnes chapelles avec leurs voûtes, telles qu'ils les savaient et étaient accoutumés de faire. Assez loin de là, il y a une autre grande et belle pyramide, qui, bien qu'ayant servi de carrière à une grande partie des habitants de la cité, établis à l'entour, n'a pas l'air toutefois de devoir jamais disparaître (1). Quant au premier édifice, comprenant les quatre rangées de cellules, il nous fut donné par l'adelantado Montejo : comme il était couvert de bois et de broussailles (2), nous le nettoyâmes et

---

Caan, et sur la cime duquel ceux-ci édifièrent, à la place de l'édicule de ce dieu, une chapelle à saint Antoine de Padoue, mais qui ne tarda pas tomber en ruines. (*Hist. de Yucatan*, liv. xviii, cap. 8.)

(2) « La ville de Mérida a reçu son nom des édifices somptueux bâtis en pierre qu'on y voit. On ignore qui les a construits; mais ce sont les *plus* beaux qu'on ait vus dans toutes les Indes. Ils doivent avoir été bâtis avant Jésus-Christ; car, sur leurs ruines, les

de Dios. Uvo tanta piedra de los quartos que se esta entero el del mediodia y parte de los de los lados, y dimos mucha piedra a los españoles para sus casas en especial para sus puertas y ventanas, tanta era su abundancia.

Los edificios del pueblo de *Tikoh* no son muchos ni tan sumptuosos como algunos destotros, aunque eran buenos y luzidos; ni aqui yo hiziera del mencion salvo por aver en el avido una gran poblaçon de que adelante se ha necessariamente de hablar, y por esso se dexara aora. Estan estos edi-

broussailles sont aussi épaisses et les arbres aussi élevés que dans le reste de la forêt. Les bâtiments ont cinq toises de haut, etc. » (Bienvenida, *Carta fecha de Yucatan, á 10 de Hebrero* de 1548, Archivo de Simancas.)

(1) C'était encore, suivant Cogolludo, la plus belle des pyramides de Tihóo, et Montejo, avant de la donner aux franciscains, avait eu l'intention d'y bâtir une citadelle. (*Hist. de Yucatan*, liv. v, cap. 5.) Ce monastère fut fondé en 1547. « Il est situé, dit-il ailleurs, sur une petite colline, de celles qu'il y avait en grand nombre et faite de main d'homme dans ce pays, et il s'y trouvait plusieurs édifices antiques, dont les vestiges existent encore aujourd'hui sous le dortoir principal. (Lib IV, cap. 12.) » En 1669, le besoin d'avoir une forteresse à Mérida, pour soutenir, en cas de révolte des Indiens, une attaque imprévue de leurpart, s'étant fait sentir de nouveau, le gouverneur don Rodrigo Florez Aldana exhaussa les murs qui entouraient le couvent des franciscains, et en prit une partie pour y loger des soldats, malgré les réclamations des religieux. Voici comme en parle un écrivain yucatèque moderne : « Le site marqué d'abord pour y ériger un château, fut donné aux franciscains qui y bâtirent un labyrinthe de fabriques unies les unes aux autres au moyen de galeries, de passages étroits et même de souterrains, œuvre d'années diverses et de différents provinciaux. Dans cet entassement confus de demeures, il ne règne aucun goût, et dans ces constructions faites partiellement, on ne consulta jamais aucune des règles architectoniques. Aujourd'hui, cependant, que tout cela n'est plus qu'un triste amas de ruines abandonnées au cœur même de Mérida, l'aspect qu'il présente n'en est pas moins imposant et majestueux. (Apendice al libro IV de la *Hist. de Yucatan.* Campeche,

nous y bâtîmes, de la pierre même qu'il nous fournit, un monastère passable et une bonne église que nous nommâmes de la Mère de Dieu. On en tira tant de pierres que, quoique nous eussions laissées entières celles du côté méridional et une partie des corps de logis des côtés, nous pûmes en donner encore aux Espagnols pour construire leurs maisons, en particulier les portes et les fenêtres, tant le matériel était en abondance (1).

Les édifices de la ville de *Tikoh* ne sont pas tout à fait aussi somptueux que quelques-uns de ceux-ci, quoiqu'ils fussent assez beaux et assez remarquables; je n'en ferais, d'ailleurs, ici aucune mention, si ce n'était pour la grande population qu'il y a eu dans ce pays, et dont j'aurai nécessairement à parler (2);

1842.) Norman et Stephens parlent longuement dans leurs ouvrages des ruines de ce monastère, d'où les religieux, au nombre de trois cents, furent chassés en 1820. C'est en contemplant leur étendue et leur immensité qu'on peut se faire une idée des édifices qui les couvraient avant la venue des Espagnols, dont l'œuvre n'a pas duré trois cents ans. Sans le savoir, Stephens rappelle dans un paragraphe les vestiges des édifices antiques qui y existaient encore au temps de Cogolludo : « Dans un des cloîtres inférieurs, dit-il, sortant du côté du nord, et sous le dortoir principal, il y a trois corridors parallèles. Le corridor extérieur fait face à la cour principale, et on y trouve précisément de ces voûtes particulières dont j'ai si souvent parlé dans mes volumes précédents, deux côtés s'élevant de manière à se rencontrer, et couvertes, à peu de distance l'une de l'autre, d'une rangée de pierres plates qui en sont la clef. Il ne peut y avoir aucune erreur sur le caractère de cette voûte; car on ne peut supposer un seul instant que les Espagnols aient rien construit de si différent des règles ordinaires de l'architecture, et il n'y a pas le moindre doute que c'était là un de ces mystérieux édifices qui ont fait naître tant de spéculations. (*Incidents of travel in Yucatan*, vol. I, chap. 5.) N'est-ce pas le cas de répéter ici avec Norman : « Les caciques et le peuple furent chassés de leurs demeures; ils périrent sous les coups impitoyables de l'envahisseur, avec qui l'Église vint prendre sa part des dépouilles. Où sont-ils maintenant? vainqueurs et vaincus sont ensevelis dans la même poussière! Et nous contemplons aujourd'hui les pierres éparses qui rappellent indistinctement la grandeur de l'un et la ruine de l'autre. » (Norman, *Rambles in Yucatan*, etc., chap. II.)

(2) La confusion qui règne dans le manuscrit que nous avons copié

ficios tres leguas de Yzamal al oriente y a vii de Chicheniza.

Es pues Chicheniza un assiento muy bueno, x leguas de Yzamal y xi de Valladolid; en la qual, segun dicen los antiguos de los indios, reynaron tres señores hermanos, los quales, segun se acuerdan aver oido a sus passados, vinieron a aquella tierra de la parte del poniente y juntaron en estos assientos gran poblaçon de pueblos y gentes los quales rigieron alguños años en mucha paz y justicia. Eran muy onradores de su Dios, y assi edificaron muchos edificios, y muy galanos, en especial uno el mayor cuya figura pintare aqui como la pinte estando en el, paraque mejor se entienda.

Estos señores dizen vivieron sin mugeres, y en muy grande honestidad y todo el tiempo que vivieron assi fueron muy estimados, y obedecidos de todos. Despues andando el tiempo, falto el uno dellos el qual se devio morir, aunque los indios dizen salio por la parte de Bac-halal de la tierra. Hizo la ausencia deste como quiera que ella fuesse, tanta falta en los que despues del regian que començaron luego a ser en la republica parciales y en sus costumbres tan deshonestos y desenfrenados que el pueblo los vino a aborecer en tal manera que los mataron y se desbarataron

semblerait, ainsi que ces paroles, faire croire que certaines parties y ont été omises; mais il se pourrait que ce chapitre qui traite des principaux édifices du Yucatan eût dû entrer dans le § v, dont il est une amplification.

(1) Où se retira ce saint personnage? C'est ce qu'il est impossible de déterminer; mais sa religion se rattachait probablement à celle dont l'Ara était le symbole, antérieure à celle des Nahuas ou Toltèques, dont les Tutul-Xius

c'est pourquoi je laisserai ce sujet pour le moment. Ces édifices existent à trois lieues d'Izamal à l'orient et à sept de *Chichen-Itza.*

Chichen-Itza est dans une situation fort bonne, à dix lieues d'Izamal et à onze de Valladolid. C'est là, à ce que disent les anciens d'entre les Indiens, que régnèrent trois princes frères, qui, d'après les souvenirs que ceux-là ont recueillis de la bouche de leurs ancêtres, vinrent du côté du couchant à ce pays et réunirent en ces diverses localités des populations nombreuses, que les trois princes gouvernèrent en paix et justice durant plusieurs années. Ils honoraient leur dieu avec beaucoup de dévotion; c'est pourquoi ils érigèrent un grand nombre d'édifices magnifiques, un entre autres, et le plus haut dont je ferai ici l'esquisse, comme je l'ai dessiné, m'y trouvant, afin qu'on m'entende davantage.

Ces princes vécurent, à ce qu'on dit, sans femmes, et dans une entière honnêteté, et, tout le temps qu'ils demeurèrent ainsi, ils furent tenus en grande estime et obéis de tous. Mais, avec le temps, l'un d'eux vint à manquer, soit qu'il fût mort, soit, comme les Indiens le disent, qu'il se fût retiré du pays du côté de Bac-halal (1). Quoi qu'il en soit de son absence, elle se fit promptement sentir à l'égard de ceux qui gouvernèrent après lui; ils se firent des partis dans la nation, adoptant les mœurs les plus dissolues et les plus effrénées, et les choses allèrent au point que

---

étaient une fraction. Aussi serait-il intéressant de rechercher les traces de ces prophètes qui, sous le nom commun à plusieurs autres, de *Viracocha,* parcoururent le Pérou et la Bolivie, et dont l'un ou l'autre laissa des indices analogues dans les légendes traditionnelles du royaume de Quito et dans les sculptures de Tiahuanaco.

y despoblaron, dexando los officios y el assiento harto hermoso porque es cerca de la mar x leguas. Tiene muy fertiles tierras y provincias a la redonda, la figura del principal edificio es la siguiente.

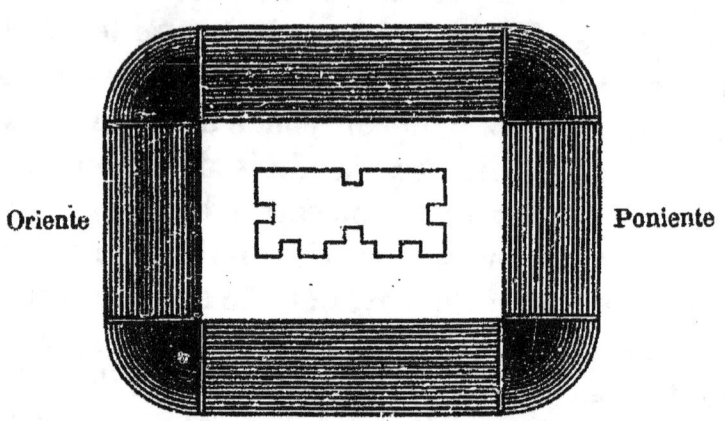

Este edificio tiene quatro escaleras que miran a las quatro partes del mundo : tienen de ancho a xxxiii pies y a noventa y un escalones cada una que es muerte subirlas. Tienen en los escalones la mesma altura y anchura que nosotros damos a los nuestros. Tiene cada escalera dos passamanos baxos a ygual de los escalones, de dos piez de ancho de buena canteria como lo es todo el edificio. No es este edificio esquinado, porque desde la salida del suelo se comiençan labrar desde los passemanos al contrario, como estan pintado unos cubos redondos que van subiendo a trechos y estrechando el edificio por muy galana orden. Avia quando yo lo vi al pie de cada passamano una fiera boca de sierpe de una pieça bien curiosamente labra-

(1) Ces deux princes auraient plutôt été les victimes d'une réaction religieuse ou d'une religion nouvelle. On sait, en effet, par le manuscrit maya que nous publions plus loin, que Chichen-Itza fut conquis par les Tutul-Xius vers l'an 394 de notre ère, et que les Itzaes, qui lui donnèrent leur nom, se réfugièrent à Champoton, d'où ils furent chassés plus tard par leurs ennemis. Kukulcan était-il un des

le peuple les ayant pris en horreur, les mit à mort : les charges que l'on remplissait furent délaissées, et la ville, dont le site est si beau et si agréable pour n'être qu'à dix lieues de la mer, fut abandonnée (1). Il y a tout à l'entour des terres et des provinces fort fertiles, et voici la figure de l'édifice principal.

Cet édifice a quatre escaliers regardant aux quatre points du monde : ils ont chacun trente-trois pieds de large et quatre-vingt-onze degrés, et c'est un supplice que de les gravir. Les degrés ont la hauteur et la largeur que nous donnons aux nôtres : de chaque côté des escaliers, il y a une rampe basse, de niveau avec les degrés, de deux pieds de large et de bonne pierre de taille, comme le reste de l'édifice. Cet édifice n'a pas d'angles ; car, à commencer du sol, le massif, entre les rampes, s'élève en diminuant par intervalles, sous une forme cubique, en se rétrécissant avec l'édifice, jusqu'en haut d'une manière fort élégante, comme on peut le voir ici. A l'époque où je le vis, il y avait au pied de chaque rampe une gueule de serpent féroce, tout d'une

---

leurs, c'est ce qu'on ne saurait déterminer encore? Ce que je crois entrevoir, c'est que leur religion était celle des Cocom, ennemis acharnés des Tutul-Xius ; car le document qui nous donne les renseignements ci-dessus les appelle des hommes saints « *cuyen uincob.* »

da. Acabadas de esta manera las escaleras, queda en lo alto una plaçeta llana en la qual esta un edificio edificado de quatro quartos. Los tres se andan a la redonda sin impedimento y tiene cada uno puerta en medio y estan cerrados de boveda. El quarto del norte se anda por si con un corredor de pilares gruessos. Lo de en medio que avia de ser como el patinico que haze el orden de los paños del edificio tiene una puerta que sale al corredor del norte y esta por arriba cerrado de madera y servia de quemar los saumerios. Ay en la entrada desta puerta o del corredor un modo de armas esculpidas en una piedra que no pude bien entender. Tenia este edificio otros muchos, y tiene oy en dia a la redonda de si bien hechos y grandes, y todo en suelo del a ellos encalado que aun ay a partes memoria de los encalados tan fuerte es el argamasa de que alla los hazen. Tenia delante la escalera del norte algo aparte dos teatros de canteria pequeños de a quatro escaleras, y enlosados por arriba en que dizen representavan las farsas y comedias para solaz del pueblo.

Va desde el patio en frente destos teatros una hermosa y ancha calçada hasta un poço como dos tiros de piedra. En este poço an tenido, y tenian entonces costumbre de echar hombres vivos en sacrificio a los dioses en tiempo de seca, y tenian no morian aunque no los veyan mas. Hechavan tambien otras muchas

(1) Cet édifice est le même dont Stephens donne une description si complète, avec la gravure représentant un de ces escaliers aux têtes de serpents. (*Incidents of travel in Yucatan*, vol. II, chap. 27.) C'est celui dont parle M. Viollet Leduc et M. Charnay, *Cités et Ruines américaines*, pag. 48 et 340.

(2) La phrase de l'auteur est intraduisible; je crois cependant en avoir saisi le sens.

pièce, admirablement travaillée (1). En haut des escaliers, se trouve, au sommet, une plate-forme sur laquelle s'élève un édifice composé de quatre corps de logis; trois d'entre eux en font le contour sans empêchement, ayant chacun une porte au milieu, et fermés en haut par une voûte. Le quatrième, qui est au nord, a une forme spéciale avec une galerie de gros piliers. Le centre de cet édifice, qui devait présenter comme une petite cour, enfermée entre les différents corps de logis, a une petite porte qui sort à la galerie du nord, dont le sommet, fermé avec du bois, servait de local à brûler des parfums. A l'entrée de cette porte ou de la galerie, se trouve comme un écusson, sculpté sur une pierre, mais que je n'ai pu bien entendre. Tout à l'entour de cet édifice, il y en a un grand nombre d'autres de grande et belle construction, et l'intervalle est recouvert de ciment qui subsiste entier en bien des endroits et qui paraît tout neuf (2), tant est dur le mortier dont on le faisait. A quelque distance en avant de l'escalier du nord, il y avait deux petits théâtres de pierre équarrie, à quatre escaliers, pavés au sommet de belles pierres, où l'on dit que se représentaient des farces et des comédies pour le plaisir du public (3).

De la cour qui précède ces deux théâtres s'étend une chaussée large et belle jusqu'à un puits, qui en est éloigné comme de deux jets de pierre. Ils avaient eu relativement à ce puits et ils avaient encore la coutume d'y jeter des hommes tout vivants en sacrifice à leurs dieux, dans les temps de sécheresse, bien persuadés

---

(3) Voir encore Stephens, *ibid.*, et Charnay, *loc. cit.*; l'un et l'autre parlent de ces deux théâtres, sans toutefois les identifier absolument, ainsi que la salle du jeu de paume, *Tlachco* en langue nahuatl, où se trouvent enclavés dans le mur les anneaux dont le titre de ce livre présente une image.

cosas, de piedras de valor y cosas que tenian preciadas. Y assi si esta tierra uviera tenido oro fuera este poço el que mas parte dello tuviera segun le an los indios sido devotos. Es poço que tiene largos vii estados de hondo hasta el agua, de hancho mas de cien pies y redondo y de una peña tajada hasta el agua que es maravilla. Parece que tiene al agua muy verde, y creo lo causan las arboledas de que esta cercado y es muy hondo. Tiene en cima del junto a la boca un edificio pequeño donde halle yo idolos hechos a honra de todos los edificios principales de la tierra, casi como el Pantheon de Roma. No se si era esta invencion antigua o de los modernos para toparse con sus idolos quando fuessen con ofrendas a aquel poço. Halle yo leones labrados de bulto y jarros y otras cosas que no se como nadie dira no tuvieron herramiento esta gente. Tambien halle dos hombres de grandes estaturas labrados de piedra, cada uno de una pieça en carnes cubierta su honestidad como se cubrian los indios. Tenian las cabeças por si, y con zarcillos en las orejas como lo usavan los indios, y hecha una espiga por detras en el pescueço que encaxava en un agujero hondo para ello hecho en el mesmo pescueço y encaxado quedava el bulto cumplido.

(1) Stephens donne au puits de Chichen-Itza une profondeur de soixante à soixante-dix pieds et un diamètre d'environ trois cent

AQUI ACABA LA OBRA DE LANDA.

qu'ils ne mouraient point, quoiqu'ils ne les vissent plus. Ils y jetaient aussi une grande quantité d'autres choses, comme des pierres de prix et des objets d'une grande valeur pour eux. Aussi est-il certain que si ce pays avait été riche en or, c'est ce puits qui en aurait la plus grande part, tant les Indiens y avaient de dévotion. Ce puits a sept stades de profondeur jusqu'à l'eau (1) ; il est rond, et sa largeur est de plus de cent pieds, taillé qu'il est dans la roche jusqu'à l'eau, d'une façon merveilleuse. L'eau a l'apparence d'être fort verte, mais je crois que ce sont les bocages environnants qui lui donnent cette couleur, et il est d'ailleurs fort profond. Au sommet, tout contre le bord, existe un édicule où je trouvai des idoles, faites en honneur de tous les édifices (2) principaux du pays, juste comme le Panthéon à Rome. Je ne sais si c'était là une invention ancienne ou bien des Indiens actuels, pour avoir occasion de se retrouver avec leurs idoles, en venant avec des offrandes à ce puits. J'y trouvai des lions sculptés, des vases et autres objets façonnés de telle manière, que personne ne serait tenté de dire que ces gens les eussent travaillés sans aucun instrument de métal. J'y trouvai aussi deux hommes sculptés en pierre, d'un seul morceau chacun, de haute stature, et les parties recouvertes, suivant l'usage des Indiens. Ils avaient la tête d'une manière particulière, avec des pendants aux oreilles, selon l'usage du pays, formant un épi derrière le col, qui s'enchâssait dans un trou profond, fait à dessein dans ce même col, et ainsi enchâssée la statue était complète.

cinquante. (*Ibid.*, *ut sup.*, chap. 26.)

(2) Probablement des principaux *dieux* du pays.

FIN DE L'OUVRAGE DE LANDA.

DEL PRINCIPIO Y FUNDACION

DESTOS CUYOS OMULES DESTE

SITIO Y PUEBLO DE YTZMAL

SACADA

DE LA PARTE PRIMERA DE LA OBRA DEL PADRE LIZANA TITULADA
HISTORIA DE NUESTRA SEÑORA DE YTZAMAL.

---

1. Llamavan esta tierra en la gentilidad, tierra de pavos y venados, *u luumil cutz, u luumil ceb*, y la causa era porque la abundancia que destas cosas tenia de su naturaleza la tierra, en que mas se señalava que en otras..... Lo primero que se debe advertir es que esta tierra es la parte oriental de la Nueva-España, tierra firme con ella, por la parte del Puniente y conjunta con la de Guatemala por la parte de medio dia. Fué sujeta esta tierra al emperador de Mexico, Monteçuma : y si bien es verdad que avia aqui muchos reyeçuelos y señores propios, reconocian y pagavan tributos al Monteçuma. Algunos dicen que le embiavan por tributo hijas destos reyeçuelos y otras principales donzellas, por ser hermosas. Otros que le embiavan mantas de lana y unas monedas que ellos usavan, y que oy se llaman *cuzcas*.

2. Y aunque es verdad que al tiempo de la conquista desta tierra de Yucatan, havia muchos reye-

---

(1) Voici le titre de ce livre, aujourd'hui si rare, tel que je l'ai trouvé dans Pinelo : *Devocionario de Nuestra Señora de Itzmal, Historia de Yucatan i conquista espiritual*, 1663.

(2) Il est douteux que la puissance de Montézuma se fît sentir au delà de la lagune de Terminos; mais l'auteur, ainsi que Landa, comprenant Tabasco dans les limites du Yucatan, on peut dire que

DU COMMENCEMENT ET DE LA FONDATION

DE CES OMULES SACRÉS DE CE

SITE ET VILLE D'IZAMAL

EXTRAIT

DU LIVRE PREMIER DE L'OUVRAGE DU PÈRE LIZANA, INTITULÉ
HISTORIA DE NUESTRA SEÑORA DE YTZAMAL (1).

---

1. Au temps de la gentilité, ce pays s'appelait la Terre des Oisons et des Daims, *u luumil cutz, u luumil ceb*; la raison en était dans l'abondance qu'il y en avait naturellement dans le Yucatan. La première chose à observer, c'est que cette région est la partie orientale de la Nouvelle-Espagne, terre ferme avec elle du côté du couchant, et unie avec celle de Guatémala, du côté du midi. Ce pays fut sujet à Montézuma (2), empereur du Mexique, et s'il est vrai qu'il y avait ici un grand nombre de petits rois et de princes particuliers, ils le reconnaissaient néanmoins et payaient tribut à ce souverain. Quelques-uns disent qu'on lui envoyait pour tribut les filles de ces princes, ainsi que d'autres demoiselles de qualité, à cause de leur beauté. D'autres assurent qu'on lui envoyait des étoffes de laine (3) et de certaines monnaies à leur usage qu'on appelle aujourd'hui *cuzcas*.

N. 2. Quoiqu'il soit vrai de dire qu'au temps de la conquête de cette terre de Yucatan, il y avait beau-

---

sous ce rapport il avait raison. Les documents existants donnent tous à penser que les princes de la Péninsule étaient parfaitement indépendants.

(3) Il est fort douteux également que les Mayas eussent des étoffes de laine, quoiqu'ils en fabriquassent qui pussent à première vue passer pour telles.

çuelos, segun la antigua noticia, en sus principios fué sujeta a solo un rey y señor y la tyrania vino á criar muchos señores y a ser muchos esclavos y perseguidores de otros, y assi se destruyeron, de suerte que dexando las ciudades y edificios de piedra, se huyian a los montes y se escondian las familias juntas. Y al mayor destos reconocian y estimaban por mayor cabeça, y assi creo que esto era lo que sucedio en la ley natural, y se siguió por muchos tiempos despues del diluvio, hasta que la tyrania dió traça de que huviessen reyes y cabeças, que sujetaron familias y assimismo se fundaron y nombraron reynos. Y volviendo de donde salimos, he dicho que huvo un rey solo y cabeças por que los edificios que oy se ven despoblados son [de una misma manera y un mismo modelo, y todos fundados sobre cerros, ó cuyos, hechos á mano; y es de creer que entonces, por indulto y orden de uno se hazia y fabricava, pues todo iva de una forma misma.

Ay grande suma de vestigios destos edificios, y muchos dellos casi enteros y tan suntuosos y bien labrados de figuras y hombres armados, y animales de piedra blanca, con portadas de mucho primor, que sin duda son muy antiquissimos; si bien es verdad, que oy se ven algunos tan nuevos y blancos, y los marcos de puertas de madera, y estavan tan sanos,

coup de petits rois, d'après les relations antiques, elle fut soumise au commencement à un seul monarque et seigneur ; mais la tyrannie étant venue à donner naissance à un grand nombre de princes comme à la servitude et à la persécution contre d'autres, ils se ruinèrent de telle sorte, qu'abandonnant les villes et les édifices de pierre, ils se réfugièrent dans les forêts, où les familles vécurent réunies en petits groupes. Dans cette situation, c'était le plus grand qui exerçait l'autorité, et qu'on tenait pour chef principal ; d'où je crois que c'est ce qui arriva dans la loi naturelle, et qui continua longtemps, à la suite du déluge, jusqu'à ce que la tyrannie eût donné lieu à ce qu'il existât des rois et des chefs qui assujettirent les familles, fondant des royaumes auxquels ils donnèrent ce nom. Mais pour retourner à l'objet qui nous occupe, j'ai dit qu'il y avait un roi unique et un seul chef ; car les édifices que l'on voit aujourd'hui abandonnés, sont tous d'une même architecture et d'un même style, tous fondés sur des élévations ou *Ku*, faits à la main, ce qui donne à penser qu'alors, par l'ordre et le commandement d'un seul, tous ces édifices se seraient élevés, puisqu'ils se ressemblaient tous (1).

Il existe une grande quantité de vestiges de ces édifices ; la plupart, encore presque entiers, sont si somptueux et si bien travaillés de figures et d'hommes armés et d'animaux en pierre blanche, avec des façades d'une grande beauté, qu'ils ne peuvent qu'être excessivement anciens ; sans omettre, toutefois, qu'on en voit quelques-uns qui paraissent si neufs et si

---

(1) C'est à cause de ces élévations pyramidales que l'auteur donne aux monuments d'Izamal le nom d'*Omul*, dans le titre de ce chapitre. Voir Landa, § , note.

que no parecia haver veynte años que se edificaron, y a estos tales no los habitavan estos indios, quando llegaron los españoles, mas estavan en casas de paja en los montes, por familias, como dicho es : les servian empero de templos y sanctuarios, que ellos dezian, y sobre cada uno, en lo mas alto tenian su Dios, si bien falso, y alli le ofrecian sacrificios, á las vueltas muchos hombres y mugeres y niños, y assimismo hazian otras oraciones y ceremonias, ayunos penitencias que despues diré, por haber al intento que llevo, de los mas nombrados y suntuosos sanctuarios, ó el mas celebrado y reverenciado de los que en esta tierra avia, y adonde todos acudian de muchas partes, era este pueblo y cuyos de Ytzamal que oy llaman; y por que su fundacion es, como ya he dicho antiquissima, y que se sepa quien los fundó, se declarará en el capitulo siguiente.

3. La historia y autores que podemos alegar, son unos antiguos caracteres, mal entendidos de mu-

---

(1) Stephens, en plusieurs endroits de son ouvrage, parle de ces linteaux en bois, sculptés d'ordinaire, et qu'il trouva dans un état parfait de conservation. (*Incidents of travel in Yucatan*, vol. I, chap. 8, etc.)

(2) Il ne paraît pas qu'il en fût de même pour toutes les provinces du Yucatan. Voici ce qu'écrit, d'abord en parlant de Cozumel, l'aumônier de la flotte de Grijalva : « Nous entrâmes dans » le village dont toutes les mai- » sons étaient bâties en pierres. » On en voyait entre autres cinq » fort bien faites et dominées par » des tourelles. La base de ces » édifices est très-large et massive; la construction est très- » petite dans le haut ; ils paraissent être bâtis depuis long- » temps, mais il y en avait aussi » de modernes..... Ce village ou » bourg était *pavé en pierres* » *concaves*; les rues élevées sur » les côtés descendaient en pente » dans le milieu, qui était *pavé* » *entièrement de grandes pier-* » *res*. Les côtés étaient occupés

blancs, avec des linteaux de bois aux portes (1) qui étaient si sains, qu'on dirait qu'il n'y a pas vingt ans qu'ils ont été bâtis; cependant ces édifices n'étaient pas habités par les Indiens, lorsqu'arrivèrent les Espagnols (2), car ils demeuraient par familles dans des chaumières éparpillées au milieu des bois, comme je l'ai remarqué plus haut. Mais ils s'en servaient comme de temples et de sanctuaires, disaient-ils, et en chacun d'eux, à l'endroit le plus élevé, ils tenaient leur dieu, tout faux qu'il fût, et là, ils lui offraient des sacrifices, quelquefois d'hommes, de femmes ou d'enfants : c'est là également qu'ils faisaient leurs prières et leurs cérémonies, leurs jeûnes et pénitences, comme je le dirai ensuite, ne voulant, pour le moment, parler que des sanctuaires les plus renommés ou du plus célèbre qu'il y avait dans ce pays, et auquel on accourait de toutes parts. C'était cette ville et les temples d'Ytzamal, ainsi qu'on l'appelle aujourd'hui (3); or, comme leur fondation est, ainsi que je l'ai dit, d'une très-haute antiquité, et qu'on sait qui les fonda, on le fera connaître dans le chapitre suivant.

3. L'histoire et les auteurs que nous pouvons citer, sont certains caractères antiques, mal entendus

» par les maisons des habitants ; elles sont construites en pierres depuis les fondations jusqu'à la moitié de la hauteur des murailles et couvertes en paille. A en juger par les édifices et les maisons, ces Indiens sont très-ingénieux : si l'on n'avait pas vu plusieurs constructions récentes, on aurait pensé que ces bâtiments étaient l'ouvrage des Espagnols. » (*Itinéraire du voyage de la flotte du roi catholique à l'île de Yucatan dans l'Inde, fait en l'an 1518*, etc. Trad. Ternaux. Recueil de pièces relatives à la conquête du Mexique.) Dans le même document, l'auteur parle de villes sur la côte du Yucatan, d'une aussi belle apparence que Séville, etc.

(3) Autrefois les Mayas disaient *Itzmat-Ul*; aujourd'hui on appelle cette ville purement *Izamal*, quoique je trouve le mot fréquemment écrit *Itzmal*, qui paraît en être la vraie prononciation.

chos y glossados de unos indios antiguos, que son hijos de los sacerdotes de sus Dioses, que son los que solo sabian leer y adivinar, y a quien creian y reverenciavan los demas como á Dioses destos : pues supieron los padres antiguos, que primero plantaron la Fé de Christo en Yucatan, que la gente de aqui, parte vino del puniente, y parte del oriente ; y assi en su lengua antigua, nombran al oriente de otra manera que oy. Oy llaman al oriente *Likin*, que es lo mismo que donde se levanta el sol sobre nosotros, y al puniente llaman *Chi-kin*, que es lo mismo que caida ó final del sol, ó donde se esconde de nos otros. Y antiguamente dezian al oriente *Cen-ial*, Pequeña-Baxada, y al puniente *Nohen-ial*, la Grande-Baxada.

Y es el caso que dizen que por la parte del oriente baxó á esta tierra poca gente, y por la parte del puniente mucha; y con aquella silaba entendian poco ó mucho al oriente y puniente ; y la poca gente de una parte, y la mucha de otra; y qual fuesse la una y la otra gente, remito al lector, que quisiere saber mas al P. Torquemada, en su Historia indiana, que alli verá como los Mexicanos vinieron del Nuevo-Mexico, y de alli aqui. Y como la isla Hispañola se poblo de Cartagineses, y de estos se pobló Cuba, y esta tierra, por saber edificar tan suntuosos edificios y sujetar á otras gentes, sino que como les faltó la comunicacion de Carthago, en los tiempos

(1) Ces paroles prouvent que malgré les auto-da-fé de Landa, il était resté de ces livres au temps de Lizana, qui écrivait en l'an 1626. Ils existèrent d'ailleurs chez les Itzas du Peten jusqu'à l'époque de la destruction de ce peuple, en 1697, le dernier qui fût demeuré

du plus grand nombre, et expliqués par quelques vieillards indiens (1) qui étaient fils des prêtres de leurs dieux ; car ceux-ci étaient les seuls qui sussent lire et tirer des horoscopes, et les autres les croyaient et les vénéraient comme leurs dieux eux-mêmes ; or nos pères les plus anciens, qui jetèrent les premiers fondements de la foi du Christ en Yucatan, apprirent d'eux que le peuple de ce pays était venu, partie du couchant et partie du levant ; c'est pourquoi, dans l'ancienne langue, ils nommaient le levant autrement qu'aujourd'hui. Actuellement, ils appellent l'orient *Likin*, qui est la même chose que dire que de là le soleil se lève sur nous, et au couchant, ils disent *Chikin*, c'est-à-dire la chute ou la fin du soleil, ou là où il se cache de nous. Mais dans l'antiquité ils appelaient l'orient *Cen-ial*, petite descente, et l'occident *Nohen-ial*, grande descente.

En effet, on dit que du côté de l'orient il débarqua peu de monde dans ce pays, mais que du côté de l'occident il en vint beaucoup. A l'aide de cette syllabe, ils entendaient ou peu ou beaucoup, au levant ou au couchant ; mais quoi qu'il en soit du peu d'un côté, et du beaucoup de l'autre, quelles que soient encore les nations arrivées alors, je remets le lecteur qui en voudra savoir davantage, au père Torquemada dans son *Histoire indienne* (2), où il verra que les Mexicains sortirent du Nouveau-Mexique, d'où ils vinrent par ici. Or, comme l'île espagnole se peupla de Carthaginois, et que de ceux-ci se peupla aussi Cuba, et ensuite cette contrée (car eux seuls furent en état de

en corps de nation dans l'Amérique centrale. Il est probable même qu'on en trouverait encore parmi les Lacandons avec qui se mêlèrent les derniers restes des Itzas, qui refusèrent de se soumettre aux Espagnols.

(2) *La Monarquia Indiana*.

los convirtio con los climas en gente barbara y tosca.....

4. Ay en este pueblo de Ytzamal cinco cuyos ó cerros muy altos, todos levantados de piedra seca, con sus fuerças y reparos, que ayudan á levantar la piedra en alto, y no se ven edificios enteros oy, mas los señales y vestigios están patentes en uno dellos de la parte de mediodia. Tenian los antiguos un idolo el mas celebrado, que se llamava *Ytzmat-ul*, que quiere dezir el que recibe y possee la gracia, ó rozio, ó sustancia del cielo : y este idolo no tenia otro nombre, ó no se le nombravan, porque dizen que fue un rey, gran señor desta tierra, que era obedecido por hijo de dioses : y quando le preguntavan como se llamava, ó quien era, no dezia mas destas palabras : *Ytzen caan, ytzen muyal*, que era dezir yo soy el rozio ó sustancia del cielo y nubes.

---

(1) Ceci est tout simplement une hypothèse du père Lizana. Il paraît certain, toutefois, que l'île Espagnole ou Haïti, aussi bien que Cuba, furent anciennement habitées par des nations analogues à celles de Yucatan, avec qui ces îles furent toujours en relation. On trouve dans les montagnes de Cuba, dans l'intérieur de Haïti, et même de la Jamaïque, des débris de constructions cyclopéennes et des rochers sculptés, où ceux qui les ont vus ont cru reconnaître des caractères du même genre que les lettres hébraïques.

(2) « Avec les populations qui » vinrent du côté de l'Orient, il y » eut un homme qui était comme » leur prêtre, appelé *Zamna*, qui, » à ce qu'ils disent, fut celui qui » donna les noms par lesquels on » distingue aujourd'hui, dans leur » langue, tous les ports de mer, » les pointes de terre, les estuai- » res, les côtes et tous les para- » ges, sites, montagnes et autres » lieux de ce pays, que, certes, » c'est une chose admirable, s'il » en fut ainsi, qu'un tel partage

construire de si somptueux édifices et de s'assujettir les nations), les communications venant à manquer avec Carthage, ces populations, avec le temps et le climat, se changèrent en des gens rudes et barbares (1).

4. Il existe, dans cette ville d'Ytzamal, cinq pyramides sacrées ou collines très-élevées, entièrement édifiées de pierre sèche, avec leurs soutiens et contreforts, au moyen desquels la pierre se dresse jusqu'en haut; mais on ne voit aucun édifice en son entier aujourd'hui, quoiqu'il y ait des traces et des vestiges de ce qu'ils étaient, dans l'un d'entre eux qui se trouve du côté du midi. Les anciens avaient une idole qui était parmi eux la plus renommée, appelée *Ytzmat-ul*, ce qui signifie « celui qui reçoit et possède la grâce ou la rosée, ou la substance du ciel. » Cette idole n'avait pas d'autre nom, ou du moins on ne lui en donnait aucun; mais on ajoute que c'était un roi puissant dans cette région, à qui on obéissait comme au fils des dieux (2). Quand on lui demandait comment il se nommait, qui il était, il ne répondait que par ces paroles : *Ytzen caan, ytzen muyal*, ce qui voulait dire : « Je suis la rosée ou la substance du ciel et des nuages. »

» de toute la terre où tout avait » son nom, au point qu'il y a à » peine un pouce de terrain qui » ne l'ait dans leur langue. » (Cogolludo, *Hist. de Yucatan*, lib. IV, cap. 3.) Ailleurs cet auteur ajoute : « Les Indiens de Yucatan » croyaient qu'il y avait un Dieu » unique, vivant et véritable, » qu'ils disaient être le plus grand » des dieux, qui n'avait point de figure et ne pouvait se représenter, parce qu'il était incorporel. » Ils l'appelaient *Hunab-Ku* (seul » saint).... Ils disaient que de lui » procédaient toutes choses...... » et qu'il avait un fils, qu'ils nommaient *Hun Ytzamna* ou *Yax-Coc-Ahmut*. » (*Id. ibid.*, cap. 6.) Quant à ce fils du Dieu unique, qu'ils reconnaissaient avoir, comme je l'ai dit, et qu'ils appelaient *Ytzamna*, je tiens pour certain que c'était l'homme qui le premier parmi eux inventa les caractères qui servaient de lettres aux Indiens, parce que celui-ci aussi ils l'appelaient *Ytzamna* et l'adoraient comme un dieu...... (*Id. ibid.*, cap. 8.)

Murió este rey y levantaron altares, y era oraculo, y despues se verá como le edificaron otro templo y para que. Quando vivia este rey idolo, le consultavan los pueblos las cosas que sucedia en las partes remotas, y les dezia esto, y otras cosas futuras. Assimismo le llevavan los muertos, y dizen que los resucitava, y á los enfermos sanava, y assi le tenian grande veneracion, y con razon si fuera verdad que era Dios verdadero, que solo puede dar vida á los muertos, y salud á los enfermos; pues es impossible que un hombre gentil, ni el demonio sino es el mismo Dios que es señor de la vida y de la muerte. Ellos pues creian esso, y no conocian otro Dios, y por esso dizen que los resucitava y sanava.

Otro altar y templo sobre otro cuyo levantaron estos indios en su gentilidad á aquel su rey ó falso Dios *Ytzmat-ul*, donde pusieron la figura de la mano, que les servia de memoria, y dizen que alli le llevavan los muertos y enfermos, y que alli resucitavan y sanavan, tocandolos la mano; y este era el que está en la parte del puniente; y assi se llama y nombra *Kab-ul* que quiere dezir mano obradora. Alli ofrecian grandes limosnas, y llevavan presentes, y hazian romerias de todas partes, para lo qual havian hecho quatro caminos ó calçadas á todos los quatro vientos, que llegavan á todos los fines de la tierra y passavan á la de Tabasco, y Guatemala y Chiapa, que aun oy se vé en muchas partes pedaços y vestigios dellos. Tanto era el concurso de gente que acudia á estos oraculos de *Ytzmat-ul* y *Kab-ul*, que havia hechos caminos. Assimismo havia otro cuyo, ó cerro de la

Ce roi étant mort, on lui érigea des autels, il fut un oracle, et on verra plus loin comment et pourquoi on lui éleva un autre temple. Au temps où ce roi-dieu vivait, les peuples venaient le consulter sur les choses à venir, des contrées les plus lointaines ; et il le leur disait, ainsi que d'autres choses futures. On lui portait aussi les morts, et on disait qu'il les ressuscitait et qu'il guérissait les malades : c'est pourquoi on avait pour lui une grande vénération, et non sans raison, s'il eût été avéré qu'il fût le dieu véritable, qui seul peut donner la vie aux morts et la santé aux malades ; ce qui est impossible de la part d'un gentil ou d'un démon, Dieu seul pouvant le faire, puisqu'il est le maître de la vie et de la mort. Mais ces peuples le croyaient ainsi, et ils ne connaissaient point d'autre dieu, et c'est à cause de cela qu'ils disaient qu'il ressuscitait et guérissait.

Ces mêmes Indiens érigèrent encore un autre autel avec un temple, durant la gentilité, à cet *Ytzmat-ul*, leur roi ou leur faux dieu : ils y mirent la figure d'une main qui était là pour le leur rappeler à la mémoire ; car ils disent que c'était là qu'ils lui portaient leurs morts et leurs malades, et qu'il les ressuscitait et les guérissait, en les touchant de la main. Ce temple était celui qui est du côté du couchant, et il s'appelle et se nomme *Kab-ul*, ce qui signifie « la Main opératrice. » Là ils offraient des aumônes considérables et portaient des présents ; on y venait de toutes parts en pèlerinage ; c'est pourquoi ils avaient fait aux quatre vents quatre routes ou chaussées qui s'étendaient à toutes les extrémités du pays, allant jusqu'à la terre de Tabasco, de Guatémala et de Chiapa, de quoi l'on voit encore aujourd'hui des restes et des vestiges en beaucoup d'endroits. Tel était le concours de monde qui

parte del norte, que oy es el mas alto; que se llamava *Kinich-Kakmó,* y era la causa, que sobre él havia un templo, y en él un idolo, que se llamava assi, y significa en nuestra lengua. « Sol con rostro que sus rayos eran de fuego ; » y baxava á quemar el sacrificio á mediodia, como baxava bolando la vacamaya, con sus plumas de varios colores.

Y este Dios ó idolo era venerado, y dezian que quando tenian mortandad, ó pestes, ó otros comunes males, ivan á él todos, assi hombres como mugeres, y llevando muchos presentes, les ofrecian, y que alli á la vista de todos baxava un fuego (como es dicho) á mediodia, y quemava el sacrificio; y les dezia el sacerdote lo que avia de suceder de lo que querian saber de la enfermedad, hambre ó mortandad, y conforme á esso quedavan ya sabidores de su mal ó su bien, si bien veian á las vezes lo contrario y no lo quo les dezia.

Avia assimismo otro cuyo llamado (aun oy en dia por los naturales) *Ppapp-Hol-Chac,* que es él en que oy está fundado el convento de mi padre San Fran-

(1) Voir encore au § XLII, etc., ainsi que la note 2, page 352, de ce chapitre, à propos des rues pavées de grandes pierres.

(2) J'ai déjà dit que ce nom, écrit ailleurs *Kinich-Kakmó,* signifie plus littéralement « visage ou œil du soleil de l'ara de feu. »

(3) L'ara est un symbole du soleil dans des parties fort distinctes de l'Amérique, où il paraît être opposé à celui du serpent. Lizana ajoute ailleurs à ce sujet : « .... Quant à ses rayons (ceux du » soleil), quelques poëtes les ap- » pellent des cheveux ou des plu- » mes dorées, d'où il semble y » avoir une allusion à ce que di- » saient ces naturels des rayons » du soleil, en adorant les plumes, » aux couleurs variées de l'ara, » comme aussi en faisant consu-

accourait à ces oracles d'Ytzmat-ul et de Kab-ul pour qui on avait fait ces routes (1). Une autre pyramide ou colline sacrée existait du côté du nord, et c'est aujourd'hui la plus élevée : elle s'appelait *Kinich-Kakmó*, parce que à sa cime se trouvait un temple avec une idole qui s'appelait de ce nom, ce qui signifie dans notre langue « Soleil avec visage aux rayons de feu, » lequel descendait à midi pour brûler le sacrifice, de la même manière que descend en volant l'Ara aux plumes de couleurs diverses (2).

On avait beaucoup de respect pour ce dieu ou cette idole; car on disait que lorsqu'il y avait de la mortalité, des pestes ou autres calamités publiques, tout le monde s'adressait à lui, hommes et femmes, portant un grand nombre de présents, qu'ils offraient, et qu'à la vue de tous, un feu descendait (comme je l'ai dit) à l'heure de midi, et consumait le sacrifice (3). Alors le prêtre leur disait ce qui devait arriver au sujet de ce qu'ils désiraient savoir, des maladies, de la famine ou de la mortalité, et suivant ces choses, ils demeuraient instruits du bien ou du mal à venir, quoiqu'il leur arrivât quelquefois le contraire de ce qu'on leur avait annoncé.

Il y avait une autre pyramide, nommée encore aujourd'hui par les naturels, *Ppapp-Hol-Chac*, qui est la même où est fondé actuellement le couvent de notre

» mer leurs offrandes; je crois donc qu'ils symbolisaient par là l'embrasement des bois et le dessèchement de la verdure, occasionnés par sa chaleur et ses rayons, puisque c'était pour eux le seul moyen de les brûler, afin d'ensemencer ensuite, cela étant l'unique charrue à leur service; n'en pouvant user d'autre que le feu, la terre n'offrant que de la pierre en tous lieux. » (Hist. de Nª. Sª. Ytzamal, cap. 10.) En effet, dans cette contrée comme dans beaucoup d'autres, quand les Indiens veulent préparer leurs semailles, ils mettent tout simplement le feu au bois et aux broussailles, sèment entre les cendres après la première pluie et laissent à l'incomparable fertilité du climat le soin de faire le reste.

cisco y significa en Castilla el nombre « Casa de las Cabeças y Rayos, » y es que alli moravan los sacerdotes de los dioses, y eran tan venerados, que ellos eran los señores y los que castigavan y premiavan, y á quien obedecian con grande estremo ; y lo que ellos declaravan, creian con tanto estremo, que no avia cosa que fuesse creyble. En contrario llamavanse y se llaman oy los sacerdotes en esta lengua de Maya *Ahkin*, que se deriva de un verbo *kinyah*, que significa « sortear ó echar suertes. » Y por que los sacerdotes antiguos las echavan en sus sacrificios, quando querian saber ó declarar cosas que se les preguntava, los llamavan *Alakin* y oy llaman en su lengua al sacerdote de Christo *Ahkin*, como antiguamente llamavan a los de sus dioses falsos.

Otro cerro ay, que era casa y morada de un gran capitan que se llamava *Hunpictok*, y este está entre el mediodia y puniente ; significa el nombre deste capitan en castellano, el « Capitan que tiene exercito de ocho mil pedernales, » que eran los hierros de sus lanças, y flechas con que peleavan en las guerras. Su officio deste era el mayor y esta gente servia de sujetar los vassallos y obligalles a que sustentassen al

(1) Cogolludo, rapportant l'idée de Lizana, dit que ces mots sont métaphoriques et doivent s'entendre par « Maison des prêtres des dieux. » Je crois que ni l'un ni l'autre n'a réfléchi au nom de *Chac*, qui, suivant Landa, était celui des dieux de l'orage, de la pluie et conséquemment des moissons, ce mot ayant le sens d'*éclair* ou de *tonnerre*. Le mot *hol* signifie tête ou chef, dans l'idée de principal, et doit se joindre à *chac*, ce qui donne au nom de ce temple le sens complet de Maison du Dieu principal des éclairs, et conséquemment de la pluie. Ce devait être le temple correspondant à celui de *Tlaloc*, au Mexique, dieu des orages et des

père saint François, et ce nom signifie en castillan
« Maison des Têtes et des Éclairs (1) » : car c'était là
que demeuraient les prêtres des dieux, où on les respectait et tenait pour seigneurs, d'où ils châtiaient et
récompensaient, où on les servait avec l'obéissance la
plus entière ; c'était de là qu'ils déclaraient leurs oracles, auxquels on croyait avec une foi absolue, rien
ne pouvant sortir de leur bouche qui ne fût croyable
au dernier degré. En opposition à ces choses, les prêtres s'intitulaient et s'intitulent encore aujourd'hui,
dans la langue de Maya, *Ahkin*, mot qui vient de
Kinyah, qui signifie « jeter au sort ou tirer des présages. » Or, comme les prêtres d'autrefois les tiraient
dans leurs sacrifices, lorsqu'ils voulaient savoir ou déclarer les choses qu'on leur demandait, on les appelait
Alakin (2), et actuellement au prêtre du Christ, les
Mayas disent dans leur langue *Ahkin*, de la même
manière qu'anciennement ils disaient à ceux de leurs
faux dieux.

Une autre pyramide était la maison et la demeure
d'un grand capitaine nommé *Hunpictok*, qui est située
entre le midi et le couchant. Le nom de ce capitaine
signifie en castillan, le « capitaine qui a une armée
de huit mille silex » (3), parce que c'étaient là les
pointes des lances et des flèches avec lesquelles ils
combattaient dans les guerres ; sa charge était la principale, cette armée servant à tenir les vassaux dans la

---

moissons, représenté lançant la foudre. (Torquemada, *Monarq. Ind.*, lib. vi, cap. 23.)

(2) *Alakin* me paraît être une faute d'impression qui doit se corriger par *ahkin*.

(3) *Hunpic* est la même mesure ou nombre, appelé en langue nahuatl *xiquipilli*, représenté par un sac de 8,000 noix de cacao. *Tok* est le silex. Cette divinité paraît être la même que le *Tihax* des Quichés et Cakchiquels, le *Tecpatl* des Mexicains, la lance ou la flèche, adorée par un grand nombre de populations, entre autres par la plupart des nations chichimiques du Mexique.

rey, ó idolo y á los sacerdotes y para defensa de todos los sujetos á este reyno y guarda de sus templos. Estos eran los oraculos mas nombrados de *Ytzmat-ul* ó *Ytzamal*, que oy llaman.

(1) Dans le *Livre sacré* (Popol Vuh) et dans le *Codex Chimalpopoca*, il est fait plus d'une fois allusion, lors de la création de l'homme (du noble, du guerrier), à ce qu'il doit être, le soutien, le nourricier des dieux. Le *Manuscrit Cakchiquel* donne, à ce sujet, une tradition fort remarquable ; on y voit clairement la création de la noblesse guerrière, faite uniquement dans le but de soutenir le sacerdoce : « Ici *Hunpictok*, la noblesse guerrière est figurée sous le nom de *Chay-Abah*, l'Obsidienne : « Chay-Abah est sorti de » Xibalbay, du riche et du puis- » sant Xibalbay. L'homme (le » guerrier) est l'œuvre de son » créateur et formateur, et celui » qui soutient le Créateur, c'est » Chay-Abah......... Et l'homme » ayant été créé, fut perfectionné. » Treize hommes et quatorze

soumission, et à les obliger à maintenir le roi ou le dieu, ainsi que les prêtres (1), comme à défendre les sujets de ce royaume, et à garder leurs temples. Tels étaient les oracles les plus renommés d'Ytzmat-ul, ou Ytzamal, ainsi qu'on l'appelle aujourd'hui.

» femmes furent ainsi faits... Ils se » marièrent, et deux femmes fu- » rent les épouses d'un seul. C'est » pourquoi l'homme commença à » s'unir, l'homme supérieur (ou » des temps antiques?)...... Ils » eurent des filles et des fils, et » ce fut là la première humanité. » Ainsi se fit cette race, ainsi fut » formé Chay-Abah qui protége » l'entrée de Tullan (le premier » royaume nahuatl) où nous » étions. Ensemble sont les Zot- » zils qui ferment l'entrée de » Tullan, où nous vînmes à être » engendrés et mis au monde... » *Zotzil* ou *Zotzlem* est le nom antique de *Cinacantlan*, ville située à l'entrée de la vallée de Ghovel au Ciudad-Real de Chiapas, chemin d'Ococingo et de Palenque.

CRONOLOGIA ANTIGUA

DE YUCATAN

Y EXAMEN DEL METODO CON QUE LOS INDIOS CONTABAN EL TIEMPO,

SACADA DE VARIOS DOCUMENTOS ANTIGUOS, POR DON JUAN PIO PEREZ, JEFE POLITICO DE PETO, YUCATAN.

---

§ 1. — *Origen de las Triadecatéridas.*

Los indios que poblaban esta peninsula yucateca que á la llegada de los españoles se llamaba *Mayapan* y mucho antes *Chacnouitan,* dividian el tiempo para contar y calcularlo casi del mismo modo que los tultecos sus ascendientes, diferenciandose solamente en la distinta coordinacion de sus grandes siglos.

La triadecatérida ó periodo de trece dias, resultado de sus primeras combinaciones, fué su numero sagrado en lo sucesivo, y procuraron usarlo y conservarlo ingeniosa y constantemente, sometiéndole todas las divisiones que imaginaron para concordar y arreglar sus calendarios al curso solar : asi es que dias, años y siglos fueron contados por periodos de trece partes.

Es muy probable que los indios ántes de la correccion de su computo usasen de neomenías para arreglar el curso anual del sol, señalando á cada neome-

---

(1) Il serait difficile de décider la question de savoir si le chiffre 13 était sacré avant l'invention des combinaisons du calendrier, ou si ce furent ces combinaisons qui y donnèrent lieu. On sait, du reste, par le *Manuscrit Cakchiquel,* que le nombre treize est celui des premiers hommes qui furent créés sous le nom de *Chay-Abah,* pour la défense de Tullan, c'est-à-dire des treize pre-

CHRONOLOGIE ANTIQUE

DU YUCATAN

ET EXAMEN DE LA MÉTHODE A L'AIDE DE LAQUELLE LES
INDIENS COMPUTAIENT LE TEMPS,

TIRÉS DE DIVERS DOCUMENTS ANCIENS, PAR DON JUAN PIO PEREZ, CHEF POLITIQUE
DE PETO, YUCATAN.

§ I. — *Origine des périodes de treize jours.*

Les Indiens qui peuplaient cette péninsule appelée *Mayapan*, et plus anciennement *Chacnouitan*, divisaient le temps pour le computer et le calculer, à peu près de la même manière que les Toltèques, leurs ancêtres, n'y ayant de différence que dans la coordination particulière de leurs grands cycles.

Les triadécaterides ou périodes de treize jours, résultat de leurs premières combinaisons, devinrent ensuite leur nombre sacré (1); ils s'efforcèrent donc de s'en servir ingénieusement et de le conserver avec non moins de constance, en y subordonnant toutes les divisions qu'ils inventèrent, pour concorder et régler leurs calendriers au cours du soleil; c'est ainsi que les jours, les ans et les cycles furent computés par périodes de treize parties.

Il est fort probable qu'avant la correction de leur comput, les Indiens se servaient de néoménies, pour régler le cours annuel du soleil, assignant à chaque

---

miers chefs de la noblesse guerrière, destinée à soutenir les dieux et le sacerdoce. (Voir la note au chapitre précédent de Lizana.) « La cause de cette prédilection, » d'après Signenza, c'est que ce » chiffre était le nombre des » grands dieux. » (Clavigero, *Hist. antig. de Mexico*, tom. II, lib. vi.)

nía veinte y seis dias, que es poco mas ó menos el tiempo en que la luna se deja ver sobre el orizonte en cada una de sus revoluciones. Dividieron este periodo en dos triadecatéridas que les sirvieron de semanas; señalando á la primera los trece primeros dias en que la luna nueva se dejaba ver hasta la llena; y á la segunda, los otros trece en que decreciendo se ocultaba á la simple vista.

Pasádose algun tiempo y con mejores observaciones conocieron que los veinte y seis dias ó las dos triadecatéridas no daban una lunacion completa, en que el año podia arreglarse con exactitud por lunaciones; por que las revoluciones solares no coinciden con las de la luna sino á largos espacios de tiempo. Seguros de esto y con mejores principios compusieron definitivamente su calendario, arreglandolo al curso del sol; mas conservando siempre sus triadecatéridas, no ya para concordarlas al curso aparente de la luna, sino para que les sirviesen como semanas para sus divisiones cronológicas.

§ II. — *Del dia y de sus divisiones.*

Al dia llamaban *Kin*, es decir sol, y en esto se parecen á otras naciones que cuentan los dias por soles : lo dividian en dos partes naturales, á saber la noche y el tiempo en que aquel astro está sobre el orizonte. En este distinguian la parte que antecede al nacimiento del sol, expresándola con las palabras *hach hatzcab*, muy de mañana, ó con la de *malih-okoc kin*, antes que salga el sol, ó con la de *pot akab* que señala la madrugada. Con la palabra *hatzcab* designaban el tiempo que corre de la salida del sol al medio dia, á

néoménie vingt-six jours, ce qui est un peu moins que le temps où la lune se laisse voir à l'horizon en chacune de ses révolutions. Ils partagèrent cette période en deux treizaines qui leur servaient de semaines, assignant à la première les premiers treize jours où la nouvelle lune se montrait jusqu'à ce qu'elle fût pleine, et aux seconds les autres treize, où, en décroissant, elle se cachait à la simple vue.

Avec le temps et des observations constantes, ils reconnurent que les vingt-six jours ou les deux treizaines ne donnaient pas une lunaison entière, et que l'année pouvait d'autant moins se régler par néoménies, que les révolutions solaires ne coïncident pas avec celles de la lune, excepté à de longs intervalles. En ajoutant cette connaissance à des principes plus corrects, ils finirent par mettre leur calendrier d'accord avec le cours du soleil, en conservant toujours, néanmoins, leurs périodes de treize jours, non plus pour les faire concorder avec la marche apparente de la lune, mais bien afin de s'en servir comme de semaines pour leurs divisions chronologiques.

§ II. — *Du jour et de ses divisions.*

Le jour était appelé *kin* dans la langue maya, c'est-à-dire soleil, suivant en cela la coutume de plusieurs autres nations, de compter par soleils : ils le divisaient en deux parties naturelles, savoir la nuit et le temps où l'astre demeure sur l'horizon. Ils distinguaient aussi le moment qui précède le lever du soleil qu'ils exprimaient par ces paroles *hach-hatzcab*, de très-bon matin, ou par celles-ci : *malih-ocok-kin*, avant la sortie du soleil, ou encore par celles de *pot-akab*, qui énonce le point du jour. Par le mot *hatzcab* ils désignaient le

este lo llamaban *chunkin* que es contraccion de *chu-muc-kin*, centro del dia ó medio dia; aunque en la actualidad designan con esta palabra las horas que se acercan al media dia. *Tzelep-kin* llamaban la hora en que el sol declina en el arco diurno aparentemente, esto es, á las tres de la tarde. *Oc-na-kin* es la entrada de la noche ó puesta del sol. Para significar la tarde, dicen que cuando refresca el sol y lo espresan diciendo *cu ziztal kin*. La noche es *akab*: su mitad ó media es *chumuk-akab*, y para señalar el tanto del dia ó de la noche intermedio á los puntos dichos, señalan en el arco diurno del sol lo que este habia corrido ó correrá, y por la noche la salida ó estado de alguna estrella ó planeta conocida.

Los dias son veinte, que por lo regular se dividen de cinco en cinco, para la mejor inteligencia de las reglas que se darán despues.

Primera quinterna.	Segunda.	Tercera.	Quarta.
Kan.	Muluc.	Gix (ó hix).	Cauac.
Chicchan.	Oc.	Men.	Ajau (ó ahau).
Quimij (ó cimij).	Chuen.	Quib (ó cib).	Ymix.
Manik.	Eb.	Caban.	Yk.
Lamat.	Been.	Edznab (ó Eɔnab).	Akbal.

Es necesario advertir que la traducion de estos nombres no es tan facil como podia considerarse, ya porque se han anticuado, ya porque las palabras se

(1) De *chumuc*, moitié, milieu, et *kin*, soleil, jour, exactement midi.

(2) Gama remarque, à propos du calendrier mexicain, que, outre ces subdivisions, le jour civil se divisait encore en seize parties diverses, chacune ayant son nom particulier, huit pour le jour et huit pour la nuit. Elles commençaient au lever du soleil comme chez la plupart des peuples de l'Asie. Les quatre premières, de ce moment à midi, étaient signalées par un gnomon, sur le cadran solaire, et les quatre suivantes par

temps qui s'écoule de l'apparition du soleil jusqu'à midi, qu'ils appelaient *chunkin*, contracté de *chumuc-kin*, centre ou milieu du jour (1), quoique aujourd'hui ils désignent ainsi les heures qui se rapprochent du milieu du jour. *Tzelep-kin* était l'heure où le soleil décline apparemment vers l'arc diurne, c'est-à-dire trois heures du soir : *Oc-na-kin* est l'entrée de la nuit ou le coucher du soleil. Pour signifier le soir, ils disent que c'est le moment où le soleil se repose, et ils l'énoncent en disant *cu ziztal kin*. La nuit se nomme *akab*; pour minuit on dit *chumuc-akab* et pour signifier les intervalles entre ces divers points, ils signalent dans l'arc diurne ce que le soleil y a parcouru ou doit parcourir encore et, dans la nuit, l'apparition ou l'état de quelque étoile ou planète connue (2).

Les jours sont au nombre de vingt; on les partage d'ordinaire en cinq pour mieux faire comprendre les règles qui viennent ensuite (3).

Premier cinq.	Deuxième.	Troisième.	Quatrième.
Kan.	Muluc.	Hix.	Cauac.
Chicchan.	Oc.	Men.	Ahau.
Cimi.	Chuen.	Cib.	Ymix.
Manik.	Eb.	Caban.	Yk.
Lamat.	Been.	Eonab ou Edznab.	Akbal.

Ce qu'il y a à remarquer ici, c'est que la traduction de ces noms n'est pas aussi facile qu'on pourrait se l'imaginer; soit parce qu'ils sont tombés en désuétude,

un autre gnomon finissaient au soir. Ces heures étaient surtout à l'usage des prêtres. Les heures de la nuit se réglaient sur les étoiles; mais, en outre, les prêtres chargés de veiller au sommet des temples, annonçaient, par le bruit d'un instrument, les heures des sacrifices qui se répétaient plusieurs fois durant la nuit.

(3) Ce partage de cinq en cinq réglait aussi l'ordre des marchés, qui avaient lieu tous les cinq jours et qu'on appelait *tianquiz* ou *tianquiztli*, en langue mexicaine, et *kinic* en maya.

tomaron de alguna lengua estraña; ó finalmente por que como no están en uso, y su escritura no está bien arreglada á la pronunciacion tienen varios significados sin poderse atinar él que tenian verdaderamente. 1. *Kan*, en la actualidad significa el mecate ó hilo de henequen torcido. — 2. *Chicchan*, si fuera *chichan* se entenderia pequeño, mas del modo escrito no es conocida su significacion. — 3. *Cimi* : asi es el pretérito del verbo *cimil* morirse. — 4. *Manik*, es perdida su verdadera acepcion; pero si se divide la espresion *man-ik* viento que pasa, quizá se entenderia lo que fué. — 5. *Lamat*, este se ignora lo que debe significar; entre los nombres de los dias que Boturini hallo en Oaxaca se halla escrito Lambat. — 6. *Muluc*, se halla igualmente entre los del referido Chiapas : aunque si es raiz del verbal *mulucbál*, pudiera entenderse por reunion á amontonamiento. — 7. *Oc* es lo que cabe en el hueco de la mano encogida, formando concha. — 8. *Chuen* : antiguamente se decia para significar tabla *chuenché*; tambien hay un árbol llamado *zac chuenché*, ó chuenché blanco. — 9. *Eb*, se dice por la escalera. — 10. *Been* tambien es nombre chiapaneco como los dichos anteriormente, y solo se halla en el idioma maya el verbo *beentah* gastar con economia. — 11. *Gix* ó *Hix* esta entre los de Chiapas; en el uso actual se encuentra el verbo *hüxtah* bajar toda la fruta de un árbol, quitar todas las hojas de una rama ; y el nombre *üxcay* como anti-

(1) *Kan* veut dire aussi jaune ; le mot corde se rendrait plutôt par *Káan*, suivant Ruz. *Kan* aurait pu avoir été écrit autrefois *Can*, et alors il s'agirait du serpent qui se présente si fréquemment dans les mythes et symboles de ces contrées.

(2) L'auteur du calendrier n'observe pas ici l'orthographe de son pays; au lieu de *qimi* ou *quimi*, il faudait *cimi*, le c maya, ainsi que nous l'avons dit plus haut, étant également dur devant toutes les voyelles.

(3) *Chuen* me paraît être une

ou bien pour avoir été empruntés à quelque langue étrangère ; soit aussi que, leur orthographe n'étant pas d'accord avec la prononciation, ils prêtent à plusieurs interprétations à la fois, sans qu'on puisse en découvrir le sens véritable. 1. *Kan* aujourd'hui signifie la corde ou le fil de henequen tordu (1). — 2. *Chicchan*, en supposant que ce fût *chichan*, voudrait dire petit; mais tel qu'il est écrit on n'en connaît pas la signification. — 3. *Quimi* ou *cimi* est le prétérit du verbe *cimil*, mourir (2). — *Manik* a perdu son acception véritable; mais, en le décomposant, *man-ik*, on y trouve le vent qui passe, qui en est peut-être le sens ancien. — 5. *Lamat*; on ignore absolument ce que celui-ci devrait signifier; mais, entre les noms que Boturini donne des jours du calendrier d'Oaxaca, on le trouve écrit *Lambat*. — 6. *Muluc* se trouve également parmi ceux du calendrier de Chiapas; mais comme ce mot est aussi la racine du dérivé verbal *mulucbal*, il pourrait s'entendre par réunion ou amoncellement. — 7. *Oc* est ce que contient le creux de la main à demi fermée en forme de coquille. — 8. *Chuen*; anciennement pour désigner une planche on disait le mot *chuen-ché*; il y a également un arbre qu'on appelle *Zac-chuen-che* (3), ou chuenché blanc. — 9. *Eb* se dit pour un escalier. — 10. *Been* est également un nom chiapanèque comme ceux qu'on a dit précédemment; seulement on trouve dans la langue maya le verbe *beentah*, dépenser avec économie (4). — 11. *Gix*

corruption de *Chouen*, appelé *Hun-Choven* dans le *Livre sacré*, le frère de *Batz* ou *Hunbatz*, qui occupe dans le calendrier quiché la même place que *Chuen* dans le yucatèque; comme on sait, l'un et l'autre furent changés en singes par leurs frères, qui les avaient fait monter au haut d'un arbre, le même probablement dont il est fait mention ici sous le nom de *Chuen-ché* ou arbre de Chuen.
(4) Au dire de Nuñez de la Vega, les vingt noms des jours du calendrier seraient ceux de vingt per-

guamente se escribia; que significa levisa ó lija, cuero de un pez, y la palabra *hihixci* aspero. — 12. *Men*, artifice. — 13. *Quib* ó *cib* cera, vela ó copal. — 14. *Caban*, de significacion desconocida. — 15. *Edznab* ó *Eɔnab*, del mismo modo desconocida. — 16. *Cauac*, idem. — 17. *Ahau*, el rey ó el periodo de 24 años. — 18. *Ymix*, desconocido. — 19. *Yk*, viento, aire. — 20. *Akbal* desconocido : tambien se halla entre los dias chiapanecos, escrito *Aghual*.

§ III. — *De la semana.*

Ninguna debe figurarse que la semana de los antiguos indios se parazca en mucho á la nuestra, esto es, que sea la revolucion de siete dias, señalados con un nombre particular : porque aquella era el curso periodico de trece numeros que se aplicaban indistintamente á los veinte dias del mes, segun su orden numerico.

El año se componia de veinte y ocho semanas y un dia, resultando de este sobrante que el curso de los años seguia la misma progresion ordenada de los trece numeros de la semana; asi es que si el año comenzaba

sonnages, ancêtres de la race de ces contrées, et *Been* serait un prince qui aurait laissé son nom écrit sur le monolithe, appelé la *Piedra parada* (la pierre debout) *de Comitan*. Cette ville se trouve sur le chemin de Ciudad-Real de Chiapas à la frontière guatémalienne, et l'on voit dans ses environs des ruines considérables.

(1) *Hix*, se trouve avec l'orthographe *itz* ou *itz* dans le calendrier quiché où il signifie le sorcier et la sorcellerie.
(2) L'orthographe de ce nom doit être *Eznab* ou *Eɔanab*.
(3) *Ymix*, écrit *Imox* dans le calendrier quiché et celui de Chiapas, est représenté sous l'image d'un monstre marin d'une forme

— 375 —

ou *Hix* se trouve encore parmi ceux de Chiapas; dans l'usage actuel on a le verbe *hiixtah*, faire la cueillée de tout le fruit d'un arbre, ou enlever toutes les feuilles d'une branche; le mot *iixcay*, ainsi qu'on l'écrivait autrefois signifiait la peau de poisson, et le mot *hihixci*, âpre (1). — 12, *Men*, édificateur. — 13. *Quib* ou *cib* est la cire ou le copal. — 14. *Caban*, sens inconnu. — 15. *Edznab* ou *Eznab* est également inconnu (2). — 16. *Cauac*, inconnu. — 17. *Ahau*, le roi ou la période de 24 ans. — 18. *Ymix*, inconnu (3). — 19. *Ik* est le vent ou le souffle (4). — 20. *Akbal*, incompréhensible : il se trouve aussi entre les jours du calendrier chiapanèque, écrit *aghual* (5).

§ III. — *De la semaine.*

On ne doit pas s'imaginer que la semaine des anciens Indiens ait la moindre ressemblance avec la nôtre, c'est-à-dire que ce soit la révolution de sept jours, signalés par un nom particulier; leur semaine, au contraire, était une période de treize nombres qui s'appliquaient indistinctement aux vingt jours du mois, dans leur ordre numérique.

L'année étant composée de vingt-huit semaines et un jour, le cours des années, en raison de cet excédant, suivait la progression arithmétique des treize nombres de la semaine; en sorte que si une année

---

particulière; c'est le *Cipactli* du calendrier mexicain, donné par Nuñez de la Vega, comme le premier père de la race de ces contrées. (*Constitut. Diœces. del obispado de Chiappas*, in præamb. § XXX.)

(4) *Ik* est le souffle ou le vent, un des symboles de Kukulcan ou Quetzalcohuatl.

(5) *Akbal*, mot vieilli qu'on retrouve dans la langue quichée avec le sens de marmite, vase, peut-être le même que le mot *con* ou *comitl* du mexicain, le vase mystérieux, faisant allusion au sexe de la femme, et qui joue un si grand rôle dans les mythes primitifs de l'Amérique.

por el numero primero de ella, el siguiente debia principiar precisamente por el segundo y asi sucesivamente hasta cerrar sus trece números, formándose una semana de años ó una indiccion como se dirá despues.

§ IV. — *Del mes.*

El mes en lengua yucateca se llamaba *U*, que tambien significa luna, corroborando esto la presuncion de que los indios pasaron del computo de las lunaciones ó neomenías, como por escala para fijar el curso solar, llamando luna á los meses ; pero en los manuscritos antiguos se le dá el nombre de *Uinal* en singular y *Uinalob* en plural á los diez y ocho meses del año, haciendose estensiva esta denominacion ó palabra á la série, y á cada uno de los nombres particulares que señalan los veinte dias que componen el mes.

Como los nombres de los dias son tantos cuantos eran los del mes, resultaba que sabido el titular con que daba principio el año y que los indios llamaron *Cuch haab* (cargador del año) se sabia ya el primero de todos los meses siguientes; distinguiendose solamente en que al contarlos se les añadia el número de la semana en que pasaban. Mas siendo esta de trece numeros, era preciso que el mes constare de una semana y siete numeros mas para completar los veinte dias de que se formaban; de modo que si el mes principiaba por el número primero, terminaba por el septimo de la siguiente, y el segundo mes por conse-

---

(1) *Uinal*, signifiant un ensemble de *vingt* jours, parait avoir la même origine que *uinic*, homme, *vinak* en langue quichée où ce mot a aussi le sens de vingt, parce qu'on était homme à vingt ans. Sa racine *vin* dans le quiché signifie acquérir, gagner, augmenter,

commençait par le numéro 1, la suivante commençait par 2, et ainsi de suite jusqu'à la clôture des treize années, qui formaient une indiction, comme on le verra tout à l'heure.

§ IV. — *Du mois.*

Le mois, en langue yucatèque, s'appelait *U*, qui signifie aussi lune, ce qui vient à l'appui de l'idée que les Indiens abandonnèrent la computation des mois lunaires ou néoménies, pour déterminer le cours du soleil, en continuant toutefois à nommer les mois des lunes : mais, dans les manuscrits anciens, on donne le nom de *Uinal*, au singulier, et de *Uinalob*, au pluriel, aux dix-huit mois de l'année, cette dénomination s'étendant à toute la série et à chacun des noms particuliers qui signalent les vingt jours dont se compose le mois (1).

Les noms des jours étant égaux en nombre aux jours des mois, il s'ensuivait que le premier jour de l'année que les Indiens appelaient *Cuch-haab* (porteur de l'année) étant connu, on connaissait naturellement le nom du premier jour de chacun des mois suivants; on les distinguait l'un de l'autre, en ajoutant simplement le chiffre de la semaine à laquelle ils appartenaient respectivement. Mais cette semaine étant de treize jours, le mois comprenait conséquemment une semaine et sept jours; de sorte que si le mois commençait avec le numéro *un*, il terminait avec le chiffre *sept* de la semaine suivante, et le second

---

croître, et *vinak* est un ancien participe qui dit, arrivé à sa croissance, d'où le mot homme. Ce mot a de l'analogie avec *viginti*, vingt, et *win*, en anglais acquérir, gagner.

cuencia en el numero ocho. Ahora para saber los numeros ó tanto de la semana en que debian comenzar los meses, inventaron la regla que llamaban *bukxoc* ó cuenta general que es la siguiente.

1	Hun in uaxac	de	1 á	8	12	Lahca in uac	de	12 á	6
8	Uaxac in ca	de	8 á	2	6	Uac te oxlahun	de	6 á	13
2	Ca in bolon	de	2 á	9	13	Oxlahun te uuc	de	13 á	7
9	Bolon te ox.	de	9 á	3	7	Uuc in hun	de	7 á	1
3	Ox te lahun	de	3 á	10	1	Hun in uaxac	de	1 á	8
10	Lahun te can	de	10 á	4	8	Uaxac in ca	de	8 á	2
4	Can in buluc	de	4 á	11	2	Ca in bolon	de	2 á	9
11	Buluc te hó	de	11 á	5	9	Bolon te ox	de	9 á	3
5	Hó in lahca	de	5 á	12	3	Ox te lahun	de	3 á	10

Los diez y ocho numeros 1, 8, 2, 9, 3, 10, 4, 11, 5, 12, 6, 13, 7, 1, 8, 2, 9, 3, son otros tantos principios de meses, de tal suerte dispuestos que debiendo comenzar el año por uno de ellos, los diez y siete restantes van de sucesiva, cada uno siendo precisamente el numero con que deben principiar los demas meses del año señalado, yá sea pasado, presente ó venidero.

Los meses como se ha dicho son diez y ocho, y sus nombres son los siguientes.

1. Pop   commenzaba el 16 de julio.
2. Uo   —   5 de agosto.
3. Zip (*çip*)   —   25 de agosto.
4. Zoɔ (*zodz*)   —   14 de setiembre.
5. Zeec (*çeec*)   —   4 de octubre.
6. Xul (*shul*)   —   24 de octubre.
7. Dze-yaxkin (*dzeyashkin*) —   13 de noviembre.

(1) Afin de reconnaître quel est le chiffre correspondant avec le premier, il n'y a qu'à chercher le chiffre de la semaine avec lequel commence l'année et à ajouter successivement sept; mais, en faisant soustraction de treize, chaque fois que la somme de cette addition excède treize, ce qui donna les séries suivantes pour le premier jour de chacun des dix-huit mois 1, 8, 2 (15-13), 6, 3

commençait avec le numéro *huit*. Ainsi, pour reconnaître les chiffres de la semaine, par lesquels devaient commencer les mois, ils avaient inventé la règle suivante, qu'ils appelaient *bukxoc* ou comput général.

1 Hun in uaxac	de	1	à	8	12 Lahca in uac	de	12 à	6
8 Uaxac in ca	de	8	à	2	6 Uac te oxlahun	de	6 à	13
2 Ca in bolon	de	2	à	9	13 Oxlahun te uuc	de	13 à	7
9 Bolon te ox	de	9	à	3	7 Uuc in hun	de	7 à	1
3 Ox te lahun	de	3	à	10	1 Hun in uaxac	de	1 à	8
10 Lahun te can	de	10	à	4	8 Uaxac in ca	de	8 à	2
4 Can in buluc	de	4	à	11	2 Ca in bolon	de	2 à	
11 Buluc te hó	de	11	à	5	9 Bolon te ox	de	9 à	3
5 Hó in lahca	de	5	à	12	3 Ox té lahun	de	3 à	10

Les dix-huit chiffres 1, 8, 2, 9, 3, 10, 4, 11, 5, 12, 6, 13, 7, 1, 8, 2, 9, 3, sont donc autant d'autres signes initiaux des mois, disposés de telle manière, que l'année devant commencer avec l'un d'eux, les dix-sept autres viennent successivement, chacun étant précisément le chiffre avec lequel doivent commencer les autres mois de l'année signalée, passée, présente ou à venir (1).

Les mois sont, comme on l'a dit, au nombre de dix-huit et leurs noms sont les suivants :

1. Pop	commençant au	16 juillet.
2. Uo	—	5 août.
3. Zip (*sip*)	—	25 août.
4. Zoo (*sodz*)	—	14 septembre.
5. Zeec (*seec*)	—	4 octobre.
6. Xul (*choul*)	—	24 octobre.
7. Dze-yaxkin (*dzeyachkin*)	—	13 novembre.

(16-13), 10, 4, 11, 5, 12, 6, 13, 7, 1, 8, 2, 9, 3 ; en supposant, bien entendu, que le premier jour de l'année soit le premier de la semaine, et, généralement, en prenant pour premier chiffre des séries le chiffre de la semaine par laquelle l'année commence. (Stephens, *Incidents of travel in Yucatan*, vol. I, appendix, p. 436.)

8. Mol	commenzaba	el 3 de diciembre.
9. Chen (*dshen*)	—	23 de diciembre.
10. Yaax (*yaash*)	—	12 de enero.
11. Zac (*çac*)	—	1 de febrero.
12. Ceh (*qej*)	—	21 de febrero.
13. Mac	—	13 de marzo.
14. Kankin	—	2 de abril.
15. Moan	—	22 de abril.
16. Pax (*pash*)	—	12 de mayo.
17. Kayab	—	1 de junio.
18. Cumkú	—	21 de junio.

En la traducion de estos nombres resultará lo mismo que en lá de los dias, pues por ser algunos tan antiguos ó tomados de estraño idioma no se sabe lo que significan y los otros teniendo á veces dos acepciones se ignora la cierta.— 1. *Pop* estera ó petate. 2. *Uo*, rana. — 3. *Zip* solo hay un árbol llamado *Zipché*. — 4. *Zodz* ó *Zoɔ*, murciélago. — 5. *Zeec* se ignora.— 6. *Xul*, termino.— 7. *Dzeyaxkin* se ignora. — 8. *Mol*, reunir, recoger, y *mool* significa garra de animal. — 9. *Chen*, pozo. — 10. *Yáx*, verde ó azúl ó de *yáx* primero, ó principio del sol de primavera. —11. *Zac*, blanco. — 12. *Queh* ó *Ceh*, venado. — 13. *Mac*, tapar, cerrar. — 14. *Kankin*, sol amarillo, quizá por que en este mes por las quemas de los montes rozados para sembrar, el sol ó su luz se pone amarilla por el humo de la atmósfera. — 15. *Moan*, significaba el dia nublado dispuesto á lloviznar á ratos. — 16. *Páx*, instrumento de musica. — 17. *Kayab*, canto. — 18. *Cumkú*, la fuerte explosion como de un cañonazo lejano que se oye, y al principio de las aguas

---

(1) *Zip* paraît aussi signifier faute, erreur.
(2) *Zeec*, d'après Ruz, aurait le sens de discours, discourir.

(3) *ɔe-yaxkin*, ces deux mots ainsi réunis, dit l'auteur, ne signifient rien; cependant *ɔe* pourrait venir de *ɔec*, fondation, prin-

8. Mol   commençant au 3 décembre.
9. Chen (*djen*)   — 23 décembre.
10. Yaax (*yaach*)   — 12 janvier.
11. Zak (*sac*)   — 1 février.
12. Ceh (*qeh*)   — 21 février.
13. Mac   — 13 mars.
14. Kankin   — 2 avril.
15. Moan   — 22 avril.
16. Pax (*pach*)   — 12 mai.
17. Kayab   — 1 juin.
18. Cumku   — 21 juin.

En transcrivant ici ces noms, il arrive naturellement ce qui est arrivé pour les noms des jours : l'antiquité de quelques-uns et, peut-être, l'origine étrangère de quelques autres, ne permettant guère d'en donner une traduction exacte et nous offrant quelquefois deux acceptions au lieu d'une. 1. *Pop* est la natte. — 2. *Uo* signifie grenouille. — 3. *Zip* est la racine du mot *zipché*, qui est un arbre (1). — 4. *Zoɔ* est la chauve-souris. 5. *Zeec* est inconnu (2). — 6. *Xul* signifie le terme ou la fin. — 7. ɔe-*yaxkin* sans signification (3). — 8. *Mol*, réunir, recouvrer, et *mool* est la griffe ou la serre d'un animal. — 9. *Chen* est le puits ou le réservoir d'eau. — 10. *Yaax*, verd ou bleu, ou *Yax*, premier, primitif, premier soleil du printemps. — 11. *Zac*, blanc. — 12. *Qeh* ou *Ceh*, cerf ou grand gibier. — 13. *Mac*, fermer, boucher. — 14. *Kankin*, soleil jaune, ainsi nommé peut-être parce que, durant ce mois, le soleil apparaît souvent jaune dans l'atmosphère, à cause de la fumée des broussailles que l'on brûle, avant les semailles, dans les campagnes (4). — 15. *Moan* si-

cipe, d'autant plus que *yaxkin* ou *yax-kin*, soleil, verd nouveau, signifie l'été, ce qui reviendrait à dire le commencement de l'été; ce qui est d'autant plus exact que c'est le commencement de la saison sèche, appelée l'été dans ces contrées.

(4) Peut-être aussi parce que

producido quizá por los pántanos que se hienden al secarse, ó por las explosiones del rayo en turbonadas distantes. Tambien llamanse *hum-kú* sonido ó ruido de Dios.

§ V. — *Del Año.*

Hasta el presente llaman los indios al año *haab* (háb) y en su gentiládad comenzaba el diez y seis de julio, siendo digno de notarse que habiendo querido sus progenitores fijar el principio del año en el dia en que el sol pasa por el zenit de esta peninsula para ir á las regiones australes; sin mas instrumentos astronómicos para sus observaciones que la simple vista, solo se hayan equivocado en 48 horas de adelante. Esta pequeña diferencia prueba ciertamente, que procuraron fijar sino con la mayor exactitud, al menos con la mayor aproximacion, el dia en que el astro regulador del tiempo pasa por el punto mas culminante de nuestra esfera, y que conocian el uso y resultados del gnomon en los dias mas tempestuosos de las lluvias.

El año constaba segun se ha dicho de diez y ocho meses y estos de veinte dias y como solo resultaba de

---

la campagne, à cette époque, de verte est devenue stérile, l'herbe jaunie et desséchée par les ardeurs du soleil.

(1) En examinant avec attention le signe qui représente le mois *moan*, on trouve que la partie principale est une tête d'oiseau, laquelle dans le manuscrit mexicain (dialecte maya) de la Biblio-

gnifiait un jour couvert, disposé à de petites pluies (1).
—16. *Páx* est le nom d'un instrument de musique (2).
—17. *Kayab* signifie le chant.—18. *Cumkú* est le bruit d'une explosion, entendue au loin, comme celui qui peut être produit, vers le temps de la saison des eaux, dans les marais qui se fendent par la sécheresse, ou par l'éclat du tonnerre accompagné d'averses lointaines : ce bruit s'appelle également *hum-kú*, bruit ou résonnement divin (3).

§ V. — *De l'année.*

Les Indiens ont continué jusqu'aujourd'hui à appeler l'année *haab* (háb), et au temps de la gentilité, elle commençait au 16 de juillet, mais il est juste de remarquer que leurs ancêtres, ayant voulu fixer le commencement de l'année au jour où le soleil passe par le zénith de cette péninsule, pour aller aux régions australes, sans avoir eu d'autres instruments astronomiques, pour leurs observations, que l'œil nu, ils ne se sont trompés que de 48 heures en avance. Cette légère différence prouve certainement qu'ils étaient arrivés à déterminer avec la dernière exactitude, au moins avec autant de correction que possible, le jour où l'astre, régulateur du temps, passe par le point culminant de notre sphère, et qu'ils connaissaient l'usage du gnomon et de ses résultats, même aux jours les plus orageux de la saison des pluies.

On a déjà dit que l'année se composait de dix-huit mois, et ceux-ci chacun de vingt jours ; ce qui donnait

---

thèque impériale paraît être une tête d'ara ; or l'ara se dit en maya *mó* ou *móo*.

(2) *Páx* ou *páax* signifie aussi rompre, briser.

(3) Ce nom s'applique parfaitement à un mois où les orages sont fréquents et où la foudre gronde avec tant de fracas ; l'orage, l'ouragan étaient personnifiés dans

todos ellos 360, para completar los 365 que debe tener, le agregaron cinco dias mas, que llamaron innominados ó sin nombre, por que no hacian parte de mes alguno, y esto quiere decir *xma kaba kin*.

Tambien los llamaron *uayab* ó *nayeb haab;* mas esta denominacion tiene dos interpretaciones, por que la palabra *nayeb* puede derivarse del nombre *nay* que significa cama, celda ó aposento, presumiendo que los indios creyesen que en ellos descanse el año, ó el siguiente saliese como de un depósito, conjetura que tiene en su apoyo él que en algunos manuscritos se llamase *u ná haab*, madre del año, ó *nayab çhab*, cama ó aposento de la creacion. Algunos los llamaban *u yail kin* ó *u yail haab* que se traduce lo doloroso ó trabajoso de los dias ó del año, porque creian que en ellos sobrevenian muertes repentinas, pestes; y que fuesen mordidos por animales ponzoñosos ó devorados por las fieras, temiendo que si salian al campo á sus labores se les estacase algun palo, ó les sucediese cualquiera otro genero de desgracia.

Por todos estos motivos los destinaban á celebrar de un modo particular, la fiesta del dios *Mam*, abuelo. A este le traian y festejaban con gran pompa y magnificencia el primer dia; en el segundo se disminuía la solemnidad; el tercero le bajaban del altar y colocaban en medio del templo : el cuarto le ponian á los lumbrales ó puertas del mismo, y el quinto hacian la ceremonia de echarle y dispedirle para que se fuese

---

les mythes antiques de ces contrées, c'étaient comme des manifestations de la divinité.

(1) Ce nom ferait-il allusion au temps dit de la nuit et des ténèbres qui précéda la civilisation

un résultat de 360 : pour compléter les 365, on en ajoutait cinq autres qu'on appelait *xma kaba kin*, jours sans nom, parce qu'ils ne faisaient partie d'aucun mois.

On les appelait aussi *uayab* ou *nayeb haab*, ce qui s'entend de deux manières différentes; car le mot *uayab* peut venir de *uay* qui signifie lit, ou *nayeb* de *nay* qui est la chambre, le lieu de repos, dans l'idée que les Indiens auraient eue qu'alors l'année se reposait. A l'appui de cette conjecture, on trouve dans quelques manuscrits que ces jours s'appelaient *u na haab*, mère de l'année, ou *nayab çhab* (djab), lit ou chambre de la création (1). Quelques-uns les désignaient aussi sous le nom de *u yail kin* ou *u yail haab* qui se traduit par la peine ou le travail des jours ou de l'année; car ils croyaient qu'il leur surviendrait alors des morts subites, des pestes, qu'ils seraient mordus par des reptiles venimeux ou dévorés par des animaux féroces; aussi craignaient-ils alors, s'ils allaient aux champs, d'être écrasés par la chute d'un arbre ou qu'il leur arrivât quelque autre accident fâcheux (2).

C'est dans cette appréhension qu'ils avaient destiné ces jours à célébrer la fête du dieu *Mam*, l'aïeul. Le premier jour, ils le portaient en procession et le fêtaient avec une grande magnificence; au second, la solennité était moindre; le troisième, ils descendaient le dieu de l'autel et le plaçaient au milieu du temple; le quatrième, ils le colloquaient entre les linteaux ou aux portes de l'édifice, et le cinquième ils fai-

---

nahuatl, dont il est si souvent question dans les traditions antiques ?

(2) Ces jours s'appelaient aussi *u tux kin*, *u lobol kin*, ce qui signifie jours mensongers, jours mauvais. (Cogolludo, *Hist. de Yucatan*, lib. IV, cap. 5.)

y pudiese principiar el año nuevo en el siguiente que es el primer dia del mes Pop, á 16 de julio.

Ya se dijo que para completar los 365 dias del año se tomaban los cinco dias primeros de los veinte que traía el mes, y de esto resultaba que al año siguiente comenzaba por el sexto; el tercer año por el onzeno y el cuarto por el decimo sesto, volviendo el quinto año al primer dia; rodando siempre sobre los dias *Kan, Muluc, Hix* y *Cauac* (por lo cual los llamaron cargadores de años ó *cuch haab*) y siguiendo el orden correlativo de la semana en sus trece numeros.

§ VI. — *Del Bisiesto.*

Como el curso sucesivo de los trece números de la semana dan principio á otros tantos años, alternándose precisamente los cuatro dias iniciales, es dificil intercalar en el año un dia mas, para formar el bisiesto sin que las dos circumstancias espuestas no padezcan interrupcion; pero como el bisiesto es muy necesario para integrar el curso solar y este lo tenian los indios bien conocido, sin duda alguna, hacian la intercalacion, aunque del modo de verificarla no hayan dejado noticia alguna; par lo cual se tratará del que usaban los mexicanos por ser muy analoga su cronologia á la de nuestros indios habiendo tenido un mismo orígen. Veytia en el capitulo primero de su *Historia antigua de Mexico*, sacada segun él, de los geroglificos y

saient la cérémonie de le mettre dehors et de prendre congé de lui, afin qu'il s'en allât et que l'on pût commencer le nouvel an le lendemain, qui était le premier jour du mois *Pop,* au 16 de juillet.

On a déjà fait remarquer que les Mayas, afin de compléter les 365 jours de l'année, prenaient les cinq premiers des vingt que comportait le mois : il en résultait que l'année suivante commençait avec le sixième, la troisième année par le onzième, la quatrième avec le seizième, reprenant pour la cinquième année le premier jour, ce qui faisait qu'on avait toujours l'un après l'autre les signes *Kan, Muluc, Hix* et *Cauac,* en suivant l'ordre corrélatif de la semaine dans les treize nombres, ce qui fit donner à ces quatre signes le nom *cuch haab* ou porteur de l'année.

§ VI. — *De l'année bissextile.*

Tel était l'accord existant entre les jours ou chiffres de la semaine, qui signalaient le commencement de l'année, et les quatre jours initiaux de chaque série de cinq, qu'il était fort difficile d'intercaler un jour additionnel aux années bissextiles, sans troubler l'ordre corrélatif des jours initiaux, qui se suit constamment dans la dénomination des années et forme leurs indictions ou semaines. Mais le bissextile étant de toute nécessité pour le complément du cours solaire, que les Indiens connaissaient parfaitement, il est hors de doute qu'ils avaient une manière particulière de faire cette intercalation, quoiqu'ils n'aient pas laissé les moyens de la vérifier (1). C'est pourquoi nous parlerons ici de la méthode employée par les Mexicains, leur

(1) Voir Landa, §.

pinturas que como anales nacionales se conservaban en su tiempo, asegura que conforme al sentir de los escritores mexicanos, el bisiesto se hacia de dos modos : Uno añadiendo al fin del decimo octavo mes, un dia, que era señalado con el geroglifica del anterior, aunque con diferente número de la semana; y el otro modo era aumentando los dias intercalares hasta seis, y marcando este último del mismo modo yá dicho en el primer método. En ambos casos se perturba el orden numérico con que correlativamente se suceden los años hasta los trece en que forman la semana, por que resultaria que el quinto año seria marcado con el número seis de la semana, y no con el 5 que correlativamente le corresponde pasando del 4 al 6 : y saltándose cada cuatro años un número, jamás se conseguiria la cordinacion numeral de los trece años que invariablemente se advierte, y en que consiste el artificio ingenioso de las ruedas para formar las indiciones ó semanas de años que componen el siglo de 52 años.

Para salvar este inconveniente que no consideró Veytia, es necesario creer, que yá intercalasen el dia al fin del decimo-octavo mes ó ya despues de los cinco dias complementarios; no solo debian marcarlo con el número y geroglifico del dia anterior, sino con otra señal que lo distinguiese del mismo para no confundirlos en su cita ó data.

(1) Le *Codex mexicain Letellier* de la Bibliothèque impériale, que | j'ai en ce moment sous les yeux, paraît destiné à résoudre cette

chronologie ayant une grande analogie avec celle de nos Indiens, qui avait avec la leur une origine commune. Veytia, dans le chapitre premier de son *Histoire ancienne du Mexique*, tirée, dit-il, des hiéroglyphes et peintures qui se conservaient de son temps, comme des annales nationales, assure, conformément au sentiment des écrivains mexicains, que l'année bissextile se réglait de deux manières différentes : la première, en ajoutant à la fin du dix-huitième mois ou des cinq jours supplémentaires, un jour de plus, signalé par le même hiéroglyphe que le précédent, mais avec un chiffre différent, quant à la semaine, c'est-à-dire avec le suivant. Mais, dans l'un et l'autre cas, il y a perturbation dans l'ordre numérique, par lequel les années se suivent l'une l'autre ; car la cinquième année se trouverait ainsi signalée par le numéro 6 au lieu du numéro 5 de la semaine qui y correspond régulièrement, en passant de 4 à 6 : ces interruptions arrivant tous les quatre ans, rendraient impossible la conservation de cette coordination numérale des treize ans qu'on retrouve constamment, et qui est la base du système ingénieux des roues, inventées pour former les indictions ou semaines d'années, dont se compose le cycle de 52 ans.

Pour obvier à cet inconvénient, auquel Veytia ne fit pas assez attention, il faut croire qu'ils intercalaient ce jour soit à la fin du dix-huitième mois, soit à la suite des cinq complémentaires; ils devaient non-seulement le marquer avec le chiffre et hiéroglyphe du jour précédent, mais aussi avec un autre signe qui le distinguât de celui-ci, afin qu'on ne les confondît pas dans les dates (1).

question, si controversée depuis la conquête du Mexique. Les sept premiers folios de ce document, étant la suite d'un calendrier in-

Esta refleccion tan óbvia á qualquiera que medite en dicho órden la halle confirmada por el Caballero Boturini en el § 20 de su obra « *Idea de una nueva historia general de la America septentrional* » que dice hablando de los tultecos... « Viendo que el año
» civil no se ajustaba con el astronómico y que iban
» alterados los equinoccios, determinaron cada cuatro
» años añadir un dia mas que recogiese las horas que
» se desperdiciaban, lo que supongo ejecutaron con-
» tados dos veces uno de los symbolos del último mes
» del año (á la manera de los romanos que uno y otro
» dia de 24 y 25 de febrero llamaban *bis sexto ka-*
» *lendas martias*, de cuyo uso se denominó el año
» bisexto) sin turbar el orden de dichos symbolos,
» pues cualquiera que se les añadiese ó quitase, des-
» truiria su perpetuo sistema y de esta suerte combi-
» naron el principio del año civil con el equinoccio
» verno que era la parte mas principal. »

complet, représentent les douze derniers mois mexicains, terminant ici avec le mois de février, en sorte que, suivant l'auteur anonyme du Codex, le 6 mars serait le premier jour de l'année, laissant les cinq premiers jours de ce mois pour épagomènes, comme ils sont marqués ici. Or, l'année en laquelle écrivait l'anonyme était précisément une année bissextile; car il fait commencer les jours supplémentaires à un 29 février. « A XXIX
» de febrero, dit-il,
» los v dias muertos
» que no avia sacrifi-
» cios. » Mais ce qui jette le plus de jour ici sur cette question, c'est que les jours supplémentaires sont désignés par des signes de cou-

Cette réflexion, qui vient d'elle-même à quiconque veut se rendre compte de cet ordre de choses, se trouve confirmée par le chevalier Boturini, dans le § 20 de son ouvrage *Idéa d'une nouvelle histoire générale de l'Amérique septentrionale*, lequel dit en parlant des Toltèques : « Voyant que l'année civile ne concordait
» pas avec l'année astronomique, et que les jours
» équinoxiaux commençaient à changer, ils conclu-
» rent d'ajouter tous les quatre ans un jour de plus,
» pour remplacer les heures qu'on perdait annuelle-
» ment : ce qu'ils faisaient, je suppose, en comptant
» deux fois l'un des signes du dernier mois, de la
» même manière que les Romains qui donnaient
» au 24 et au 25 février le nom de *bis sexto ka-*
» *lendas Martias*, d'où vint à l'année celui de bis-
» sextile, sans pour cela troubler l'ordre desdits
» signes ; car, qu'on en ajoutât ou qu'on en ôtât un,
» on troublait aussitôt tout l'ensemble du système.
» C'est ainsi qu'ils trouvèrent le moyen de faire ac-
» corder le commencement de l'année civile avec
» l'équinoxe du printemps, ce qui était la chose
» principale. »

---

leur rouge et blanche, dans un quadrilatère au fond noir, lequel est surmonté d'un sixième signe semblable, en dehors du quadrilatère, et qui ne peut être que le jour restant, le 29 février, qui a tant embarrassé les savants, lequel est ajouté ici aux intercalaires, comme l'avait pensé Veytia. Ainsi qu'on peut le voir à la gravure ci-jointe, et que nous reproduisons d'après le *Codex Letellier*, le jour bissextile se représentait par un signe sembla- ble aux supplémentaires ; mais comme on ne pouvait le compter parmi ceux-ci d'une manière absolue, afin de ne pas déranger l'harmonie des jours et des années, on le plaçait en dehors du cadre ; il avait ainsi sa place dans l'ordre chronologique et il s'écoulait avec les supplémentaires, sans qu'on lui donnât probablement aucune autre désignation. Il est à croire que les Mayas avaient quelque chose d'analogue.

Tratando el segundo modo de intercalar el dia bisestil dice en el parrafo 27 : « Tambien apunté en el
» § 20, numero 2, que los sabios tultecos, desde la se-
» gunda edad, ordenaron el bisiesto apuntando el año
» civil con el equinoccio verno, y que en la tercera
» edad hubo otro modo de intercalar en cuanto al
» kalendario ritual. Y es asi que para no turbar el
» órden perpetuo de las fiestas fixas y de tabla y de
» las 16 movibles que circulaban en los symbolos de
» los dias del año, en ocasion de numerarse dos veces
» el symbolo del ultimo mes del año bisextil..., tuvie-
» ron por mejor evitar todas estas dificultades y con-
» fusiones reservando los trece dias bisextiles para el
» fin del cyclo de 52 años, los que destinguian en las
» ruedas ó tablas, con 13 ceros ceruleos ó de otro color
» y no pertenecian ni a mes ni á año alguno, ni tenian
» symbolos propios como los demas dias. Se pasaba
» por ellos como si no hubiese tales dias, ni se apli-
» caban à Dios alguno de los suyos, por que los repu-
» taban por aciagos. Toda esta triadecatérida era de
» penitencia y ayuno, por el miedo de que se acabase
» el mundo : no se comia cosa caliente, por que estaba
» apagado el fuego en toda la tierra hasta que em-
» pezase el otro cyclo, el que traia consigo la
» referida ceremonia del fuego nuevo. Y siendo
» asi que todo lo dicho pertenecia tan sola-
» mente á los ritos y sacrificios, luego este modo de
» intercalar no podia estenderse al año trópico, por
» que hubiera alterado notablemente los solsticios y
» equinoccios y los principios de los años y se prueba
» evidentemente por que tales trece dias no tenian
» symbolos algunos de los que pertenecian á los dias
» del año, y el kalendario ritual los reputaba por bi-
» sextiles á la decadencia de cada cyclo, imitando con

Parlant de la seconde manière d'intercaler le jour bissextile, il ajoute, au § 27 : « J'ai observé au § 20
» que les sages Toltèques avaient, dès le second âge,
» réglé le jour bissextile, en faisant accorder l'année
» civile avec l'équinoxe du printemps, et que dans le
» troisième âge, il y eut une autre manière d'intercala-
» tion, quant au calendrier rituel. C'est ainsi que pour
» ne pas troubler l'ordre perpétuel des fêtes fixes,
» ajustées au tableau, non plus que des seize fêtes
» mobiles, qui circulaient avec les signes des jours
» de l'année, en comptant deux fois le signe du der-
» nier mois de l'année bissextile... ils trouvèrent qu'il
» valait mieux éviter toutes ces difficultés et cette
» confusion en réservant les 13 jours bissextiles pour
» la fin du cycle de 52 ans, et ils les distinguaient
» dans les roues ou tableaux par 13 zéros bleus ou
» d'une autre couleur, lesquels n'appartenaient à au-
» cun mois, ni année, et n'avaient aucun signe en pro-
» pre comme les autres jours. On passait par ces jours
» comme s'ils n'eussent pas existé, et ils ne les dé-
» diaient à aucune de leurs divinités, parce qu'ils
» les considéraient comme néfastes. Cette treizaine
» entière de jours était de pénitence et de jeûnes,
» dans la crainte que le monde ne vînt à s'achever : on
» ne mangeait rien de chaud ; car le feu était éteint
» par tout le pays, jusqu'au commencement du nou-
» veau cycle qui amenait à sa suite la cérémonie du
» feu nouveau. Mais comme toutes ces choses ne ré-
» féraient qu'à des rites et à des sacrifices (et non à la
» véritable computation du temps), ce mode d'inter-
» calation ne pouvait s'étendre à l'année tropique ;
» car il aurait changé notablement les solstices et les
» équinoxes, ainsi que le commencement de chaque
» année, ce qui se prouve suffisamment en ce que ces

» diferente órden á el bisiesto del año civil mas proprio
» al gobierno de las cosas publicas. »

Como el Caballero Boturini tenia conocimientos superiores á cualquiera otro de las historias y pinturas de los indios, es evidente que nada puede contrabalancear su autoridad sobre esta materia, y que su pluma ha puesto la cuestion bajo su verdadero punto de vista.

§ VII. — *Del Katun ó siglo yucateco.*

Estos indios pintavan una rueda pequeña, en la cual ponian los cuatro geroglificos de los dias con que principiava el año, *Kan* al oriente, *Muluc* al norte, *Hix* al poniente y *Cauac* al sur, para que se contasen en el mismo orden. Algunos suponen que cuando terminaba el cuarto año, habiendo vuelto otra vez el caracter *Kan,* se completaba un *Katun* ó lustro de cuatro años; otros que tres revoluciones de las de la rueda, con sus cuatro señales se contaban con una mas, haziendo asi 13 años para completar el *Katun;* otros, que cuatro semanas de años completas ó indicciones enteraban el *Katun*; y esto es lo mas probable. Ademas de la rueda pequeña ya dicha, hazian otra rueda grande que llamaban tambien *buk-xoc,* en que ponian tres revoluciones de los cuatro geroglificos de la pequeña, haziendo un total de 12 signos, principiando la cuenta con el primero *Kan* y siguiendo á contarlos hasta nombrar cuatro vezes el mismo *Kan* inclusivamente, haziendo asi trece años

» treize jours n'avaient aucun des signes qui appar-
» tiennent aux jours ordinaires de l'année, et le calen-
» drier rituel les réputait pour bissextiles, à la déca-
» dence de chaque cycle, imitant dans un ordre
» différent le bissextile de l'année civile qui était plus
» approprié au gouvernement des choses publiques. »

Le chevalier Boturini ayant possédé des connaissances supérieures à celles d'aucun autre, relativement aux histoires et aux peintures des Indiens, rien ne peut évidemment contrebalancer son autorité dans cette matière, et l'on peut croire qu'il a placé cette question sous son véritable point de vue.

§ VII. — *Du Katun ou Cycle yucatèque.*

Les Indiens faisaient une petite roue dans laquelle ils plaçaient les signes des jours initiaux de l'année, *Kan* à l'orient, *Muluc* au nord, *Gix* ou *Hix* au couchant et *Cauac* au midi, pour être comptés dans le même ordre. Plusieurs écrivains supposent qu'au terme de la quatrième année, au retour du signe *Kan*, il se complétait un *Katun* ou lustre de quatre ans; d'autres qu'il fallait compter trois révolutions de la roue avec ses quatre signes, et un en plus, faisant ainsi treize ans, pour compléter le *Katun;* d'autres enfin, qu'il fallait quatre indictions ou semaines entières d'années pour constituer un *Katun*, et c'est là ce qu'il y a de plus probable. Outre la petite roue susdite, ils formaient une autre grande roue qu'ils appelaient aussi *buk-xoc*; ils y mettaient trois révolutions des quatre signes de la petite roue, formant un total de 12 signes, commençant à compter avec *Kan* et continuant la numération jusqu'au quatrième retour du même signe *Kan* inclusivement, faisant ainsi

y formando una indiccion ó semana (de años); la segunda cuenta comenzaba con *Muluc,* acabando en el mismo, y esto hazia el otro trece, y siguiendo de la misma manera llegavan a *Cauac,* y esto era un *Katun.*

§ VIII.—*De la Indiccion ó siglo de 52 años, llamado Katun.*

Se dá el nombre de indiccion á cada una de las cuatro semanas de años que componen un siglo de 52, que los indios llamaban *Katun.* Como por las esplicaciones anteriores se ha dado una idea de ella, se recopilarán aqui los datos espuestos, para no entrar en nuevas esplicaciones.

Se ha dicho que la semana yucateca se componia del curso de trece números aplicados indistintamente á los dias del mes que eran veinte. Tambien se ha espuesto que como el año constaba de 28 semanas y un dia, por este sobrante se verificaba que los años se sucedian siguiendo el orden correlativo de los números de la semana hasta el 13; de modo que el primer año de la indiccion comenzaba por el numero 1º de la semana y terminaba en el mismo; el segundo año por el 2; y asi de los demas hasta concluir los 13 numeros de ella: y si el año se hubiese compuesto de 28 semanas solamente, el primer año de la indiccion hubiera principiado por el número 1º de ella y terminado en el 13, y del mismo modo lo demas.

Igualmente se dijo que los indios viendo que los 18 meses de á veinte dias solo daban la suma de 360, para completarlo le añadieron cinco mas: de lo que resultó que los 20 dias del mes se dividieron en cuatro

treize ans et formant une indiction ou semaine d'années. La seconde numération commençait avec *Muluc* et terminait avec le même, faisant une nouvelle treizaine, et ainsi de suite jusqu'à venir à *Cauac*, les quatre treizaines réunies faisant ce qu'on appelait un *Katun*.

§ VIII. — *De l'Indiction du Cycle de 52 ans, appelé Katun.*

Ces explications étant suffisantes pour donner une idée de l'indiction ou cycle de 52 ans, appelé *Katun* par les Indiens, nous récapitulerons ici brièvement les faits, afin de ne pas renouveler ensuite les mêmes explications.

On a dit que la semaine yucatèque se composait du cours de treize chiffres, appliqués indistinctement aux vingt jours du mois. On a observé également que l'année se composant de vingt-huit semaines et d'un jour, il arrivait, à cause de ce surcroît, que les années se succédaient, en suivant l'ordre corrélatif des chiffres de la semaine jusqu'à 13 ; en sorte que la première année de l'indiction commençait par le numéro 1 de la semaine et terminait avec le même ; la seconde année par le numéro 2, et ainsi des autres jusqu'à finir avec ses treize chiffres : au lieu que si l'année se fût composée de 28 semaines seulement, la première année aurait commencé avec le numéro 1 et fini avec le numéro 13, et ainsi en eût-il été du reste.

On a expliqué aussi comment les Indiens en voyant que les dix-huit mois de vingt jours ne donnaient qu'une somme de 360, en ajoutèrent, pour les compléter, cinq en sus, d'où il résulta que les 20 jours

secciones, cuyo primer dia, á saber *Kan*, *Muluc*, *Hix* y *Cauac*, se volvieron iniciales de años, por que á su vez les daban principio; y llevados por un curso sucesivo terminaban á los cuatro años, volviendo á principiar por el primer inicial. Mas como la semana se componia de 13 numeros, solo entraban en ella tres revoluciones de dichos cuatro dias iniciales y uno mas, siendo este el motivo por que la semana ó indiccion que comenzaba por el primer *Kan*, habia de terminar en el 13, principiando la 2ª en el 1° Muluc, formandose de cada uno de ellos una indiccion que les era peculiar, por que le daban nombre en su primero y ultimo número como se ve en la tabla siguiente.

Tabla de las indicciones.

Primera indiccion.		Secunda indiccion.		Tercera indiccion.		Quarta indiccion.
1841	1 Kan.	1854	1 Muluc.	1867	1 Hix.	1880	1 Cauac.
1842	2 Muluc.	1855	2 Hix.	1868	2 Cauac.	1881	2 Kan.
	3 Hix.		3 Cauac.		3 Kan.		3 Muluc.
	4 Cauac.		4 Kan.		4 Muluc.		4 Hix.
	5 Kan.		5 Muluc.		5 Hix.		5 Cauac.
	6 Muluc.		6 Hix.		6 Cauac.		6 Kan.
	7 Hix.		7 Cauac.		7 Kan.		7 Muluc.
	8 Cauac.		8 Kan.		8 Muluc.		8 Hix.
	9 Kan.		9 Muluc.		9 Hix.		9 Cauac.
	10 Muluc.		10 Hix.		10 Cauac.		10 Kan.
	11 Hix.		11 Cauac.		11 Kan.		11 Muluc.
	12 Cauac.		12 Kan.		12 Muluc.		12 Hix.
	13 Kan.		13 Muluc.		13 Hix.		13 Cauac.

du mois se partagèrent en quatre sections : les premiers de chacune d'elles, *Kan, Muluc, Hix* et *Cauac,* devinrent les jours initiaux des années, parce qu'à leur tour ils en devenaient le commencement, et, après une course successive de quatre ans, retournaient à recommencer par le premier. Mais comme les semaines étaient composées de treize chiffres, il y avait dans chaque semaine trois révolutions des quatre initiaux et d'un initial en plus ; ainsi l'indiction ou semaine d'année, commençant avec *Kan,* terminait aussi avec le même *Kan ;* en sorte que l'indiction suivante pût commencer avec *Muluc,* second jour initial, et à son tour finir avec le même *Muluc,* et ainsi consécutivement, jusqu'à ce que chacun des signes initiaux eût formé son indiction ou semaine, en lui donnant son nom, l'ensemble faisant un cycle de 52 ans, ce qui est la somme des quatre semaines de treize ans chaque, ainsi qu'on le voit dans le tableau suivant :

Table des indictions.

Première indiction.	Deuxième.	Troisième.	Quatrième.
1841 1 Kan.	1854 1 Muluc.	1867 1 Hix.	1880 1 Cauac.
1842 2 Muluc.	1855 2 Hix.	1868 2 Cauac.	1881 2 Kan.
3 Hix.	3 Cauac.	3 Kan.	3 Muluc.
4 Cauac.	4 Kan.	4 Muluc.	4 Hix.
5 Kan.	5 Muluc.	5 Hix.	5 Cauac.
6 Muluc.	6 Hix.	6 Cauac.	6 Kan.
7 Hix.	7 Cauac.	7 Kan.	7 Muluc.
8 Cauac.	8 Kan.	8 Muluc.	8 Hix.
9 Kan.	9 Muluc.	9 Hix.	9 Cauac.
10 Muluc.	10 Hix.	10 Cauac.	10 Kan.
11 Hix.	11 Cauac.	11 Kan.	11 Muluc.
12 Cauac.	12 Kan.	12 Muluc.	12 Hix.
13 Kan.	13 Muluc.	13 Hix.	13 Cauac.

Las cuatro indicciones ó semanas de años que resultan de la revolucion particular de los dias iniciales desde el numero 1, hasta el 13 cuyo conjunto da la suma de cincuenta y dos años, era lo que llamaban los indios un *Katnn;* por que al fin de este periodo celebraban grandes fiestas, y levantaban un monumento en él que colocaban una piedra atravesada, como lo indica la palabra *Kat-tun*, para memoria y cuenta de los siglos ó katunes que pasaban. Debiendo notarse que hasta no completarse este periodo no volvian á caer los dias iniciales en los mismos numeros, por lo cual con solo citarlos sabian á que tantos del siglo estaban, ayudando á esto la rueda ó cuadro en que los grababan por medio de geroglificos; y les servia para señalar sus dias fastos y nefastos, las fiestas de sus templos, sus asuntos sacerdotales, y predicciones sobre las temperaturas y fenomenos estacionales.

§ IX. — *De los Ahau-Katunes ó grande siglo de 312 años.*

Ademas del *Katun* ó siglo de 52 años, habia otro grande siglo peculiar de estos indios de Yucatan, en cuyas epocas señalaban los acontecimientos de su historia. Este siglo se componia de trece periodos ó epocas de á 24 años, llamadas *Ahau-Katun*, cuyo conjunto daba la suma de 312.

Cada periodo ó Ahau-Katun se dividia en dos partes; una de 20 años que era incluida en la rueda ó cuadro, por lo que los llamaban *amaytun, lamaitun*

Les quatre indictions ou semaines d'années qui résultent de la révolution particulière des jours initiaux, depuis le numéro 1 jusqu'à 13, et dont l'ensemble donne la somme de cinquante-deux ans, étaient ce à quoi les Indiens donnaient le nom de *Katun*; car à la fin de cette période ils célébraient de grandes fêtes et érigeaient un monument, dans lequel ils plaçaient une pierre en travers, ainsi que l'indique le mot *Kat-tun*, en commémoration des cycles ou katun écoulés. Il est bon toutefois de remarquer que jusqu'à parfait complément de cette période, les jours initiaux ne retombaient point dans les mêmes chiffres; en sorte qu'il suffisait de les mentionner pour savoir en quelle année du cycle on se trouvait, ce à quoi les aidait la roue ou le tableau où ils étaient inscrits au moyen de leurs hiéroglyphes. Cela leur servait en même temps à signaler leurs jours fastes et néfastes, les fêtes qui se célébraient dans les temples, les affaires qui intéressaient le sacerdoce, ainsi que les prédictions du temps et des phénomènes de la saison.

§ IX. — *Des Ahau-Katun ou grands Cycles de 312 ans.*

Outre le Katun ou cycle de 52 ans, les Indiens du Yucatan avaient un autre cycle qui leur était particulier, et dans les époques duquel ils signalaient les événements de leur histoire. Ce cycle se composait de treize périodes ou époques de vingt-quatre ans appelées *Ahau-Katun*, dont l'ensemble donnait la somme de 312.

Chaque période ou Ahau-Katun se divisait en deux parties, l'une de 20 ans, qui était renfermée dans la roue ou tableau, d'où on l'appelait *amayun, lamai-*

ó *lamaité*, y la otra de 4 años y la significaban como pedestal de la anterior, y la titulaban *chek-oc-katun* ó *lath-oc-katun*, que todo quiere decir pedestal. A estos cuatro años los consideraban como intercalares y como no existentes creyendolos aciagos por esto, y al modo de los cinco dias complementarios del año los llamaban tambien *u yail haab*, ó años trabajosos.

De la costumbre de considerarlos como no existentes separándolos de la cuenta de los años, nació la opinion de creer que los Ahau-Katunes eran solamente de 20 años, yerro en que cayeron casi todos los que trataron de paso el asunto; y si hubieran contado los años que intermediaban de una á otra época, jamas hubieran dudado de esta verdad, que confirman los manuscritos diciendo terminantemente que eran de 24 años en la forma dicha.

Nadie duda que estos periodos, epocas, ó edades, como las llamaron los escritores españoles, tomaron su nombre de *Ahau-Katun*, por que comenzaban á contarse desde el dia *Ahau*, segundo de los años que principiaban en *Cauac*, señalandolos con el respectivo numero de la semana en que caían; mas como terminaban de 24 en 24, dichos periodos, jamas podian tener

(1) L'auteur de ce petit ouvrage donne d'excellentes raisons pour démontrer que l'*Ahau-Katun* était formé de périodes de 24 ans; mais en citant *les manuscrits qui tous le déclarent*, il n'en nomme aucun, et un peu plus loin il dit que ces manuscrits sont en petit nombre et incomplets, et qu'ils ne disent rien de l'origine de ce cycle. Notre auteur a-t-il bien compris ces manuscrits? Ajoutons que Landa et Cogolludo, sans compter même les faits consignés dans l'abrégé d'histoire chronologique, en langue maya, que Pio Perez invoque, paraissent prouver tout à fait le contraire. Voir ce que dit Landa § xlɪ, p. 315. Voici ce que dit Cogolludo: « Ils comptaient leurs ères et âges

tun ou *lamaité;* et l'autre de 4 ans : celle-ci était, dans leur idée, comme le piédestal de la précédente, et ils l'appelaient *chek-oc-Katun* ou *lath-oc-Katun*, ce qui dans l'un et l'autre cas signifie piédestal. Ces derniers quatre ans étaient considérés comme intercalaires et sans existence, les croyant à cause de cela funestes, et, de même que les cinq jours complémentaires de l'année, ils les appelaient aussi *u yail haab*, c'est-à-dire années de peine ou de travail.

De l'usage de les considérer comme sans existence, en les séparant de la computation des années, naquit l'erreur de croire que les Ahau-Katun n'étaient que de 20 ans, erreur dans laquelle tombèrent presque tous ceux qui ont traité, en passant, cette matière ; mais s'ils avaient compté les années qu'il y avait d'une époque à une autre, ils n'auraient jamais douté de cette vérité, confirmée, d'ailleurs, par les manuscrits anciens, qui tous déclarent d'une manière absolue qu'elles étaient de 24 ans, et de la manière énoncée plus haut (1).

Il est hors de doute que ces périodes, époques ou âges, ainsi que les appelèrent les écrivains espagnols, ont pris le nom d'*Ahau-Katun*, parce qu'ils commencèrent à se compter du jour *Ahau*, le second des années commençant en *Cauac*, en les signalant avec le nombre respectif de la semaine où ils tombaient ; mais ces périodes, se terminant de 24 en 24 ans, ne

» qu'ils mettaient dans leurs livres de 20 en 20 ans et par lustres de 4 en 4. Ils fixaient la première année à l'orient, lui donnant le nom de *Cuch-haab*, le second au couchant et l'appelaient *Hiix*, le troisième au sud, nommé *Cauac*, et le quatrième *Muluc* au nord. Ces lustres arrivant à cinq, faisaient vingt ans, ce qu'ils appelaient un *Katun*, et ils plaçaient une pierre sculptée sur une autre pierre également sculptée, fixée avec de la chaux et du sable dans les murs des temples, etc. » (*Hist. de Yucatan*, lib. IV, cap. 5.)

numeros correlativos y segun su orden aritmético, sino con el siguiente : 13, 11, 9, 7, 5, 3, 1, 12, 10, 8, 6, 4, 2. Es probable que principió en el numero 13 por haber acontecido en él algun suceso notable pues despues se contaban por el 8 ; y acabada la conquista de esta peninsula propúso un escritor indio comenzasen á contar en lo sucesivo estas épocas por el 11 *Ahau*, por que en el se verificó aquella. Habiendose dicho que el 13 *Ahau Katun* debia comenzar par un dia segundo del año, precisamente fué este el de 12 *Cauac* duodécimo de la primera indiccion, cuyo segundo dia fué 13. El 11 *Ahau Katun* debia comenzar en el 10 *Cauac* sucediendo despues de un periodo de 24 años ; y asi sucesivamente en los demas periodos, siendo de notar que la secuela de los números de ellos solo se encuentran de 24 en 24 años, lo que acaba de confirmar que este era su periodo y no el de 20, como algunos creyeron.

Sèrie de los años corridos en dos Ahau Katun, tomando su principio en 1392 en que pasó segun los manuscritos el 8 Ahau en el año 7 cauac.

8ᵉ Ahau Katun.

1392	7	Cauac.	1396	11	Cauac.
1393	8	Kan.	1397	12	Kan.
1394	9	Muluc.	1398	13	Muluc.
1395	10	Hix.	1399	1	Hix.

(1) Il est certain qu'à prendre ces chiffres pour guides, les périodes en question devraient être de 24 ans ; mais ces chiffres, tout en s'accordant avec les séries de 24 en 24 ans, peuvent avoir une origine différente de celle que s'imagine l'auteur et faire partie

pouvaient jamais avoir de chiffres corrélatifs et selon l'ordre arithmétique, mais seulement comme ci-après : 13, 11, 9, 7, 5, 3, 1, 12, 10, 8, 6, 4, 2. Le chiffre 13, qui paraît avoir été le premier, l'aurait été probablement, à cause de quelque événement notable qui se serait passé dans sa durée : ensuite ils comptèrent à commencer par le chiffre 8 ; puis à l'achèvement de la conquête de la péninsule, un écrivain indigène proposa de commencer désormais la computation avec le 11 *Ahau*, comme étant la période durant laquelle cette conquête avait eu lieu. Maintenant, s'il est vrai que le 13 *Ahau-Katun* dut commencer avec un deuxième jour de l'année, ce dut être précisément l'année commençant au 12 *Cauac*, la 12ᵉ de l'indiction, et dont le second jour fut signalé au chiffre 13. Le 11 *Ahau-Katun* aurait commencé dans l'année 10 *Cauac*, ce qui aurait eu lieu après une période de 24 ans ; et ainsi du reste, sans oublier de remarquer que la suite de ces chiffres ne se retrouve que de 24 en 24 ans, autre preuve que l'*Ahau-Katun* se composait de ce nombre d'années et non de vingt seulement (1).

Série des années de deux Ahau-Katun, commençant en 1392, année en laquelle, suivant certains manuscrits, le 8 Ahau serait passé à l'an 7 Cauac.

8ᵉ AHAU KATUN.

1392	7	Cauac.	1396	11	Cauac.
1393	8	Kan.	1397	12	Kan.
1394	9	Muluc.	1398	13	Muluc.
1395	10	Hix.	1399	1	Hix.

d'une combinaison distincte, tout en servant à indiquer les *Ahau-Katun*. Ces calculs de l'auteur, comme on le voit, laissent beaucoup à désirer.

1400	2	Cauac.	1408	10	Cauac.
1401	3	Kan.	1409	11	Kan.
1402	4	Muluc.	1410	12	Muluc.
1403	5	Hix.	1411	13	Hix.
1404	6	Cauac.	1412	1	Cauac.
1405	7	Kan.	1413	2	Kan.
1406	8	Muluc.	1414	3	Muluc.
1407	9	Hix.	1415	4	Hix.

6ᵉ Ahau Katun.

1416	5	Cauac.	1428	4	Cauac.
1417	6	Kan.	1429	5	Kan.
1418	7	Muluc.	1430	6	Muluc.
1419	8	Hix.	1431	7	Hix.
1420	9	Cauac.	1432	8	Cauac.
1421	10	Kan.	1433	9	Kan.
1422	11	Muluc.	1434	10	Muluc.
1423	12	Hix.	1435	11	Hix.
1424	13	Cauac.	1436	12	Cauac.
1425	1	Kan.	1437	13	Kan.
1426	2	Muluc.	1438	1	Muluc.
1427	3	Hix.	1439	2	Hix.

El punto de apoyo de que se valen para acomodar los *Ahau katunes* á los años de la era cristiana y contar los periodos y siglos que en ella han pasado, y entender y saber concordar los años que citan los indios en sus historias con los que corresponden á los de dicha era, es el año de 1392, el cual segun todos los manuscritos, y algunos de ellos apoyándose en el testimonio de D. Cosme de Burgos escritor y conquistador de esta peninsula cuyos escritos se han perdido, fué el referido año, en el cual cayó 7 *Cauac* y dió principio en su segundo dia el 8 *Ahau;* y de este como de un trunco se ordenan todos los que antecedieron y sucedie-

---

(1) L'auteur oublie complétement de nous dire quels sont ces manuscrits, et quant à ceux de don Cosme de Burgos qui vien-

1400	2	Cauac.	1408	10	Cauac.
1401	3	Kan.	1409	11	Kan.
1402	4	Muluc.	1410	12	Muluc.
1403	5	Hix.	1411	13	Hix.
1404	6	Cauac.	1412	1	Cauac.
1405	7	Kan.	1413	2	Kan.
1406	8	Muluc.	1414	3	Muluc.
1407	9	Hix.	1415	4	Hix.

6° Ahau Katun.

1416	5	Cauac.	1428	4	Cauac.
1417	6	Kan.	1429	5	Kan.
1418	7	Muluc.	1430	6	Muluc.
1419	8	Hix.	1431	7	Hix.
1420	9	Cauac.	1432	8	Cauac.
1421	10	Kan.	1433	9	Kan.
1422	11	Muluc.	1434	10	Muluc.
1423	12	Hix.	1435	11	Hix.
1424	13	Cauac.	1436	12	Cauac.
1425	1	Kan.	1437	13	Kan.
1426	2	Muluc.	1438	1	Muluc.
1427	3	Hix.	1439	2	Hix.

Le point de départ fondamental sur lequel ils s'appuient pour faire accorder les Ahau-Katun avec les années de l'ère chrétienne et compter les périodes et les cycles qui se sont écoulés, afin d'ajuster les années, citées par les Indiens dans leurs histoires, à celles de la même ère, est l'année 1392. Cette année serait, au témoignage des manuscrits cités plus haut, confirmée par celui de don Cosme de Burgos, l'un des écrivains et des conquérants de cette péninsule, dont les mémoires sont aujourd'hui perdus (1), celle précisément en laquelle tombait le 7 *Cauac* et qui, en son second jour, donnait le 8 *Ahau*; de celle-ci, comme

draient à l'appui de son système, s'ils sont perdus, comment les a-t-il pu connaître?

ron segun el orden numérico que guardan y va espuesto: y como con este concuerdan todas las séries que se hallan en los manuscritos, es necesario creerlo como incontrovertible.

« Al fin de cada *Ahau Katun* ó periodo de 24 años,
» dice un manuscrito, se celebraban grandes fiestas
» en honor del dios de la tal edad, y levantaban y
» ponianuna estátua del dios con letras y rótulos. »

Sumamente importante y ventajoso era el uso de este siglo; pues cuando en las historias se citaba el 8 *Ahau*, por exemplo y despues de transcurridas otras épocas con diferentes acontecimientos, se volvia á citar como presente el referido *Ahau*, se suponian pasados los 312 años que componian el siglo, ó Ahau Katun como decian. Las citas se hacian de varios modos, yá refiriendose al medio, ó fin de la época, ó citando ó señalando los años que de allá habian pasado cuando el hecho aconteció. Pero la cita mas exacta que podian hacer, era designando el *Ahau Katun*, los años que habian pasado, el numero y nombre del que se contaba, el mes, dia, semana en que se verificó el suceso. De este modo se refiere la muerte de peste de un tal *Ahpulá*, pues dicen que sucedió el 6° año de 13 *Ahau*, cuando el año de 4 *Kan* se contaba al oriente de la rueda, á 18 del mes *Zip* en 9 *Ymix*. Para sacar esta data es necesario señalar el año de la era vulgar en que pasó el 13 *Ahau* mas proximo á la conquista, y segun

(1) Il est fort à regretter que tout cela ne soit pas mieux prouvé; car des faits rapportés par le manuscrit chronologique cité à l'appui de ces assertions, on est forcé de conclure, au contraire, que l'auteur anonyme de ce document donne à chaque période ou katun

de source, découlent celles qui précèdent et celles qui ont suivi dans l'ordre numérique qu'elles gardent dans le tableau; comme avec ce tableau concordent toutes les séries qui se trouvent dans les monuments en question, il faudrait croire qu'elles sont incontestables (1).

« A la fin de chaque Ahau-Katun ou période de
» 24 ans, dit un manuscrit, on célébrait de grandes
» fêtes en l'honneur du dieu qui en était le protecteur,
» et on lui érigeait une statue avec des lettres et un
» cartouche (2). »

L'usage de ce cycle était aussi important qu'avantageux : en effet, lorsqu'ils référaient, dans leurs histoires, le 8 Ahau, à propos de quelque événement qu'il fallait distinguer des autres, ils l'établissaient comme une date distincte, dans l'intelligence qu'il s'était écoulé une période de 312 ans, ce qui comprenait tout l'ensemble du cycle. Il y avait différentes manières de citer le Katun, en signalant le milieu ou la fin de la période, ou bien encore le nombre des années écoulées, au moment de l'événement en question. La manière la plus exacte était de désigner l'Ahau-Katun, les années passées, le nombre et le nom de celui qu'on comptait, le mois, le jour et la semaine en laquelle s'était vérifié le fait. C'est ainsi qu'on rapporte la mort par la peste d'un certain *Ahpula*, qui arriva, à ce qu'ils disent, la 6ᵉ année du 13 *Ahau*, quand l'année du 4 *Kan* se comptait à l'orient de la roue, au 18 du mois *Zip*, 9ᵉ jour *Ymix*. Pour découvrir cette date, il faut signaler l'année de

---

un nombre de vingt ans et non de vingt-quatre, ce que fait également Landa.

(2) Rien ne nous assure que ces périodes soient les périodes historiques; s'il y a eu des périodes de 24 en 24 ans, la citation actuelle donnerait plutôt à croire

lo que se dice al fin de este opúsculo, fue en él de 1488 : ahora los seis años que habian corrido de él se contaron por su secuela y son 12 *Cauac* en que principió el 13 *Ahau* en su segundo dia en 1488. — 13 *Kan* en 1489. — 1 *Muluc* en 1490. — 2 *Hix* en 1491. — 3 *Cauac* en 1492; — y 4 *Kan* que es el citado en 1493. El dia 18 del mes *Zip* se hallará del mismo modo : el mes *Zip* es el tercero del año, y segun la regla que se puso cuando se trató del mes, se buscará su principio : habiendo el año empezado en 4 *Kan*, su segundo mes, comenzó en 11 *Kan*, el tercero por 5 *Kan* que es el que se busca : los dias corridos del 1° del mes al 18 son los siguientes.

MES ZIP.

1. 5 Kan.
2. 6 Chicchan.
3. 7 Quimi.
4. 8 Manik.
5. 9 Lamat.
6. 10 Muluc.
7. 11 Oc.
8. 12 Chuen.
9. 13 Eb.
10. 1 Been.
11. 2 Hix.
12. 3 Men.
13. 4 Quib.
14. 5 Caban.
15. 6 Edznab.
16. 7 Cauac.
17. 8 Ahau.
18. 9 Ymix.

Que está señalado en la cita.

Ahora el mes *Zip*, comienza el 25 de agosto : su decimo octavo dia debe ser el once de setiembre, por que 7 dias que hay desde el 25 al 31 de agosto que se

---

que ces chiffres s'appliquent à des périodes sacrées, non historiques ni civiles.

(1) C'est ici surtout que l'auteur se montre en contradiction avec lui-même. Le manuscrit chronologique auquel il réfère, donné par lui à M. Stephens et inséré dans le tome second de l'ouvrage *Incidents of travel in Yucatan*, porte, dans la traduction comme dans le texte maya, la date de 1536, et non de 1488. Or, nous avons dans Landa que le 13 Ahau, auquel cette année correspond, terminait précisément au 15 juillet 1541, le 11 Ahau, qui est le suivant, commençant avec le 16 juil-

— 411 —

l'ère vulgaire qui se rattache au 13 Ahau, la plus rapprochée de la conquête, et, d'après ce qui se dit à la fin de cet opuscule, ce fut en l'année 1488 (1). En prenant maintenant les six ans qui doivent suivre, on trouve le 12 *Cauac* avec lequel commença le 13 *Ahau*, en son second jour, l'an 1488. — Le 13 *Kan* en 1489. — 1 *Muluc* en 1490. — 2 *Hix* en 1491. — 3 *Cauac* en 1492; — et 4 *Kan* en 1493. Le 18ᵉ jour du mois *Zip* se trouvera de la même manière : le mois *Zip* est le troisième de l'année, et on en cherchera le commencement, suivant la règle adoptée ici à propos du mois; l'année ayant commencé avec le 4 *Kan*, son second mois a dû commencer avec le 11 *Kan*, et le troisième avec le 5 *Kan* qui est la date cherchée. Les jours écoulés du premier du mois au 18 sont les suivants :

MOIS ZIP.

1. 5 Kan.
2. 6 Chicchan.
3. 7 Quimi.
4. 8 Manik.
5. 9 Lamat.
6. 10 Muluc.
7. 11 Oc.
8. 12 Chuen.
9. 13 Eb.
10. 1 Been.
11. 2 Hix.
12. 3 Men.
13. 4 Quib.
14. 5 Caban.
15. 6 Edznab.
16. 7 Cauac.
17. 8 Ahau.
18. 9 Ymix.

C'est le jour signalé dans la citation.

Maintenant le mois *Zip* commence au 25 août; son dix-huitième jour doit donc tomber au 11 septembre en comptant sept jours, du 25 au 31 août, et onze qu'on

let de la même année, pour finir, d'après cet écrivain, au 15 juillet 1561, juste vingt ans après. Ceci, non moins que les contradictions où tombe Pio Perez, dans la note explicative donnée par lui à la suite du manuscrit maya, dans laquelle il fait arriver les Espagnols au Yucatan avant l'année 1488, achève de discréditer son opinion au sujet de l'Ahau-Katun. Nous n'avons, néanmoins, pas voulu omettre l'article qu'il consacre à la période de 24 ans, son erreur même pouvant être utile plus tard pour découvrir l'origine des chiffres de 24 en 24 qui y ont donné lieu.

toman de setiembre son los 18 echados del mes Zip. Con esto queda demostrado que la fecha indiana fué el año de 1493 á 11 de setiembre, tan exacta como si se hubiera usado segun nuestro actual estilo, pudiendo servir esta de medio para computar otras que se encuentren.

§ X. — *Del origen de este Siglo.*

Se ignora cual fué el origen y en que tiempo principió el uso de este siglo, pues ni los mexicanos, ni los tultecos autores y correctores en esta America del sistema cronologico para computar el tiempo, no se sirvieron jamas del presente metodo, ni sus escritores tuvieron noticia de su existencia : los pocos é incompletos manuscritos que existen en esta península, tampoco lo indican : asi es que nada se puede averiguar y decir ni aun por adivinanza : á no ser que en la obra que escribió D. Gaspar Antonio Xiu, nieto del rey de Maní, por orden del gobierno de entónces, y segun el padre Cogolludo existia en su tiempo y que aun existe, segun afirman algunos, se diga sobre esto alguna cosa.

Solo el caballero Boturini parece que tuvo alguna noticia aunque inexacta y desfigurada de este método de contar, por que en su obra ya citada á hojas 122 dice que « cuando los indios cuentan por este numero
» de *ce* uno; v. g. *ce Tecpatl*, un pedernal, se entiende
» una vez cada quatro cyclos, por que hablan entonces
» de los caracteres iniciales de cada cyclo; y asi segun
» el artificio de sus ruedas pintadas, entra *ce Tecpatl*,

---

(1) Il semble que l'auteur dans ces dernières lignes prenne lui-même à tâche de détruire tout son système des katuns de 24 ans,

prend à septembre. De cette manière, il reste démontré que la date indienne concordait avec le 11 septembre de l'année 1493, aussi exacte que si l'on avait fait usage de notre style moderne et pouvant servir de moyen pour computer les autres qu'on viendrait à trouver.

§ X. — *De l'origine de ce Cycle.*

On ignore quelle fut l'origine de ce cycle et en quel temps il commença ; car ni les Mexicains, ni les Toltèques, auteurs et correcteurs du système chronologique dans cette partie de l'Amérique, n'usèrent jamais de la présente méthode et leurs écrivains n'en connurent pas l'existence. Les manuscrits, si incomplets et en si petit nombre, que l'on trouve dans cette péninsule, ne l'indiquent pas davantage (1) : on ne saurait en vérifier ni en dire rien par conjecture ; à moins que l'ouvrage écrit par don Gaspar Xiu, petit-fils du roi de Mani, par ordre du gouvernement d'alors et qui, suivant le père Cogolludo, existait de son temps et qui existerait encore aujourd'hui, au dire de certaines personnes, ne relate quelque chose à ce sujet.

Le chevalier Boturini est le seul qui paraisse avoir eu quelque idée, bien qu'incomplète et défigurée, de ce système de computation ; voir à la page 122 de son ouvrage, déjà cité, où il dit que : « Lorsque les In-
» diens comptent par ce nombre *Ce*, un ; v. g. : *ce*
» *Tecpatl*, un silex, on entend une fois à chaque qua-
» tre cycles, parce qu'ils parlent alors des caractères
» initiaux de chaque cycle, et ainsi, suivant la façon

---

bâti, sans aucun doute, sur les chiffres cités plus haut de 24 en 24, mais qui probablement s'expliqueront plus tard d'une autre manière.

» tan solamente una vez en los principios de los cuatro
» cyclos, por que empezando el primer cyclo por el
» caracter *ce Tecpatl*, el segundo cyclo empieza por
» *ce Calli*, el tercero por *ce Tochtli*, y el cuarto por
» *ce Acatl*; por cuyo motivo puesto en la historia
» algun carácter de estos iniciales, es fuerza que
» pasen cuatro cyclos indianos de á 52 años cada uno
» que hacen 208 años, antes de poderse hallar en
» adelante, por que de esta manera no se cuenta por
» los caracteres que estan en el cuerpo de los cuatro
» cyclos, y aunque se encuentran en ellos mismos ca-
» racteres *ce Tecpatl, ce Calli, ce Tochtli, ce Acatl*,
» no hacen al caso..... »

Ciertamente este metodo es muy raro y confuso, por que como el siglo lleva la misma denominacion que el año, no puede distinguirse cuando se debe entender este ó aquel, lo que no tiene el gran siglo yucateco, por que tiene la denominacion del 2º dia del año *Cauac* en que comenzaba el numéro de este dia y la añadidura de *Katun* que indicaba ser epoca ó periodo de años.

Veytia asegura que en ninguno de los monumentos antiguos que recogió, ha hallado una explicacion semejante, ni cosa que le haga perceptible el sistema que indica Boturini, y que ningun historiador indio lo usa ni aun para señalar sus épocas mas notables. Aunque creo se debe contestar á estas observaciones, visto el sistema que usaban los indios de esta peninsula, que el Caballero Boturini habia indagado, como el mismo asegura en otra parte, los calendarios que en la antiguedad usaron los de Oaxaca, Chiapas y So-

» ingénieuse de leurs roues peintes, le *ce Tecpatl*
» n'entre qu'une seule fois dans les commencements
» des quatre cycles, parce que le premier cycle, com-
» mençant par le caractère *ce Tecpatl*, le second cycle
» commence par *ce Calli*, le troisième par *ce Tochtli*
» et le quatrième *ce Acatl*, d'où il résulte que,
» ayant mis dans l'histoire quelqu'un de ces ca-
» ractères initiaux, il est absolument nécessaire qu'il
» s'écoule quatre cycles indiens de 52 ans chacun, ce
» qui fait 208 ans, avant de pouvoir se trouver en avant,
» parce que de cette manière on ne compte pas par
» les caractères qui sont dans le corps des quatre
» cycles, et quoiqu'on y trouve les mêmes caractères
» *ce Tecpatl, ce Calli, ce Tochtli, ce Acatl*, ils n'y
» viennent pas d'office... »

Ce système est certainement bien extraordinaire et bien confus, car le cycle, portant la même dénomination que l'année, on ne saurait les distinguer, lorsqu'il faudrait entendre celui-ci ou celui-là ; c'est ce qu'on ne voit pas dans le grand cycle yucatèque, ayant pour dénomination le 2e jour de l'année *Cauac*, avec lequel il commençait, le chiffre de ce jour et l'addition de *Katun* qui indiquait que c'était une époque ou période d'années.

Veytia assure qu'en aucun des monuments antiques qu'il avait réunis, il ne trouva d'explication semblable, ni rien qui lui rendît perceptible le système indiqué par Boturini ; il ajoute qu'aucun historien indigène n'en fit usage, pas même pour signaler ses époques les plus notables. Bien qu'on puisse répondre à ces observations, vu le système usité par les Indiens de cette péninsule, que le chevalier Boturini avait, ainsi qu'il l'avance ailleurs, examiné les calendriers en usage anciennement chez ceux d'Oaxaca,

conusco, que parciendose en mucho á los yucatecos, no es incongruente que tambien aquellos como estos contasen siglos mayores que los mexicanos, y tomasen la idea, aunque inexacta y confusa en la obra de Boturini, de los *Ahaues* ó grandes siglos.

Se ha dicho que los calendarios de Chiapas y Soconusco son muy semejantes ál yucateco; y esto se manifiesta comparando los dias del mes que segun Boturini tenian, y los de esta peninsula.

DIAS DEL MES CHIAPANECO		DIAS DEL MES YUCATECO.	
1. Votan.	11. Ben.	1. Kan.	11. Hix.
2. Ghanan.	12. Hix.	2. Chicchan.	12. Men.
3. Abagh.	13. Tziquin.	3. Cimi.	13. Cib.
4. Tox.	14. Chabin.	4. Manik.	14. Caban.
5. Moxic.	15. Chic.	5. Lamat.	15. Edznab.
6. Lambat.	16. Chinax.	8. Muluc.	16. Cauac.
7. Muluc.	17. Cahogh.	7. Oc.	17. Ahau.
8. Elab.	18. Aghual.	8. Chuen.	18. Ymix.
9. Batz.	19. Mox.	6. Eb.	19. Yk.
10. Euob.	20. Ygh.	10. Ben.	20. Akbal.

No hay que ponderar sobre la semejanza de los dias del mes chiapaneco con él de Yucatan, con solo una ojeada se halla. Todo esto y el dato de que alguno, de los nombres de los dias yucatecos no tienen significacion conocida ni mas ni menos que el chiapaneco inducen a creer que ambos calendarios tuvieron un origen comun; solamente con la mutacion que los sacerdotes, por sucesos particulares ú opiniones propias hicieron en ellos, y el uso de nuestros peninsulares sancionó; dejando los otros por costumbre, ó por que los era conocida su significacion que al presente se ha olvidado.

de Chiapas et de Soconusco, et si analogues à celui des Yucatèques, il n'est pas impossible que ceux-là aient compté, comme ceux-ci, des cycles plus grands que ceux des Mexicains et pris ainsi l'idée des *Ahau* ou grands cycles, bien qu'aujourd'hui elle apparaisse confuse et incorrecte dans l'ouvrage de Boturini.

On vient de dire que les calendriers de Chiapas et de Soconusco étaient fort analogues à ceux des Yucatèques; ceci devient manifeste, si l'on met en comparaison les jours du mois, tels qu'ils sont donnés dans Boturini avec ceux de cette péninsule.

JOURS DU MOIS CHIAPANÈQUE.		JOURS DU MOIS YUCATÈQUE.	
1. Votan.	11. Ben.	1. Kan.	11. Hix.
2. Ghanan.	12. Hix.	2. Chicchan.	12. Men.
3. Abagh.	13. Tziquin.	3. Quimi.	13. Quib.
4. Toh.	14. Chabin.	4. Manik.	14. Caban.
5. Moxic.	15. Chic.	5. Lamat.	15. Edznab.
6. Lambat.	16. Chinax.	6. Muluc.	16. Cauac.
7. Muluc.	17. Cahogh.	7. Oc.	17. Ahau.
8. Elab.	18. Aghual.	8. Chuen.	18. Ymix.
9. Baiz.	19. Mox.	9. Eb.	19. Yk.
10. Euob.	20. Ygh.	10. Ben.	20. Akbal.

Il est inutile de s'appesantir davantage sur la ressemblance des jours des deux calendriers, et un simple coup d'œil suffit pour la trouver. Tout cela joint à l'ignorance où l'on est sur la signification de quelques-uns des noms, dans l'un comme dans l'autre calendrier, donne bien à penser qu'ils eurent une origine commune, les différences qu'on y voit ayant dû être introduites par les prêtres, pour quelque raison particulière. Ces différences, nos péninsulaires les adoptèrent, sans rien changer aux autres choses, soit parce qu'ils y étaient déjà accoutumés, soit que leur signification, oubliée aujourd'hui, leur fût connue alors.

Los indios de Yucatan tenian aun otra especie de siglo ó computo; pero como no se ha podido hallar el método que guardaban para servirse de él ni aun ejemplo alguno para suponerlo, se copiará unicamente lo que á la letra dice el manuscrito.

« Habia otro número que llamaban *Ua Katun* el
» que les servia como llave para acertar y hallar los
» katunes, y segun el orden de sus movimientos cae
» á los dos dias del *Uayeb haab* y dá su vuelta al cabo
» de algunos años : Katunes 13, 9, 5, 1, 10, 6, 2, 11,
» 7, 3, 12, 8, 4. »

Lo dicho solo indica que servia solo para hallar los Katunes ó indiciones, comenzandose á contar aquellos números en el segundo dia intercalar ó complementario. Ahora si solamente se busca el curso de estos dias por los números señalados pasarán respectivamente cada diez años, empezando por el 3º de la indiccion sumando todos juntos 130 años; mas esto es muy vago y conjetural.

Tal es la breve descripcion de la antigua cronologia yucateca, trabajo que emprendido hace algun tiempo, lo dediqué á mi amigo el señor Stephens, quien lo imprimió en su obra sobre las ruinas de Yucatan. Mis amigos les editores del *Registro Yucateco* verán que si no he tiempo para escribir algo nuevo, he sacudido el polvo de este cuaderno, por si lo juzgan digno de ocupar un lugar en las columnas de su acreditado periódico.

---

(1) Ces pages de don Juan Pio Perez sont traduites, mais avec quelques variantes, dans l'ouvrage de Stephens, *Incidents of travel in Yucatan*, vol. 1ᵉʳ, appendix.

Les Indiens du Yucatan avaient encore une autre espèce de cycle, mais comme on n'a pas retrouvé la méthode usitée par eux, et qu'on ne peut imaginer rien qui en puisse donner une idée, je me contentérai de copier littéralement ce qui en est dit dans un manuscrit :

« Ils avaient un autre chiffre qu'ils appelaient *Ua
» Katun*, qui leur servait comme de clef, pour ajuster et
» trouver les katun et suivant l'ordre de ses mou-
» vements, il tombe aux deux jours du *Uayeb haab* et
» retourne à la fin de quelques années : Katun 13,
» 9, 5, 1, 10, 6, 2, 11, 7, 3, 12, 8, 4. »

Ceci suffit pour indiquer que cette méthode ne servait qu'à trouver les katun ou indictions, ces chiffres commençant à se compter au second jour intercalaire. Si nous cherchons maintenant la course de ces jours par les chiffres signalés, ils se présenteront respectivement tous les dix ans, à commencer par le troisième de l'indiction et formant un ensemble de 130 ans ; mais tout ceci est fort vague et n'a autre fondement que des conjectures.

Telle est la description abrégée de l'antique chronologie yucatèque, travail entrepris il y a quelques années, et que je dédiai à mon ami M. Stephens, qui l'imprima dans son ouvrage relatif aux ruines du Yucatan (1). Mes amis, les éditeurs du *Registro Yucateco*, verront que si je n'ai pas eu le temps d'écrire quelque chose de neuf, j'ai secoué au moins la poussière de ce cahier, pour le cas où ils jugeraient opportun de lui donner place dans les colonnes de leur estimable revue (2).

(2) Tel qu'il est ici, l'opuscule fut rédigé pour une revue, publiée au Yucatan, sous le titre de *Registro Yucateco*.

LELO

LAI

U TZOLAN KATUNIL TI MAYAB.

Ahau.

VIII
VI   Lai u tzolan katun lukci ti cab ti yotoch Nonoual cánte
IV   anilo Tutul Xiu ti chikin Zuiná, u luumil u talelob Tula-
II   pan chiconahthan.

XIII   Cánte bin ti katun lic u ximbalob ca uliob uaye yetel
XI   Holon-Chan-Tepeuh yetel u cuchulob : ca hokiob ti pe-
IX   tene Uaxac Ahau bin yan cuchi, Uac Ahau, Can Ahau,
VII   Cabil Ahau, can-kal haab ca-tac hunppel haab. Tumen
V   hun piztun Oxlahun Ahau cuchie ca uliob uay ti petene,
III   can-kal haab ca-tac hunppel haab tu pakteil yete cu xin-
I   balob lukci tu luumilob ca talob uay ti petene Chacnoui-
XII   tan lae.
X
VIII

(1) Les Tutul Xiu, dont il est parlé dans toutes les histoires du Yucatan, sont évidemment les chefs d'une maison de la race nahuatl, établie dans le royaume de *Tulan* ou *Tulhá*, dont le siége paraît avoir existé dans la vallée d'Ococingo, au nord-est de Ciudad-Real de Chiapas (San Cristobal). Cette maison portait apparemment le nom de *Nonoual* qu'on lui donne ici, d'où viendrait peut-être celui de *Nonohualco* ou *Onohualco*, comme le dit mal-à-propos Clavigero, et que les Mexicains donnaient à la côte yucatèque, située entre Xicalanco et Champoton. *Nonoual* ne serait-il pas une altération de *Nanaual* ou *Nanahuatl* qui joue un si grand rôle dans les traditions antiques?

(2) Stephens, d'après Pio Perez dit *Zuiná* que je laisse ici; cependant, il se pourrait que ce fût une erreur du copiste ou d'impression, au lieu de *Zuiva* qu'on trouve fréquemment dans le *Livre sacré* des Quichés et dans le *Manuscrit Cakchiquel*, uni à celui de *Tulan*, identique avec *Tulapan* dont il est question ici et qui indiquait la capitale du royaume de *Tula*, comme *Mayapan* indique la capitale du *Maya*.

(3) *Holon* est un mot qui appartient également à la langue maya, au tzendal et à ses dialectes; il signifie ce qui domine, ce qui est au-dessus et peut se prendre ici comme un titre et comme un nom. *Chan* appartient au nahuatl et au tzendal, mais dans deux sens fort distincts; dans la première langue il signifie maison, demeure; dans la seconde serpent, qui en maya se dit *can*. *Tepeuh* est nahuatl, il signifie mot à mot le mai-

SÉRIE
DES
ÉPOQUES DE L'HISTOIRE MAYA.

An de l'ère chrétienne.

404	C'est ici la série des époques écoulées depuis que
421	s'enfuirent les quatre Tutul Xiu de la maison de No-
441	noual (1), étant à l'ouest de Zuinà, et vinrent de la terre
461	de Tulapan (2).
481	Quatre époques s'écoulèrent depuis qu'ils se mirent
501	en marche avant d'arriver par ici avec Holon-Chan-Te-
521	peuh (3) et ses compagnons : avant d'atteindre cette pé-
541	ninsule (4), le Huit Ahau s'était passé, le Six Ahau, le
561	Quatre Ahau, le Deux Ahau, quatre-vingt et un ans (5).
581	Car le premier point de la pierre du Treize Ahau (6) s'é-
601	coula avant qu'ils arrivassent à cette péninsule, quatre-
621	vingt et un ans qu'ils tardèrent dans leur marche, depuis
641	le départ de leur terre jusqu'à cette péninsule de Chac-
661	nouitan (an 482).

tre, le chef de la montagne ; c'est un titre souverain dans le quiché.

(4) Le mot maya est *peten* qu'on traduit par île, mais que les Mayas appliquaient en général à toutes les terres environnées d'eau, en partie, car ils savaient fort bien que leur pays était une péninsule.

(5) Il y a plusieurs manières de calculer ces époques. Landa, Cogolludo et les auteurs anciens, corroborés par les preuves historiques et chronologiques qu'ils apportent, ne leur donnent que vingt ans. Je crois qu'ils sont dans le vrai, et c'est d'après leur sentiment que j'ai réglé ce document chronologique, en plaçant les chiffres des *Katun* à côté du texte maya, et celui des années correspondantes de l'ère chrétienne vulgaire au français. En note, ainsi que Pio Perez l'avait fait lui-même en le donnant à Stéphens, je mets les années correspondantes, d'après lui, aux *Katun* et dans le calcul desquels il me semble qu'il s'est glissé quelques erreurs, en outre de sa manière de voir, en leur assignant 24 ans au lieu de 20 : le lecteur pourra aisément les vérifier lui-même. Suivant Pio Perez, les années écoulées durant le voyage des Tutul Xiu sont de l'an 144 à l'an 217. — Celle que nous trouvons en calculant les *Katun* à 20 ans chaque, s'accorde davantage avec l'époque assignée par Ixtlilxochitl à la défaite des Toltèques, et leur émigration de leur capitale à la fin du IVe siècle.

(6) *Piz-tun*, pierre mesurée, dit le texte, c'est-à-dire la marque qui signalait chaque année du *Katun*.

VI	Uaxac Ahau, Uac Ahau, Cabil Ahau.
IV	Kuchci Chacnouitan Ahmekat Tutul Xiu; hunppel
II	haab minan ti ho-kal haab cuchi yanob Chacnouitan lae.
XIII	Laitun uchci u chicpahal tzucuble Ziyan-Caan, lae
XI	Bakhalal.
IX	
VII	Can Ahau, Cabil Ahau, Oxlahun Ahau, ox-kal haab
V	cu tepalob Ziyan-Caan, ca emob uay lae. Lai u haabil cu
III	tepalob Bakhalal, chuulte laitun chicpahi Chichen-Ytza
I	lae.
XII	
X	Buluc Ahau, Bolon Ahau, Uuc Ahau, Ho Ahau, Ox
VIII	Ahau, Hun Ahau.
VI	Uac-kal haab cu tepalob Chichen-Ytza, ca paxi Chi-
IV	chen-Ytza, ca binob cahtal Chanputun ti yanhi u yoto-
II	chob Ah-Ytzaob, kuyen uincob lae. Uac Ahau chucuc
XIII	u luumil Chanputun.
XI	
IX	
VII	Can Ahau, Cabil Ahau, Oxlahun Ahau, Buluc Ahau,
V	Bolon Ahau, Uuc Ahau, Ho Ahau, Ox Ahau, Hun Ahau,
III	Lahca Ahau, Lahun Ahau. Uaxac Ahau, paxci Chanpu-

(1) L'auteur anonyme de ce document ou le copiste passe ici le IV Ahau, comme il a passé les huit Ahaus précédents et comme il en passe d'autres plus loin ; ce qui cause parfois une certaine confusion : aussi est-ce pour cela que j'ai placé les chiffres des Ahaus en colonne à côté du texte maya, suivant l'ordre de la série.

(2) *Chacnouitan* paraît avoir été le nom antique de la partie du Yucatan qui s'étendait entre le royaume d'Acallan, au sud-est de la lagune de Terminos, et le pays voisin de Bacalar, au sud-est de la péninsule.

(3) Les faits historiques sont souvent placés dans ce document à la suite d'une série d'Ahaus, dont les années sont postérieures à celles de ces faits même. C'est ce que le contexte fait comprendre encore ici. — Pio Perez marque ici l'époque d'Amekat Tutul-Xiu, de l'an 218 à l'an 360.

(4) *Ziyan-Caan*, littéralement limite ou commencement du ciel; cette province s'appelait de *Chectemal* au temps de la conquête. *Bak-halal*, c'est-à-dire enceinte de bambous, nom qui devait convenir à cette ville, située probablement au bord de la lagune près de laquelle fut bâtie depuis Salamanca de Bacalar.

(5) Le IV Ahau passé sous silence un peu plus haut, paraît ici avec ceux qui le suivent.

(6) Pio Perez marque ici les années écoulées entre la conquête de Bacalar et celle de Chichen-Itza, de l'an 360 à l'an 432. Les Tutul-Xius auraient-ils succédé à Chichen, aux Itzas qui lui donnèrent leur nom et dont les deux princes furent assassinés après le départ ou la mort de celui qui

681	Huit Ahau, Six Ahau (1), Deux Ahau.
701	Ahmekat Tutul Xiu arrive en Chacnouitan (2); un
721	an manquait aux cent ans (3) qu'ils avaient été en Chac-
741	nouitan (c'est-à-dire à l'an 581). En ce temps-là eut lieu
761	la conquête de la province de Ziyan-Caan, qui est celle
781	de Bakhalal (4).
801	Quatre Ahau (5), Deux Ahau, Treize Ahau, soixante
821	ans qu'ils gouvernèrent en Ziyan-Caan, depuis qu'ils y
841	étaient descendus (de l'an 701 à l'an 761). C'est en ces an-
861	nées, durant lesquelles ils gouvernèrent à Bakhalal, que
881	l'on marque le temps de la conquête de Chichen-Ytza (6).
901	Onze Ahau, Neuf Ahau, Sept Ahau, Cinq Ahau, Trois
921	Ahau, Un Ahau (7).
941	Depuis six vingt ans ils dominaient à Chichen-Ytza,
961	lorsque Chichen-Ytza fut ruiné (de l'an 761 à l'an 881).
981	Alors ils allèrent à Chanputun (8), où les Ytzas, hom-
1001	mes saints (sacrificateurs?), avaient eu des demeures (9).
1021	Au Six Ahau, ils prennent possession du territoire de
1041	Champoton (de l'an 941 à l'an 961) (10).
1061	Quatre Ahau, Deux Ahau, Treize Ahau, Onze Ahau,
1081	Neuf Ahau, Sept Ahau, Cinq Ahau, Trois Ahau, Un Ahau,
1101	Douze Ahau, Dix Ahau. Au Huit Ahau, Chanputun fut

était le chef des trois? c'est ce que ce document laisse entrevoir. On voit ici que les adhérents de ces princes s'étaient retirés à Champoton à la suite de cet événement, ce que Landa omet de faire connaître; mais il nous parle de Kukulcan qui serait arrivé dans cette ville après les Itzas et qui aurait calmé les troubles. La présence de Kukulcan, symbole, dieu ou chef d'une secte nahuatl, rattacherait l'introduction de sa religion à l'arrivée des Tutul Xius. Conf. la *Relation* de Landa, plus haut, pages 32 et 34.

(7) Suivant Pio Perez de l'an 432 à l'an 576.

(8) On ne voit pas par quelle suite d'événements les Tutul-Xius, après avoir été maîtres de Chichen-Itza durant cent vingt ans, auraient été forcés de quitter cette ville, à moins que la religion, dont les Itzas étaient les représentants, n'ait alors repris le dessus.

(9) La comparaison de ce document avec les faits rapportés par Landa, donnerait à penser que cet écrivain reçut d'un membre de la famille des Tutul Xius la plus grande partie de ses renseignements, tandis que le document conservé par Pio Perez paraîtrait avoir une origine itza.

(10) On ne voit pas ce que deviennent les Tutul Xius entre le XII et le VI Ahau : il est probable, toutefois, que c'est l'époque où ils cherchèrent à se concilier les princes et le peuple de Mayapan, ainsi que le raconte Landa, p. 41 et suiv.; c'est alors qu'ils commencèrent à se fortifier dans la montagne entre Mani, Uxmal et Maxcanú, d'où ils parvinrent sans doute à s'étendre ensuite jusqu'à Champoton, lors de la révolution

I	tun; ox'ahun-kal haab cu tepalob tumenel Ytza uincob,
XII	ca talob u tzacle u yotochob tu caten, laixtun u katunil
X	binciob Ah-Ytzaob yalan che, yalan aban, yalan ak ti
VIII	numyaob lae. Uac Ahau, Can Ahau, ca-kal haab ca talob
VI	u heɔob yotoch tu caten ca tu zatahob Chakanputun.
IV	
II	
XIII	
XI	
IX	Lai u katunil Cabil Ahau u heɔci cab Ahcuitok Tutul
VII	Xiu Uxmal. Cabil Ahau, Oxlahun Ahau, Buluc Ahau,
V	Bolon Ahau, Uuc Ahau, Ho Ahau, Ox Ahau, Hun Ahau,
III	Lahca Ahau, Lahun Ahau, lahun-kal haab cu tepalob
I	yetel u halach uinicil Chichen-Ytza yetel Mayalpan.
XII	
X	
VIII	Lai u katunil Buluc Ahau, Bolon Ahau, Uuc Ahau.
VI	Uaxac Ahau, paxci u halach uinicil Chichen-Ytza, tumenel
IV	nel u kebanthan Hunac-Eel u halach uinicil Mayalpan
II	ichpac. Can-kal haab ca-tac lahun piz haab tu lahun tun
XIII	Uaxac Ahau cuchie, lai u haabil paxci tumenel Ahtzin-
XI	Teyut-Chan, yetel Tzuntecum, yetel Taxcal, yetel Pan-
IX	temit Xuchu-Cuet, yetel Ytzcuat, yetel Kakaltecat, lay u

qui renversa le trône des Cocomes à Mayapan.

(1) Pio Perez place ces époques entre les années 576 et 888. Mais ne commettrait-il pas une erreur dans son commentaire en mettant en scène les Tutul Xius? Il semble bien, d'après le texte maya, qu'il s'agit ici des Itzas, chassés par eux de Champoton, où ils avaient eu leurs demeures depuis qu'ils avaient dû abandonner Chichen, en 681, devant les progrès des Tutul Xius.

(2) Pio Perez omet de traduire ici le détail des souffrances des Itzas durant leur vie nomade dans les déserts. Les années correspondantes à ces époques sont, d'après lui, de l'an 888 à l'an 936.

(3) Où les Itzas trouvèrent-ils alors des demeures fixes? c'est ce que le texte ne dit pas; mais il laisse entrevoir qu'ils retournèrent alors à Chichen et qu'ils y raffermirent leur puissance. Quant au mot *Chanputun* ou Champoton, on le trouve ici orthographié d'une manière tout à fait différente dans le texte maya; il y a *Chakanputun*. Serait-ce le nom original?

(4) On reconnaît ici le système fédéral des Toltèques et l'influence manifeste des institutions de cette race, représentée par des Tutul Xius; il y a trois États, associés par un pacte politique, celui d'Uxmal qui a pour chefs les Tutul Xius, celui de Chichen-Itza gouverné par les Ulmil, et celui de Mayapan où ne régnaient probablement déjà plus les Cocomes, mais, autant qu'on peut le de-

1121	ruiné (1), deux cent soixante ans depuis que les hommes
1141	d'Ytza régnaient à Chanputun (de l'an 681 à l'an 941),
1161	après quoi ils sortirent de nouveau à chercher des de-
1181	meures, et alors, durant plusieurs époques, les Ytzas errè-
1201	rent, couchant dans les bois, entre les rochers et les her-
1221	bes sauvages, souffrant de grandes privations (2). Six
1241	Ahau, Quatre Ahau, soit quarante ans (de l'an 941 à l'an
1261	981), après quoi ils eurent de nouveau des demeures
1281	fixes, depuis qu'ils avaient perdu Chanputun (3).
1301	C'est à l'époque Deux Ahau, qu'Ahcuitok Tutul-Xiu
1321	s'affermit à Uxmal (de l'an 981 à l'an 1001). Deux Ahau,
1341	Treize Ahau, Onze Ahau, Neuf Ahau, Sept Ahau, Cinq
1361	Ahau, Trois Ahau, Un Ahau, Douze Ahau, Dix Ahau;
1381	deux cents ans qu'ils régnèrent avec les puissants sei-
1401	gneurs de Chichen-Ytza et de Mayapan (de l'an 981 à
1421	l'an 1181) (4).
1441	Voici les époques de Onze Ahau, Neuf Ahau, Sept
1461	Ahau (5). Au Huit Ahau, les puissants seigneurs de
1481	Chichen-Ytza furent ruinés pour avoir péché en paroles
1501	contre Hunac Eel, ce qui arriva à Chac-Xib-Chac de Chi-
1521	chen-Ytza, qui avait péché en paroles contre Hunac Eel,
1541	le puissant seigneur de la forteresse de Mayapan (6).
1561	Quatre-vingts années et dix points à la dixième pierre du

viner, un prince de race étrangère; car, ainsi qu'à celui d'Uxmal, le texte donne le titre de *halach-uinicil*, et, à ceux de Chichen et d'Izamal, le titre supérieur d'*Ahau* ou roi. — D'après le calcul de Pio Perez, cette fédération commence à l'an 936 et dure jusqu'en 1176, c'est-à-dire deux cent quarante ans, tandis qu'il dit lui-même clairement dans le texte maya et dans la traduction anglaise de Stephens que ce fut une période de deux cents ans. Durant cette période, les trois rois fédérés furent souvent en guerre, comme on le voit ici et dans le texte de Landa. Conf. pag. 48 et suiv.

(5) Le texte signale ici les Katuns XI, IX et VII; il passe le V, III, I, XII et X, pour arriver au VIII, où y donne la défaite de Chac-Xib-Chac, prince de Chichen.

(6) Hunac-Eel (peut-être *Huna-Ceel*) est appelé dans le texte *u halach uinicil Mayalpan ichpac*, le puissant seigneur de la forteresse de Mayapan (*halach uinicil*, vraie humanité, est intraduisible), en opposition avec le titre d'*Ahau* donné aux rois de Chichen et d'Izamal; ce qui semble annoncer une origine étrangère. Mayapan, qui continue comme forteresse, était peut-être restée au pouvoir des légions de race nahuatl, introduites par les Cocomes, suivant Landa : ce qui confirmerait cette supposition, c'est la liste des six ou sept grands officiers, commandant les troupes mayapanèques, dont les noms sont à peu près tous d'origine nahuatl.

kaba uinicilob lae nuctulob ah Mayapanob lae. Laili u katunil Uaxac Ahau, lai ca binob u pá ah-Ulmil Ahau, tumenel u uahal-uahob yetel ah-Ytzmal Ulil Ahau; lae oxlahun uuɔ u katunilob ca paxob tumen Hunac-Eel tumenel u ɔabal u naátob. Uac Ahau ca ɔoci, hun-kal haab ca-tac can lahun pizi.

Uac Ahau, Can Ahau, Cabil Ahau, Oxlahun Ahau, Buluc Ahau. Chucuc u luumil ichpáa Mayalpan, tumenel u pach tulum, tumenel multepal ich cah Mayalpan, tumenel Ytza uinicob yetel ah-Ulmil Ahau lae.

Can-kal ca-tac oxppel haab, yocol Buluc Ahau cuchie paxci Mayalpan tumenel ah-Uitzil ɔul, Tancah Mayalpan.

Uɔxac Ahau lay paxci Mayalpan lai u katunil Uac Ahau, Can Ahau, Cabil Ahau, lai haab ca yax mani.

(1) Cette période de Katuns est comptée par Pio Perez entre les années 1176 et 1258.
(2) De 1258 à 1172, suivant Pio Perez. — Le texte maya dit ici *Ah Ulmil Ahau*, qui me paraît signifier le roi de la maison ou des Ulmil; Ulmil serait donc plutôt un nom patronymique qu'un nom de personne. Stephens, d'après Pio Perez, dit que la guerre le fit contre Ulmil, à cause de ses querelles avec Ulil, roi d'Izamal : le texte me semble dire le contraire, et, au lieu de querelles, je crois qu'il faut lire, à cause de ses festins ou des fêtes qu'il célébrait en commun avec Ulil.
(3) Stephens, d'après Pio Perez, passe sous silence les mots *tumenel u ɔabal u naatob*, qui suivent le nom de Hunac-Eel, lesquels me semblent signifier *par celui qui accorde les dons de l'intelligence*.
(4) Cette guerre qui avait commencé au VIII Ahau (entre 1181 et 1201) termine dans l'Ahau suivant entre 1201 et 1221).
(5) Durant ce même VIII Ahau, le même roi du Chichen ou un autre de la même famille, profitant des troubles qui régnaient sans doute à Mayapan, envahit le territoire de cette ville. Ce qui paraît bien étrange ici, c'est le motif de cette invasion, c'est que Mayapan, sous les chefs de race nahuatl qui y dominaient, avait inauguré le gouvernement républicain. On voit, du reste, des traces de révolutions analogues

— 427 —

Huit Ahau s'étaient écoulés, et c'est là l'année (en 1191) où il fut vaincu par Ah-Tzinteyut-Chan, avec Tzuntecum, avec Taxcal, avec Pantemit Xuchu-Cuet, avec Itzcuat, avec Kakaltecat, et ce sont là les noms des seigneurs marquants de Mayapan (1). C'est dans la même période du Huit Ahau (de l'an 1181 à l'an 1201) qu'ils allèrent attaquer le roi Ulmil, à cause de ses grands festins avec Ulil, roi d'Ytzmal (2); ils avaient treize divisions de troupes, lorsqu'ils furent défaits par Hunac-Eel, par celui qui donne l'intelligence (3). Au Six Ahau, c'en était fait, après trente-quatre ans (entre l'an 1201 et l'an 1221) (4).

Six Ahau, Quatre Ahau, Deux Ahau, Treize Ahau, Onze Ahau. Envahissement par les gens d'Ytza avec leur roi Ulmil (5) du territoire de la forteresse de Mayapan (de l'an 1201 à l'an 1221), à cause des fortifications du pays et parce qu'un gouvernement républicain dirigeait Mayapan.

Quatre-vingt-trois ans (se passent), et au commencement du Onze Ahau (de l'an 1284 à l'an 1304) Mayapan fut ruiné par les montagnards (6), qui se rendirent maîtres de Tancah de Mayapan (7).

C'est au Huitième Ahau que Mayapan fut ruiné (8). Ce sont les époques du Six Ahau, du Quatre Ahau, du Deux Ahau, qui sont les années où arrivèrent pour la première fois les Espagnols (9), qui donnèrent depuis

au Quiché, presque vers la même époque. Voir mon *Hist. des nations civilisées du Mexique*, etc., tom. II, liv. II, chap. 8, et le *Livre sacré*, pag. 325.

(6) Ces montagnards *Ah-Uitzil*, d'où venaient-ils? Nul ne le dit. Mais l'analogie du nom avec celui des Quichés, car *quiche* et *uitzil* sont identiques étymologiquement, semblerait annoncer une invasion venue de Guatémala qui n'en est, d'ailleurs, pas excessivement éloigné. Quelques mots dans le *Livre sacré* donneraient à penser que l'envahisseur aurait été le roi Gucumatz. Conf. *Livre sacré*, pag. 314.

(7) *Tancah* paraît avoir été la ville qui aurait succédé à Mayapan et bâtie, peut-être, sur une partie de ses ruines, après la révolution qui en avait chassé les Cocomes. — Pio Perez, dans Stephens, assigne ces époques entre l'an 1272 et l'an 1368, date, dit-il, de la destruction de Mayapan. La date suivante est de 1368 à 1392.

(8) Le VIII Ahau-Katun commence à l'an 1441 et termine à l'an 1461; c'est celui durant lequel tombe la destruction définitive, c'est-à-dire l'abandon de Mayapan, d'après ce document, que Landa fixe à cent vingt-cinq ans avant l'époque où il écrivait, environ l'an 1487 de notre ère.

(9) Une nouvelle preuve de l'incurie avec laquelle Pio Perez a fait le calcul des Katuns de ce document, c'est qu'il fixe ici la période à la fin de laquelle arrivè-

Españoles u yaxilci caa luumi *Yucatan* tzucubte lae, oxkal haab pâxac ichpa cuchie.

Oxlahun Ahau, Buluc Ahau, uchci maya-cimil ichpa yetel nohkakil : Oxlahun Ahau cimci Ahpulá uacppel haab u binel ma ɔococ u xocol Oxlahun Ahau cuchie, ti yanil u xocol haab ti likin cuchie, canil Kan cumlahi Pop, tu holhun Zip ca-tac oxppeli, Bolon Ymix u kinil lai cimi Ahpulá; laitun *año* cu ximbal cuchi lae ca oheltabac lay u xoc *numeroil años* lae 1536 años cuchie, ox-kal haab paaɔac ichpá cuchi lae.

Laili ma ɔococ u xocol Buluc Ahau lae lai ulci españoles kul uincob ti likin u talob ca uliob uay tac luumil lae Bolon Ahau hoppel *Cristianoil* uchci caputzihil : laili ichil u katunil lae ulci yax obispo Toroba u kaba.

---

rent, pour la première fois, les Espagnols entre les années 1392 et 1488. L'Amérique n'était pas encore découverte : les événements dont il s'agit ici sont des années 1511-1517.

(1) La petite vérole avait été apportée par les Espagnols; quant à la perte en question ici, Conf. plus haut, pag. 62. Le mot *ichpaa*, qui est ici pour château ou forteresse, prouve que les grands édifices du Yucatan étaient encore en partie habités à cette époque.

(2) On ne dit pas qui était Ahpulà; mais pour que sa mort ait fait ici l'objet d'une date, il doit avoir été un personnage important parmi les Mayas, au moment de la conquête.

(3) Pio Perez fait mourir Ahpu-

le nom de Yucatan à cette province. Soixante ans s'étaient écoulés depuis la ruine de la forteresse (an 1511-1517).

Au Treize Ahau, au Onze Ahau, il y eut de la peste avec de la petite vérole dans les châteaux (1) : au Treize Ahau, Ahpulá mourut (2), six ans manquant pour que le compte du Treize Ahau s'écoulât ; le compte de l'année suivant à l'est et le Quatre Can commençant (le mois) Pop, ce fut au troisième mois Zip et au neuvième jour Ymix que mourut Ahpulá. Or, voici l'année où cela s'était passé, afin que son nombre correspondant soit connu : l'année 1536 (3), soixante ans après que la destruction de la forteresse avait eu lieu (4).

Mais, avant que se fût terminé le compte du Onze Ahau, arrivèrent les Espagnols, et des hommes saints (5) vinrent avec eux quand ils touchèrent cette terre. Au Neuf Ahau, commença le christianisme et l'avénement du baptême : c'est durant cette période qu'arriva le nouvel évêque, dont le nom est Toral.

---

là, suivant son commentaire, à l'an 1473, tandis que le document maya, texte et traduction, la fixe avec raison à l'an 1536, ce qui, avec les dates données par Landa, lève presque tous les doutes.

(4) Le document reparle ici de la ruine de Mayapan, en assignant à cet événement une antériorité de soixante ans au temps de la conquête : ce chiffre, répété deux fois, et à deux époques assez éloignées l'une de l'autre, semblerait annoncer une incorrection dans le texte où, au lieu d'*ox-kal*, trois-vingts, il faudrait lire probablement *can-kal*, quatre-vingts.

(5) Il s'agit ici des religieux qui, avec Landa, prêchèrent la doctrine chrétienne aux Mayas et commencèrent à les baptiser.

(6) Voir plus haut, pages 53 et 59.

ÉCRIT

DE

FRÈRE ROMAIN PANE

DES ANTIQUITÉS DES INDIENS,

QU'IL A RECUEILLIES AVEC SOIN EN HOMME QUI SAIT LEUR LANGUE,

PAR ORDRE DE L'AMIRAL (1).

Moi, frère Romain, pauvre ermite de l'ordre de Saint-Jérôme, j'écris, par ordre de l'illustre seigneur amiral et vice-roi, gouverneur des îles et de la terre-ferme des Indes, ce que j'ai pu apprendre et savoir de la croyance et de l'idolâtrie des Indiens, comme aussi ce qui a rapport à leurs dieux. De quoi je traiterai maintenant dans le présent écrit. Chacun, en adorant les idoles qu'ils ont chez eux, appelées *Cemi* (2), observe une manière et des superstitions particuliè-

---

(1) Ce petit ouvrage est tiré de l'histoire de Christophe Colomb, écrite par don Fernando Colomb, son fils. Au temps où Pinelo rédigea sa *Bibliothèque* en 1738, l'original espagnol n'existait plus; on n'a eu Espagne qu'une traduction faite sur l'ouvrage en italien, imprimé à Venise en 1571, d'après lequel nous donnons la nôtre. Le frère Romain Pane, hermite de l'ordre des Hiéronymites, comme il le dit lui-même, écrivit son récit à la demande du grand navigateur; il se compose de vingt-six petits chapitres, comprenant dix-huit feuillets, insérés à la suite du chapitre LXI de l'ouvrage de don Fernando Colomb, au milieu duquel il est intercalé.

(2) *Cemini,* pluriel en italien, de *cemi, cimi* ou *zemi,* appelés ailleurs *tuyra,* tel est le nom générique des dieux ou génies inférieurs, bons ou mauvais, des aborigènes de Haïti, nom qu'ils appliquaient à un grand nombre d'idoles et d'amulettes, représentant ces génies ou aux reliques de leurs ancêtres. « Les Caciques, ajoute à ce sujet Fernando Colomb, ont trois pierres dans lesquelles eux et leurs peuples ont une grande dévotion. L'une, disent-ils, est favorable aux moissons et aux légumes; l'autre à l'accouchement des femmes et la troisième pour obtenir de l'eau et du soleil au besoin. » Dans les dialectes des Antilles, on prononce

res. Ils reconnaissent qu'il y a dans le ciel comme un être immortel, que personne ne peut voir ; qu'il a une mère et qu'il n'a pas de principe, et ils l'appellent *Io cahuva, Gua-Maorocon* (1), et ils appellent sa mère *Atabei, Iermao, Guacarapito* et *Zuimaco*, qui sont cinq noms (2). Ceux dont j'écris ces choses sont de l'île Espagnole ; car des autres îles, je ne sais rien, ne les ayant jamais vues. De la même manière, ils savent de quel côté ils vinrent, d'où le soleil et la lune eurent leur origine, comment se fit la mer et en quel lieu vont les morts. Ils croient aussi que les morts leur apparaissent dans les chemins, lorsque l'un d'eux va seul ; c'est pourquoi ils ne leur apparaissent point, quand plusieurs vont ensemble. Ce sont leurs aïeux qui leur ont fait croire tout cela : bien qu'ils ne sachent pas lire ni compter plus loin que dix.

CHAPITRE I. De quel côté sont venus les Indiens et de quelle manière. — L'île Espagnole a une province nommée *Caanau*, dans laquelle il se trouve une montagne qui s'appelle *Canta*, où il y a deux grottes, l'une

---

aussi ce mot *ceme, cheme, chemi* (*ch* guttural comme le *j* espagnol). En quelques endroits du Yucatan le nom de *tzimin* était donné à certains fantômes : au temps de la conquête, les Mayas appelaient ainsi le tapir en quelques endroits ; ils le donnèrent au cheval. En langue nahuatl *tzimitl, tzitzimitl, tzitzimime* sont des fantômes ou démons : c'est le nom des étoiles qui tombèrent du ciel, au temps du déluge.

(1) Pierre Martyr d'Anghiera a pu consulter l'ouvrage original de Romain Pane, ainsi que d'autres documents analogues ; il écrit ces deux noms *Yocauna Gua-Maonocon* (*gua* est un article pronominal dans la langue antique de Haïti). Ce dieu est le premier moteur tout-puissant, éternel et invisible (*Sumario delle Indie Occidentali*, etc. (Col. de Ramusio, tom. III, fol. 34, v. Venise, 1606). On peut consulter, pour l'étymologie de ces noms, le petit vocabulaire haïtien placé à la suite de celui de la langue maya à la fin de ce volume.

(2) Cette mère, dans Pedro Martyr, reçoit les noms suivants : *Attabeira, Mamona, Gua-Carapita, Iella, Guimazoa*; Humboldt dit que les noms sont très-estropiés dans l'édition italienne de la vie de Colomb par son fils. Dans l'île de Cuba, au lieu d'*Atabei* on disait *Atabex*, dont la racine *at* signifie un, unique, premier. Ceux-ci et quelques autres dieux supérieurs n'avaient point d'images.

dite *Cacibagiagua* et l'autre *Amaiauua* (1). De Cacibagiagua sortit la plus grande partie des gens qui peuplèrent l'île. Ceux-ci se trouvant dans ces grottes, on y faisait de nuit la garde, et le soin en était commis à un qui s'appelait *Marocael* (2) ; mais on dit qu'ayant tardé un jour à venir à la porte, le soleil l'enleva. Voyant donc que le soleil l'avait enlevé, à cause de sa mauvaise garde, ils lui fermèrent la porte, et ainsi il fut transformé en pierre auprès de la porte. On dit que quelques-uns étant ensuite allés pêcher furent pris par le soleil, et ils devinrent des arbres, appelés par eux *Iobi*, et d'une autre manière, ils les nomment *Myrabolaniers* (3).

La raison pour laquelle Marocael veillait et faisait la garde, c'était pour regarder de quel côté il voulait envoyer ou répartir le monde ; et il paraît qu'il tarda trop pour son malheur.

CHAPITRE II. Comment les hommes se séparèrent des femmes. — Il arriva que l'un qui avait pour nom *Guagugiona*, dit à un autre qui s'appelait *Giadruuaua* (4) d'aller cueillir une herbe, dite le *Digo*, avec quoi ils se nettoient le corps, quand ils vont se laver. Celui-ci y alla avant le jour et le soleil l'enleva dans le chemin, et il devint un oiseau qui chante le matin comme le rossignol, et qui se nommait *Gia-*

(1) Pierre Martyr appelle le premier *Caunana*, le second *Canta* est écrit ailleurs *Cauta* ; le troisième nom est écrit par l'auteur cité *Caxi Baxagua*, qui me paraît devoir être la véritable orthographe ; le *x* étant pour *ch*, que le *ci* et *gi* représentent en italien. On lit aussi *Amaiauna* pour *Amaiauua*.

(2) Dans l'autre texte déjà cité *Machochael*.

(3) Suivant l'auteur cité, ces hommes avaient un vif désir de voir le monde ; ils sortirent donc de nuit, mais n'ayant pu rentrer à temps, ils furent surpris par le soleil qui les changea en arbres *iobi* (ou *hobi*), c'est-à-dire en arbres analogues aux myrabolaniers. C'est le *xocotl* ou *jocote* du Mexique.

(4) Pierre Martyr l'appelle *Vaguoniona*, ajoutant qu'il avait un grand nombre d'enfants ; l'un d'eux étant le *Giadrauaua* fut changé en rossignol.

huba Bagiael (1). Guagugiona voyant que celui qu'il avait envoyé cueillir l'herbe Digo ne retournait point, se résolut à sortir de ladite grotte de Cacibagiagua.

CHAPITRE III. — Guagugiona, indigné de voir que ceux qu'il avait envoyés pour cueillir le digo avec lequel il voulait se laver, ne revenaient point, dit aux femmes : Laissez vos maris et allons-nous-en à d'autres pays et nous y porterons beaucoup de joyaux. Laissez vos enfants et emportons seulement l'herbe avec nous, et nous retournerons ensuite pour eux.

CHAPITRE IV. — Guagugiona partit avec toutes les femmes et s'en alla, cherchant d'autres pays ; il arriva à *Matinino* (2) où il laissa aussitôt les femmes, et s'en alla dans une autre région nommée *Guanin*. Or, ils avaient laissé les petits enfants auprès d'un ruisseau. Mais ensuite lorsque la faim commença à les incommoder, on dit qu'ils se mirent à pleurer, appelant leurs mères qui étaient parties, et les pères ne pouvaient calmer leurs enfants, appelant leurs mères, à cause de la faim, en disant mama, pour parler, quoique en réalité ce fût pour demander le sein. Et tout en pleurant ainsi et en demandant le sein, disant *too, too*, comme celui qui demande quelque chose avec grande ardeur et beaucoup de constance, ils furent transformés en petits animaux, en manière de nains qu'on nomme *Tona*, à cause des cris qu'ils faisaient pour le sein ; et de cette manière tous les hommes restèrent sans femmes (3).

CHAPITRE V. — Qu'ils s'en allèrent en quête de

---

(1) *Giahuba-Bagiael*, fils de *Giahubabagi*, autre orthographe peut-être de *Guagugiona*.

(2) *Matinino* est l'île appelée aujourd'hui la Martinique.

(3) Suivant Pierre Martyr, ces enfants criaient *toa, toa*, c'est-à-dire maman, maman, et ils furent, ainsi que leurs mères, changés en grenouilles par le soleil. Un auteur dit que *tona* était l'opossum ou sarigue.

femmes une autre fois de l'île Espagnole, qui auparavant se nommait *Aïti*, et ainsi se nomment ses habitants (1); et celles-ci et les autres îles, ils les nommaient *Bouhi*. Mais comme ils n'ont ni écriture ni lettres, ils ne peuvent rendre bon compte de la manière qu'ils ont entendu ces choses de leurs ancêtres; ils ne sont pas d'accord, d'ailleurs, sur ce qu'ils disent, et on ne peut écrire ce qu'ils racontent avec ordre. Dans le temps que *Guahagiona* (2) (Guahahiona) qui enleva toutes les femmes s'en allait, il emmena pareillement les femmes de son cacique qui se nommait *Anacacugia* (3), le trompant comme il avait trompé les autres; de plus *Anacacugia*, parent de Guahagiona qui s'en allait avec lui, entra dans la mer, et ledit Guahagiona étant dans le canot, dit à son parent : Attention que le beau *Cobo* est dans l'eau, lequel Cobo est le limaçon de mer. Et celui-là regardant l'eau pour voir le Cobo, Guahagiona son parent le saisit par les pieds et le jeta dans la mer; ainsi il prit toutes les femmes pour lui, laissant celles de Martinino où on dit qu'il n'y a que des femmes aujourd'hui pour lui; il s'en alla à une autre île qui s'appelle Guanin, et elle s'appela ainsi à cause des choses qu'il emporta de celle-ci en partant.

CHAPITRE VI. — Que Guahagiona retourna à la dite (montagne de) Canta d'où il avait enlevé les femmes. — On dit qu'étant dans la région où il était allé, Guahagiona vit qu'il avait laissé une femme dans la mer, et il en eut une grande jouissance; mais aussitôt après il chercha un grand nombre

---

(1) *Aïti*, c'est-à-dire (terre) âpre ou montagneuse. *Bouhi* paraît signifier bien habité.

(2) C'est le même qui est écrit plus haut *Gua-Gugiona*.

(3) *Ana-Cacugia*, c'est-à-dire fleur de cacao.

de baigneurs pour se faire laver, étant couvert de ces ulcères que nous appelons le mal français (1). Ceux-là le mirent donc dans une *Guanara*, ce qui veut dire endroit retiré (2), et ainsi étant là, il guérit de ses ulcères. Elle lui demanda ensuite la permission de s'en aller en son chemin et il la lui donna. Cette femme s'appelait *Guabonito* (3), Guahagiona changea son nom et se nomma dorénavant *Biberoci Guahagiona* (4). Et la femme Guallonito (5) donna à Biberoci Guahagiona beaucoup de *Guanins* et de *Ciba*, afin qu'il les portât liés aux bras; car dans ces pays les *Colecibi* sont des pierres qui ressemblent beaucoup au marbre et ils les portent liés aux bras et au col, et les Guanins ils les portent aux oreilles, en s'y faisant des trous, quand ils sont petits; ils sont de métal, à peu près de la grandeur d'un florin (6). Le commencement de ces Guanins furent, disent-ils, *Guabonito*, *Albeborael*, *Guahagiona* et le père d'Albeborael (7). Guahagiona resta dans le pays avec son père qui se nommait *Hiauna;* son fils, du côté du père, s'appelait *Hia-Gua-*

---

(1) Ainsi, Guahagiona prend la syphilis au milieu de la mer avec une femme de la grotte de Cacibagia; il est étrange de voir cette maladie paraître ainsi dans les histoires religieuses des peuples américains. Dans la légende sacrée de Teotihuacan, *Nanahuatl*, le Syphilitique, se jette dans les flammes et devient le soleil.

(2) L'endroit où l'on mène Guahagiona pour le guérir est un endroit retiré, et aussi un lieu sacré d'après l'étymologie du mot *Gua-Nara*.

(3) *Guabonito*, c'est-à-dire Goïave d'homme, suivant un interprète.

(4) *Biberoci* paraîtrait devoir s'interpréter Roi de l'amour de la seconde vie.

(5) Il y a ici probablement une erreur, *Gualonito*, tandis que plus haut il y a *Guabonito*.

(6) Le *guanin* était un bijou travaillé avec beaucoup d'art et en toutes sortes de figures. (Herrera, *Hist. gen. de las Indias Occid.*, decad. I, chap. 3.) Le guanin était composé d'un amalgame de 18 parties d'or, 6 d'argent et 8 de cuivre. *Ciba* est la pierre.

(7) Ceci semble dire que l'usage de ces bijoux d'or devait son origine à *Guabonito*, à *Albeborael*, à *Guahagiona* et au père d'*Albeborael*, c'est-à-dire *Albe-Bora*, nom qui peut donner lieu à bien des conjectures, car il rappelle les nations primitives du nord, telles que les *Hyper-Boréens*, etc.

ili-Guanin, ce qui veut dire fils de Hiauna (1); et dorénavant il s'appela Guanin, et il s'appelle ainsi aujourd'hui. Mais comme ils n'ont ni lettres ni écriture, ils ne savent pas bien raconter ces sortes de fables et je ne puis les écrire bien. Je crois que je mettrai le commencement où devrait être la fin et la fin au commencement. Mais tout ce que j'écris est ainsi raconté par eux, juste comme je l'écris, et ainsi je le développe comme je l'ai entendu de ceux du pays.

CHAPITRE VII. — Comment il y eut encore une fois des femmes dans cette île de Haïti, et qui se nomme l'Espagnole. — Ils disent qu'un jour les hommes étaient allés se baigner : tandis qu'ils étaient dans l'eau, il pleuvait beaucoup, et ils étaient fort désireux d'avoir des femmes; et souvent, quand il pleuvait, ils étaient allés chercher les traces de leurs femmes. Ils ne pouvaient avoir d'elles aucune nouvelle; mais ce jour-là, on dit qu'en se baignant, ils virent tomber de quelques arbres, se laissant couler le long des branches, certaines formes de personnes qui n'étaient ni hommes ni femmes et qui n'avaient le sexe ni du mâle ni de la femelle. Ils allèrent donc pour s'en emparer; mais ces êtres s'enfuirent comme s'ils eussent été des aigles (2). C'est pourquoi ils appelèrent, par ordre de leur cacique, deux ou trois hommes, puisqu'ils ne pouvaient s'en emparer eux-mêmes, afin qu'ils observassent combien elles (3) étaient, et qu'ils

---

(1) Un commentateur de Romain croit trouver ici le commencement d'une dynastie antique, habile à travailler l'or et la pierre dure, et qui serait venue d'outre-mer; cette dynastie, les *Hi-Auna* ou *Hi-Ona* se rattacherait, suivant lui, aux anciennes tribus pélasges *Aones* ou *Ioniens*. La racine de ce nom, *ion*, *on*, *ona*, se trouve fréquemment, comme le peut voir le lecteur, dans les noms antiques de Haïti.

(2) Au lieu d'*aigles*, Pierre Martyr nous parle de *fourmis* qui descendaient le long des branches, ce qui a donné lieu à un grand nombre d'auteurs de cette époque de comparer cette fable à celle des Myrmidons.

(3) Ces êtres qui n'ont pas de

cherchassent pour chacune un homme qui fût *Caracaracol*, parce que ceux-ci avaient les mains âpres, et de cette façon ils tenaient bien ce qu'ils prenaient. Ils rapportèrent au cacique qu'il y en avait quatre, et ainsi ils conduisirent quatre hommes, qui étaient Caracaracols; le Caracaracol étant une maladie comme la gale qui rend le corps fort âpre (1). Après qu'ils s'en furent emparés, ils tinrent conseil entre eux sur ce qu'ils pourraient faire pour que ce fussent des femmes; puisque ces êtres n'avaient le sexe du mâle ni de la femelle.

CHAPITRE VIII. — De quelle manière ils trouvèrent le moyen à ce que ce fussent des femmes. — Ils cherchèrent un oiseau qui s'appelait *Inriri*, anciennement dit *Inrire Cahuuaiel*, lequel fore les arbres, et dans notre langue s'appelle Pico (2). De la même manière ils prirent ces femmes sans sexe de mâle

sexe d'abord, sont cependant représentés ensuite par un pronom féminin, *elles* dans le texte italien; mais il se pourrait qu'il s'appliquât aux aigles, *aguile*.

(1) *Caracaracol* est un pluriel de *caracol*, formé par la répétition du mot, très-fréquent dans les langues anciennes de l'Amérique. *Caracol* est le nom générique du coquillage marin, et en particulier du crabe. Son étymologie haïtienne prête à de nombreuses interprétations : il signifie mot à mot, sorti d'un lieu sacré; dans le quiché, il signifierait, issu ou sorti d'un poisson. La coquille était au Mexique un symbole de la lune et en même temps de la génération : « De même que l'animal sort de sa coquille, ainsi que l'homme sort du ventre de sa mère, » dit un passage du MS. mexicain Letellier, de la Bibliothèque impériale. On peut remarquer encore, à cet égard, qu'en un grand nombre de ces provinces des îles et de terre ferme, où les hommes allaient nus, ils se cachaient le membre viril dans un grand coquillage, attaché par devant à une ceinture. Dans ce mot curieux on trouve le nom des *Caras* ou *Cares*, qui est répandu d'un bout à l'autre de l'Amérique, de la Floride au fond de la Bolivie, et d'où les *Caraïbes* ou *Caribes* paraissent avoir pris le leur. Ici, le *Caracol* paraît être l'aborigène de Haïti, ou du moins une race antérieure à ceux du Guanio ou Hiona, qu'elle sert comme esclave. Cette race est entachée d'une maladie analogue à la gale, la syphilis apparemment; car c'est en voguant en compagnie d'une femme du même pays, que Guahagiana a pris cette maladie. Voir au chapitre V.

(2) Cet oiseau *inriri*, appelé *pico* par les Espagnols, est le *Picus imbrifœtus* d'Hernandez. (Nieremberg, *Hist. nat.*, lib. X, cap. 49.)

ni de femelle, leur lièrent les pieds et les mains, et s'étant saisis de l'oiseau susdit, le leur amarra au corps : celui-ci croyant que c'étaient des pièces de bois, commença à faire son travail habituel, becquetant et trouant à l'endroit où d'ordinaire doit se trouver le sexe des femmes. C'est de cette manière, disent les Indiens, qu'ils eurent des femmes, à ce que racontent les plus anciens. Comme j'ai écrit à la hâte et que je n'avais pas suffisamment de papier, je n'ai pu mettre à sa place ce que par erreur je portai ailleurs ; mais, somme toute, je n'ai pas erré, parce qu'eux croient le tout, de la même manière que cela est écrit. Retournons maintenant à ce que nous avions à mettre d'abord, c'est-à-dire leur opinion concernant l'origine et principe de la mer.

CHAPITRE IX. Comment ils disent que se fit la mer. — Il y avait un homme nommé *Giaia*, dont ils ne savent pas le nom (1) : et son fils se nommait *Giaiael*, ce qui veut dire fils de Giaia ; lequel Giaiael voulant tuer son père, celui-ci l'envoya en exil dans un lieu, où il resta exilé quatre mois ; après quoi son père le tua et mit ses os dans une calebasse et l'attacha au toit de sa maison, où elle demeura suspendue quelque temps. Il arriva qu'un jour désirant voir son fils, Giaia dit à sa femme : Je veux voir notre fils Giaiael, et celle-ci en fut contente ; ayant descendu la calebasse, il la renversa pour voir les os de son fils, et il en sortit une multitude de poissons grands et petits (2), sur quoi voyant que les os s'étaient transformés en poissons, ils délibérèrent de les man-

(1) *Giaia* est écrit *Iaia* dans l'abrégé de Ramusio. Ce Giaia était un homme puissant, dit le même abrégé.

(2) Malgré l'incohérence de toutes ces fables, on voit ici une connexion évidente entre l'histoire de ces poissons et celle des *Caracols*, rapportée plus haut. Ce chapitre et le suivant auraient dû précéder le VII°.

ger. Un jour donc qu'ils disent que Giaia était allé à ses *conico*, c'est-à-dire aux biens qui étaient de son héritage, vinrent quatre fils d'une femme qui s'appelait *Itaba-Tahuuana*, tous quatre d'une portée et jumeaux ; laquelle femme étant morte dans l'enfantement, on l'ouvrit et on en retira lesdits quatre fils ; et le premier qu'on en sortit fut Caracaracol, qui veut dire galeux, lequel Caracaracol eut pour nom..... les autres n'avaient point de nom.

CHAPITRE X. — Comme les quatre fils jumeaux d'Itaba-Tahuuana, qui était morte en couches, allèrent pour mettre ensemble la calebasse de Giaia où était son fils *Agiael* (1) qui s'était transformé en poissons ; mais aucun d'eux n'eut la hardiesse de la prendre, excepté *Dimivan Caracaracol* (2) qui la détacha. Et tous se rassasièrent de poisson : et pendant qu'ils mangeaient, ils entendirent Giaia qui revenait de ses domaines ; et voulant dans leur précipitation suspendre la calebasse, ils ne l'attachèrent pas bien, de manière qu'elle tomba à terre et se brisa. Ils disent que l'eau qui sortit de cette calebasse fut si abondante, qu'elle remplit toute la terre, et avec cette eau sortit une multitude de poissons ; de là ils tiennent que la mer eut son origine (3). Ceux-

---

(1) *Agiael*, erreur du copiste, apparemment pour *Giaiael*.

(2) *Dimivan-Caracaracol*, sont deux noms extrêmement remarquables, d'autant plus qu'ils sont liés à d'autres *noms*, non moins curieux, qui vont suivre, et à des événements tout aussi intéressants. Déjà on a pu voir l'identité de *Caras* avec les *Caras* ou Cariens de l'Asie Mineure ; ici se joint à ce nom celui de *Dimivan*, qui rappelle les *Demarends*, cette race antédiluvienne de la Perse.

Ici encore Dimivan-Caracaracol avec les frères joue un rôle remarquable dans les événements qui causent, non le déluge, mais le cataclysme qui bouleverse l'Amérique et séparent les îles du continent.

(3) La version de Pierre Martyr, dans Ramusio, est beaucoup plus complète : « Du commencement
» de la mer, écrit celui-ci, ils di-
» sent qu'il y avait un homme
» puissant appelé Iaia : celui-ci
» ayant tué un fils unique qu'il

là partirent ensuite de là et trouvèrent un homme qui se nommait *Con-el*, lequel était muet (1).

CHAPITRE XI. — Des choses qui passèrent aux quatre frères, lorsqu'ils s'en allèrent fuyant de Giaia. — Aussitôt qu'ils arrivèrent à la porte de *Bassa-Manaco*, et qu'ils entendirent qu'il portait du cassabi (2), ils dirent, *Ahiacauo Guarocoel*, c'est-à-dire connaissons celui qui est notre aïeul. De même Demivan Caracaracol, voyant ses frères devant lui, entra au dedans pour voir s'il pouvait avoir quelque cassabi; lequel cassabi est le pain qui se mange dans le pays. Caracaracol étant entré dans la maison d'*Aiamauaco* (3),

» avait, voulant l'ensevelir, et ne sachant où le mettre, l'enferma dans une grande calebasse, qu'il plaça ensuite au pied d'une montagne très-élevée, située à peu de distance du lieu qu'il habitait : or, il y allait la voir souvent par l'amour qu'il éprouvait pour son fils. Un jour, entre autres, l'ayant ouverte, il en sortit des baleines et d'autres poissons fort grands, de quoi Iaia, rempli d'épouvante, étant retourné chez lui, raconta à ses voisins tout ce qui lui était arrivé, disant que cette calebasse était remplie d'eau et de poissons à l'infini. Cette nouvelle s'étant divulguée, quatre frères qui étaient nés à la fois d'une seule couche, désireux de poissons, s'en allèrent où était la calebasse; comme ils l'avaient prise en mains pour l'ouvrir, Iaia étant survenu, et eux l'ayant aperçu, dans la crainte qu'ils eurent de lui, ils jetèrent par terre la calebasse; celle-ci s'étant brisée à cause du grand poids qu'elle renfermait, la mer sortit par ses ruptures, et toute la plaine qu'on voyait s'étendre au loin, sans fin ni terme d'aucun côté, s'étant couverte d'eau, fut submergée; les montagnes seulement restèrent, à cause de leur élévation, abritées de cette immense inondation, et ainsi ils croient que ces montagnes sont les îles et les autres parties de la terre qui se voient dans le monde. »

(1) Le nom de *Con-El*, fils de Con, qui suit les autres, n'est pas moins remarquable. *Con* ou *Chon* au Pérou, ce dieu sans chair et sans os, créateur des hommes qu'il détruit ensuite, pour leur donner plus tard une nouvelle existence, adoré au Mexique sous le nom de *Co, Con, Comitl*, comme un des symboles de la génération, rappelle d'une manière frappante le *Kon, Chon* ou *Xons* des théogonies antiques de l'Égypte et de la Phénicie, avec qui il est si complétement identique. Le Con-El de Haïti était muet; celui du Pérou sans chair ni os.

(2) Le *cassabi* ou pain de manioc, fait de la farine de la Yuca dont on extrait auparavant le suc, à cause de ses propriétés vénéneuses.

(3) Ce nom paraît être le même que le précédent *Aiacauo*.

lui demanda du cassabi, qui est le pain susdit; et celui-ci se mit la main au nez et lui lança un *guanguio* (1) aux épaules ; lequel guanguio était rempli de *cogioba* qu'il avait fait pour ce jour; laquelle cogioba est une certaine poudre que ces gens-ci prennent quelquefois pour se purger et pour d'autres effets que vous comprendrez ensuite. Ils la prennent avec une canne longue de la moitié d'un bras, qu'ils se mettent au nez par un bout et l'autre dans la poudre, et ainsi ils l'aspirent par le nez, et cela les fait purger généralement. Et ainsi il lui donna ce guanguio pour du pain et...... le pain qu'il faisait; mais il se retira fort indigné parce qu'ils le lui demandaient (2).

Caracaracol, après cela, s'en retourna vers ses frères, et leur raconta ce qui lui était arrivé avec *Baiamanicoel* (3), en leur faisant part du coup qu'il lui avait donné avec le guanguio sur l'épaule, et qui lui faisait beaucoup de mal. Alors les frères regardèrent l'épaule et virent qu'il l'avait très-gonflée, au point qu'il était près de mourir. Là-dessus, ils cherchèrent à la couper, mais sans y réussir : et prenant une *manaia* de pierre, ils la lui ouvrirent, et ainsi il en sortit une tortue femelle vivante (4) ; et de cette manière ils fabriquèrent leur maison et ils prirent soin de la tortue. De ceci je n'ai pas entendu autre chose et il y a peu à tirer de ce nous avons écrit. Ils disent en outre que le soleil et la lune sortirent d'une grotte qui est dans le pays d'un cacique, appelé *Mancia Tiuuel* ; laquelle grotte

---

(1) Ceci paraît être un sac où ils mettaient la *cagioba* ou *coxoba*, c'est-à-dire le tabac en poudre auquel il est fait souvent allusion dans ce petit ouvrage.

(2) Le sens ici est peu intelligible, à cause des mots intraduisibles qu'il y a dans le texte.

(3) Ici *Baiamanicoel* se trouve probablement pour *Bassamanaco* qui est plus haut.

(4) On sait que la tortue est souvent dans les fables anciennes un symbole de la terre sortie des flots.

s'appelait *Giououana* et pour laquelle ils avaient une grande estime (1). Ils la tiennent en totalité peinte à leur manière, sans aucune figure, mais avec beaucoup de feuillages et d'autres choses semblables : dans cette grotte, il y a deux Cimin, faits de pierre, petits, de la grandeur de la moitié du bras, les mains liées, et il semble qu'ils soient dans l'action de suer. Ils ont une grande estime pour ces Cimin, et quand il ne pleuvait point, ils disent qu'ils entraient là pour les visiter et qu'aussitôt il pleuvait. Or de ces deux Cimin l'un est appelé par eux *Boinaiel* et l'autre *Maroio* (2).

CHAPITRE XII. — De ce que ces gens-ci pensent au sujet des morts qui vont errants, et de quelle manière ils sont et ce qu'ils font. — Ils sont persuadés qu'il y a un lieu où vont les morts, qui se nomme *Coaibai*, et qu'il existe dans une partie de l'île appelée *Soraia* (3). Le premier qui se trouva en Coaibai fut, disent-ils, un qui se nommait *Machetaurie Guaiana*, qui était seigneur dudit Coaibai, maison et demeure des morts (4).

CHAPITRE XIII. De la forme qu'ils disent qu'ont les morts. — Ils disent que de jour ils restent enfermés, et qu'ils vont promener la nuit; et qu'ils mangent d'un certain fruit nommé *Guabaza*, lequel a le goût de...... qui le jour sont ...... et qui la nuit se changent en fruit, et que les (morts) en font un festin et se réunissent aux vivants. Or, pour les reconnaître, ils le font de cette manière, qu'ils lui touchent le ventre de la main, et que s'ils n'y trouvent pas l'ombilic, ils disent qu'il est *operito*, ce qui veut dire mort : c'est pour cela

---

(1) Ce cacique est appelé *Machinnech* dans l'abrégé de Pierre Martyr, dans Ramusio et la grotte *Iovana-Boina*.

(2) Suivant l'auteur précité le premier cimi s'appelait *Binthaitel* et le second *Marohu*.

(3) *Soraia*, pays du soleil couchant.

(4) Etymologiquement *Coaibai* est plutôt la demeure des ancêtres.

qu'ils disent que les morts n'ont pas d'ombilic. Et ainsi sont-ils quelquefois trompés, lorsqu'ils ne font pas attention à cela. Or s'ils se couchent avec quelque femme de celles de Coaibai, celles-ci, au moment où ils pensent les avoir entre les bras, s'évanouissent, et, à cause de cela, disparaissent en un moment. Voilà, quant à cela, ce qu'ils croient encore aujourd'hui. Quand une personne est en vie, ils appellent son esprit *Goeiz* et après la mort le nomment *Opia* : ils disent que ce Goeiz leur apparaît souvent sous la forme d'un homme ou d'une femme (1); et ils ajoutent qu'il s'est trouvé des hommes qui ont voulu combattre avec lui, et qu'en venant aux mains, il disparaissait et que l'homme mettait ses bras ailleurs, sur quelque arbre auquel il demeurait attaché. C'est ce que tous croient en général, petits et grands, que l'esprit leur apparaît sous la forme du père, de la mère, des frères, ou des parents, ou sous d'autres formes. Le fruit qu'ils disent que mangent les morts, est de la grosseur d'une poire de coing. Ces morts ne leur apparaissent jamais de jour, mais constamment la nuit; aussi est-ce avec grande crainte que l'un ou l'autre se risque à sortir seul de nuit.

CHAPITRE XIV. — D'où ils tirent ces choses et qui les fait demeurer dans cette croyance. — Ce sont quelques hommes qui pratiquent (la médecine), parmi eux, appelés *Bohuti*, lesquels font beaucoup de fourberies, comme nous dirons plus loin, pour leur faire accroire qu'ils parlent avec eux et qu'ils savent tous leurs faits et secrets, et que quand ils sont malades, ils leur enlèvent la maladie : et ainsi ils les trompent. C'est de quoi j'ai vu une

---

(1) L'auteur ou le traducteur doit se tromper ici ; il dit d'abord que le *goeiz* est l'esprit du vivant ; puis il le donne comme l'esprit du mort ; il y a très probablement *goeiz* pour *opia*.

partie de mes propres yeux, comme des autres choses ; je n'ai raconté que ce que j'ai entendu d'un grand nombre, particulièrement des principaux, avec lesquels j'ai pratiqué plus qu'avec d'autres ; c'est pourquoi ceux-ci croient toutes ces fables avec plus de certitude que les autres. Quoi qu'il en soit, de même que les Maures, ils ont leurs lois réduites à des chants antiques, à l'aide desquels ils se gouvernent, ainsi que les Maures, comme si c'était par l'écriture. Et lorsqu'ils veulent chanter leurs chants, ils touchent d'un certain instrument qu'ils appellent *Maiohauau* (1), qui est de bois, concave et de beaucoup de force, léger, long d'un bras et large d'un demi-bras ; et la partie où l'on touche est faite en forme de tenailles de maréchal-ferrant, et de l'autre côté (il a une ouverture oblongue ; on frappe sur la première avec un bâton, terminé par une boule de gomme, lequel) est semblable à une massue ; de telle manière, qu'elle ressemble à une citrouille au long col ; et c'est là l'instrument qu'ils touchent. Or, il a un son si fort qu'on l'entend à une lieue et demie de loin ; c'est à ce son qu'ils chantent leurs chants qu'ils apprennent par cœur : ceux qui en touchent sont les principaux d'entre eux, qui apprennent dès l'enfance à le toucher et à chanter en même temps, suivant leurs coutumes. Passons maintenant à la description d'un grand nombre d'autres choses et cérémonies et coutumes des gentils.

CHAPITRE XV. — Des observances de ces Indiens

---

(1) Dans Ramusio, le nom de *maguey* est donné à cette classe de tambours qui est le *teponaztli* des Mexicains et le *tunkul* du Yucatan. Cette traduction italienne est remplie d'incorrections. Il est bien évident qu'une ligne du texte original a été omise ici par mégarde ; car ce tambour oblong deviendrait à la fin semblable à une calebasse, forme qui doit être appliquée au bâton avec lequel on le frappait. J'ai placé entre parenthèses les mots qui me paraissent y manquer.

Buhu-itihu (1), et de quelle manière ils font profession de médecine et enseignent les gens ; et dans leurs cures médicinales, souvent ils se trompent. Tous ou la plupart de ceux de l'île espagnole ont un grand nombre de Cimi de différente sorte. L'un a les os de son père et de sa mère, de ses parents et de ses ancêtres, qui sont faits de pierre ou de bois. Et des deux sortes ils en ont beaucoup ; les uns qui parlent, les autres qui font naître les choses qu'ils mangent ; plusieurs qui font tomber la pluie, d'autres qui font souffler les vents. Ce sont toutes choses que ces pauvres ignorants croient que produisent ces idoles, ou pour mieux dire ces démons, ces gens-là n'ayant pas la connaissance de notre sainte foi. Quand quelqu'un est malade, ils lui amènent la Buhu-itihu, le médecin susdit. Le médecin est astreint à s'abstenir de la bouche, comme le malade lui-même, et à faire également le malade, ce qu'il fait de cette manière que vous allez entendre. Il faut donc qu'il se purge, comme le malade, et pour se purger, il prend d'une certaine poudre appelée *Cohoba*, en l'aspirant par le nez (2), laquelle l'enivre de telle sorte, qu'ils ne savent plus ce qu'ils font : et ainsi ils disent beaucoup de choses extrordinaires, dans les-

---

(1) *Bohu-itihu*, mot à mot anciens hommes, on les appelle indifféremment aussi *bohuti*, *boitii*, *bohique*, et dans Pierre Martyr *boition*. Ces *bohu-itihus* ou médecins formaient une caste puissante, mais bien dégénérée à l'époque de la découverte de l'Amérique ; ils étaient les restes d'un sacerdoce antique qui avait établi primitivement dans les Antilles les trois classes, telles que les présentent les traditions du *Livre sacré* des Quichés ; c'est-à-dire celle des *Bohu-itihu* ou prêtres, celle des *Taino* ou nobles, enfin celle des *Anaboria*, vassaux ou serviteurs. Malgré leur dégradation, on trouvait encore dans ce qui s'était conservé des institutions sociales dans ces îles, les débris d'une civilisation qui présentait des analogies remarquables avec celle du Yucatan, et d'autres régions du continent américain.

(2) *Cohoba*, ailleurs écrit *cogioba*, est le tabac en poudre dont il a été déjà question.

quelles ils affirment qu'ils parlent avec les Cimi, et que ceux-ci leur disent que d'eux vient la maladie.

CHAPITRE XVI. De ce que font lesdits Buhu-itihu. — Lorsqu'ils vont visiter quelque malade, avant de sortir de leurs maisons, ils prennent de la vase du fond de leurs cruches ou du charbon pilé, et se noircissent tout le visage, pour faire croire au malade ce qu'il leur semble de sa maladie : ils prennent ensuite quelques petits os et un peu de viande, et, enveloppant le tout dans quelque chose, afin que rien ne puisse tomber, ils le prennent dans la bouche. Le malade étant déjà purgé avec la même poudre que nous avons dite, le médecin entre dans la maison ; il commence par s'asseoir, et tous se taisent : s'il s'y trouve des enfants ils les envoient dehors, afin qu'ils ne mettent pas d'obstacle à l'office du Buhu-itihu, et il ne reste dans la maison qu'une ou deux des personnes principales. Or, se trouvant ainsi seuls, ils prennent quelques herbes de la Gioia.... grandes et une autre herbe, enveloppée dans la feuille d'un oignon, longue d'un demi-quartaut, et l'une des Gioia est de celles que tous prennent communément : les ayant broyées, ils en font une pâte avec les mains et puis se la mettent dans la bouche la nuit, pour vomir ce qu'ils ont mangé, afin que cela ne leur fasse pas de mal, et alors ils commencent à faire le chant susdit ; et allumant une torche, ils prennent ce suc (1).

Cela fait d'abord, et s'étant tenu posé quelques instants, le Buhu-itihu se lève et s'avance vers le malade qui est assis seul au milieu de la maison, comme on l'a dit : il tourne deux fois à l'entour, suivant son plaisir ; après quoi il se met devant lui, le prend par

(1) On dirait qu'il y a constamment des mots oubliés ; ici il est question d'un chant dont on aurait parlé, sans qu'il en ait été fait mention auparavant.

les jambes, le palpant aux cuisses, en descendant jusqu'aux pieds; puis il le tire avec force, comme s'il voulait détacher un membre de l'autre (1) : sur cela, il va au dehors de la maison dont il ferme la porte et lui parle, disant : Va-t-en à la montagne ou à la mer, ou bien où tu veux; et avec un souffle, comme qui souffle d'une sarbacane (2), il se retourne d'un autre côté, met ses mains ensemble, en fermant la bouche; et les mains lui tremblent comme d'un grand froid; il souffle sur ses mains et retire son haleine, comme on fait, en suçant la moelle d'un os, et aspire le malade au col, ou à l'estomac, aux épaules, ou aux joues, aux seins ou au ventre et en beaucoup d'autres parties du corps. Cela fait, il commence à tousser et à montrer un visage défait, comme s'il avait mangé quelque chose d'amer, et crache dans sa main. Il retire alors ce que nous avons dit qu'il s'était mis dans la bouche, étant dans sa maison, ou pendant le chemin, soit de la pierre, de l'os ou de la viande, comme on l'a dit. Et si c'est quelque chose qui se mange, il dit au malade : Fais attention que tu as mangé quelque chose qui t'a fait mal et que tu en souffres; regarde comme je te l'ai retiré du corps où ton Cemi l'avait mis, parce que tu ne l'avais pas prié, que tu ne lui avais érigé aucun autel, ou que tu ne lui avais donné aucun domaine.

Si c'est une pierre, il lui dit : Conserve-la bien soigneusement. Et quelquefois ils regardent comme certain que ces pierres sont utiles et qu'elles servent à faire accoucher les femmes : ils les gardent précieusement, enveloppées dans du coton, les plaçant dans de petits paniers, et leur donnent à manger de ce qu'ils

---

(1) Ne serait-ce pas là une sorte de magnétisme animal?
(2) Le texte italien dit : Come *chi soffia una pala*; peut-être est-ce pour *soffiare de una paglia*, souffler d'un fétu de paille.

mangent, et en usent de la même manière avec les Cimi qu'ils ont dans leurs maisons. Les grands jours de fête ils leur portent beaucoup à manger, comme du poisson, de la viande ou du pain, ou toute autre chose; ils mettent le tout dans la maison de Cimi, afin que la susdite idole en mange (1). Le jour suivant ils emportent tous ces vivres chez eux, après que Cimi en a mangé. Et ainsi que Dieu les aide comme Cimi en mange et leur en donne d'autre, Cimi étant une chose morte, composée de pierre ou faite de bois.

CHAPITRE XVII. Comment les susdits médecins se sont trompés quelquefois. — Quand ensuite ils ont fait les choses susdites, et que, néanmoins, le malade vient à mourir, si le défunt a beaucoup de parents ou est seigneur de bourgades et s'il est puissant, il oppose de la résistance audit Buhu-itihu, ce qui veut dire médecin; car ceux qui peuvent peu, n'osent pas lutter contre ces médecins, et celui-là, s'il veut lui faire du mal, le fait ainsi (2) :

Voulant savoir si le malade est mort par la faute du médecin, ou si celui-ci n'a pas fait diète, comme il lui était ordonné, ils prennent une herbe appelée *gueio*, qui a les feuilles semblables à celles du basilic, grosses et larges, et qui autrement s'appelle aussi *zachon*. Ils prennent donc le suc de la feuille, coupent au mort les ongles et les cheveux du côté du front, les réduisent en poudre entre deux pierres et la mêlent avec le suc de l'herbe susdite, pour la donner ensuite à boire au mort, par le nez et par la bouche. Cela fait, ils demandent au défunt si le médecin est

---

(1) Il y a dans le texte *Cimiche*, prononcé *tzimique*; autre variante de *semi*.

(2) Ici paraît sous tout son jour l'antagonisme qui existait dans les îles entre la noblesse et le Sacerdoce.

cause de sa mort et s'il a observé la diète. Ils lui demandent cela à plusieurs reprises, jusqu'à ce qu'il parle aussi clairement que s'il était vivant, et qu'il vienne à répondre à tout ce qu'on cherchait à savoir de lui, en disant que le Buhu-itihu n'a pas observé la diète, qu'il a été cause de sa mort cette fois ; et ils disent que le médecin lui demande s'il est vivant, puisqu'il parle si clairement, et il répond qu'il est mort.

Alors, dès qu'ils ont appris ce qu'ils voulaient, ils le remettent dans sa tombe, d'où ils l'avaient ôté, afin de savoir de lui ce que nous venons de dire.

Ils font encore ces choses d'une autre manière pour savoir ce qu'ils veulent. Ils prennent le mort et font un grand feu, semblable à celui avec lequel le charbonnier fait le charbon, et lorsque le bois est tout entier réduit en braise, ils jettent le défunt sur ce grand brasier, et le recouvrent de terre, de la même manière que le charbonnier recouvre le charbon, et l'y laissent aussi longtemps qu'il leur fait plaisir. Et celui-ci s'y trouvant ainsi, ils l'interrogent comme on a dit qu'ils faisaient pour l'autre, à quoi il répond qu'il ne sait rien. Là-dessus, ils l'interpellent dix fois ; et après cela il ne parle plus. Ils lui demandent s'il est mort ; mais il ne répond plus de ces dix fois.

CHAPITRE XVIII. De quelle manière les parents du mort se vengent lorsqu'ils ont reçu la réponse au moyen du breuvage. — Les parents du mort se réunissent un jour donné et attendent le Buhu-itihu, auquel ils donnent la bastonnade, lui brisant bras et jambes, lui rompant la tête, au point de le laisser à moitié pilé, et dans la persuasion de l'avoir tué. Mais la nuit, disent-ils, il vient une multitude de couleuvres de toute sorte, blanches, noires, vertes et de beaucoup d'autres couleurs, qui lèchent le visage et toutes les parties du corps audit médecin, qu'ils avaient laissé pour mort, comme nous venons de le dire. Celui-ci reste ainsi deux ou trois jours, et, tandis qu'il est dans cet état, les os des bras et des jambes, dit-on, reviennent à se joindre et à se souder; il se lève, chemine tout doucement et s'en retourne à la maison. Ceux qui le voient l'interrogent en disant : N'étais-tu pas mort? Mais il répond que les Cimins sont venus à son secours, sous formes de couleuvres. Les parents du défunt, qui croyaient avoir vengé sa mort, sont remplis de colère, en voyant l'autre vivant; ils se désespèrent, et travaillent à l'avoir une autre fois entre leurs mains, pour le faire mourir, et, s'ils y parviennent, ils lui arrachent les yeux et lui brisent les testicules; car ils disent que nul de ces médecins ne peut mourir, quelques coups et bastonnades qu'on lui donne, s'ils ne lui enlèvent les testicules.

Comment ils savent ce qu'ils veulent de celui qu'ils brûlent, et comment ils exercent leur vengeance. — Lorsqu'ils découvrent le feu, la vapeur qui en sort s'élève jusqu'à ce que ceux-ci la perdent de vue et qu'elle ait produit un bruit perçant en sortant de la fournaise. Elle retourne en bas et entre dans la maison du médecin Buhu-itihu, et à l'instant même celui-ci, s'il n'a pas observé la diète, tombe malade, se couvre d'ulcères, et voit tomber la peau de tout son corps : c'est le signe auquel ils reconnaissent que celui-ci ne s'est pas abstenu, et pourquoi le malade est mort. Tels sont donc les charmes dont ces gens ont coutume d'user.

CHAPITRE XIX. De quelle manière ils font et gardent les Cimi de bois ou de pierre. — Ceux de pierre se font de cette manière. Lorsque quelqu'un va en voyage, dit-on, et qu'il voit un arbre dont la racine remue, l'homme s'arrête avec terreur et lui demande qui il est. Et il lui répond : Je m'appelle Buhu-itihu, et cela te dit ce que je suis. Alors cet homme allant trouver le susdit médecin, lui dit ce qu'il a vu, et le sorcier ou devin court tout de suite voir l'arbre dont l'autre lui a parlé; il commence par s'asseoir auprès et lui fait *cagioba*, comme nous l'avons dit plus haut, dans l'histoire des quatre frères. La cagioba faite, il se lève sur les pieds ; il lui dit tous les titres connus d'un grand seigneur et le questionne ainsi : Dis-moi qui tu es et ce que tu fais ici; ce que tu me veux, et pourquoi tu m'as fait appeler? Dismoi si tu veux que je te coupe, ou si tu veux venir avec moi; comment tu veux que je te porte, et je te fabriquerai une maison avec son domaine. Alors, cet arbre ou Cimi, devenu idole ou diable, lui répond en lui disant la forme sous laquelle il veut qu'on le fasse. Il le coupe et le fait de la manière qui lui a été commandée. Il lui fabrique sa maison avec son domaine, et souvent, dans l'année, il lui fait la cagioba. Cette cagioba c'est pour lui faire la prière et pour lui plaire; pour lui demander et savoir du Cimi quelques-unes des choses en bien et en mal, comme aussi pour lui demander des richesses.

Mais s'ils veulent savoir s'ils remporteront la victoire sur leurs ennemis, ils entrent dans une maison dans laquelle il n'entre personne que les principaux d'entre les habitants : leur chef est le premier à faire la cagioba et sonne. Tandis qu'il fait la cagioba, aucun de ceux qui sont dans l'assemblée ne parle, jusqu'à ce que le chef ait terminé; mais, après qu'il a fini sa prière, il reste quelques instants, la tête baissée et les bras sur les genoux ; ensuite il lève la tête, en regardant vers le ciel, et parle. Alors tous lui répondent à la fois à haute voix ; et, quand tous ont parlé, lui rendant grâces, il raconte la vision qu'il a eue dans l'ivresse de la cagioba, qu'il a aspirée par le nez ; il dit qu'il a parlé avec le Cimi, qu'ils remporteront la victoire, ou que leurs ennemis fuiront, ou qu'il y aura une grande mortalité, ou des guerres, ou une famine, ou autre chose de ce genre, suivant ce qu'il convient à celui qui s'est enivré de dire. Considérez comment est son esprit ; car ils disent qu'il leur semble voir que les maisons tournent, avec leurs fondations, sens dessus dessous, et que les hommes marchent les pieds en l'air. Ils font également cette cagioba aux Cimi de pierre et de bois, comme aux corps morts, ainsi que nous l'avons dit plus haut.

Les Cimi de pierre sont de diverses manières. Il y en a quelques-uns qu'ils disent que les médecins font avec le corps desséché (des morts), et les malades gardent ceux-ci qui sont meilleurs, pour faire accoucher les femmes enceintes. Il y en a d'autres qui parlent, qui sont de la forme d'un gros navet, aux feuilles étendues par terre comme les câpriers, et ces feuilles ont pour la plupart la forme de feuilles d'orme ; d'autres ont trois pointes, et ils regardent comme certain qu'ils font naître la *yuca*. Ils ont des racines semblables au raifort. La feuille de la *giutola* (xutola) a tout au plus six ou sept pointes, et je ne sais à quoi je pourrais la comparer, car j'en ai vu quelques-unes qui lui ressemblent, en Espagne et en d'autres pays. La tige de la yuca est de la hauteur d'un homme. Parlons maintenant de la croyance qu'ils ont dans ce qui touche aux idoles et aux Cimi, et des grandes erreurs où il les font tomber.

CHAPITRE XX. — Du cimi *Bugia* (Buxa) et *Aiba*, qui, disent-ils, fut brûlé par eux, quand il eut des guerres, et à qui il crut des bras et une autre fois des yeux, et dont le corps grandit quand on l'eut lavé avec le jus de la yuca. La yuca était petite, et, avec l'eau et le jus susdit, ils la laissaient afin qu'elle devînt plus grosse : et ils affirment qu'elle donnait des maladies à ceux qui avaient fait ledit Cimi, pour ne pas lui avoir porté à manger de la yuca. Ce cimi avait pour nom *Baidrama* (1). Or, quand quelqu'un tombait malade, ils appelaient le Buhu-itihu et lui demandaient d'où était venu sa maladie ; et il lui répondait que Baidrama la lui avait envoyée parce qu'il ne lui avait pas envoyé à manger pour ceux qui avaient soin de sa maison ; et ceci le Buhu-ituhu disait que le cimi Baidrama le lui avait dit.

CHAPITRE XXI. Du cimi de Guamorete. — Ils disent que quand ils firent la maison de *Guamorete*, lequel était un homme de condition, ils y mirent un Cimi qu'il tenait sur le haut de sa maison, lequel Cimi s'appelait *Corocote* (2) : or, dans le temps qu'ils avaient des guerres entre eux, les ennemis de Guamorete brûlèrent la maison où était ledit cimi Corocote. Alors ils disent qu'il se leva et s'en alla loin comme un tir d'arbalète de cet endroit, auprès de l'eau ; ils disent qu'étant sur la maison, il descendait de nuit et jouait avec les femmes : qu'ensuite Guamorete mou-

---

(1) *Bugia*, *Aiba* et *Baidrama* paraissent être trois noms du même cemi, et le peu qu'en rapporte l'auteur donnerait à penser qu'il s'agit ici d'une sorte de divinité de la guerre et du mal.

(2) *Corocote* était, suivant l'abrégé de Ramusio, un cemi fait de coton, et tous les enfants qui naissaient avec quelque signe particulier sur la tête ou le col, passaient pour avoir été engendrés par lui.

rut et que ledit Cimi vint aux mains d'un cacique et qu'il continuait à jouer avec les femmes. Ils ajoutent qu'il lui naquit sur la tête deux couronnes; c'est pourquoi ils disaient : Puisqu'il a deux couronnes, certainement qu'il est fils de Corocote, et ils regardaient cela comme très-certain. Ce Cimi, un autre cacique le posséda ensuite, appelé Guatabanex, et son endroit s'appelait *Giacaba*.

CHAPITRE XXII. — D'un autre Cimi qu'ils appelaient Opigielguouiran que possédait un autre personnage de condition, qui se nommait *Cauauan-Iovana*, lequel avait sous lui un grand nombre de sujets. — De ce cimi *Opigielguouiran* (1) ils disent qu'il a quatre pattes, comme un chien, et qu'il est fait de bois : que souvent, la nuit, il sort de sa maison pour rôder dans les bois, où l'on allait le chercher; on le ramenait à sa maison, l'y liant avec des cordes, ce qui ne l'empêchait pas de retourner dans les bois. Or, lorsque les chrétiens arrivèrent à l'île Espagnole, on dit qu'il s'échappa et s'en alla dans un lac jusqu'où ils suivirent ses traces; mais ils ne le revirent plus jamais, et n'en savent pas davantage à son sujet. Ainsi que je l'ai acheté, ainsi je le vends.

CHAPITRE XXIII. — D'un autre Cimi, qui se nomme Guabancex. — Ce cimi *Guabancex* était dans le pays d'un grand cacique d'entre les plus distingués, appelé *Aumatex* : ce Cimi est femelle : et ils disent qu'il est accompagné de deux autres (2); l'un est celui qui

---

(1) Dans Pierre Martyr il est appelé *Epileguanita*.

(2) *Gua-Bancex*, *Gua-Tauva* et *Coatrischie* (*Gua-Trixquié?*) sont évidemment les trois personnes de la trinité que le *Livre sacré* des Quichés nous présente dans Hurakan (l'ouragan) et qui président aux nuages, à la foudre et à la tempête.

annonce, l'autre celui qui rassemble et gouverne les eaux. Or, quand Guabancex se fâche, ils disent qu'il fait mouvoir le vent et l'eau, qu'il renverse les maisons et arrache les arbres. Ce Cimi, qu'ils disent être femelle, est fait des pierres du pays : les deux autres Cimi dont il est accompagné, sont appelés l'un *Guatauva*; c'est le messager et l'avant-coureur qui ordonne, par le commandement de Guabancex, à tous les autres Cimi de cette province de l'aider à faire beaucoup de vent et d'eau; l'autre s'appelle *Coatrischie*; c'est lui qui rassemble les eaux dans les vallées entre les montagnes, et qui les laisse aller ensuite pour qu'elles bouleversent le pays. Et ceci, ces gens-là le tiennent pour certain.

CHAPITRE XXIV. — De ce qu'ils croient d'un autre Cimi qui se nomme *Faragauaol*.

Ce Cimi est celui d'un grand cacique de l'île Espagnole, et c'est une idole à qui ils attribuent différents noms, et qui fut trouvée de la manière que vous allez entendre. Ils disent qu'un jour, dans les temps passés, avant la découverte de l'île, sans qu'ils puissent dire quand, étant allés à la chasse, ils trouvèrent un certain animal; qu'étant couru après, il tomba dans une fosse, et qu'y regardant pour cela, ils virent un tronc d'arbre qui leur paraissait une chose vivante. Ce que voyant le chasseur, il courut à son maître qui était cacique, et père de *Guaraionel* et lui dit ce qu'il avait vu. Sur quoi ils y allèrent et trouvèrent la chose, comme le chasseur l'avait dite; et ayant pris le tronc ils lui fabriquèrent une maison. Ils disent que de cette maison il sortit plusieurs fois, retournant à l'endroit, d'où on l'avait enlevé, non précisément au même lieu, mais tout près; car le seigneur susdit ou son fils Guaraionel l'ayant envoyé chercher, le trouvèrent caché; une autre fois ils le lièrent et le mirent dans un sac; et avec tout cela, ses liens ne l'empêchaient pas de s'en aller. Et ces pauvres ignorants regardent ces choses comme des plus certaines.

CHAPITRE XXV. — Des choses qu'ils affirment avoir été dites par deux des principaux caciques de l'île Espagnole, l'un appelé *Caziuaguel*, père dudit Guarionel, et l'autre *Guamanacoel*. — C'est ce grand seigneur qu'ils disent être dans le ciel, et qui au commencement de ce livre est écrit *Caizihu*, lequel fit ici une abstinence comme celle que ces gens-ci font tous communément : à cet effet, ils restent renfermés six ou sept jours, sans rien manger, excepté du jus des herbes avec lequel ils se lavent également. Ce temps terminé, ils commencent à manger quelque chose qui alimente. Et dans le temps qu'ils sont restés sans manger, à cause de la faiblesse qu'ils éprouvent dans le corps et dans la tête, ils disent avoir vu quelque chose, peut-être désirée par eux : tous font donc cette abstinence en l'honneur des Cimi qu'ils possèdent, pour savoir s'ils remporteront la victoire sur leurs ennemis ou pour acquérir des richesses, ou pour toute autre chose qu'ils puissent désirer. Ils disent aussi que ce cacique avait affirmé avoir parlé avec *Iocauuaghama*, qui lui avait dit que, après sa mort, quel que fût celui qui demeurât vivant, il ne jouirait que peu de temps de l'autorité, parce qu'il viendrait dans le pays des gens habillés qui devaient les mettre sous le joug et les faire mourir, et qu'ils mourraient de faim. Mais ils pensèrent d'abord que ces gens seraient les Cannibales; et considérant que ceux-ci ne faisaient autre chose que piller et s'enfuir, ils crurent que ce devrait être une autre nation dont parlait le Cimi. D'où ils sont persuadés maintenant qu'il s'agissait de l'Amiral et des gens qu'il amena avec lui (1). . . .

Voilà tout ce que j'ai pu comprendre et savoir par rapport aux coutumes et rites des Indiens de l'île Espagnole, par le soin que j'ai mis ; en quoi je ne prétends à aucune utilité spirituelle ou temporelle. Plaise à Notre-Seigneur de faire tourner tout cela à sa gloire et à son service, de me donner la grâce de pouvoir persévérer ! s'il devait en être autrement qu'il m'ôte l'intelligence.

(1) Ce qui suit dans l'opuscule du frère Romain n'a plus aucun rapport avec les choses précédentes, c'est l'histoire de la conversion de quelques caciques, mêlée de miracles légendaires et sans le moindre intérêt dans la matière que nous traitons ici.

FIN DE L'ŒUVRE DU PAUVRE ERMITE ROMAIN PANE.

ESQUISSE D'UNE GRAMMAIRE

DE

LA LANGUE MAYA

D'APRÈS CELLES

DE BELTRAN ET DE RUZ.

A l'époque de la découverte du continent américain, le maya était la langue unique de toute la péninsule yucatèque et d'une partie des régions voisines, comprises actuellement sous le nom de Peten et de Lacandon, ainsi que des cantons fertiles arrosés par les nombreuses embouchures de l'Uzumacinta et du Tabasco. A cette langue se rattachaient différents dialectes : d'un côté, c'étaient le *mopan*, le *peten* et le *chol*, qui paraissent s'en être éloignés beaucoup, depuis lors; de l'autre, le *tzendal*, le *zotzil* et le *mam*, alliés également de fort près autrefois, mais qui s'annoncent plutôt comme un trait d'union entre les trois autres et le groupe *quiché-guatémalien*. Au rapport de Landa, l'Adelantado Montejo fut un des premiers qui eût travaillé à acquérir quelque connaissance de la langue des Mayas, afin, dit-il, de pouvoir converser avec eux. Les Franciscains, à qui était échue l'œuvre de la conversion du Yucatan, ne tardèrent pas à suivre son exemple, et celui qui s'appliqua tout d'abord à enseigner leurs enfants fut le Français Jacques de Testera, frère d'un chambellan de François Ier, que les Espagnols chassèrent du Yucatan, à cause du zèle avec lequel il défendait les indigènes de leurs excès.

A la suite de la seconde expédition de Montejo, d'autres franciscains furent envoyés à Campêche et à Mérida, où ils travaillèrent avec ardeur à se rendre maîtres des premiers éléments de la langue. Celui qui obtint le plus de succès fut le Père Luis de Villalpando, qui commença à l'apprendre d'abord, ajoute ici Landa, par signes et à l'aide de petites pierres, à la manière de ceux dont parle Torquemada (1). La grammaire qu'il composa sur le plan des grammaires latines de son temps, augmentée et perfectionnée par Landa, aurait été publiée au rapport de Pinelo; mais, si elle existe, les exemplaires en sont aujourd'hui perdus. Quoi qu'il en soit, cet ouvrage servit de base à plusieurs autres

---

(1) Voir plus haut *Relacion de las Cosas de Yucatan*, page 90.

du même genre : telles furent les grammaires du Père Julian de Quartes, de Juan Coronel, de Juan de Azevedo, de Francisco Gabriel de San-Bonaventura et de Pedro Beltran de Santa-Rosa-Maria (1); mais, à l'exception des ouvrages de ces deux derniers, on ne connaît rien aujourd'hui d'imprimé à ce sujet jusqu'à la grammaire publiée par le Père Joaquin Ruz, en 1844 (2).

Le Père Pedro Beltran, parlant de la langue maya, dit, dans la préface, qu'elle est « gracieuse dans la diction, élégante dans
» les périodes et concise dans le style; capable d'exprimer sou-
» vent, dans un petit nombre de mots et de syllabes, le sens de
» plusieurs phrases. Si le disciple, ajoute-t-il, surmonte une fois
» la difficulté que présente au premier abord la prononciation
» de quelques consonnes extrêmement gutturales, il n'éprouvera
» guère d'embarras ensuite, pour se mettre au courant de la
» langue. »

DE L'ALPHABET.

L'alphabet de la langue maya manque des lettres *d, f, g, j, q, r, s, v;* mais elle en a d'autres, en revanche, que nous n'avons pas dans le français, deux, entre autres, où l'on trouve jusqu'à un certain point le son du *d*, du *j* et du *z;* tels sont le ɔ (*c* renversé), qui doit se prononcer *dz*, et le ҫh, que les livres modernes du Yucatan représentent avec un *h* barré ou croisé par le haut, mais que nous rendons ici par un ҫ pour plus de commodité. Autant qu'il nous est possible de nous en rendre compte, le son de ces deux lettres doit se rendre à peu près comme *dj;* mais elles se présentent rarement et dans un petit nombre de mots, où elles ne paraissent être qu'une variété du *ch* ordinaire de l'espagnol, qui se prononce *tch*.

La lettre *c* est dure indifféremment devant toutes les voyelles, autant que le *k* ou le *q* français; ainsi *cimil*, la mort, se prononce *kimil*. La lettre *h* est toujours aspirée avant ou après les voyelles, comme le *j* ou *jota* en espagnol (3). *I*, devant une autre voyelle, prend le son de notre *y*, commun dans les ouvrages modernes, mais qui, d'ordinaire, est remplacé par deux *ii* dans les plus anciens, ou *ÿ*. *K*, différent du nôtre, a un son guttural que l'usage

---

(1) Francisco Gabriel de San-Bonaventura écrivit un *Arte de el idioma maya*, imprimé à Mexico en 1580, in-8°. L'ouvrage de Beltran porte le titre suivant : *Arte de el idioma maya*, reducido a succinctas reglas y semi-lexicon Yucateco, Mexico, por Bernardo de Hogal, 1746, 4°.

(2) *Gramatica Yucateca*, por el P. Fr. Joaquin Ruz, formada para la instruccion de los indigenas, sobre el compendio de D. Diego Narciso Herranz y Quiros, Merida de Yucatan, por Rafael Pedrera, 1844, in-12.

(3) La lettre *h*, dans les ouvrages modernes, où elle est précédée de la lettre *t*, est toujours barrée par le haut, pour indiquer un son différent du *th* anglais; nous n'en avons pas mis ici, n'en voyant pas la nécessité : il suffit de savoir que ce *th* a un son qu'on ne peut apprendre que par l'usage.

seul peut enseigner. Le *pp* est beaucoup plus fort que le *p* simple; il est, ainsi que le *th*, représenté dans les anciens ouvrages par *tt* ou double *t;* car il est de la classe des lettres américaines qu'on appelle détonnantes, le *th* maya n'ayant aucune analogie avec le *th* anglais. *U* est toujours prononcé *ou*, se modifiant légèrement en *w* devant une autre voyelle. La lettre *x* représente le son du *ch* français (en anglais *sh*), et le *z* a pour ainsi dire le son de notre *s* dur.

On peut remarquer, en règle générale, que les voyelles ont deux sons : l'un ordinaire, comme celui que nous connaissons, et l'autre nasal, que l'usage seul peut apprendre à distinguer du premier.

DE L'ARTICLE.

Les noms, dans la langue maya, sont indéclinables comme en français; les cas sont formés par des prépositions, suivies ordinairement d'un article qui détermine le sujet. Ces articles sont *u*, qui détermine la possession. Ex. : *U hol pop*, le chef de la natte, ou le maître d'orchestre; *u luum Mayabob*, la terre des Mayas. Les véritables articles sont *le, leti, letile.*

Singulier masculin et féminin.

N. *Leti uinic*, l'homme; *le xchup*, la femme.
G. *Ti uinic*, de l'homme; *ti le xchup*, de la femme.
D. *Ti uaix, utial letile uinic*, à ou pour l'homme.
Ac. *Ti le uinic*, l'homme.
V. *Uinicé, o uinicé*, ô homme (1).
Ab. *Ti, y* ou *yetel*, etc. *uinic*, de, dans, avec, etc., l'homme.

Les mêmes articles et les mêmes prépositions s'emploient pour le pluriel comme pour le singulier et pour les trois genres. Au singulier, le neutre prend quelquefois l'article *lo* au lieu de *le* ou *leti*, et quant au pluriel, il se distingue par l'adjonction de la particule *ob*, ainsi qu'on le verra dans les noms.

DES NOMS SUBSTANTIFS ET ADJECTIF.

Le nom, en général, a deux formes, sous lesquelles il se présente, abstraite, comme *che*, bois ou arbre, *kaz*, mauvais, *uinic*, homme. Pour les déterminer, on leur ajoute l'affixe *el* ou *il;* ainsi, *che* fait *cheil*, le bois de quelqu'un ou de quelque chose; *kaz* fait *kazil*, la méchanceté ou le mal; *uinic* devient *uinicil*, l'humanité et aussi le corps de l'homme. *Yum*, père, et *ná*, mère, paraissent faire exception à cette règle : ainsi, un fils dira : *In yum*, mon père; *a ná*, ta mère, *yumbil* et *náil* devant être pris, au contraire, dans un sens moins déterminé. C'est pourquoi on dit dans le Symbole : *In u-oczic-uol ti Dios yumbil*, je crois en Dieu le Père.

(1) La lettre *é* à la fin des noms est un signe du vocatif, comme dans plusieurs autres langues de l'Amérique.

Quoiqu'il y ait quelquefois de la différence entre les noms de personnes et ceux des animaux ou des êtres inanimés, cette différence est fort peu sensible. La particule pronominale *ah* ou simplement *'h* s'affixe pour exprimer le masculin, et *ix* ou *x* pour le féminin (1). Ex. : Ɔon, qui est la racine du verbe *ɔonah*, chasser, fait *'hɔon* ou *ahɔon*, le chasseur, et *'xɔon*, la chasseresse. Ces préfixes se placent également devant les adjectifs lorsque ceux-ci, avec le substantif auquel ils sont joints, servent à exprimer la qualité ou l'attribut de quelque personne. Ainsi, *nohoch* étant l'adjectif grand et *ná* la maison, on dirait :

Ah ou *'hnohoch ná*, celui ou le maître de la grande maison.

Ix ou *'xnohoch ná*, celle ou la maîtresse de la grande maison.

Dans les anciennes grammaires, le préfixe *xibil* désigne ordinairement le mâle parmi les animaux, et *çhupul* la femelle (2).

Le pluriel, dans les noms, se forme par l'addition de la particule *ob* au singulier. Ex. : *Zayab*, fontaine, *zayabob*, des fontaines (3). On verra plus loin de quelle manière se forme le pluriel dans les pronoms.

L'adjectif est, comme le substantif, indéclinable. Lorsqu'il qualifie le substantif, il doit toujours le précéder, et c'est une corruption espagnole que de le mettre à la suite des mots qu'il qualifie, comme on le voit dans quelques ouvrages modernes (4). Dans les ouvrages anciens, quelquefois il se présente dans sa simplicité, comme par exemple : *Utz uinic*, homme bon ; mais, le plus souvent, il se complète pour se déterminer avec les affixes *al, el, il, ol, ul*, qui varient quelquefois avec la voyelle radicale. Ex. : *Utzul xçhupal*, bonne fille. Un autre affixe déterminatif qu'on trouve dans les ouvrages anciens est la particule *en*. Ex. : *Kuyen uincob*, hommes saints.

Entre les adjectifs, il y en a qui dérivent des verbes et sont terminés en *nac* ; pour former le pluriel, ils changent leurs deux dernières syllabes en *lac* : ainsi, *banacnac* fait *banlac* ; *kinicnac* fait *kinlac*, etc.

Lorsque l'adjectif précède immédiatement le nom qu'il qua-

---

(1) Ce que nous avons dit pour la langue quiché et ses dialectes, nous le répétons ici pour le maya, où le son *x* ou *ix* exprime le féminin, exactement comme le *she* anglais. Ce même son, placé devant certains noms de choses ou d'animaux, en modifie aussi la qualité dans un sens d'infériorité. Voir ma *Grammaire de la langue quiché*, pages 4 et 5.

(2) Ainsi *ixok*, femme, dans le quiché, indique le sexe de l'animal ; *coh*, lion, *ixok-coh*, lionne ; de même encore en anglais a *she-lion*, une lionne.

(3) Dans le quiché, le pluriel se forme généralement par l'addition des voyelles, *ab*, *ib*, etc.

(4) C'est ainsi que dans la grammaire et les sermons du père Joaquin Ruz, l'adjectif, par une corruption espagnole et contraire au génie de la langue maya et des langues congénères, se trouve le plus souvent après le nom qu'il qualifie.

lifie, ce dernier seul prend le signe du pluriel. Ex. : *Kazil batabob*, de méchants seigneurs. Le contraire est une corruption tout à fait moderne (1).

DES DEGRÉS DE COMPARAISON.

Le comparatif s'exprime de différentes manières : au moyen de l'adjectif déterminé en *il*, précédé de l'article possessif *u*, souvent changé aujourd'hui en *i* ou *y* devant les voyelles. Ex. : *U lobol Pedro cexma Luiz*, Pierre est plus méchant que Louis (mot à mot : sa méchanceté de Pierre et non de Louis).

Les adverbes *azab, paynum, hach*, etc., s'emploient dans un sens analogue. Ex. : *Azab* ou *paynum utz* (et non *yutzul*) *Pedro cexma Juan*, Pierre (est) meilleur que Jean. On dit aussi : *Utz Juan paynum yokol Pedro*, Jean (est) fort bon au-dessus de Pierre. Aujourd'hui que la langue a subi quelque légère altération, on dit très-bien : *Pedro lay hach kaz ema Juan*, littéralement : Pierre est fort bon que non Jean. On dira de la même manière : *Antonio lay com zakol ema Luiz*, Antoine est moins industrieux que non Louis.

Pour former le superlatif, on emploie les mots *hach, tipáan*, beaucoup, très, fort. Ex. : *Lob*, mauvais ; *hach lob*, très-mauvais, etc.

Les prépositions *tial, oklal, men, menel*, par, pour, à ; *ti, etel, yetel, etum*, avec ; *ti, t'*, dans, sont souvent unies aux noms ou pronoms ; mais, dans ce dernier cas, ils viennent après les pronoms.

DU PRONOM.

Les auteurs anciens partageaient en quatre classes distinctes les pronoms, qui tous servaient à conjuguer les verbes. Il faut observer seulement, que ceux des deux dernières classes du tableau suivant sont employés également unis aux noms, comme pronoms possessifs, mais qu'ils ne vont jamais seuls ou comme pronoms absolument.

	1re CLASSE.		2e CLASSE.		3e CLASSE.		4e CLASSE.	
	Sing.	Plur.	Sing.	Plur.	Sing.	Plur.	Sing.	Plur.
1re pers.	*ten.*	*tu on, toon.*	*en.*	*on.*	*in.*	*ca.*	*u.*	*ca.*
2e —	*tech.*	*teex.*	*ech.*	*ex.*	*a.*	*a ex.*	*au.*	*a uex.*
3e —	*lay.*	*loob.*	*laylo.*	*ob.*	*u.*	*u ob.*	*y.*	*y ob.*

Les pronoms de la troisième et de la quatrième catégories, qu'on s'en serve, soit dans les conjugaisons, soit comme pronoms possessifs, ont toujours le même emploi ; la seule différence à observer, c'est que ceux de la troisième catégorie ne servent que lorsque le mot auquel ils se joignent, nom ou verbe, commence

(1) Très-commune encore dans les sermons de Ruz.

par une consonne, et ceux de la quatrième, lorsque le mot commence par une voyelle.

On remarquera également que la seconde et la troisième personnes du troisième et du quatrième pronoms forment leur pluriel, en ajoutant *ex* ou *ob* au singulier; unis à un verbe ou à un nom, ces signes suivent toujours le nom ou le verbe. Quand ils servent de pronoms possessifs, les pronoms radicaux *a*, *u*, devant une consonne, *au*, *y*, devant une voyelle, se séparent des signes du pluriel *ex* et *ob*, qui se mettent toujours après le nom. Si ce nom lui-même est au pluriel, ayant par conséquent la terminaison *ob*, le pronom possessif change *ob* en *loob*, comme celui de la première catégorie.

EXEMPLE.

in çhac, mon lit.   *in çhacob*, mes lits.   *u al*, ma fille.
a çhac, ton lit.   *a çhacob*, tes lits.   *au al*, ta fille.
u çhac, son lit.   *u çhacob*, ses lits.   *y'al*, sa fille.
ca çhac, notre lit. *ca çhacob*, nos lits.   *ca al (c'al)*, notre fille.
a çhac-ex, votre lit. *a çhacob-ex*, vos lits. *au al-ex*, votre fille.
u çhac-ob, leur lit. *u çhacob-loob*, leurs lits. *y'al-ob*, leur fille.

Dans les grammaires modernes de la langue maya, on trouve pour pronoms de la première personne, au pluriel, *c'toon*, *c'toneex*, nous; de la seconde, *téex*, *teexé*, vous, pour le masculin; *xtoon*, *xtoneex*, nous; *xteex*, vous, au féminin. Au lieu de la troisième personne du singulier *lay*, on trouve plus fréquemment *leti*, *letile*, il, *xleti*, elle; *letioob*, ils, *xletioob*, elles.

Cu est un pronom de la troisième personne pour tous les genres et tous les nombres dans les verbes réfléchis. Le pronom réfléchi se forme en ajoutant *ba* aux pronoms de la troisième catégorie : *inba*, moi-même; *aba*, toi-même; *uba*, lui-même; *caba*, nous-mêmes, etc. Ce pronom s'ajoute dans la conjugaison de tous les verbes réfléchis. Ex. : *Cimzah*, tuer; *cimzahba*, se tuer.

Ajoutons ici, en passant, que les pronoms possessifs de la troisième et de la quatrième catégories s'unissent aux prépositions, citées plus haut, de la manière suivante : *In-tial*, par ou pour moi; *a-tial*, par ou pour toi; *u-tial*, par ou pour lui; *u-oklal*, sur moi; *au-oklal*, sur toi, etc.

Dans les grammaires modernes, on trouve aussi : *In-tilil*, pour mon ou le mien; *a-tial*, pour ton ou le tien; *u-tilil*, son ou le sien; *in-tiil*, le mien. Tous ces pronoms possessifs suivent la variation des genres et des nombres comme les précédents, à très-peu de différence près.

En fait de pronoms relatifs, nous trouvons *ca*, *mac*, *maax*, qui, quoi, lequel, ce qui, etc., *maxaob* au pluriel; *maxtiil*, dont,

---

(1) On peut remarquer encore ici la ressemblance qui existe entre la formation du verbe réfléchi et du verbe passif.

de qui; *xmaac, maaclo,* de qui; *xmaxtiil,* desquelles, au féminin, etc.

Entre les pronoms interrogatifs et d'admiration : *Baax? maax? maac?* qui? quoi? Ex. : *Maax bin ú tucule?* Qui le penserait? — *Bic numia!* Quel ennui! — Pronoms disjonctifs : *Bic ú chaic hunppel oon,* chacun prend une arme. — *Ca hancech ema hancech,* que vous mangiez ou non.

Pronoms indéfinis : *Uamac,* quelqu'un; *mixmac,* personne; *uamax,* qui que ce soit; *cexmac,* quoi que ce soit; *cexma-calmac,* quelque sorte; *mixbaal,* rien; *yaab,* beaucoup; *oeoec,* peu; *heoani,* un tel, certain, etc.

DU VERBE.

Les grammairiens primitifs de la langue maya admettent quatre conjugaisons; mais il est aisé de reconnaître qu'il n'y a de différence réelle qu'entre les verbes intransitifs ou neutres et les verbes transitifs ou actifs. Les variations qu'on y observe, d'ailleurs, se rapportent soit aux différents pronoms qui les suivent ou les précèdent, soit aux particules qui distinguent les différents temps. L'insuffisance des documents que nous avons entre les mains ne nous permet malheureusement pas de juger exactement des conditions de cette langue; nous n'y découvrons pas, jusqu'à présent, cette richesse et cette élégance de formes que nous avons trouvées dans les verbes de la langue quichée, bien qu'il s'y trouve des analogies très-frappantes avec celle-ci et que nous signalerons à l'occasion.

Gallatin, interprétant la grammaire de Beltran, comprend dans la première conjugaison maya tous les verbes neutres ou intransitifs; les trois autres, selon lui, ne sont que des subdivisions du verbe actif ou transitif. Ces trois dernières conjugaisons ont précisément, dans tous leurs temps et modes, les mêmes pronoms; il n'y a d'autre différence entre eux que les particules, qui distinguent les temps simples : ces temps sont le présent, le prétérit et le futur simple de l'indicatif, l'impératif et le présent de l'infinitif.

Dans la première, le prétérit défini termine en *i* et le futur simple en *nac;* le présent et l'infinitif, à peu d'exceptions près, finissent en *al, el, il, ol, ul,* ajouté à la racine du verbe, particularité qui s'applique également aux verbes actifs, quand ils deviennent absolus ou intransitifs, c'est-à-dire quand l'action ne passe pas du sujet à un objet quelconque. C'est pourquoi Beltran dit que tous les verbes des trois dernières conjugaisons peuvent, au besoin, être conjugués comme s'ils appartenaient à la première.

Ainsi *uen,* racine du verbe neutre dormir, fait *uenel; kam,* racine du verbe actif *kamah,* recevoir, fait *kamal,* etc. Mais ce que ni les auteurs qui ont traité de cette langue, ni Gallatin, ne se sont expliqué, c'est que les terminaisons en *l* indiquent tout simplement un participe présent, absolument semblable à celui qui existe dans le quiché et dans plusieurs autres langues de l'Amérique centrale (1). Ce qui rend cette remarque plus sensible ici, c'est que le verbe *nacal*, se lever, cité comme exemple dans Beltran, est, ainsi que tous les autres verbes neutres, suivi de la particule *cah*, qui n'est autre qu'un verbe substantif *être* inusité (2). Ex. : *Uenel in cah* représente exactement ces mots : Dormant je suis. Dans la grammaire moderne de Ruz, il y a : *Ten in binel*, je vais ; mot-à-mot : actuellement, moi allant. Cette observation s'applique à tous les verbes actifs dans leur mode absolu ou intransitif. Je pourrais dire ainsi du verbe *hantaal*, manger. Ex. : *Ten hantic in uail*, je mange mon pain. Mais si je veux exprimer d'une manière absolue que je mange, sans dire quoi, je dis : *Hanal in cah*, mangeant je suis.

La seconde conjugaison comprendrait tous les verbes transitifs de plus d'une syllabe, dont l'infinitif et le présent sont terminés en *z* et le prétérit en *ah*, comme *cambez*, *cambezah*. Dans la troisième seraient renfermés tous les verbes transitifs monosyllabiques formant leur prétérit en ajoutant *ah*, comme *kaam*, recevoir, *kamah*, et le futur en *e* ou en *ab*, indistinctement, *kamé* ou *kamab*. Enfin, dans la quatrième, tous ceux de plus d'une syllabe qui ne terminent pas en *z*. Norman (3) ajoute ici, d'après Beltran, que ces verbes forment leur prétérit en *tah*, sans rien y changer, lorsque l'infinitif est en *tah* et que le futur se forme par l'addition de *té*. Ex. : *Tzolthan*, interpréter, fait au prétérit *tzolthantah* et au futur *tzolthanté*.

Dans la grammaire moderne de Ruz, en dehors des verbes auxiliaires *laytál*, être, et *yantál*, avoir, on trouve le verbe divisé en trois conjugaisons : la première, dont l'infinitif termine en *al*, comme *yacuntáal*, aimer ; la seconde en *el*, comme *binel*, aller, et la troisième en *ic*, comme *zahtic*, craindre (4). Mais ces trois divisions sont également illusoires et sans objet. Autant qu'il nous est possible d'en juger, le verbe actif ne saurait avoir d'autre division régulière que celle que nous venons d'exposer d'après Beltran et que nous allons reproduire dans les tableaux ci-joints, suivis des verbes *yantál*, avoir, et de *laytál*, être, d'après la grammaire de Ruz.

---

(1) Voir ma *Grammaire de la langue quichée*, page 95.

(2) On peut voir dans la même *Grammaire quichée*, page 42, ce qui se dit au sujet de *ca*, verbe substantif *être* qu'on retrouve dans le quiché, dans le nahuatl ou mexicain, dans le quichua, etc.

(3) *Rambles in Yucatan*, p. 244.

(4) Ce qui montre combien ces distinctions de Ruz sont vaines, c'est qu'après avoir établi par exemple que la première conjugaison fait l'infinitif en *al*, et la seconde en *ic*, donne précisément à celle-ci, en la conjuguant, la même terminaison en *al*, et fait l'infinitif *zahtáal*.

TABLE PREMIÈRE.

Exemple des temps simples de la première et de la deuxième conjugaison.

INFINITIF.

Première conjugaison.	Deuxième conjugaison.
Sing. 1ʳᵉ pers. *nacal in cah.*	*ten cambezic.*
2ᵉ — *nacal a cah.*	*tech cambezic.*
3ᵉ — *nacal u cah.*	*lay cambezic.*
1ʳᵉ — *nacal ca cah.*	*toon cambezic.*
2ᵉ — *nacal a cah-ex.*	*teex cambezic.*
3ᵉ — *nacal u cah-ob.*	*loob cambezic.*

PRÉTÉRIT DÉFINI.

Sing. 1ʳᵉ pers. *nac-en.*	*in cambezah.*
2ᵉ — *nac-ech.*	*a cambezah.*
3ᵉ — *nac-i.*	*u cambezah.*
1ʳᵉ — *nac-on.*	*ca cambezah.*
2ᵉ — *nac-ex.*	*a cambezah-ex.*
3ᵉ — *nac-ob.*	*u cambezah-ob* (1).

FUTUR SIMPLE.

Sing. 1ʳᵉ pers. *bin nacac-en.*	*bin in cambez.*
2ᵉ — *bin nacac-ech.*	*bin a cambez.*
3ᵉ — *bin nacac.*	*bin u cambez.*
Plur. 1ʳᵉ — *bin nacac-on.*	*bin ca cambez.*
2ᵉ — *bin nacac-ex.*	*bin a cambez-ex.*
3ᵉ — *bin nacac-ob.*	*bin u cambez-ob.*

IMPÉRATIF.

Sing. 2ᵉ pers. *nacen.*	*cambez.*
3ᵉ — *nacac.*	*u cambez.*
Plur. 2ᵉ — *nacen-ex.*	*cambez-ex.*
3ᵉ — *nacac.*	*u cambez-ob.*

La troisième conjugaison, dans Beltran, ne diffère de la seconde que par l'addition de la lettre *e* à la racine du verbe, au futur simple, et dans les temps qui en sont dérivés. Dans la quatrième conjugaison, les particules *tic*, *tah* et *te* se substituent au présent, au prétérit et au futur simple, aux finales *ic*, *ah*, *e*, de la troisième.

Dans l'ensemble des quatre conjugaisons, les temps simples, pas plus que les temps composés, ne varient autrement dans chaque temps en particulier que par les personnes et les signes du pluriel dans les pronoms; la seule exception est que, dans la

---

(1) Dans Ruz les pronoms personnels du prétérit défini sont ceux de la première classe ci-dessus comme dans l'indicatif présent de *cambezic*, à l'exception toutefois de la troisième personne singulière et plurielle qui est *letile*, *letileoob*, au lieu de *lay* et de *loob*.

troisième personne singulière du prétérit de la première conjugaison, dans le plus-que-parfait et le futur composé, le pronom est omis, et qu'un *i* est ajouté comme finale au verbe, comme *nac*, *naci* (1).

La seconde et la troisième personnes plurielles de la troisième classe des pronoms sont *aex, uob* : observons que chaque fois que ces pronoms se présentent dans les conjugaisons, les signes du pluriel *ex*, *ob* se détachent des pronoms *a*, *u*, qui restent devant le verbe, et *ex* et *ob* se placent à la fin des mots. Le trait d'union que nous y avons mis dans le tableau ci-dessus, n'est là que pour distinguer les pronoms et les particules des temps du corps et des inflexions du verbe.

TABLE DEUXIÈME (D'APRÈS BELTRAN).

Le tableau suivant indique, d'après Beltran, la première personne de chaque temps simple ou composé de l'indicatif et du subjonctif; la troisième du prétérit défini, la seconde et la troisième de l'impératif.

Première conjugaison.

Indicatif présent.	*nacal in cah.*
Imparfait.	*nacal in cah cuchi.*
1re pers. Prétérit.	*nac-en.*
3e — —	*nac-i.*
Plus-que-parfait.	*nac-en ili cuchi.*
Futur simple.	*bin nacac-en.*
Futur composé.	*nac-en ili cochom.*
2e pers. sing. Impér.	*nac-en.*
3e — —	*nacac.*
Subjonctif présent.	*ten nacac-en.*
Imparfait.	*hi nacac-en.*
Prétérit.	*hihuil nacac-en cuchi.*
Plus-que-parfait.	*hi nacac-en ili cuchi.*
Futur.	*hi nacac-en ili cochom.*
Infinitif.	*nacal,* se lever.

Deuxième conjugaison.

Indicatif présent.	*ten cambezic.*
Imparfait.	*ten cambezic-cuchi.*
1re pers. Prétérit.	*in cambezah.*
3e — —	*u cambezah.*
Plus-que-parfait.	*in cambezah ili-cuchi.*
Futur simple.	*bin in cambez.*
Futur composé.	*in cambezah ili-cochom.*
2e pers. sing. Impér.	*cambez.*
3e — —	*u cambez.*
Subjonctif présent.	*ten in cambez.*
Imparfait.	*hihuil in cambez.*
Prétérit.	*hihuil in cambez cuchi.*
Plus-que-parfait.	*hihuil in cambezili cuchi.*
Futur.	*hihuil in cambez cochom.*
Infinitif.	*cambez,* instruire.

Troisième conjugaison.

Indicatif présent.	*ten tzicic.*
Imparfait.	*ten tzicic-cuchi.*
1re pers. sing. Prét.	*in tzicah.*
3e — —	*u tzicah.*
Plus-que-parfait.	*in tzicah ili-cuchi.*
Futur simple.	*bin in tzice.*
Futur composé.	*in tzicah ili-cochom.*
2e pers. sing. Impér.	*tzice.*

Quatrième conjugaison.

Indicatif présent.	*ten yacuntic.*
Imparfait.	*ten yacuntic-cuchi.*
1re pers. sing. Prét.	*in yacuntah.*
3e — —	*u yacuntah.*
Plus-que-parfait.	*in yacuntah ili-cuchi.*
Futur simple.	*bin in yacunte.*
Futur composé.	*in yacuntah ili-cochom.*
2e pers. sing. Impér.	*yacunte.*

(1) La finale *i* dans *naci* paraît n'être qu'une forme de pronom de la troisième personne transformée de *u* en *i*, comme on le voit par l'*y* qui précède actuellement un grand nombre de mots commençant par une voyelle, et qui n'est autre chose que le pronom ou l'article possessif *u*, devenu partie intégrante du mot auquel il est joint.

3º — —	u tzice.	u yacunte.
Subjonctif présent.	ten in tzice.	ten in yacunte.
Imparfait.	hihuil in tzice.	hihuil in yacunte.
Prétérit.	hihuil in tzice cuchi.	hihuil in yacunte cuchi.
Plus-que-parfait.	hihuil in tzice ili cuchi.	hihuil in yacunte ili cuchi.
Futur.	hihuil in tzice cochom.	hihuil in yacunte cochom.
Infinitif.	tzice, obéir.	yacunte, aimer.

DU VERBE MODERNE.

Avant de continuer l'examen de la grammaire de Beltran, nous ajouterons ici, pour l'instruction du lecteur, les verbes auxiliaires *yantál*, avoir, et *laytál*, être, dont Gallatin ne parle pas, et que nous donnerons en entier d'après la grammaire moderne de Ruz : nous y joindrons ensuite un verbe actif conjugué d'après le même. Un simple coup d'œil sur ce tableau suffira ainsi pour juger de l'ensemble de la conjugaison *maya* et des modifications qu'un siècle d'intervalle a pu apporter à cette langue.

TABLE TROISIÈME.

INDICATIF PRÉSENT.

Ten yan, j'ai.	*Ten layen*, je suis.
Tech yan, tu as.	*Tech layech*, tu es.
Letilé yan, il a.	*Letilé lay*, il est.
C'toon yan, nous avons.	*C'toon layoon*, nous sommes.
Teex yan, vous avez.	*Teex layeex*, vous êtes.
Letileoob yan, ils ont.	*Letileoob layoob*, ils sont.

IMPARFAIT.

Ten yan cach, j'avais.	*Ten layen cach*, j'étais.
Tech yan cach, tu avais.	*Tech layech cach*, tu étais.
Letilé yan cach, il avait.	*Letilé lay cach*, il était.
C'toon yan cach, nous avions.	*C'toon layoon cach*, nous étions.
Teex yan cach, vous aviez.	*Teex layeex cach*, vous étiez.
Letileoob yan cach, ils avaient.	*Letileoob layoob cach*, ils étaient.

PRÉTÉRIT DÉFINI.

Ten yanhi ou *in nahalma*, j'eus.	*Ten hi* ou *hien* ou *layac heni*, je fus ou j'ai été, etc.
Tech yanhi ou *a nahalma*, tu eus.	*Tech hiech* ou *layac-echi* ou *layac hiechi*, tu fus.
Letilé yanhi ou *u nahalma*, il eut.	*Letilé layhi* ou *layhiac* ou *layac-hi*, il fut.
C'toon yanhi ou *c'nahalma*, nous eûmes.	*C'toon layhioon* ou *layacoon-hi* ou *layac-hioni*, nous fûmes.
Teex yanhi ou *a nahalmaex*, vous eûtes.	*Teex layhiéex* ou *layac-éex* ou *layhiéexi*, vous fûtes.
Letiloob yanhi ou *u nahalmahoob*, ils eurent.	*Letileoob layhioob* ou *layac-hioob* ou *layacoob-hi*, ils furent.

Nahalma paraît être un verbe absolument distinct du précédent, et d'une origine tout à fait différente.

PLUS-QUE-PARFAIT.

Ten yanhi cachi, j'avais eu.
Tech yanhi cachi, tu avais eu.
Letilé yanhi cachi, il avait eu.
C'toon yanhi cachi, nous avions eu.
Teex yanhi cachi, vous aviez eu.
Letileoob yanhi cachi, ils avaient eu.

Ten layhen cachi, j'avais été.
Tech layhech cachi, tu avais été.
Letilé layhi cachi, il avait été.
C'toon layhioon cachi, nous avions été.
Téex layhiéex cachi, vous aviez été.
Letileoob layhioob cachi, ils avaient été.

FUTUR PRÉSENT.

Ten bin yanac, j'aurai.
Tech bin yanac, tu auras.
Letilé bin yanac, il aura.
C'toon bin yanac, nous aurons.
Téex bin yanac, vous aurez.
Letileoob bin yanac, ils auront.

Ten bin layacen, je serai.
Tech bin layacech, tu seras.
Letilé bin layac, il sera.
C'toon bin layacoon, nous serons.
Téex bin layacéex, vous serez.
Letileoob bin layacoob, ils seront.

FUTUR PASSÉ.

Ten ɔoc u yantali, j'aurai eu (1).
Tech ɔoc u yantali, tu auras eu.
Letilé ɔoc u yantali, il aura eu.
C'toon ɔoc u yantali, nous aurons eu.
Téex ɔoc u yantali, vous aurez eu.
Letileoob ɔoc u yantali, ils auront eu.

Ten ɔoc in laytali, j'aurai été.
Tech ɔoc a laytali, tu auras été.
Letilé ɔoc u loytali, il aura été.
C'toon ɔoc laytalioon, nous aurons été.
Téex ɔoc laytaliéex, vous aurez été.
Letileoob ɔoc u laytalioob, ils auront été.

IMPÉRATIF.

(Comme auxiliaire, *yantal* n'a pas d'impératif.)

Layac-ech tech, sois.
Layac letile, qu'il soit.

Layacéex téex, soyez.
Layacoob letileoob, qu'ils soient.

SUBJONCTIF PRÉSENT.

Ten yanac, que j'aie.
Tech yanac, que tu aies.
Letilé yanac, qu'il ait.
C'toon yanac, que nous ayons.
Téex yanac, que vous ayez.
Letileoob yanac, qu'ils aient.

Ten layacen, que je sois.
Tech layacech, que tu sois.
Letilé layac, qu'il soit.
C'toon layacoon, que nous soyons.
Téex layacéex, que vous soyez.
Letileoob layacoob, qu'ils soient.

---

(1) *Ɔoc, ɔoci, ɔooc* ou *ɔooci* signifient ici une chose finie, terminée; ils appartiennent probablement à un verbe ayant ce sens. Ainsi en disant *ten ɔoc u yantali*, c'est comme si l'on disait, je finis l'ayant ou mon avoir, etc.

IMPARFAIT.

Ten yanaci ou ten yantalaci ou ten yantalaci tené, que j'eusse.
Tech yanaci ou tech yantalaci ou tech yantalaci teché, que tu eusses.
Letilé yanaci ou yantalaci ou yantalaci tié, qu'il eût.
C'toon yanacioon ou yantalacion ou yantalacioone, que nous eussions.
Téex yanaciéex, yantalaciéex, yantalaciéexi, que vous eussiez.
Letileoob yanacioob, yantalacioob, yantalacioobé, qu'ils eussent.

Ten layaci ou layacili ou layachiené, que je fusse.
Tech layaci ou layacili ou layachieché, que tu fusses.
Letilé layaci ou layacili ou layacihié, qu'il fût.
C'toon layacilioon ou layaciooné, que nous fussions.
Téex layaciéex, layaciliéex, layaciéexé, que vous fussiez.
Letileoob, layacioob, layacilioob, layacioobé, qu'ils fussent.

PRÉTÉRIT.

Ten ooci u yantal, que j'aie eu.
Tech ooci u yantal, que tu aies eu.
Letilé ooci u yantal, qu'il ait eu.
C'toon ooci u yantal, que nous ayons eu.
Téex ooci u yantal, que vous ayez eu.
Letileoob ooci u yantal, qu'ils aient eu.

Ten ooc layac hieni, que j'aie été.
Tech ooc layac hiechi, que tu aies été.
Letilé ooc layac hii, qu'il ait été.
C'toon ooc c'layac hiooni, que nous ayons été.
Téex ooc layac hiéexi, que vous ayez été.
Letileoob ooc layac hioobi, qu'ils aient été.

INFINITIF.

Yantál, avoir.
Joc u yantal, avoir eu.
Bin yanac u yantal, pour ou à avoir.
Taan u yantal, ayant.
Yanhi, eu.

Laytal, être.
Layhi u yantal, avoir été.
Layhi, bin yanac ti u laytal, été pour ou à être.
Taan u laytal, étant.
Joc u layhital, ayant été.

TABLE QUATRIÈME.

Verbe ZAHTAAL, *radical* ZAH, *craindre, faisant partie de la quatrième conjugaison dans l'ordre de Beltran.*

PRÉSENT.

Ten in zahtic, je crains.
Tech a zahtic, tu crains.
Letilé u zahtic, il craint.
C'toon zahtic, nous craignons.
Téex a zahtic, vous craignez.
Letileoob u zahtic, ils craignent.

IMPARFAIT.

Ten in zahtic cach, je craignais.
Tech a zahtic cach, tu craignais.
Letilé u zahtic cach, il craignait.
C'toon c'zahtic cach, nous craignions.
Teex a zahtic cach, vous craigniez.
Letileoob u zahtic cach, ils craignaient.

PRÉTÉRIT DÉFINI.

Ten in zahtahma ou *ten in zahtahi* ou *ten in yanhi in zahtic*, je craignis ou j'ai craint.
Tech a zahtahma ou *tech a zahtahi* ou *tech a yanhi a zahtic*, tu craignis ou tu as craint.
Letilé u zahtahma ou *letilé u zahtahi* ou *letilé u yanhi u zahtic*, il craignit ou il a craint.
C'toon c'zahtahma ou *c'toon c'zahtahi* ou *c'toon c'yanhi c'zahtic*, nous craignîmes ou avons craint.
Teex a zahtahma ou *teex a zahtahi* ou *teex a yanhi a zahtic*, vous craignîtes ou avez craint.
Letileoob u zahtahma ou *letileoob u zahtahi* ou *letileoob u yanhi u zahtic*, ils craignirent ou ont craint.

PLUS-QUE-PARFAIT.

Ten in zahtahma cachi, j'avais craint.
Tech a zahtahma cachi, tu avais craint.
Letilé u zahtahma cachi, il avait craint.
C'toon c'zahtahma cachi, nous avions craint.
Teex a zahtahma cachi, vous aviez craint.
Letileoob u zahtahma cachi, ils avaient craint.

FUTUR SIMPLE.

Ten bin in zahte, je craindrai.
Tech bin a zahte, tu craindras.
Letilé bin u zahte, il craindra.
C'toon bin c'zahte, nous craindrons.
Teex bin a zahte, vous craindrez.
Letileoob bin u zahte, ils craindront.

FUTUR PASSÉ.

Ten ɔooc u yantal in zahtic, j'aurai craint.
Tech ɔooc a yantal a zahtic, tu auras craint.
Letilé ɔooc u yantal u zahtic, il aura craint.
C'toon ɔooc c'yantal c'zahtic, nous aurons craint.
Teex ɔooc a yantal a zahtic, vous aurez craint.
Letileoob ɔooc u yantal u zahtic, ils auront craint.

IMPÉRATIF.

Zahte tech, crains.
Zahte letile, qu'il craigne.
Zahteex teex, craignez.
U zahteoob letileoob, qu'ils craignent.

SUBJONCTIF PRÉSENT.

Ten in zahte, que je craigne.
Tech a zahte, que tu craignes.
Letile a zahte, qu'il craigne.
C'toon c'zahte, que nous craignions.
Teex a zahte, que vous craigniez.
Letileoob u zahte, qu'ils craignent.

IMPARFAIT.

Ten in zahtici ou *ten in zahtahmai* ou *ten in zahticié*, que je craignisse.
Tech a zahtici ou *tech a zahtahmai* ou *tech a zahticié*, que tu craignisses.
Letile u zahtici ou *letile u zahtahmai* ou *letile u zahticié*, qu'il craignît.

— 473 —

C'loon c'zahtici ou *c'loon c'zahtahmai* ou *c'loon zahticié*, que nous craignissions.

Teex a zahtici ou *teex a zahtahmai* ou *teex a zahticié*, que vous craignissiez.

Letileoob u zahtici ou *letileoob u zahtahmai* ou *letileoob u zahticié*, qu'ils craignissent.

PRÉTÉRIT.

Ten ɔooci in zahtic, que j'aie craint.
Tech ɔooci a zahtic, que tu aies craint.
Letile ɔooci u zahtic, qu'il ait craint.
C'loon ɔooci c'zahtic, que nous ayons craint.
Teex ɔooci a zahtic, que vous ayez craint.
Letileoob ɔooci u zahtic, qu'ils aient craint.

PLUS-QUE-PARFAIT.

Ten ɔocaan u yantal ou *ten ɔocaan u yantali* ou *ten ɔocaan yanili in zahtic*, que j'eusse craint.

Tech ɔocaan u yantal ou *tech ɔocaan a yantali* ou *tech ɔocaan a yanili a zahtic*, que tu eusses craint.

Letile ɔocaan u yantal ou *letile ɔocaan u yantali* ou *letile ɔocaan u yanili u zahtic*, qu'il eût craint.

C'loon ɔocaan c'yantal ou *c'loon ɔocaan c'yantali* ou *c'loon ɔocaan c'yanili c'zahtic*, que nous eussions craint.

Teex ɔocaan a yantal ou *teex ɔocaan a yantali* ou *teex ɔocaan a yanili a zahtic*, que vous eussiez craint.

Letileoob ɔocaan u yantal ou *letileoob ɔocaan u yantali* ou *letileoob yanili u zahtic*, qu'ils eussent craint.

FUTUR DU SUBJONCTIF, ou conditionnel. *Ua ten bin in zahte*, si je craignais *ou* craindrais, etc. Le reste comme au futur simple, en préfixant *ua* à chaque personne.

FUTUR PASSÉ. *Ua ten ɔooc u yantal u zahtic*, si j'avais craint *ou* j'aurais, etc.

INFINITIF.

Présent : *Zahtaal*, craindre. — Passé : *Jooc yantal u zahtic*, avoir craint. — Futur : *Bin yanac li u zahtic*, sur le point de craindre *ou* pour craindre. — Gérondif présent : *Taan u zahtic*, craignant (1). — Gérondif passé : *Jcoaan layhital u zahtic*, ayant craint.

On a vu par l'examen de la table n° 2 des verbes, extraits de Beltran, que, dans toutes les conjugaisons, l'imparfait ne diffère du présent que par l'addition de la particule *cuchi*, devenu *cach* dans la grammaire moderne de Ruz (tables 3° et 4°). Le prétérit défini qui est toujours en *ah* dans Beltran, est changé en *ahi* ou *ahma* dans l'autre, qui présente en outre un passé du même verbe, précédé de l'auxiliaire avoir. Ex. : *Ten in yanhi in zahtic*, j'ai craint.

Le plusque-parfait, dans les verbes anciens, ajoute au pré-

---

(1) *Taan u zahtic*, craignant et mot à mot, actuellement ou présentement sa crainte.

térit défini *ili* avec *cuchi*, et le futur passé *ili cochom*. Ex. ; *In tzicahili-cuchi*, j'avais obéi ; *in tzicahili-cochom*, j'aurai obéi. Le verbe moderne fait en se modifiant *in tzicahma-cachi*, pour le plus-que-parfait et au futur passé *ten ɔɔoc u yantal u tzicic*, c'est-à-dire qu'il se fait précéder d'une particule et d'un verbe auxiliaire.

Dans tous les verbes anciens et modernes, ce qui caractérise le futur simple, c'est la particule *bin*, qui n'est autre que le radical du verbe *binel*, et joue par conséquent le rôle d'un verbe auxiliaire. Ainsi quand on dit *ten bin in yacunte*, j'aimerai, c'est comme si l'on disait je vais aimer.

Des particules *hi* et *hihuil*, qui précèdent l'imparfait, le prétérit, le plus-que-parfait et le futur du subjonctif, on ne retrouve quelque chose que dans le prétérit *yan-hi* du verbe *yantal*, avoir (2).

Au présent du subjonctif, deux pronoms sont usités au lieu d'un : dans la première conjugaison de Beltran, le premier *ten* est placé avant le verbe, et le second *en* après. Dans les trois autres conjugaisons anciennes, comme aussi dans la conjugaison moderne, le premier et le second pronoms précèdent le verbe. Dans les autres modes et temps, les pronoms, dans les trois dernières conjugaisons, sont placés avant le verbe ; ils le suivent dans la première. Dans les temps du présent et de l'imparfait, les pronoms de la première classe, *ten*, *tech*, etc., sont usités pour les trois dernières conjugaisons, et pour la première ce sont les pronoms de la troisième classe, *in*, *a*, *u*. Dans tous les autres temps, les pronoms de la seconde classe, *en*, *ech*, *laylo*, sont employés pour la première conjugaison, et les pronoms de la troisième classe dans les trois autres.

« Beltran, ajoute ici Gallatin (3), n'assigne aucune raison qui explique la variation de ces divers pronoms. » Les grammaires anciennes sont probablement insuffisantes ou incomplètes, tout autant que les grammaires modernes ; mais les explications que

---

(1) Le monosyllabe *hi* semble lui-même être un ancien verbe avoir comme le *hab* ou *habi* du quiché ; ce qui expliquerait parfaitement le verbe dans ce cas : *ten yan hi*, je ai eu ; *hi* serait donc le passé de *he*, autre présent qu'on retrouve aussi dans la grammaire de Ruz pour exprimer le futur du verbe *binel*, aller. Ainsi, au lieu de dire *bin*, *binel*, j'irai, il dit là *ten he in binel*, j'irai, et mot à mot j'ai mon aller : or, l'infinitif de ce verbe ne serait autre que *hal* qui, suivant Beltram, sert à composer les verbes exprimant identification d'une personne ou d'une chose avec une autre, ainsi qu'on le verra plus loin.

(2) Les voyelles doubles *aa*, *ee*, *oo*, qui ne sont que *a*, *e* ou *o*, longs, deviennent souvent brèves en composition ; c'est ce que le lecteur ne devra jamais oublier en lisant des livres en langue maya.

(3) Voir son exposé de la grammaire de Beltran dans le vol. I. des *Transactions of the American Ethnological Society, New-York*, 1845.

l'on ne trouve pas dans ces ouvrages, on peut par analogie les déduire des autres langues de l'Amérique centrale. En effet, si l'on prend, pour point de comparaison, le groupe des trois langues principales du Guatémala, on reconnaît immédiatement dans les pronoms du présent *ten, tech*, etc., le *tin, ta, tu*, du cakchiquel, composé de la particule *ta* ou *tan*, indiquant dans celle-ci l'actualité comme *ta* ou *tâan* dans le maya; *en* ou *in, ech* et *a*, etc., pronoms possessifs dans l'origine, sont devenus personnels. Ainsi quand on dit *ten cambezic*, j'enseigne, en prenant le sens étymologique, on trouve actuellement: Mon enseigner ou enseignement. *Cuchi, cach, cachi* sont des variétés de formes pour exprimer le passé, dont le sens se retrouvera par l'étude plus approfondie de la langue, et la particule *ah*, pour le prétérit, y fait exactement l'office de *x, ix* ou *xi* dans le quiché et le cakchiquel, où ils ont une fonction toute diminutive.

DES VERBES IRRÉGULIERS.

Nous avons parlé plus haut (page 466) des verbes actifs ou transitifs, et de quelle manière on peut leur appliquer la règle des verbes neutres ou intransitifs. Mais il y a une autre règle, universelle à cet égard, c'est que la formation du prétérit et du futur d'un verbe transitif, changé en intransitif, diffère également, dans l'ancienne grammaire, de la formation usitée dans les verbes transitifs ou intransitifs, que nous avons fait connaître plus haut. Quoiqu'il y eût quelques variations, la règle générale était que les verbes transitifs, devenant intransitifs dans la première conjugaison, prenaient les pronoms usités dans ces derniers; mais la terminaison du prétérit, au lieu d'être simplement *i*, faisait *nahi*; et le futur faisait *nac* au lieu de *cac*. Ainsi *tzicah* au lieu de *tzici*, se change en *tzicnahi*, et au lieu de *tzicac* faisait *tzicnac*.

La même règle s'observait encore par rapport aux verbes composés. Ainsi *çhahaa*, porter de l'eau, faisait au prétérit *çhahaanahi*, il a porté de l'eau, et au futur *bin çhahaanac*, il portera de l'eau.

Comme exception à ces règles, nous citerons le verbe intransitif *keluc*, tuer, transpirer, dont l'infinjtif et le présent ne se terminent pas par *l*, mais qui forme toutefois son prétérit en *nahi* et son futur en *nac*. *Okol*, pleurer, fait au prétérit *oknahi*, et futur *bin okolnac*.

Certains verbes se composent par l'addition de la particule *hal* ou *hil* à des noms, pronoms ou adverbes, signifiant alors l'identification de la chose avec une autre, ou avec une personne. Ainsi *uinic* fait *uinic-hal*, se faire ou devenir homme; *hunppel*, un, fait *hunppelhol*, s'unifier, se singulariser. *Yaab*, beaucoup, *yábhal*, multiplier, etc. Tous ces verbes forment leur prétérit et leur futur comme le verbe neutre, par exemple *yan* ou *yantál*, avoir. Ainsi *uinac-hal*, fait *uinic-hi*, il s'est fait homme, *bin ui-*

nicac, il se fera homme. Cette particule *hal* qui ne paraît être qu'un ancien verbe avoir, ne serait-elle pas l'origine de la plupart des infinitifs des verbes se terminant en *al*? On trouve dans Ruz un certain nombre de verbes qui suivent les règles des verbes en *hal*, à peu près comme dans Beltran.

Entre autres verbes irréguliers, *binel*, aller fait au présent *bin in cah*, allant je suis : *binen* au présent et *bixicen* au futur, d'après Beltran. Suivant la grammaire de Ruz, il fait au futur *ten he in binel*, j'ai (à) aller, etc.

Suivant Beltran, *cah* aurait la signification d'agir ou de faire quelque chose, ce qui équivaut, après tout, à l'être, car qui agit existe : il se conjugue *in cah*, j'agis, *a cah*, tu agis, *u cah*, il agit, *ca cah*, *a cahex*, *u cahob*, nous, vous, ils, etc. A l'imparfait nous trouvons *cahcuchi*, il agissait, etc.

Certains verbes dont le radical est en *ah* ou en *oh* et le présent en *al* ou en *ol*, forment leur prétérit et leur futur de cette manière : *Bohol*, prétérit *bohlah*, futur *bohlé*, etc.

Les verbes fréquentatifs se forment comme dans le quiché (1), en redoublant la première syllabe, comme *lom*, mouvoir ou frapper, *lomlomah*, frapper ou mouvoir souvent. Quelquefois aussi le redoublement indique un diminutif, comme *chocou*, chaud, qui fait *chochocou*, tiède, etc.

Lorsque le verbe se combine à la fois avec le nominatif et un pronom qui en est le régime, il n'y a pas de difficulté quant au régime de la première et de la seconde personne. Les pronoms de la seconde classe *en*, *ech*, au pluriel, *on*, *ex*, sont respectivement les régimes de ceux de la première classe; mais il paraîtrait, d'après Beltran, que ceux-ci sont suivis alors des pronoms de la seconde classe, précédés de la particule *ca* avec laquelle ils se composent. Ainsi avec le verbe *moc*, lier, nous avons pour la combinaison du premier et du second pronoms :

Ten cin (pour *ca in*) *moc ech*, je te lie *ou* je lie toi.
Tech ca (pour *ca a*) *moc en*, tu me lies.
Ten cin (pour *ca in*) *moc ex*, je vous lie.
Tech ca (pour *ca a*) *moc on*, tu nous lies.

A la troisième personne, le régime est souvent sous-entendu, bien qu'on le trouve exprimé quelquefois dans la finale du verbe terminant en *c* ou *ic* pour le singulier, et en *ob* pour le pluriel, le verbe dans sa forme active suffisant par lui-même pour annoncer le régime.

DU VERBE PASSIF.

D'après Beltran, la voix passive, pour la seconde et la troisième conjugaison, se forme en ajoutant *abal* ou *tabal* à la racine du verbe; *cambez*, enseigner, *cambezabal* être enseigné; *yacun*, aimer, *yacuntabal*, être aimé. Pour la troisième conjugaison, on

(1) *Grammaire de la langue quichée*, page 109.

ajoute simplement à la racine la lettre *l*, précédée de la voyelle radicale du verbe. Ex. : *Tzic*, obéir, *tzicil*, être obéi ; *tal*, toucher, *talal*, être touché; *mol*, réunir, *molol* être réuni. Cependant si le verbe se termine par une voyelle, on ajoute *bal*, comme *ɔa*, donner, *ɔabal*, être donné.

On peut observer au sujet de ces verbes, qu'ils rentrent tous ici dans la catégorie de ceux dont il est question dans la grammaire quichée, dont la terminaison en *bal* annonce l'instrument pour faire ou le lieu où se fait la chose. Ainsi par exemple si l'on dit en maya *in molol*, je suis réuni, c'est comme si l'on disait je la réunion ou ma réunion ; *a yacuntabal*, tu es aimé, ou bien ton amour ou ton être aimé. Ex. : *U cambezabal utial in yum*, il est enseigné, instruit par mon père ; mot à mot son instruction (est) à cause de ou par mon père.

Dans la grammaire de Ruz, le passif est formé exactement comme dans la langue française ou espagnole, etc., à l'aide de l'auxiliaire *laytal*, être. Ex. : *Le nicteoob lay* (ou *layoob*) *chanoob tioklal le uinicil;* les fleurs sont cueillies par le peuple.

La grammaire de Beltran ajoute que les verbes intransitifs de la première conjugaison ne peuvent d'aucune manière prendre la forme passive : ainsi *naczabal*, ou *naczal*, n'est pas le passif de *nacal*, se lever, mais de *naczah*, lever.

Ce que nous remarquons à notre tour au sujet de ce verbe, c'est qu'il révèle une particularité commune aux verbes des langues quichée, cakchiquèle et à plusieurs autres de l'Amérique centrale et du Mexique, que, ni Gallatin, ni Norman, ni Ruz ne paraissent avoir observée : c'est la faculté compulsive que nous trouvons dans le verbe *naczah*, actif, lever, qui n'est autre chose que le compulsif de *nac* ou *nacal*, se lever, ou faire qu'on se lève. Ainsi de *cim* ou *cimi*, mourir, on fait *cimzah*, faire mourir ou tuer, de *tzic*, obéir, *tziczah*, faire ou forcer à obéir, etc. (1).

Terminons cet abrégé par quelques observations rapides : les particules *ca* et *he* sont alternativement conjonction et pronoms relatifs. Ex. : *Ma in kat ca a cambez*, je ne veux pas que tu enseignes. — *Ohelté he Pedro cimi*, sache que Pierre est mort, etc.

Observons encore que la lettre *t* (probablement pour *tin* ou *ten*) est préposée d'ordinaire au prétérit de la première conjugaison pour le distinguer de l'impératif. Ex. : *t'nacen*, je me suis levé.

Le changement de l'*i*, dans certains verbe en *ci*, en modifie le sens de cette manière. *Cimi in ná*, ma mère est morte ; *cimci in ná*, depuis que ma mère mourut.

Ten ci in ou *ten cin* était souvent substituée à *in cah*, je suis, dans les verbes neutres et dans ces verbes commençant par une voyelle, le pronom *in* pouvait être supprimé de cette manière : *Ten cualic;* je le dis.

Les syncopes, si fréquentes dans toutes les langues de l'Amé-

(1) Grammaire de la langue quichée, page 119.

rique centrale, se retrouvent encore ici fort nombreuses et fort variées. Ainsi *ten tziccech* pour *ten tzicic ech*; *tzic a yum*, pour *tzice*; *cah* pour *ca h*, ou *ca ah*, signe du masculin. *Cambzic* pour *cambezic*; *tla* pour *tela*; *tucle* pour *tucule*; *zazcob* pour *zazacob*, etc. Comme dans le quiché, avec lequel le maya a de si grandes analogies, on y substituait aussi le pronom *u* à *in* possessif devant une voyelle, et l'on disait *ti u'otoch*, à ma maison, au lieu de *ti in* ou *tin otoch*, etc.

Ces notions, quelque rapides qu'elles soient, suffiront avec les prières que nous joignons ici pour donner au lecteur une idée de la langue maya et lui permettre d'en faire la comparaison avec celles de l'Amérique centrale que nous lui avons déjà fait connaître : nous aurions étendu encore ces notions, si les éléments en eussent été à notre disposition. Avec le vocabulaire abrégé que nous faisons suivre, nous complétons notre travail sur le Yucatan, en attendant que des documents nouveaux ou une exploration dans cette péninsule si digne d'intérêt nous permette d'en dire davantage.

LES PRIÈRES EN MAYA ET EN FRANÇAIS D'APRÈS LE P. JOAQUIN RUZ.

LETI H C YUM.

Il c Yum, ca yanéech ti le caanoob, cilichcuntabac a kaba, talac ti c toon a ahauil, mentabac a uolah bay tile luum hebic ti le caan : leti c uah ti amalkinil c oatoon behelé, iix c zatez c toon c paxoob, bay hebic c toon c zaat-zicoob ti ahppaxoob c tooné : Iix ma u ppaticoon lubul ti tuntahul kaz, hebac tocoon ti Iobil. Bay layac.

L'ORAISON DOMINICALE.

Notre Père qui es au ciel, que ton nom soit sanctifié, que ton règne nous arrive, que ta volonté soit faite sur la terre comme dans le ciel : donne-nous notre pain quotidien et pardonne-nous nos offenses, comme nous pardonnons à ceux qui nous ont offensés : Et ne nous induis pas en tentation, mais délivre-nous du mal. Ainsi soit-il (1).

LETI TÉEZ DIOS MARIA.

Téez *Dios* Maria, chupech ti *gra-*

LA SALUTATION ANGÉLIQUE.

Je te salue, Marie (2), pleine de

(1) Il y a dans cette traduction de l'oraison dominicale une abondance d'articles et de propositions qui n'existe pas dans celle qui fut composée au commencement de la domination espagnole, plus simple, mais bien plus énergique et plus conforme à l'ancien génie maya.

(2) En espagnol il y a : *Dios te salve, Maria*, qui est bien moins expressif et moins vrai que *Ave*

Maria; Ruz a suivi l'espagnol dans sa traduction, mettant le mot *Dios* pour Dieu, *gracia* pour grâce et *orail* pour heure. Il est remarquable et curieux à la fois d'observer combien, en Amérique, les Espagnols qui se donnent pour si parfaitement catholiques, ont modifié à leur manière et souvent altéré les prières si simples et si belles de l'Eglise catholique romaine.

cia, leti c Yumil lay a uicnal ; cici-thanhanech ichil le xçhuplaloob : lix u cici-thanbilil leti u oa-ich ti a nak Jesus. Cilich Maria, u na *Dios* okoltbanen tioklal toon ah-kebanoob behelé iix tile u *orail* ti cimilé. Bay layac.

grâce, le (notre) Seigneur est avec toi ; bénie tu es entre toutes les femmes : Et béni le fruit de ton ventre, Jésus. Sainte Marie, mère de Dieu, prie pour nous, pécheurs, maintenant et à l'heure de la mort. Ainsi soit-il.

LETI IN UOCZICUOL TI DIOS.

LE SYMBOLE DES APÔTRES.

In uoczicuol ti *Dios* Yumbil yuchucil-zinil, ah-zihzahul ti le caan iix ti le luum, iix ti Jesu-Cristo, ú ppel mehen, h c Yum, ca hiçhnaktabhi tioklal u meihul ti le Espiritu-Santo. Iix zihi ti cilich zuhuy Maria : Tu manzah numia yalan ti le u yuchucil Poncio Pilato : zinlahi ti cruz, t' cimi iix t' muuci ; t' emi ti le metnaloob, iix ti yoxppel kinil caputcuxlahi ti ichil le cimenoob ; t' naci ti le caanoob iix yan culaan ti le u nooh Dios Yumbil yuchucilzinil ; tac tilo bin yanac u talel ti u chaic nuucul cuxtal ti le cuxanoob, iix ti le cimenoob. Yn uoczicuol ti leti Espiritu-Santo, le cilich *Iglesia catolica*, le u etmalkam ti le *santoob*, leti u zuhat-zahul ti le kebanoob, le caputcuxtal ti le bakel, iix le cuxtal maxulunté. Bay layac.

Je crois en Dieu le Père tout-puissant, créateur du ciel et de la terre, et en Jésus-Christ, son Fils unique, notre Seigneur, qui a été conçu (par l'œuvre) du Saint-Esprit et né de la (sainte) vierge Marie : Qui a souffert (éprouvé des souffrances) sous Ponce-Pilate : a été mis en croix, est mort, a été enseveli ; est descendu aux enfers, et le troisième jour est ressuscité d'entre les morts ; est monté aux cieux et est assis à la droite de Dieu le Père tout-puissant, d'où il viendra juger (prononcer la sentence) les vivants et les morts. Je crois au Saint-Esprit, à la sainte Eglise catholique, la communion des saints, la rémission des péchés, la résurrection de la chair, la vie éternelle. Ainsi soit-il.

FIN DE LA GRAMMAIRE.

VOCABULAIRE MAYA-FRANÇAIS

D'APRÈS

DIVERS AUTEURS ANCIENS ET MODERNES.

A

A, pron. pers. et poss. tu, toi, ton. ta, tes. Voir *Atial*.
A. interj.
AAL ou *al*. v. dire, exprimer, aviser ; prés. *aalic* ; pass. *alahantac*.
ABAL. s. petit fruit appelé *xocotl* au Mexique, et *ciruela* par les Espagnols (Landa).
AC. s. langue. — nom d'une plante dont les Mayas prenaient les feuilles, pour les placer dans les trous que, par pénitence, ils se faisaient dans la langue. — tortue de mer.
ACAM, rad. d'*acamtaal*. v. fatiguer, lasser.
ACAN. s. oncle.
ACANTUN. s. nom particulier à plusieurs dieux du Yucatan (Landa).
ACANUM. s. nom d'un des dieux protecteurs de la chasse (Landa).
ACTAAN, ou *actan*. prép. adv. avant, devant.
AH ou '*h*. particule préfixe indiquant le masculin pour l'homme et quelques animaux ; — particule possessive qui, placée devant un nom de ville, de village, indique qu'on en est ; — placée devant certains animaux ou objets, indique la profession, le métier ; — interj.
AHAU. s. roi, souverain, seigneur ; — *ahaue* au féminin.
AHAU-CAN. s. vipère.
AHAU-CUTZ. s. dindon sauvage.
AHAUINTAAL. v. régner, dominer.
AHAULIL. s. royaume, État, règne.
AHBOBAT ou '*hbobat*. s. prophète.
AHBOOL. s. rémunérateur.
AHCABNAL. s. chercheur d'essaims d'abeilles.
AHCAMBAL. s. disciple.
AHCANXOC. s. requin.
AHCITZ. s. nom d'un des dieux protecteurs de la pêche (Landa).
AHCOIL. n. adj. fou ; *xcoil*, folle.
AHCUNAL ou *ahcunyah*. s. sorcier, devin.
AHCUXAN. adj. m. vivant.
AHDAUL. n. adj. glorificateur.
AHDIB. n. ad. écrivain.
AHDIPIT, s. le doigt annulaire.
AHDUYAH. s. médecin.
AHEZ. s. sorcier.
AHHUEH ou *ahuah*. n. adj. planteur, colon.
AHKAK-NEXOI. s. nom d'un des dieux protecteurs de la pêche (Landa).
AHCAUAL. adj. m. ennemi.
AHKIN. s. prêtre, astrologue.
AHKULEL. s. magistrat.
AHLOHIL. s. rédempteur.
AHMIATZ. s. prophète, sage.
AHOCOLAL. adj. m. fidèle.
AHPPOLOM. n. adj. marchand.
AHPUA. s. nom d'un des dieux protecteurs de la pêche (Landa).
AHTEPAL. adj. m. vertueux, estimable ; — titre donné aux rois mayas ; majestueux, auguste (Voc. antig.)
AHTOC ou *ahtok*. adj. m. allu-

meur, qui allume, celui qui gardait le feu.
Ahuan-chac. s. géant.
Ahutzul-yanil. adj. m. bienheureux.
Ahuih. n. adj. affamé.
Ahuitzil. n. adj. montagnard.
Ahxab. s. blaireau.
Ahzibic. s. dauphin.
Ahzizahul. adj. m. créateur.
Ahzuc. adj. doux, paisible.
Ai. interj.
Ayikal. n. ad. riche.
Ayikalil. richesse, biens.
Ain. s. caïman.
Ak. s. sanglier.
Akab. s. nuit.
Akxah. s. rouille.
Al. adj. pesant, lourd.
Alabolal. s. espoir, espérance.
Alan. prép. sous, dessous.
Alan, *alancal* ou *yalancal.* v. accoucher.
Alcab. v. courir.
Alil. adj. pesant, importun, insupportable, profond. — s. pesanteur.
Almahthan ou *almahthántal.* v. déterminer, ordonner, commander.
Almahthanil. s. loi, précepte, ordonnance.
Almehen. n. adj. noble.
Alnac. prép. pour.
Alux. s. nom d'une sorte de fantôme.
Am. s. araignée.
Amal. adj. adv. chaque, assez, suffisamment, toujours.
Amalcum. s. nom d'un des dieux protecteurs de la pêche (Landa).
Amalkinil. adj. quotidien.
Aman. s. le rhumb du nord, le nord.
Anal. v. avoir, être présent; prét. *ani,* fut, *anac.*
Antahul. s. aide, service, secours.
Atan ou *yatan, atambil* ou *atantzil.* épouse, femme.
Atancib. s. mariage pour l'homme.
Atantah. v. se marier, prendre femme.
Atial. pron. poss. sing. ton, tien, le tien. — pl. *atialéex.* votre, etc.

Atil. pr. pers. sing. acc. tu, toi.
Auac. s. cri.
Auat-mó. s. point de côté.
Ax. s. verre.

B

Ba ou *bo.* s. taupe.
Ba. particule radicale interrogative ou dubitative : que, est-ce que? — pron. réf. *in-ba,* moi-même ; *a-ba,* toi-même, etc.
Baac. s. enfant, petit garçon.
Baak. s. viande, chair. V. *bak.*
Baal ou *bál.* s. pron. chose, quelque chose.
Baalanik. s. ventuosité.
Baax ou *bax.* pron. inter. qui, que, quoi?
Baaz. s. mallette d'osier ou de joncs (*huacalli* en mexicain).
Bab. v. ramer.
Bacab. s. nom des quatre dieux fondateurs, soutiens du monde (Landa).
Bac-haa. s. héron.
Baé ou *baéex.* pron. réf. plur. *cabaé,* nous-mêmes.
Bah. rad. du verbe clouer, attacher (*Registro Yucateco*).
Bahun. adv. de quantité, tant, autant, combien, suffisamment, excessivement, de cette manière.
Bay. adv. ainsi, de cette manière. — *Bay-layac,* ainsi soit-il.
Baya. prép. vers, du côté de ; — choses, œuvres.
Baytal. v. arriver, se faire ainsi, se faire que.
Bayteló. adv. là, par-là, de ce côté-là, au delà.
Bak ou *bakel.* s. chair, corps matériel ; — os, rocher, fondement, enceinte, fortification, le membre viril.
Bal. Voir *báal.*
Bala. pr. inter. est-ce, est-ce que, par hasard?
Balachii. s. bête fauve.
Balam. s. ocelot, sorte de tigre ; — nom d'un fantôme et d'un ballet au Yucatan.
Balché. s. arbre dont l'écorce se

mettait dans l'hydromel au Yucatan, afin de le rendre plus fort. (*Reg. Yucat.*)

BALDAM. s. nom qui se donnait aux représentations scéniques au Yucatan ; — bouffon, acteur. (Cogolludo, *Hist. de Yucatan.*)

BALNAIL. s. famille.

BALNAKIL. s. gourmandise, gloutonnerie.

BALNATEL. s. famille.

BAMBANI-CIMIL. s. contagion.

BAT. s. flambeau ; — neige, grêle (Ruz) — hache.

BATAB. s. capitaine, chef, seigneur d'un rang inférieur.

BATEIL. s. guerre.

BAXAL. s. badinage.

BAXALTAAL. v. badiner, s'amuser, rire aux dépens d'un autre.

BE ou *beel*. s. chemin, route, marche.

BECECH. adj. fin, délicat, délié, menu ; — particule exprimant le vocatif.

BECHLAÉ. adv. maintenant, actuellement.

BEEL-HAA. s. canal, cours d'eau.

BEENTAH. v. dépenser économiquement, ménager.

BEHELAÉ, *behelé*. adv. maintenant, actuellement, aujourd'hui.

BEI. adv. comme cela, ainsi.

BEIL. s. chemin, route.

BELIN ou *belinthal*. v. voyager, cheminer.

BELINTIC. v. continuer, diriger.

BIC. pronom disj. chacun à part. Ex. : *Bic u chaic hunppel uail*, chacun prend son pain ; — pron. inter. comme, que, quel. Ex. : *Bic lay a tucul*, quelle est ton opinion ? — pron. adm. Ex. : *Bic numya*, quel trouble !

BICI ou *bicié*. interj.

BIKIN. conj. quand.

BIKINIL. adj. rare.

BIL. v. tordre.

BILAL. v. servir.

BIN. rad. de *binel*, servant de particule pour exprimer le futur. Ex. : *Ten bin in zahté*, je craindrai, mot à mot, actuellement, je vais craindre.

BINEL. v. aller, suivre. Ex. : *Ten in binel*, je vais. — *Ti tuux*, où ? — *Ti Ho*, à Mérida.

BITUN. s. sol, terrain, local.

BIZAAL. v. porter, enlever ; — p. pass. *bizáan*.

BIZABIL. v. conduire, mener.

BO. n. adj. qui est rond, gonflé.

BOBAT. Voir *ahbobat*.

BOBEX. s. hanche.

BOHOL. v. explorer ; prés. *bohlah*, fut. *bohté*.

BOIBENZAH. v. agir en médiateur, intercéder.

BOKOLHAHOCH. s. sorte de fantôme, causant des bruits souterrains, qui prend quelquefois la forme d'un chacal (*Reg. Yucat.*)

BOL. n. adj. ce qui retourne, qui roule, qui se rend. Voir *bool*.

BOLIL. s. satisfaction.

BOLON ou *bolonppel*. adj. n. neuf, neuvième.

BON. s. jupon brodé ; — adj. impur, taché, souillé, peint.

BONLIL. s. tache, souillure, peinture.

BOOI. s. ombre.

BOOIBENZAH. Voir *boibenzah*.

BOOL. s. récompense, rémunération, payement.

BOTAAL. v. payer ; — au prés. *botic*, prét. *botah*.

BOTABAL. s. payement, satisfaction.

BUC ou *buuc*. s. ornement, habit.

BUCINTAAL. v. habiller, vêtir, orner.

BUKXOC. s. nom du comput général des semaines dans le calendrier.

BULEB. s. vase, pot de terre.

BULUC ou *bulucppel*. adj. num. onze.

BUO. s. fumée.

BUUC. s. rechange de linge, vêtements.

BUZ. s. bosse.

C

C ou *c'*. pr. pers. et poss. notre, nous, pour *ca*.

CA. pr. pers. et poss. notre, nous ;

— pron. rel. qui, lequel, que, ce qui, eux, etc. ; — adj. num. deux. — interj.

CAAN. s. ciel.

CAANLIL ou *canlil*. adj. céleste, élevé.

CAB. s. miel, douceur.

CABA. pron. réfl. nous-mêmes.

CABAL. adj. bas ; — prép. et adv. en bas, à terre, dans, dessous, doucement.

CABCOH. s. sorte de loup.

CABIN. conj. quand, lorsque.

CABNAL. s. essaim, ruche d'abeilles.

CACAB. s. bourg, village, hameau.

CACH. particule exprimant le passé dans l'imparfait, toujours placé après le verbe (anciennement *cuchi*). Ex. : *Ten in yacuntic*, j'aime ; —*ten in yacuntic cach*, j'aimais ; — *ten in yacunma cachi*, j'avais aimé.

CA-DAAN. conj. c'est pourquoi, pour cela que.

CAH. v. subs. être ; — v. a. faire.

CAHZAAL. v. accommoder.

CAY. s. poisson.

CAIBAL. v. pêcher ; — s. action de pêcher.

CAHAINTÉ. s. ver qui ronge le bois.

CAL. s. gorge.

CALICIL. conj. tandis, pendant que, cependant, sur ces entrefaites.

CALUAC. s. sorte de bâton, gros et court, insigne de l'autorité des intendants des princes à Mayapan (Landa).

CAM, ou *can*. s. couleuvre, serpent.

CAMACH. s. mâchoire.

CAMBAL. v. apprendre.

CAMBEZ ou *cambezaal*. v. instruire, enseigner.

CAMBEZAH. adj. maître, qui enseigne.

CAMPECTZIL. s. murmure, colère.

CAMZAAL. s. doctrine, instruction, enseignement.

CAN. s. serpent ; — adj. num. quatre.

CANAANTAAL. v. garder.

CANAL. prép. adv. en haut, au haut de, sur ; — hautement, à haute voix.

CANALCUNZAAL. v. exalter, élever, louer, agrandir.

CANALIL. adj. superlatif ; —s. grandeur, élévation.

CANHATZUL. adj. num. en quatrième partie.

CANIC. v. savoir.

CANLAHUN. adj. num. quatorze.

CANPPEL ou *cante*, adj. n. quatre.

CAPAL. v. introduire.

CAPPEL. adj. num. second, deuxième.

CAPPELCUNTIC. v. douter.

CAPPELCUNZAH. s. doute.

CAPUT. adv. de nouveau, derechef, pour la seconde fois.

CAPUTCUXTAAL. v. ressusciter.

CAPUTCUXTABAL. s. résurrection.

CAPUTZIHIL. v. renaître, naître une seconde fois, et par extension se dit d'une sorte de baptême qu'on administrait au Yucatan.

CATAC. conj. ainsi que, jusqu'à ce que.

CATEN ou *tu-caten*. adv. de nouveau.

CATUL. adj. num. deuxième.

CATZUBTAAL. v. éclaircir, expliquer.

CAX ou *caax*. s. poulet.

CAXTIC. v. chercher. Ex. : *Baax a caxtic*, que cherches-tu ?

CEB. s. cerf, chevreuil.

CEEL. s. fièvre intermittente, frissons.

CEEM. s. aveu, confession.

CEH. s. cerf, chevreuil.

CEL. s. œuf.

CELEMBAL. s. épaule.

CEN ou *cenamil*. s. ornement.

CENCOC. s. asthme, catarrhe.

CENIAL. s. nom qu'on donnait anciennement au rhumb du levant et que Lizana traduit par petite descente.

CETLIL. s. égalité ; — adj. pron. égal, deux choses, l'un et l'autre, ensemble.

CEXI. conj. quoique.

CEXILAC. conj. pourvu que.

CEXMAC. pron. ind. quelque, quoi que ce soit ; —*calmac*, quel que soit le genre, etc.

CI. s. maguey ou aloès américain.

Cib. s. cire, copal.
Ciboltic. v. vouloir, permettre.
Cic. s. sœur aînée.
Cichcelmil. s. beauté.
Cicioaanil. s. perfection.
Cicilan. s. tremblement de terre.
Cicilancal. v. trembler la terre.
Cicithanbil. adj. béni.
Cicithanbilal. s. bénédiction, louange.
Cicithantic, v. bénir.
Cihil. v. dire.
Cihom. s. arbre dont on prenait les feuilles pour répandre dans la cour du temple au baptême des enfants (Landa).
Cilbail. s. salive, bave.
Cilich ou *cilichil*. adj. divin, sacré, saint.
Cilichtalil. s. divinité, sainteté.
Cimac. adj. agréable, qui convient.
Cimacolal. s. plaisir, joie, allégresse.
Cimactal. v. se réjouir.
Cimacunzah. v. causer de la joie, du plaisir; — s. complaisance.
Cimbezah. v. blesser.
Cimen. adj. défunt, mort.
Cimen-chuc. s. charbon.
Cimil. v. mourir.
Cimilé. s. la mort.
Cimzah. v. tuer; — n. adj. meurtrier.
Cioltic. v. désirer, vouloir (racine *ol*).
Citan. s. sanglier, cochon sauvage.
Ciumil. s. Dieu, maître, seigneur.
Ciz. s. pet.
Cizin. s. démon, mauvais génie, esprit du mal.
Co. s. dent; — v. rad. venir, aller.
Coben. s. cuisine.
Cobol. s. hermaphrodite.
Coc. s. asthme, rhume, catarrhe.
Cocai. s. luciole.
Cocan. s. sorte d'acupuncture. (*Reg. Yucat.*)
Cochil. s. circuit.
Cocom. s. écouteur, qui entend, qui croit (*Vocab. antig.*), nom d'une ancienne famille royale du Yucatan.

Coczen (?) s. asthme, catarrhe.
Coczioil. s. avarice.
Coh. s. lion, puma.
Coicabil. s. charité.
Coil. s. folie.
Coiom. s. titre d'un officier dans les cérémonies du temple au Yucatan.
Col. s. matelas.
Colebil. s. seigneur, maître.
Colel. n. adj. maître ou maîtresse.
Colnaal. s. matelassier.
Colom-ché. s. sorte de roseau ou bambou. — nom d'une danse au Yucatan.
Com, *coom* ou *comil*. s. vallée, enfoncement, amoindrissement, infériorité; — adj. moindre, bref; — adv. brièvement.
Con. v. vendre.
Coom. Voir *Com*.
Cooc. adj. sourd.
Coocil. s. surdité.
Cóot. s. aigle; — v. venir vite, accourir.
Copo. s. arbre dont on répandait les feuilles dans la cour du temple en certaines cérémonies (Landa).
C'tial. pron. poss. notre, le nôtre.
C'toon, *c'toneex*. pron. pers. nous.
Cu. pron. pers. de tout genre, il, lui, elle, eux; — *cu-tialtic*, pron. poss. sien, son, sa.
Cuba. pron. réf. lui-même, elle-même.
Cuc ou *cuceb*. s. écureuil.
Cuchaal. v. charger, porter, accabler, embarrasser.
Cuchi. particule du passé dans l'imparfait et autres temps, dans les verbes anciens.
Cuchil. s. lieu, place.
Cuchul. n. adj. compagnon.
Cucpahal. v. tenir, pouvoir être contenu.
Cucul. s. marmite.
Cucut. s. corps.
Cué. s. coude.
Cuitun. s. nom d'un livre contenant l'histoire de la création du monde, de l'homme, etc.,

suivant les Mayas (Cogolludo).

CUIUB. s. cuirasse, armure.

CULCAL. s. cervelle.

CULEL. v. s'asseoir.

CULIHUAL (?) s. sorte de tourte faite de frijoles ou haricots du pays (*Reg. Yucat.*)

CUM. s. vase, marmite, chaudière, grande écuelle.

CUMCINTAAL, v. contenir, réprimer.

CUMHU ou *cumkú.* s. éclat, roulement du tonnerre, bruit de l'orage.

CUP. n. adj. qui est chaud, étouffant.

CUTAAL. v. rester, demeurer, s'asseoir.

CUTAL. s. racine, commencement, origine.

CUTZ. s. nom générique du gibier ailé.

CUTZHAA. s. sorte de canard.

CUXABAL. s. vie, âme, cœur.

CUXAN. n. adj. vivant.

CUXLAC. part. adj. vivant.

CUXOLAL. adj. prudent, honoré, modeste.

CUXTAAL. v. vivre.

CUXTAL. v. vie.

CUXUL. adj. vif, vivant.

CUZAM. s. hirondelle. De là *Cuzamil* ou *Ah-Cuzamil*, nom de l'île de Cozumel.

CH (son de *tch*) (1).

CHAAC ou *chác.* s. foudre, tonnerre, orage, pluie; — nom générique des divinités protectrices des eaux et des moissons; — titre d'une classe d'officiers laïques, au nombre de quatre, qu'on élisait dans chaque localité pour aider le prêtre dans ses fonctions (Landa).

CHAC. adj. rouge.

CHACANIL. s. fièvre.

CHACBAKEL. s. cuisse.

CHACMITAN. s. famine (Pio Perez).

CHACOH. s. léopard.

CHACPICH. s. vertèbre.

CHACUIK. s. mal de bouche, de dents.

CHAI. s. obsidienne?

CHAKAKAL. s. tempête.

CHALAA. v. laver.

CHALAT. s. côte.

CHALAT-CHÉ. s. poutre.

CHAM. s. molaire.

CHANAL. s. souliers, sandales.

CHAPAHAL ou *chapatl.* s. infirmité, maladie.

CHAUAC-HAA. s. nom d'une province de Yucatan, dans laquelle se trouvait Chichen-Itza (Cogolludo).

CHE. s. bois, arbre.

CHECH-BAK. s. sardine.

CHÉECH. s. ris, rire; — stupidité.

CHÉEL. s. arc-en-ciel.

CHÉENTAL. v. écorcer.

CHEIL. s. boiserie, boisage.

CHEL. s. sorte d'oiseau; — nom d'une grande famille sacerdotale régnant à Tecoh. De là le titre de *chelekat,* sainteté, altesse, grandeur, avec lequel on saluait le chef de cette famille. (*Voc. antig.*)

CHEM. s. nef, navire, bateau.

CHEMIX. s. vessie.

CHEMUL. v. naviguer.

CHEN. adj. pur.

CHETUM. adj. subit, imprévu.

CHI. s. bouche, entrée, ouverture, porte.

CHIBAL-KIN. s. éclipse de soleil; — u. de lune (Reg. Yucat.)

CHIC. v. cueillir, recueillir. Ex.: *In yum cú chic le nicteoob,* mon père cueille les fleurs.

CHICAANTAC. adj. authentique.

CHICAN. adj. extérieur.

---

(1) Dans les auteurs les plus anciens on trouve souvent le *ch* (tch) et le *ҫh* (dj) confondus; dans les ouvrages que nous avons pu consulter, pour compiler ce petit vocabulaire, les mots sont quelquefois répétés, une fois *ch* ordinaire et une autre *ҫh,* ce qui prouve combien peu de différence il y a entre l'un et l'autre. Lorsque le lecteur aura occasion de consulter ce vocabulaire, il fera bien de chercher au *ch* ce qu'il ne trouverait pas au *ҫh* et vice versa.

CHICANIL. s. petitesse, exiguïté.
CHICBEZAAL. v. expliquer, démontrer, exprimer, représenter, proposer.
CHICBEZAHUL. s. explication, déclaration, etc.
CHICH. adj. dur.
CHICHAN. adj. petit.
CHICHANBELIL. adv. petit à petit.
CHICKABAN. s. nom d'une fête qui se célébrait en l'honneur de Kukulcan.
CHICPAHAL. s. conquête, prise de possession. Voir *Chucpahal*.
CHICUL. s. signe, cérémonie; — adv. plus.
CHICULAAN. s. accentuation.
CHICULIL. s. trace.
CHICULTAAL. v. déterminer, qualifier, désigner.
CHICULTABAL. s. distinction, démonstration, expression, désignation, etc.
CHICULTIC. part. adj. déterminant, démonstratif, etc.
CHIHAAN. adj. robuste, fort, gigantesque.
CHIHIL. v. croître, augmenter.
CHIHIMTÉ. s. venin.
CHIKIN. s. le couchant ou occident (Lizana).
CHILAN. s. titre d'une charge sacerdotale, dont l'office consistait dans l'astrologie judiciaire et la divination (Landa).
CHILEC. s. front.
CHIM. s. besace, sac.
CHINAN. s. sorte de caïman.
CHINCUNAHUL. s. approfondissement, humilité.
CHINILUOLAL ou *chinuolal*, s. inclination.
CHITAL. v. coucher, étendre, approcher.
CHO. interj.
CHOB. s. plat.
CHOCH. s. entrailles, tripes.
CHOCHOCOU. adj. tiède.
CHOCTAL.
CHOCOY. s. sorte de léopard.
CHOCOU. adj. chaud.
CHOHOM. s. nom d'un ballet que les pêcheurs dansaient lors de leur fête (Landa).
CHOL. s. talon.

CHOLAX. s. ampoule.
CHU. s. calebasse.
CHUC. n. adj. chose pleine; — coupe.
CHUCAAN. adj. et adv. plein, abondant, parfait.
CHUCAANIL ou *chucané*. s. abondance, plénitude, perfection. *Ti u chucané*, de plus en plus, en outre.
CHUCHUB. v. siffler.
CHUCPAHAL. v. inclure, comprendre; — prét. *chucpahi*.
CHUCUC. v. envahir, prendre possession de.
CHUCUHAA. s. cruche; — chaud (?)
CHUENCHE. s. sorte d'arbre.
CHUH. n. adj. chose aigre, acide.
CHUHCAL. s. aigreur, acidité.
CHUI. épervier, faucon; — coudre, broder (?).
CHUK. s. charbon.
CHUCAY. v. pêcher.
CHULUBHAA. s. pluie d'orage, averse.
CHUMUC. n. adj. ce qui est au milieu, au centre; — *akab*. s. minuit.
CHUMUCIL. s. milieu, moyen, centre.
CHUMUCKAB. s. le médium, le doigt du milieu.
CHUNIL. adj. principal.
CHUNKIN ou *chumuc-kin*. s. le milieu du jour, midi.
CHUPIC. v. remplir.
CHUPIL. s. hydropisie.
CHUPLIL. s. plénitude.
CHUT. s. écuelle.

CH (son de *dj*) (1).

ÇHA ou ÇHAA. v. prendre, cueillir, emporter.

(1) Dans les livres imprimés au Yucatan, pour exprimer le son *dj*, la lettre *h* est barrée en croix dans la partie supérieure. Nous avons cru inutile de faire fondre un caractère pour un si petit nombre de lettres, et, pour indiquer la différence, nous avons mis un ç partout où le *dj* barré devait se trouver.

ÇHABAL. s. cueillée, enlèvement, action de ramasser pour emporter; — pass. de çhaa.
ÇHAC. s. lit.
ÇHACHITAL. v. annoncer, faire savoir, crier, nommer, conter.
ÇHAHAA. v. porter de l'eau; — s. porteur d'eau.
ÇHAHUC. adj. doux, suave.
ÇHAHUCIL. s. suavité, douceur.
ÇHAYATZIL. s. piété, bonté.
ÇHAIC. v. prononcer, décider.
ÇHANUCUL. s. sentence, jugement.
ÇHANUCULTAAL. v. juger, consulter.
ÇHAOTZIL. s. piété.
ÇHAOTZILILÉ. adj. pieux.
ÇHAPAI. s. aimant.
ÇHECH. adj. inférieur.
ÇHEN. s. puits.
ÇHENEL. adj. paisible; — adv. doucement.
ÇHENIC. v. conquérir.
ÇHICH. s. oiseau, volatile.
ÇHIBIL. v. n. croître.
ÇHINCHINTAAL. v. parler injurieusement, calomnier.
ÇHICZABILAH. v. ajouter.
ÇHO. s. souris.
ÇHUI. s. milan.
ÇHUIALTAAL. v. pendre, suspendre, planer, lever, soulever.
ÇHUNTHAN. s. lieutenant, vicaire, conseiller.
ÇHUP ou çhuplal. s. femme, femelle, jeune fille.
ÇHUPUL-YUC. s. chèvre.

Ɔ son de *dz*.

ƆAACCUNTIC ou ɔaccuntic. v. contenir, renfermer, conserver, garder, informer.
ƆAACTIC ou ɔactic. v. fournir, pourvoir, concéder, octroyer.
ƆAAN-CA. conj. puisque, supposé que, cela étant.
ƆABAC. v. mettre dedans.
ƆABAIL. s. hardiesse, audace.
ƆABAL. s. donation, concession, octroi.
ƆABILAH. s. don, grâce, faveur.
ƆAC ou ɔacal. s. remède, échelon, grade, degré, classe, cas.
ƆACTAL. v. rester, persévérer.
ƆADACIL. s. remède (?).
ƆADIL. s. remède, médecine.
ƆAII. s. dent canine, défense, tapir, trompe de cet animal; — nom d'un ballet antique qui se danse encore au Yucatan.
ƆAIL. v. donner; — prét. ɔah.
ƆAICH ou ɔalich. s. fruit.
ƆAIOTZIL. s. aumône.
ƆALAB. s. moule, coquillage.
ƆALPACH. s. impulsion.
ƆAM. s. trône.
ƆANUCUL. s. cause, règle, sujet; — providence.
ƆANUCULIL. s. disposition.
ƆANUCULTAAL. v. disposer, régler, prévenir.
ƆANUCULTABAL. s. signification, indication.
ƆAOLIL. s. attention.
ƆAUL. s. gloire, glorification.
ƆEB. adv. aussitôt, ensuite, conséquemment; — obliquement.
ƆEC ou ɔecil. s. fondation.
ƆEƆEC. pron. ind. peu, en petit nombre.
ƆEYUM. s. oncle.
ƆEMOLAL, ou ɔemuolal. s. patience, paix.
ƆEMOOL. s. tranquillité, sérénité.
ƆIB ou ɔibidal. v. écrire, peindre.
ƆIBOLAH ou ɔibolal. s. désirer, souhait, cupidité, appétit.
ƆIBOLTAAL. v. désirer, souhaiter.
ƆIBTAH. v. peindre.
ƆIC. n. adj. gauche.
ƆIC. s. sabot de quadrupède.
ƆIN. s. duvet du fruit de l'arbre ceiba (*Reg. Yucat.*)
ƆIHOLAL. s. imagination.
ƆILAAN. s. broderie (*Voc. antig.*); — nom d'une ville et port de mer du Yucatan, appelé Zilan aujourd'hui.
ƆILIB. s. exemple.
ƆIPIT-KAB. s. anneau, bague.
ƆITAAN. s. cendre.
ƆOC ou ɔooc, ɔooci et ɔocaan. particule exprimant le futur, le subjonctif et le conditionnel dans les verbes; — adj. adv. final, dernier, finalement; — v. finir, achever, compléter, suffire; — prét. ɔoci, fut. ɔocaac.

Ɔocbezal. s. accomplissement, effet.
Ɔocbezic. v. accomplir, remplir, bien faire.
Ɔocolbel. s. mariage.
Ɔocuez. adj. ignorant.
Ɔomel. s. cervelle.
Ɔon. s. oiseleur, fusil.
Ɔonah. v. chasser aux oiseaux; — n. adj. chasseur.
Ɔonot. s. sénote ou zénote, sorte d'étang d'eau douce qui existe dans des antres profonds (*Voc. antig.*). — Aujourd'hui ce mot s'applique à des citernes d'une forme particulière, construites par les anciens.
Ɔubac. s. moelle.
Ɔuc. s. baiser.
Ɔulil. s. maître, chef de maison; — professeur.
Ɔunuz au ɔunuzlacon. s. cancer
Ɔuuc. v. sucer, humer, aspirer.

E

E. signe du vocatif, et quelquefois du pluriel dans les noms.
Eb. s. escalier.
Ebché. s. échelle.
Ecee. s. cheville de bois.
Echuah ou *ekchuah*. s. nom du dieu protecteur des voyageurs et des marchands (Landa).
Eix. conj. et.
Ek. s. étoile; — adj. noir.
Ekbok. s. nègre.
Ekhoch ou *ekhochentaal*. v. s'obscurcir, faire soir, faire nuit.
Ekmay. n. adj. aveugle.
Ekxée. s. le vomissement noir de la fièvre jaune.
Elel. v. brûler.
Em. adj. chose qui descend.
Ema. pron. inter. que, quoi? — part. nég. de comparaison : que non.
Emel. v. descendre; — prét. *emi*.
Emku. s. descente du dieu, nom d'une fête où l'on conférait une sorte de baptême aux enfants au Yucatan (Landa).
Emzah. v. mettre dessous; — prép. sous, dessous.
Emzahcuch. v. porter une charge, être sous un poids, une obligation.
Etail. s. signe, marque; — compagnie, société.
Etailcuntaal. v. accompagner, comparer.
Etcetlil. s. comparaison.
Etyum. s. compère.
Etmalkam. s. communion.
Etnaa. s. commère.
Etppizanhal. v. ressembler.
Etzaal ou *etezaal*. v. montrer, signaler, indiquer; — pr. *etzah*.
Etzahul ou *ezahul*. s. démonstration, signalement, insigne.
Ex. s. ceinture ou brayes des Mayas, sorte de culotte (Landa).
Ez. s. sorcellerie, sortilége, méchanceté.

H

Ha ou *háa*. s. eau, rivière. — interj.
Haab ou *háb*. s. an, année.
Haachnaa. s. mère.
Haahal. s. averse.
Haaz. s. platane, arbre.
Habil. s. siècle, cycle, âge, période d'années.
Hach. adv. plus, très, beaucoup. Ex. : *Hachkáz*, très-mal.
Hachyum. s. père.
Hachu. s. bain.
Hadab. s. épée.
Hadchac. s. éclat de la foudre, éclair.
Hah ou *hahal*. n. adj. vrai, certain, infaillible, individuel. Ex.: *La hah*; très-certainement.
Hahil. s. vérité, certitude.
Hai. s. pluie.
Haikab. v. détruire.
Hakobil. adj. admirable.
Hakol. admiration.
Hal. s. jonc, gerbe.
Halach. s. titre qui, réuni à *uinicil*, l'humanité, la nation, se donnait aux rois de quelques provinces du Yucatan; il peut avoir le sens de, le plus auguste de la nation (*Voc. antig.*). Ce mot est vraisemblablement composé de *hal*, vrai, et de *hach*, très, fort, ou de *ach*, *acht*,

homme, guerrier, héros, dans le quiché.
HALAL. s. jonquière.
HALCABIL. adv. juste, droit.
HALEU. s. lièvre.
HALILI. ad. seul.
HAM. s. araignée fort venimeuse au Yucatan (Cogolludo).
HANAL. s. mets, repas.
HANTAAL. v. manger.
HATAL. s. planche, ais, table.
HATZ. n. ad. séparé, divisé, partagé.
HATZAAL. v. séparer, partager.
HATZCAB. adv. en temps, de bon matin ;—*hach hatzcab*, de très-bon matin.
HATZPAHAC. s. séparation, partage, division.
HATZUL. s. part, partie, portion, division, classe.
HATZUOLAL. s. discorde (?).
HAUAL. v. cesser, n'être plus, périr ; — pr. *hauzic*.
HAXNOC. s. mois.
HAZACAM. s. hermaphrodite.
HBOBAT. s. prophète, sage.
HBÓL. s. rémunérateur.
HCABNAL. s. chercheur d'abeilles.
HCAMBAL. s. disciple.
HCANXOC. s. requin.
HCHO. s. enfant en la mamelle.
HCITZ. s. nom d'un des dieux de la pêche (Landa).
HCOIL. n. adj. fou, insensé.
HCUNIAH. s. sorcier.
HCUXAN. n. adj. vivant.
HOIPIT. s. le doigt annulaire.
HDUIAH. s. médecin.
HE. particule qui paraît appartenir à un ancien verbe avoir ; — conj. mais. — interj.
HEBAC. conj. mais, or.
HEBIC. adj. conforme ; — conj. mais, comme, autant que.
HEBIX. conj. adv. selon, suivant, de même, pareillement.
HEBOLAL. s. inconstance.
HECA. conj. c'est pourquoi.
HED. adj. fixe, ferme, positif ; — v. se fixer, s'affermir.
HEDAAN. adj. perpétuel, ferme.
HEDANI. pron. ind. tel, certain.
HEDCANIL. s. fermeté.
HEDCUNYAAL. v. poser, instituer, affermir.

HEDCUNLIL. adj. institué, affermi, institué.
HEDOLAL. s. confiance.
HEDTAAL. v. confiance, affirmer, soutenir.
HEE. adj. chose ouverte ; — s. œuf.
HEH. s. aine.
HELAANTAC. adj. différent.
HELANCUUNTAAL. v. distinguer, discerner.
HELANIL. s. différence, mode, manière, genre.
HELANTAAL. v. varier, différer.
HELANTACIL. adj. différent, distinct, divers.
HELBÉZAAL. v. changer.
HELBEZABAL. s. variation, transformation, changement.
HELBEZAHUL. v. transfigurer (Ruz).
HELE. adj. présent d'aujourd'hui ; —adv. présentement, actuellement, maintenant.
HELEL. s. station.
HELELA. le même que *hele*.
HENHEN. s. moustique ou moucheron fort menu et très-gênant. (Reg. Yucat.)
HEPEL. v. comprimer, presser, serrer.
HETUN. conj. donc, ensuite, conséquemment.
HI. particule, reste d'un ancien verbe ayant le sens d'avoir et d'être.
HICHNAKTABIL. s. conception.
HII. s. épervier.
HIIXTAH. v. faire tomber les fruits d'un arbre.
HIKTHAN. s. poëte.
HIX. s. nom d'un jour de l'année maya.
HIXCAY. s. râpe, racloir.
HO. s. cité, capitale ; — nom ancien de la ville de Mérida ; — adj. num. cinq.
HOB (?). s. porte, entrée.
HOBNEL ou *hobnelil*. s. entrailles.
HOCHBILAH. s. image, figure.
HOCHBILAHUL. s. formule.
HOK. prép. adv. hors, dehors.
HOKAL. adj. num. cent.
HOK ou *hokol*. v. sortir, s'étendre, résulter.
HOKZAH. v. arracher, déraciner, extirper, émettre.

HOL. entrée, issue.
HOLKAN. s. titre de quelques guerriers au Yucatan. De là *holkan-okot*, nom d'une danse guerrière chez les Mayas.
HOLOU. adv. hier.
HOLPITAAL. v. enlever (Ruz).
HOLPOP. s. chef de la natte, titre de celui qui tenait le tunkul ou tambour sacré, dans les danses et pièces scéniques (Cogolludo).
HOM. s. hauteur artificielle, pyramidale et dont l'intérieur était creux. De là *homul* ou *omul*, pyramide sur laquelle on érigeait les temples et les palais (*Vocab. antig.* et Lizana).
HONAIL. s. entrée, passage.
HOOL ou *hól*. s. tête, chef.
HOOLNA. s. toit d'une maison, comble.
HOOT. s. tête, chef.
HOPPEL. adj. num. cinq; — v. commencer; — prét. *hoppi*.
HOPPOL. v. commencer.
HOTOCH. s. champ, semailles.
HPPOLOM. n. adj. marchand.
HTZOO. s. coq, dindon.
HU, ou *hūu*, ou *húum*. s. papier, livre.
HUB. s. limaçon, coquille, conque.
HUÉ. s. œuf.
HUH. s. iguane, sorte de reptile.
HULNEB. s. archer, chasseur. (*Vocab. antig.*)
HULOB. v. désirer, souhaiter.
HULUM. s. sorte de poisson.
HUM. s. voix, bruit, son, mugissement; — v. résonner.
HUMCHAC. s. bruit du tonnerre.
HUMPPEL ou *hunppel*. adj. num. un, un seul.
HUMTHAN. s. son de la voix, voix, parole.
HUN. adj. num. un; — interj.
HUNABKU. s. seul saint, titre du Dieu suprême chez les Mayas. (*Vocab. antig.*)
HUNALI. adv. uniquement, simplement.
HUNBUNTUL. pron. ind. chacun, chacun à son tour.
HUN-ITZAMNA ou *Yax-Coc-Ahmut*, divinité, fils de Hunabku (Cogolludo).

HUNKAL. adj. num. vingt.
HUNPIK. s. mesure ou somme de huit mille; c'était le *xiquipilli* des Mexicains.
HUNPIKTOK. s. Huit-Mille-Lances, nom propre de la divinité protectrice des guerriers et de la noblesse au Yucatan (Lizana).
HUNTHANTAAL. v. vociférer, crier, publier à haute voix.
HUNTUL. adj. num. premier; — pron. ind. un certain, certain, etc., on.
HUN-UINIC. s. mesure de quatre cents verges carrées (Landa).
HUPUL. v. mesurer.
HUUM. s. poudrier.
HUUN. Voir *Hú*.

I et Y

Y. Cette lettre se trouve assez fréquemment dans les livres modernes, isolée et avec la queue barrée; c'est une abréviation pour *yetel*. prép. avec. — *Y* devant les voyelles, dans certains mots, a remplacé *u* et est devenu ainsi un article possessif: le, de lui, son, etc. (1).
YA ou *yahil*. s. souffrance.
YAA. s. arbre, le même que le zapote.
YAAB. ind. beaucoup, plusieurs, signe du pluriel.
YAABCUNTIC. v. multiplier.
YAABKAAN. v. hamac.
YAAH. s. poison.
YAAM. s. marmite.
YAAX. n. adj. vert, frais, neuf, bleu, vif.
YAAXCAL. s. matin.
YAB ou *yaab*. adv. beaucoup.
YABALIL. adv. suffisamment, abondamment.
YABCUNLIL. s. augmentation.
YABHAL ou *yabtaal*. v. multiplier.

(1) L'*i* simple et l'*y* grec sont réunis ici; dans l'alphabet maya il n'y a qu'une sorte d'*i*; la seule différence entre l'un et l'autre consiste en ce que l'*i* simple est généralement bref et que l'*y* grec est à la place de deux *ii*.

YACALIL. s. esquinancie.
YACAMTAAL. v. violer.
YACHHAA. s. canal, cours d'eau.
YACUNAH. s. amour.
YACUNAHUL. adj. reconnaissant, aimant.
YACUNTAAL. v. aimer.
YAHAL. v. poindre, commencer à faire jour, à paraître; fait *yahalcab*, il commence à faire jour, l'aube paraît.
YAHTAAL. v. entendre.
YAYANTAL. v. donner.
YAYAOLAL. s. pénitence.
YAYATULUL. s. contrition.
YAICHIL. s. mal d'yeux.
YAIL. s. souffrance, douleur.
YAKABTAAL. v. commencer à faire nuit.
YAL. s. tradition, descente, venue, descendant, fils (*u al*).
YALAL. v. dire, rapporter.
YALAN. prép. sous, dessous; — adj. bas.
YAL'ICIL. s. accouchement, enfantement. Voir *Alan*.
YALCAB. v. donner carrière, disposer (?).
YALINTAAL. v. enfanter, mettre au monde; — prét. *yalintah*. Voir *Alan*.
YALKAB. s. doigts de la main.
YAMA. adj. aimé, chéri.
YAMAXIYUT-NOK. s. linge propre.
YANAKIL. s. mal de dents.
YANAL. adj. autre, d'autrui, étranger.
YANTAL. v. avoir.
YAPOLIL. s. mal de tête.
YAT. adv. beaucoup.
YATAN. Voir *Atan*.
YAYIL-IHC. s. pleur, larme.
YATZIL. s. miséricorde, clémence, pitié.
YATZILIL. adj. miséricordieux, pieux, clément.
YAUOLAL. s. chagrin, tristesse.
YAXCEL. s. fièvre intermittente.
YAXCHÉ. s. sorte de ceiba, arbre de la vie céleste chez les Mayas.
YAXCHUNIL. ad. primitif, original; — adv. premièrement, d'abord.
YAX-COC-AHMUT. s. nom d'un des dieux des Mayas. Voir *Hun-Itzamna*.

YAXIL. v. commencer, faire une chose nouvelle.
YAXILTUN. s. perle.
YAXKIN. s. été.
YAXPAIBE. ad. premièrement, d'abord, fraîchement, nouvellement.
YAXMEHENTZIL. s. fils aîné.
YCH. s. œil, fruit.
YCHAC. s. veine.
YCHAMBIL. s. mari, époux.
YCHAMTZIL. part. adj. marié.
YCHAN. s. mari.
YCHIL ou *ichil*. prép. dedans, à l'intérieur, entre, parmi.
YCHPAA ou *ichpac*. s. tour, forteresse, palais.
YCHPUCZICAL. s. estomac.
YCIM. s. chouette.
YCIN. s. frère cadet.
YEBTAL. v. bruiner.
YEC. s. chaise.
YEEB. s. brouillard, brume, petite pluie.
YEYUM. s. oncle.
YEK ou *yekil*. s. graisse, saindoux.
YETE ou *yetel*. prép. avec.
YEZIC.. v. montrer.
YHCIL-YXCHEL. s. nom d'une fête du calendrier en l'honneur d'Ixchel, déesse de la médecine.
YIAH. Voir *Uyiah*.
YIBAC ou *yibacib*. s. bougie, chandelle, lumière.
YICH-COLOC. adv. séparément, en particulier.
YICNAL. loc. avec soi.
YICHE. s. visage, face.
YIBUL. s. tache.
YIK. s. son, souffle d'un instrument à vent.
YIKILCAB. s. abeille.
YIKUB. s. piqûre, flétrissure, aiguillon.
Iix. conj. et.
Iixcay. s. peau de poisson.
Iiz. rognons, reins.
YK ou *ikal*. s. air, vent, souffle, esprit, courage.
YKTILI ou *iktilican*. s. fable.
YKULKEB. s. tabouret, banc.
YLAH, voir; — pr. *Ylic*.
YLILBEIL. s. vice.
IN. pron. mon, ma, je, moi.

INA. adv. encore.
INBA. pron. réfl. me, moi-même.
INTILIL. pron. poss. mon, ma, mien, le mien.
YOC. s. pied.
YOCBAL. s. entrée, l'action d'entrer.
YOCOL. v. voler; — prét. *yoclah*.
YOCZAAL. v. mettre, occasionner; — ôter (?).
YOCZAH. v. entrer, croire.
YOHEL. Voir *Ohel* pour tous les mots qui commencent ainsi.
YOHELTAAL ou *yohetaal*. v. savoir, être sage, savant, instruit.
YOK. Voir *Ok*.
YOKOL. prép. sur, par-dessus, outre, au delà.
YOKOLCAB. s. monde, univers.
YOLTAAL. v. laisser entrer.
YOLTIC. v. vouloir, souhaiter.
YOMAC. v. concevoir.
YTZ. s. rosée, substance; — *itzencaan*, rosée du ciel, rosée, substance des nuages (Lizana); — adj. doux.
YIZATIL. s. industrie, habileté.
YUBAAL. entendre, écouter, faire attention.
YUCHUCIL. s. pouvoir, autorité, puissance; — adj. rempli, plein, entier.
YACHUCIL-ZINIL, tout-puissant; — *topzah*, s. fécondité.
YUCHUL. s. œuvre.
YUCHULTAL. v. pouvoir.
YUKKAHZAH. v. examiner.
YUKUL. pron. adj. tout.
YUM, *yumbil* ou *yumil*. s. père, seigneur.
YUMLAN ou *yumlah*. s. compère.
YUMTZIL. adj. patronymique.
YUNTZIL. s. objet.
YUTZCINTAH. v. composer.
YUTZIL. s. profit, avantage.
YUUB. s. ciel de lit.
IX. s. rouille (signe de diminution).
IXBAU. s. écrevisse.
IXCHEL. Voir *Xchel*.
IXCIT. s. tante.
IXKUKILCAN. s. sorte de serpent.
IXIM. s. maïs.
IXMUMUZ. s. hémorroïdes.
IXMEMECH. s. lézard.

IXPEN. adj. pédéraste.
IXTAB. Voir *Xtab*.
IXZELUOH. s. sorte de lézard.
IZTAHTÉ. s. arbre produisant une résine très-odoriférante, probablement le liquidambar (Landa).

K

KA. s. fiel.
KAA. s. pierre à broyer le maïs (*metlatl* en mexicain).
KAABIL (?). s. huile.
KAAH. Voir *Kahzaal*.
KAAY. s. chant.
KAAK ou *kak*. s. feu.
KAAL. v. serrer, fermer; — adj. num. *hun-kaal*, vingt.
KAAM ou *kam*. v. recevoir; — pr. *kamic*.
KAAMAL. s. réception, acceptation.
KAAN. s. corde.
KAAT ou *kat*. v. vouloir, interroger, demander.
KAATIL. s. pétition, demande.
KAAX. s. forêt, bois, broussailles.
KAB. s. main, bras.
KABA. s. nom.
KABAINTAAL. v. nommer, donner un nom, appeler.
KABAK. s. hémorroïdes.
KABATABAL. s. action de nommer, nomination.
KABATAH. v. calculer, dénombrer.
KABCHÉ. s. rameau, branche d'arbre.
KABCHEIL. s. flèche.
KABET. n. adj. chose nécessaire.
KABETAL. v. nécessiter, avoir besoin.
KABICH. s. larme, pleur.
KABLIZTOK. s. diamant.
KAHOL. n. adj. chose connue.
KAHOLAL. s. connaissance.
KAHOLTABAL. v. connaître, savoir.
KAHUAL. n. adj. ennemi, adversaire.
KAHZAAL. v. se souvenir, avoir mémoire, remarquer.
KAHZAH ou *kchzahikil*. s. mémoire, souvenir.
KAYTIC. v. chanter; — prêcher.

Kak ou *kaak.* s. feu.
Kakal. s. foyer, logement.
Kake. s. petite vérole.
Kal ou *kalal.* s. col, gorge.
Kalkab. s. poignet.
Kalpak. s. adultère.
Kaluix. s. gravelle.
Kamal. v. réputer, penser.
Kamyaak. s. maladie contagieuse.
Kan. s. nom d'un mois de l'année maya ; — ou *kanal,* adj. jaune.
Kanaan. adj. nécessaire.
Kanah, s. mer.
Kananil. s. utilité, nécessité, besoin.
Kanantal. v. avoir besoin, falloir.
Kancoh. s. sorte de lion.
Kantakin. s. or, métal jaune.
Kanthixal. s. collier.
Kataal. v. demander, interroger, invoquer, nommer.
Katchital. v. demander, interroger.
Katun. s. pierre scellée dans le mur d'un édifice, portant une inscription ; — ère, époque, période ; — guerre, combat.
Katuntal. v. combattre.
Kaxal. v. lier, amarrer.
Kaxil. n. adj. veneur, chasseur, montagnard.
Kaxil. s. lien, chaîne.
Kaz. adj. laid, mal, vilain.
Kazahul. s. souvenir, mémoire, représentation.
Kazal. s. gravelle.
Kazhanil. adv. mal, malicieusement, mal à propos.
Keban. s. faute, péché.
Kebanchahal. v. pécher, commettre une faute.
Kek. s. sorte de parrain que les Yucatèques choisissent pour leurs nouveaux nés (*Reg. Yucat*).
Keluc. s. sueur, transpiration.
Kenel. s. cuir.
Kenel-ich. s. prunelle de l'œil.
Kexolal. s. discorde.
Kix. s. épine, broussailles.
Kik ou *kikel.* s. sang ; — gomme du caoutchouc ; — balle à jouer.
Kilaan. part. adj. blessé.
Kilacabil. s. peuple, nation.

Kilcab. s. chaleur.
Kilzimoc. s. grelot.
Kin ou *kinil.* s. soleil, jour, temps.
Kinam. s. douleur, souffrance.
Kinic. s. foire, marché.
Kinieh ou *kiniah.* v. enchanter, tirer le sort, l'horoscope. (*Voc. antig.*)
Kinil. s. temps.
Kinkatun. s. cycle.
Kinku. s. jour de fête.
Kintzil. s. heure.
Kipchich. s. oiseau dont le cri servait aux augures (Cogolludo).
Kixpachok. s. hérisson.
Koben. s. cuisine.
Koch. s. sort, taxe, obligation.
Kochbezaal. v. obliger, forcer, taxer.
Kochbezah. v. blâmer.
Kochol. s. devoir, obligation, corvée.
Kohan. adj. malade, infirme.
Kohanil. s. infirmité, maladie.
Kohol. s. masque de théâtre.
Koyem. s. nom de la masse de maïs déjà moulue (Landa).
Kokolaal. v. percer, passer à travers, meurtrir ; hâler, tirer, retentir.
Kool. s. ragoût ou pâtisserie faite de dindon et de maïs, peut-être le *tamal* mexicain.
Ku ou *kuy.* n. adj. divin, saint.
Kubah. v. rendre, remettre.
Kubail. s. résignation, soumission, déférence.
Kuben. v. recommander.
Kubilah. s. trahison.
Kuch. s. sorte de corbeau ; fil ; — v. arriver, avoir lieu.
Kuchah. v. filer.
Kuchul. v. arriver.
Kuk ou *kukum.* s. plume.
Kukuitz. s. oiseau comme le quetzal.
Kukul. adj. emplumé.
Kukulcan. s. serpent emplumé ou orné de plumes ; nom d'un mythe et d'un personnage, célèbres dans l'antique histoire du Yucatan.
Kul. adj. divin, saint.
Kulel. n. adj. noble.

KULIM-PIC. s. punaise de lit.
KULTABAL. s. adoration, culte.
KULTABIL. adj. adorable.
KULTAH. s. statue, simulacre, idole.
KUMCHUY. s. oreiller.
KUNA. s. temple.
KUPTAAL. v. couper, trancher.
KUTZ. s. tabac.
KUU. s. nid d'oiseau.
KUUL. v. adorer.
KUXIL. s. indignation, rigueur, colère, ennui.
KUXNAHIL. s. colique, mal d'estomac.
KUXOLAL. s. abomination.
KUXPOLIL. s. douleur de tête.

L

LA. adv. oui.
LAAK ou *lak*. adj. autre, prochain, nouveau.
LACAN. s. drapeau, étendard.
LAB. pron. eux, ils.
LAHAH. adv. véritablement, certainement.
LAHCA ou *lahucappel*. adj. num. douze, douzième.
LAHUN. adj. num. dix.
LAHIL. s. être, essence, substance.
LAHILO. adj. substantiel.
LAY ou *laital*. v. être.
LAYACI. conj. inter. est-ce que, si par hasard?
LAKIN ou *likin*. s. orient.
LAMKAHAL. s. infusion.
LE. art. les, eux, elles.
LED. s. feuille d'arbre.
LEOKA. s. flamme du feu.
LEEXICEN. s. oreille.
LEITI. pron. dém. celui-ci, celle-ci, ceci.
LEITIL. conj. ainsi.
LELEM. n. adj. chose brillante, qui luit.
LELEMAH. v. briller, luire, faire des éclairs.
LELEMCIL. s. éclat, splendeur.
LELO. pron. dém. cela, celui-là; pr. *leobo*.
LEM. v. éclairer, briller, luire.
LEMACOOB. pr. rel. desquels, dont.
LEMBA ou *lembail*. s. éclair.
LEMZAZIL. v. resplendir, briller.

LEPPOLAL. s. colère, trouble, perturbation.
LETI ou *letile*. pron. il, lui, ceci, ce, celui-ci.
LEUM. s. sorte d'araignée.
LIC ou *licil*. n. adj. semblable; — conj. comme, de même que, depuis que.
LIK. s. fois. Ex.: *Hun-lik*, une fois; *ca-lik*, deux fois, etc.
LIKIL. v. se lever.
LIKIN. s. le levant ou orient (Lizana).
LIKZABAL. s. élévation; — v. élever.
LIKZIC. v. lever, soulever, exciter.
LO. art. n. le, lui.
LOB ou *lobol*. adj. mal, mauvais.
LOBAYAN. s. adj. jeune; se dit des femmes. Ex.: *Xlobayan chup*, une jeune femme.
LOBIL. s. dommage, vice, mal, méchanceté.
LOH. adj. ce qui a du prix, de la valeur.
LOHEBAL. v. racheter, délivrer.
LOHIL. s. prix, valeur, achat.
LOLABTHAN. v. maudire.
LOM. v. mouvoir, frapper.
LOMLOMAH. v. fréq. frapper ou mouvoir souvent.
LÒOB ou *lob*. adj. mal, mauvais, méchant.
LOTHEK. s. crampe.
LOXIC. s. blesser, frapper.
LOXÓL. s. coup.
LUBUL. v. tomber, choir, être étendu.
LUBZAAL. s. commotion, chute.
LUK. s. boue, vase; — v. couler, écouler.
LUKZABAL. s. enlèvement, action d'ôter quelque chose.
LUKZICPECTZIL. s. calomnie.
LUUM ou *lumil*. s. terre, sol.

M

MA. part. nég. non: en composition, aucun, nul.
MAAC ou *mac*. pron. rel. et int. qui, lequel, que.
MAACLO. pr. rel. dont, desquels.
MAAX, singe;— pron. rel. qui, que, lequel, quoi, qui;—pl. *maxoob*.

Maaxtil. pr. rel. dont, de qui, duquel.
Maaz. s. grillon.
Mabcaan. s. palais de la bouche.
Mabcun. Voir *Macunzah*.
Maben. s. coffre.
Mabonlil. s. pureté.
Mac. v. fermer; — s. personne, sujet; — pr. quel, lequel, laquelle.
Macalmaac. pron. quelque, qui que ce soit.
Machal. v. saisir, prendre, toucher.
Machunhach. s. tempes.
Mactzil. s. prodige, mystère.
Macuntabal. s. négation, excuse, mépris, dessaisissement.
Macunzah. v. nier, excuser.
Mah. s. aine.
Mahalil. adj. immuable, sans changement.
Mahelel. adj. incessant, perpétuel, fréquent.
Mahuinic. s. bête fauve.
May. s. sabot du quadrupède.
Mayab. n. adj. maya, yucatèque.
Mayac. s. table. — *Mayactun.* s. table de pierre.
Mayacimil. s. grande mortalité.
Mayacunahul. adj. ingrat.
Maili. conj. avant, auparavant, préalablement.
Makolal. s. oisiveté, paresse.
Malóob ou *malob*. adj. bon.
Mamac. pron. adj. aucun, personne.
Mambaal. s. néant, rien, mépris.
Manah. v. acheter.
Manahaan. adj. passé, qui n'est plus.
Mankinal. s. temps de fête.
Mankinhal. v. persévérer, durer.
Manzahul. s. accident.
Maohel. adj. ignorant.
Mapal. adj. grand.
Matan. s. héritage.
Matanil. n. adj. héritier.
Matu-cappel-cuntaal. adv. indubitablement, sans aucun doute.
Matukin. adv. de bon matin, avant le jour.
Matzab. s. cils des yeux.
Maunchac. adj. impossible.

Maxocolil. adj. innombrable.
Maxtil. pron. rel. de qui, dont, duquel.
Maxul. adj. infini.
Maxulunté. adj. éternel, durable.
Mazcab. s. coutelas, épée, fer.
Mazcabcun. s. marmite, chaudière de métal.
Mazcual. s. armée.
Mazipil. adj. innocent.
Mazubtalil. s. abomination.
Mech ou *moch*. adj. boiteux.
Meex. s. barbe, menton.
Mehen. s. enfant, génération.
Mehen-tzilaan. s. généalogie, filiation.
Meyah. n. adj. agent, travailleur.
Meyahtaal. v. servir, assister, travailler.
Meihul. s. œuvre, travail, ouvrage.
Meihulil. s. exercice, service, action, office, passion, désir.
Meihultaal. v. exécuter, servir, travailler.
Mektan. s. empire, milice, troupe.
Mektantaal. v. gouverner; — part. pas. *mektandan*.
Men. s. nom d'un jour de l'année maya; — ou *mentaal*. v. faire, bâtir, édifier, fonder, agir; — p. *mentic*; — pas. *mentahaan*.
Menticubabal. s. incarnation.
Metnal ou *mitnal*. s. enfer.
Mexen-hubo. s. sorte de coquillage univalve d'eau douce.
Mi. part. négative.
Miatz. adj. sage, instruit.
Miatzil. s. savoir.
Minaan. adj. qui a besoin, qui fait défaut.
Minantaal. v. manquer, avoir besoin.
Mitnal. s. l'enfer des Mayas.
Mix. part. nég. ni.
Mixbaal. nég. rien, jamais.
Mixbikin. adv. nég. en aucun temps, jamais.
Mixmaac. pr. nég. aucun, nul, personne.
Miz ou *miztun*. s. chat.
Mizib. s. balai.
Miztah. v. balayer.
Mó ou *móo*. s. ara, oiseau.

Mob ou *mohob*. n. adj. s. fourneau.
Mocah. v. lier, attacher.
Moch ou *mech*. n. adj. boiteux.
Mohob. s. fourneau.
Mol ou *mool*. s. doigts du pied de l'animal, griffe ou serre d'oiseau; — v. conduire, amener, ramasser, réunir (Landa).
Molayik. s. tempête, amas de nuages.
Molayil. s. assemblée, congrégation.
Molcabtaal. v. réunir, accumuler, ramasser, contenir, renfermer. — *Molcabticuba*.
Mom ou *momcab*. s. sucre.
Moo. s. ara, oiseau.
Mool. Voir *Mol*.
Motzil. s. racine.
Mucebaal. v. enterrer, ensevelir.
Much. s. crapaud.
Mucuc. s. sac, besace.
Muculaan. adj. secret, caché.
Muculmuc. adv. secrètement.
Mucultabal. s. enterrement, action de taire, cacher.
Mucultic. cacher, taire.
Muy. s. lapin.
Muy ou *muyal*. s. nuage, nuée (Cogolludo).
Mukaan. adj. fort, puissant, vigoureux.
Mukay. s. cochenille.
Mukanil. s. vigueur, force, pouvoir, puissance.
Mukanintaal. v. fortifier, encourager.
Mukil. s. force, puissance, fortitude.
Mukolaltabal. v. endurer, supporter.
Mukuolal. s. patience, endurance.
Mul. adv. en commun, ensemble.
Multepal. v. gouverner ensemble, à plusieurs; — s. république, gouvernement républicain.
Muluc. adj. et part. réuni, assemblé.
Mulucbal. s. réunion, rassemblement.
Mumuy. adj. poudreux.
Mumuyil. s. poussière.

Munil. adj. tendre, mou, délicat.
Mupptun. s. attaque.

N

Na ou *nda*. s. maison, mère.
Naach ou *nach*. adv. adj. loin, au loin, éloigné.
Naachtal. v. éloigner.
Naah. adv. assez, suffisamment.
Naakab. s. pouce.
Naal. s. devin.
Naalkab. s. pouce.
Naaltaal. v. oindre.
Naan. adj. commun.
Naat. s. entendement, intelligence.
Nacal. v. monter.
Nacalcaan. s. ascension, montée.
Nachcuntaal. v. renvoyer, congédier, lancer.
Nachii. s. baiser.
Nachil. adj. éloigné, du dehors; — *nachil-uinic*, étranger.
Nacon. s. titre antique de deux charges publiques dans le Yucatan (Landa).
Nacun. s. opposition.
Nacunah. s. contrariété, persécution, vengeance.
Nacuntic. v. menacer.
Nao. adv. auprès, près, presque.
Nadal. v. arriver.
Nahal. adj. méritant, digne.
Nahaltaal. v. gagner, mériter, acquérir, comprendre, avoir la force de.
Nahil. s. mérite, dignité, couronne.
Nahin. adj. possesseur.
Nai. prép. sans, dehors, en dehors de; — n. adj. ce qui se corrode ou se détruit par un caustique, etc.
Nailo. s. commère.
Naiolal. v. être insouciant, paresseux, négligent, peu soigneux.
Nak ou *nakil*. s. ventre.
Nanacil. adj. commun, ordinaire.
Nanaol. s. considération.
Nappcunzah. v. accoutumer, habituer, exercer.
Napphaan. s. coutume, mœurs, habitude.

NATZHALIL. s. constipation.
NECH. s. provisions de route.
NEN. s. miroir.
NENOL. v. contempler.
NETZIL. s. avarice.
NIBOLAL. s. dévotion.
NICHOIL. s. phthisie.
NICIL. s. silence, désespoir.
NICTE. s. fleur.
NIH ou *nii*. s. nez.
NII. s. milan, nez.
NOCAC. s. maison de pierre.
NOCOYCAAN. s. nuée, ciel couvert.
NOH ou *nooh*. n. adj. la droite, main droite.
NOHEN-IAL. s. grande descente, nom que les Mayas, dans l'antiquité, donnaient au couchant.
NOHYUM. s. aïeul.
NOHKAKIL. s. petite vérole.
NOHOCH. ad. grand, suprême.
NOHOCHHA. s. lac.
NOHOCHIL. s. grandeur, accroissement.
NOHOL. s. veine; — sud ou midi.
NOHPOL. s. chef.
NOK. s. linge, vêtement.
NOKOL. s. chenille.
NOLMAIL. s. obstination.
NONOHBAIL. s. orgueil, superbe.
NOPPAH. v. briser, casser, rompre, détruire.
NUC. adj. grand, fort.
NUCAAN. s. énergie.
NUCTAAL. v. entendre, comprendre.
NUCTAHUL. s. sentiment, sens, jugement.
NUCTUL. adj. distingué, illustre.
NUCUL ou *nuculil*. s. sentence, condition, circonstance.
NUCULINTIC. v. modifier.
NUM. s. perdrix.
NUMYA. s. peine, travail, fatigue, souffrance, privation, détriment.
NUMULBEIL. s. pèlerin, étranger.
NUP. prép. contre.
NUUC. n. adj. qui signifie, qui annonce.

O

OC. s. pied, jambe.
OCHUX. s. canne, roseau.

OCNA. s. rénovation du temple ou de la maison; nom d'une fête du calendrier maya (Landa).
OCNAKIN. s. soir, coucher du soleil, approche de la nuit.
OCOYHA. s. entrée, intérieur.
OCOL. v. entrer.
OCOLAL. s. fidélité, foi.
OCZAH. v. faire entrer.
OCZAHBENIL. s. croyance, foi.
OCZAHUOLTAAL. v. croire.
OHEL. adj. sage, savant.
OHELIL. s. sage, science.
OHELTAAL. v. être sage, savoir, connaître.
OYOMOLAL. s. timidité.
OK. n. adj. qui gémit. pleure.
OKOL. v. pleurer, gémir.
OKOLTBA. s. prière.
OKOLTBATAAL. v. prier, supplier.
OKOMOLIL. adj. tristesse.
OXOT. s. danse, ballet, pièce scénique; — *okot-uil*. s. nom d'une danse maya (Landa).
OLA. interj.
OLAC. adv. à peu près, presque, quasi.
OLAH. v. vouloir.
OLAHUL. s. volonté.
OLAL. s. jouissance, joie, plaisir.
OLEL. s. soin, diligence, affaire, occupation, intention.
OLOM. s. sang.
OM. s. écume.
OMON. n. adj. étranger.
OMTANIL. s. ventre.
ONELBIL ou *onelbil-keban*. s. inceste.
OTHEL. s. peau humaine.
OTOCH ou *yotoch*. s. maison, demeure.
OTOCHCABIL. n. adj. habitant de la maison, locataire, domestique.
OTZIL. n. adj. pauvre.
OTZILHANIL. s. pauvreté.
OX. adj. num. trois.
OXHATZUL. n. adj. tiers, tierce partie.
OXPPEL. adj. num. trois, troisième.
OXPPELIL. s. trinité.

P

PAA. s. mur, enceinte, fortification, palais, édifice; — v. attaquer.
PAAK ou *paktaal*. v. attendre.
PAAL ou *pal*. s. enfant, garçon, serviteur.
PAAX. Voir *Pax*.
PACACH. s. galette ou pain de maïs (tortilla).
PACAT. s. vue, œil.
PACH. s. épaule, appui, abri; — *tuluum*. s. fortifications.
PACHICH. s. paupière.
PACHIL. extrémité, fin dernière; — conj. ensuite, après, finalement.
PACTAAL. v. discerner, voir. prés. *Pactic*.
PAHCH. s. vinaigre.
PAYAANBEILE... adv. principalement.
PAYACHITAAL. v. dire, réciter.
PAYALTEIL. s. festin.
PAYAMBEIL. s. propriété, chose appartenante.
PAYBÉ. v. devoir.
PAYMA. s. devoir.
PAYTEM. s. jupon brodé.
PAK. s. mur, fortification.
PAKAL. v. planter, établir, ériger, semer.
PAKKEBAN. s. fornication.
PAKPACH. s. témoignage.
PAKTAAL. v. attendre, espérer.
PAKTEIL. s. attente, durée.
PAKZIZIL. s. tiédeur.
PAL, *palal* ou *palil*. s. serviteur, petit garçon.
PAN. s. étendard, drapeau, insigne, excellence.
PANAH. s. laboureur.
PATAH. s. inventeur.
PATAL. v. former, atteindre, trouver, arriver à.
PATHI. n. adj. possible, pouvoir.
PAX ou *paxal*. v. rompre, briser, détruire; toucher d'un instrument; — part. pas. *páxac*.
PAXIC. v. boire.
PAZIL. s. mesure.
PEC. s. chien.
PECANIL. s. célérité, promptitude; — *yatzil*. s. bénignité.

PECH. s. tique, insecte, appele *garrapata* en espagnol.
PECHECH. s. fuseau.
PECOL ou *pecolil*. s. adj. dangereux, périlleux.
PECOLTZIC. s. péril, danger.
PECUAH. s. pain de maïs.
PECUALAHUL. s. motion, mouvement.
PECUOLALIL. s. affection, inspiration.
PECZIC. v. mouvoir, exciter.
PER. s. bruit; — *chac*. s. bruit du tonnerre.
PEET ou *petil*. s. cercle, rond.
PEKCHENTUN, s. étang.
PETEN. s. île, péninsule, lieu entouré d'eau.
PEUL. s. salut.
PEULTAH. v. saluer.
PEZBAIL. s. vanité.
PIC. s. punaise volante; — sorte de jupon des femmes au Yucatan (Cogolludo).
PICHUUN. s. livre.
PICIT. s. éventail.
PICOLAL. s. doute.
PIX. s. genou.
PIXAN. s. âme, esprit.
PIZ. s. mesure, quantité.
PIZIL. v. mesurer.
POCAM. s. nom d'une fête du calendrier maya (Landa).
POCHIL. n. adj. qui offense, offenseur.
POCHOB. s. nom d'une danse au Yucatan (*Reg. Yucat*).
POCHOL. s. offense.
POCOLKAB. s. aiguière.
POKYAH. s. jeu de paume.
POL ou *polil*. s. chose sculptée.
POOCBIBÉ. s. œufs rôtis.
POOP ou *pop*. s. natte.
POT-AKAB. s. nom du moment qui précède l'aube du matin.
PPAACHII. s. vœu.
PPATIC. v. laisser, permettre.
PPAX. s. dette, offense.
PPEC ou *ppecil*. s. haine, abomination.
PPECTANIL ou *ppectabil*. adj. ignominieux.
PPECTIC. v. haïr, détester.

PPEL. adj. unique, singulier, simple.
PPELELIL. s. particularité; — t'ppelelil. adv. en particulier.
PPENTAC. n. adj. exilé, chassé.
PPENTACIL ou ppentancil. s. exil, captivité, esclavage.
PPIXICH. v. veiller.
PPOL. s. tête, principe, principal. Voir Ppool.
PPOLE. n. adj. ce qui s'augmente ou s'accroît.
PPOLEMOLAI. s. mélancolie.
PPOLEZAH. v. augmenter, enrichir, gonfler.
PPOLIX. s. vessie.
PPOOC. s. chapeau.
PPOOL. s. ampoule.
PPUC. s. joue.
PPUCIL. s. fesse.
PPUL. s. cruche.
PPULBAIL. s. aigreur, acidité.
PPULOC. s. mollet.
PPUM. s. arc.
PPUPPUCIL. s. parcelle.
PPZIHAH. v. combattre.
PUCZICAL. s. cœur, poitrine.
PUDTAAL. v. fuir, s'éloigner.
PUUB. s. fuite.
PUY. s. coquillage univalve qui donne la pourpre (pur en quiché).
PUYUT. s. sorte de braie ou de longue ceinture dont les indigènes se ceignent pour couvrir leur nudité.
PULAH. v. traîner, entraîner.
PULUL. sorte de fruit.

T

TAAB. s. sel.
TAAL ou tal. v. toucher.
TAALABAL. s. toucher, l'action de toucher.
TAAN. particule d'actualité, exprimant qu'une chose se fait. Ex.: Taan in xoc, je lis, ou actuellement je lis.
TAAN. s. chaux.
TAAXIL. s. vallée.
TABAI. s. nom d'un des dieux de la chasse au Yucatan (Landa).
TABZAH. s. tromperie.
TABZIC. v. tromper.

TAC. prép. jusqu'à; — tacti. de, abl.; — tac-utial. vers, à.
TACUNBIL. n. adj. ce qui doit se garder, s'observer, se cacher.
TACUNTAAL. v. garder, cacher.
TACUNTABAL. s. garde, observation.
TAHAL ou tahalháa. v. nager.
TAYOMAL. v. pêcher au filet ou à l'hameçon.
TAKAL. v. se tenir, s'attacher.
TAKEL. s. colle.
TAKYAHNABAL. s. extrême-onction.
TAKYEKIK. s. agonie.
TAKIN. s. métal, chose mûre.
TAL. Voir T'aal.
TALAM. adj. grave, ineffaçable, cruel, mortel.
TALEL. v. venir, résulter, arriver.
TAMAN. s. brebis.
TAMCAB. prép. sans, hors, dehors.
TAMNEL. s. foie.
TAMUKACAM. v. soupirer.
TANCAB. s. paume, creux de la main.
TANCABAL. s. cour intérieure.
TANCELEM. adj. jeune, juvénile; se dit des hommes.
TANCOCH. s. moitié, demie.
TANIL. adv. auparavant, avant, de bonne heure.
TANLAH. n. adj. ce qui est présent.
TANLAHICH. s. présence.
TANLAHTAAL. v. être présent, assister, secourir, servir. Ex.: Ma pathi in tanlahtic, il me fut impossible d'assister.
TAU. s. plomb.
TAZAAL. v. quérir, chercher, apporter, porter.
TAZTUNICHIL. s. cour, place pavée.
TECH. pr. tu, toi, ton.
TEEL. s. pied, jambe.
TEEX. s. pron. pers. vous.
TELA ou tila. adv. ici.
TELÓ ou tiló. adv. là.
TEMIX. s. vessie.
TEN. pr. p. je, moi.
TENOAC. s. poison.
TENEL. s. occasion, fois.
TEPAL. n. adj. médiateur; — v. régner, gouverner.
TEPEL. v. envelopper.
TEPPLIZ. s. manche.
TETAH. v. choisir.

THAAH. n. adj. brave, courageux, vaillant.
THABAAN-CHUC. v. braise.
THAN. s. voix, parole, diction.
THANABAL. s. diction.
THANBIL. n. adj. louable, dont on peut parler.
THANBILAL. s. louange, glorification.
THANIC. v. parler, dire, appeler, nommer.
THIB. s. salut.
THIBAAL. v. saluer.
THOCHPABAL. s. obstacle, achoppement.
THOYOL. s. évanouissement.
THUL. s. lapin.
TI. prép. de, à, vers, dans.
TIALTIC. s. appartenance, droit de propriété.
TIB, *tibii* ou *tiblil*. n. adj. tiède, tempéré, juste, modéré.
TIBILBEIL. s. tiédeur, tempérament, modération.
TIBLILOLAL. s. modération, prudence.
TIBLILOLIL. adj. propre, convenable, prudent.
TICH ou *tichil*. s. offrande, présent, sacrifice ; — v. offrir, sacrifier.
TII. adv. là, par-là.
TILE. art. pr. le, lui, de lui, de celu.-ci, etc. — *Tile*, lui ; *li nucul*, de la même manière.
TILIL. adj. propre, appartenant.
TILIZCUNTAAL. v. sanctifier.
TILIZCUNTIL. s. fête.
TILÓ. adv. là.
TIOKLAL. prép. pour, à cause de, par le moyen de. — *Ca*, parce que.
TIPONTIC. s. pouls.
TIPPAAN. adv. abondamment, beaucoup. — *utz*, très-bon, excellent.
T'PACH ou *t'pachil*. prép. adv. derrière, par-dessus, par derrière, après, subséquemment.
TI-TACTITEL. prép. adv. en haut, vers, depuis.
TITELA. adv. Voir *Telá*, *tilá*.
TITUUX. adv. d'où, de quel endroit, pour cette raison.
TOCAH. v. défendre, aider.
TOCIL. Voir *Tokil*.
TOCOY. n. adj. désert, solitaire.

TOH. adj. droit.
TOHAAC. adj. guéri.
TOHBAIL. s. vengeance.
TOHCINABAL. s. consolation.
TOHIL. s. droiture, direction.
TOHILAL. s. santé.
TOHLAAL. v. chasser, lancer.
TOHOL. s. quantité.
TOHOLAL. s. salut.
TOHPUL ou *tohpultaal*. v. déclarer.
TOHPULTIC. v. confesser.
TOHPULUL. s. confession.
TOHUOLAL. adj. salutaire.
TOK. s. silex, lance, pointe de lance ; — v. saigner.
TOKIL. s. saignée.
TOMUT. s. jeûne.
TOONCOUH. s. sorte d'acupuncture (*Reg. Yucat.*)
TOT. n. adj. muet.
TOTIL. s. mutisme.
TOZHAA. s. pluie.
TUB. Voir *Tuub*.
TUCETLIL. adv. pareillement, parfaitement.
TUCH. s. nombril.
TUCHUB. s. index.
TUCLABAL ou *tuculabáal*. v. penser.
TUCLICUBA. v. présumer.
TUCUY. s. plante des pieds.
TUCUL. s. réflexion, pensée.
TUCULIL. s. intention, jugement, souvenir.
TU-HALIL. adv. en vérité, véritablement.
TUKOL. n. adj. âpre, dur, cruel.
TUKOLALTAAL. v. molester, inquiéter, chagriner.
TUKUB. s. hoquet.
TUL. s. os de la jambe, tibia.
TULACAL. adj. tout.
TULIZ. adj. entier.
TULTIC. v. correspondre, appartenir.
TULUL. adj. général, universel.
TULUM. s. fortification, mur, muraille, édifice.
TUMBOLAL. s. oubli.
TUMBUL ou *tumbulben*. adj. nouveau, dernier.
TUMEN. conj. parce que, depuis que.
TUMUT. n. adj. ce qui est tempéré, modéré.

TUMUTIL. tempérance.
TUN. s. pierre, son, bruit ; — radical de plusieurs verbes qui ont rapport à des danses.
TUNAHMATIL. s. dette.
TUNCULUCEC. s. hibou (chauve-souris?).
TUNICH. s. pierre.
TUNK. s. coin, angle.
TUNKUL. s. tambour, le même que le *teponaztli* des Mexicains.
TUNTAAL. v. tenter, goûter, éprouver.
TUNTABAL. v. tentation.
TUNTAHUL. s. tentateur.
TUPP. n. adj. ce qui est éteint.
TUPPIC. v. éteindre, effacer.
TUPPKAK. s. éteignement du feu. nom d'une cérémonie où l'on brûlait les cœurs d'un grand nombre d'animaux.
TUPPZAH. v. oublier.
TUTAL. v. gîter, pourrir.
TUTOHIL. adv. directement, correctement.
TUTZOLOLIL. adv. consécutivement.
TUUB. s. salive.
TUUN. conj. donc, entre-temps, tandis, ensuite.
TUUX. adv. où, en quel endroit.
TU-XULILE. adv. enfin, finalement.
TUZ. s. mensonge, fiction.
TUZIK. s. mal de poitrine.
TUZNEL. v. mentir ; — fut. *tuznac*.
TZAC ou *tzacle*. s. recherche.
TZAHBI-HÉ. s. œufs frits.
TZAYAAL. v. joindre, unir ; — *tzayic*.
TZAYAAN. part. adj. joint, uni.
TZAYANIL. s. onction.
TZATZ. s. graisse, saindoux.
TZATZA. s. huile.
TZEC ou *tzecil*. s. tête de mort.
TZECAHTHAN ou *tzectzecthan*. s. censure, menace, châtiment.
TZECUL. s. peine, châtiment.
TZEL. s. côté, flanc.
TZELCAN. s. couleuvre non venimeuse.
TZELEC. s. cuisse, haut de la jambe.
TZELEP-KIN. s. le déclin du jour.
TZEM. s. sein, poitrine, mamelle.
TZEMIL. s. maigreur, faiblesse.

TZEMOLAL. s. mélancolie.
TZEMTZEMIL. s. étisie.
TZENUL. s. substance, aliment, éducation.
TZENULTAAL. v. paître, nourrir, enseigner.
TZIC. s. obéissance, respect.
TZICAH. v. obéir, honorer ; —ind. *tzicic*.
TZICBATAL. v. répéter, raconter (?).
TZICBAL. s. conservation (?).
TZICBENIL. s. majesté, grandeur.
TZICIL. s. honneur, vénération, respect.
TZILIL. v. briser, casser, rompre.
TZIMIN. s. tapir, cheval.
TZITZAK. s. squelette.
TZO ou *tzotzel*. s. cheveux.
TZOY. s. trésor.
TZOL. n. adj. ce qui est ordonné, réglé, en série.
TZOLAH. v. ordonner, coordonner, diriger, régler ; — *tzolic*
TZOLAN. série, ordre.
TZOLNUCUL. s. règlement, ordonnance.
TZOLOL. s. ordre, série, règle.
TZOLOLTHAN. s. tradition.
TZOLTHAN. v. interpréter.
TZOLXICIN. s. conseil.
TZOTIZ. s. manche.
TZOTZEL. Voir *Tzo*.
TZUB. s. lièvre.
TZUC. s. panse.
TZUCYAHIL. s. luxure, impureté.
TZUCIL. n. adj. chose impure, obscène.
TZUCUB. s. province.
TZUTZAH. v. fermer.

U

U. art. poss. le, de lui, déterminant le génitif. Ex : *U nucul canabal*, l'art d'enseigner ; — s. lune, mois.
UA. conj. ou, ou bien, si ; —interj.
UABA ou *uabau*. pron. quelque.
UAC. adj. num. six.
UACAX. s. (moderne), vache.
UACIL. s. syncope de *uamax cilich*, sainte personne.
UACPPEL. adj. num. six, sixième.
UAH. s. pain, galette de maïs, provisions de bouche. — v. rad.

mettre debout, ériger, dresser; — part. pas. *uahom*.
UAY. s. lit, logement, chambre, — ou *uaye*. adv. ici, par ici.
UAIX. conj. ou, ou bien; — interj.
UAK. s. langue. Voir *Ac*.
UAL. s. éventail.
UALIC. Voir *Al*.
UALKAL. v. tourner, changer, retourner, devenir, métamorphoser.
UALKEZABA. v. se tourner, se changer, se convertir.
UAMA. conj. sinon, à moins que, excepté.
UAMAC. pron. quelque, quelqu'un.
UAMAX. pron. qui que ce soit.
UANTAAL. v. secourir, aider.
UAXAC. adj. num. huit.
UAXACPPEL. adj. num. huit, huitième.
UC. s. pou.
UCABIM. s. lait.
UCHAC (?). s. pouvoir.
UCHBEN. adj. antique.
UCHUL. v. arriver, avoir lieu; — prét. *uchci*.
UCOCHIC. s. bec d'oiseau.
UDBEN ou *uobentál*. v. sentir, flairer, rendre quelque odeur.
UECEL. s. effusion.
UECH. s. gale, maladie.
UEN ou *uenel*. s. sommeil; — v. dormir.
UENZAL. v. dormir.
UETHEL. v. défendre; — ind. prés. *uethic*.
UHADCHAC. Voir *Haochac*.
UYAAL. v. entendre.
UYAHTAAL. v. entendre.
UYAHUL. s. sens, ouïe.
UYIAH. s. haine.
UICNAL. loc. avec toi.
UIH ou *uiih*. s. faim, famine.
UIL. s. abondance.
UILIC. Voir *Ilic*.
UIMBA. s. statue, image, idole.
UIN. n. adj. ce qui croît, augmente, etc.
UINAL. s. série des vingt jours du mois maya.
UINCIL. adj. corporel.
UINIC. s. homme fait.

UINICIL. s. corps humain, humanité.
UITZ ou *uitzil*. s. montagnard.
UKAH. s. soif.
UKUL. v. boire.
UKUM. s. fleuve, rivière (Cogolludo).
UL. v. rad. venir, arriver; — prét. *ulci*.
ULA. s. hâte.
ULOLAL. s. appétit.
ULUM. s. coq d'Inde, dindon.
UMPEHAAB. s. cours de l'année.
UMPEKIN. s. lune.
UNCHAC. v. imp. pouvoir, être possible.
UNCHACIT. adv. peut-être, par quelque moyen.
UNCHIC. v. imp. il y a.
UNOYNA. s. salle, chambre.
Uo. s. grenouille; — nom d'un des mois de l'année maya.
UOCZAHUOLTAAL. v. croire.
UOCZIC. v. créditer.
UOHELIL. Voir *Ohelil*.
UOLAH. s. décision, volonté, liberté; — id. ac. *olah*.
UOLAHUL. s. passion.
UTIAL. prép. à, à cause de, pour, par, contre; — *ca*, afin que.
UTILIL. pr. poss. son, sa, sien, le sien.
UTZ. n. adj. bien, bon; — *ca*. conj. bien que, quoique, pourvu que.
UTZCANAAN. n. adj. commode, conforme.
UTZCANANIL. adv. conformément, commodément.
UTZCINAH. s. composition, arrangement.
UTZCINTIC. v. arranger, composer.
UTZIL ou *utzul*. s. bonté, félicité, avantage.
UTZINTAAL. v. arranger, adoucir.
UTZKAM. s. approbation, gratitude.
UIZTAL. v. arranger, composer.
UUC. adj. num. sept.
UUCPPEL. adj. num. sept, septième.
UUIL. Voir *Uil*.
UUN. s. papier, livre.
Ux. v. réunir, cueillir.
UXCIL. s. vautour, sopilote.

X

XAAN. n. adj. ce qui est lent, tranquille, qui roule doucement, qui retarde.
XAANCUNTAAL. v. différer, retarder.
XAANKIK. s. flux de sang.
XAB ou *xaab*. s. étang, abîme d'eau.
XAC. s. panier, corbeille.
XACAMACHE. s. banc.
XACHE. s. plante qui sert aux femmes à se nettoyer les cheveux (*Reg. Yucat.*)
XAKTIC. s. pistolet, revolver.
XAMAH. s. tourtière, *comalli* en mexicain.
XAN. adv. récemment, tout à l'heure, doucement, tranquillement, tardivement. Voir *Xaan*.
XANCULHOP. s. perroquet (?).
XANHAL. v. retarder.
XBAU. s. écrevisse.
XBOLON-TOCOH. nom d'une sorte de fantôme qui, comme l'écho, répète la voix (*Reg. Yucat.*)
XCACH ou *xcax*. s. poule.
XCHEL ou *Ixchel*. s. nom de la déesse de la médecine et des nouveau-nés.
XCHUCHUL. s. petite fille qui tête.
XCHUP. s. femme.
XCIT. s. tante.
XCUKILCAN. s. sorte de serpent.
XCUNIAH. s. sorcière.
XCUXAN. n. adj. vivante.
XEE. s. vomissement.
XELCHI. s. examen.
XELCHITIC. v. éprouver, examiner.
XEN. interj. ; — v. sortir.
XEUEL. s. peau d'animal.
XHAXAB. s. citerne tarie.
XIB ou *xibil*. s. mâle.
XIBALBA. s. démon (*Vocab. antig.*)
XIBILBA. s. fantôme.
XIBLAL ou *xibil*. s. mâle, homme.
XIC. v. préparer.
XICH. s. nerf.
XICIL. v. marcher.
XICUL. s. chemise.
XIK. s. aile.
XIMBA ou *ximbatéal*. v. se promener, marcher, s'éveiller.
XIMBAL. s. marche.
XIU. s. herbe.

XIXTABUL. s. examen.
XKULUK. s. cloporte.
XMA. prép. sans, excepté ; — particule servant à composer les mots d'opposition. Ex. : *Cimil*, mortel ; *xmacimil*, immortel.
XMABONLIL. s. propreté, pureté.
XMACHUM. adj. sans commencement, éternel.
XMACIMIL. adj. immortel.
XMAHELEL. adj. infini, sans délai, continuel.
XMEMECH. s. sorte de lézard.
XMUMUZ. s. hémorroïdes.
XNOKOL. s. ver, chenille.
XNUC. s. nom d'une lagune près de Yalahau et d'un fantôme qui s'y montre (*Reg. Yucat.*).
XOC. v. rad. respecter (?).
XOCAH. v. lire.
XOCOL. v. nombrer, chiffrer, calculer.
XOCOLIL. s. numération.
XOKOLAL. s. zèle.
XOLOP. s. anone, fruit.
XOLTUNTAH. v. proposer.
XONOT ou *oonat*, s. citerne.
XOOC. v. communiquer charnellement l'homme avec la femme. (*Voc. antig.*)
XOTEB. s. couteau.
XOTOL. v. couper, trancher.
XPO. s. blanchisseuse.
XPUZ. adj. bossu.
XTAB ou *Ixtab*. nom de la déesse des pendus (Landa).
XTABAI. s. sorte de fantôme qui apparaît sous la figure d'une jeune femme (*Reg. Yucat.*)
XTUYUL. s. termite, insecte.
XTOL. s. nom d'une danse maya (*Reg. Yucat.*)
XUL. s. fin, terme.
XULIC. finir, terminer.
XULAB. s. sorte de fourmi qui pique la lune, lorsqu'il y a une éclipse, suivant la superstition maya antique (Cogolludo).
XULIKAL, s. agonie, dernier soupir.
XULUB. s. corne, trompe.
XULZAH ou *xupzah*. v. détruire.
XZELUOH. sorte de lézard.

Z

ZAAT. n. adj. pardonnable.
ZAATZABAL. s. pardon.
ZAATZIC. v. détruire, effacer, pardonner.
ZAAZTAL. v. poindre, commencer à paraître.
ZABIN. s. belette.
ZAC. n. adj. blanc.
ZACAA ou zac-haa. s. breuvage fort estimé, — sorte de chocolat (Landa).
ZACAL. s. sorte de fourmi.
ZACBOC. s. héron.
ZACCIMIL. s. évanouissement.
ZACIL. s. blancheur, éclat, splendeur.
ZACOLAL. s. diligence, activité.
ZACPACAL. s. colombe.
ZACTAU. s. étain.
ZAHBENIL. adj. modeste.
ZAHCIL. s. crainte.
ZAHLEM ou zahlum. n. adj. craintif, timide, lâche.
ZAHLUMIL. s. terreur, lâcheté.
ZAHTIC. v. partager, diviser.
ZAYAB. s. source, fontaine, rivière, trésor.
ZACBOLAY. s. chat sauvage.
ZAROL. n. adj. industrieux, habile.
ZAKOLAL. s. soin, habileté, industrie.
ZAL. s. bas-ventre, intestins.
ZALCUNAH. s. injure.
ZAMAL. adv. demain. — s. matin, matinée.
ZAMBHOL. s. ours, destructeur des ruches d'abeilles.
ZATAAL. v. craindre.
ZATALAL. s. évanouissement.
ZATIC. v. perdre, détruire, ruiner.
ZATZAAL. v. pardonner.
ZATZUHUTIL. s. défloraison.
ZAUIUOLAL. s. envie.
ZAZ, zazil ou zazilil. s. clarté, lumière.
ZAZAC. adj. clair, blanc, brillant.
ZAZILCUNTIC. v. éclairer, expliquer.
ZEB. n. adj. rapide, prompt.
ZEBAL. s. promptitude, rapidité.
ZEBCHIAAN. part. adj. promis.
ZEBCHILAH. s. promesse, vœu.
ZEBCHITAH. v. prophétiser, prédire, promettre.
ZEBIL. s. brièveté, rapidité.
ZEBLACIL. adv. rapidement.
ZEC. v. discourir.
ZIAN ou zyan. s. principe, origine, commencement, génération.
ZIBNEL. s. vertèbre d'animal.
ZID. n. adj. avide.
ZIHIL. v. naître, commencer.
ZIHNAL. adj. original, primitif.
ZIHZABIL. s. créature.
ZIHZABAL. s. création.
ZIHZAH. v. créer.
ZIHZAHUL. s. créateur.
ZII. s. bois à brûler.
ZILABAL. s. don, concession.
ZILOLAL ou ziluolal. s. libéralité, largesse, générosité.
ZINAN. s. scorpion.
ZINCHE. s. croix.
ZINIC. s. fourmi.
ZINIL. adj. puissant.
ZINLAH. v. attacher en croix, p. pass. zinaan.
ZIPIL. s. défaut, manque, imperfection.
ZIPILTAAL. v. être en faute, manquer.
ZIPITOLAL. s. licence.
ZIPPCAL. s. esquinancie.
ZIPZAH. v. provoquer.
ZITIL. s. aumône.
ZIZ. n. adj. chose froide.
ZIZABIL. voir zihzabil.
ZIZIKIN ou zizkin. s. soir, après-midi.
ZIZOC. v. craindre, frissonner.
ZIZOLAL. s. rafraîchissement, repos.
ZOO. s. chauve-souris.
ZOLIMAN. s. venin.
ZOT. s. hydropisie.
ZUBTALIL. s. beauté, propreté.
ZUC. n. adj. chose douce, pacifique.
ZUCIL. s. douceur, mansuétude, tranquillité.
ZUCUM. s. frère aîné.
ZUOCI. s. vinaigre.
ZUHUY. n. adj. vierge.
ZUHUY-ZIP. s. nom d'un des dieux de la chasse (Landa.)

ZUYEN. s. sorte de cape ou de manteau.
ZUK. s. montagne.
ZUKIN. pénitence, jeûne.
ZULEB. s. pot, cruche.
ZUM. s. corde.
ZUNONAKIL. s. constipation.

ZUT. n. adj. ce qui retourne, qui est rond.
ZUTKUPTAAL. v. circoncire.
ZUT ou *zutzaal*. v. retourner, rendre. prét. *zutzeh*.
ZUTIC. v. retourner.
ZUUKIN. Voir *zukin*.

NOMBRES MAYAS.

1, Hun.
2, Ca.
3, Ox.
4, Can.
5, Ho.
6, Uac.
7, Uuc.
8, Uaxab.
9, Bolon.
10, Lahun.
11, Buluc.
12, Lahca.
13, Oxlahun.
14, Canlahun.
15, Holhun.
16, Uaclahun.
17, Uuclahun.
18, Uaxaclahun.
19, Bolon-lahun.
20, Hun-kal.
21, Hun-tu-kal.
22, Ca-tu-kal.
23, Ox-tu-kal.
24, Can-tu-kal.
25, Ho-tu-kal.
26, Uac-tu-kal.
27, Uuc-tu-kal.
28, Uaxac-tu-kal.
29, Bolon-tu-kal.
30, Lahu-ca-kal.
31, Buluc-tu-kal.
32, Cahca-tu-kal.
33, Oxlahu-tu-kal.
34, Canlahu-tu-kal.
35, Holu-ca-kal.
36, Uaclahu-tu-kal.
37, Uuclahu-tu-kal.
38, Uaxac lahu-tu-kal.
39, Bolon-lahu-tu-kal.
40, Cakal.
41, Hun-tu-yoxkal.
42, Ca-tu-yoxkal.
43, Ox-yoxkal.
44, Can-tu-yoxkal.
45, Ho-tu-yoxkal.
46, Uac-tu-yoxkal.
47, Uuc-tu-yoxkal.
48, Uaxac-tu-yoxkal.
49, Bolon-tu-yoxkal.
50, Lahu-yoxkal.
51, Buluc-tu-yoxkal.
52, Lahca-tu-yoxkal.
53, Oxlahu-tu-yoxkal.
54, Canlahu-tu-yoxkal.
55, Holhu-yoxkal.
56, Uuaclahu-tu-yoxkal.
57, Uuclahu-tu-yokal.
58, Uaxac lahu-tu-yoxkal.
59, Bolon lahu-tu-yoxkal.
60, Oxkal.
61, Hun-tu-cankal.
62, Ca-tu-cankal.
63, Ox-tu-cankal.
64, Can-tu-cankal.
65, Ho-tu-cankal.
66, Uac-tu-cankal.
67, Uuc-tu-cankal.
68, Uaxac-tu-cankal.
69, Bolon-tu-cankal.
70, Lahu-cankal.
71, Buluc-tu cankal.
72, Lahca-tu-cankal.
73, Oxlahu-tu-cankal.
74, Canlahu-tu-cankal.
75, Holahu-tu-cankal.
76, Uaclahu-tu-cankal.
77, Uuclahu-tu-cankal.
78, Uaxaclahu-tu-cankal.
69, Bolonlahu-tu-cankal.
80, Cankal.
81, Hu-tu-yokal.
82, Ca-tu-yokal.

83, Ox-tu-yokal.
84, Can-tu-yokal.
85, Ho-tu-yokal.
86, Uac-tu-yokal.
87, Uuc-tu-yokal.
88, Uaxac-tu-yokal.
89, Bolon-tu-yokal.
90, Lahu-yokal.
91, Buluc-tu-yokal.

92, Lahca-tu-yokal.
93, Oxlahu-tu-yokal.
94, Caniahu-tu-yokal.
95, Holahu-tu-yokal.
96, Uaclahu-tu-yokal.
97, Uuclahu-tu-yokal.
98, Uaxaclahu-tu-yokal.
99, Bolon-lahu-tu-yokal.
100, Hokal.

FIN DU VOCABULAIRE MAYA.

QUELQUES VESTIGES D'UN VOCABULAIRE

DE

L'ANCIENNE LANGUE DE HAITI

ET DE SES DIALECTES.

Ces mots sont tirés des ouvrages et des relations de Colomb et de ceux qui, les premiers, écrivirent sur les Antilles. Nous en avons pris dans Rafflnesque, mais en ajoutant à plusieurs le (?), à cause du doute qu'ils inspirent. Nous en avons omis d'autres qui nous paraissaient complétement erronés. Les lettres (Ey) indiquent la langue *eyeri*, dialecte parlé à Borriquen ou Porto-Rico, et la lettre (D), le mot dialecte.

A

A. particule qui, en composition, paraît signifier la possession ou la qualité.
ABO. s. maître, chef, supérieur (?)
AC. s. porc, cochon sauvage.
ACUBA. s. sapotiller, arbre.
AHIACAUO. s. aïeul (?)
AYAY. s. nom de l'île Sainte-Croix.
AKANI. s. ennemi (Ey).
AM ou *Ama*. s. eau (?)
AN. s. mâle, peuple, gens.
ANA. s. fleur.
ANABORIA ou *Naboria*. s. serviteur, vassal.
ANA-CAUNA. nom propre, signifiant fleur d'or.
ANAKI. s. homme ; ennemi pour d'autres? (Ey.).
ANON. s. fruit appelé *anona pequeña* en espagnol.
ARBITI. s. chant historique, danse.
AT, *Ata* ou *Atu*, n. adj. un, seul, premier.
ATABEX ou *Attabeira*, un des noms de l'Être-Suprême.
ATATU. s. armadille (Ey.).
AXI ou *agi*. s. poivre, piment.

B

BA. s. père, ancêtre.
BABA. s. père (Ey.).
BABAYA. s. faisan (Cuba).
BAGUA. s. mer, eau.
BAL. n. adj. chose flottante.
BALAHUA ou *balana*. s. mer (Ey).
BANCEX. s. vent, souffle (?)
BAO. s. musique, instrument (?).
BATATA. s. pomme de terre, patate.
BATEI ou *bato*. s. jeu de balle.
BATOCO. s. tapir.
BAYA. s. calebassier.
BEHIQUE. s. maître, sorcier (D.).
BEI ou *beira*. s. être, celui qui est.
BEM. n. adj. double, deux, second (?)
BEORI. s. tapir (D.).
BI. s. vie.
BIBI. s. mère (Ey.).
BIHAO ou *bihai*. s. heliconia, plante à tige droite et à feuilles fort larges.
BINIQUINAX ou *gua-biniquinax*. s. sorte de belette (Cuba).
BIXA. s. sorte de roucouyer.
BO. n. adj. ce qui est grand, élevé.
BOA. s. habitation, demeure (D.).
BOBA. s. sorte de serpent à Boriquen.
BOGIA-EL, *bagiael* ou *boxael*. s. nom d'un oiseau mythologique; le rossignol (?)
BOHIO ou *buhyo*. s. hutte oblongue, lieu d'habitation (D.).
BOHU. adj. ancien (?)
BOINAIEL, nommé aussi *Binthaitel*. s. nom d'une statue consacrée au soleil.

Boitii. s. maître ou chef de la tradition, du chant.
Bon. adj. rad. bon, doux.
Boniama. s. ananas.
Boniata. s. sorte de manioc ou yuca dont le suc n'est pas venimeux.
Bouhi. s. île ou terre.
Boyez. s. prêtre (D.).
Bu ou *pu*. n. adj. couleur pourpre, écarlate.
Buya. adj. chose bonne, esprit bon (?)
Buren. s. tourtière en terre cuite. le *comalli* mexicain.
Buriquen ou *Boriquen*. s. nom de l'île de Porto-Rico.
Buron. s. requin.

C

Ca. s. terre, sol, sec.
Cabaico. s. oignon, bulbe.
Çabi ou *caçabi*. s. manioc, yuca, plante.
Cabuya. s. sorte de lis; câble, corde.
Caçabi. s. manioc.
Caçic ou *caçiqui*. s. roi, seigneur.
Caco. s. cacao, fruit et arbre.
Cahoba. s. acajou, bois de mohogani.
Caiarima. s. fesses.
Caico. s. palmier (?)
Caiman ou *cayaman*. s. crocodile d'Amérique.
Caizcimu. s. front, principe; nom d'une province.
Camaya ou *guacamaya*. s. ara.
Camayoa. s. sodomiste, patient (D.).
Can. s. et adj. poisson, léger (?)
Canari. s. vase à contenir l'eau fraîche.
Caney. s. hutte ronde.
Canoé. s. barque, canot.
Caoban. s. caoba, ceiba, arbre.
Caracol. s. barbare, galeux.
Cari. s. homme (D.).
Caru-queria ou *Turuqueira*. s. nom de l'île Marigalante, île principale des Caraïbes.
Cauna ou *caoná*. s. or pur.
Caunabo. s. seigneur de l'or, nom d'un cacique célèbre à Haïti.

Cauvana. s. sorte de cèdre.
Caya ou *cayo*. s. île.
Cemi, *chemen*, *zeme* ou *cimi*. s. génie, divinité, principe.
Chali. s. jardin (Ey).
Chemi ou *chemignum*. s. génie, divinité (D.) — sorte de petit quadrupède.
Chi. adj. actif, vif (?).
Chicha. s. sorte de boisson fermentée.
Chiurca. s. opossum, sarigue.
Chivi. s. peuple, hommes (?).
Chohobba, *cogioba* ou *cohuba*. s. tabac en poudre.
Chon. adj. chaud, sec. — s. fièvre, ardeur.
Chuc. v. prendre, saisir, tenir.
Chuchie. s. porc.
Ciba. s. pierre.
Cibao. s. montagne de pierres, nom d'une province de Haïti.
Cibayo. s. noix.
Cibucan. s. sorte de sac.
Cibucheira. s. nom de l'île Sainte-Croix.
Co. s. et adj. sol, lieu fertile.
Coa. s. fontaine.
Coai. s. lieu de plaisance (?).
Coaibai ou *coyaba*. s. demeure des ancêtres, nom du paradis des Haïtiens.
Cobo ou *cohobo*. s. coquille, crabe, limaçon de mer.
Cochi. s. soleil (D.).
Coco. s. coco ou cocotier.
Cohiba ou *cohuba*. s. tabac.
Comexen ou *comijen*. s. sorte de petite fourmi.
Comoteia. s. nom propre du lieu où la tradition dit qu'on bâtit la première maison à Haïti.
Con. s. nom d'une divinité antique.
Conuco. s. champ ou plantation de manioc.
Copei. s. raisinier des montagnes, arbre dont la feuille servit d'abord de papier aux Espagnols.
Cori. s. petit animal analogue au furet.
Coui. s. tasse, formée de la moitié d'une calebasse.
Cova. s. grotte, caverne.
Cu. s. temple, lieu sacré (?).

CUAC. s. manioc (D.).
CUCHI. s. faucon.
CUCUYO. s. luciole, mouche luisante.
CUINIX. s. mouche.
CUÇI. s. ver (D.).

D

DACHA. v. je suis.
DI. s. jour, actuel.
DIGO. s. plante dont les Haïtiens se servaient au bain.
DUIHEYNIQUEN. s. fleuve, riche, nom propre.
DUPI. s. esprit (D.).

E

ECTOR. s. maïs à l'état laiteux.
EI ou *iei*. s. existence, être (?).
EL. s. et adj. fils; issu, sorti, surgi; fait au pluriel *ili*.
EYERI. s. homme, à l'île de Buriquen, nom de peuple.

F

FURACAN. *hurecan* ou *urogan*. s. ouragan, tempête.
FURRIDI. adj. nuageux, orageux.

G

GIUTOLA ou *Xutola*. s. plante qui ressemble au câprier, servait à faire accoucher.
GOEIZ. s. esprit, âme de celui qui vit.
GUA. art. poss. et démonst. le, lui, tel, celui-ci, etc. — C'est une particule qui précède dans ce sens un grand nombre de mots, tels que nous les ferons suivre ici, tout en les donnant aussi séparément.
GUABAZA. s. sorte de fruit que mangeaient les morts.
GUA-BINIQUINAX. s. sorte de belette.
GUA-CAIARIMA. s. les fesses.
GUA-CAMAYA. s. ara.
GUAGUCY. s. bois de soie.
GUA-IABANO. s. anone de la grande espèce.
GUA-IAC ou *guayacan*. s. bois saint, gaïac.
GUA-ILI. s. fils, au pluriel.
GUA-INABÁ. s. goïave, fruit.
GUA-MA. s. mimosa enga.
GUA-MAONOCON. s. nom de Dieu.
GUA-NABONO. s. anone ou chirimoya.
GUA-NARA. s. lieu retiré, retraite sacrée.
GUANGUIO ou *guanguaio*. s. sorte de sac à mettre du tabac.
GUANI. pron. quelqu'un (?).
GUA-NIN. s. bijoux d'un or inférieur,
GUA-NAUIMA. s. fruit du corossolier.
GUA-RA. s. place.
GUA-RABANA. s. arbre comme le cèdre, avec de gros fruits; voir *gua-nabana*.
GUABAVARA ou *varavara*. s. guerre, armée,
GUA-TIAO. s. frère.
GUAZUMA. s. theobrom. guaz.
GUEIO. s. herbe qui fait vomir et qui servait aux enchantements.
GUEY. s. coquillage.
GUIABARA. s. mangle rouge.

H

HA. adv. oui, certain.
HABAO. s. bruit, musique.
HAGUAY ou *haguey*. s. lac (?).
HAI. adj. âpre. rude.
HAÏTI. s. lieu âpre, nom de l'île.
HAMAC. s. le hamac.
HAURACAN ou *urogan*. s. tempête, orage.
HACAS. s. tige de la plante, appelée *bihai*, dont on fait des paniers.
HENEQUEN. s. sorte de chanvre.
HICACO. s. icaquier, arbrisseau.
HICO. s. corde faite de coton.
HICOTEA ou *icotea*. s. tortue.
HIGUERA, *iguera* ou *ibuera*. s. calebasse.
HIO. s. lieu, pays, région.
HIQUI. pr. int. quoi. — s. dedans, intérieur.
HITO ou *ito*. s. homme.
HOBA, *hobi* ou *hubo*. s. myrobolanier, couleur jaune, le *xocotl* mexicain (*decandr. pentagyr.*)
HOBIN. s. cuivre.

Hu. adj. haut, élevé.
Hubabo. s. Entre-monts, nom d'une province de Haïti.
Huctu. s. guerre (Ey.).
Huiho ou *huioo*. s. hauteur, élévation, montagne.
Huiou. s. soleil.
Huna. adj. unique (?).

I

I. particule, indiquant l'action, la vie.
Iabano ou *gua-iabano*. s. anone grande.
Iaia ou *iaya*. s. terre (?).
Iaiama. s. ananas (D.).
Iba. s. peuple, hommes (?).
Ican. ou *gua-ican*, s. poisson.
Icota ou *icotea*. s. tortue.
Iemao. s. titre ou nom de la divinité.
Iguna. s. iguane, reptile.
Iguanabo. s. sorte d'iguane ou de grand lézard.
Iiella. s. titre de la divinité.
Ili. s. plur. de *el* s. fils ou rejetons.
Ima. s. nourriture.
In. s. femme, femelle.
Ina. s. fruit (?).
Inaba ou *gua-inaba*. s. goïave.
Inacu. s. femme (Ey.).
Inhame. s. igname, fruit.
Inriri. s. oiseau; *picus imbrifœtus* d'Hernandez.
Inuya. s. femme (D.).
Io. s. Dieu, la vie par excellence (?).
Iovana ou *Yocahuna*. s. titre de la divinité.
Ipiri. s. flamant, oiseau aux ailes de feu (Cuba).
Ipis. s. oiseau (Cuba).
Iraca. s. plante (D.).
It ou *ito*. s. homme, mâle.
Itihu ou *tihu*. adj. haut, ancien, vieux.
Iuana. s. iguane (D.).
Izi. s. œil.

L

Labuyu. s. peuple (Ey.).
Lambi. s. gros coquillage, dont on mange la chair et dont la conque sert de cor.
Laruma ou *yaruma*. s. arbre, *cecrop. pelt.* (Linn.).
Li. pron. il, lui, elle.
Liani. s. femme (Ey.).
Liren. s. sorte de patate.
Locuyo. s. luciole (D.).

M

Ma ou *gua-ma* ou *magua*. s. pois doux. — nég. non, ne, d'où *maca, ma-yana*, il n'y en a pas, il n'y est pas.
Mabuya, *maboia* ou *mopoia*. s. petit reptile fort commun; génie malfaisant, le diable.
Maca ou *macaco*. s. perroquet (Cuba). — fontaine (?).
Macana. s. épée de bois dur.
Macagua. s. cyroyer, arbre.
Maga. s. bois d'acajou à Boriquen.
Magua. s. plaine, chant (?).
Maguacochio. s. homme vêtu, espagnol.
Maguey. s. aloès, — sorte de tambour de bois creux.
Mahiz. s. maïs, céréale du pays.
Maica. s. bois (D.).
Maiouauau. s. nom d'un instrument de musique en forme de tambour.
Mama. s. mère.
Mamano. s. titre de la divinité.
Mamey. s. arbre et fruit de cet arbre.
Mana. s. mouvement (?).
Manaia. s. couteau de pierre, arme.
Manati. s. lamantin.
Mani. s. sorte de grande noix, fruit. — v. manger.
Maonocon. s. titre de la divinité.
Mapa. s. cotonier, arbre à coton.
Marohu. s. nom d'une idole consacrée à la lune.
Maru. s. manioc ou cassave (D.).
Matitina ou *matinina*. s. nom de l'île de la Martinique.
Mayana. nég. il n'y en a pas.
Mi ou *m*. pron. mon, mien.
Mini. s. fontaine (D.).
Mohui. s. petit quadrupède.
Moinalu. s. sang (Ey.).
Mona. s. lune (Ey.).

N

N ou *ni*. art. le, la.
NA. s. chose.
NABONO. ou *gua-nabono*. s. anone.
NABORIA. s. vassal, serviteur.
NACAN. s. intérieur, le dedans.
NAGUA. s. jupon.
NAHE. s. rame.
NANICO. s. âme. cœur (Ey.).
NARA ou *gua-nara*. s. lieu retiré, retraite, de côté.
NARGUTI. s. aïeul (Ey.).
NAUIMA ou *gua-nauima*. s. fruit du corossolier.
NEKERA. s. lit.
NI. s. chose.—pron. mon, mien, je.
NIANTI. s. insecte. — adj. petit (Ey.).
NIGUA. s. chique, insecte.
NIHUCTU. s. guerre (Ey.).
NIN ou *guanin*. s. or bas.
NIQUEN. s. rivière.
NO. adj. noble (?).
NONUN. s. lune.
NUCAY. s. or (D.).
NUCU-CHILI. s. père (Ey.).

O

O. particule indiquant la similarité.
OB. s. cuivre, jaune (?).
OCHI. s. tigre.
OCON. s. monde (?).
OPERITO. adj. mort.
OPIA. s. esprit, âme d'un mort.
OPOYEM. s. esprit, âme d'un mort (Ey.).

P

PAGAYA. s. rame. (D.).
PARACA. s. perroquet (D.).
PIRAGUA. s. barque, pirogue.
PITAHAYA. s. sorte de fruit.
PU. adj. pourpre, rouge.

Q

QUEYA. s. monde.
QUEBY. adj. violet, pourpre (Ey.)
QUIZQUI. s. le tout, le monde, ancien nom de Haïti.

R

RA ou *gua-ra*. s. place, naissance.
RABANA ou *gua-rabana*. s. arbre grand et beau, peut-être celui qui produit l'anone.
RABU. s. fils, rejeton (Ey.).
RAQUI. adj. pourpre.
RAHEN. s. fille (Ey.).
RAHUA ou *gua-rahua*. adj. vert, frais.
REITI. v. *areiti*.
RI. s. mâle, homme, peuple (D.).
ROZI uu *berozi*. s. amour, objet aimé.

S

SORAIA. s. occident, soleil couchant, soir.
STAREI. s. étoile, chose flamboyante.

T

TABACO. s. pipe à fumer, tabac.
TAINO. s. noble, gentilhomme.
TARACOL. s. crabe (D.).
TEI. v. être.
TEQUINA. s. maître, qui enseigne.
TI. s. lieu — prép. à, dans.
TIAO ou *gua-tiao*. s. frère — adj. bon.
TIBURON. s. lieu où il y a des requins.
TINUI. s. montagne.
TO. s. noble (D.).
TOA. s. sein, mamelle. — Grenouille (?).
TOCA. s. paix, repos (?).
TOCHETA. adv. beaucoup.
TONA. s. opossum, sarigue (D.).
TUNA. s. figue d'Inde.
TUOB. s. cuivre (D.).
TUREI. s. ciel.
TUREHI-GUA-HOBIN. n. prop. Roi plus brillant que l'or?
TUREIGUA. s. éclat, lumière.
TUUNA. s. bleu, azur.
TUYRA. s. génie malfaisant. — Nom donné aux chrétiens espagnols.

U

UANA ou *gua-uana*. s. sorte de fruit.

UARAUABA. s. guerre, armée.
UBEC. prép. dessus, au-dessus (Ey.).
URICAN ou urogan (Ey.). s. ouragan, tempête, orage.
UMCUA. adj. rôdeur.
UTIA. s. agouti, sorte de petit lapin terrier.

X

XAGUA. s. génipayer, arbre.
XAUXAU. s. galette de cassave, fine et délicate.
XOBO. v. hobo.
XUZ. adj. tout (?).

Y

Y. s. sorte de plante qui purge.
YAC ou Yacan. adj. saint.
YAGUA. s. vêtement.
YUHUTIA. s. légume qui ressemble extérieurement à un grand chou.

YARA. s. trou, creux.
YARIMA. s, extrémité, guerre.
YARUMA. s. canne, bambou.
YEGAN. s. champignon.
YMIZUI. adj. froid.
YOCAHUNA. s. titre de la divinité.
YUCA. adj. blanc.

Z

ZABANA ou zavana. s. plaine.
ZAGAY. s. pique, bâton.
ZAINO. s. pécari, animal.
ZECHON. s. fièvre, chaleur, sécheresse.
ZEMI ou zeme. génie, idole.
ZIEVA. s. mouche (?).
ZIMU ou cimu. s. tête, sommet, principe.
ZINATO. adj. fâché, irrité (?).
ZOCHEN. s. ocymum.

FIN DU VOCABULAIRE HAÏTIEN ET DU VOLUME.

TABLE DES MATIÈRES.

Avant-propos. I

Des sources de l'histoire primitive du Mexique. IX

§ I. — Préambule. IX
§ II. — Influence de la découverte de l'Amérique sur la civilisation moderne. Etat de la science à cette époque. Gloire de Colomb. XI
§ III. — Monuments du Yucatan. Leur utilité pour l'épigraphie américaine. Traditions et documents historiques. L'esprit de système un obstacle aux progrès de la vérité. XIV
§ IV. — Rituels religieux sources de l'histoire primitive. Antiques traditions du cataclysme et du renouvellement de la terre, conservées dans les fêtes. Souvenirs divers d'un déluge. XVIII
§ V. — Comment se fit la mer, d'après la tradition haïtienne. Souvenir du cataclysme aux Antilles, à Venezuela, au Yucatan. Géologie de cette péninsule. Personnification des puissances de la nature et leur localisation dans l'Amérique centrale. XXIV
§ VI. — Personnification des puissances de la nature au Pérou. Légende de Coniraya-Viracocha. Le pasteur d'Ancasmarca sauvé de l'inondation. Les Aras de Cañari-Bamba. Soulèvement des montagnes. Cou et Suha-Chum-Sua. . . XXVIII
§ VII. — Désolation du monde américain. Déluge de feu des Mocobis. Tradition des Yuracares. Effet des catastrophes volcaniques. Tradition d'un changement survenu dans les astres. XXXIII
§ VIII. — Tradition de l'Atlantide dans Platon. Son authenticité confirmée par les souvenirs historiques de la Grèce et géologiques de l'Afrique septentrionale. Les Petites Panathénées, établies en mémoire d'une invasion antique, sortie des mers de l'ouest. Disparition du lac Triton. XXXVIII
§ IX. — Identité des traditions sur le cataclysme en Amérique, en Europe et en Afrique. Qu'était l'Amenti des Egyptiens. Origine incertaine de ce peuple. Sa parenté avec les nations libyennes. Sa ressemblance avec les Américains et les races qui échappèrent au cataclysme de l'ouest. XLVI
§ X. — Les Cares ou Cariens. Leur nom identique avec celui des Barbar, Berber ou Varvar. Leurs institutions gynécocratiques. Etendue de leurs relations en Asie, en Afrique et en Europe. LII
§ XI. — Les Cares en Amérique. Leur extension considérable sur ce continent. Culte des dieux Macares en Asie, dans l'Inde, en Amérique. Macar, Cipactli, Ymox, Macar-Ona. Le Melcarth des Tyriens et les dieux poissons du Guatémala. . . . LX
§ XII. — La création suivant le Livre Sacré des Quichés. Origine des cosmogonies antiques. Identification de Hurakan, l'Ouragan américain, avec Horus. L'Uræus égyptien et le Quetzalcohuatl au Mexique. Epervier et Vipère, Quetzal et Serpent. LXV

§ XIII. — Pan et ses diverses personnifications. Amon-Ra. Pan et Maïa en Grèce et au Mexique. Pentecatl et Maïaœl à Panuco. Les quatre cents mamelles de la déesse. Khem et Itzamna. Les quatre Canopes en Égypte et au Mexique. Le Sarigue et Soutech. LXIX

§ XIV. — Les dieux de l'Orcus mexicain. Ixcuina, déesse des amours, personnification de Mictecacihuatl, déesse de l'enfer. Ehecatl au Mexique, Yk au Yucatan, Ekton en Grèce, Hik en Égypte, l'air, l'esprit, le souffle. Phtha et Hun-Batz. Chouen et Chou-n-aten, etc. LXXVII

§ XV. — Le Thoth mythique. Viracocha, Bochica, Quetzal-cohuatl. Civilisation qu'ils établissent. Opinion des philologues modernes sur les races couschites. Où était leur berceau ? Mythes de l'Occident. Gaïa et Iaïa. Peuples divers. Origine des métaux, etc. LXXXII

§ XVI. — La Limné de l'Occident. Si elle était située en Amérique? Nations Cares de l'Amérique méridionale et leurs alliés. Les Tayronas ou peuples forgerons des montagnes de Santa-Marta. Leur habileté dans la mise en œuvre des métaux et des pierres précieuses. Cultes divers qui s'y rattachaient. Mythe de Bochica et de Chia. XC

§ XVII. — Antiques sanctuaires. Les Cabires et les Curètes. Souvenirs des dieux Macares, existant encore en Amérique. Dieux et cosmogonie du Pérou. Signes distinctifs de la civilisation antique, couschite, assyrienne, égyptienne, américaine, etc. XCVII

§ XVIII. — Résultats de ces recherches. Décadence d'une civilisation et d'une navigation antiques. Les Phéniciens en héritent, puis les Carthaginois. Souvenirs affaiblis des anciennes connaissances maritimes. L'Amérique dans Diodore de Sicile, etc. CV

RELATION DES CHOSES DE YUCATAN DE DIEGO DE LANDA.. . . 3

§ I. — Description du Yucatan. Saisons diverses de l'année. 3
§ II. — Origine du nom de cette province. Sa Situation. . . 7
§ III. — Geronimo de Aguilar. Sa captivité chez les Mayas. Navigation d'Hernandez de Cordoba et de Grijalva à Yucatan.. 13
§ IV. — Voyage de Cortès à Cuzmil. Sa lettre à Aguilar. . . 21
§ V. — Provinces du Yucatan. Ses principaux édifices antiques. 29
§ VI. — De Kukulcan et de la fondation de Mayapan. . . 35
§ VII. — Gouvernement politique. Sacerdoce, sciences et livres du Yucatan. 39
§ VIII. — Arrivée des Tutul-Xius et leur alliance avec les rois de Mayapan. Tyrannie des Cocomes, ruine de leur puissance et abandon de Mayapan. 45
§ IX. — Monument chronologique de Mayapan. Fondation du royaume de Zotuta. Origine des Chèles. Les trois États principaux du Yucatan. 53
§ X. — Calamités diverses qu'éprouve le Yucatan au siècle précédant la conquête, ouragan, pestes, guerres, etc. 59
§ XI. — Prédictions de l'arrivée des Espagnols. Histoire de Francisco de Montejo, premier adelantado du Yucatan. . 65
§ XII. — Montejo s'embarque pour le Yucatan et en prend possession. Les Chèles lui cèdent pour s'établir le site de Chi-

chen Itza. Les Indiens l'obligent à le quitter. 69
§ XIII. — Montejo abandonne le Yucatan et retourne à Mexico avec son monde. Francisco de Montejo, son fils, pacifie plus tard le Yucatan. 75
§ XIV. — Etat du Yucatan après le départ des Espagnols. Don Francisco fils de l'Adelantado Montejo rétablit le gouvernement espagnol dans ce pays. 81
§ XV. — Barbaries des Espagnols envers les indigènes ; comment ils se disculpent. 85
§ XVI. — Manière d'être des villes du Yucatan. Cédule royale en faveur des indigènes. Mort de l'Adelantado. Postérité de son fils Francisco Montejo. 91
§ XVII. — Les franciscains s'établissent dans le Yucatan. Ils prennent la défense des indigènes. Haine des Espagnols pour les moines. 95
§ XVIII. — Défauts des Indiens. Manière dont les instruisirent les religieux. Enseignement de la langue et des lettres. Châtiments infligés à quelques apostats. 101
§ XIX. — Arrivée de l'évêque Toral ; il délivre les Indiens emprisonnés. Le provincial des franciscains se rend en Espagne pour se justifier. 107
§ XX. — Habitations des Mayas. Leur soumission à leurs princes. Ornements de tête et vêtements. 111
§ XXI. — Nourriture et repas des Indiens mayas. . . . 117
§ XXII. — Tatouage des Yucatèques. Orgies, vin et banquets. Comédie, instruments de musique et ballets. 121
§ XXIII. — Commerce et monnaie. Labour et semailles. Justice et hospitalité. 129
§ XXIV. — Manière de compter des Yucatèques. Noms de famille. Héritages et tutelle des orphelins. Succession princière. 135
§ XXV. — Répudiation fréquente des Yucatèques. Leurs mariages. 139
§ XXVI. — Sorte de baptême au Yucatan. Comment on le solennisait. 145
§ XXVII. — Confession chez les Yucatèques. Abstinences et superstitions. Idoles de tout genre. Charges diverses du sacerdoce. 155
§ XXVIII. — Sacrifices cruels et obscènes des Yucatèques. Victimes humaines tuées à coups de flèches et autres. . 161
§ XXIX. — Armes des Yucatèques. Deux généraux, l'un héréditaire et l'autre électif. Abstinence du dernier. Milice et mercenaires. Guerre, etc. 171
§ XXX. — Châtiment de l'adultère, du meurtre et du vol. Education des jeunes gens. Coutume d'aplatir la tête aux enfants. 177
§ XXXI. — Toilette des femmes yucatèques. Leurs vêtements divers. 183
§ XXXII. — Chasteté des femmes yucatèques. Leur éducation ; leurs grandes qualités. Économie du ménage, etc. Leur caractère dévot et leurs couches. 187
§ XXXIII. — Deuil chez les Yucatèques. Enterrement des morts, des prêtres, etc. Statues renfermant les cendres des princes. Vénération qu'ils avaient pour elles. Idées de leur paradis et de leur enfer. 195

§ XXXIV. — Computation de l'année yucatèque. Signes qui président aux années et aux jours. Les quatre Bacab et leurs noms divers. Dieux des jours néfastes. 203

§ XXXV. — Fêtes des jours supplémentaires. Sacrifices du commencement de l'année nouvelle au signe Kan. . . . 211

§ XXXVI. — Sacrifices de l'année nouvelle au signe de Muluc. Danse des Échasses. Danse des vieilles femmes aux chiens de terre cuite. 217

§ XXXVII. — Sacrifices de l'année nouvelle au signe d'Yx. Pronostics sinistres; comment on en conjurait les effets. . 223

§ XXXVIII. — Sacrifices de l'année nouvelle au signe de Cauac. Pronostics sinistres, conjurés par la danse du feu. . 229

§ XXXIX. — Explications de l'auteur sur le calendrier yucatèque. Son dessein en écrivant ces diverses notices. . . . 235

§ XL. — Ici commence le calendrier romain et yucatèque. 241

§ XLI. — Ahau-Katun ou cycle des Mayas. Leur écriture et leur alphabet. 313

§ XLII. — Multitude des édifices du Yucatan. Ceux d'Izamal, de Mérida et de Chichen-Itza. 323

Du commencement et de la fondation de ces omules sacrés de ce site et ville d'Izamal par le père Lizana. . . . 349

Chronologie antique du Yucatan et examen de la méthode a l'aide de laquelle les Indiens computaient le temps. . . 367

§ I. — Origine des périodes de treize jours. 367
§ II. — Du jour et de ses divisions. 369
§ III. — De la semaine. 375
§ IV. — Du mois. 377
§ V. — De l'année. 383
§ VI. — De l'année bissextile. 387
§ VII. — Du Katun ou Cycle yucatèque. 395
§ VIII. — De l'Indiction du Cycle de 52 ans, appelé Katun. 397
§ IX. — Des Ahau-Katun ou grands Cycles de 312 ans. . 401
§ X. — De l'origine de ce Cycle. 413

Série des époques de l'histoire maya. 421

Écrit de frère Romain Pane. 431

Esquisse d'une grammaire de la langue maya. 459

Vocabulaire maya-français. 480

Quelques vestiges d'un vocabulaire de l'ancienne langue de Haïti. 507

RELATION
DES CHOSES
DE YUCATAN

DE DIEGO DE LANDA

TEXTE ESPAGNOL ET TRADUCTION FRANÇAISE EN REGARD
COMPRENANT LES SIGNES DU CALENDRIER
ET DE L'ALPHABET HIÉROGLYPHIQUE DE LA LANGUE MAYA

ACCOMPAGNÉ DE DOCUMENTS DIVERS HISTORIQUES ET CHRONOLOGIQUES,

AVEC UNE GRAMMAIRE ET UN VOCABULAIRE ABRÉGÉS FRANÇAIS-MAYA

PRÉCÉDÉS D'UN ESSAI SUR LES SOURCES DE L'HISTOIRE PRIMITIVE
DU MEXIQUE ET DE L'AMÉRIQUE CENTRALE, ETC., D'APRÈS LES MONUMENTS ÉGYPTIENS
ET DE L'HISTOIRE PRIMITIVE DE L'ÉGYPTE D'APRÈS LES MONUMENTS AMÉRICAINS,

PAR

L'ABBÉ BRASSEUR DE BOURBOURG,

Abbé, Administrateur ecclésiastique des Indiens de Rabinal (Guatémala),
Membre de la Commission scientifique du Mexique, etc.

PARIS
ARTHUS BERTRAND, ÉDITEUR
21, RUE HAUTEFEUILLE
LONDON, TRÜBNER AND CO., 60, PATERNOSTER-ROW

1864

Saint-Cloud. — Imprimerie de M⁻ᵐᵉ Ve Belin.

www.ingramcontent.com/pod-product-compliance
Lightning Source LLC
Chambersburg PA
CBHW051319230426
43668CB00010B/1075